中国彩票年鉴编辑委员会

2014

Yearbook of the Chinese Lotteries

中国彩票年鉴 2014

中国财政经济出版社

图书在版编目（CIP）数据

中国彩票年鉴．2014/《中国彩票年鉴》编辑委员会编．—北京：中国财政经济出版社，2015.4

ISBN 978-7-5095-6216-1

Ⅰ.①中…　Ⅱ.①中…　Ⅲ.①彩票-中国-2014-年鉴　Ⅳ.①F832.5-54

中国版本图书馆 CIP 数据核字（2015）第 100516 号

责任编辑：陆宗祥　　责任校对：李　丽
封面设计：张德林　　版式设计：兰　波

中国财政经济出版社出版

URL：http：//www.cfeph.cn

E-mail：cfeph@cfeph.cn

社址：北京市海淀区阜成路甲 28 号　邮政编码：100142

营销中心电话：88190406　北京财经书店电话：64033436　84041336

北京联兴盛业印刷股份有限公司印刷　各地新华书店经销

787×1092 毫米　16 开　38 印张　700 000 字

2015 年 6 月第 1 版　2015 年 6 月北京第 1 次印刷

定价：220.00 元

ISBN 978-7-5095-6216-1/F·5007

（图书出现印装问题，本社负责调换）

本社质量投诉电话：010-88190744

打击盗版举报热线：010-88190492　QQ：634579818

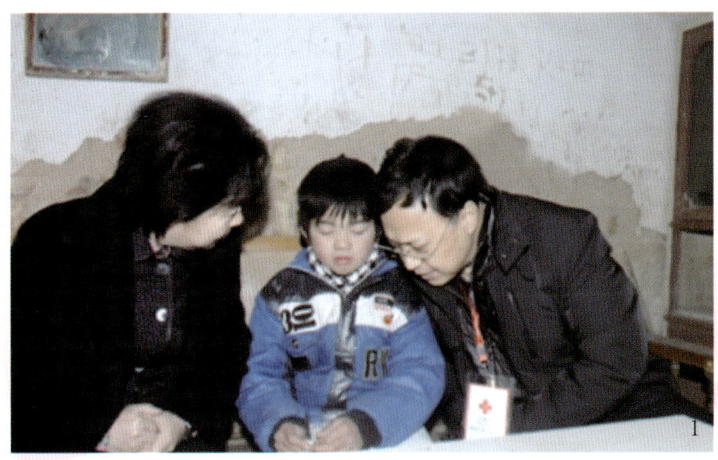

1. 中国红十字会副会长、中国红基会理事长郭长江（右）入户看望白血病、先心病患儿

2. 中国红十字会副会长王海京（左）入户看望白血病、先心病患儿

3. 2013年3月20日，中国红基会2013年度彩票公益金项目第一次资助评审会在京召开

4. 2013年7月21日，“天使之旅”筛查出的首批20名西藏贫困先心患儿抵达北京西站，中国红基会副理事长刘选国、武警总医院副院长刘惠亮及志愿者们前往迎接孩子们

1. 2013 年 4 月，小天使基金荣获第八届"中华慈善奖"最具影响力慈善项目，成为中国著名公益品牌。中国红基会常务副理事长兼秘书长孙硕鹏在人民大会堂领奖

2. 中华骨髓库数据中心位于总库，存储着所有入库志愿者的信息，为血液病患者带来生命的希望

3. 中华骨髓库样品库一角

4. 应急救护进校园：红十字青少年社会实践资助项目

5. 2013 年度彩票公益金生命健康安全教育项目实施现场

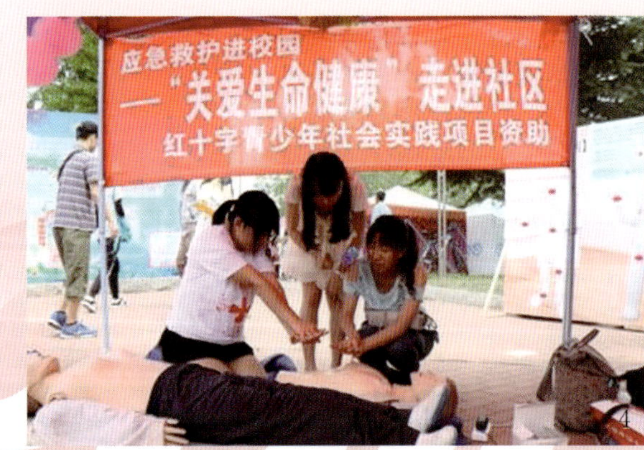

5. 2013 年 9 月 6 日，第二十七届国际登山节开幕式和“体育彩票杯”第十八届全国全民健身登泰山比赛暨国际邀请赛在泰安林校操场隆重举行

6. 2013 年 11 月 29 日至 12 月 1 日，新疆冬季旅游文化银色盛典——第八届冬博会隆重举行。中国体育彩票将公益事业融入银色盛典，为本届冬博会增色添彩

7. 2013 年 11 月，在国家 5A 级旅游景区海南呀诺达雨林文化旅游区内的体彩乐吧开业迎宾，从此岛内外游客在旅游游览的同时即可体验体彩“飞鱼”游戏的独特魅力

8. 2013 年 11 月 26 日，浙江省体彩中心与浙江体育职业技术学院浙江男子排球队携手合作，冠名成立“浙江体彩男子排球俱乐部”

9. 2013 年 11 月 23 日，主题为“名城•和谐•健康”的广州马拉松发令枪准时在花城广场扣响。本届比赛共汇集了 38 个国家和地区 2 万多名选手参加，得到了中国体育彩票公益金的鼎力支持

10. 2013 年 11 月 19 日，“公益体彩•快乐操场”活动来到“中国最美乡村教师”杨元松老师所在的贵州省黔西南州万峰湖镇毛草坪小学

1.2013 年 11 月 29 日，“中国体育彩票 · 新长城助学基金”关爱河南优秀特困大学生捐助仪式在信阳师范学院逸夫楼举行，20 万元助学基金惠及该校 50 名贫困学子

2.2013 年 6 月，佛山体彩第二家“顶呱刮”固定形象店在禅城区最繁华的祖庙商圈隆重开业

3.2013 年 10 月 26 日，“超级大乐透”杯第三届安徽省体彩彩民运动会举行

4.2013 年 11 月 19 日，“公益体彩•快乐操场”活动走进湖北，为湖北黄石市阳新县王英镇中心完全小学、谷保村小学贫困山区的孩子们带去了急缺的体育器材

6. 2013 年 6 月 7 日，来自总局体彩中心的志愿者和河北省体彩中心的工作人员，给孩子们送去书籍和文体用品，同时也送去体彩人的温暖和关爱

7. 2013 年 5 月 29 日，内蒙古体彩首次资助民族学校，来到内蒙古兴安盟扎赉特旗宝力根花中心学校开展“动起来，更健康”学校快乐体育主题活动，为少数民族少年儿童送去了六一儿童节礼物

8. 2013 年 10 月 12 日，陕西体彩借助“2013 年西安城墙国际马拉松赛系列活动暨万人健康跑活动”的宣传契机，在大明宫国家遗址公园开展“挑战投篮王”活动，宣传体彩顶呱刮 NBA 主题即开票上市

9. 2013 年 9 月 17 日，广东省深圳体彩中心举行“百万资金助创业，百家网点圆梦想”活动新闻发布会。深圳体彩拿出 100 个体彩网点名额，供未就业的应届大学生申请，将提供超 100 万元的资金进行扶持

10. 2013 年 6 月 7 日，全国高考拉开帷幕，吉林省体彩中心在高考考点门前设立服务休息站，现场的“吉林体彩送清凉为高考学子加油”条幅格外醒目

1. 2013 年 1 月 17 日，2013 年全国体育彩票工作会议在青岛召开

2. 2013 年元旦，中国体育彩票全国新年群众登高健身活动在福州鼓山拉开序幕

3. 2013 年 1 月 26 日，春运大幕拉开之际，浙江台州市体彩中心和台州交通广播倡导发起“公益体彩•情暖春运路”活动

4. 2013 年 1 月 22 日，四川体彩举行“传递诚信•共建文明”——即开型体育彩票顶呱刮 150 万元大奖颁奖仪式，并对诚信销售员陈小铃进行表彰

5. 2013 年 3 月 16 日，2013 年度黑龙江省“生活报•体彩运动季”活动惬意开场，500 名彩民和市民在亚布力尽享滑雪与观光的乐趣

7. 2013 年 12 月 17 日，财政部综合司汪义达副司长一行视察合肥市望江西路视频票销售厅　　（摄影：姚荣亭）

8. 2013 年 10 月 24 日，中福彩中心“中国梦·福彩梦”青年员工演讲比赛现场，参赛选手合影留念　　（摄影：林秀明）

9. 2013 年 11 月 5 日，法国国家游戏集团一行参观福彩视频票销售大厅　　（摄影：彭　斌）

10. 2013 年 10 月，福建“福彩八闽公益行”活动拉开序幕　　（摄影：杨帆媛）

11. 2013 年 11 月 15 日，西藏福彩启动首次“福彩有爱·共同见证”走近福彩公益金项目活动，现场为曲水县社会福利院老人敬献哈达并送上慰问金　　（摄影：李　菊）

1.2013 年 9 月，中福彩中心俞建良主任一行应邀访问法国国家游戏集团　　（摄影：彭　斌）

2.2013年8月27日，梦想启航——平顶山市“福彩公益・百名助学”专题晚会现场上，受助学子合影留念　　（摄影：尹谷意）

3.2013 年 8 月 28 日，在甘肃福彩“快 3”游戏上市发行暨枣林路福彩视频票销售厅开业仪式上，甘肃省福彩中心向省荣誉军人休养院捐赠轮椅　　（摄影：马文霞）

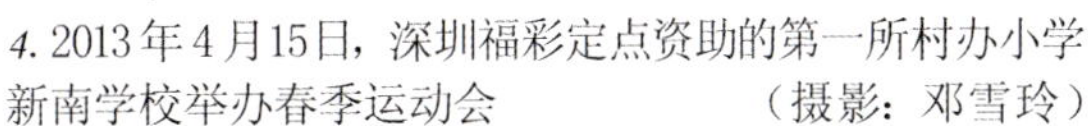

4.2013 年 4 月15日，深圳福彩定点资助的第一所村办小学新南学校举办春季运动会　　（摄影：邓雪玲）

5.2013 年 8 月 31 日，湖南省福彩中心向遭遇特大洪涝灾害的永州市蓝山县上尾菜村发放慰问物资　　（摄影：杨　健）

6.2013 年 5 月 19 日，“温暖贵州•同心彩虹”2013 年“福彩爱心助残•健康行”活动现场（摄影：顾学峰）

6. 2013年11月26日，民政部副部长窦玉沛为中福彩中心首届创新竞赛活动一等奖获得者颁奖 （摄影：李士彬）

7. 2013年2月15日，民政部副部长戴均良视察湖北省福彩中心机房 （摄影：郑晏莉）

8. 2013年10月12日，2013年"广东福彩爱心助学子"活动助学金发放仪式现场 （摄影：张 宇）

9. 2013年5月29日，新疆福彩"共享阳光•快乐成长"公益爱心活动走进羊圈沟小学 （摄影：周 燕）

1. 2013 年 9 月 23 日，第二届中国公益慈善项目交流展示会上，民政部部长李立国参观福彩公益展区 （摄影：邓雪玲）

2. 2013 年 1 月 17 日，2013 年全国福利彩票工作会议在杭州召开 （摄影：李 佳）

3. 2013 年 2 月 19 日，中福彩中心召开“改进工作作风，践行为民理念”主题学习教育周动员暨反腐倡廉工作会议 （摄影：涂 斌）

4. 2013 年 6 月 16 日，第二届“民政惠民生·福彩龙江行”大型公益主题活动中，“龙江好人”刘湘明获得 5000 元圆梦金 （摄影：侯守炎）

5. 2013 年 5 月 20 日，浙江福彩“公益福彩·与你同行”暨“五个一千”公益资助活动现场 （摄影：胡培东）

6. 江西省贵溪市幼儿教师励耕计划资助项目发放仪式
7. 山西省临汾市尧都区，励耕计划受助教师们在签收表上签字
8. 河北省唐山市丰润区幼儿教师润雨计划资助项目发放仪式
9. 山西省太原市小店区彩票公益金教育助学项目资助金发放仪式
10. 山西省太原市小店区彩票公益金滋蕙计划奖励款发放仪式

中国彩票年鉴 2014

编辑出版工作人员

编辑工作小组

胡忠勇　靳　俐　郭　梅　顾兆霞　王守刚　纪雪蕾　夏晓曦　刘　艺

王　乐　陆宗祥

责任编辑

陆宗祥

英文目录翻译

吴楚松

英文校订

陆宗祥

封面设计

张德林

版式设计

兰　波

责任校对

李　丽

印制监督

刘春年

广告代理

北京映氏辉煌广告有限公司

编辑部电话

010－88190975

88190969

88190906（传真）

中国彩票年鉴2014

编辑委员会

编辑说明

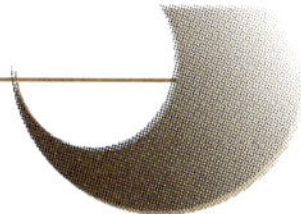

《中国彩票年鉴》是财政部综合司组织中国福利彩票发行管理中心和国家体育总局体育彩票管理中心等单位共同编纂的有关中国彩票业年度发展基本情况的综合信息密集型工具书，自2002年起每年出版一卷，已成系列。现奉献给读者的是该系列中的第十三本。

年鉴一般是以出版年号为卷次名称。2014年卷主要收录从2013年1月1日到2013年12月31日间中国彩票业的发展概况，汇集这期间的相关资料。为体现《中国彩票年鉴》本身编纂所特有的连续性，也为遵循年鉴内容与卷次名称的统一性，本年卷虽推迟今日付梓，但卷名中仍冠以“2014”年份，特此说明。

《中国彩票年鉴》不仅收录了最新游戏规则、玩法说明，而且还汇集了如按系统、按类型、分地区，或按年、按月等多重方式叠加的游戏销售统计数字，更加有利于读者从不同侧面深入了解全国彩票的发行销售结构，脉络清晰，划分得当。

自2011年卷开始，年鉴已把“四、统计资料”部分的“（三）历年彩票游戏销售统计资料”栏目中“历年”的时间跨度改为十年，本年卷即为“2004—2013年”，以后仍逐年递推，敬请读者留意。

本年卷主体分为七部分，包括彩票市场发展概况，大事记，彩票制度、政策和文献，统计资料，中央专项彩票公益金使用情况及附录和彩票票样等，其中彩票票样仍由中国福利彩票发行管理中心和国家体育总局体育彩票管理中心提供。

为扩大彩票公益金使用宣传，便于社会各界了解中央专项彩票公益金使用效果，自2012卷开始，增添“中央专项彩票公益金使用情况”栏目，以飨读者。

本年卷文字记述中，凡涉及数据的，一般满亿的以亿为单位，不足亿的以万为单位，保留两位小数，四舍五入；读者如采用数据，请以统计资料中的数字为准；凡未注明提供者的统计数据均由财政部综合司提供，特此说明。

为进一步诠释国家彩票发行事业的“公益”理念，提高全书质量，增强可读性，在正文前设置了若干主要由中国红十字会总会、中国残疾人联合会、扶贫机构、教育机构，以及中国福利彩票发行管理中心、国家体育总局体育彩票管理中心等部门提供的专题彩色插页，力求生动、鲜活地反映 2013 年度彩票行业的发展风貌。此外，也收录了部分为中国彩票事业健康发展作出突出贡献的相关企业的宣传图片。凡是来稿中注明摄影者的，本书采用时就予以署名，而其他图片不再一一注明供稿机构。

《中国彩票年鉴 2014》是集体协作的结晶，编辑过程中，特别得到了财政部综合司、中国福利彩票发行管理中心和国家体育总局体育彩票管理中心领导的热情支持。在此，谨向他们及其他为本年鉴的编辑出版付出辛勤劳动、给予大力支持的个人和单位，一并致以最诚挚的谢意！

中国彩票年鉴编辑委员会

2015 年 4 月

目　录

Contents

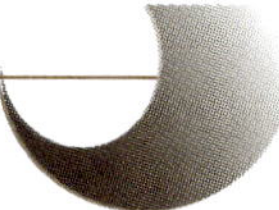

一、2013年彩票市场发展概况

全国彩票市场发展概况

在党中央、国务院的坚强领导下，各级财政部门与民政、体育行政部门及彩票机构密切配合，开拓进取，扎实工作，促进我国彩票事业持续健康发展。现将 2013 年彩票事业发展和管理情况以及 2014 年彩票事业发展政策措施报告如下：

一、2013 年彩票发行销售情况

2013 年，全国销售彩票 3 093.25 亿元，比上年增加 478.01 亿元，增长 18.3%。其中，福利彩票机构销售 1 765.28 亿元，比上年增加 254.96 亿元，增长 16.9%；体育彩票机构销售 1 327.97 亿元，比上年增加 223.05 亿元，增长 20.2%。

（一）全年彩票销售量增长平稳

2013 年，全国彩票市场总体运行平稳，彩票销售量比上年增长 18.3%，增速同比上升 0.3 个百分点。除 2 月份受彩票市场春节休市等影响外，全年其他月份销售量均保持在 240 亿元以上。

（二）除即开型彩票外各类型彩票销售量快速增长

2013 年，乐透数字型彩票销售 2 113.52 亿元，比上年增加 373.04 亿元，增长 21.4%，拉动全国彩票销售量增长 14.3 个百分点；竞猜型彩票销售 338.42 亿元，比上年增加 70.13 亿元，增长 26.1%，拉动全国彩票销售量增长 2.7 个百分点；视频型彩票销售 289.39 亿元，比上年增加 65.16 亿元，增长 29.1%，拉动全国彩票销售量增长 2.5 个百分点；即开型彩票销售 351.92 亿元，比上年减少 30.32 亿元，下降 7.9%，影响全国彩票销售量增长 -1.2 个百分点。相应地，彩票品种销售量结构出现微调，即开型彩票市场份额由 2012 年的 14.6% 下降到 2013 年的 11.4%，其他类型彩票市场份额均略有上升。

（三）绝大部分省份彩票销售量保持增长

2013 年，除江苏省外，全国其他省份彩票销售量均有所增长。其中，河北、广东、浙江、山东和安徽增加较多，比上年分别增加 41.63 亿元、35.56 亿元、35.03 亿元、28.51 亿元和 28.23 亿元；甘肃、吉林、河北、青海和安徽增速较快，同比分别增长 60.2%、52.3%、48.8%、46.1% 和 42%。值得注意的是，广东、江苏、山东、辽宁等省的彩票销售量位居前五名，但增长速度却明显放缓，其中，辽宁增长 8%，江苏下降 3.9%。

（四）彩票公益金筹集量与彩票销售量大体同步增长

2013 年，全国筹集彩票公益金

861.51 亿元，比上年增加 121.69 亿元，增长 16.4%。其中，福利彩票机构筹集 510.67 亿元，同比增加 64.62 亿元，增长 14.5%；体育彩票机构筹集 350.84 亿元，同比增加 57.07 亿元，增长 19.4%。主要是适度提高返奖率的彩票游戏销量保持快速增长，相应带来彩票公益金筹集量的增加。

二、2013 年彩票公益金收入和分配使用情况

（一）全国彩票公益金收入和分配情况

2013 年，全国彩票公益金收入（入库数）860.58 亿元，比上年增加 119.27 亿元，增长 16.1%。其中，中央集中彩票公益金收入 425.78 亿元，地方留成彩票公益金收入 434.8 亿元（包括 2013 年逾期未兑奖奖金额 9.02 亿元）。中央集中彩票公益金收入，分配给全国社会保障基金、中央专项彩票公益金、民政部和国家体育总局；地方留成彩票公益金收入，由省级财政部门商民政、体育行政等有关部门研究确定分配原则。

（二）中央集中彩票公益金收支情况

2013 年，中央集中彩票公益金可用收入 511.52 亿元，其中，当年收入 425.78 亿元，上年结转收入 85.74 亿元。中央集中彩票公益金安排支出 450.08 亿元，包括全国社会保障基金 276.65 亿元、中央专项彩票公益金 127.33 亿元、民政部 23.05 亿元和国家体育总局 23.05 亿元。收支相抵，结余 61.44 亿元。

（三）中央专项彩票公益金分配使用情况

2013 年，中央专项彩票公益金支出 127.33 亿元，包括：未成年人校外教育事业支出 37.7 亿元，用于未成年人校外活动场所能力提升、校外活动保障、示范性综合实践基地建设和乡村学校少年宫等项目；教育助学支出 8.5 亿元，用于资助特殊困难学生、教师，以及教育发展中遇到的特殊困难或突发紧急事件；红十字事业支出 2.81 亿元，用于红十字人道救助救援、生命健康安全教育、造血干细胞捐献者资料库建设、贫困患儿救助，以及人体器官捐献；残疾人事业支出 11.33 亿元，用于残疾人康复、教育、农村贫困残疾人危房改造，以及家庭无障碍改造；农村医疗救助支出 10 亿元，用于资助贫困农民参加新型农村合作医疗保险并补助医疗费用；城市医疗救助支出 6 亿元，用于资助城镇困难居民参加城镇居民基本医疗保险并补助医疗费用；扶贫支出 12 亿元，用于革命老区县贫困村实施整村推进项目和连片特困地区的革命老区县小型公益设施建设项目；文化支出 5.5 亿元，用于城市社区文化中心（活动室）设备购置补助，资助艺术作品创作和艺术人才培养；法律援助支出 1 亿元，用于开展农民工、残疾人、老年人、妇女和未成年人的法律援助工作；农村贫困母亲“两癌”救助支出 1 亿元，用于资助患宫颈癌、乳腺癌的农村贫困妇女的医疗费用；婴幼儿营养补助支出 0.5 亿元，用于贫困地区婴幼儿营养补助；农村养老服务支出 10 亿元，支持建设农村幸福院；新疆社会福利设施建设支出 3.7 亿元，用于新疆维吾尔自治区老年社会福利设施和孤残儿童服务设施建设；西藏社会公益事业建设支出 7.97

亿元，用于建设为老年人、残疾人、流浪未成年人和孤残儿童服务的社会福利机构，促进发展高原特色体育事业和开展全民健身活动；赣南等原中央苏区社会公益事业建设支出 9.32 亿元，用于江西、福建和广东三省原中央苏区社会公益事业建设。

三、2013 年彩票市场管理情况

（一）稳步推进彩票市场发展

一是增强乐透数字型彩票的市场吸引力。适度开展派奖活动，继续推动高返奖快速开奖彩票游戏试点，完善部分乐透数字型彩票游戏规则。二是提高即开型彩票市场运行效率。根据即开型彩票市场发展需要，适时新增发行销售 70 款即开型彩票游戏，相应停止销售 43 款即开型彩票游戏。三是积极发展竞猜型彩票。调整优化部分竞猜型彩票游戏规则，支持足球彩票开展派奖活动，试点销售虚拟竞猜足球彩票游戏。

（二）继续加强彩票市场监管

一是定期召开彩票管理工作会商和彩票市场形势分析会议，跟踪分析彩票市场发展态势，研究提出相关政策措施。二是建立起彩票专家咨询和评审工作机制，举办多次彩票监管咨询和评审活动，增强彩票公信力。三是推进彩票发行、销售和资金管理信息系统建设。四是会同有关部门查处擅自利用互联网销售彩票行为。五是进一步规范彩票机构财务管理。审核批复彩票发行机构 2013 年财务收支计划和 2012 年度财务收支决算。

（三）扎实做好彩票公益金管理工作

一是做好中央集中彩票公益金预算编制和执行工作，组织实施中央专项彩票公益金支持社会公益事业项目。二是研究提出拓展中央专项彩票公益金使用范围的政策建议。报经国务院批准同意，2013 年至 2015 年安排中央专项彩票公益金 18.6 亿元，支持江西、福建和广东三省原中央苏区社会公益事业建设项目；2014 年至 2015 年安排中央专项彩票公益金 77.24 亿元，加大对残疾人事业、乡村学校少年宫建设项目、红十字事业等的支持力度，适当支持精神病人福利机构建设、出生缺陷干预救助等事业发展。三是做好彩票公益金公告工作。以财政部公告的形式向社会发布 2013 年全国彩票公益金筹集、分配和使用情况，并推动彩票公益金使用部门和单位发布彩票公益金使用情况公告。

四、2014 年彩票事业发展政策措施

2014 年是贯彻落实党的十八届三中全会精神，全面深化改革的第一年，也是实现“十二五”规划目标的重要一年。为此，根据我国彩票事业发展面临的新形势新情况，2014 年，将积极做好以下工作：

（一）深入贯彻落实各项彩票管理制度

督促彩票发行机构对照《彩票管理条例》、《彩票管理条例实施细则》，进一步梳理完善包括彩票游戏规则在内的各项彩票管理制度规范。会同民政部、国家体育总局加快研究制定彩票设备和技术服务标准，夯实彩票监管基础。

（二）大力支持彩票市场持续健康发展

有序发展乐透数字型彩票市场，优化

乐透数字型彩票游戏结构，切实做好快速开奖游戏风险控制工作，发挥好乐透数字型彩票游戏的主力作用。积极发展竞猜型彩票，以巴西世界杯足球比赛为契机，巩固并稳步扩大彩民群体。大力发展即开型彩票，支持加大即开型彩票游戏研发力度，把握好新游戏上市节奏，有效地释放即开型彩票市场发展潜力。规范发展视频型彩票，适时适度调整优化中福在线游戏结构，合理把握中福在线销售厅布局和终端机规模。积极稳妥推进电话、互联网销售彩票工作，拓展彩票销售渠道。

（三）切实加强彩票市场监督管理

利用好彩票管理会商和彩票市场形势分析会议工作平台，加强彩票管理工作的沟通和协调，提高彩票监管工作效率。规范彩票机构财务管理，支持彩票发行销售工作。用实用好彩票监管咨询和评审专家工作机制，组织彩票专家开展咨询评审工作；建设并运营彩票发行销售和资金管理信息系统，提升彩票监管工作的科学化、信息化、专业化水平。配合公安部等部门研究建立查处非法彩票长效机制，共同维护彩票市场正常秩序。

（四）管好用好彩票公益金

根据彩票公益金收入情况和社会公益事业发展需要，适当拓展中央专项彩票公益金的使用范围，督促地方财政部门加强彩票公益金的使用管理工作，提高彩票公益金的使用效益。落实好国务院已经批复的中央专项彩票公益金支持社会公益事业项目的组织实施工作，健全彩票公益金使用部门的公告报告制度，进一步彰显彩票公益性特征，支持各项社会公益事业协调发展。

（财政部综合司供稿）

全国福利彩票市场发展概况

一、2013 年全国福利彩票市场发展基本情况

2013 年，全国福利彩票市场总体运行平稳，销量继续保持稳定增长态势，但销售增速有所回落，市场呈现以下几个主要特点：

（一）年销量及公益金筹集额均创历史新高

2013 年，全国共销售福利彩票 1 765.28 亿元，比上年同期（以下简称“同比”）增加 254.96 亿元，增长 16.9%。筹集公益金 510.67 亿元，同比增加 55.7 亿元，增长 12.2%，公益金筹集率约为 28.9%，发行福利彩票筹集的公益金占全国彩票公益金的 59.2%。彩票年销量及公益金筹集额均创历史新高。见图 1 和图 2。

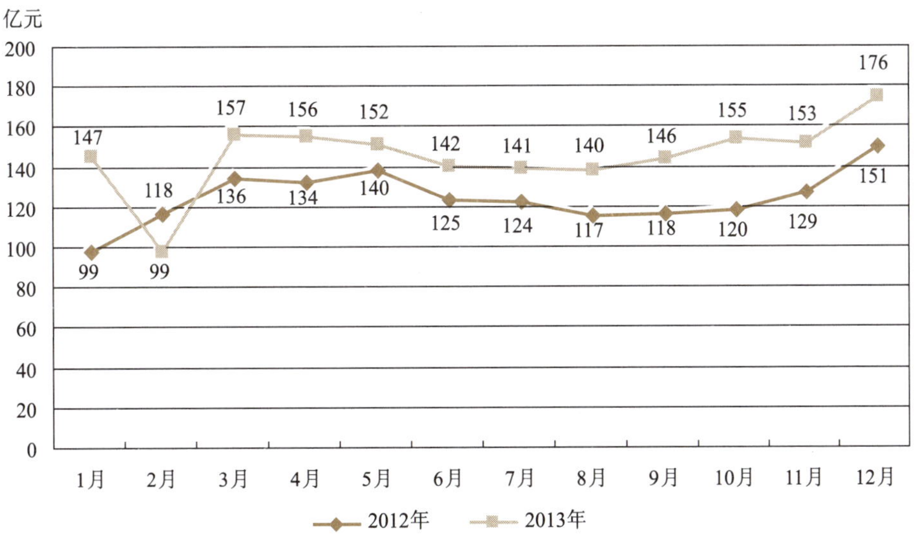

图 1　2012—2013 年福利彩票月销量比较图

（二）主要游戏品种销量实现增长

2013 年 1 月至 12 月，福利彩票乐透数字型、即开型和视频型彩票销售量分别占福利彩票销售总量的 73.1%、10.5%和 16.4%。

乐透数字型彩票销售 1 290.31 亿元，同比增加 206.25 亿元，增长 19%。其中，双色球销售 548.99 亿元，同比增加 0.22

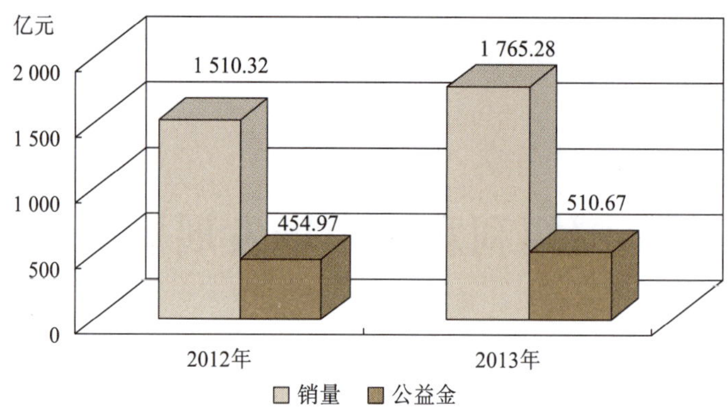

图 2　2013 年福利彩票销量及公益金筹集量与上年同期比较图

亿元，增长 0.04%；快开游戏销售 516.1 亿元，同比增加 234.85 亿元，增长 83.5%；3D 销售 185.71 亿元，同比减少 23.91 亿元，下降 11.4%；基诺型开乐彩游戏共销售 1.5 亿元，同比减少 2.73 亿元，下降 64.53%。见图 3。

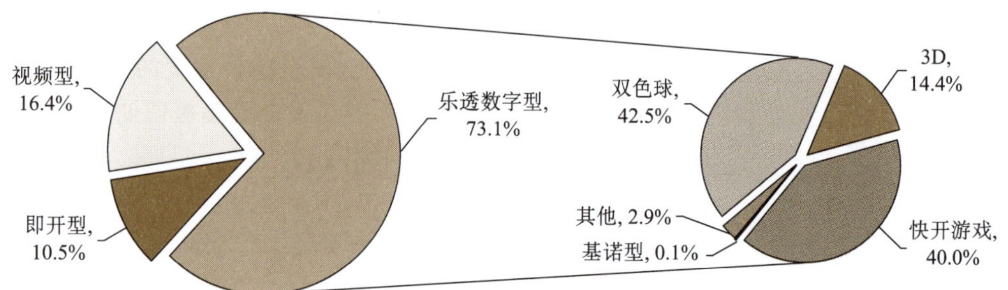

图 3　2013 年福利彩票各票种及主力游戏占总销量比重示意图

即开型彩票销售 185.58 亿元，同比减少 16.45 亿元，下降 8.1%。全年共上市销售“中国节”、“探险家”、“柿柿如意”等 50 款新游戏。平均单张销售价格为 5.14 元。见图 4。

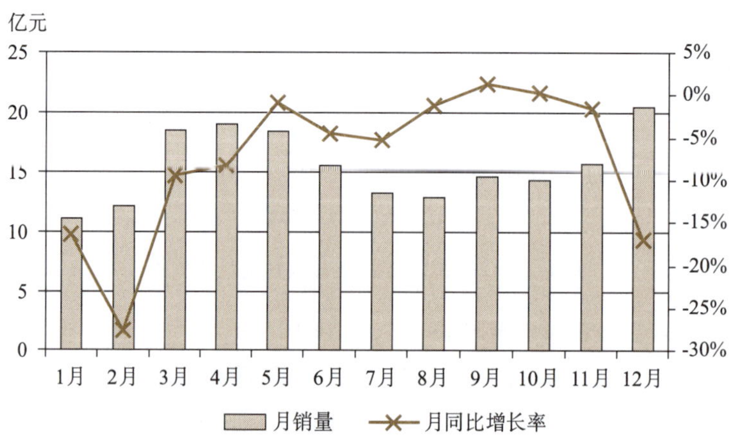

图 4　2013 年即开型彩票月销量及月同比增长率示意图

视频型彩票销售 289.39 亿元，同比增加 65.16 亿元，增长 29.1%。单厅日均销售 7.29 万元，单机日均销售 2 794.73 元；平均每日销售 8 083.52 万元，全年单日最高销量达 9 679.12 万元。见图 5。

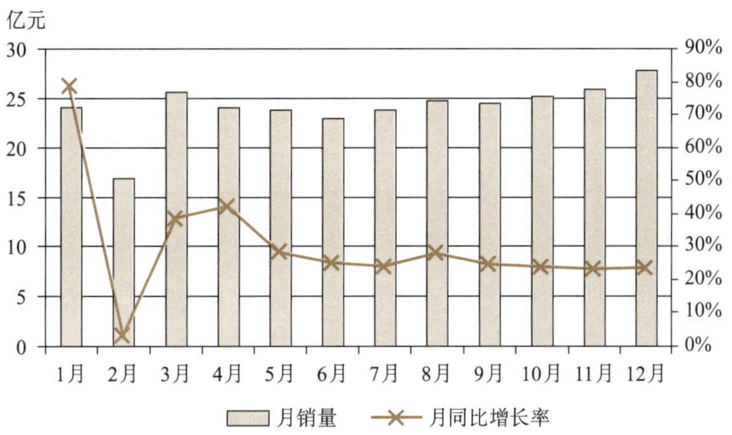

图 5　2013 年视频型彩票月销量及月同比增长率示意图

（三）各地区销量普遍增长

销量方面，全国有 29 个省级机构年销量创历史新高。广东、山东、江苏、浙江 4 省销量超越百亿元，其中广东达到 189 亿元，山东、江苏、浙江突破 120 亿元；辽宁超过 90 亿元；突破 60 亿元的有湖北、河北、四川、陕西、河南和湖南；安徽、北京销量均在 50 亿元以上；云南、江西、福建、广西、黑龙江、重庆、吉林突破 40 亿元；内蒙古、上海、新疆、甘肃、天津超过 30 亿元；在 10 亿—20 亿元的省份有 6 个，分别是山西、贵州、海南、宁夏、青海和西藏。

增速方面，吉林增速最高达 62.3%，甘肃、内蒙古增速超过 40%，西藏、江西、安徽、天津增速超过 30%，福建、河北、青海、陕西、广西、黑龙江、新疆、浙江、湖北等 9 省增速超过 20%，宁夏、辽宁、山西、重庆、四川、湖南、广东、海南、贵州、云南等 10 省增速达 10% 以上，山东、河南、北京也实现销量增长。上海和江苏出现负增长。见图 6。

二、主要工作情况

（一）不断优化完善游戏产品结构

乐透数字型彩票制定了双色球、3D 及其他游戏共 19 款游戏调整方案并上报财政部，全年共上市销售 11 款高返奖快开游戏，初步完成了快开游戏的全国布局。即开型彩票研发完成新品种 80 多款，上市销售 51 款，申报 184 款即开票游戏停销退市获得批准。视频型彩票上报了多款游戏规则调整方案。

（二）加快构建新型销售网络体系

中福彩中心深入调研各地投注站点布局与规划、站点建设和管理情况，制定了《中国福利彩票销售场所管理办法》及站点管理的 5 项制度，加强投注站规范化、标准化建设。即开票实施 3 省区域联销，积极探索推进自助终端销售。整合视频彩

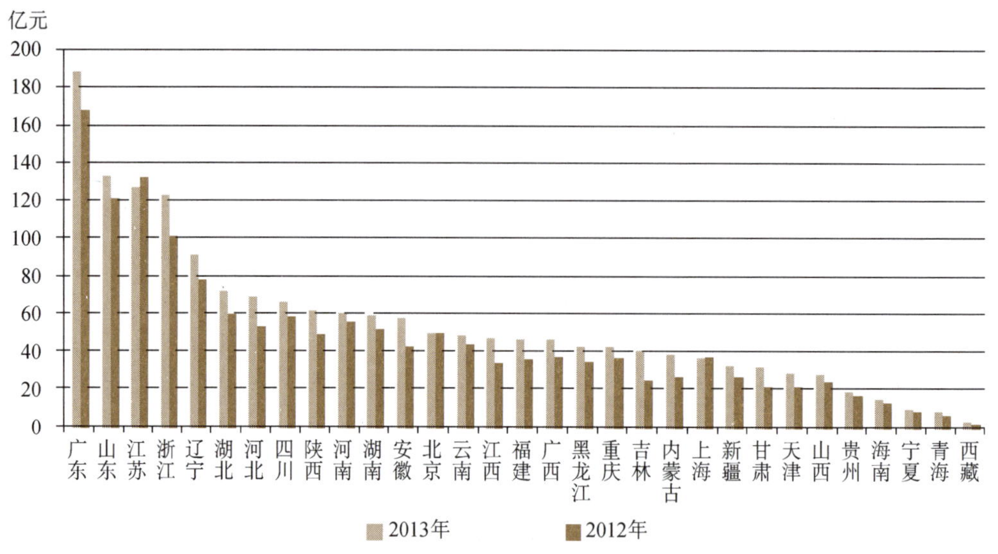

图 6　2012—2013 年全国省级福利彩票机构销量对比图

票销售厅资源，制定并经民政部同意下发了《关于科学布局中国福利彩票视频型彩票销售厅的指导意见》。研究部署电话销售彩票业务扩大试点工作，下发了《关于电话销售福利彩票业务扩大试点有关工作的通知》。各销售机构强化拓展、完善布局、加强建设和创新力度，优化销售网络体系。天津在繁华地段空白地点建设了一批示范店，并积极与酒店、餐饮、超市等成熟销售渠道合作建立销售站点，设立了首家集游戏测试、免费体验、尊贵独享、全品种购买于一体的直属销售大厅。北京、辽宁、江苏、湖北、广西、四川等多省份在沃尔玛等超市设立福彩销售点，扩展了销售网络。河南与省联通公司达成意向，在省内 1 000 个联通服务网点设置代销点。河北、山西、黑龙江、安徽、贵州等地积极改进物流配送模式，节约成本、让利基层，加强了即开票终端的生存发展能力。福建、湖南开设户外“刮刮乐”销售点，利用节假日组织小卖场销售。江西列支专项经费支持站点建设，新建成精品店 190 个。湖北利用“快 3”游戏上市推动站点进入商业场所，组织“刮刮乐”进中石化、农超、电信等其他行业。广东打造福彩形象示范店，安排专项资金建设了 210 个旗舰投注站，提升了站点形象和服务水平。陕西建立了由机构直接投资、建设、运营的福利彩票销售旗舰店，提升了福彩机构根植市场、开发市场的能力。

（三）大力推进全国整体营销体系建设

各级福彩机构围绕公益、品牌和市场三个维度，开展了形式多样、内容丰富、主题鲜明的活动，有效推进了全国整体营销体系建设。中福彩中心首次制作公益形象片并在中央电视台一套、二套、三套、八套黄金时段投放。首次组织开展宣传语征集活动，吸引各界特别是热心彩民积极广泛参与，取得了较好效果。首次将双色球派奖增加到 3 亿元并加大宣传力度，在地铁、公交、户外、报纸、广播、电视、网络等多种渠道投放派奖营销广告，提升了派奖活动效果，双色球销量逐步回升，全年同比实现增长，派奖期期均销量3.84亿元，创自派奖以来8次中的新高。首次开展了“走近刮刮乐”活动，获得彩民和销售员好评。各销售机构围绕市场热点，把握市场节奏，积极开展丰富多彩、彩民喜闻乐见的营销促销活动。北京针对“昆曲”主题即开票开展了3个月的连续促销。吉林、江苏等地开展快3游戏派奖，回馈彩民、回报爱心，西藏积极做好快3游戏上市营销活动。内蒙古利用网络视频平台，组织站点和彩民开展了竞赛式有奖促销活动。安徽探索开展新春开市系列营销活动，促使春节休市后福彩市场快速启动。四川、广东等地使用手机报、地铁报、短信等媒体进行“微营销”，提高营销的精准度和彩民的粘合度。北京、云南、青海在双色球开展3亿元大派奖活动期间，加大投入配合开展营销促销活动。宁夏对3D游戏采取了差异化营销模式。新疆扩版增加《公益时报·新疆福彩》维文插页，积极组织开展“时时彩”游戏市场营销，进一步开发了市场潜力。广东着力在公益活动和公益宣传上加大创新力度，建设“福利彩票社会责任研究和实践基地”，开展“福彩育苗计划”、“我的中国梦，青春七彩梦”、“福彩爱心助学子”等系列活动，彰显福利彩票公益慈善宗旨，获得了良好的社会效应。

（四）持续提升机构队伍素质能力

中福彩中心首次强调运用专业化市场分析方法，增强工作的针对性。通过视频会加现场会方式进行年中市场分析，在此基础上，采取了一系列有针对性的措施，如免除部分即开票尾票印制费、下调印制费比例、加大营销力度等，下半年市场取得了一定效果。北京、山东、陕西等省市与专业机构合作对市场和彩民购彩行为进行调研和专业化分析，为科学决策提供了依据。

中福彩中心强化重点课题研究和规章制度建设，形成《全国福利彩票发行销售业务特点和资金风险分析报告》等多份专题报告，制定了《中国福利彩票市场调控资金管理办法》等26项业务和内部管理规章制度。推进社会责任体系建设，编制完成了《中国福利彩票社会责任标准规范》初稿。完成了机构职能调整，新成立了积分公司、开奖公司。组织开展了首届创新竞赛。

在运行机制上，天津、辽宁尝试成立公司，探索调整中福在线运营机制。北京改善管理体制，向垂直化管理过渡。安徽、广西、四川、贵州等地加强和改善绩效考核工作，有效激发了员工积极性。在风险防控上，吉林、安徽等地建立覆盖各票种的安全检查档案；广东从测试、审批、实施及后续跟进工作等各个环节切实规范技术升级工作；山东、重庆等地加强资金风险防控体系建设，确保资金安全。在培训创新上，黑龙江等地全面整合培训资源，建立起福彩系统培训人才储备库。福建建设了“福彩大讲堂”远程培训平台，为销售员上岗培训、考核、发证提供了精细化管理平台。江西开展了大规模的专业化、差异化培训，下大力气培养培训师资力量。新疆贴近业务工作发展需要，建立完善培训体系，强化对销售员、管理员、机构人员的全员培训，取得了良好效果。在制度建设上，山东开展了“政策法规学习月”活动，印发《电脑福利彩票政策法规汇编》；河南修订完善了《公务接待管理暂行办法》等制度；浙江加强“阳光福彩”机构建设，制定出台了《投注站公开定点投放指导意见》，引进专业会计师事务所对全省中福在线大厅财务情况进行内审；湖北制定了《“三年提升五年倍增”发展规划》，推动了市场销售快速增长。

（中国福利彩票发行管理中心供稿）

全国体育彩票市场发展概况

2013年，在国家体育总局的正确领导下，在财政部的关心和指导下，在各级体育行政部门的高度重视下，全国体彩系统深入学习贯彻党的十八大精神，认真开展群众路线教育实践活动，紧紧围绕“十二五”规划的发展目标，转变观念，开拓创新，圆满完成了2013年的各项工作任务。

一、2013年体育彩票市场基本情况

2013年，全国体育彩票共销售1 327.9亿元，比上年同期增加223亿元，增长20.2%；市场份额42.9%，较上年同期的42.3%增加0.6个百分点；共筹集公益金351亿元，为国家公益事业和体育事业的发展做出了突出贡献。

乐透型彩票共销售823.2亿元，比上年增加166.8亿元，增长25.4%。其中，在超级大乐透方面，围绕着提升游戏竞争力，分步优化了游戏规则，继2012年5月停售附加游戏后，12月调节基金的提取比例提高至2%。强化了媒体宣传，狠抓网点宣传的“五个一”工作，开展了亿元派奖活动，派奖期间销量环比增长14%，单期最高销量达1.29亿元，超级大乐透全年共销售158.9亿元，增长了15.8%。高频游戏提高返奖率的省市推广至30个，以高频游戏为抓手，狠抓基础，加强了网点管理，扩充了网点规模，并建立了信息收集和分析机制，高频游戏全年共销售511.3亿元，增长43.4%。停售了22选5，共销售2.77亿元。排列3销售61.98亿元，较上年同期的70.76亿元减少8.78亿元，下降12.4%。地方游戏销售28.45亿元，较上年同期的29.25亿元减少0.8亿元，下降2.7%。排列5销售31.89亿元，较上年同期的30.66亿元增加1.23亿元，增长4%。七星彩销售27.87亿元，较上年同期的25.70亿元增加2.17亿元，增长8.4%。

竞猜型彩票共销售338.4亿元，比上年增加70.1亿元，增长26%，销量再创新高，“竞彩”、传统足彩、传统单场三类游戏全面增长。2013年，“竞彩”足球胜平负游戏拆分上市，发挥了混合过关投注方式的优势，增强了游戏吸引力，平衡了运营风险。以“竞彩普及日”和“传统足彩2.4亿派奖”为契机，开展了丰富多彩的营销活动，有效扩大了彩民群体。“竞彩普及日”活动3个月新增销量17.3亿元，传统足彩在派奖期间，周销量同比增长40%，出现了足彩历史上最高的1 000万元大奖。竞猜型彩票的自主运营和风控能力进一步提升；通过战略研究和

市场分析，明确了竞猜型彩票在游戏、渠道和运营管理上的主要思路和策略。竞猜型彩票培训课程体系初步建立，形成了系列标准化培训大纲、教材和课件。全年共销售竞彩 228.8 亿元，增长 32.1%，传统单场 35.2 亿元，增长 19%，传统足彩 33.8 亿元，增长 12.9%。

即开型彩票共销售 166.3 亿元，下降 7.7%，其中，有 10 个省（市）的销量增长。2013 年，即开票共上市 62 款游戏，其中，22 款地方游戏的表现比较突出，共销售 19.9 亿元，整体占比由 2.3% 提升至 11.9%。特别是黑旋风游戏，通过在华东区域联销的方式取得了良好效果，2013 年上半年在联销各省（市）的销量均处于各票种前列。围绕超级大乐透和 NBA 两款主题即开票，开展了全国性的营销活动，其中，超级大乐透主题票首次采用了两种游戏间的联合营销方式，扩大了宣传面。从各价位票的贡献来看，中高价位仍是销量的主力军，10 元票以上游戏占销量的 69.8%。但是，除 30 元票外，2 元、3 元、5 元、10 元和 20 元游戏的销量均有不同程度地下降。

2013 年，全国有 28 个省市的销量实现同比增长。江苏、山东、广东的销量超过百亿元。有 27 个省（市）的增长率超过两位数，增长率超过全国平均水平的省份有 15 个。18 个省份的市场份额有所提高，6 个省份的市场份额继续保持领先。

二、2013 年体育彩票主要工作情况

渠道规范管理取得显著进展。全国体彩系统用三年时间完成了大部分网点的形象统一建设，这在体育彩票渠道建设史上具有里程碑意义。其中，绝大多数单彩店都完成了形象统一建设，总局体彩中心三年共发放大量的网点形象补贴资金。各地按照《彩票管理条例》和《实施细则》的要求，加强了代销证的管理，规范了代销合同。网点信息管理系统的一期建设已经完成并上线运行。总局体彩中心开展了电子彩票的研究工作，调整了互联网销售的工作思路，重新确定了互联网销售整体业务方案和工作时间表。

技术体系的建设工作扎实推进。在深入研究的基础上，按照转变与创新的要求，调整了技术管理思路：在保持体育彩票统一管理的前提下，提供面向业务运营与管理、整合内外部技术供应商的技术服务，提高对技术系统的管控和对业务的支撑能力。通过需求评审、规范接口标准、组织用户接受测试，以及第三方符合性、安全性测试，提升了技术管控能力。新的国家主数据中心建设完成并投入使用，完成了区域数据中心系统的上收工作，四个区域数据中心自 2005 年投入使用以来运行安全，为体育彩票的发行销售提供了有力保障，做出了重要贡献。应用系统建设取得重大进展，自 2010 年以来，经过近四年的努力，目前二代乐透系统在试点的基础上正逐步在全国实施切换，这对体育彩票的发展具有积极意义和重要影响，拥有自主知识产权的竞彩、即开二代系统也正在有序推进。技术系统安全运行水平进一步提高。

宣传工作水平不断提升。总局体彩中心初步建立了统筹营销宣传的工作机制，定期下发公益与营销宣传计划，研究制定宣传营销评价体系。媒体渠道进一步优

化，社交媒体得到应用，拓展了传播信息、服务彩民的渠道。通过专项资金引导、统一品牌、统一方案的方式，总局中心联合多个省市开展了“快乐操场”和“新长城”等公益宣传活动。吉林、内蒙古、甘肃、贵州等省市重视公益金使用项目的宣传，借助全民健身活动和体育赛事资源宣传体育彩票。河北、安徽、江西、重庆等省市结合本地特色开展了主题突出、形式新颖的公益活动。福建、河南、浙江等省市还积极研究推动了本地区的公益金项目宣传管理办法。“体彩在我身边”征文活动的影响力不断扩大，共征集到多篇作品，已成为展示体彩文化的窗口、彩民和体彩人互动的平台。开奖节目的网络直播新增腾讯和搜狐两大门户网站；电视播出增加了中央2套；共接待来自全国31个省（市）的彩民9 300人次现场观摩开奖。

战略研究和管理创新不断加强。总局体彩中心开展了“十二五”规划的中期评估工作，贯彻中央关于改进工作作风、密切联系群众的八项规定，在全国开展了综合性市场调研，对“十二五”时期以来产品、渠道、品牌、技术、队伍等的实施情况进行了评估分析，调整和修订了后两年的任务、目标，这对进一步推动“十二五”规划的顺利实施具有重要意义。省市体彩中心也转变工作方式，加强调查研究，不断完善管理制度和管理方法，着力促进区域协调发展，在有潜力的县市组建机构，充实基层管理力量。全国共组织了近1.5万场62.4万人次的培训，对培训效果的考核也得到加强。各地也涌现出了一批先进集体和个人，吉林省、江苏省、西藏自治区、东莞市、大连市等5个体彩中心获得了“全国体育系统先进集体”称号，刘芳、张云海、李晓东等3人获得了“全国体育系统先进工作者”称号，王伟和李菊妹两位体彩代销者获得了第四届全国道德模范的提名。

安全运营得到保障。全国体彩系统始终把保安全作为硬任务，继续贯彻《彩票管理条例》和《实施细则》，进一步完善相关制度流程，对一些关键环节，实行定岗定位定人，严格落实财务管理的要求，依法依规开展各项招标采购。按照中央八项规定的要求，转变作风，精简会议，厉行节约，服务基层，坚决反对和抵制各种腐败现象、不良风气，廉政风险防控工作得到进一步深化。开奖工作总体平稳，各环节职责进一步落实到位。总局体彩中心和相关省市共同配合，对销售、兑奖环节出现的信访和纠纷，开展应急处理工作，妥善应对和处置了摇奖过程中的突发事件。省市体彩中心继续加强网点的安全规范运营管理，不断提升安全保障能力。

（国家体育总局体育彩票管理中心供稿）

二、2013年彩票大事记

2013年

1月

1日，“中国体育彩票杯”元旦群众登高健身活动举行。

4日，中国福利彩票发行管理中心印发关于试点实施《中国福利彩票视频票销售厅管理考评办法》的通知。

17日，2013年全国福利彩票工作会议在杭州召开。

17日至18日，2013年全国体育彩票工作会议在北京召开，总局刘鹏局长到会并发表讲话。

25日，上午，财政部综合司、民政部社会福利和慈善事业促进司、国家体育总局体育经济司、中国福利彩票发行管理中心、国家体育总局体育彩票管理中心在北京进行了2013年第一季度彩票管理工作定期会商。

下午，财政部综合司在北京组织召开了彩票市场形势分析会议，财政部综合司、民政部社会福利和慈善事业促进司、国家体育总局体育经济司、中国福利彩票发行管理中心、国家体育总局体育彩票管理中心，以及部分地方财政、民政、体育部门和福利彩票、体育彩票销售机构有关负责同志参加了会议。

2月

9日，0：00至15日24：00，除网点即开型彩票外，全国其他各类彩票游戏休市。

19日，中福彩中心党委召开“改进工作作风，践行为民理念”主题学习教育周动员暨反腐倡廉工作会议。中福彩中心主任俞建良提出，党员干部要带头树立“实、简、效、廉”的工作作风。

27日至28日，全国体育宣传工作会议在福建省福州市召开，国家体育总局体育彩票管理中心张弛副主任参加。

3月

1日，竞彩游戏启动历时3个月的“普及日”活动。

6日，体彩即开票“黑旋风”正式上市销售。

12日，国家体育总局体育彩票管理中心启动全员综合性市场调研，王卫东主任做动员讲话。

18日，山西上市59%高返奖的高频游戏11选5。

27日至29日，财政部综合司、干部

教育中心在深圳举办了“财政系统彩票管理培训班”。财政部综合司、干部教育中心相关负责同志，各省、自治区、直辖市财政厅（局）负责彩票管理工作的相关处室分管负责同志和经办人员参加了培训。

28 日，内蒙古自治区上市 59% 高返奖的高频游戏 11 选 5。

4 月

5 日，体彩即开票首款家族游戏“黄金家族”上市销售，这是体彩即开票在游戏设计上的一次创新。

8 日，根据《中彩中心关于优化整合部分机构职能和完善落实有关人事制度的意见》（中彩发字［2013］43 号），中国福利彩票发行管理中心对有关人事制度进行完善。制定并修改了选人用人机制、人才培养和人员激励约束机制等 12 项制度规范。

9 日，在重庆召开试点实施福彩视频票销售厅管理考评培训会。

24 日，甘肃省上市 59% 高返奖的高频游戏 11 选 5。

27 日，青海省上市 59% 高返奖的高频游戏 11 选 5。

30 日，广西壮族自治区上市 59% 高返奖的高频游戏 11 选 5。

5 月

6 日，根据部人事司批复的《关于中国福利彩票发行管理中心内设机构调整的通知》（民人劳字［2013］7 号），中心对内设机构职能进行优化整合，并对现有部分机构的名称和职能做出调整。

7 日，国家体育总局体育彩票管理中心在山东烟台举行第一届全国体彩系统北部片区宣传通讯员业务培训。

7 日至 8 日，国家体育总局体育彩票管理中心召开第一批综合性市场调研成果交流汇报会，总局晓敏局长助理参加并听取汇报。

11 日，超级大乐透停止销售附加玩法生肖乐。

21 日，国家体育总局体育彩票管理中心召开超级大乐透全国视频工作会议。

27 日，宁夏回族自治区高频游戏 11 选 5 的返奖率提高至 59%。

29 日，国家体育总局体育彩票管理中心启动了持续 20 期的超级大乐透六周年亿元派奖活动。

6 月

14 日，在国家体育总局第九套广播体操交流比赛中，国家体育总局体育彩票管理中心获得一等奖。

21 日，中国福利彩票发行管理中心首次与国家体育总局体育彩票管理中心建立正式沟通机制，并就共同进行彩票市场分析研究、制定战略发展规划等达成初步共识。

24 日至 7 月 21 日，国家体育总局体育彩票管理中心在全国范围内开展了主题为“顶呱刮 & 超级大乐透周年庆，感恩回馈双重赢”的联合营销推广活动。

25 日，2013 年“体彩在我身边”主题征文活动正式启动。

27 日至 7 月 3 日，大陆代表团赴台湾考察体育产业发展，闫玉丰副主任参加。

28 日，22 选 5 游戏在全国停止销售。

30 日，中国福利彩票发行管理中心与民政部政研中心合作开展“福利彩票文化理论研究”课题顺利完成，取得了《福利彩票核心价值理念研究》、《福彩彩民群体和谐文化构建研究》、《福利彩票的媒介传播研究》、《福利彩票公益金使用绩效评价指标体系研究》等重要研究成果。

7 月

1 日，内蒙古、青海、宁夏三省区正式开通了即开票区域联销，实现了即开票三省区通销通兑。

6 日，深圳彩民弃领超级大乐透 965 万元大奖，成为全国体彩的第二大弃奖。

10 日，中国福利彩票发行管理中心召开年中市场形势分析。

25 日，中国福利彩票发行管理中心完成了《中国福利彩票预制票据技术规范》的起草工作，并正式申报民政部行业标准立项。

30 日至 31 日，国家体育总局体育彩票管理中心在黑龙江省大庆市召开 2013 年上半年体育彩票市场形势分析会。

8 月

5 日至 8 日，国家体育总局体育彩票管理中心在湖南长沙举办第一期全国竞猜型彩票业务培训。

14 日，国家体育总局体育彩票管理中心举办了电子商务的知识培训。

14 至 15 日，国家体育总局体育彩票管理中心在安徽池州举办第二期全国竞猜型彩票业务培训。

19 日，国家体育总局体育彩票管理中心召开全国即开型彩票业务工作部署视频会。

23 日，财政部向社会公告 2012 年全国彩票公益金筹集分配情况和中央专项彩票公益金安排使用情况。

26 日至 9 月 30 日，超级大乐透在新浪微博上开展了“微博转发”赢大奖活动。

28 日，国家体育总局体育彩票管理中心召开党的群众路线教育实践活动专题会。

29 日，中国福利彩票官方网站中国福彩网正式上线运行。(www.cwl.gov.cn)

9 月

4 日，第三代 NBA 主题即开票正式上市销售。

4 日至 6 日，国家体育总局体育彩票管理中心在福建召开乐透型体育彩票专题研讨。

5 日，开启中国福利彩票宣传语首次征集活动，至 10 月 31 日活动结束，共收到应征作品近 35000 条。

9 日，传统足彩开始开展持续 16 个星期的 2.4 亿元派奖促销活动。

16 日，国家体育总局体育彩票管理中心召开网点管理系统推广使用工作培训。

17日至18日，国家体育总局体育彩票管理中心举行第二批次综合性市场调研成果交流汇报会，王卫东主任做总结讲话。

23至25日，中国福利彩票发行管理中心派代表赴摩洛哥参加了世界彩票协会和欧洲彩票协会联合举办的“责任彩票研讨会”。

24日，湖南省首批“走近刮刮乐”观摩团抵京，标志“走近刮刮乐活动”的正式启动，2013年共计接待14批次，近700人，取得了很好的宣传效果。

24日至25日，西北七省区市体彩中心主任联席会议在新疆召开，张弛副主任参加。

25日上午，财政部综合司、民政部社会福利和慈善事业促进司、国家体育总局体育经济司、中国福利彩票发行管理中心、国家体育总局体育彩票管理中心在山东进行了2013年第三季度彩票管理工作定期会商。

下午，财政部综合司在山东组织召开了彩票市场形势分析会议，财政部综合司、民政部社会福利和慈善事业促进司、国家体育总局体育经济司、中国福利彩票发行管理中心、国家体育总局体育彩票管理中心，以及部分地方财政、民政、体育部门和福利彩票、体育彩票销售机构有关负责同志参加了会议。

25日至26日，国家体育总局体育彩票管理中心在贵阳举行第二期全国体彩系统南部片区宣传通讯员业务培训。

10月

15日，西南五省区市体彩中心召开第一次主任联系会议，国家体育总局体育彩票管理中心王卫东主任参加。

15日至16日，国家体育总局体育彩票管理中心召开超级大乐透下一阶段工作研讨。

15日至17日，国家体育总局体育彩票管理中心赴山西开展扶贫捐赠活动。

16日，下一代乐透交易乐透开始在河北试点。

21日，返奖率高达67%的高频游戏“环岛赛”在海南上市销售。

22日，双色球开启了每期1 000万元，共3亿元的派奖活动，此活动持续到12月31日，这是双色球游戏派奖金额最高的一次。

22日至25日，国家体育总局体育彩票管理中心在宁夏银川市召开第五期全国地市体彩中心主任培训班。

23日，中国福利彩票发行管理中心颁发《关于中国福利彩票网点即开票扫描设备采购有关事宜的通知》（中彩发字［2013］137号），要求各省、自治区、直辖市福利彩票发行中心自行采购扫描设备，推进“一点一枪”的实施。

30日，国家体育总局体育彩票管理中心举行体彩系统安全管理知识专题视频培训。

30日至31日，国家体育总局体育彩票管理中心在重庆召开部分省市高频游戏工作研讨，张弛副主任参加。

31日，中国福利彩票发行管理中心

下发《关于转发财政部〈关于销毁即开型福利彩票尾票的通知〉的通知》（中彩发字［2013］146号），这是中国福利彩票发行管理中心首次在全国范围内清理销毁尾票。

31日至12月1日，全国体育产业工作会议在安徽召开，刘晓副主任参加。

11月

1日至3日，2013年中国体育文化博览会在安徽举办，体育彩票有专门展区展示和宣传。

4日，中国福利彩票发行管理中心与法国国家游戏集团签署新的《战略合作备忘录》。

6日，国家体育总局体育彩票管理中心举召开彩票行业的新会计制度座谈会。

12日至13日，国家体育总局体育彩票管理中心在江苏省南京市召开了2013年体育彩票战略研讨与培训，对“十二五”规划的实施情况进行了中期评估。

16日，民政部下发《民政部关于同意调整中国福利彩票发行管理中心即开票业务费计提比例的批复》（民函［2013］334号），将即开票业务费计提比例由2.85%降至2%。

16日，中福彩技术研究中心技术检测实验室获得中国合格评定国家认可委员会（CNAS）颁发的认可证书，成为了面向彩票行业的首家国家级检测和校准实验室。

16日，为深化福彩行业技术研究，达到技术资源效益最大化，中国福利彩票发行管理中心建立了福利彩票技术研究委员会，该委员会将在学术研究、系统安全、系统测试、项目管理和质量管理等五个方面开展工作。

17日，为加强中国福利彩票发行管理中心直属单位财务管理，规范会计核算，完善监督制约机制，印发《中国福利彩票发行管理中心直属单位会计集中核算实施办法》（试行）。

18日至21日，中国福利彩票发行管理中心派代表赴泰国参加了亚太彩票年会。

18日至22日，亚太彩票协会年会在泰国召开，国家体育总局体育彩票管理中心张弛副主任参加。

23日，中国福利彩票发行管理中心举行了首届创新竞赛活动，邀请了民政部窦玉沛副部长以及财政部、民政部相关司局领导参加，评出了2个一等奖、3个二等奖、5个三等奖，开创了福利彩票创新竞赛的先河，引领了福利彩票系统创新的风气。

25日至28日，国家体育总局体育彩票管理中心在安徽池州举行全国体彩系统技术工作培训，张弛副主任参加。

28日，江苏省上市虚拟竞猜游戏e球彩。

29日，“中国体育彩票·新长城助学基金”关爱河南优秀特困大学生捐助仪式在信阳举行。

12月

9日，超级大乐透调整彩票资金构成比例，彩票发行费下调1%，调节基金提升至2%，彩票公益金比例不变。

12 日，“中国体育彩票·新长城助学基金”捐助仪式在黑龙江省哈尔滨市举行。

16 日，中国福利彩票发行管理中心印发关于印发《关于科学布局中国福利彩票视频型彩票销售厅的指导意见》的通知。

16 日，中国福利彩票发行管理中心下发《关于电话销售福利彩票业务扩大试点有关工作的通知》，在全国 20 个省、市、自治区安排部署电话销售彩票扩大试点相关工作。

20 日，中国福利彩票发行管理中心的福利彩票形象宣传片在中央电视台投放。

24 日，印发《财政部关于印发〈彩票机构会计制度〉通知》（财会［2013］23 号），于 2014 年 1 月 1 日起施行。

24 日，为了深入贯彻落实《彩票管理条例》及其实施细则，推动建立健全相关配套会计制度，在财政部会计司与综合司的牵头下，中国福利彩票发行管理中心和中体彩中心积极参与，通过实地调研、反复讨论、征求意见、修改完善、组织模拟测试等工作，《彩票机构会计制度》正式颁布实施。

25 日，“中国体育彩票·新长城助学基金”甘肃捐赠仪式在西北师范大学举行。

28 日，中国福利彩票发行管理中心编制完成了《中国福利彩票社会责任标准规范》。《中国福利彩票社会责任标准规范》的完成，对福利彩票社会责任体系的建设具有里程碑式的作用和意义。

31 日，中国福利彩票发行管理中心向三家即开票制定印制厂家发出《关于调整中国福利彩票网点即开票印制费定价机制的函》，分别调整部分 2 元票和全部 5 元、10 元和 20 元票的价格。

三、彩票制度、政策和文献

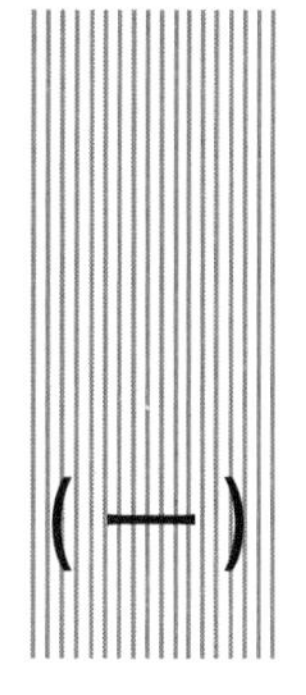

（一）国家彩票监督管理制度、政策和文献

中华人民共和国财政部公告

（2013 年 8 月 23 日　2013 年第 55 号）

2012 年，在党中央、国务院的坚强领导下，各级财政部门与民政、体育等部门密切配合，开拓进取，推动我国彩票事业平稳较快健康发展，彩票公益金筹集分配使用工作进展顺利。现将 2012 年彩票公益金筹集分配情况和中央专项彩票公益金安排使用情况公告如下：

一、2012 年全国彩票公益金筹集情况

2012 年，全国发行销售彩票 26 152 419 万元（见附件 1）。分机构看，福利彩票机构发行销售彩票 15 103 223 万元，体育彩票机构发行销售彩票 11 049 196 万元。分类型看，全年发行销售乐透数字型彩票 17 404 802 万元、即开型彩票 3 822 368 万元、视频型彩票 2 242 330 万元、竞猜型彩票 2 682 919 万元，占彩票销售总量的比重分别为 67%、15%、8% 和 10%。

根据现行彩票管理制度规定，彩票公益金来源于彩票发行销售收入和逾期未兑奖的奖金。彩票发行销售收入中，根据不同彩票品种，彩票公益金提取比例有所不同，主要有以下 4 种类型：一是以双色球、超级大乐透、3D、排列三等为主的乐透数字型彩票，其中绝大部分彩票游戏的彩票公益金提取比例为 35%，彩票奖金和彩票发行费的提取比例分别为 50% 和 15%，2012 年乐透数字型彩票筹集彩票公益金 5 664 246 万元。二是即开型彩票，彩票公益金的提取比例为 20%，彩票奖金和彩票发行费的提取比例分别为 65% 和 15%，2012 年即开型彩票筹集彩票公益金 764 474 万元。三是以中福在线为主的视频型彩票，彩票公益金的提取比例为 20%，彩票奖金和彩票发行费的提取比例分别为 65% 和 15%，2012 年视频

型彩票筹集彩票公益金448 466万元。四是以足球彩票为主的竞猜型彩票，其中，大部分彩票游戏的彩票公益金提取比例为18%，彩票奖金和彩票发行费的提取比例分别为69%和13%，2012年竞猜型彩票筹集彩票公益金520 979万元。2012年逾期未兑奖奖金137 069万元。综上，2012年共筹集彩票公益金7 535 234万元（见附件2）。

二、2012年全国彩票公益金分配情况

根据国务院批准的彩票公益金分配政策，彩票公益金在中央和地方之间按50∶50的比例分配，专项用于社会福利、体育等社会公益事业，按政府性基金管理办法纳入预算，实行“收支两条线”管理，专款专用，结余结转下年继续使用。中央集中彩票公益金，在全国社会保障基金、中央专项彩票公益金、民政部和国家体育总局之间分别按60%、30%、5%和5%的比例分配。地方留成的彩票公益金，由省级财政部门商民政、体育等有关部门研究确定分配原则。

2012年中央财政当年收缴入库彩票公益金3 667 540万元，加上2011年结转收入1 051 628万元，共4 719 168万元。按上述分配政策，考虑结余结转因素，经全国人大审议批准，2012年安排彩票公益金支出3 861 708万元。其中，分配给全国社会保障基金理事会2 412 569万元，用于补充全国社会保障基金；分配给中央专项彩票公益金1 047 043万元，用于国务院批准的社会公益事业项目，由使用彩票公益金的部门或单位向财政部提出申请，经财政部审核报国务院批准后，组织实施和管理；分配给民政部201 048万元，按照“扶老、助残、救孤、济困、赈灾”的宗旨，由民政部安排用于资助为老年人、残疾人、孤儿、有特殊困难等人群服务的社会福利设施建设和受助对象直接受益的项目；分配给国家体育总局201 048万元，由国家体育总局安排用于落实《全民健身计划纲要》和《奥运争光计划》等体育事业项目。彩票公益金收支相抵，结余857 460万元。

三、2012年中央专项彩票公益金安排使用情况

2012年，中央专项彩票公益金1 047 043万元的具体支出安排如下：

（一）未成年人校外教育事业384 000万元（见附件3）。该项目由中央文明办、教育部等部门组织实施，主要用于校外教育活动保障、未成年人校外活动场所能力提升、示范性综合实践基地建设和乡村学校少年宫建设项目。

（二）教育助学80 000万元（见附件4）。该项目由中国教育发展基金会组织实施，主要用于资助特困学生（滋蕙计划），特困教师（励耕计划），以及救助教育发展中遇到的特殊困难或突发紧急事件（润雨计划）。

（三）农村医疗救助100 000万元（见附件5）。该项目由民政部组织实施，主要用于资助贫困农民参加新型农村合作医疗和对医疗救助对象符合规定的医疗费用给予资助。

（四）城市医疗救助60 000万元（见附件6）。该项目由民政部组织实施，主要用于资助城镇困难居民参加城镇居民基

本医疗保险和对医疗救助对象符合规定的医疗费用给予资助。

（五）残疾人事业 112 500 万元（见附件 7）。该项目由中国残疾人联合会组织实施，主要用于康复、教育、体育、农村危房改造和家庭无障碍改造项目。

（六）红十字事业 29 743 万元。该项目由中国红十字会总会组织实施，主要用于人道救助救援 6 619 万元，生命健康安全教育 3 570 万元，中国造血干细胞资料库 10 465 万元，贫困患儿救助 8 000 万元和人体器官捐献 1 089 万元。

（七）文化 45 000 万元（见附件 8）。该项目由文化部组织实施，主要用于补助全国城市社区文化中心的设备购置和开展活动，以及繁荣文艺创作。

（八）扶贫 110 000 万元（见附件 9）。该项目由国务院扶贫开发领导小组办公室组织实施，主要用于贫困革命老区贫困村基础设施建设、环境改善、产业发展，并支持开展小额信贷扶贫试点工作。

（九）法律援助 10 000 万元（见附件 10）。该项目由中国法律援助基金会组织实施，主要用于资助办理农民工、残疾人、老年人、妇女和未成年人等方面的法律援助工作。

（十）农村贫困母亲两癌救助 5 000 万元（见附件 11）。该项目由中国妇女发展基金会组织实施，主要用于救助患有乳腺癌和宫颈癌的农村贫困妇女。

（十一）新疆社会福利设施建设 80 700 万元。该项目主要用于支持新疆维吾尔自治区孤残儿童、流浪未成年人和老年人等社会福利设施建设项目。

（十二）西藏社会公益事业建设项目 30 100 万元。该项目主要用于支持西藏自治区社会福利机构建设，发展高原特色体育事业和开展全民健身活动等项目。

特此公告。

附件：1. 2012 年全国彩票销售情况表
2. 2012 年全国彩票公益金筹集情况表
3. 2012 年中央专项彩票公益金支持未成年人校外教育事业项目资金分配表
4. 2012 年中央专项彩票公益金支持教育助学项目资金分配表
5. 2012 年中央专项彩票公益金支持农村医疗救助项目资金分配表
6. 2012 年中央专项彩票公益金支持城市医疗救助项目资金分配表
7. 2012 年中央专项彩票公益金支持残疾人事业项目资金分配表
8. 2012 年中央专项彩票公益金支持文化事业项目资金分配表
9. 2012 年中央专项彩票公益金支持扶贫项目资金分配表
10. 2012 年中央专项彩票公益金支持法律援助项目资金分配表
11. 2012 年中央专项彩票公益金支持农村贫困妇女两癌救助项目资金分配表

附件 1

2012 年全国彩票销售情况表

单位：万元

地　区	全国销售量	分机构		分类型			
		福利彩票	体育彩票	乐透数字型	即开型	视频型	竞猜型
北　京	890 313	507 317	382 996	491 782	206 155		192 377
天　津	529 342	228 001	301 341	261 631	39 669	30 657	197 385
河　北	852 390	546 387	306 003	568 765	179 347	76 485	27 793
山　西	356 373	254 806	101 566	222 265	63 473	41 030	29 605
内蒙古	443 079	281 125	161 955	274 241	118 710	36 227	13 902
辽　宁	1 320 997	798 047	522 950	998 063	128 611	104 359	89 963
吉　林	490 751	256 357	234 394	322 383	89 897	43 345	35 126
黑龙江	741 169	358 206	382 963	604 456	95 246	12 251	29 216
上　海	646 936	384 026	262 910	390 853	93 070	32 904	130 109
江　苏	2 958 409	1 340 067	1 618 342	2 122 996	332 296	175 410	327 706
浙　江	1 757 255	1 023 968	733 287	1 110 168	226 893	295 059	125 135
安　徽	672 592	436 558	236 034	373 813	86 208	127 791	84 780
福　建	893 883	371 984	521 898	616 021	156 368	69 568	51 926
江　西	713 257	352 384	360 874	446 355	30 676	37 078	199 148
山　东	2 283 428	1 223 638	1 059 790	1 502 432	379 173	226 548	175 274
河　南	1 085 216	568 891	516 325	775 308	182 250	82 254	45 404
湖　北	870 990	607 790	263 200	592 665	68 156	147 238	62 931
湖　南	849 948	529 189	320 759	532 387	78 762	119 717	119 081
广　东	2 723 204	1 695 551	1 027 653	1 736 116	435 096	185 601	366 391
广　西	461 099	384 770	76 329	269 211	66 664	76 734	48 490
海　南	190 336	143 251	47 084	162 094	6 500	13 067	8 675
重　庆	531 924	381 541	150 383	327 981	76 167	66 877	60 899
四　川	974 965	595 148	379 817	696 455	169 373	42 841	66 296
贵　州	315 060	181 386	133 673	242 815	42 139	3 625	26 481
云　南	865 045	448 760	416 285	631 357	134 489	44 897	54 302
西　藏	57 340	30 752	26 588	30 960	24 750		1 629
陕　西	684 211	502 855	181 356	473 466	117 870	60 377	32 497
甘　肃	343 119	228 036	115 083	192 968	54 857	63 492	31 801
青　海	108 676	74 962	33 713	68 378	20 704	10 735	8 859
宁　夏	132 750	90 801	41 949	89 984	23 053	16 162	3 552
新　疆	408 363	276 668	131 695	276 431	95 748		36 184
合　计	**26 152 419**	**15 103 223**	**11 049 196**	**17 404 802**	**3 822 368**	**2 242 330**	**2 682 919**

附件 2

2012 年全国彩票公益金筹集情况表

单位：万元

地区	彩票公益金	彩票品种				弃奖奖金
		乐透数字型	即开型	视频型	竞猜型	
北京	259 329	172 124	41 231		41 938	4 037
天津	140 760	85 010	7 934	6 131	40 121	1 564
河北	257 592	194 943	35 869	15 297	5 458	6 025
山西	106 321	77 793	12 695	8 206	5 666	1 962
内蒙古	131 516	95 627	23 742	7 245	2 747	2 155
辽宁	382 887	313 093	25 722	20 872	17 288	5 912
吉林	142 446	106 893	17 979	8 669	6 665	2 240
黑龙江	219 932	189 357	19 049	2 450	5 557	3 519
上海	189 478	135 768	18 614	6 581	24 647	3 868
江苏	827 649	653 657	66 459	35 082	60 054	12 396
浙江	513 026	376 099	45 379	59 012	23 945	8 591
安徽	192 355	129 819	17 242	25 558	16 068	3 668
福建	260 889	200 678	31 274	13 914	10 006	5 017
江西	200 070	145 953	6 135	7 416	38 493	2 074
山东	624 301	461 251	75 835	45 310	32 486	9 420
河南	318 008	249 927	36 450	16 451	8 605	6 576
湖北	259 791	199 182	13 631	29 448	12 276	5 255
湖南	239 912	172 484	15 752	23 943	23 186	4 547
广东	768 588	554 078	87 019	37 120	73 077	17 293
广西	134 992	94 224	13 333	15 347	9 433	2 656
海南	46 715	40 178	1 300	2 613	1 645	979
重庆	150 597	107 533	15 233	13 375	11 685	2 770
四川	292 423	230 469	33 875	8 568	12 949	6 562
贵州	100 466	83 428	8 428	725	5 069	2 816
云南	263 298	210 802	26 898	8 979	10 237	6 382
西藏	16 526	10 836	4 950		308	432
陕西	207 742	162 405	23 574	12 075	6 338	3 350
甘肃	98 840	67 539	10 971	12 698	5 882	1 748
青海	32 487	23 932	4 141	2 147	1 637	631
宁夏	40 758	31 494	4 611	3 232	702	718
新疆	115 538	87 671	19 150		6 810	1 908
合计	**7 535 234**	**5 664 246**	**764 474**	**448 466**	**520 979**	**137 069**

附件3

2012年中央专项彩票公益金支持未成年人校外教育事业项目资金分配表　单位：万元

地　区	合　计	地　区	合　计
北　京	2 407	湖　南	15 520
天　津	5 076	广　东	16 772
河　北	16 179	广　西	13 359
山　西	12 385	海　南	8 133
内蒙古	11 595	重　庆	10 472
辽　宁	15 305	四　川	23 092
吉　林	9 765	贵　州	9 689
黑龙江	12 501	云　南	13 885
上　海	3 120	西　藏	8 093
江　苏	11 427	陕　西	7 542
浙　江	12 472	甘　肃	15 114
安　徽	15 126	青　海	8 314
福　建	9 747	宁　夏	7 700
江　西	13 610	新　疆	8 459
山　东	19 215	新疆生产建设兵团	4 503
河　南	26 289	**合　计**	**384 000**
湖　北	17 134		

附件4

2012年中央专项彩票公益金支持教育助学项目资金分配表　单位：万元

地　区	滋蕙计划	励耕计划	润雨计划	合计
中央本级			2 002	2 002
北　京			1 270	1 270
天　津				
河　北	3 000	5 000	963	8 963
山　西			344	344
内蒙古	1 160	2 000	694	3 854
辽　宁		2 319	905	3 224
吉　林	1 100	2 001	598	3 699
黑龙江	1 320		1 456	2 776
上　海				
江　苏				
浙　江				
安　徽			531	531
福　建				
江　西			1 183	1 183
山　东			1 270	1 270

续表

地　区	滋蕙计划	励耕计划	润雨计划	合计
河　南	4 400	7 599	1 524	13 523
湖　北			1 903	1 903
湖　南			788	788
广　东				
广　西	1 740	3 281	1 098	6 119
海　南			63	63
重　庆	1 440	2 000	780	4 220
四　川	2 080	2 600	2 430	7 110
贵　州	560		2 085	2 645
云　南	520		4 035	4 555
西　藏			661	661
陕　西	2 200	3 000	1 271	6 471
甘　肃	480		831	1 311
青　海			488	488
宁　夏			193	193
新　疆		200	536	736
新疆生产建设兵团			101	101
合　计	**20 000**	**30 000**	**30 000**	**80 000**

附件 5

2012 年中央专项彩票公益金支持农村医疗救助项目资金分配表　　单位：万元

地　区	金　额	地　区	金　额
北　京	84	湖　北	4 065
天　津	107	湖　南	6 552
河　北	3 555	广　东	1 178
山　西	2 133	广　西	4 343
内蒙古	2 292	海　南	881
辽　宁	1 617	重　庆	2 559
吉　林	2 542	四　川	10 021
黑龙江	3 128	贵　州	7 018
上　海	66	云　南	7 534
江　苏	1 114	西　藏	1 030
浙　江	635	陕　西	5 314
安　徽	5 033	甘　肃	6 571
福　建	1 013	青　海	1 577
江　西	4 429	宁　夏	1 206
山　东	2 501	新　疆	2 978
河　南	6 924	**合　计**	**100 000**

附件 6

2012 年中央专项彩票公益金支持城市医疗救助项目资金分配表

单位：万元

地　区	金　　额	地　区	金　　额
北　京	182	湖　北	3 286
天　津	291	湖　南	4 138
河　北	1 777	广　东	514
山　西	1 814	广　西	1 271
内蒙古	2 271	海　南	904
辽　宁	1 988	重　庆	1 930
吉　林	4 086	四　川	5 046
黑龙江	4 758	贵　州	1 504
上　海	192	云　南	2 193
江　苏	610	西　藏	828
浙　江	189	陕　西	2 772
安　徽	2 090	甘　肃	2 523
福　建	330	青　海	1 316
江　西	3 302	宁　夏	1 091
山　东	1 073	新　疆	3 131
河　南	2 600	**合　计**	**60 000**

附件 7

2012 年中央专项彩票公益金支持残疾人事业项目资金分配表

单位：万元

地　区	康复	教育	危房改造	家庭无障碍改造	体育	合计
中央本级	14 120	2 900	0	0	7 045	24 065
北　京	212	174	0	0		386
天　津	345	150	0	0		495
河　北	2 539	180	1 500	210		4 429
山　西	1 462	78	1 380	350		3 270
内蒙古	824	48	1 200	228		2 300
辽　宁	2 348	250	540	298		3 436
吉　林	1 668	215	1 320	175		3 378
黑龙江	1 634	96	1 560	280		3 570
上　海		54	0	0		54
江　苏	2 645	480	0	0		3 125
浙　江	1 060	300	0	0		1 360
安　徽	2 346	190	1 320	350		4 206
福　建	1 581	120	600	140		2 441
江　西	1 695	90	1 380	193		3 358
山　东	2 548	544	1 140	210		4 442

续表

地　区	康复	教育	危房改造	家庭无障碍改造	体育	合计
河　南	3 247	329	1 320	210		5 106
湖　北	2 077	150	1 440	280		3 947
湖　南	2 470	330	1 440	350		4 590
广　东	2 370	315	300	0		2 985
广　西	2 047	120	1 170	280		3 617
海　南	276	24	660	140		1 100
重　庆	1 055	100	900	175		2 230
四　川	2 352	210	1 260	280		4 102
贵　州	1 071	78	990	210		2 349
云　南	1 794	218	1 260	140		3 412
西　藏	105	9	300	70		484
陕　西	1 845	210	1 200	280		3 535
甘　肃	1 450	45	1 500	280		3 275
青　海	644	21	1 080	140		1 885
宁　夏	508	18	900	140		1 566
新　疆	1 037	210	1 800	140		3 187
新疆生产建设兵团	214	9	540	52		815
合　计	**61 589**	**8 265**	**30 000**	**5 601**	**7 045**	**112 500**

附件 8

2012 年中央专项彩票公益金支持文化事业项目资金分配表　　单位：万元

地　区	城市社区文化中心设备购置和活动补助	繁荣文艺创作	合　计
中央本级		20 000	20 000
河　北	1 661		1 661
山　西	1 630		1 630
内蒙古	1 152		1 152
吉　林	747		747
黑龙江	678		678
上　海	300		300
浙　江	350		350
安　徽	386		386
厦　门	100		100
江　西	915		915
青　岛	100		100

续表

地 区	城市社区文化中心设备购置和活动补助	繁荣文艺创作	合 计
河 南	2 268		2 268
湖 北	2 945		2 945
湖 南	2 234		2 234
广 东	400		400
广 西	94		94
海 南	49		49
重 庆	1 587		1 587
四 川	2 394		2 394
贵 州	686		686
云 南	489		489
陕 西	1 956		1 956
甘 肃	461		461
青 海	12		12
宁 夏	155		155
新 疆	1 251		1 251
合 计	**25 000**	**20 000**	**45 000**

附件9

2012年中央专项彩票公益金支持扶贫项目资金分配表

单位：万元

地 区	金额	地 区	金额
中央本级	20 000	湖 南	3 000
河 北	6 000	广 东	2 000
山 西	6 000	广 西	4 500
内蒙古	1 500	海 南	1 500
吉 林	1 500	重 庆	1 500
黑龙江	1 500	四 川	9 000
安 徽	1 500	贵 州	1 500
福 建	10 000	云 南	1 500
江 西	9 000	陕 西	9 000
山 东	6 000	甘 肃	3 000
河 南	4 500	宁 夏	1 500
湖 北	4 500	**合 计**	**110 000**

附件 10

2012 年中央专项彩票公益金支持法律援助项目资金分配表

单位：万元

地　区	金额	地　区	金额
北　京	600	湖　南	480
天　津	150	广　东	20
河　北	400	广　西	325
山　西	220	海　南	120
内蒙古	225	重　庆	225
辽　宁	480	四　川	485
吉　林	400	贵　州	325
黑龙江	400	云　南	455
上　海	30	西　藏	145
江　苏	100	陕　西	455
浙　江	100	甘　肃	325
安　徽	480	青　海	225
福　建	300	宁　夏	225
江　西	340	新　疆	325
山　东	500	新疆生产建设兵团	240
河　南	500	**合　计**	**10 000**
湖　北	400		

附件 11

2012 年中央专项彩票公益金支持农村贫困妇女两癌救助项目资金分配表

单位：万元

地　区	金额	地　区	金额
中央本级	50	湖　北	108
北　京	59	湖　南	179
天　津	50	广　东	68
河　北	80	广　西	191
山　西	98	海　南	58
内蒙古	83	重　庆	276
辽　宁	58	四　川	495
吉　林	85	贵　州	807
黑龙江	89	云　南	205
上　海	27	西　藏	37
江　苏	107	陕　西	182
浙　江	67	甘　肃	116
安　徽	109	青　海	41
福　建	56	宁　夏	329
江　西	178	新　疆	437
山　东	116	新疆生产建设兵团	15
河　南	144	**合　计**	**5 000**

财政部　民政部关于印发《中央专项彩票公益金支持农村幸福院项目管理办法》的通知

（2013 年 4 月 28 日　财政部　民政部　财综［2013］56 号）

各省、自治区、直辖市财政厅（局）、民政厅（局），新疆生产建设兵团财务局、民政局：

为了规范和加强中央专项彩票公益金支持农村幸福院项目管理工作，根据《彩票管理条例》、《彩票管理条例实施细则》和《彩票公益金管理办法》（财综［2012］15 号）的有关规定，财政部、民政部制定了《中央专项彩票公益金支持农村幸福院项目管理办法》，现印发给你们，请遵照执行。

附件：中央专项彩票公益金支持农村幸福院项目管理办法

附件

中央专项彩票公益金支持农村幸福院项目管理办法

第一章　总　　则

第一条　为了规范和加强中央专项彩票公益金支持农村幸福院项目管理工作，根据《彩票管理条例》、《彩票管理条例实施细则》和《彩票公益金管理办法》（财综［2012］15 号）的有关规定，制定本办法。

第二条　本办法所称中央专项彩票公益金支持农村幸福院项目（以下简称“项目”），是指 2013 年至 2015 年由财政部安排中央专项彩票公益金，支持开展的农村幸福院设施修缮和设备用品配备等工作。

第三条　本办法所称农村幸福院，是指由村民委员会进行管理，为农村老年人提供就餐、文化娱乐等照料服务的公益性活动场所。包括农村老年人日间照料中心、托老所、老年灶、老年人活动中心等。

第四条　用于项目的中央专项彩票公益金（以下简称“项目资金”），应当坚持公开透明、规范管理和专款专用的安排使用原则。

第二章　资金使用范围与标准

第五条　项目资金使用范围是设施修缮和设备用品配备。

第六条　项目资金标准为每个项目补助 3 万元。

第三章　项目申报

第七条　项目申报应当具备下列条件：

（一）具有适合兴办农村幸福院的场地和设施；

（二）经村民会议或者村民代表会议讨论决定；

（三）具有筹资和建设方案。

第八条　项目申报应当提供以下材料：

（一）项目申报书；

（二）项目筹资和建设方案；

（三）项目管理运营方案；

（四）其他需要说明的材料。

第九条　项目申报程序如下：

（一）民政部会同财政部每年年初向各地下达农村幸福院的补助数量指标；

（二）省级民政部门会同省级财政部门制定项目申报办法及申报书范本，组织本地区进行申报和评审立项工作；

（三）省级民政部门会同省级财政部门审核立项后，上报民政部和财政部备案；

（四）民政部会同财政部抽查复核项目立项。

第十条　项目数量指标分配遵循“公平规范、激励先进、促进均衡”原则。

第十一条　项目经批准立项后，原则上不得调整。执行过程中由于特殊原因需要调整的，应当按照原申报审批程序报批。

第四章　资金使用

第十二条　项目资金预算由财政部根据项目资金标准和复核确定的农村幸福院数量指标，按年度下达各省、自治区、直辖市财政厅（局）和新疆生产建设兵团财务局。

第十三条　省级财政部门根据当地财力情况，可以安排资金与中央财政安排的项目资金统筹使用。

第十四条　地方财政部门应当对项目资金实行专项管理，并严格按照规定用途使用，不得截留、挤占、挪用。

第十五条　项目资金安排使用时，填列《政府收支分类科目》中 229 类“其他支出”60 款“彩票公益金安排的支出”02 项“用于社会福利的彩票公益金支出”。

第十六条　项目资金支付按照财政国库管理制度有关规定执行。

第十七条　项目实施单位应当按照方案进行建设和运营管理，提高项目管理服务水平和运营效能。

第十八条　省级民政部门应当建立项目资金支出绩效评价制度，对项目资金使用、项目建设及使用等情况进行综合考评。

第五章　公告报告

第十九条　由项目资金补助的农村幸福院，应当以显著方式标明“彩票公益金资助——中国福利彩票和中国体育彩票”标识。

第二十条　省级财政部门和省级民政部门，应当于每年 3 月底前，将上一年度项目资金分配使用和项目执行情况报送财政部和民政部。

第二十一条 省级民政部门应当于每年6月底前，向社会公告上一年度项目资金分配使用和项目执行情况。

第六章 监督管理

第二十二条 各级财政部门应当加强对项目资金管理和项目实施情况的监督检查，确保资金专款专用。

第二十三条 省级民政部门应当设立投诉电话，接受投诉并及时处理。

第二十四条 单位和个人违反规定，截留、挤占、挪用项目资金的，依照《财政违法行为处罚处分条例》（国务院令第427号）追究法律责任。

第七章 附 则

第二十五条 省级民政部门应当会同省级财政部门根据本办法制定具体的项目实施办法，报民政部和财政部备案。

第二十六条 本办法由财政部和民政部负责解释。

第二十七条 本办法自印发之日起施行。

关于在广西壮族自治区上市销售福利彩票快3游戏的通知

（2013年1月30日 财政部 财办综［2013］6号）

中国福利彩票发行管理中心：

你中心《关于广西壮族自治区上市销售中国福利彩票快3游戏的请示》（中彩发字［2013］10号）收悉。为优化广西壮族自治区（以下称广西）福利彩票游戏结构，促进彩票市场均衡发展，经研究，根据《彩票管理条例》、《彩票管理条例实施细则》、《彩票机构财务管理办法》（财综［2012］89号、《彩票发行销售管理办法》（财综［2012］102号）等相关规定，现就有关事项通知如下：

一、同意你中心在广西销售福利彩票快3游戏，具体游戏规则见附件。广西销售福利彩票快3游戏，每期按彩票销售额的59%、13%和28%，分别计提彩票奖金、彩票发行费和彩票公益金。广西福利彩票快3游戏应当自批准之日起4个月内上市销售。

二、福利彩票快3游戏上市销售前，广西福利彩票销售机构应将拟上市销售日期、营销宣传计划、风险控制办法等销售实施方案报同级财政部门审核，经核准后上市销售。广西福利彩票销售机构应及时向社会发布公告，公告内容包括财政部批准文件的名称及文号、同级财政部门核准文件的名称及文号、上市销售的日期、财政部批准的《中国福利彩票快 3 游戏规则》等。上市销售满 1 个月后，你中心和广西福利彩票销售机构应当向同级财政部门提交上市销售情况的书面报告。

三、广西福利彩票快速开奖游戏终端数量应严格执行财政部核定的控制数。福利彩票快 3 游戏可设置新的投注站点销售，也可选择部分条件较好的现有投注站点销售，但原则上不得在福利彩票、体育彩票双机店销售，不得利用互联网销售。

四、你中心应严格遵照各项彩票管理制度规定，督促广西福利彩票销售机构加强彩票销售的风险控制和安全管理，切实做好宣传等工作，确保彩票市场平稳健康发展。

附件：中国福利彩票快 3 游戏规则

附件

中国福利彩票快 3 游戏规则

第一章 总　　则

第一条　根据《彩票管理条例》、《彩票管理条例实施细则》、《彩票机构财务管理办法》（财综［2012］89 号、《彩票发行销售管理办法》（财综［2012］102 号）等相关规定，制定本规则。

第二条　中国福利彩票快 3 游戏（以下简称“快 3 游戏”）由中国福利彩票发行管理中心发行和组织销售，由经财政部批准的福利彩票销售机构（以下称“相关省福彩机构”）在所辖区域内销售。

第三条　快 3 游戏采用计算机网络系统发行，在相关省福彩机构设置的销售网点销售，定期开奖。

第四条　快 3 游戏实行自愿购买，凡购买者均被视为同意并遵守本规则。

第五条　不得向未成年人出售彩票或兑付奖金。

第二章 投　　注

第六条　快 3 游戏是指以三个号码组合为一注进行单式投注，每个投注号码为 1—6 共六个自然数中的任意一个，一组三个号码的组合称为一注。每注金额人民币 2 元。购买者可对其选定的投注号码进行多倍投注，投注倍数范围为 2—99 倍。单张彩票的投注金额最高不得超过 20 000 元。

第七条　购买者可在相关省福彩机构设置的销售网点投注。投注号码经投注机打印出对奖凭证，交购买者保存，此对奖凭证即为快 3 游戏彩票。

第八条　快 3 游戏根据号码组合共分为“和值”、“三同号”、“二同号”、“三不同号”、“二不同号”、“三连号通选”投注方式，具体规定如下：

（一）和值投注：是指对三个号码的和值进行投注，包括“和值 4”至“和值

17”投注。

（二）三同号投注：是指对三个相同的号码进行投注，具体分为：

1. 三同号通选：是指对所有相同的三个号码（111、222、…、666）进行投注；

2. 三同号单选：是指从所有相同的三个号码（111、222、…、666）中任意选择一组号码进行投注。

（三）二同号投注：是指对两个指定的相同号码进行投注，具体分为：

1. 二同号复选：是指对三个号码中两个指定的相同号码和一个任意号码进行投注；

2. 二同号单选：是指对三个号码中两个指定的相同号码和一个指定的不同号码进行投注。

（四）三不同号投注：是指对三个各不相同的号码进行投注。

（五）二不同号投注：是指对三个号码中两个指定的不同号码和一个任意号码进行投注。

（六）三连号通选投注：是指对所有三个相连的号码（仅限：123、234、345、456）进行投注。

第九条 购买者可选择机选号码投注、自选号码投注。机选号码投注是指由投注机随机产生投注号码进行投注，自选号码投注是指将购买者选定的号码输入投注机进行投注。

第十条 购买者可选择多期投注。多期投注是指购买从当期起连续若干期的彩票。

第十一条 快3游戏每期销售时间为10分钟。销售期号以销售日按每期开奖顺序编排。

第十二条 快3游戏每期全部投注号码的可投注数量实行限量销售，若投注号码受限，则不能投注。若因销售终端故障、通讯线路故障和投注站信用额度受限等原因造成投注不成功，应退还购买者投注金额。

第三章 设 奖

第十三条 快3游戏按当期销售额的59%、13%和28%分别计提彩票奖金、彩票发行费和彩票公益金。彩票奖金分为当期奖金和调节基金，其中，58%为当期奖金，1%为调节基金。

第十四条 快3游戏按不同单式投注方式设奖，均为固定奖。奖金规定如下：

（一）和值投注

1. 和值4：单注奖金固定为80元；
2. 和值5：单注奖金固定为40元；
3. 和值6：单注奖金固定为25元；
4. 和值7：单注奖金固定为16元；
5. 和值8：单注奖金固定为12元；
6. 和值9：单注奖金固定为10元；
7. 和值10：单注奖金固定为9元；
8. 和值11：单注奖金固定为9元；
9. 和值12：单注奖金固定为10元；
10. 和值13：单注奖金固定为12元；
11. 和值14：单注奖金固定为16元；
12. 和值15：单注奖金固定为25元；
13. 和值16：单注奖金固定为40元；
14. 和值17：单注奖金固定为80元。

（二）三同号投注

1. 三同号通选：单注奖金固定为40元；
2. 三同号单选：单注奖金固定为240元。

（三）二同号投注

1. 二同号复选：单注奖金固定为15元；

2. 二同号单选：单注奖金固定为80元。

（四）三不同号投注

三不同号：单注奖金固定为40元。

（五）二不同号投注

二不同号：单注奖金固定为8元。

（六）三连号通选投注

三连号通选：单注奖金固定为10元。

第十五条 快3游戏设置调节基金。调节基金包括按销售总额1%提取部分、逾期未退票的票款。调节基金用于支付不可预见的奖金支出风险，以及设立特别奖。动用调节基金设立特别奖，应报同级财政部门审核批准。

第十六条 快3游戏设置奖池。奖池资金由当期计提奖金与实际中出奖金的差额组成。当期实际中出奖金小于计提奖金时，余额进入奖池；当期实际中出奖金超过计提奖金时，差额由奖池资金补足。当奖池资金总额不足时，由调节基金补足，调节基金不足时，用彩票兑奖周转金垫支。在出现彩票兑奖周转金垫支的情况下，当调节基金有资金滚入时优先偿还垫支的彩票兑奖周转金。当奖池资金超过200万元时，超出部分转入调节基金。

第四章 开　　奖

第十七条 快3游戏采用专用电子开奖设备开奖，每期随机生成三个号码，作为当期开奖号码，每个号码为1—6共六个自然数中的任意一个。每期开奖时间为1分钟。

第十八条 每期开奖后，相关省福彩机构应向社会公布开奖号码、当期销售总额、各奖级中奖情况及奖池资金余额等信息，并将开奖结果通知销售网点。

第五章 中　　奖

第十九条 根据购买者选择的快3游戏的投注号码和投注方式，与当期开奖号码的相符情况，确定相应的中奖资格。具体规定如下：

（一）和值投注

和值：投注号码与当期开奖号码的三个号码的和值相符，即中奖。

（二）三同号投注

1. 三同号通选：当期开奖号码的三个号码相同，即中奖；

2. 三同号单选：当期开奖号码的三个号码相同，且投注号码与当期开奖号码相符，即中奖。

（三）二同号投注

1. 二同号复选：当期开奖号码中有两个号码相同，且投注号码中的两个相同号码与当期开奖号码中两个相同号码相符，即中奖；

2. 二同号单选：当期开奖号码中有两个号码相同，且投注号码与当期开奖号码中两个相同号码和一个不同号码分别相符，即中奖。

（四）三不同号投注

三不同号投注：当期开奖号码的三个号码各不相同，且投注号码与当期开奖号码全部相符，即中奖。

（五）二不同号投注

二不同号投注：当期开奖号码中有两个号码不相同，且投注号码中的两个不同号码与当期开奖号码中的两个不同号码相符，即中奖。

（六）三连号通选投注

三连号通选：当期开奖号码为三个相连的号码（仅限：123、234、345、456），即中奖。

第二十条 当期每注投注号码按其投注方式只有一次中奖机会，不能兼中兼得，特别设奖除外。

第六章 兑 奖

第二十一条 快3游戏兑奖当期有效。中奖者应当自开奖之日起60个自然日内，持中奖彩票到指定的地点兑奖。逾期未兑奖视为弃奖，弃奖奖金纳入彩票公益金。

第二十二条 中奖彩票为中奖唯一凭证，中奖彩票因玷污、损坏等原因不能正确识别的，不能兑奖。

第二十三条 兑奖机构可以查验中奖者的中奖彩票及有效身份证件，中奖者兑奖时应予配合。

第七章 附 则

第二十四条 本规则自批准之日起执行。

关于在福建省销售福利彩票快3游戏并停止销售时时彩游戏的通知

（2013年1月30日 财政部 财办综［2013］7号）

中国福利彩票发行管理中心：

你中心《关于福建省上市销售中国福利彩票快3游戏并停销时时彩游戏的请示》（中彩发字［2013］11号）收悉。为优化福建省福利彩票游戏结构，促进彩票市场均衡发展，经研究，根据《彩票管理条例》、《彩票管理条例实施细则》、《彩票机构财务管理办法》（财综［2012］89号）、《彩票发行销售管理办法》（财综［2012］102号）等相关规定，现就有关事项通知如下：

一、同意你中心在福建省销售福利彩票快3游戏，具体游戏规则见附件。福建省销售福利彩票快3游戏，每期按彩票销售额的59%、13%和28%，分别计提彩票奖金、彩票发行费和彩票公益金。福建省福利彩票快3游戏应当自批准之日起4个月内上市销售。

二、福利彩票快3游戏上市销售前，福建省福利彩票销售机构应将拟上市销售日期、营销宣传计划、风险控制办法等销售实施方案报同级财政部门审核，经核准后上市销售。福建省福利彩票销售机构应当及时向社会发布公告，公告内容包括财政部批准文件的名称及文号、同级财政部门核准文件的名称及文号、上市销售的日期、财政部批准的《中国福利彩票快3游戏规则》等。上市销售满1个月后，你中心和福建省福利彩票销售机构应当向同级财政部门提交上市销售情况的书面报告。

三、福建省福利彩票快速开奖游戏终端数量应当严格执行财政部核定的控制数。福利彩票快3游戏可设置新的投注站点销售，也可选择部分条件较好的现有投注站点销售，但原则上不得在福利彩票、体育彩票双机店销售，不得利用互联网销售。

四、同意你中心停止销售福建省福利彩票时时彩游戏。福建省福利彩票销售机构应当自批准之日起2个月内向社会发布公告，公告内容包括财政部的批准文件名称及文号、停止销售日期、兑奖截止日期等。自公告之日起满60个自然日后，福建省福利彩票销售机构可以停止销售时时彩游戏。

五、福建省福利彩票时时彩游戏停止销售后，在兑奖期内，应当按照规定兑付奖金。兑奖期结束后，奖池资金和调节基金有结余的，转为一般调节基金；奖池资金和调节基金余额为负数的，从彩票发行销售风险基金列支。兑奖期结束后，你中心和福建省福利彩票销售机构应当在60个自然日内向同级财政部门提交书面报告，报告内容包括时时彩游戏的发行销售、彩票奖金提取与兑付、奖池资金和调节基金结余与划转等情况。

六、你中心应当严格遵照各项彩票管理制度规定，督促福建省福利彩票销售机构加强彩票销售的风险控制和安全管理，切实做好宣传等工作，确保彩票市场平稳健康发展。

附件：中国福利彩票快3游戏规则

附件

中国福利彩票快3游戏规则

第一章　总　　则

第一条　根据《彩票管理条例》、《彩票管理条例实施细则》、《彩票机构财务管理办法》（财综［2012］89号）、《彩票发行销售管理办法》（财综［2012］102号）等相关规定，制定本规则。

第二条　中国福利彩票快3游戏（以下简称“快3游戏”）由中国福利彩票发行管理中心发行和组织销售，由经财政部批准的福利彩票销售机构（以下称“相关省福彩机构”）在所辖区域内销售。

第三条　快3游戏采用计算机网络系统发行，在相关省福彩机构设置的销售网点销售，定期开奖。

第四条　快3游戏实行自愿购买，凡购买者均被视为同意并遵守本规则。

第五条　不得向未成年人出售彩票或兑付奖金。

第二章 投 注

第六条 快3游戏是指以三个号码组合为一注进行单式投注，每个投注号码为1—6共六个自然数中的任意一个，一组三个号码的组合称为一注。每注金额人民币2元。购买者可对其选定的投注号码进行多倍投注，投注倍数范围为2—99倍。单张彩票的投注金额最高不得超过20 000元。

第七条 购买者可在相关省福彩机构设置的销售网点投注。投注号码经投注机打印出对奖凭证，交购买者保存，此对奖凭证即为快3游戏彩票。

第八条 快3游戏根据号码组合共分为“和值”、“三同号”、“二同号”、“三不同号”、“二不同号”、“三连号通选”投注方式，具体规定如下：

（一）和值投注：是指对三个号码的和值进行投注，包括“和值4”至“和值17”投注。

（二）三同号投注：是指对三个相同的号码进行投注，具体分为：

1. 三同号通选：是指对所有相同的三个号码（111、222、…、666）进行投注；

2. 三同号单选：是指从所有相同的三个号码（111、222、…、666）中任意选择一组号码进行投注。

（三）二同号投注：是指对两个指定的相同号码进行投注，具体分为：

1. 二同号复选：是指对三个号码中两个指定的相同号码和一个任意号码进行投注；

2. 二同号单选：是指对三个号码中两个指定的相同号码和一个指定的不同号码进行投注。

（四）三不同号投注：是指对三个各不相同的号码进行投注。

（五）二不同号投注：是指对三个号码中两个指定的不同号码和一个任意号码进行投注。

（六）三连号通选投注：是指对所有三个相连的号码（仅限：123、234、345、456）进行投注。

第九条 购买者可选择机选号码投注、自选号码投注。机选号码投注是指由投注机随机产生投注号码进行投注，自选号码投注是指将购买者选定的号码输入投注机进行投注。

第十条 购买者可选择多期投注。多期投注是指购买从当期起连续若干期的彩票。

第十一条 快3游戏每期销售时间为10分钟。销售期号以销售日按每期开奖顺序编排。

第十二条 快3游戏每期全部投注号码的可投注数量实行限量销售，若投注号码受限，则不能投注。若因销售终端故障、通讯线路故障和投注站信用额度受限等原因造成投注不成功，应退还购买者投注金额。

第三章 设 奖

第十三条 快3游戏按当期销售额的59%、13%和28%分别计提彩票奖金、彩票发行费和彩票公益金。彩票奖金分为当期奖金和调节基金，其中，58%为当期奖金，1%为调节基金。

第十四条 快3游戏按不同单式投注

方式设奖，均为固定奖。奖金规定如下：

（一）和值投注

1. 和值 4：单注奖金固定为 80 元；

2. 和值 5：单注奖金固定为 40 元；

3. 和值 6：单注奖金固定为 25 元；

4. 和值 7：单注奖金固定为 16 元；

5. 和值 8：单注奖金固定为 12 元；

6. 和值 9：单注奖金固定为 10 元；

7. 和值 10：单注奖金固定为 9 元；

8. 和值 11：单注奖金固定为 9 元；

9. 和值 12：单注奖金固定为 10 元；

10. 和值 13：单注奖金固定为 12 元；

11. 和值 14：单注奖金固定为 16 元；

12. 和值 15：单注奖金固定为 25 元；

13. 和值 16：单注奖金固定为 40 元；

14. 和值 17：单注奖金固定为 80 元。

（二）三同号投注

1. 三同号通选：单注奖金固定为 40 元；

2. 三同号单选：单注奖金固定为 240 元。

（三）二同号投注

1. 二同号复选：单注奖金固定为 15 元；

2. 二同号单选：单注奖金固定为 80 元。

（四）三不同号投注

三不同号：单注奖金固定为 40 元。

（五）二不同号投注

二不同号：单注奖金固定为 8 元。

（六）三连号通选投注

三连号通选：单注奖金固定为 10 元。

第十五条 快 3 游戏设置调节基金。调节基金包括按销售总额 1% 提取部分、逾期未退票的票款。调节基金用于支付不可预见的奖金支出风险，以及设立特别奖。动用调节基金设立特别奖，应报同级财政部门审核批准。

第十六条 快 3 游戏设置奖池。奖池资金由当期计提奖金与实际中出奖金的差额组成。当期实际中出奖金小于计提奖金时，余额进入奖池；当期实际中出奖金超过计提奖金时，差额由奖池资金补足。当奖池资金总额不足时，由调节基金补足，调节基金不足时，用彩票兑奖周转金垫支。在出现彩票兑奖周转金垫支的情况下，当调节基金有资金滚入时优先偿还垫支的彩票兑奖周转金。当奖池资金超过 200 万元时，超出部分转入调节基金。

第四章 开　　奖

第十七条 快 3 游戏采用专用电子开奖设备开奖，每期随机生成三个号码，作为当期开奖号码，每个号码为 1—6 共六个自然数中的任意一个。每期开奖时间为 1 分钟。

第十八条 每期开奖后，相关省福彩机构应向社会公布开奖号码、当期销售总额、各奖级中奖情况及奖池资金余额等信息，并将开奖结果通知销售网点。

第五章 中　　奖

第十九条 根据购买者选择的快 3 游戏的投注号码和投注方式，与当期开奖号码的相符情况，确定相应的中奖资格。具体规定如下：

（一）和值投注

和值：投注号码与当期开奖号码的三个号码的和值相符，即中奖。

（二）三同号投注

1. 三同号通选：当期开奖号码的三个号码相同，即中奖；

2. 三同号单选：当期开奖号码的三个号码相同，且投注号码与当期开奖号码相符，即中奖。

（三）二同号投注

1. 二同号复选：当期开奖号码中有两个号码相同，且投注号码中的两个相同号码与当期开奖号码中两个相同号码相符，即中奖；

2. 二同号单选：当期开奖号码中有两个号码相同，且投注号码与当期开奖号码中两个相同号码和一个不同号码分别相符，即中奖。

（四）三不同号投注

三不同号投注：当期开奖号码的三个号码各不相同，且投注号码与当期开奖号码全部相符，即中奖。

（五）二不同号投注

二不同号投注：当期开奖号码中有两个号码不相同，且投注号码中的两个不同号码与当期开奖号码中的两个不同号码相符，即中奖。

（六）三连号通选投注

三连号通选：当期开奖号码为三个相连的号码（仅限：123、234、345、456），即中奖。

第二十条 当期每注投注号码按其投注方式只有一次中奖机会，不能兼中兼得，特别设奖除外。

第六章 兑 奖

第二十一条 快3游戏兑奖当期有效。中奖者应当自开奖之日起60个自然日内，持中奖彩票到指定的地点兑奖。逾期未兑奖视为弃奖，弃奖奖金纳入彩票公益金。

第二十二条 中奖彩票为中奖唯一凭证，中奖彩票因玷污、损坏等原因不能正确识别的，不能兑奖。

第二十三条 兑奖机构可以查验中奖者的中奖彩票及有效身份证件，中奖者兑奖时应予配合。

第七章 附 则

第二十四条 本规则自批准之日起执行。

关于停止销售北京市福利彩票两步彩游戏的通知

（2013年2月22日 财政部 财办综［2013］10号）

中国福利彩票发行管理中心：

你中心《关于北京市停销福利彩票两步彩游戏的请示》（中彩发字［2013］20号）收悉。为进一步完善北京市福利彩票游戏结构，经研究，根据《彩票管理条例》、《彩票管理条例实施细则》、《彩票发行销售管理办法》（财综［2012］102号）等有关规定，现就有关事项通知如下：

一、同意你中心停止销售北京市福利彩票两步彩游戏。北京市福利彩票销售机构应当自批准之日起2个月内向社会发布公告，公告内容包括财政部的批准文件名称及文号、停止销售日期、兑奖截止日期等。自公告之日起满60个自然日后，北京市福利彩票销售机构可以停止销售两步彩游戏。

二、北京市福利彩票两步彩游戏停止销售后，在兑奖期内，应当按照规定兑付奖金。兑奖期结束后，奖池资金和调节基金有结余的，转为一般调节基金；奖池资金和调节基金余额为负数的，从彩票发行销售风险基金列支。

三、兑奖期结束后，你中心和北京市福利彩票销售机构应当在60个自然日内向同级财政部门提交书面报告，报告内容包括福利彩票两步彩游戏发行销售、彩票奖金提取与兑付、奖池资金和调节基金结余与划转等情况。

关于同意印制发行“剪子包袱锤”等22款即开型体育彩票游戏的通知

（2013年3月20日　财政部　财办综［2013］16号）

国家体育总局体育彩票管理中心：

你中心《关于印制发行“剪子包袱锤”等即开型体育彩票的请示》（体彩字［2013］66号）收悉。为优化彩票游戏结构，促进彩票市场健康发展，经研究，根据《彩票管理条例》、《彩票管理条例实施细则》、《彩票发行销售管理办法》（财综［2012］102号）等有关规定，现就有关事项通知如下：

一、同意你中心印制并在全国发行“剪子包袱锤”等22款即开型体育彩票，具体游戏规则见附件。“剪子包袱锤”等即开型体育彩票游戏按销售总额的65%、15%和20%分别计提彩票奖金、彩票发行费和彩票公益金。上述即开型彩票游戏应当在批准之日起4个月内上市销售。

二、上市销售前，你中心应当及时向社会发布公告，并在公告中注明财政部的批准文件名称、文号、上市销售的日期以及财政部批准的《“剪子包袱锤”等即开型体育彩票游戏规则》等。各省、自治区、直辖市体育彩票销售机构应当将拟上市销售日期、营销宣传计划、风险控制办法等销售实施方案报同级财政部门审核，经核准后上市销售。

三、你中心向各省、自治区、直辖市体育彩票销售机构分配彩票游戏时，应当将彩票游戏、数量和金额等具体分配方案报财政部备案，并按月报送全国印制和发行情况。上市销售满 1 个月后，你中心和各省、自治区、直辖市体育彩票销售机构应当向同级财政部门提交上市销售情况的书面报告。

四、你中心应当严格按照各项彩票管理制度规定，建立健全即开型彩票发行和销售风险防控制度及应急机制；督促各省、自治区、直辖市体育彩票销售机构切实加强安全管理，做好宣传等工作，确保即开型彩票市场平稳健康发展。

附件：“剪子包袱锤”等 22 款即开型体育彩票游戏规则

附件

“剪子包袱锤”等 22 款即开型体育彩票游戏规则

一、剪子包袱锤

（一）面值：2 元。

（二）奖组：60 万张（120 万元）。

（三）玩法规则：刮开覆盖膜，如果在任一横线、竖线或对角线刮出三个剪子、三个包袱或三个锤标志，即中得刮开区内所示的金额。

（四）设奖方案：

奖级	中奖金额（元）	中奖个数	中奖小计（元）
1	5 000	1	5 000
2	200	65	13 000
3	50	1 200	60 000
4	20	4 000	80 000
5	10	5 000	50 000
6	5	44 000	220 000
7	2	176 000	352 000
合计		**230 266**	**780 000**

二、金满罐

（一）面值：2 元。

（二）奖组：60 万张（120 万元）。

（三）玩法规则：刮开覆盖膜，在任意一场游戏中，如果出现两个相同的标志，即中得该场游戏右方所示的金额。兼中兼得。

（四）设奖方案：

奖级	中奖金额（元）	中奖个数	中奖小计（元）
1	15 000	1	15 000
2	1 000	20	20 000
3	200	190	38 000
4	100	750	75 000
5	50	1 800	90 000
6	20	3 500	70 000
7	15	2 000	30 000
8	10	14 000	140 000
9	5	34 000	170 000
10	2	66 000	132 000
合计		**122 261**	**780 000**

三、热力 50

（一）面值：2 元。

（二）奖组：60 万张（120 万元）。

（三）玩法规则：刮开覆盖膜，如果在任一横线、竖线或对角线刮出三个相同标志，即中得刮开区内所示的金额；如果出现“中”标志，即中得 50 元。兼中兼得。

（四）设奖方案：

奖级	中奖金额（元）	中奖个数	中奖小计（元）
1	50	4 800	240 000
2	20	4 000	80 000
3	10	12 000	120 000
4	5	16 000	80 000
5	4	35 000	140 000
6	2	60 000	120 000
合计		**131 800**	**780 000**

四、加油

（一）面值：2 元。

（二）奖组：60 万张（120 万元）。

（三）玩法规则：刮开覆盖膜，在任意一场游戏中，如果出现两个相同的标志，即中得该场游戏下方所示的金额。

（四）设奖方案：

奖级	中奖金额（元）	中奖个数	中奖小计（元）
1	1 000	36	36 000
2	100	240	24 000
3	10	24 000	240 000
4	2	240 000	480 000
合计		**264 276**	**780 000**

五、挖地雷

（一）面值：3 元。

（二）奖组：90 万张（270 万元）。

（三）玩法规则：刮开覆盖膜，如果出现“地雷”标志，即中得该标志下方所示的金额。兼中兼得。

（四）设奖方案：

奖级	中奖金额（元）	中奖个数	中奖小计（元）
1	5 000	1	5 000
2	100	580	58 000
3	50	9 000	450 000
4	20	10 125	202 500
5	5	27 000	135 000
6	3	301 500	904 500
合计		**348 206**	**1 755 000**

六、剪子包袱锤

（一）面值：5 元。

（二）奖组：60 万张（300 万元）。

（三）玩法规则：“剪子”胜“包袱”、“包袱”胜“锤”、“锤”胜“剪子”。刮开覆盖膜，在任意一场游戏中，如果你的手势胜过对手手势，即中得该场游戏右方所示的金额；如果在奖金位置出现“顶呱刮”标志，即中得 10 元。兼中兼得。

（四）设奖方案：

奖级	中奖金额（元）	中奖个数	中奖小计（元）
1	30 000	1	30 000
2	1 000	95	95 000
3	100	5 000	500 000
4	20	7 500	150 000
5	10	22 500	225 000
6	5	190 000	950 000
合计		**225 096**	**1 950 000**

七、热力 100

（一）面值：5 元。

（二）奖组：60 万张（300 万元）。

（三）玩法规则：刮开覆盖膜，如果你的号码中的任意一个号码与中奖号码之一相同，即中得该号码下方所示的金额；如果出现“中”标志，即中得 100 元。

兼中兼得。

（四）设奖方案：

奖级	中奖金额（元）	中奖个数	中奖小计（元）
1	100	6 000	600 000
2	50	2 500	125 000
3	20	10 000	200 000
4	15	10 000	150 000
5	10	45 000	450 000
6	5	85 000	425 000
合计		**158 500**	**1 950 000**

八、好事成双

（一）面值：5元。

（二）奖组：60万张（300万元）。

（三）玩法规则：刮开覆盖膜，在任意一场游戏中，如果你的号码中的一个号码与中奖号码之一相同，即中得该场游戏右方所示的金额；如果你的号码中的两个号码均与中奖号码相同，即中得该场游戏右方所示金额的两倍。每场游戏不重复兑奖。游戏之间兼中兼得。

（四）设奖方案：

奖级	中奖金额（元）	中奖个数	中奖小计（元）
1	100 000	1	100 000
2	5 000	5	25 000
3	1 000	50	50 000
4	500	200	100 000
5	100	2 000	200 000
6	50	2 700	135 000
7	30	3 000	90 000
8	20	10 000	200 000
9	15	5 000	75 000
10	10	60 000	600 000
11	5	75 000	375 000
合计		**157 956**	**1 950 000**

九、步步高

（一）面值：5元。

（二）奖组：60万张（300万元）。

（三）玩法规则：刮开覆盖膜，在任意一场游戏中，如果你的号码中的任意一个号码与中奖号码相同，即中得该号码下方所示的金额乘以该场游戏上方所示的倍数。兼中兼得。

（四）设奖方案：

奖级	中奖金额（元）	中奖个数	中奖小计（元）
1	100 000	1	100 000
2	3 000	10	30 000
3	1 000	50	50 000
4	300	500	150 000
5	100	1 825	182 500
6	50	3 750	187 500
7	20	15 000	300 000
8	10	60 000	600 000
9	5	70 000	350 000
合计		**151 136**	**1 950 000**

十、顶呱刮

（一）面值：5元。

（二）奖组：60万张（300万元）。

（三）玩法规则：①游戏一：刮开覆盖膜，如果出现“钱袋”标志，即中得该标志下方所示的金额。②游戏二：刮开覆盖膜，在任意一轮游戏中，如果出现两个相同的标志，即中得该轮游戏右方所示的金额。兼中兼得。

（四）设奖方案：

奖级	中奖金额（元）	中奖个数	中奖小计（元）
1	100 000	1	100 000
2	5 000	5	25 000
3	1 000	50	50 000
4	500	200	100 000

续表

奖级	中奖金额（元）	中奖个数	中奖小计（元）
5	100	2 000	200 000
6	50	2 700	135 000
7	30	3 000	90 000
8	20	10 000	200 000
9	15	5 000	75 000
10	10	60 000	600 000
11	5	75 000	375 000
合计		**157 956**	**1 950 000**

十一、魅力龙江

（一）面值：5元。

（二）奖组：60万张（300万元）。

（三）玩法规则：刮开覆盖膜，如果出现“春”、“夏”、“秋”、“冬”四个符号中的任意一个符号，即中得该符号下方所示的金额；如果出现“龙”字符号，即中得该符号下方所示金额的两倍。兼中兼得。

（四）设奖方案：

奖级	中奖金额（元）	中奖个数	中奖小计（元）
1	100 000	1	100 000
2	1 000	7	7 000
3	500	20	10 000
4	100	1 420	142 000
5	50	2 820	141 000
6	20	20 000	400 000
7	10	45 000	450 000
8	5	140 000	700 000
合计		**209 268**	**1 950 000**

十二、魅力新兰州·激情马拉松

（一）面值：5元。

（二）奖组：60万张（300万元）。

（三）玩法规则：刮开覆盖膜，如果你的号码中的任意一个号码与中奖号码之一相同，即中得该号码下方所示的金额。如果在幸运奖区出现“新兰州”标志，即中得50元，如果出现“马拉松”标志，即中得100元。兼中兼得。

（四）设奖方案：

奖级	中奖金额（元）	中奖个数	中奖小计（元）
1	80 000	1	80 000
2	1 000	30	30 000
3	500	250	125 000
4	100	900	90 000
5	50	1 500	75 000
6	20	22 500	450 000
7	10	40 000	400 000
8	5	140 000	700 000
合计		**205 181**	**1 950 000**

十三、强力金球

（一）面值：10元。

（二）奖组：180万张（1 800万元）。

（三）玩法规则：刮开覆盖膜，在任意一局游戏中，如果你的号码中的任意一个号码与中奖号码之一相同，即中得该号码下方所示的金额；如果在“给力标志区”出现“2X”标志，即中得该局游戏中奖号码下方所示金额的两倍；如果在“给力标志区”出现“4X”标志，即中得该局游戏中奖号码下方所示金额的四倍；如果在“给力标志区”出现“10X”倍标志，即中得该局游戏中奖号码下方所示金额的十倍；如果在“给力标志区”出现“20X”标志，即中得该局游戏中奖号码下方所示金额的二十倍；如果在“给力标志区”出现“50X”标志，即中得该局游戏中奖号码下方所示金额的五十倍。兼中兼得。

（四）设奖方案：

奖级	中奖金额（元）	中奖个数	中奖小计（元）
1	250 000	1	250 000
2	5 000	7	35 000
3	1 200	10	12 000
4	800	240	192 000
5	400	450	180 000
6	100	12 060	1 206 000
7	50	19 500	975 000
8	20	240 000	4 800 000
9	10	405 000	4 050 000
合计		**677 268**	**11 700 000**

十四、掼蛋

（一）面值：10元。

（二）奖组：180万张（1 800万元）。

（三）玩法规则：①玩法一：刮开覆盖膜，在任意一场游戏中，如果出现四张大小相同的牌，即中得该场游戏右方所示的金额；如果出现五张大小相同的牌，即中得该场游戏右方所示金额的两倍；如果出现五张大小连续且花色相同的牌，即中得该场游戏右方所示金额的五倍。每场游戏不重复兑奖。②玩法二：刮开幸运奖区，如果出现“红心”标志，即中得该标志下方所示的金额。兼中兼得。

（四）设奖方案：

奖级	中奖金额（元）	中奖个数	中奖小计（元）
1	250 000	1	250 000
2	5 000	4	20 000
3	1 200	10	12 000
4	800	240	192 000
5	400	435	174 000
6	100	16 200	1 620 000
7	50	26 640	1 332 000
8	20	240 000	4 800 000
9	10	330 000	3 300 000
合计		**613 530**	**11 700 000**

十五、钻石王朝

（一）面值：10元。

（二）奖组：180万张（1 800万元）。

（三）玩法规则：刮开覆盖膜，如果你的号码中的任意一个号码与中奖号码之一相同，即中得该号码下方所示的金额；如果出现“顶呱刮”标志，即中得该标志下方所示金额的两倍。兼中兼得。

（四）设奖方案：

奖级	中奖金额（元）	中奖个数	中奖小计（元）
1	250 000	1	250 000
2	5 000	4	20 000
3	1 200	60	72 000
4	800	390	312 000
5	500	3 150	1 575 000
6	100	8 865	886 500
7	50	27 690	1 384 500
8	20	195 000	3 900 000
9	10	330 000	3 300 000
合计		**565 160**	**11 700 000**

十六、金满堂

（一）面值：10元。

（二）奖组：60万张（600万元）。

（三）玩法规则：刮开覆盖膜，如果出现“金币”标志，即中得该标志下方所示的金额；如果出现“元宝”标志，即中得该标志下方所示金额的两倍。兼中兼得。

（四）设奖方案：

奖级	中奖金额（元）	中奖个数	中奖小计（元）
1	250 000	1	250 000
2	5 000	14	70 000
3	1 000	80	80 000
4	500	250	125 000
5	200	300	60 000
6	100	7 500	750 000

续表

奖级	中奖金额（元）	中奖个数	中奖小计（元）
7	50	4 800	240 000
8	25	3 000	75 000
9	20	50 000	1 000 000
10	15	30 000	450 000
11	10	80 000	800 000
合计		**175 945**	**3 900 000**

十七、热力 500

（一）面值：10 元。

（二）奖组：60 万张（600 万元）。

（三）玩法规则：刮开覆盖膜，如果在幸运奖区内出现两个相同的标志，即中得 100 元。刮开覆盖膜，如果你的号码中的任意一个号码与中奖号码之一相同，即中得该号码下方所示的金额；如果出现“中”标志，即中得 500 元。兼中兼得。

（四）设奖方案：

奖级	中奖金额（元）	中奖个数	中奖小计（元）
1	500	1 750	875 000
2	100	4 975	497 500
3	50	6 000	300 000
4	30	6 000	180 000
5	20	27 500	550 000
6	15	36 500	547 500
7	10	95 000	950 000
合计		**177 725**	**3 900 000**

十八、顶呱刮

（一）面值：10 元。

（二）奖组：60 万张（600 万元）。

（三）玩法规则：①游戏一：刮开覆盖膜，在任意一轮游戏中，如果出现两个相同的标志，即中得该轮游戏右方所示的金额。②游戏二：刮开覆盖膜，如果出现“金币”标志，即中得该标志下方所示的金额。③游戏三：刮开覆盖膜，如果你的号码中的任意一个号码与中奖号码相同，即中得该号码下方所示的金额。兼中兼得。

（四）设奖方案：

奖级	中奖金额（元）	中奖个数	中奖小计（元）
1	250 000	1	250 000
2	10 000	2	20 000
3	5 000	10	50 000
4	1 000	80	80 000
5	500	250	125 000
6	200	300	60 000
7	100	7 500	750 000
8	50	4 800	240 000
9	25	3 000	75 000
10	20	50 000	1 000 000
11	15	30 000	450 000
12	10	80 000	800 000
合计		**175 943**	**3 900 000**

十九、三江源

（一）面值：10 元。

（二）奖组：30 万张（300 万元）。

（三）玩法规则：刮开覆盖膜，如果你的号码中的任意一个号码与中奖号码之一相同，即中得该号码下方所示的金额：如果出现“雪山”标志，即中得该标志下方所示金额的两倍。兼中兼得。

（四）设奖方案：

奖级	中奖金额（元）	中奖个数	中奖小计（元）
1	250 000	1	250 000
2	1 000	10	10 000
3	500	30	15 000
4	100	2 500	250 000
5	50	2 500	125 000
6	30	10 000	300 000
7	20	20 000	400 000
8	10	60 000	600 000
合计		**95 041**	**1 950 000**

二十、大美龙江

（一）面值：10 元。

（二）奖组：60 万张（600 万元）。

（三）玩法规则：刮开覆盖膜，如果你的号码中的任意一个号码与中奖号码之一相同，即中得该号码下方所示的金额；如果在幸运奖区出现“龙”字标志，即中得 20 元。兼中兼得。

（四）设奖方案：

奖级	中奖金额（元）	中奖个数	中奖小计（元）
1	250 000	1	250 000
2	5 000	2	10 000
3	1 000	15	15 000
4	500	100	50 000
5	100	3 000	300 000
6	50	9 000	450 000
7	20	87 500	1 750 000
8	10	107 500	1 075 000
合计		**207 118**	**3 900 000**

二十一、丝绸之路·奇观

（一）面值：10 元。

（二）奖组：60 万张（600 万元）。

（三）玩法规则：刮开覆盖膜，如果你的号码中的任意一个号码与中奖号码之一相同，即中得该号码下方所示的金额；如果出现“顶呱刮”标志，即中得 100 元。兼中兼得。

（四）设奖方案：

奖级	中奖金额（元）	中奖个数	中奖小计（元）
1	150 000	1	150 000
2	5 000	6	30 000
3	1 000	50	50 000
4	500	200	100 000
5	100	6 700	670 000

续表

奖级	中奖金额（元）	中奖个数	中奖小计（元）
6	50	10 000	500 000
7	20	45 000	900 000
8	10	150 000	1 500 000
合计		**211 957**	**3 900 000**

二十二、大乐透

（一）面值：20 元。

（二）奖组：600 万张（12 000 万元）。

（三）玩法规则：①游戏一：刮开覆盖膜，如果出现“大乐透”或“顶呱刮”标志，即中得该标志下方所示的金额。②游戏二：刮开覆盖膜，在任意一场游戏中，如果出现两个相同的标志，即中得该场游戏右方所示的金额。③游戏三：刮开覆盖膜，如果你的号码中的任意一个号码与开奖号码中的前区号码之一相同，即中得该号码下方所示的金额；如果你的号码中的任意一个号码与开奖号码中的后区号码之一相同，即中得该号码下方所示金额的两倍。兼中兼得。

（四）设奖方案：

奖级	中奖金额（元）	中奖个数	中奖小计（元）
1	1 000 000	2	2 000 000
2	500 000	1	500 000
3	20 000	10	200 000
4	10 000	20	200 000
5	5 000	50	250 000
6	1 000	6 400	6 400 000
7	500	12 900	6 450 000
8	100	30 000	3 000 000
9	80	150 000	12 000 000
10	60	150 000	9 000 000
11	40	150 000	6 000 000
12	20	1 600 000	32 000 000
合计		**2 099 383**	**78 000 000**

关于变更青海省体育彩票11选5游戏规则的通知

（2013年3月20日　财政部　财办综［2013］17号）

国家体育总局体育彩票管理中心：

你中心《关于调整青海省高频游戏11选5游戏规则的请示》（体彩字［2013］83号）收悉。为完善青海省体育彩票游戏结构，促进彩票市场平稳健康发展，经研究，根据《彩票管理条例》、《彩票管理条例实施细则》、《彩票机构财务管理办法》（财综［2012］89号）、《彩票发行销售管理办法》（财综［2012］102号）等相关规定，现就有关事项通知如下：

一、同意你中心变更青海省体育彩票11选5游戏规则，变更后的游戏规则见附件。青海省销售体育彩票11选5游戏，每期按彩票销售额的59%、13%和28%，分别计提彩票奖金、彩票发行费和彩票公益金。青海省体育彩票11选5游戏应当自批准之日起4个月内变更后上市销售。

二、变更后的体育彩票11选5游戏上市销售前，青海省体育彩票销售机构应将拟上市销售日期、营销宣传计划、风险控制办法等销售实施方案报同级财政部门审核，经核准后上市销售。青海省体育彩票销售机构应及时向社会发布公告，公告内容包括财政部批准文件的名称及文号、同级财政部门核准文件的名称及文号、上市销售的日期、财政部批准的《中国体育彩票11选5游戏规则》等。上市销售满1个月后，你中心和青海省体育彩票销售机构应当向同级财政部门提交上市销售情况的书面报告。

三、青海省体育彩票快速开奖游戏终端数量应严格执行财政部核定的控制数。体育彩票11选5游戏可设置新的投注站点销售，也可选择部分条件较好的现有投注站点销售，但原则上不得在福利彩票、体育彩票双机店销售。不得利用互联网销售。

四、你中心应严格遵照各项彩票管理制度规定，督促青海省体育彩票销售机构加强彩票销售的风险控制和安全管理，切实做好宣传等工作，确保彩票市场平稳健康发展。

附件：中国体育彩票11选5游戏规则

附件

中国体育彩票 11 选 5 游戏规则

第一章 总　　则

第一条 根据《彩票管理条例》、《彩票管理条例实施细则》、《彩票机构财务管理办法》（财综［2012］89 号）、《彩票发行销售管理办法》（财综［2012］102 号）等相关规定，制定本规则。

第二条 中国体育彩票 11 选 5 游戏（以下简称“11 选 5”）由国家体育总局体育彩票管理中心发行和组织销售，由经财政部批准的体育彩票销售机构（以下称“相关省体彩机构”）在所辖区域内销售。

第三条 11 选 5 采用计算机网络系统发行，在相关省体彩机构设置的销售网点销售，定期开奖。

第四条 11 选 5 实行自愿购买，凡购买者均被视为同意并遵守本规则。

第五条 不得向未成年人出售彩票或兑付奖金。

第二章 投　　注

第六条 11 选 5 是指从 1—11 共十一个号码中任意选择一至八个号码进行投注，一组一至八个号码的组合称为一注。每注金额人民币 2 元。购买者可对其选定的投注号码进行多倍投注，投注倍数范围为 2—99 倍。单张彩票的投注金额最高不得超过 20 000 元。

第七条 购买者可在相关省体彩机构设置的销售网点投注。投注号码经投注机打印出对奖凭证，交购买者保存，此对奖凭证即为 11 选 5 彩票。

第八条 11 选 5 根据投注号码个数分为“任选一”至“任选八”投注，以及“选前二”、“选前三”投注，具体规定如下：

任选一：从十一个号码中任选一个号码投注；

任选二：从十一个号码中任选两个号码投注；

任选三：从十一个号码中任选三个号码投注；

任选四：从十一个号码中任选四个号码投注；

任选五：从十一个号码中任选五个号码投注；

任选六：从十一个号码中任选六个号码投注；

任选七：从十一个号码中任选七个号码投注；

任选八：从十一个号码中任选八个号码投注。

选前二、选前三：从十一个号码中选择两个或者三个号码分别对应当期开奖号码的前两个或者前三个号码投注，具体分为：

直选投注：所选两个或者三个号码与

当期开奖号码的前两个或者前三个号码按先后顺序一一对应投注；

组选投注：所选两个或者三个号码与当期开奖号码的前两个或者前三个号码不按先后顺序一一对应投注。

第九条 购买者可选择机选号码投注、自选号码投注。机选号码投注是指由投注机随机产生投注号码进行投注，自选号码投注是指将购买者选定的号码输入投注机进行投注。

第十条 购买者可选择复式投注、胆拖投注。复式投注是指所选号码个数超过单式投注的号码个数，所选号码可组合为每一种单式投注方式的多注彩票的投注。胆拖投注是指先选取少于单式投注号码个数的号码作为胆码（即每注彩票均包含的号码），再选取除胆码以外的号码作为拖码，胆码与拖码个数之和必须多于单式投注号码个数，由胆码与拖码的每一种组合按单式投注方式组成多注彩票的投注。

第十一条 11选5每期销售时间为10分钟。销售期号以销售日按每期开奖顺序编排。

第十二条 11选5每期全部投注号码的可投注数量实行限量销售，若投注号码受限，则不能投注。若因销售终端故障、通讯线路故障和投注站信用额度受限等原因造成投注不成功，应退还购买者投注金额。

第三章 设 奖

第十三条 11选5按当期销售额的59%、13%和28%分别计提彩票奖金、彩票发行费和彩票公益金。彩票奖金分为当期奖金和调节基金，其中，58%为当期奖金，1%为调节基金。

第十四条 11选5按不同单式投注方式设奖，均为固定奖。奖金规定如下：

任选一中一：单注奖金固定为13元；

任选二中二：单注奖金固定为6元；

任选三中三：单注奖金固定为19元；

任选四中四：单注奖金固定为78元；

任选五中五：单注奖金固定为540元；

任选六中五：单注奖金固定为90元；

任选七中五：单注奖金固定为26元；

任选八中五：单注奖金固定为9元。

选前二直选：单注奖金固定为130元；

选前二组选：单注奖金固定为65元；

选前三直选：单注奖金固定为1 170元；

选前三组选：单注奖金固定为195元。

第十五条 11选5设置调节基金。调节基金包括按销售总额1%提取部分、逾期未退票的票款。调节基金用于支付不可预见的奖金支出风险，以及设立特别奖。动用调节基金设立特别奖，应报同级财政部门审核批准。

第十六条 11选5设置奖池。奖池资金由当期计提奖金与实际中出奖金的差额组成。当期实际中出奖金小于计提奖金时，余额进入奖池；当期实际中出奖金超过计提奖金时，差额由奖池资金补足。当奖池资金总额不足时，由调节基金补足，调节基金不足时，用彩票兑奖周转金垫支。在出现彩票兑奖周转金垫支的情况下，当调节基金有资金滚入时优先偿还垫支的彩票兑奖周转金。当奖池资金总额超过200万元时，超过部分转入调节基金。

第四章 开 奖

第十七条 11选5采用专用电子开

奖设备开奖，每期从 1—11 共十一个号码中随机依次生成五个不同号码，作为当期开奖号码。开奖号码的顺序不能颠倒。每期开奖时间为 1 分钟。

第十八条 每期开奖后，相关省体彩机构应向社会公布开奖号码、当期销售总额、各奖级中奖情况及奖池资金余额等信息，并将开奖结果通知销售网点。

第五章 中 奖

第十九条 根据购买者选择的 11 选 5 的投注号码和投注方式，与当期开奖号码按数位顺序的相符情况，确定相应的中奖资格。具体规定如下：

任选一中一：投注的一个号码与当期开奖号码的第一个号码相同，即中奖；

任选二中二：投注的两个号码与当期开奖号码任意两个号码相同，即中奖；

任选三中三：投注的三个号码与当期开奖号码任意三个号码相同，即中奖；

任选四中四：投注的四个号码与当期开奖号码任意四个号码相同，即中奖；

任选五中五：投注的五个号码与当期开奖号码相同，即中奖；

任选六中五：投注的六个号码有任意五个号码与当期开奖号码相同，即中奖；

任选七中五：投注的七个号码有任意五个号码与当期开奖号码相同，即中奖；

任选八中五：投注的八个号码有任意五个号码与当期开奖号码相同，即中奖。

选前二直选：投注的两个号码与当期开奖号码前两个号码相同且先后顺序一致，即中奖；

选前二组选：投注的两个号码与当期开奖号码前两个号码相同（先后顺序不限），即中奖；

选前三直选：投注的三个号码与当期开奖号码前三个号码相同且先后顺序一致，即中奖；

选前三组选：投注的三个号码与当期开奖号码前三个号码相同（先后顺序不限），即中奖。

第二十条 当期每注投注号码按其投注方式只有一次中奖机会，不能兼中兼得，特别设奖除外。

第六章 兑 奖

第二十一条 11 选 5 兑奖当期有效。中奖者应当自开奖之日起 60 个自然日内，持中奖彩票到指定的地点兑奖。逾期未兑奖视为弃奖，弃奖奖金纳入彩票公益金。

第二十二条 中奖彩票为中奖唯一凭证，中奖彩票因玷污、损坏等原因不能正确识别的，不能兑奖。

第二十三条 兑奖机构可以查验中奖者的中奖彩票及有效身份证件，中奖者兑奖时应予配合。

第七章 附 则

第二十四条 本规则自批准之日起执行。

关于变更广西壮族自治区体育彩票11选5游戏规则的通知

（2013年3月20日 财政部 财办综［2013］18号）

国家体育总局体育彩票管理中心：

你中心《关于调整广西壮族自治区体育彩票11选5游戏规则的请示》（体彩字［2013］84号）收悉。为完善广西壮族自治区（以下简称广西）体育彩票游戏结构，促进彩票市场平稳健康发展，经研究，根据《彩票管理条例》、《彩票管理条例实施细则》、《彩票机构财务管理办法》（财综［2012］89号）、《彩票发行销售管理办法》（财综［2012］102号）等相关规定，现就有关事项通知如下：

一、同意你中心变更广西体育彩票11选5游戏规则，变更后的游戏规则见附件。广西销售体育彩票11选5游戏，每期按彩票销售额的59%、13%和28%，分别计提彩票奖金、彩票发行费和彩票公益金。广西体育彩票11选5游戏应当自批准之日起4个月内变更后上市销售。

二、变更后的体育彩票11选5游戏上市销售前，广西体育彩票销售机构应将拟上市销售日期、营销宣传计划、风险控制办法等销售实施方案报同级财政部门审核，经核准后上市销售。广西体育彩票销售机构应及时向社会发布公告，公告内容包括财政部批准文件的名称及文号、同级财政部门核准文件的名称及文号、上市销售的日期、财政部批准的《中国体育彩票11选5游戏规则》等。上市销售满1个月后，你中心和广西体育彩票销售机构应当向同级财政部门提交上市销售情况的书面报告。

三、广西体育彩票快速开奖游戏终端数量应严格执行财政部核定的控制数。体育彩票11选5游戏可设置新的投注站点销售，也可选择部分条件较好的现有投注站点销售，但原则上不得在福利彩票、体育彩票双机店销售。不得利用互联网销售。

四、你中心应严格遵照各项彩票管理制度规定，督促广西体育彩票销售机构加强彩票销售的风险控制和安全管理，切实做好宣传等工作，确保彩票市场平稳健康发展。

附件：中国体育彩票11选5游戏规则

附件

中国体育彩票 11 选 5 游戏规则

第一章　总　　则

第一条　根据《彩票管理条例》、《彩票管理条例实施细则》、《彩票机构财务管理办法》（财综［2012］89 号）、《彩票发行销售管理办法》（财综［2012］102 号）等相关规定，制定本规则。

第二条　中国体育彩票 11 选 5 游戏（以下简称“11 选 5”）由国家体育总局体育彩票管理中心发行和组织销售，由经财政部批准的体育彩票销售机构（以下称“相关省体彩机构”）在所辖区域内销售。

第三条　11 选 5 采用计算机网络系统发行，在相关省体彩机构设置的销售网点销售，定期开奖。

第四条　11 选 5 实行自愿购买，凡购买者均被视为同意并遵守本规则。

第五条　不得向未成年人出售彩票或兑付奖金。

第二章　投　　注

第六条　11 选 5 是指从 1—11 共十一个号码中任意选择一至八个号码进行投注，一组一至八个号码的组合称为一注。每注金额人民币 2 元。购买者可对其选定的投注号码进行多倍投注，投注倍数范围为 2—99 倍。单张彩票的投注金额最高不得超过 20 000 元。

第七条　购买者可在相关省体彩机构设置的销售网点投注。投注号码经投注机打印出对奖凭证，交购买者保存，此对奖凭证即为 11 选 5 彩票。

第八条　11 选 5 根据投注号码个数分为“任选一”至“任选八”投注，以及“选前二”、“选前三”投注，具体规定如下：

任选一：从十一个号码中任选一个号码投注；

任选二：从十一个号码中任选两个号码投注；

任选三：从十一个号码中任选三个号码投注；

任选四：从十一个号码中任选四个号码投注；

任选五：从十一个号码中任选五个号码投注；

任选六：从十一个号码中任选六个号码投注；

任选七：从十一个号码中任选七个号码投注；

任选八：从十一个号码中任选八个号码投注。

选前二、选前三：从十一个号码中选择两个或者三个号码分别对应当期开奖号码的前两个或者前三个号码投注，具体分为：

直选投注：所选两个或者三个号码与

当期开奖号码的前两个或者前三个号码按先后顺序一一对应投注；

组选投注：所选两个或者三个号码与当期开奖号码的前两个或者前三个号码不按先后顺序一一对应投注。

第九条 购买者可选择机选号码投注、自选号码投注。机选号码投注是指由投注机随机产生投注号码进行投注，自选号码投注是指将购买者选定的号码输入投注机进行投注。

第十条 购买者可选择复式投注、胆拖投注。复式投注是指所选号码个数超过单式投注的号码个数，所选号码可组合为每一种单式投注方式的多注彩票的投注。胆拖投注是指先选取少于单式投注号码个数的号码作为胆码（即每注彩票均包含的号码），再选取除胆码以外的号码作为拖码，胆码与拖码个数之和必须多于单式投注号码个数，由胆码与拖码的每一种组合按单式投注方式组成多注彩票的投注。

第十一条 11选5每期销售时间为10分钟。销售期号以销售日按每期开奖顺序编排。

第十二条 11选5每期全部投注号码的可投注数量实行限量销售，若投注号码受限，则不能投注。若因销售终端故障、通讯线路故障和投注站信用额度受限等原因造成投注不成功，应退还购买者投注金额。

第三章 设 奖

第十三条 11选5按当期销售额的59%、13%和28%分别计提彩票奖金、彩票发行费和彩票公益金。彩票奖金分为当期奖金和调节基金，其中，58%为当期奖金，1%为调节基金。

第十四条 11选5按不同单式投注方式设奖，均为固定奖。奖金规定如下：

任选一中一：单注奖金固定为13元；

任选二中二：单注奖金固定为6元；

任选三中三：单注奖金固定为19元；

任选四中四：单注奖金固定为78元；

任选五中五：单注奖金固定为540元；

任选六中五：单注奖金固定为90元；

任选七中五：单注奖金固定为26元；

任选八中五：单注奖金固定为9元。

选前二直选：单注奖金固定为130元；

选前二组选：单注奖金固定为65元；

选前三直选：单注奖金固定为1 170元；

选前三组选：单注奖金固定为195元。

第十五条 11选5设置调节基金。调节基金包括按销售总额1%提取部分、逾期未退票的票款。调节基金用于支付不可预见的奖金支出风险，以及设立特别奖。动用调节基金设立特别奖，应报同级财政部门审核批准。

第十六条 11选5设置奖池。奖池资金由当期计提奖金与实际中出奖金的差额组成。当期实际中出奖金小于计提奖金时，余额进入奖池；当期实际中出奖金超过计提奖金时，差额由奖池资金补足。当奖池资金总额不足时，由调节基金补足，调节基金不足时，用彩票兑奖周转金垫支。在出现彩票兑奖周转金垫支的情况下，当调节基金有资金滚入时优先偿还垫支的彩票兑奖周转金。当奖池资金总额超过200万元时，超过部分转入调节基金。

第四章 开 奖

第十七条 11选5采用专用电子开

奖设备开奖，每期从1—11共十一个号码中随机依次生成五个不同号码，作为当期开奖号码。开奖号码的顺序不能颠倒。每期开奖时间为1分钟。

第十八条 每期开奖后，相关省体彩机构应向社会公布开奖号码、当期销售总额、各奖级中奖情况及奖池资金余额等信息，并将开奖结果通知销售网点。

第五章 中 奖

第十九条 根据购买者选择的11选5的投注号码和投注方式，与当期开奖号码按数位顺序的相符情况，确定相应的中奖资格。具体规定如下：

任选一中一：投注的一个号码与当期开奖号码的第一个号码相同，即中奖；

任选二中二：投注的两个号码与当期开奖号码任意两个号码相同，即中奖；

任选三中三：投注的三个号码与当期开奖号码任意三个号码相同，即中奖；

任选四中四：投注的四个号码与当期开奖号码任意四个号码相同，即中奖；

任选五中五：投注的五个号码与当期开奖号码相同，即中奖。

任选六中五：投注的六个号码有任意五个号码与当期开奖号码相同，即中奖；

任选七中五：投注的七个号码有任意五个号码与当期开奖号码相同，即中奖；

任选八中五：投注的八个号码有任意五个号码与当期开奖号码相同，即中奖。

选前二直选：投注的两个号码与当期开奖号码前两个号码相同且先后顺序一致，即中奖；

选前二组选：投注的两个号码与当期开奖号码前两个号码相同（先后顺序不限），即中奖；

选前三直选：投注的三个号码与当期开奖号码前三个号码相同且先后顺序一致，即中奖；

选前三组选：投注的三个号码与当期开奖号码前三个号码相同（先后顺序不限），即中奖。

第二十条 当期每注投注号码按其投注方式只有一次中奖机会，不能兼中兼得，特别设奖除外。

第六章 兑 奖

第二十一条 11选5兑奖当期有效。中奖者应当自开奖之日起60个自然日内，持中奖彩票到指定的地点兑奖。逾期未兑奖视为弃奖，弃奖奖金纳入彩票公益金。

第二十二条 中奖彩票为中奖唯一凭证，中奖彩票因玷污、损坏等原因不能正确识别的，不能兑奖。

第二十三条 兑奖机构可以查验中奖者的中奖彩票及有效身份证件，中奖者兑奖时应予配合。

第七章 附 则

第二十四条 本规则自批准之日起执行。

关于变更甘肃省体育彩票11选5游戏规则的通知

（2013年3月20日　财政部　财办综［2013］19号）

国家体育总局体育彩票管理中心：

你中心《关于调整甘肃省高频游戏11选5游戏规则的请示》（体彩字［2013］85号）收悉。为完善甘肃省体育彩票游戏结构，促进彩票市场平稳健康发展，经研究，根据《彩票管理条例》、《彩票管理条例实施细则》、《彩票机构财务管理办法》（财综［2012］89号）、《彩票发行销售管理办法》（财综［2012］102号）等相关规定，现就有关事项通知如下：

一、同意你中心变更甘肃省体育彩票11选5游戏规则，变更后的游戏规则见附件。甘肃省销售体育彩票11选5游戏，每期按彩票销售额的59%、13%和28%，分别计提彩票奖金、彩票发行费和彩票公益金。甘肃省体育彩票11选5游戏应当自批准之日起4个月内变更后上市销售。

二、变更后的体育彩票11选5游戏上市销售前，甘肃省体育彩票销售机构应将拟上市销售日期、营销宣传计划、风险控制办法等销售实施方案报同级财政部门审核，经核准后上市销售。甘肃省体育彩票销售机构应及时向社会发布公告，公告内容包括财政部批准文件的名称及文号、同级财政部门核准文件的名称及文号、上市销售的日期、财政部批准的《中国体育彩票11选5游戏规则》等。上市销售满1个月后，你中心和甘肃省体育彩票销售机构应当向同级财政部门提交上市销售情况的书面报告。

三、甘肃省体育彩票快速开奖游戏终端数量应严格执行财政部核定的控制数。体育彩票11选5游戏可设置新的投注站点销售，也可选择部分条件较好的现有投注站点销售，但原则上不得在福利彩票、体育彩票双机店销售。不得利用互联网销售。

四、你中心应严格遵照各项彩票管理制度规定，督促甘肃省体育彩票销售机构加强彩票销售的风险控制和安全管理，切实做好宣传等工作，确保彩票市场平稳健康发展。

附件：中国体育彩票11选5游戏规则

附件

中国体育彩票 11 选 5 游戏规则

第一章　总　　则

第一条　根据《彩票管理条例》、《彩票管理条例实施细则》、《彩票机构财务管理办法》（财综［2012］89 号）、《彩票发行销售管理办法》（财综［2012］102 号）等相关规定，制定本规则。

第二条　中国体育彩票 11 选 5 游戏（以下简称“11 选 5”）由国家体育总局体育彩票管理中心发行和组织销售，由经财政部批准的体育彩票销售机构（以下称“相关省体彩机构”）在所辖区域内销售。

第三条　11 选 5 采用计算机网络系统发行，在相关省体彩机构设置的销售网点销售，定期开奖。

第四条　11 选 5 实行自愿购买，凡购买者均被视为同意并遵守本规则。

第五条　不得向未成年人出售彩票或兑付奖金。

第二章　投　　注

第六条　11 选 5 是指从 1—11 共十一个号码中任意选择一至八个号码进行投注，一组一至八个号码的组合称为一注。每注金额人民币 2 元。购买者可对其选定的投注号码进行多倍投注，投注倍数范围为 2—99 倍。单张彩票的投注金额最高不得超过 20 000 元。

第七条　购买者可在相关省体彩机构设置的销售网点投注。投注号码经投注机打印出对奖凭证，交购买者保存，此对奖凭证即为 11 选 5 彩票。

第八条　11 选 5 根据投注号码个数分为“任选一”至“任选八”投注，以及“选前二”、“选前三”投注，具体规定如下：

任选一：从十一个号码中任选一个号码投注；

任选二：从十一个号码中任选两个号码投注；

任选三：从十一个号码中任选三个号码投注；

任选四：从十一个号码中任选四个号码投注；

任选五：从十一个号码中任选五个号码投注；

任选六：从十一个号码中任选六个号码投注；

任选七：从十一个号码中任选七个号码投注；

任选八：从十一个号码中任选八个号码投注。

选前二、选前三：从十一个号码中选择两个或者三个号码分别对应当期开奖号码的前两个或者前三个号码投注，具体分为：

直选投注：所选两个或者三个号码与

当期开奖号码的前两个或者前三个号码按先后顺序一一对应投注；

组选投注：所选两个或者三个号码与当期开奖号码的前两个或者前三个号码不按先后顺序一一对应投注。

第九条 购买者可选择机选号码投注、自选号码投注。机选号码投注是指由投注机随机产生投注号码进行投注，自选号码投注是指将购买者选定的号码输入投注机进行投注。

第十条 购买者可选择复式投注、胆拖投注。复式投注是指所选号码个数超过单式投注的号码个数，所选号码可组合为每一种单式投注方式的多注彩票的投注。胆拖投注是指先选取少于单式投注号码个数的号码作为胆码（即每注彩票均包含的号码），再选取除胆码以外的号码作为拖码，胆码与拖码个数之和必须多于单式投注号码个数，由胆码与拖码的每一种组合按单式投注方式组成多注彩票的投注。

第十一条 11选5每期销售时间为10分钟。销售期号以销售日按每期开奖顺序编排。

第十二条 11选5每期全部投注号码的可投注数量实行限量销售，若投注号码受限，则不能投注。若因销售终端故障、通讯线路故障和投注站信用额度受限等原因造成投注不成功，应退还购买者投注金额。

第三章 设　　奖

第十三条 11选5按当期销售额的59%、13%和28%分别计提彩票奖金、彩票发行费和彩票公益金。彩票奖金分为当期奖金和调节基金，其中，58%为当期奖金，1%为调节基金。

第十四条 11选5按不同单式投注方式设奖，均为固定奖。奖金规定如下：

任选一中一：单注奖金固定为13元；

任选二中二：单注奖金固定为6元；

任选三中三：单注奖金固定为19元；

任选四中四：单注奖金固定为78元；

任选五中五：单注奖金固定为540元；

任选六中五：单注奖金固定为90元；

任选七中五：单注奖金固定为26元；

任选八中五：单注奖金固定为9元。

选前二直选：单注奖金固定为130元；

选前二组选：单注奖金固定为65元；

选前三直选：单注奖金固定为1 170元；

选前三组选：单注奖金固定为195元。

第十五条 11选5设置调节基金。调节基金包括按销售总额1%提取部分、逾期未退票的票款。调节基金用于支付不可预见的奖金支出风险，以及设立特别奖。动用调节基金设立特别奖，应报同级财政部门审核批准。

第十六条 11选5设置奖池。奖池资金由当期计提奖金与实际中出奖金的差额组成。当期实际中出奖金小于计提奖金时，余额进入奖池；当期实际中出奖金超过计提奖金时，差额由奖池资金补足。当奖池资金总额不足时，由调节基金补足，调节基金不足时，用彩票兑奖周转金垫支。在出现彩票兑奖周转金垫支的情况下，当调节基金有资金滚入时优先偿还垫支的彩票兑奖周转金。当奖池资金总额超过200万元时，超过部分转入调节基金。

第四章 开　　奖

第十七条 11选5采用专用电子开

奖设备开奖，每期从 1—11 共十一个号码中随机依次生成五个不同号码，作为当期开奖号码。开奖号码的顺序不能颠倒。每期开奖时间为 1 分钟。

第十八条 每期开奖后，相关省体彩机构应向社会公布开奖号码、当期销售总额、各奖级中奖情况及奖池资金余额等信息，并将开奖结果通知销售网点。

第五章 中 奖

第十九条 根据购买者选择的 11 选 5 的投注号码和投注方式，与当期开奖号码按数位顺序的相符情况，确定相应的中奖资格。具体规定如下：

任选一中一：投注的一个号码与当期开奖号码的第一个号码相同，即中奖；

任选二中二：投注的两个号码与当期开奖号码任意两个号码相同，即中奖；

任选三中三：投注的三个号码与当期开奖号码任意三个号码相同，即中奖；

任选四中四：投注的四个号码与当期开奖号码任意四个号码相同，即中奖；

任选五中五：投注的五个号码与当期开奖号码相同，即中奖；

任选六中五：投注的六个号码有任意五个号码与当期开奖号码相同，即中奖；

任选七中五：投注的七个号码有任意五个号码与当期开奖号码相同，即中奖；

任选八中五：投注的八个号码有任意五个号码与当期开奖号码相同，即中奖。

选前二直选：投注的两个号码与当期开奖号码前两个号码相同且先后顺序一致，即中奖；

选前二组选：投注的两个号码与当期开奖号码前两个号码相同（先后顺序不限），即中奖；

选前三直选：投注的三个号码与当期开奖号码前三个号码相同且先后顺序一致，即中奖；

选前三组选：投注的三个号码与当期开奖号码前三个号码相同（先后顺序不限），即中奖。

第二十条 当期每注投注号码按其投注方式只有一次中奖机会，不能兼中兼得，特别设奖除外。

第六章 兑 奖

第二十一条 11 选 5 兑奖当期有效。中奖者应当自开奖之日起 60 个自然日内，持中奖彩票到指定的地点兑奖。逾期未兑奖视为弃奖，弃奖奖金纳入彩票公益金。

第二十二条 中奖彩票为中奖唯一凭证，中奖彩票因玷污、损坏等原因不能正确识别的，不能兑奖。

第二十三条 兑奖机构可以查验中奖者的中奖彩票及有效身份证件，中奖者兑奖时应予配合。

第七章 附 则

第二十四条 本规则自批准之日起执行。

关于变更中国足球彩票单场竞猜胜平负游戏的通知

（2013 年 3 月 28 日　财政部　财办综［2013］21 号）

国家体育总局体育彩票管理中心：

你中心《关于变更中国足球彩票单场竞猜胜平负游戏的请示》（体彩字［2013］68 号）收悉。经研究，根据《彩票管理条例》、《彩票管理条例实施细则》、《彩票机构财务管理办法》（财综［2012］89 号）、《彩票发行销售管理办法》（财综［2012］102 号）等有关规定，现就有关事项通知如下：

一、同意你中心变更中国足球彩票单场竞猜胜平负游戏，将其拆分为中国足球彩票单场竞猜胜平负游戏和中国足球彩票单场竞猜让球胜平负游戏，具体游戏规则见附件。中国足球彩票单场竞猜胜平负游戏和中国足球彩票单场竞猜让球胜平负游戏按彩票销售额的 69%、13% 和 18% 分别计提彩票奖金、彩票发行费和彩票公益金。上述两款彩票游戏应当自批准之日起 4 个月内上市销售。

二、中国足球彩票单场竞猜胜平负游戏和中国足球彩票单场竞猜让球胜平负游戏上市销售前，你中心应当将拟上市销售日期、营销宣传计划、风险控制办法等销售实施方案报财政部核准后上市销售。你中心应当及时向社会发布公告，内容包括财政部批准的文件名称、文号、上市销售日期等。上市销售满 1 个月后，你中心应当向财政部提交发行销售情况的书面报告。

三、你中心应当严格遵守各项彩票管理制度规定，督促各体育彩票销售机构加强彩票销售的风险控制和安全管理，切实做好宣传公告等工作，确保竞猜型彩票市场平稳健康发展。

附件：1. 中国足球彩票单场竞猜胜平负游戏规则
2. 中国足球彩票单场竞猜让球胜平负游戏规则

附件 1

中国足球彩票单场竞猜胜平负游戏规则

第一章　总　　则

第一条　根据《彩票管理条例》、《彩票管理条例实施细则》、《彩票机构财务管理办法》（财综［2012］89 号）、《彩票发行销售管理办法》（财综［2012］102 号）等有关规定，制定本规则。

第二条　中国足球彩票单场竞猜胜平负游戏（以下简称“单场胜平负游戏”）由国家体育总局体育彩票管理中心发行和组织销售，由各体育彩票销售机构在本行政区域内销售。

第三条　单场胜平负游戏采用计算机网络系统发行销售。

第四条　单场胜平负游戏实行自愿购买，凡购买该彩票者即被视为同意并遵守本规则。

第五条　不得向未成年人出售彩票或兑付奖金。

第二章　投　　注

第六条　单场胜平负游戏以国家体育总局体育彩票管理中心选定的国际重要足球比赛为竞猜对象，由彩票购买者对指定的比赛场次在全场 90 分钟（含伤停补时）的比赛结果进行投注。每一场比赛设置 3 种比赛结果选项：

（一）“胜”：表示主队胜，客队负；

（二）“平”：表示主队与客队平；

（三）“负”：表示主队负，客队胜。

第七条　单场胜平负游戏投注方式包括单场投注、过关投注、单式投注、复式投注。

彩票购买者选择 1 场比赛投注为单场投注，选择 2 场或者 2 场以上比赛投注为过关投注。在过关投注中，前后比赛场次均选择同一种游戏投注的为一般过关投注，前后比赛场次选择同一运动项目不同游戏投注的为混合过关投注。同一比赛场次不同游戏不能混合过关投注，不同运动项目不能混合过关投注。

彩票购买者对所选比赛场次的比赛结果均选择 1 种投注结果为单式投注。对于某个或某几个比赛场次选择 2 种或 2 种以上的投注结果为复式投注。

彩票购买者可对其选定的结果进行多倍投注，投注倍数范围为 2 至 99 倍。

第八条　单场胜平负游戏每注金额人民币 2 元。单张彩票最大投注金额不得超过人民币 20 000 元。

第九条　如果因销售终端故障、通讯线路故障或彩票代销者销售额度受限等原因造成投注不成功，应当退还彩票购买者的投注资金。

第十条　单场胜平负游戏的单场投注和过关投注具体投注注数的分配如下表：

	过关投注	单场	两关	三关	四关	五关	六关	七关	八关
1	单场	1							
2	2*1		1						
3	2*3	2	1						
4	3*1			1					
5	3*3		3						
6	3*4		3	1					
7	3*6	3	3						
8	3*7	3	3	1					
9	4*1				1				
10	4*4			4					
11	4*5			4	1				
12	4*6		6						
13	4*10	4	6						
14	4*11		6	4	1				
15	4*14	4	6	4					
16	4*15	4	6	4	1				
17	5*1					1			
18	5*5				5				
19	5*6				5	1			
20	5*10		10						
21	5*15	5	10						
22	5*16			10	5	1			
23	5*20		10	10					
24	5*25	5	10	10					
25	5*26		10	10	5	1			
26	5*30	5	10	10	5				
27	5*31	5	10	10	5	1			
28	6*1						1		
29	6*6					6			
30	6*7					6	1		
31	6*15		15						
32	6*20			20					
33	6*21	6	15						
34	6*22				15	6	1		
35	6*35		15	20					
36	6*41	6	15	20					

续表

	过关投注	单场	两关	三关	四关	五关	六关	七关	八关
37	6*42			20	15	6	1		
38	6*50		15	20	15				
39	6*56	6	15	20	15				
40	6*57		15	20	15	6	1		
41	6*62	6	15	20	15	6			
42	6*63	6	15	20	15	6	1		
43	7*1							1	
44	7*7						7		
45	7*8						7	1	
46	7*21					21			
47	7*35				35				
48	7*120		21	35	35	21	7	1	
49	7*127	7	21	35	35	21	7	1	
50	8*1								1
51	8*8							8	
52	8*9							8	1
53	8*28						28		
54	8*56					56			
55	8*70				70				
56	8*247		28	56	70	56	28	8	1
57	8*255	8	28	56	70	56	28	8	1

每个比赛场次所提供的投注方式由国家体育总局体育彩票管理中心选定，根据不同比赛场次情况，提供前表中全部或部分投注方式。

第十一条 单场胜平负游戏投注单只用于辅助彩票购买者投注，不作为兑奖凭证，也不作为彩票购买者投注结果的间接证明。

第三章 设 奖

第十二条 单场胜平负游戏按销售总额的69%、13%和18%分别计提彩票奖金、彩票发行费和彩票公益金。彩票奖金中，68%为当期奖金，1%为调节基金。

第十三条 奖金分配办法如下：

（一）选择单场投注时，设置浮动奖金。

单注奖金 =2 元 × 所选比赛场次的浮动奖金额。

浮动奖金额 = 该比赛场次的单场投注总投注金额 ×68% ÷（该比赛场次的单场投注中奖彩票总投注数 ×2 元）。

例如：选择第 5 场比赛竞猜，进行单场投注，则单注奖金 =2 元 × 浮动奖金额 5，浮动奖金额 5 = 第 5 场比赛的单场投注总投注金额 ×68% ÷（第 5 场比赛的单场投注中奖彩票总投注数×2元)。

(二)选择过关投注时,设置固定奖金。

该固定奖金为相对固定奖金,在销售过程中根据投注额和其他相关因素调整。彩票购买者在完成某一投注时所对应的固定奖金额即为该投注中奖后的奖金额,不受之后的调整而影响。

每个有效投注的固定奖金由国家体育总局体育彩票管理中心在该项竞猜赛事彩票开始销售前,通过专用计算机分析系统设定。

固定奖金的设定和调整情况通过彩票销售系统和其他指定方式予以公布。

第十四条 单场胜平负游戏根据投注情况设置最高奖金限额,具体为:

2场和3场过关投注,单注最高奖金限额20万元。

4场和5场过关投注,单注最高奖金限额50万元。

6场和6场以上过关投注,单注最高奖金限额100万元。

彩票中奖后,若单注应兑奖金高于对应的最高奖金限额,则只兑付本规则设定的对应最高限额奖金。

第十五条 单场胜平负游戏设置调节基金。调节基金包括按照销售额1%提取的部分、逾期未退票的票款,专项用于支付各种不可预见的奖金风险支出和开展派奖。

第十六条 单场胜平负游戏设置奖池。奖池资金由每个竞猜场次彩票的计提奖金与实际中出奖金的差额累计而成。当某个竞猜场次彩票的计提奖金超过其实际中出奖金时,余额进入奖池。当某个竞猜场次彩票的计提奖金小于其实际中出奖金时,差额由奖池资金补足。当奖池资金总额不足时,由调节基金补足;调节基金不足时,用彩票兑奖周转金垫支。在出现彩票兑奖周转金垫支的情况下,当调节基金出现余额后,应当优先偿还垫支的彩票兑奖周转金。

第十七条 单场胜平负游戏单注奖金如果不足2元,补足至2元,补足资金从调节基金支出;调节基金不足时,用彩票兑奖周转金垫支。在出现彩票兑奖周转金垫支的情况下,当调节基金出现余额后,应当优先偿还垫支的彩票兑奖周转金。

第十八条 单场胜平负游戏的奖池、调节基金与其它中国足球彩票单场竞猜游戏的奖池、调节基金统一管理,相互间可以调剂使用。

第四章 开　　奖

第十九条 单场胜平负游戏在所猜的比赛场次结束后,根据实际比赛结果进行开奖。实际比赛结果以当值裁判员在本规则涉及的比赛时长结束时刻裁定的比赛结果为准,其后对比赛结果的各种更改不影响原先确认的开奖结果。

开奖结果、销售情况等信息,通过彩票销售网点和指定的互联网网站及其他媒体等信息渠道向社会公布。

第五章 中　　奖

第二十条 每注单场胜平负游戏有效投注与相应开奖结果进行对照,与开奖结果一致的即为中奖。

第二十一条 在单场胜平负游戏销售过程中,如果遇以下情形发生,则特别规定如下：

（一）在某个比赛场次开始销售前，其比赛时间提前、推迟或者取消比赛，则相应更改该比赛场次的开始、截止销售时间或者取消该比赛场次竞猜。

（二）在某个比赛场次开始销售后，如果其比赛时间提前，则相应提前该比赛场次的截止销售时间。

（三）在某个比赛场次开始销售后，如果其比赛时间提前，且比赛开始时仍在进行销售，则认定在该比赛开始时刻前发生的投注为有效投注，可正常参与兑奖；认定在该比赛场次开始时刻后发生的投注为无效投注。

（四）在某个比赛场次开始销售后，如果其比赛时间推迟且未超过原定时间36小时，则相应推迟该比赛场次的截止销售时间。

（五）在某个比赛场次开始销售后，如果其比赛时间推迟且超过原定时间36小时或无法获知具体推迟时间或取消比赛，则认定该比赛场次为无效场次。

（六）如果某个比赛场次在比赛进行中因故中断，且自中断时刻起36小时内继续完成了比赛，则认定该比赛场次为有效场次，所涉及投注可正常参与兑奖。

（七）如果某个比赛场次在比赛进行中因故中断，且自中断时刻起36小时内未继续完成比赛或无法获知具体补赛时间或取消补赛，则认定该比赛场次为无效场次。

（八）在某个比赛场次开始销售后，如果比赛主办方决定更换比赛场地，如果是从一中立比赛场地更换至另一中立比赛场地，则认定该比赛场次为有效场次，所涉及投注可正常参与兑奖；如果不符合前述更换条件，则认定该比赛场次为无效场次。

（九）在某个比赛场次开始销售后，如果参赛双方中有一方与原定参赛队伍不同，则认定该比赛场次为无效场次。

（十）在某个比赛场次开始销售后，如果比赛主办方决定在无观众、无转播的封闭条件下进行比赛，则认定该比赛场次为无效场次。

（十一）对上述无效场次的认定由国家体育总局体育彩票管理中心最终解释。

（十二）当某场比赛被认定为无效场次时，则该比赛场次的所有单场投注按退票处理，于60个自然日内在指定地点办理退票手续；在过关投注中对该比赛场次的所有投注选择均为无效，涉及该比赛场次的过关投注组合的固定奖金按照在原投注时刻去除该比赛场次后的投注组合所对应的固定奖金计算。

（十三）在某个比赛场次销售过程中，国家体育总局体育彩票管理中心可以根据投注额、突发事件等因素，拒绝某些大额投注、暂停或者提前停止针对该场比赛的某些特定过关组合或者特定结果选项的投注、暂停或提前停止针对该场比赛的所有投注。

第二十二条 每注彩票只有一次中奖机会，不兼中兼得。

第六章 兑 奖

第二十三条 单场胜平负游戏中奖者应当在每张彩票所涉及的所有比赛场次开奖结果，全部公布后次日起60个自然日内，到指定地点兑奖。逾期未兑奖的奖金纳入彩票公益金。

第二十四条 中奖彩票为唯一兑奖凭证。中奖彩票因玷污、损坏等原因不能正确识别的，不能兑奖。

第二十五条 兑奖机构有权查验彩票中奖者的中奖彩票以及有效身份证件，彩票中奖者兑奖时应予配合。

第二十六条 凡伪造、变造彩票或使用伪造、变造彩票兑奖的，按照《彩票管理条例》等相关规定依法追究法律责任。

第七章 附 则

第二十七条 本规则自批准之日起执行。

附件2

中国足球彩票单场竞猜让球胜平负游戏规则

第一章 总 则

第一条 根据《彩票管理条例》、《彩票管理条例实施细则》、《彩票机构财务管理办法》（财综［2012］89号）、《彩票发行销售管理办法》（财综［2012］102号）等有关规定，制定本规则。

第二条 中国足球彩票单场竞猜让球胜平负游戏（以下简称“单场让球胜平负游戏”）由国家体育总局体育彩票管理中心发行和组织销售，由各体育彩票销售机构在本行政区域内销售。

第三条 单场让球胜平负游戏采用计算机网络系统发行销售。

第四条 单场让球胜平负游戏实行自愿购买，凡购买该彩票者即被视为同意并遵守本规则。

第五条 不得向未成年人出售彩票或兑付奖金。

第二章 投 注

第六条 单场让球胜平负游戏以国家体育总局体育彩票管理中心选定的国际重要足球比赛为竞猜对象，由彩票购买者对指定的比赛场次在全场90分钟（含伤停补时）的比赛结果进行投注。每一场比赛设置3种比赛结果选项：

（一）“胜”：表示主队胜，客队负；

（二）“平”：表示主队与客队平；

（三）“负”：表示主队负，客队胜。

第七条 单场让球胜平负游戏投注方式包括单场投注、过关投注、单式投注、复式投注。

彩票购买者选择1场比赛投注为单场投注，选择2场或者2场以上比赛投注为过关投注。在过关投注中，前后比赛场次均选择同一种游戏投注的为一般过关投注，前后比赛场次选择同一运动项目不同游戏投注的为混合过关投注。同一比赛场次不同游戏不能混合过关投注，不同运动项目不能混合过关投注。

彩票购买者对所选比赛场次的比赛结果均选择 1 种投注结果为单式投注。对于某个或某几个比赛场次选择 2 种或 2 种以上的投注结果为复式投注。

彩票购买者可对其选定的结果进行多倍投注，投注倍数范围为 2 至 99 倍。

第八条 每个选定的比赛场次，均采用让球方式确定胜平负关系，具体让球球队及让球数量由国家体育总局体育彩票管理中心根据实际比赛情况确定并和竞猜赛程一同公布。

例如，主队让 1 球：

1. “胜”主队得分减去客队得分大于 1 时，主队胜，客队负；

2. “平”主队得分减去客队得分等于 1 时，主队与客队平；

3. “负”主队得分减去客队得分小于 1 时，主队负，客队胜。

客队让 3 球：

1. “胜”客队得分减去主队得分小于 3 时，主队胜，客队负；

2. “平”客队得分减去主队得分等于 3 时，主队与客队平；

3. “负”客队得分减去主队得分大于 3 时，主队负，客队胜。

第九条 单场让球胜平负游戏每注金额人民币 2 元。单张彩票最大投注金额不得超过人民币 20 000 元。

第十条 如果因销售终端故障、通讯线路故障或彩票代销者销售额度受限等原因造成投注不成功，应当退还彩票购买者的投注资金。

第十一条 单场让球胜平负游戏的单场投注和过关投注具体投注注数的分配如下表：

	过关投注	单场	两关	三关	四关	五关	六关	七关	八关
1	单场	1							
2	2*1		1						
3	2*3	2	1						
4	3*1			1					
5	3*3		3						
6	3*4		3	1					
7	3*6	3	3						
8	3*7	3	3	1					
9	4*1				1				
10	4*4			4					
11	4*5			4	1				
12	4*6		6						
13	4*10	4	6						
14	4*11		6	4	1				
15	4*14	4	6	4					
16	4*15	4	6	4	1				
17	5*1					1			

续表

	过关投注	单场	两关	三关	四关	五关	六关	七关	八关
18	5*5				5				
19	5*6				5	1			
20	5*10		10						
21	5*15	5	10						
22	5*16			10	5	1			
23	5*20		10	10					
24	5*25	5	10	10					
25	5*26		10	10	5	1			
26	5*30	5	10	10	5				
27	5*31	5	10	10	5	1			
28	6*1						1		
29	6*6					6			
30	6*7					6	1		
31	6*15		15						
32	6*20			20					
33	6*21	6	15						
34	6*22				15	6	1		
35	6*35		15	20					
36	6*41	6	15	20					
37	6*42			20	15	6	1		
38	6*50		15	20	15				
39	6*56	6	15	20	15				
40	6*57		15	20	15	6	1		
41	6*62	6	15	20	15	6			
42	6*63	6	15	20	15	6	1		
43	7*1							1	
44	7*7						7		
45	7*8						7	1	
46	7*21					21			
47	7*35				35				
48	7*120		21	35	35	21	7	1	
49	7*127	7	21	35	35	21	7	1	
50	8*1								1
51	8*8							8	
52	8*9							8	1
53	8*28						28		
54	8*56					56			
55	8*70				70				
56	8*247		28	56	70	56	28	8	1
57	8*255	8	28	56	70	56	28	8	1

每个比赛场次所提供的投注方式由国家体育总局体育彩票管理中心选定，根据不同比赛场次情况，提供前表中全部或部分投注方式。

第十二条 单场让球胜平负游戏投注单只用于辅助彩票购买者投注，不作为兑奖凭证，也不作为彩票购买者投注结果的间接证明。

第三章 设 奖

第十三条 单场让球胜平负游戏按销售总额的 69%、13% 和 18% 分别计提彩票奖金、彩票发行费和彩票公益金。彩票奖金中，68% 为当期奖金，1% 为调节基金。

第十四条 奖金分配办法如下：

（一）选择单场投注时，设置浮动奖金。

单注奖金 =2 元 × 所选比赛场次的浮动奖金额。

浮动奖金额 = 该比赛场次的单场投注总投注金额 ×68% ÷（该比赛场次的单场投注中奖彩票总投注数 ×2 元）。

例如：选择第 5 场比赛竞猜，进行单场投注，则单注奖金 =2 元 × 浮动奖金额 5，浮动奖金额 5 = 第 5 场比赛的单场投注总投注金额 ×68% ÷（第 5 场比赛的单场投注中奖彩票总投注数 ×2 元）。

（二）选择过关投注时，设置固定奖金。

该固定奖金为相对固定奖金，在销售过程中根据投注额和其他相关因素调整。彩票购买者在完成某一投注时所对应的固定奖金额即为该投注中奖后的奖金额，不受之后的调整而影响。

每个有效投注的固定奖金由国家体育总局体育彩票管理中心在该项竞猜赛事彩票开始销售前，通过专用计算机分析系统设定。

固定奖金的设定和调整情况通过彩票销售系统和其他指定方式予以公布。

第十五条 单场让球胜平负游戏根据投注情况设置最高奖金限额，具体为：

2 场和 3 场过关投注，单注最高奖金限额 20 万元。

4 场和 5 场过关投注，单注最高奖金限额 50 万元。

6 场和 6 场以上过关投注，单注最高奖金限额 100 万元。

彩票中奖后，若单注应兑奖金高于对应的最高奖金限额，则只兑付本规则设定的对应最高限额奖金。

第十六条 单场让球胜平负游戏设置调节基金。调节基金包括按照销售额 1% 提取的部分、逾期未退票的票款，专项用于支付各种不可预见的奖金风险支出和开展派奖。

第十七条 单场让球胜平负游戏设置奖池。奖池资金由每个竞猜场次彩票的计提奖金与实际中出奖金的差额累计而成。当某个竞猜场次彩票的计提奖金超过其实际中出奖金时，余额进入奖池。当某个竞猜场次彩票的计提奖金小于其实际中出奖金时，差额由奖池资金补足。当奖池资金总额不足时，由调节基金补足；调节基金不足时，用彩票兑奖周转金垫支。在出现彩票兑奖周转金垫支的情况下，当调节基金出现余额后，应当优先偿还垫支的彩票兑奖周转金。

第十八条 单场让球胜平负游戏单注

奖金如果不足2元，补足至2元，补足资金从调节基金支出；调节基金不足时，用彩票兑奖周转金垫支。在出现彩票兑奖周转金垫支的情况下，当调节基金出现余额后，应当优先偿还垫支的彩票兑奖周转金。

第十九条 单场让球胜平负游戏的奖池、调节基金与其它中国足球彩票单场竞猜游戏的奖池、调节基金统一管理，相互间可以调剂使用。

第四章 开 奖

第二十条 单场让球胜平负游戏在所猜的比赛场次结束后，根据实际比赛结果进行开奖。实际比赛结果以当值裁判员在本规则涉及的比赛时长结束时刻裁定的比赛结果为准，其后对比赛结果的各种更改不影响原先确认的开奖结果。

开奖结果、销售情况等信息，通过彩票销售网点和指定的互联网网站及其他媒体等信息渠道向社会公布。

第五章 中 奖

第二十一条 每注单场让球胜平负游戏有效投注与相应开奖结果进行对照，与开奖结果一致的即为中奖。

第二十二条 在单场让球胜平负游戏销售过程中，如果遇以下情形发生，则特别规定如下：

（一）在某个比赛场次开始销售前，其比赛时间提前、推迟或者取消比赛，则相应更改该比赛场次的开始、截止销售时间或者取消该比赛场次竞猜。

（二）在某个比赛场次开始销售后，如果其比赛时间提前，则相应提前该比赛场次的截止销售时间。

（三）在某个比赛场次开始销售后，如果其比赛时间提前，且比赛开始时仍在进行销售，则认定在该比赛开始时刻前发生的投注为有效投注，可正常参与兑奖；认定在该比赛场次开始时刻后发生的投注为无效投注。

（四）在某个比赛场次开始销售后，如果其比赛时间推迟且未超过原定时间36小时，则相应推迟该比赛场次的截止销售时间。

（五）在某个比赛场次开始销售后，如果其比赛时间推迟且超过原定时间36小时或无法获知具体推迟时间或取消比赛，则认定该比赛场次为无效场次。

（六）如果某个比赛场次在比赛进行中因故中断，且自中断时刻起36小时内继续完成了比赛，则认定该比赛场次为有效场次，所涉及投注可正常参与兑奖。

（七）如果某个比赛场次在比赛进行中因故中断，且自中断时刻起36小时内未继续完成比赛或无法获知具体补赛时间或取消补赛，则认定该比赛场次为无效场次。

（八）在某个比赛场次开始销售后，如果比赛主办方决定更换比赛场地，如果是从一中立比赛场地更换至另一中立比赛场地，则认定该比赛场次为有效场次，所涉及投注可正常参与兑奖；如果不符合前述更换条件，则认定该比赛场次为无效场次。

（九）在某个比赛场次开始销售后，如果参赛双方中有一方与原定参赛队伍不同，则认定该比赛场次为无效场次。

（十）在某个比赛场次开始销售后，

如果比赛主办方决定在无观众、无转播的封闭条件下进行比赛，则认定该比赛场次为无效场次。

（十一）对上述无效场次的认定由国家体育总局体育彩票管理中心最终解释。

（十二）当某场比赛被认定为无效场次时，则该比赛场次的所有单场投注按退票处理，于 60 个自然日内在指定地点办理退票手续；在过关投注中对该比赛场次的所有投注选择均为无效，涉及该比赛场次的过关投注组合的固定奖金按照在原投注时刻去除该比赛场次后的投注组合所对应的固定奖金计算。

（十三）在某个比赛场次销售过程中，国家体育总局体育彩票管理中心可以根据投注额、突发事件等因素，拒绝某些大额投注、暂停或者提前停止针对该场比赛的某些特定过关组合或者特定结果选项的投注、暂停或提前停止针对该场比赛的所有投注。

第二十三条 每注彩票只有一次中奖机会，不兼中兼得。

第六章 兑 奖

第二十四条 单场让球胜平负游戏中奖者应当在每张彩票所涉及的所有比赛场次开奖结果，全部公布后次日起 60 个自然日内，到指定地点兑奖。逾期未兑奖的奖金纳入彩票公益金。

第二十五条 中奖彩票为唯一兑奖凭证。中奖彩票因玷污、损坏等原因不能正确识别的，不能兑奖。

第二十六条 兑奖机构有权查验彩票中奖者的中奖彩票以及有效身份证件，彩票中奖者兑奖时应予配合。

第二十七条 凡伪造、变造彩票或使用伪造、变造彩票兑奖的，按照《彩票管理条例》等相关规定依法追究法律责任。

第七章 附 则

第二十八条 本规则自批准之日起执行。

关于在青海省上市销售福利彩票快 3 游戏的通知

（2013 年 4 月 11 日 财政部 财办综［2013］22 号）

中国福利彩票发行管理中心：

你中心《关于青海省上市销售中国福利彩票快 3 游戏的请示》（中彩发字［2013］36 号）收悉。为完善青海省福利彩票游戏结构，促进彩票市场平稳健康发展，经研究，根据《彩票管理条例》、《彩票管理条例实施细则》、《彩票机构财务管理办法》（财综［2012］89号）、《彩票发行销售管理办法》（财综［2012］102号）等相关规定，现就有关事项通知如下：

一、同意你中心在青海省上市销售福利彩票快3游戏，具体游戏规则见附件。青海省销售福利彩票快3游戏，每期按彩票销售额的59%、13%和28%，分别计提彩票奖金、彩票发行费和彩票公益金。青海省福利彩票快3游戏应当自批准之日起4个月内上市销售。

二、福利彩票快3游戏上市销售前，青海省福利彩票销售机构应当将拟上市销售日期、营销宣传计划、风险控制办法等销售实施方案报同级财政部门审核，经核准后上市销售。青海省福利彩票销售机构应当及时向社会发布公告，公告内容包括财政部批准文件的名称及文号、同级财政部门核准文件的名称及文号、上市销售的日期、财政部批准的《中国福利彩票快3游戏规则》等。上市销售满1个月后，你中心和青海省福利彩票销售机构应当向同级财政部门提交上市销售情况的书面报告。

三、青海省福利彩票快速开奖游戏终端数量应当严格执行财政部核定的控制数。福利彩票快3游戏可设置新的投注站点销售，也可选择部分条件较好的现有投注站点销售，但原则上不得在福利彩票、体育彩票双机店销售。不得利用互联网销售。

四、你中心应当严格遵照各项彩票管理制度规定，督促青海省福利彩票销售机构加强彩票销售的风险控制和安全管理，切实做好宣传公告等工作，确保彩票市场平稳健康发展。

附件：中国福利彩票快3游戏规则

附件

中国福利彩票快3游戏规则

第一章　总　　则

第一条　根据《彩票管理条例》、《彩票管理条例实施细则》、《彩票机构财务管理办法》（财综［2012］89号）、《彩票发行销售管理办法》（财综［2012］102号）等相关规定，制定本规则。

第二条　中国福利彩票快3游戏（以下简称“快3游戏”）由中国福利彩票发行管理中心发行和组织销售，由经财政部批准的福利彩票销售机构（以下称“相关省福彩机构”）在所辖区域内销售。

第三条　快3游戏采用计算机网络系统发行，在相关省福彩机构设置的销售网点销售，定期开奖。

第四条　快3游戏实行自愿购买，凡购买者均被视为同意并遵守本规则。

第五条　不得向未成年人出售彩票或

兑付奖金。

第二章 投　　注

第六条 快3游戏是指以三个号码组合为一注进行单式投注，每个投注号码为1—6共六个自然数中的任意一个，一组三个号码的组合称为一注。每注金额人民币2元。购买者可对其选定的投注号码进行多倍投注，投注倍数范围为2—99倍。单张彩票的投注金额最高不得超过20 000元。

第七条 购买者可在相关省福彩机构设置的销售网点投注。投注号码经投注机打印出对奖凭证，交购买者保存，此对奖凭证即为快3游戏彩票。

第八条 快3游戏根据号码组合共分为“和值”、“三同号”、“二同号”、“三不同号”、“二不同号”、“三连号通选”投注方式，具体规定如下：

（一）和值投注：是指对三个号码的和值进行投注，包括“和值4”至“和值17”投注。

（二）三同号投注：是指对三个相同的号码进行投注，具体分为：

1. 三同号通选：是指对所有相同的三个号码（111、222、…、666）进行投注；

2. 三同号单选：是指从所有相同的三个号码（111、222、…、666）中任意选择一组号码进行投注。

（三）二同号投注：是指对两个指定的相同号码进行投注，具体分为：

1. 二同号复选：是指对三个号码中两个指定的相同号码和一个任意号码进行投注；

2. 二同号单选：是指对三个号码中两个指定的相同号码和一个指定的不同号码进行投注。

（四）三不同号投注：是指对三个各不相同的号码进行投注。

（五）二不同号投注：是指对三个号码中两个指定的不同号码和一个任意号码进行投注。

（六）三连号通选投注：是指对所有三个相连的号码（仅限：123、234、345、456）进行投注。

第九条 购买者可选择机选号码投注、自选号码投注。机选号码投注是指由投注机随机产生投注号码进行投注，自选号码投注是指将购买者选定的号码输入投注机进行投注。

第十条 购买者可选择多期投注。多期投注是指购买从当期起连续若干期的彩票。

第十一条 快3游戏每期销售时间为10分钟。销售期号以销售日按每期开奖顺序编排。

第十二条 快3游戏每期全部投注号码的可投注数量实行限量销售，若投注号码受限，则不能投注。若因销售终端故障、通讯线路故障和投注站信用额度受限等原因造成投注不成功，应退还购买者投注金额。

第三章 设　　奖

第十三条 快3游戏按当期销售额的59%、13%和28%分别计提彩票奖金、彩票发行费和彩票公益金。彩票奖金分为当期奖金和调节基金，其中，58%为当期奖金，1%为调节基金。

第十四条 快3游戏按不同单式投注方式设奖，均为固定奖。奖金规定如下：

（一）和值投注

1. 和值4：单注奖金固定为80元；
2. 和值5：单注奖金固定为40元；
3. 和值6：单注奖金固定为25元；
4. 和值7：单注奖金固定为16元；
5. 和值8：单注奖金固定为12元；
6. 和值9：单注奖金固定为10元；
7. 和值10：单注奖金固定为9元；
8. 和值11：单注奖金固定为9元；
9. 和值12：单注奖金固定为10元；
10. 和值13：单注奖金固定为12元；
11. 和值14：单注奖金固定为16元；
12. 和值15：单注奖金固定为25元；
13. 和值16：单注奖金固定为40元；
14. 和值17：单注奖金固定为80元。

（二）三同号投注

1. 三同号通选：单注奖金固定为40元；
2. 三同号单选：单注奖金固定为240元。

（三）二同号投注

1. 二同号复选：单注奖金固定为15元；
2. 二同号单选：单注奖金固定为80元。

（四）三不同号投注

三不同号：单注奖金固定为40元。

（五）二不同号投注

二不同号：单注奖金固定为8元。

（六）三连号通选投注

三连号通选：单注奖金固定为10元。

第十五条 快3游戏设置调节基金。调节基金包括按销售总额1%提取部分、逾期未退票的票款。调节基金用于支付不可预见的奖金支出风险，以及设立特别奖。动用调节基金设立特别奖，应报同级财政部门审核批准。

第十六条 快3游戏设置奖池。奖池资金由当期计提奖金与实际中出奖金的差额组成。当期实际中出奖金小于计提奖金时，余额进入奖池；当期实际中出奖金超过计提奖金时，差额由奖池资金补足。当奖池资金总额不足时，由调节基金补足，调节基金不足时，用彩票兑奖周转金垫支。在出现彩票兑奖周转金垫支的情况下，当调节基金有资金滚入时优先偿还垫支的彩票兑奖周转金。当奖池资金超过200万元时，超出部分转入调节基金。

第四章 开　奖

第十七条 快3游戏采用专用电子开奖设备开奖，每期随机生成三个号码，作为当期开奖号码，每个号码为1—6共六个自然数中的任意一个。每期开奖时间为1分钟。

第十八条 每期开奖后，相关省福彩机构应向社会公布开奖号码、当期销售总额、各奖级中奖情况及奖池资金余额等信息，并将开奖结果通知销售网点。

第五章 中　奖

第十九条 根据购买者选择的快3游戏的投注号码和投注方式，与当期开奖号码的相符情况，确定相应的中奖资格。具体规定如下：

（一）和值投注

和值：投注号码与当期开奖号码的三个号码的和值相符，即中奖。

（二）三同号投注

1. 三同号通选：当期开奖号码的三个号码相同，即中奖；
2. 三同号单选：当期开奖号码的三

个号码相同，且投注号码与当期开奖号码相符，即中奖。

（三）二同号投注

1. 二同号复选：当期开奖号码中有两个号码相同，且投注号码中的两个相同号码与当期开奖号码中两个相同号码相符，即中奖；

2. 二同号单选：当期开奖号码中有两个号码相同，且投注号码与当期开奖号码中两个相同号码和一个不同号码分别相符，即中奖。

（四）三不同号投注

三不同号投注：当期开奖号码的三个号码各不相同，且投注号码与当期开奖号码全部相符，即中奖。

（五）二不同号投注

二不同号投注：当期开奖号码中有两个号码不相同，且投注号码中的两个不同号码与当期开奖号码中的两个不同号码相符，即中奖。

（六）三连号通选投注

三连号通选：当期开奖号码为三个相连的号码（仅限：123、234、345、456），即中奖。

第二十条 当期每注投注号码按其投注方式只有一次中奖机会，不能兼中兼得，特别设奖除外。

第六章 兑 奖

第二十一条 快 3 游戏兑奖当期有效。中奖者应当自开奖之日起 60 个自然日内，持中奖彩票到指定的地点兑奖。逾期未兑奖视为弃奖，弃奖奖金纳入彩票公益金。

第二十二条 中奖彩票为中奖唯一凭证，中奖彩票因玷污、损坏等原因不能正确识别的，不能兑奖。

第二十三条 兑奖机构可以查验中奖者的中奖彩票及有效身份证件，中奖者兑奖时应予配合。

第七章 附 则

第二十四条 本规则自批准之日起执行。

关于变更西藏自治区体育彩票 11 选 5 游戏规则的通知

（2013 年 4 月 11 日 财政部 财办综［2013］23 号）

国家体育总局体育彩票管理中心：

你中心《关于调整西藏自治区高频游戏 11 选 5 游戏规则的请示》（体彩字［2013］106 号）收悉。为完善西藏自治区（以下简称“西藏”）体育彩票游戏结构，促进彩票市场平稳健康发展，经研究，根据《彩票管理条例》、《彩票管理条例实施细则》、《彩票机构财务管理办法》（财综［2012］89号)、《彩票发行销售管理办法》（财综［2012］102号）等相关规定，现就有关事项通知如下：

一、同意你中心变更西藏体育彩票11选5游戏规则，变更后的游戏规则见附件。西藏销售体育彩票11选5游戏，每期按彩票销售额的59%、13%和28%，分别计提彩票奖金、彩票发行费和彩票公益金。西藏体育彩票11选5游戏应当自批准之日起4个月内变更后上市销售。

二、变更后的体育彩票11选5游戏上市销售前，西藏体育彩票销售机构应当将拟上市销售日期、营销宣传计划、风险控制办法等销售实施方案报同级财政部门审核，经核准后上市销售。西藏体育彩票销售机构应当及时向社会发布公告，公告内容包括财政部批准文件的名称及文号、同级财政部门核准文件的名称及文号、上市销售的日期、财政部批准的《中国体育彩票11选5游戏规则》等。上市销售满1个月后，你中心和西藏体育彩票销售机构应当向同级财政部门提交上市销售情况的书面报告。

三、西藏体育彩票快速开奖游戏终端数量应当严格执行财政部核定的控制数。体育彩票11选5游戏可设置新的投注站点销售，也可选择部分条件较好的现有投注站点销售，但原则上不得在福利彩票、体育彩票双机店销售。不得利用互联网销售。

四、你中心应当严格遵照各项彩票管理制度规定，督促西藏体育彩票销售机构加强彩票销售的风险控制和安全管理，切实做好宣传公告等工作，确保彩票市场平稳健康发展。

附件：中国体育彩票11选5游戏规则

附件

中国体育彩票11选5游戏规则

第一章　总　　则

第一条　根据《彩票管理条例》、《彩票管理条例实施细则》、《彩票机构财务管理办法》（财综［2012］89号)、《彩票发行销售管理办法》(财综［2012］102号）等相关规定，制定本规则。

第二条　中国体育彩票11选5游戏（以下简称“11选5”）由国家体育总局体育彩票管理中心发行和组织销售，由经财政部批准的体育彩票销售机构（以下称“相关省体彩机构”）在所辖区域内销售。

第三条　11选5采用计算机网络系统发行，在相关省体彩机构设置的销售网点销售，定期开奖。

第四条　11选5实行自愿购买，凡购买者均被视为同意并遵守本规则。

第五条 不得向未成年人出售彩票或兑付奖金。

第二章 投 注

第六条 11 选 5 是指从 1—11 共十一个号码中任意选择一至八个号码进行投注，一组一至八个号码的组合称为一注。每注金额人民币 2 元。购买者可对其选定的投注号码进行多倍投注，投注倍数范围为 2—99 倍。单张彩票的投注金额最高不得超过 20 000 元。

第七条 购买者可在相关省体彩机构设置的销售网点投注。投注号码经投注机打印出对奖凭证，交购买者保存，此对奖凭证即为 11 选 5 彩票。

第八条 11 选 5 根据投注号码个数分为“任选一”至“任选八”投注，以及“选前二”、“选前三”投注，具体规定如下：

任选一：从十一个号码中任选一个号码投注；

任选二：从十一个号码中任选两个号码投注；

任选三：从十一个号码中任选三个号码投注；

任选四：从十一个号码中任选四个号码投注；

任选五：从十一个号码中任选五个号码投注；

任选六：从十一个号码中任选六个号码投注；

任选七：从十一个号码中任选七个号码投注；

任选八：从十一个号码中任选八个号码投注。

选前二、选前三：从十一个号码中选择两个或者三个号码分别对应当期开奖号码的前两个或者前三个号码投注，具体分为：

直选投注：所选两个或者三个号码与当期开奖号码的前两个或者前三个号码按先后顺序一一对应投注；

组选投注：所选两个或者三个号码与当期开奖号码的前两个或者前三个号码不按先后顺序一一对应投注。

第九条 购买者可选择机选号码投注、自选号码投注。机选号码投注是指由投注机随机产生投注号码进行投注，自选号码投注是指将购买者选定的号码输入投注机进行投注。

第十条 购买者可选择复式投注、胆拖投注。复式投注是指所选号码个数超过单式投注的号码个数，所选号码可组合为每一种单式投注方式的多注彩票的投注。胆拖投注是指先选取少于单式投注号码个数的号码作为胆码（即每注彩票均包含的号码），再选取除胆码以外的号码作为拖码，胆码与拖码个数之和必须多于单式投注号码个数，由胆码与拖码的每一种组合按单式投注方式组成多注彩票的投注。

第十一条 11 选 5 每期销售时间为 10 分钟。销售期号以销售日按每期开奖顺序编排。

第十二条 11 选 5 每期全部投注号码的可投注数量实行限量销售，若投注号码受限，则不能投注。若因销售终端故障、通讯线路故障和投注站信用额度受限等原因造成投注不成功，应退还购买者投注金额。

第三章　设　　奖

第十三条　11选5按当期销售额的59%、13%和28%分别计提彩票奖金、彩票发行费和彩票公益金。彩票奖金分为当期奖金和调节基金，其中，58%为当期奖金，1%为调节基金。

第十四条　11选5按不同单式投注方式设奖，均为固定奖。奖金规定如下：

任选一中一：单注奖金固定为13元；

任选二中二：单注奖金固定为6元；

任选三中三：单注奖金固定为19元；

任选四中四：单注奖金固定为78元；

任选五中五：单注奖金固定为540元；

任选六中五：单注奖金固定为90元；

任选七中五：单注奖金固定为26元；

任选八中五：单注奖金固定为9元。

选前二直选：单注奖金固定为130元；

选前二组选：单注奖金固定为65元；

选前三直选：单注奖金固定为1 170元；

选前三组选：单注奖金固定为195元。

第十五条　11选5设置调节基金。调节基金包括按销售总额1%提取部分、逾期未退票的票款。调节基金用于支付不可预见的奖金支出风险，以及设立特别奖。动用调节基金设立特别奖，应报同级财政部门审核批准。

第十六条　11选5设置奖池。奖池资金由当期计提奖金与实际中出奖金的差额组成。当期实际中出奖金小于计提奖金时，余额进入奖池；当期实际中出奖金超过计提奖金时，差额由奖池资金补足。当奖池资金总额不足时，由调节基金补足，调节基金不足时，用彩票兑奖周转金垫支。在出现彩票兑奖周转金垫支的情况下，当调节基金有资金滚入时优先偿还垫支的彩票兑奖周转金。当奖池资金总额超过200万元时，超过部分转入调节基金。

第四章　开　　奖

第十七条　11选5采用专用电子开奖设备开奖，每期从1—11共十一个号码中随机依次生成五个不同号码，作为当期开奖号码。开奖号码的顺序不能颠倒。每期开奖时间为1分钟。

第十八条　每期开奖后，相关省体彩机构应向社会公布开奖号码、当期销售总额、各奖级中奖情况及奖池资金余额等信息，并将开奖结果通知销售网点。

第五章　中　　奖

第十九条　根据购买者选择的11选5的投注号码和投注方式，与当期开奖号码按数位顺序的相符情况，确定相应的中奖资格。具体规定如下：

任选一中一：投注的一个号码与当期开奖号码的第一个号码相同，即中奖；

任选二中二：投注的两个号码与当期开奖号码任意两个号码相同，即中奖；

任选三中三：投注的三个号码与当期开奖号码任意三个号码相同，即中奖；

任选四中四：投注的四个号码与当期开奖号码任意四个号码相同，即中奖；

任选五中五：投注的五个号码与当期开奖号码相同，即中奖；

任选六中五：投注的六个号码有任意五个号码与当期开奖号码相同，即中奖；

任选七中五：投注的七个号码有任意五个号码与当期开奖号码相同，即中奖；

任选八中五：投注的八个号码有任意

五个号码与当期开奖号码相同，即中奖。

选前二直选：投注的两个号码与当期开奖号码前两个号码相同且先后顺序一致，即中奖；

选前二组选：投注的两个号码与当期开奖号码前两个号码相同（先后顺序不限），即中奖；

选前三直选：投注的三个号码与当期开奖号码前三个号码相同且先后顺序一致，即中奖；

选前三组选：投注的三个号码与当期开奖号码前三个号码相同（先后顺序不限），即中奖。

第二十条 当期每注投注号码按其投注方式只有一次中奖机会，不能兼中兼得，特别设奖除外。

第六章 兑 奖

第二十一条 11 选 5 兑奖当期有效。中奖者应当自开奖之日起 60 个自然日内，持中奖彩票到指定的地点兑奖。逾期未兑奖视为弃奖，弃奖奖金纳入彩票公益金。

第二十二条 中奖彩票为中奖唯一凭证，中奖彩票因玷污、损坏等原因不能正确识别的，不能兑奖。

第二十三条 兑奖机构可以查验中奖者的中奖彩票及有效身份证件，中奖者兑奖时应予配合。

第七章 附 则

第二十四条 本规则自批准之日起执行。

关于变更宁夏回族自治区体育彩票 11 选 5 游戏规则的通知

（2013 年 4 月 12 日 财政部 财办综［2013］24 号）

国家体育总局体育彩票管理中心：

你中心《关于调整宁夏回族自治区高频游戏 11 选 5 游戏规则的请示》（体彩字［2013］102 号）收悉。为完善宁夏回族自治区（以下简称“宁夏”）体育彩票游戏结构，促进彩票市场平稳健康发展，经研究，根据《彩票管理条例》、《彩票管理条例实施细则》、《彩票机构财务管理办法》（财综［2012］89 号）、《彩票发行销售管理办法》（财综［2012］102 号）等相关规定，现就有关事项通知如下：

一、同意你中心变更宁夏体育彩票 11 选 5 游戏规则，变更后的游戏规则见附件。宁夏销售体育彩票 11 选 5 游戏，每期按彩票销售额的 59%、13% 和 28%，分别计提彩票奖金、彩票发行费和彩票公益金。宁夏体育彩票 11 选 5 游戏应当自批准之日起4个月内变更后上市销售。

二、变更后的体育彩票11选5游戏上市销售前，宁夏体育彩票销售机构应当将拟上市销售日期、营销宣传计划、风险控制办法等销售实施方案报同级财政部门审核，经核准后上市销售。宁夏体育彩票销售机构应当及时向社会发布公告，公告内容包括财政部批准文件的名称及文号、同级财政部门核准文件的名称及文号、上市销售的日期、财政部批准的《中国体育彩票11选5游戏规则》等。上市销售满1个月后，你中心和宁夏体育彩票销售机构应当向同级财政部门提交上市销售情况的书面报告。

三、宁夏体育彩票快速开奖游戏终端数量应当严格执行财政部核定的控制数。体育彩票11选5游戏可设置新的投注站点销售，也可选择部分条件较好的现有投注站点销售，但原则上不得在福利彩票、体育彩票双机店销售。不得利用互联网销售。

四、你中心应当严格遵照各项彩票管理制度规定，督促宁夏体育彩票销售机构加强彩票销售的风险控制和安全管理，切实做好宣传公告等工作，确保彩票市场平稳健康发展。

附件：中国体育彩票11选5游戏规则

附件

中国体育彩票11选5游戏规则

第一章　总　　则

第一条　根据《彩票管理条例》、《彩票管理条例实施细则》、《彩票机构财务管理办法》（财综［2012］89号）、《彩票发行销售管理办法》（财综［2012］102号）等相关规定，制定本规则。

第二条　中国体育彩票11选5游戏（以下简称“11选5”）由国家体育总局体育彩票管理中心发行和组织销售，由经财政部批准的体育彩票销售机构（以下称“相关省体彩机构”）在所辖区域内销售。

第三条　11选5采用计算机网络系统发行，在相关省体彩机构设置的销售网点销售，定期开奖。

第四条　11选5实行自愿购买，凡购买者均被视为同意并遵守本规则。

第五条　不得向未成年人出售彩票或兑付奖金。

第二章　投　　注

第六条　11选5是指从1—11共十一个号码中任意选择一至八个号码进行投注，一组一至八个号码的组合称为一注。每注金额人民币2元。购买者可对其选定的投注号码进行多倍投注，投注倍数范围为2—99倍。单张彩票的投注金额最高不得超过 20 000 元。

第七条 购买者可在相关省体彩机构设置的销售网点投注。投注号码经投注机打印出对奖凭证，交购买者保存，此对奖凭证即为 11 选 5 彩票。

第八条 11 选 5 根据投注号码个数分为“任选一”至“任选八”投注，以及“选前二”、“选前三”投注，具体规定如下：

任选一：从十一个号码中任选一个号码投注；

任选二：从十一个号码中任选两个号码投注；

任选三：从十一个号码中任选三个号码投注；

任选四：从十一个号码中任选四个号码投注；

任选五：从十一个号码中任选五个号码投注；

任选六：从十一个号码中任选六个号码投注；

任选七：从十一个号码中任选七个号码投注；

任选八：从十一个号码中任选八个号码投注。

选前二、选前三：从十一个号码中选择两个或者三个号码分别对应当期开奖号码的前两个或者前三个号码投注，具体分为：

直选投注：所选两个或者三个号码与当期开奖号码的前两个或者前三个号码按先后顺序一一对应投注；

组选投注：所选两个或者三个号码与当期开奖号码的前两个或者前三个号码不按先后顺序一一对应投注。

第九条 购买者可选择机选号码投注、自选号码投注。机选号码投注是指由投注机随机产生投注号码进行投注，自选号码投注是指将购买者选定的号码输入投注机进行投注。

第十条 购买者可选择复式投注、胆拖投注。复式投注是指所选号码个数超过单式投注的号码个数，所选号码可组合为每一种单式投注方式的多注彩票的投注。胆拖投注是指先选取少于单式投注号码个数的号码作为胆码（即每注彩票均包含的号码），再选取除胆码以外的号码作为拖码，胆码与拖码个数之和必须多于单式投注号码个数，由胆码与拖码的每一种组合按单式投注方式组成多注彩票的投注。

第十一条 11 选 5 每期销售时间为 10 分钟。销售期号以销售日按每期开奖顺序编排。

第十二条 11 选 5 每期全部投注号码的可投注数量实行限量销售，若投注号码受限，则不能投注。若因销售终端故障、通讯线路故障和投注站信用额度受限等原因造成投注不成功，应退还购买者投注金额。

第三章 设 奖

第十三条 11 选 5 按当期销售额的 59%、13% 和 28% 分别计提彩票奖金、彩票发行费和彩票公益金。彩票奖金分为当期奖金和调节基金，其中，58% 为当期奖金，1% 为调节基金。

第十四条 11 选 5 按不同单式投注方式设奖，均为固定奖。奖金规定如下：

任选一中一：单注奖金固定为 13 元；

任选二中二：单注奖金固定为 6 元；

任选三中三：单注奖金固定为 19 元；
任选四中四：单注奖金固定为 78 元；
任选五中五：单注奖金固定为 540 元；
任选六中五：单注奖金固定为 90 元；
任选七中五：单注奖金固定为 26 元；
任选八中五：单注奖金固定为 9 元。
选前二直选：单注奖金固定为 130 元；
选前二组选：单注奖金固定为 65 元；
选前三直选：单注奖金固定为 1 170 元；
选前三组选：单注奖金固定为 195 元。

第十五条 11 选 5 设置调节基金。调节基金包括按销售总额 1% 提取部分、逾期未退票的票款。调节基金用于支付不可预见的奖金支出风险，以及设立特别奖。动用调节基金设立特别奖，应报同级财政部门审核批准。

第十六条 11 选 5 设置奖池。奖池资金由当期计提奖金与实际中出奖金的差额组成。当期实际中出奖金小于计提奖金时，余额进入奖池；当期实际中出奖金超过计提奖金时，差额由奖池资金补足。当奖池资金总额不足时，由调节基金补足，调节基金不足时，用彩票兑奖周转金垫支。在出现彩票兑奖周转金垫支的情况下，当调节基金有资金滚入时优先偿还垫支的彩票兑奖周转金。当奖池资金总额超过 200 万元时，超过部分转入调节基金。

第四章　开　　奖

第十七条 11 选 5 采用专用电子开奖设备开奖，每期从 1—11 共十一个号码中随机依次生成五个不同号码，作为当期开奖号码。开奖号码的顺序不能颠倒。每期开奖时间为 1 分钟。

第十八条 每期开奖后，相关省体彩机构应向社会公布开奖号码、当期销售总额、各奖级中奖情况及奖池资金余额等信息，并将开奖结果通知销售网点。

第五章　中　　奖

第十九条 根据购买者选择的 11 选 5 的投注号码和投注方式，与当期开奖号码按数位顺序的相符情况，确定相应的中奖资格。具体规定如下：

任选一中一：投注的一个号码与当期开奖号码的第一个号码相同，即中奖；

任选二中二：投注的两个号码与当期开奖号码任意两个号码相同，即中奖；

任选三中三：投注的三个号码与当期开奖号码任意三个号码相同，即中奖；

任选四中四：投注的四个号码与当期开奖号码任意四个号码相同，即中奖；

任选五中五：投注的五个号码与当期开奖号码相同，即中奖；

任选六中五：投注的六个号码有任意五个号码与当期开奖号码相同，即中奖；

任选七中五：投注的七个号码有任意五个号码与当期开奖号码相同，即中奖；

任选八中五：投注的八个号码有任意五个号码与当期开奖号码相同，即中奖。

选前二直选：投注的两个号码与当期开奖号码前两个号码相同且先后顺序一致，即中奖；

选前二组选：投注的两个号码与当期开奖号码前两个号码相同（先后顺序不限），即中奖；

选前三直选：投注的三个号码与当期开奖号码前三个号码相同且先后顺序一致，即中奖；

选前三组选：投注的三个号码与当期

开奖号码前三个号码相同（先后顺序不限），即中奖。

第二十条 当期每注投注号码按其投注方式只有一次中奖机会，不能兼中兼得，特别设奖除外。

第六章 兑 奖

第二十一条 11 选 5 兑奖当期有效。中奖者应当自开奖之日起 60 个自然日内，持中奖彩票到指定的地点兑奖。逾期未兑奖视为弃奖，弃奖奖金纳入彩票公益金。

第二十二条 中奖彩票为中奖唯一凭证，中奖彩票因玷污、损坏等原因不能正确识别的，不能兑奖。

第二十三条 兑奖机构可以查验中奖者的中奖彩票及有效身份证件，中奖者兑奖时应予配合。

第七章 附 则

第二十四条 本规则自批准之日起执行。

关于在西藏自治区上市销售福利彩票快 3 游戏的通知

（2013 年 4 月 12 日 财政部 财办综［2013］25 号）

中国福利彩票发行管理中心：

你中心《关于西藏自治区上市销售中国福利彩票快 3 游戏的请示》（中彩发字［2013］37 号）收悉。为完善西藏自治区（以下简称“西藏”）福利彩票游戏结构，促进彩票市场平稳健康发展，经研究，根据《彩票管理条例》、《彩票管理条例实施细则》、《彩票机构财务管理办法》（财综［2012］89 号）、《彩票发行销售管理办法》（财综［2012］102 号）等相关规定，现就有关事项通知如下：

一、同意你中心在西藏上市销售福利彩票快 3 游戏，具体游戏规则见附件。西藏销售福利彩票快 3 游戏，每期按彩票销售额的 59%、13% 和 28%，分别计提彩票奖金、彩票发行费和彩票公益金。西藏福利彩票快 3 游戏应当自批准之日起 4 个月内上市销售。

二、福利彩票快 3 游戏上市销售前，西藏福利彩票销售机构应当将拟上市销售日期、营销宣传计划、风险控制办法等销售实施方案报同级财政部门审核，经核准后上市销售。西藏福利彩票销售机构应当及时向社会发布公告，公告内容包括财政部批准文件的名称及文号、同级财政部门核准文件的名称及文号、上市销售的日期、财政部批准的《中国福利彩票快 3 游戏规则》等。上市销售满 1 个月后，你中心和西藏福利彩票销售机构应当向同级财政部门提交上市销售情况的书面报告。

三、西藏福利彩票快速开奖游戏终端数量应当严格执行财政部核定的控制数。福利彩票快3游戏可设置新的投注站点销售，也可选择部分条件较好的现有投注站点销售，但原则上不得在福利彩票、体育彩票双机店销售。不得利用互联网销售。

四、你中心应当严格遵照各项彩票管理制度规定，督促西藏福利彩票销售机构加强彩票销售的风险控制和安全管理，切实做好宣传公告等工作，确保彩票市场平稳健康发展。

附件：中国福利彩票快3游戏规则

附件

中国福利彩票快3游戏规则

第一章 总　　则

第一条 根据《彩票管理条例》、《彩票管理条例实施细则》、《彩票机构财务管理办法》（财综［2012］89号）、《彩票发行销售管理办法》（财综［2012］102号）等相关规定，制定本规则。

第二条 中国福利彩票快3游戏（以下简称“快3游戏”）由中国福利彩票发行管理中心发行和组织销售，由经财政部批准的福利彩票销售机构（以下称“相关省福彩机构”）在所辖区域内销售。

第三条 快3游戏采用计算机网络系统发行，在相关省福彩机构设置的销售网点销售，定期开奖。

第四条 快3游戏实行自愿购买，凡购买者均被视为同意并遵守本规则。

第五条 不得向未成年人出售彩票或兑付奖金。

第二章 投　　注

第六条 快3游戏是指以三个号码组合为一注进行单式投注，每个投注号码为1—6共六个自然数中的任意一个，一组三个号码的组合称为一注。每注金额人民币2元。购买者可对其选定的投注号码进行多倍投注，投注倍数范围为2—99倍。单张彩票的投注金额最高不得超过20 000元。

第七条 购买者可在相关省福彩机构设置的销售网点投注。投注号码经投注机打印出对奖凭证，交购买者保存，此对奖凭证即为快3游戏彩票。

第八条 快3游戏根据号码组合共分为“和值”、“三同号”、“二同号”、“三不同号”、“二不同号”、“三连号通选”投注方式，具体规定如下：

（一）和值投注：是指对三个号码的和值进行投注，包括“和值4”至“和值17”投注。

（二）三同号投注：是指对三个相同的号码进行投注，具体分为：

1. 三同号通选：是指对所有相同的三个号码（111、222、…、666）进行投注；

2. 三同号单选：是指从所有相同的三个号码（111、222、…、666）中任意选择一组号码进行投注。

（三）二同号投注：是指对两个指定的相同号码进行投注，具体分为：

1. 二同号复选：是指对三个号码中两个指定的相同号码和一个任意号码进行投注；

2. 二同号单选：是指对三个号码中两个指定的相同号码和一个指定的不同号码进行投注。

（四）三不同号投注：是指对三个各不相同的号码进行投注。

（五）二不同号投注：是指对三个号码中两个指定的不同号码和一个任意号码进行投注。

（六）三连号通选投注：是指对所有三个相连的号码（仅限：123、234、345、456）进行投注。

第九条 购买者可选择机选号码投注、自选号码投注。机选号码投注是指由投注机随机产生投注号码进行投注，自选号码投注是指将购买者选定的号码输入投注机进行投注。

第十条 购买者可选择多期投注。多期投注是指购买从当期起连续若干期的彩票。

第十一条 快3游戏每期销售时间为10分钟。销售期号以销售日按每期开奖顺序编排。

第十二条 快3游戏每期全部投注号码的可投注数量实行限量销售，若投注号码受限，则不能投注。若因销售终端故障、通讯线路故障和投注站信用额度受限等原因造成投注不成功，应退还购买者投注金额。

第三章 设 奖

第十三条 快3游戏按当期销售额的59%、13%和28%分别计提彩票奖金、彩票发行费和彩票公益金。彩票奖金分为当期奖金和调节基金，其中，58%为当期奖金，1%为调节基金。

第十四条 快3游戏按不同单式投注方式设奖，均为固定奖。奖金规定如下：

（一）和值投注

1. 和值4：单注奖金固定为80元；
2. 和值5：单注奖金固定为40元；
3. 和值6：单注奖金固定为25元；
4. 和值7：单注奖金固定为16元；
5. 和值8：单注奖金固定为12元；
6. 和值9：单注奖金固定为10元；
7. 和值10：单注奖金固定为9元；
8. 和值11：单注奖金固定为9元；
9. 和值12：单注奖金固定为10元；
10. 和值13：单注奖金固定为12元；
11. 和值14：单注奖金固定为16元；
12. 和值15：单注奖金固定为25元；
13. 和值16：单注奖金固定为40元；
14. 和值17：单注奖金固定为80元。

（二）三同号投注

1. 三同号通选：单注奖金固定为40元；
2. 三同号单选：单注奖金固定为240元。

（三）二同号投注

1. 二同号复选：单注奖金固定为15元；

2. 二同号单选：单注奖金固定为80元。

（四）三不同号投注

三不同号：单注奖金固定为40元。

（五）二不同号投注

二不同号：单注奖金固定为8元。

（六）三连号通选投注

三连号通选：单注奖金固定为10元。

第十五条 快3游戏设置调节基金。调节基金包括按销售总额1%提取部分、逾期未退票的票款。调节基金用于支付不可预见的奖金支出风险，以及设立特别奖。动用调节基金设立特别奖，应报同级财政部门审核批准。

第十六条 快3游戏设置奖池。奖池资金由当期计提奖金与实际中出奖金的差额组成。当期实际中出奖金小于计提奖金时，余额进入奖池；当期实际中出奖金超过计提奖金时，差额由奖池资金补足。当奖池资金总额不足时，由调节基金补足，调节基金不足时，用彩票兑奖周转金垫支。在出现彩票兑奖周转金垫支的情况下，当调节基金有资金滚入时优先偿还垫支的彩票兑奖周转金。当奖池资金超过200万元时，超出部分转入调节基金。

第四章 开　　奖

第十七条 快3游戏采用专用电子开奖设备开奖，每期随机生成三个号码，作为当期开奖号码，每个号码为1—6共六个自然数中的任意一个。每期开奖时间为1分钟。

第十八条 每期开奖后，相关省福彩机构应向社会公布开奖号码、当期销售总额、各奖级中奖情况及奖池资金余额等信息，并将开奖结果通知销售网点。

第五章 中　　奖

第十九条 根据购买者选择的快3游戏的投注号码和投注方式，与当期开奖号码的相符情况，确定相应的中奖资格。具体规定如下：

（一）和值投注

和值：投注号码与当期开奖号码的三个号码的和值相符，即中奖。

（二）三同号投注

1. 三同号通选：当期开奖号码的三个号码相同，即中奖；

2. 三同号单选：当期开奖号码的三个号码相同，且投注号码与当期开奖号码相符，即中奖。

（三）二同号投注

1. 二同号复选：当期开奖号码中有两个号码相同，且投注号码中的两个相同号码与当期开奖号码中两个相同号码相符，即中奖；

2. 二同号单选：当期开奖号码中有两个号码相同，且投注号码与当期开奖号码中两个相同号码和一个不同号码分别相符，即中奖。

（四）三不同号投注

三不同号投注：当期开奖号码的三个号码各不相同，且投注号码与当期开奖号码全部相符，即中奖。

（五）二不同号投注

二不同号投注：当期开奖号码中有两个号码不相同，且投注号码中的两个不同号码与当期开奖号码中的两个不同号码相符，即中奖。

（六）三连号通选投注

三连号通选：当期开奖号码为三个相

连的号码（仅限：123、234、345、456），即中奖。

第二十条 当期每注投注号码按其投注方式只有一次中奖机会，不能兼中兼得，特别设奖除外。

第六章 兑 奖

第二十一条 快3游戏兑奖当期有效。中奖者应当自开奖之日起60个自然日内，持中奖彩票到指定的地点兑奖。逾期未兑奖视为弃奖，弃奖奖金纳入彩票公益金。

第二十二条 中奖彩票为中奖唯一凭证，中奖彩票因玷污、损坏等原因不能正确识别的，不能兑奖。

第二十三条 兑奖机构可以查验中奖者的中奖彩票及有效身份证件，中奖者兑奖时应予配合。

第七章 附 则

第二十四条 本规则自批准之日起执行。

关于停止销售体育彩票22选5游戏的通知

（2013年4月22日 财政部 财办综［2013］27号）

国家体育总局体育彩票管理中心：

你中心《关于停售中国体育彩票22选5的请示》（体彩字［2013］114号）收悉。为优化体育彩票游戏结构，经研究，根据《彩票管理条例》、《彩票管理条例实施细则》、《彩票发行销售管理办法》（财综［2012］102号）等有关规定，现就有关事项通知如下：

一、同意你中心停止销售体育彩票22选5游戏。你中心应当自批准之日起2个月内向社会发布公告，公告内容包括财政部的批准文件名称及文号、停止销售日期、兑奖截止日期等。自公告之日起满60个自然日后，你中心可以停止销售体育彩票22选5游戏。

二、体育彩票22选5游戏停止销售后，在兑奖期内，应当按照规定兑付奖金。兑奖期结束后，奖池资金和调节基金有结余的，转为一般调节基金；奖池资金和调节基金余额为负数的，从彩票发行销售风险基金列支。

三、兑奖期结束后，你中心应当在60个自然日内向财政部提交书面报告，报告内容包括体育彩票22选5游戏发行销售、彩票奖金提取与兑付、奖池资金和调节基金结余与划转等情况。

关于批准上海市福利彩票销售机构利用电话销售彩票的通知

（2013 年 5 月 6 日　财政部　财办综［2013］28 号）

中国福利彩票发行管理中心：

你中心《关于上海市福利彩票销售机构开展电话销售彩票业务的请示》（中彩发字［2013］26 号）收悉。为了开拓彩票销售渠道，满足彩民需要，促进彩票市场平稳健康发展，经研究，根据《彩票管理条例》、《彩票管理条例实施细则》、《彩票发行销售管理办法》（财综［2012］102 号）、《电话销售彩票管理暂行办法》（财综［2010］82 号）等规定，现就有关事项通知如下：

一、同意上海市福利彩票销售机构开展电话销售彩票业务。上海市福利彩票销售机构应当自批准之日起 4 个月内开展电话销售彩票业务。上市销售满 1 个月后，你中心和上海市福利彩票销售机构应当分别向同级财政部门提交开展电话销售彩票情况的书面报告。

二、上海市福利彩票销售机构应当将拟开展电话销售彩票日期、营销宣传计划、风险控制办法等销售实施方案报同级财政部门审核，经核准后上市销售。上海市福利彩票销售机构应当在开展电话销售彩票业务的 10 个自然日前向社会发布公告，公告内容包括财政部批准文件的名称及文号、同级财政部门核准文件的名称及文号、开展电话销售彩票的日期、电话销售的彩票游戏、电话服务号码等。

三、上海市福利彩票销售机构利用电话销售的彩票游戏为：双色球、3D、七乐彩、15 选 5、东方 6 +1、天天彩选 4。

四、上海市福利彩票销售机构应当严格按照批准的彩票游戏范围进行销售。不得跨省级行政区域销售，不得销售快速开奖游戏。不得将电话销售彩票系统以任何方式与互联网联结销售彩票。

五、你中心应当严格遵照各项彩票管理制度规定，积极稳妥地做好电话销售彩票有关工作；督促上海市福利彩票销售机构加强风险控制和安全管理，切实做好电话销售彩票工作，确保彩票市场平稳健康发展。

关于开展中国体育彩票超级大乐透派奖活动有关事项的通知

（2013 年 5 月 21 日　财政部　财办综［2013］32 号）

国家体育总局体育彩票管理中心：

你中心《关于开展 2013 年中国体育彩票超级大乐透派奖活动的请示》（体彩字［2013］113 号）收悉。为了进一步提升中国体育彩票超级大乐透品牌形象，挖掘彩票市场潜力，经研究，根据《彩票管理条例》、《彩票管理条例实施细则》、《彩票发行销售管理办法》（财综［2012］102 号）等相关规定，现就有关事项通知如下：

一、同意你中心自 2013 年 5 月 29 日起，对中国体育彩票超级大乐透连续开展 20 期派奖活动。派奖方案如下：派奖活动期间，每期安排 500 万元，由当期一等奖中奖者按中奖注数均分。若当期一等奖未中出，则派奖奖金滚入下一期，与下一期派奖奖金合并后派奖，依此类推。单注派奖奖金最高为 500 万元，当期派奖奖金按中奖注数均分后，若单注派奖奖金超过 500 万元，超过部分滚入下一期，与下一期派奖奖金合并后派奖。最后一期一等奖若未中出，或者最后一期派奖奖金按中奖注数均分后单注派奖奖金超过 500 万元，则派奖活动往后顺延，直至派奖奖金派送完毕为止，但不再增加新的派奖奖金。基本投注和追加投注的单注派奖奖金按照超级大乐透游戏规则规定的比例计算。

二、本次派奖活动所需资金 1 亿元从你中心的一般调节基金和中国体育彩票超级大乐透的调节基金中支出。派奖活动尚未到期，如果你中心的一般调节基金和中国体育彩票超级大乐透的调节基金已用完，应当停止派奖。

三、你中心应当在派奖活动开始 5 个自然日前，向社会公告中国体育彩票超级大乐透的派奖方案，并在公告中注明财政部的批准文件名称及文号。

四、你中心应当严格按照现行彩票管理制度规定，督促各省、自治区、直辖市体育彩票销售机构加强彩票销售的风险控制和安全管理，切实做好中国体育彩票超级大乐透的销售工作。

关于变更河南省福利彩票快速开奖游戏有关事项的通知

（2013 年 5 月 27 日　财政部　财办综［2013］33 号）

中国福利彩票发行管理中心：

你中心《关于调整河南省福利彩票幸运武林游戏规则的请示》（中彩发字［2013］48 号）收悉。为优化河南省福利彩票游戏结构，促进彩票市场平稳健康发展，经研究，根据《彩票管理条例》、《彩票管理条例实施细则》、《彩票机构财务管理办法》（财综［2012］89 号）、《彩票发行销售管理办法》（财综［2012］102 号）等相关规定，现就有关事项通知如下：

一、同意你中心将河南省福利彩票幸运武林变更为幸运彩，变更后的幸运彩游戏规则见附件。幸运武林的奖池资金和调节基金余额，应当全部转为幸运彩的奖池资金和调节基金。幸运彩每期按彩票销售额的 59%、13% 和 28%，分别计提彩票奖金、彩票发行费和彩票公益金。河南省福利彩票销售机构应当自批准之日起 4 个月内完成变更。

二、变更前，河南省福利彩票销售机构应将幸运彩的拟上市销售日期、营销宣传计划、风险控制办法等销售实施方案报同级财政部门审核，经核准后上市销售。河南省福利彩票销售机构应当及时向社会发布公告，公告内容包括财政部批准文件的名称及文号、同级财政部门核准文件的名称及文号、上市销售的日期、财政部批准的《中国福利彩票河南省幸运彩游戏规则》等。上市销售满 1 个月后，你中心和河南省福利彩票销售机构应当分别向同级财政部门提交上市销售情况的书面报告。

三、河南省福利彩票快速开奖游戏终端数量应当严格执行财政部核定的控制数。河南省福利彩票幸运彩可设置新的投注站点销售，也可选择部分条件较好的现有投注站点销售，但原则上不得在福利彩票、体育彩票双机店销售。不得利用互联网销售。

四、你中心应当严格遵照各项彩票管理制度规定，督促河南省福利彩票销售机构稳妥做好幸运武林变更各项工作；切实加强彩票销售的风险控制和安全管理，做好宣传公告等工作，确保彩票市场平稳健康发展。

附件：中国福利彩票河南省幸运彩游戏规划

附件

中国福利彩票河南省幸运彩游戏规则

第一章　总　　则

第一条　根据《彩票管理条例》、《彩票管理条例实施细则》、《彩票机构财务管理办法》（财综［2012］89号）、《彩票发行销售管理办法》（财综［2012］102号）等相关规定，制定本规则。

第二条　中国福利彩票河南省幸运彩（以下简称“幸运彩”）由中国福利彩票发行管理中心发行和组织销售，河南省福利彩票销售机构（以下简称“河南福彩机构”）在所辖区域内销售。

第三条　幸运彩采用计算机网络系统发行，在河南福彩机构设置的销售网点销售，定期开奖。

第四条　幸运彩实行自愿购买，凡购买者均被视为同意并遵守本规则。

第五条　不得向未成年人出售彩票或兑付奖金。

第二章　投　　注

第六条　幸运彩包括幸运一、幸运二、幸运一加幸运二投注。幸运一投注是指选择一个至三个位置进行投注，每个位置的投注号码为0、1、2共三个数字中的任意一个；幸运二投注是指从1到10共十个数字中选择一个至七个号码进行投注；幸运一加幸运二投注是指同时选择幸运一投注和幸运二投注。每注金额人民币2元。购买者可对其选定的投注号码进行多倍投注，投注倍数范围为2—99倍。单张彩票的投注金额最高不得超过20 000元。

第七条　购买者可在河南福彩机构设置的销售网点投注。投注号码经投注机打印出对奖凭证，交购买者保存，此对奖凭证即为幸运彩彩票。

第八条　幸运彩共设置幸运一投注、幸运二投注、幸运一加幸运二投注，具体规定如下：

（一）幸运一投注：是指购买者选择当期的一个、两个或全选三个的号码作为一注号码进行的单注投注，分为选一、选二、全选三投注。

（二）幸运二投注：包括任选投注、顺选投注。

1. 任选投注，是指购买者从1—10中，选择一个至七个号码的任意组合作为一注投注号码进行的投注，分为任一到任七。

2. 顺选投注，是指购买者从1—10中，选择一个至三个号码的唯一排列作为一注投注号码进行的投注，分为顺一到顺三。

（三）幸运一加幸运二投注：是指购买者选择幸运一的当期的选一个、选两个或全选三个号码，同时选择幸运二的任选或顺选，组合为一注投注号码进行的投注。

第九条 购买者可选择机选号码投注、自选号码投注。机选号码投注是指由投注机随机产生投注号码进行投注，自选号码投注是指将购买者选定的号码输入投注机进行投注。

第十条 购买者可选择复式投注、多期投注。复式投注是指所选号码个数超过单式投注的号码个数，所选号码可组合为每一种单式投注方式的多注彩票的投注。多期投注是指购买从当期起连续若干期的彩票。

第十一条 幸运彩每期销售时间为8分30秒。销售期号以销售日按每期开奖顺序编排。

第十二条 幸运彩每期全部投注号码的可投注数量实行限量销售，若投注号码受限，则不能投注。若因销售终端故障、通讯线路故障和投注站信用额度受限等原因造成投注不成功，应退还购买者投注金额。

第三章 设 奖

第十三条 幸运彩按当期销售额的59%、13%、28%分别计提彩票奖金、彩票发行费和彩票公益金。彩票奖金分为当期奖金和调节基金，其中，58%为当期奖金，1%为调节基金。

第十四条 幸运彩按不同单式投注方式设奖，均为固定奖。奖金规定如下：

（一）幸运一投注

1. 全选三：单注奖金固定为30元；

2. 选二：单注奖金固定为10元；

3. 选一：单注奖金固定为3.5元。

（二）幸运二投注

1. 任选投注：

（1）任一：单注奖金固定为4元；

（2）任二：单注奖金固定为17元；

（3）任三：

任三中三：单注奖金固定为100元；

任三中二：单注奖金固定为2元；

（4）任四：单注奖金固定为35元；

（5）任五：单注奖金固定为14元；

（6）任六：单注奖金固定为7元；

（7）任七：单注奖金固定为4元。

2. 顺选投注：

（1）顺一：单注奖金固定为11元；

（2）顺二：

顺二中二：单注奖金固定为70元；

顺二中一：单注奖金固定为4元；

（3）顺三：

顺三中三：单注奖金固定为500元；

顺三中二：单注奖金固定为10元；

顺三中一：单注奖金固定为4元。

（三）幸运一加幸运二投注，设奖见下表：

幸运一 / 幸运二	选一	选二	全选三
任一	11元	35元	100元
任二	50元	150元	450元
任三	任三中一：2元 任三中二：5元 任三中三：180元	任三中一：4元 任三中二：10元 任三中三：800元	任三中一：10元 任三中二：30元 任三中三：2 500元

续表

幸运一 幸运二	选一	选二	全选三
任四	100 元	300 元	900 元
任五	40 元	120 元	360 元
任六	20 元	60 元	180 元
任七	11 元	35 元	100 元
顺一	35 元	100 元	300 元
顺二	顺二中一：20 元 顺二中二：150 元	顺二中一：40 元 顺二中二：600 元	顺二中一：80 元 顺二中二：2 000 元
顺三	顺三中一：10 元 顺三中二：50 元 顺三中三：1 500 元	顺三中一：30 元 顺三中二：1 00 元 顺三中三：5 000 元	顺三中一：100 元 顺三中二：900 元 顺三中三：9 800 元

第十五条 幸运彩设置调节基金。调节基金包括按销售总额 1% 提取部分、逾期未退票的票款。调节基金用于支付不可预见的奖金支出风险，以及设立特别奖。动用调节基金设立特别奖，应报同级财政部门审核批准。

第十六条 幸运彩设置奖池。奖池资金由当期计提奖金与实际中出奖金的差额组成。当期实际中出奖金小于计提奖金时，余额进入奖池；当期实际中出奖金超过计提奖金时，差额由奖池资金补足。当奖池资金总额不足时，由调节基金补足，调节基金不足时，用彩票兑奖周转金垫支。在出现彩票兑奖周转金垫支的情况下，当调节基金有资金滚入时优先偿还垫支的彩票兑奖周转金。

第四章 开 奖

第十七条 幸运彩采用专用电子开奖设备开奖。每期“幸运一”的三个开奖结果和“幸运二”的三个开奖结果均随机产生。每期开奖时按照“幸运一”的第一个号码到第三个号码的顺序，幸运二的第一个到第三个号码的顺序进行；“幸运一”每个开奖号码从 0、1、2 中随机产生后按顺序排列，幸运二开奖号码从 1—10 共十个数字中随机产生三个号码后按顺序排列；“幸运一”的三个开奖号码和“幸运二”的三个开奖号码组成当期开奖号码。开奖号码的顺序不能颠倒。每期开奖时间为 1 分 30 秒。

第十八条 每期开奖后，河南福彩机构应向社会公布开奖号码、当期销售总额、各奖级中奖情况及奖池资金余额等信息，并将开奖结果通知销售网点。

第五章 中 奖

第十九条 购买者所购彩票的投注号码与当期开奖号码对照，符合以下情况即为中奖。

（一）幸运一投注

1. 全选三：购买者投注的三个号码，与当期幸运一的三个开奖号码对应位置相符，即中奖；

2. 选二：购买者投注的两个号码，与幸运一当期开奖的对应位置上的两个开奖号码相符，即中奖；

3. 选一：购买者投注的一个号码，与幸运一当期开奖的对应位置上的开奖号码相符，即中奖。

（二）幸运二投注

1. 任选投注：

（1）任一：购买者投注的一个号码，与当期幸运二的任意一个开奖号码相符，即中奖；

（2）任二：购买者投注的两个号码，与当期幸运二的任意两个开奖号码相符（顺序不限），即中奖；

（3）任三：

任三中三：购买者投注的三个号码，与当期幸运二的三个开奖号码相符（顺序不限），即中奖；

任三中二：购买者投注的三个号码中的任意两个号码，与当期幸运二的任意两个开奖号码相符（顺序不限），即中奖；

（4）任四：购买者投注的四个号码中的任意三个号码，与当期幸运二的三个开奖号码相符（顺序不限），即中奖；

（5）任五：购买者投注的五个号码中的任意三个号码，与当期幸运二的三个开奖号码相符（顺序不限），即中奖；

（6）任六：购买者投注的六个号码中的任意三个号码，与当期幸运二的三个开奖号码相符（顺序不限），即中奖；

（7）任七：购买者投注的七个号码中的任意三个号码，与当期幸运二的三个开奖号码相符（顺序不限），即中奖。

2. 顺选投注：

（1）顺一：购买者投注的一个号码，与当期幸运二的第一个开奖号码相符，即中奖；

（2）顺二：

顺二中二：购买者投注的两个号码，与当期幸运二的前两个开奖号码按位相符，即中奖；

顺二中一：购买者投注的两个号码中的第一个号码，与当期幸运二的第一个开奖号码相符，即中奖；

（3）顺三：

顺三中三：购买者投注的三个号码，与当期幸运二的三个开奖号码按位相符，即中奖；

顺三中二：购买者投注的三个号码中的前两个号码，与当期幸运二的前两个开奖号码按位相符，即中奖；

顺三中一：购买者投注的三个号码中的第一个号码，与当期幸运二的第一个开奖号码相符，即中奖。

（三）幸运一加幸运二投注

根据购买者选择的投注方式，将投注号码与当期开奖号码进行比对，同时符合幸运一和幸运二相应的中奖条件，即中奖。

第二十条 当期每注投注号码只有一次中奖机会，不能兼中兼得，特别设奖除外。

第六章 兑 奖

第二十一条 幸运彩兑奖当期有效。中奖者应当自开奖之日起 60 个自然日内，持中奖彩票到指定的地点兑奖。逾期未兑奖视为弃奖，弃奖奖金纳入彩票公益金。

第二十二条 中奖彩票为中奖唯一凭证，中奖彩票因玷污、损坏等原因不能正确识别的，不能兑奖。

第二十三条 兑奖机构可以查验中奖者的中奖彩票及有效身份证件，中奖者兑奖时应予配合。

第七章 附 则

第二十四条 本规则自批准之日起执行。

关于停止销售“射门得奖”等 27 款即开型体育彩票的通知

（2013 年 5 月 30 日 财政部 财办综［2013］34 号）

国家体育总局体育彩票管理中心：

你中心《关于停止销售射门得奖等 27 种即开型体育彩票产品的请示》（体彩字［2013］123 号）收悉。经研究，根据《彩票管理条例》、《彩票管理条例实施细则》、《彩票发行销售管理办法》（财综［2012］102 号）等有关规定，现就有关事项通知如下：

一、同意你中心停止销售“射门得奖”等 27 款即开型体育彩票（见附件）。你中心应当自批准之日起 2 个月内向社会发布公告，公告内容包括财政部的批准文件名称及文号、停止销售日期、兑奖截止日期等。自公告之日起满 60 个自然日后，可以停止销售“射门得奖”等 27 款即开型体育彩票。

二、“射门得奖”等 27 款即开型体育彩票停止销售后，在兑奖期内，应当按照规定兑付奖金。兑奖期结束后，你中心和各省、自治区、直辖市体育彩票销售机构应当对上述彩票资金情况进行结算。逾期不兑奖的视为弃奖，纳入彩票公益金；奖金结余转为一般调节基金，超兑奖金从彩票发行销售风险基金列支。同时，按照相关规定做好尾票销毁工作。

三、兑奖期结束后，你中心和各省、自治区、直辖市体育彩票销售机构应当在 60 个自然日内分别向同级财政部门提交书面报告，报告内容包括“射门得奖”等 27 款即开型体育彩票发行销售、资金结算等情况。

四、你中心应当严格按照现行彩票管理制度规定，督促各省、自治区、直辖市体育彩票销售机构加强彩票销售的安全管理和风险控制，切实做好即开型彩票的销售工作。

附件：停止销售的“射门得奖”等 27 款即开型体育彩票

附件

停止销售的“射门得奖”等27款即开型体育彩票

序号	游戏名称	面值	游戏主题类型	序号	游戏名称	面值	游戏主题类型
1	发薪日	2	娱乐	15	全民健身日	5	体育
2	平安中国	3	公益	16	和谐亚洲	5	体育
3	11届全运会	3	体育	17	百宝箱	10	娱乐
4	黑桃A	3	棋牌	18	金牛报春	10	文化
5	金币	3	娱乐	19	11届全运会	10	体育
6	A与8	3	棋牌	20	双响炮	10	娱乐
7	幸运66	5	娱乐	21	皇牌多多	10	棋牌
8	射门得奖	5	体育	22	全民健身日	10	体育
9	五倍幸运	5	娱乐	23	写意岭南	10	文化
10	获奖喜庆	5	娱乐	24	锦虎送福	10	文化
11	撞好运	5	娱乐	25	椰风海韵	10	体育
12	大丰收	5	娱乐	26	财神到	20	娱乐
13	群星璀璨	5	娱乐	27	冲向顶峰	20	娱乐
14	步步高升	5	娱乐				

关于在广西壮族自治区停止销售中国福利彩票跑跑彩的通知

（2013年6月3日　财政部　财办综［2013］35号）

中国福利彩票发行管理中心：

你中心《关于广西壮族自治区停止销售福利彩票跑跑彩游戏的请示》（中彩发字［2013］66号）收悉。为优化广西壮族自治区福利彩票市场结构，经研究，根据《彩票管理条例》、《彩票管理条例实施细则》、《彩票发行销售管理办法》（财综［2012］102号）等有关规定，现就有关事项通知如下：

一、同意你中心在广西壮族自治区停

止销售中国福利彩票跑跑彩（以下简称“跑跑彩”）。广西壮族自治区福利彩票销售机构应当自批准之日起2个月内向社会发布停止销售跑跑彩公告，公告内容包括财政部的批准文件名称及文号、停止销售日期、兑奖截止日期等。自公告之日起满60个自然日后，广西壮族自治区福利彩票销售机构可以停止销售跑跑彩。

二、跑跑彩停止销售后，在兑奖期内，应当按照规定兑付奖金。兑奖期结束后，奖池资金和调节基金有结余的，转为一般调节基金；奖池资金和调节基金的余额为负数的，从广西壮族自治区福利彩票销售机构发行销售风险基金列支。

三、兑奖期结束后，你中心和广西壮族自治区福利彩票销售机构应当在60个自然日内分别向同级财政部门提交书面报告，报告内容包括跑跑彩发行销售、彩票奖金提取与兑付、奖池资金和调节基金结余与划转等情况。

四、你中心应当严格遵照各项彩票管理制度规定，督促广西壮族自治区福利彩票销售机构稳妥做好跑跑彩停止销售各项工作；切实加强彩票销售的安全管理和风险控制，做好宣传公告等工作，确保彩票市场平稳健康发展。

关于在山西省上市销售中国福利彩票快乐十分的通知

（2013年6月3日　财政部　财办综［2013］36号）

中国福利彩票发行管理中心：

你中心《关于在山西省销售中国福利彩票快乐十分游戏的请示》（中彩发字［2013］59号）收悉。为完善山西省福利彩票市场结构，促进彩票市场平稳健康发展，经研究，根据《彩票管理条例》、《彩票管理条例实施细则》、《彩票发行销售管理办法》（财综［2012］102号）等相关规定，现就有关事项通知如下：

一、同意你中心在山西省上市销售中国福利彩票快乐十分（以下简称“快乐十分”），具体游戏规则见附件。快乐十分每期按彩票销售额的59%、13%和28%，分别计提彩票奖金、彩票发行费和彩票公益金。山西省福利彩票销售机构应当自批准之日起4个月内上市销售快乐十分。

二、快乐十分上市销售前，山西省福利彩票销售机构应当将拟上市销售日期、营销宣传计划、风险控制办法等销售实施方案报同级财政部门审核，经核准后上市销售。山西省福利彩票销售机构应当及时向社会发布公告，公告内容包括财政部批准文件的名称及文号、同级财政部门核准文件的名称及文号、上市销售的日期、财政部批准的《中国福利彩票快乐十分游戏规则》等。上市销售满1个月后，你中心和山西省福利彩票销售机构应当分别向同级财政部门提交上市销售情况的书面报告。

三、山西省福利彩票快速开奖游戏终端数量应当严格执行财政部核定的控制数。快乐十分可设置新的投注站点销售，也可选择部分条件较好的现有投注站点销售，但原则上不得在福利彩票、体育彩票双机店销售。不得利用互联网销售。

四、你中心应当严格遵照各项彩票管理制度规定，督促山西省福利彩票销售机构加强彩票销售的风险控制和安全管理，切实做好宣传公告等工作，确保彩票市场平稳健康发展。

附件：中国福利彩票快乐十分游戏规则

附件

中国福利彩票快乐十分游戏规则

第一章　总　　则

第一条　根据《彩票管理条例》、《彩票管理条例实施细则》、《彩票发行销售管理办法》（财综［2012］102号）等相关规定，制定本规则。

第二条　中国福利彩票快乐十分（以下简称“快乐十分”）由中国福利彩票发行管理中心发行和组织销售，由经财政部批准的福利彩票销售机构（以下称“相关省福彩机构”）在所辖区域内销售。

第三条　快乐十分采用计算机网络系统发行，在相关省福彩机构设置的销售网点销售，定期开奖。

第四条　快乐十分实行自愿购买，凡购买者均被视为同意并遵守本规则。

第五条　不得向未成年人出售彩票或兑付奖金。

第二章　投　　注

第六条　快乐十分是指从01—20共二十个号码中任意选择一至五个号码进行投注，一组一至五个号码的组合称为一注。每注金额人民币2元。购买者可对其选定的投注号码进行多倍投注，投注倍数范围为2—99倍。单张彩票的投注金额最高不得超过20 000元。

第七条　购买者可在相关省福彩机构设置的销售网点投注。投注号码经投注机打印出对奖凭证，交购买者保存，此对奖凭证即为快乐十分彩票。

第八条　快乐十分根据号码组合共分为“选一”、“选二”、“选三”、“选四”、“选五”投注方式，具体规定如下：

（一）选一投注：是指从01—20中任意选择一个号码进行投注，规定01至

18 为数字号码，19 和 20 为红色号码，分为如下两种投注方式：

1. 选一数投，是指从 01—18 中任意选择一个数字号码，对开奖号码中按开奖顺序出现的第一个位置的投注；

2. 选一红投，是指任意选择一个红色号码，对开奖号码中按开奖顺序出现的第一个位置的投注。

（二）选二投注：是指从 01—20 中任意选择两个号码进行投注，具体分为：

1. 选二任选，是指对开奖号码中任意两个位置的投注；

2. 选二连组，是指对开奖号码中按开奖顺序出现的两个连续位置的投注；

3. 选二连直，是指对开奖号码中按开奖顺序出现的两个连续位置按位相符的投注。

（三）选三投注：是指从 01—20 中任意选择三个号码进行投注，具体分为：

1. 选三任选，是指对开奖号码中任意三个位置的投注；

2. 选三前组，是指对开奖号码中按开奖顺序出现的前三个连续位置的投注；

3. 选三前直，是指对开奖号码中按开奖顺序出现的前三个连续位置按位相符的投注。

（四）选四投注：是指从 01—20 中任意选择四个号码，对开奖号码中任意四个位置的投注。

（五）选五投注：是指从 01—20 中任意选择五个号码，对开奖号码中任意五个位置的投注。

第九条 购买者可选择机选号码投注、自选号码投注。机选号码投注是指由投注机随机产生投注号码进行投注，自选号码投注是指将购买者选定的号码输入投注机进行投注。

第十条 购买者可选择复式投注、胆拖投注、多期投注。复式投注是指所选号码个数超过单式投注的号码个数，所选号码可组合为每一种单式投注方式的多注彩票的投注。胆拖投注是指先选取少于单式投注号码个数的号码作为胆码（即每注彩票均包含的号码），再选取除胆码以外的号码作为拖码，胆码与拖码个数之和必须多于单式投注号码个数，由胆码与拖码的每一种组合按单式投注方式组成多注彩票的投注。多期投注是指购买从当期起连续若干期的彩票。

第十一条 快乐十分每期销售时间为 10 分钟。销售期号以销售日按每期开奖顺序编排。

第十二条 快乐十分每期全部投注号码的可投注数量实行限量销售，若投注号码受限，则不能投注。若因销售终端故障、通讯线路故障和投注站信用额度受限等原因造成投注不成功，应退还购买者投注金额。

第三章 设 奖

第十三条 快乐十分按当期销售额的 59%、13% 和 28% 分别计提彩票奖金、彩票发行费和彩票公益金。彩票奖金分为当期奖金和调节基金，其中，58% 为当期奖金，1% 为调节基金。

第十四条 快乐十分按不同单式投注方式设奖，均为固定奖。奖金规定如下：

（一）选一投注。

1. 选一数投中一：单注奖金固定为 24 元；

2. 选一红投中一：单注奖金固定为 8 元。

（二）选二投注。

1. 选二任选中二：单注奖金固定为 8 元；

2. 选二连组中二：单注奖金固定为 31 元；

3. 选二连直中二：单注奖金固定为 62 元。

（三）选三投注。

1. 选三任选中三：单注奖金固定为 24 元；

2. 选三前组中三：单注奖金固定为 1 300 元；

3. 选三前直中三：单注奖金固定为 8 000 元。

（四）选四投注。

选四任选中四：单注奖金固定为 80 元。

（五）选五投注。

选五任选中五：单注奖金固定为 320 元。

第十五条 快乐十分设置调节基金。调节基金包括按销售总额 1% 提取部分、逾期未退票的票款。调节基金用于支付不可预见的奖金支出风险，以及设立特别奖。动用调节基金设立特别奖，应报同级财政部门审核批准。

第十六条 快乐十分设置奖池。奖池资金由当期计提奖金与实际中出奖金的差额组成。当期实际中出奖金小于计提奖金时，余额进入奖池；当期实际中出奖金超过计提奖金时，差额由奖池资金补足。当奖池资金总额不足时，由调节基金补足，调节基金不足时，用彩票兑奖周转金垫支。在出现彩票兑奖周转金垫支的情况下，当调节基金有资金滚入时优先偿还垫支的彩票兑奖周转金。当奖池资金超过 200 万元时，超出部分转入调节基金。

第四章 开 奖

第十七条 快乐十分采用专用电子摇奖设备开奖，每期从 01—20 共二十个号码中随机依次生成八个不同号码，作为当期开奖号码。开奖号码的顺序不能颠倒。每期开奖时间为 1 分钟。

第十八条 每期开奖后，相关省福彩机构应向社会公布开奖号码、当期销售总额、各奖级中奖情况及奖池资金余额等信息，并将开奖结果通知销售网点。

第五章 中 奖

第十九条 根据购买者选择的快乐十分的投注号码和投注方式，与当期开奖号码按数位顺序的相符情况，确定相应的中奖资格。具体规定如下：

（一）选一投注。

1. 选一数投中一：投注号码与当期开奖号码中按开奖顺序出现的第一个位置数字号码相符，即中奖；

2. 选一红投中一：投注号码与当期开奖号码中按开奖顺序出现的第一个位置为红色号码，即中奖。

（二）选二投注。

1. 选二任选中二：投注号码与当期开奖号码中任意两个位置的号码相符，即中奖；

2. 选二连组中二：投注号码与当期开奖号码中按开奖顺序出现的两个连续位置的号码相符（顺序不限），即中奖；

3. 选二连直中二：投注号码与当期开奖号码中按开奖顺序出现的两个连续位置的号码按位相符，即中奖。

（三）选三投注。

1. 选三任选中三：投注号码与当期开奖号码中任意三个位置的号码相符，即中奖；

2. 选三前组中三：投注号码与当期开奖号码中按开奖顺序出现的前三个连续位置的号码相符（顺序不限），即中奖；

3. 选三前直中三：投注号码与当期开奖号码中按开奖顺序出现的前三个连续位置的号码按位相符，即中奖。

（四）选四投注。

选四任选中四：投注号码与当期开奖号码中任意四个位置的号码相符，即中奖。

（五）选五投注。

选五任选中五：投注号码与当期开奖号码中任意五个位置的号码相符，即中奖。

第二十条 当期每注投注号码按其投注方式只有一次中奖机会，不能兼中兼得，特别设奖除外。

第六章 兑　　奖

第二十一条 快乐十分兑奖当期有效。中奖者应当自开奖之日起 60 个自然日内，持中奖彩票到指定的地点兑奖。逾期未兑奖视为弃奖，弃奖奖金纳入彩票公益金。

第二十二条 中奖彩票为中奖唯一凭证，中奖彩票因玷污、损坏等原因不能正确识别的，不能兑奖。

第二十三条 兑奖机构有权查验中奖者的中奖彩票及有效身份证件，中奖者兑奖时应予配合。

第七章 附　　则

第二十四条 本规则自批准之日起执行。

关于在甘肃省上市销售中国福利彩票快 3 的通知

（2013 年 6 月 3 日　财政部　财办综［2013］37 号）

中国福利彩票发行管理中心：

你中心《关于在甘肃省销售中国福利彩票快 3 游戏的请示》（中彩发字［2013］60 号）收悉。为完善甘肃省福利彩票市场结构，促进彩票市场平稳健康发展，经研究，根据《彩票管理条例》、《彩票管理条例实施细则》、《彩票发行销售管理办法》（财综［2012］102 号）等相关规定，现就有关事项通知如下：

一、同意你中心在甘肃省上市销售中

国福利彩票快3（以下简称“快3”），具体游戏规则见附件。快3每期按彩票销售额的59%、13%和28%，分别计提彩票奖金、彩票发行费和彩票公益金。甘肃省福利彩票销售机构应当自批准之日起4个月内上市销售快3。

二、快3上市销售前，甘肃省福利彩票销售机构应当将拟上市销售日期、营销宣传计划、风险控制办法等销售实施方案报同级财政部门审核，经核准后上市销售。甘肃省福利彩票销售机构应当及时向社会发布公告，公告内容包括财政部批准文件的名称及文号、同级财政部门核准文件的名称及文号、上市销售的日期、财政部批准的《中国福利彩票快3游戏规则》等。上市销售满1个月后，你中心和甘肃省福利彩票销售机构应当分别向同级财政部门提交上市销售情况的书面报告。

三、甘肃省福利彩票快速开奖游戏终端数量应当严格执行财政部核定的控制数。快3可设置新的投注站点销售，也可选择部分条件较好的现有投注站点销售，但原则上不得在福利彩票、体育彩票双机店销售。不得利用互联网销售。

四、你中心应当严格遵照各项彩票管理制度规定，督促甘肃省福利彩票销售机构加强彩票销售的风险控制和安全管理，切实做好宣传公告等工作，确保彩票市场平稳健康发展。

附件：中国福利彩票快3游戏规则

附件

中国福利彩票快3游戏规则

第一章　总　　则

第一条　根据《彩票管理条例》、《彩票管理条例实施细则》、《彩票发行销售管理办法》（财综［2012］102号）等相关规定，制定本规则。

第二条　中国福利彩票快3（以下简称“快3”）由中国福利彩票发行管理中心发行和组织销售，由经财政部批准的福利彩票销售机构（以下称“相关省福彩机构”）在所辖区域内销售。

第三条　快3采用计算机网络系统发行，在相关省福彩机构设置的销售网点销售，定期开奖。

第四条　快3实行自愿购买，凡购买者均被视为同意并遵守本规则。

第五条　不得向未成年人出售彩票或兑付奖金。

第二章　投　　注

第六条　快3是指以三个号码组合为一注进行单式投注，每个投注号码为1—6共六个自然数中的任意一个，一组三个号码的组合称为一注。每注金额人民币2元。购买者可对其选定的投注号码进行多倍投注，投注倍数范围为2—99倍。单张彩票的投注金额最高不得超过 20 000 元。

第七条 购买者可在相关省福彩机构设置的销售网点投注。投注号码经投注机打印出对奖凭证，交购买者保存，此对奖凭证即为快 3 彩票。

第八条 快 3 根据号码组合共分为“和值”、“三同号”、“二同号”、“三不同号”、“二不同号”、“三连号通选”投注方式，具体规定如下：

（一）和值投注：是指对三个号码的和值进行投注，包括“和值 4”至“和值 17”投注。

（二）三同号投注：是指对三个相同的号码进行投注，具体分为：

1. 三同号通选：是指对所有相同的三个号码（111、222、…、666）进行投注；

2. 三同号单选：是指从所有相同的三个号码（111、222、…、666）中任意选择一组号码进行投注。

（三）二同号投注：是指对两个指定的相同号码进行投注，具体分为：

1. 二同号复选：是指对三个号码中两个指定的相同号码和一个任意号码进行投注；

2. 二同号单选：是指对三个号码中两个指定的相同号码和一个指定的不同号码进行投注。

（四）三不同号投注：是指对三个各不相同的号码进行投注。

（五）二不同号投注：是指对三个号码中两个指定的不同号码和一个任意号码进行投注。

（六）三连号通选投注：是指对所有三个相连的号码（仅限：123、234、345、456）进行投注。

第九条 购买者可选择机选号码投注、自选号码投注。机选号码投注是指由投注机随机产生投注号码进行投注，自选号码投注是指将购买者选定的号码输入投注机进行投注。

第十条 购买者可选择多期投注。多期投注是指购买从当期起连续若干期的彩票。

第十一条 快 3 每期销售时间为 10 分钟。销售期号以销售日按每期开奖顺序编排。

第十二条 快 3 每期全部投注号码的可投注数量实行限量销售，若投注号码受限，则不能投注。若因销售终端故障、通讯线路故障和投注站信用额度受限等原因造成投注不成功，应退还购买者投注金额。

第三章　设　　奖

第十三条 快 3 按当期销售额的 59%、13% 和 28% 分别计提彩票奖金、彩票发行费和彩票公益金。彩票奖金分为当期奖金和调节基金，其中，58% 为当期奖金，1% 为调节基金。

第十四条 快 3 按不同单式投注方式设奖，均为固定奖。奖金规定如下：

（一）和值投注。

1. 和值 4：单注奖金固定为 80 元；
2. 和值 5：单注奖金固定为 40 元；
3. 和值 6：单注奖金固定为 25 元；
4. 和值 7：单注奖金固定为 16 元；
5. 和值 8：单注奖金固定为 12 元；
6. 和值 9：单注奖金固定为 10 元；
7. 和值 10：单注奖金固定为 9 元；

8. 和值 11：单注奖金固定为 9 元；

9. 和值 12：单注奖金固定为 10 元；

10. 和值 13：单注奖金固定为 12 元；

11. 和值 14：单注奖金固定为 16 元；

12. 和值 15：单注奖金固定为 25 元；

13. 和值 16：单注奖金固定为 40 元；

14. 和值 17：单注奖金固定为 80 元。

（二）三同号投注。

1. 三同号通选：单注奖金固定为 40 元；

2. 三同号单选：单注奖金固定为 240 元。

（三）二同号投注。

1. 二同号复选：单注奖金固定为 15 元；

2. 二同号单选：单注奖金固定为 80 元。

（四）三不同号投注。

三不同号：单注奖金固定为 40 元。

（五）二不同号投注。

二不同号：单注奖金固定为 8 元。

（六）三连号通选投注。

三连号通选：单注奖金固定为 10 元。

第十五条 快 3 设置调节基金。调节基金包括按销售总额 1% 提取部分、逾期未退票的票款。调节基金用于支付不可预见的奖金支出风险，以及设立特别奖。动用调节基金设立特别奖，应报同级财政部门审核批准。

第十六条 快 3 设置奖池。奖池资金由当期计提奖金与实际中出奖金的差额组成。当期实际中出奖金小于计提奖金时，余额进入奖池；当期实际中出奖金超过计提奖金时，差额由奖池资金补足。当奖池资金总额不足时，由调节基金补足，调节基金不足时，用彩票兑奖周转金垫支。在出现彩票兑奖周转金垫支的情况下，当调节基金有资金滚入时优先偿还垫支的彩票兑奖周转金。当奖池资金超过 200 万元时，超出部分转入调节基金。

第四章 开　　奖

第十七条 快 3 采用专用电子开奖设备开奖，每期随机生成三个号码，作为当期开奖号码，每个号码为 1—6 共六个自然数中的任意一个。每期开奖时间为 1 分钟。

第十八条 每期开奖后，相关省福彩机构应向社会公布开奖号码、当期销售总额、各奖级中奖情况及奖池资金余额等信息，并将开奖结果通知销售网点。

第五章 中　　奖

第十九条 根据购买者选择的快 3 的投注号码和投注方式，与当期开奖号码的相符情况，确定相应的中奖资格。具体规定如下：

（一）和值投注。

和值：投注号码与当期开奖号码的三个号码的和值相符，即中奖。

（二）三同号投注。

1. 三同号通选：当期开奖号码的三个号码相同，即中奖；

2. 三同号单选：当期开奖号码的三个号码相同，且投注号码与当期开奖号码相符，即中奖。

（三）二同号投注。

1. 二同号复选：当期开奖号码中有两个号码相同，且投注号码中的两个相同号码与当期开奖号码中两个相同号码相符，即中奖；

2. 二同号单选：当期开奖号码中有两个号码相同，且投注号码与当期开奖号码中两个相同号码和一个不同号码分别相符，即中奖。

（四）三不同号投注。

三不同号投注：当期开奖号码的三个号码各不相同，且投注号码与当期开奖号码全部相符，即中奖。

（五）二不同号投注。

二不同号投注：当期开奖号码中有两个号码不相同，且投注号码中的两个不同号码与当期开奖号码中的两个不同号码相符，即中奖。

（六）三连号通选投注。

三连号通选：当期开奖号码为三个相连的号码（仅限：123、234、345、456），即中奖。

第二十条 当期每注投注号码按其投注方式只有一次中奖机会，不能兼中兼得，特别设奖除外。

第六章 兑 奖

第二十一条 快3兑奖当期有效。中奖者应当自开奖之日起60个自然日内，持中奖彩票到指定的地点兑奖。逾期未兑奖视为弃奖，弃奖奖金纳入彩票公益金。

第二十二条 中奖彩票为中奖唯一凭证，中奖彩票因玷污、损坏等原因不能正确识别的，不能兑奖。

第二十三条 兑奖机构可以查验中奖者的中奖彩票及有效身份证件，中奖者兑奖时应予配合。

第七章 附 则

第二十四条 本规则自批准之日起执行。

关于在宁夏回族自治区上市销售中国福利彩票快3的通知

（2013年6月3日　财政部　财办综［2013］38号）

中国福利彩票发行管理中心：

你中心《关于在宁夏回族自治区销售中国福利彩票快3游戏的请示》（中彩发字［2013］62号）收悉。为完善宁夏回族自治区（以下简称“宁夏”）福利彩票市场结构，促进彩票市场平稳健康发展，经研究，根据《彩票管理条例》、《彩票管理条例实施细则》、《彩票发行销售管理办法》（财综［2012］102号）等相关规定，现就有关事项通知如下：

一、同意你中心在宁夏上市销售中国福利彩票快3（以下简称“快3”），具体游戏规则见附件。快3每期按彩票销售额的59%、13%和28%，分别计提彩票奖金、彩票发行费和彩票公益金。宁夏福利彩票销售机构应当自批准之日起4个月内上市销售快3。

二、快3上市销售前，宁夏福利彩票销售机构应当将拟上市销售日期、营销宣传计划、风险控制办法等销售实施方案报同级财政部门审核，经核准后上市销售。宁夏福利彩票销售机构应当及时向社会发布公告，公告内容包括财政部批准文件的名称及文号、同级财政部门核准文件的名称及文号、上市销售的日期、财政部批准的《中国福利彩票快3游戏规则》等。上市销售满1个月后，你中心和宁夏福利彩票销售机构应当向同级财政部门提交上市销售情况的书面报告。

三、宁夏福利彩票快速开奖游戏终端数量应当严格执行财政部核定的控制数。快3可设置新的投注站点销售，也可选择部分条件较好的现有投注站点销售，但原则上不得在福利彩票、体育彩票双机店销售。不得利用互联网销售。

四、你中心应当严格遵照各项彩票管理制度规定，督促宁夏福利彩票销售机构加强彩票销售的风险控制和安全管理，切实做好宣传公告等工作，确保彩票市场平稳健康发展。

附件：中国福利彩票快3游戏规则

附件

中国福利彩票快3游戏规则

第一章　总　　则

第一条　根据《彩票管理条例》、《彩票管理条例实施细则》、《彩票发行销售管理办法》（财综［2012］102号）等相关规定，制定本规则。

第二条　中国福利彩票快3（以下简称“快3”）由中国福利彩票发行管理中心发行和组织销售，由经财政部批准的福利彩票销售机构（以下称“相关省福彩机构”）在所辖区域内销售。

第三条　快3采用计算机网络系统发行，在相关省福彩机构设置的销售网点销售，定期开奖。

第四条　快3实行自愿购买，凡购买者均被视为同意并遵守本规则。

第五条　不得向未成年人出售彩票或兑付奖金。

第二章　投　　注

第六条　快3是指以三个号码组合为一注进行单式投注，每个投注号码为1—6共六个自然数中的任意一个，一组三个号码的组合称为一注。每注金额人民币2元。购买者可对其选定的投注号码进行多倍投注，投注倍数范围为2—99倍。单张彩票的投注金额最高不得超过20 000元。

第七条　购买者可在相关省福彩机构设置的销售网点投注。投注号码经投注机打印出对奖凭证，交购买者保存，此对奖凭证即为快 3 彩票。

第八条 快 3 根据号码组合共分为“和值”、“三同号”、“二同号”、“三不同号”、“二不同号”、“三连号通选”投注方式，具体规定如下：

（一）和值投注：是指对三个号码的和值进行投注，包括“和值 4”至“和值 17”投注。

（二）三同号投注：是指对三个相同的号码进行投注，具体分为：

1. 三同号通选：是指对所有相同的三个号码（111、222、…、666）进行投注；

2. 三同号单选：是指从所有相同的三个号码（111、222、…、666）中任意选择一组号码进行投注。

（三）二同号投注：是指对两个指定的相同号码进行投注，具体分为：

1. 二同号复选：是指对三个号码中两个指定的相同号码和一个任意号码进行投注；

2. 二同号单选：是指对三个号码中两个指定的相同号码和一个指定的不同号码进行投注。

（四）三不同号投注：是指对三个各不相同的号码进行投注。

（五）二不同号投注：是指对三个号码中两个指定的不同号码和一个任意号码进行投注。

（六）三连号通选投注：是指对所有三个相连的号码（仅限：123、234、345、456）进行投注。

第九条 购买者可选择机选号码投注、自选号码投注。机选号码投注是指由投注机随机产生投注号码进行投注，自选号码投注是指将购买者选定的号码输入投注机进行投注。

第十条 购买者可选择多期投注。多期投注是指购买从当期起连续若干期的彩票。

第十一条 快 3 每期销售时间为 10 分钟。销售期号以销售日按每期开奖顺序编排。

第十二条 快 3 每期全部投注号码的可投注数量实行限量销售，若投注号码受限，则不能投注。若因销售终端故障、通讯线路故障和投注站信用额度受限等原因造成投注不成功，应退还购买者投注金额。

第三章 设 奖

第十三条 快 3 按当期销售额的 59%、13% 和 28% 分别计提彩票奖金、彩票发行费和彩票公益金。彩票奖金分为当期奖金和调节基金，其中，58% 为当期奖金，1% 为调节基金。

第十四条 快 3 按不同单式投注方式设奖，均为固定奖。奖金规定如下：

（一）和值投注。

1. 和值 4：单注奖金固定为 80 元；
2. 和值 5：单注奖金固定为 40 元；
3. 和值 6：单注奖金固定为 25 元；
4. 和值 7：单注奖金固定为 16 元；
5. 和值 8：单注奖金固定为 12 元；
6. 和值 9：单注奖金固定为 10 元；
7. 和值 10：单注奖金固定为 9 元；
8. 和值 11：单注奖金固定为 9 元；
9. 和值 12：单注奖金固定为 10 元；
10. 和值 13：单注奖金固定为 12 元；
11. 和值 14：单注奖金固定为 16 元；

12. 和值15：单注奖金固定为25元；
13. 和值16：单注奖金固定为40元；
14. 和值17：单注奖金固定为80元。

（二）三同号投注。

1. 三同号通选：单注奖金固定为40元；
2. 三同号单选：单注奖金固定为240元。

（三）二同号投注。

1. 二同号复选：单注奖金固定为15元；
2. 二同号单选：单注奖金固定为80元。

（四）三不同号投注。

三不同号：单注奖金固定为40元。

（五）二不同号投注。

二不同号：单注奖金固定为8元。

（六）三连号通选投注。

三连号通选：单注奖金固定为10元。

第十五条 快3设置调节基金。调节基金包括按销售总额1%提取部分、逾期未退票的票款。调节基金用于支付不可预见的奖金支出风险，以及设立特别奖。动用调节基金设立特别奖，应报同级财政部门审核批准。

第十六条 快3设置奖池。奖池资金由当期计提奖金与实际中出奖金的差额组成。当期实际中出奖金小于计提奖金时，余额进入奖池；当期实际中出奖金超过计提奖金时，差额由奖池资金补足。当奖池资金总额不足时，由调节基金补足，调节基金不足时，用彩票兑奖周转金垫支。在出现彩票兑奖周转金垫支的情况下，当调节基金有资金滚入时优先偿还垫支的彩票兑奖周转金。当奖池资金超过200万元时，超出部分转入调节基金。

第四章 开 奖

第十七条 快3采用专用电子开奖设备开奖，每期随机生成三个号码，作为当期开奖号码，每个号码为1—6共六个自然数中的任意一个。每期开奖时间为1分钟。

第十八条 每期开奖后，相关省福彩机构应向社会公布开奖号码、当期销售总额、各奖级中奖情况及奖池资金余额等信息，并将开奖结果通知销售网点。

第五章 中 奖

第十九条 根据购买者选择的快3的投注号码和投注方式，与当期开奖号码的相符情况，确定相应的中奖资格。具体规定如下：

（一）和值投注。

和值：投注号码与当期开奖号码的三个号码的和值相符，即中奖。

（二）三同号投注。

1. 三同号通选：当期开奖号码的三个号码相同，即中奖；

2. 三同号单选：当期开奖号码的三个号码相同，且投注号码与当期开奖号码相符，即中奖。

（三）二同号投注。

1. 二同号复选：当期开奖号码中有两个号码相同，且投注号码中的两个相同号码与当期开奖号码中两个相同号码相符，即中奖；

2. 二同号单选：当期开奖号码中有两个号码相同，且投注号码与当期开奖号码中两个相同号码和一个不同号码分别相符，即中奖。

（四）三不同号投注。

三不同号投注：当期开奖号码的三个号码各不相同，且投注号码与当期开奖号码全部相符，即中奖。

（五）二不同号投注。

二不同号投注：当期开奖号码中有两个号码不相同，且投注号码中的两个不同号码与当期开奖号码中的两个不同号码相符，即中奖。

（六）三连号通选投注。

三连号通选：当期开奖号码为三个相连的号码（仅限：123、234、345、456），即中奖。

第二十条 当期每注投注号码按其投注方式只有一次中奖机会，不能兼中兼得，特别设奖除外。

第六章 兑 奖

第二十一条 快3游戏兑奖当期有效。中奖者应当自开奖之日起60个自然日内，持中奖彩票到指定的地点兑奖。逾期未兑奖视为弃奖，弃奖奖金纳入彩票公益金。

第二十二条 中奖彩票为中奖唯一凭证，中奖彩票因玷污、损坏等原因不能正确识别的，不能兑奖。

第二十三条 兑奖机构可以查验中奖者的中奖彩票及有效身份证件，中奖者兑奖时应予配合。

第七章 附 则

第二十四条 本规则自批准之日起执行。

关于同意印制发行“柿柿如意”等29款即开型彩票的通知

（2013年7月12日 财政部 财办综［2013］45号）

中国福利彩票发行管理中心：

你中心《关于申报2013年第1批中国福利彩票即开型彩票游戏的请示》（中彩发字［2013］74号）收悉。为优化彩票游戏结构，促进彩票市场健康发展，经研究，根据《彩票管理条例》、《彩票管理条例实施细则》、《彩票发行销售管理办法》（财综［2012］102号）等有关规定，现就有关事项通知如下：

一、同意你中心印制并在全国发行“柿柿如意”等29款即开型彩票，具体游戏规则见附件。“柿柿如意”等即开型彩票按销售总额的65%、15%和20%分别计提彩票奖金、彩票发行费和彩票公益金。

二、上市销售前，你中心应当及时向社会发布公告，并在公告中注明财政部的批准文件名称、文号、上市销售的日期以及财政部批准的《“柿柿如意”等即开型彩票游戏规则》等。各省、自治区、直辖市福利彩票销售机构应当将拟上市销售日期、营销宣传计划、风险控制办法等销售实施方案报同级财政部门审核，经核准后上市销售。

三、你中心向各省、自治区、直辖市福利彩票销售机构分配彩票时，应当将彩票游戏、数量和金额等具体分配方案报财政部备案，并按月报送全国印制和发行情况。上市销售满1个月后，你中心和各省、自治区、直辖市福利彩票销售机构应当向同级财政部门提交上市销售情况的书面报告。

四、你中心应当严格按照各项彩票管理制度规定，建立健全即开型彩票发行和销售风险防控制度及应急机制；督促各省、自治区、直辖市福利彩票销售机构切实加强安全管理，做好宣传等工作，确保即开型彩票市场平稳健康发展。

附件：“柿柿如意”等即开型彩票游戏规则

附件

“柿柿如意”等即开型彩票游戏规则

一、柿柿如意

（一）面值：2元

（二）奖组：50万张

（三）玩法规则：刮开覆盖膜，如果出现三个相同的奖金金额，即中该单一奖金。如果刮出“”柿子图符，即可获得10元奖金。

（四）设奖方案：

奖级	中奖金额（元）	中奖个数	奖金小计（元）
1	30 000	1	30 000
2	1 000	1	1 000
3	500	50	25 000
4	100	200	20 000
5	50	1 000	50 000
6	20	4 000	80 000
7	10	5 000	50 000
8	5	30 000	150 000
9	3	50 000	150 000
10	2	47 000	94 000
合计		**137 252**	**650 000**

二、潮菜之乡

（一）面值：2元

（二）奖组：50万张

（三）玩法规则：刮开覆盖膜，如果任意一个“海里海鲜”与“上钩海鲜”图符相同，即可获得该“海里海鲜”图符下方所对应的奖金，中奖奖金兼中兼得。

（四）设奖方案：

奖级	中奖金额（元）	中奖个数	奖金小计（元）
1	50 000	1	50 000
2	4 000	1	4 000
3	1 000	50	50 000
4	500	20	10 000
5	100	600	60 000
6	50	200	10 000
7	20	2 300	46 000
8	10	2 000	20 000
9	4	20 000	80 000
10	2	160 000	320 000
合计		**185 172**	**650 000**

三、甜蜜连连

（一）面值：2 元

（二）奖组：100 万张

（三）玩法规则：刮开覆盖膜，如果在成行、成列方向上刮出三个相同图符，即可获得该行、该列所指示的奖金，中奖奖金兼中兼得，其他情况不中奖。

（四）设奖方案：

奖级	中奖金额（元）	中奖个数	奖金小计（元）
1	30 000	1	30 000
2	1 000	60	60 000
3	100	1 000	100 000
4	50	4 000	200 000
5	20	8 000	160 000
6	10	15 000	150 000
7	4	50 000	200 000
8	2	200 000	400 000
合计		**278 061**	**1 300 000**

四、财神到

（一）面值：2 元

（二）奖组：250 万张

（三）玩法规则：刮开覆盖膜，如果刮出“ ”财神图符，即可获得该图符下方所对应的奖金，中奖奖金兼中兼得；其他图符下方所对应的奖金无效。

（四）设奖方案：

奖级	中奖金额（元）	中奖个数	奖金小计（元）
1	50 000	1	50 000
2	1 000	250	250 000
3	100	3 000	300 000
4	50	3 200	160 000
5	10	57 500	575 000
6	8	67 500	540 000
7	6	60 000	360 000
8	4	80 000	320 000
9	2	347 500	695 000
合计		**618 951**	**3 250 000**

五、蝌蚪找妈妈

（一）面值：5 元

（二）奖组：50 万张

（三）玩法规则：刮开覆盖膜，如果刮出“ ”青蛙图符，即可获得该图符下方所对应的奖金。中奖奖金兼中兼得。

（四）设奖方案：

奖级	中奖金额（元）	中奖个数	奖金小计（元）
1	100 000	1	100 000
2	1 000	5	5 000
3	500	50	25 000
4	100	500	50 000
5	50	5 000	250 000

续表

奖级	中奖金额（元）	中奖个数	奖金小计（元）
6	20	10 000	200 000
7	15	20 000	300 000
8	10	25 000	250 000
9	5	89 000	445 000
合计		**149 556**	**1 625 000**

六、月满迎福

（一）面值：5 元

（二）奖组：60 万张

（三）玩法规则：本彩票共有两局游戏，第一局游戏和第二局游戏的中奖奖金兼中兼得。刮开覆盖膜，如果在同一局游戏中，刮出三个相同的指定图符，即可获得该图符在彩票正面《奖金对照表》中所对应的奖金，中奖奖金兼中兼得。

（四）设奖方案：

奖级	中奖金额（元）	中奖个数	奖金小计（元）
1	100 000	1	100 000
2	5 000	1	5 000
3	100	2 970	297 000
4	50	3 000	150 000
5	30	4 200	126 000
6	20	11 400	228 000
7	10	44 400	444 000
8	5	120 000	600 000
合计		**185 972**	**1 950 000**

七、春夏秋冬

（一）面值：5 元

（二）奖组：60 万张

（三）玩法规则：刮开覆盖膜，如果出现“ ”燕子图符，即可获得该图符下方所对应的奖金，中奖奖金兼中兼得。其他图符不中奖。如果出现“春”字图符，即可获得六个图符下方所有奖金之和。

刮开覆盖膜，如果出现“ ”太阳图符，即可获得该图符下方所对应的奖金，中奖奖金兼中兼得。其他图符不中奖。如果出现“夏”字图符，即可获得六个图符下方所有奖金之和。

刮开覆盖膜，如果出现“ ”枫叶图符，即可获得该图符下方所对应的奖金，中奖奖金兼中兼得。其他图符不中奖。如果出现“秋”字图符，即可获得六个图符下方所有奖金之和。

刮开覆盖膜，如果出现“ ”雪花图符，即可获得该图符下方所对应的奖金，中奖奖金兼中兼得。其他图符不中奖。如果出现“冬”字图符，即可获得六个图符下方所有奖金之和。

（四）设奖方案：

奖级	中奖金额（元）	中奖个数	奖金小计（元）
1	100 000	1	100 000
2	1 000	2	2 000
3	500	24	12 000
4	200	160	32 000
5	100	2 200	220 000
6	50	3 600	180 000
7	30	6 000	180 000
8	20	7 200	144 000
9	15	12 000	180 000
10	10	36 000	360 000
11	5	108 000	540 000
合计		**175 187**	**1 950 000**

八、水果连连看

（一）面值：5 元

（二）奖组：100 万张

（三）玩法规则：刮开覆盖膜，在任意一局游戏中，根据出现的数字找到图形对奖区中相应的方格，如果出现两个相同的图符，即可获得该局游戏右侧所对应的奖金，共有六局游戏，中奖奖金兼中兼得。

（四）设奖方案：

奖级	中奖金额（元）	中奖个数	奖金小计（元）
1	150 000	1	150 000
2	5 000	1	5 000
3	500	100	50 000
4	100	2 550	255 000
5	50	5 000	250 000
6	40	6 000	240 000
7	30	6 000	180 000
8	20	14 000	280 000
9	15	20 000	300 000
10	10	74 000	740 000
11	5	160 000	800 000
合计		**287 652**	**3 250 000**

九、金蜂巢

（一）面值：5 元

（二）奖组：100 万张

（三）玩法规则：刮开覆盖膜，在任意一局游戏中，如果任意一个“我的号码”与“中奖号码”相同，即可获得该“我的号码”下方所对应的奖金，中奖奖金兼中兼得。共有两局游戏。

（四）设奖方案：

奖级	中奖金额（元）	中奖个数	奖金小计（元）
1	150 000	1	150 000
2	5 000	2	10 000
3	500	100	50 000
4	200	400	80 000

续表

奖级	中奖金额（元）	中奖个数	中奖小计（元）
5	100	2 000	200 000
6	50	8 000	400 000
7	30	4 000	120 000
8	25	16 000	400 000
9	15	20 000	300 000
10	10	58 000	580 000
11	5	192 000	960 000
合计		**300 503**	**3 250 000**

十、福运连连

（一）面值：5 元

（二）奖组：100 万张

（三）玩法规则：刮开覆盖膜，如果在同一行或同一列方向上，刮出五个相同的“福”福字图符，即可获得该行或该列刮开后所对应的奖金。若有多行、多列满足中奖条件，中奖奖金兼中兼得。如果在同一行或同一列方向上，未出现五个相同的“福”福字图符，则该行或该列所对应的奖金无效。

（四）设奖方案：

奖级	中奖金额（元）	中奖个数	奖金小计（元）
1	100 000	1	100 000
2	10 000	1	10 000
3	1 000	15	15 000
4	500	300	150 000
5	100	3 000	300 000
6	50	8 000	400 000
7	30	5 000	150 000
8	20	23 000	460 000
9	15	5 000	75 000
10	10	67 000	670 000
11	5	184 000	920 000
合计		**295 317**	**3 250 000**

十一、放飞梦想5元

（一）面值：5元

（二）奖组：100万张

（三）玩法规则：本彩票共有两个玩法，两个玩法区内的中奖奖金兼中兼得。玩法一：刮开覆盖膜，如果任意一个“我的图符”与“中奖图符”相同，即可获得该“我的图符”下方所对应的奖金，中奖奖金兼中兼得。玩法二：刮开覆盖膜，如果在任意一局游戏中，“放飞高度”高于“目标高度”，即可获得该局中“放飞高度”下方所对应的奖金。共有四局游戏，中奖奖金兼中兼得。

（四）设奖方案：

奖级	中奖金额（元）	中奖个数	奖金小计（元）
1	100 000	1	100 000
2	5 000	1	5 000
3	1 000	205	205 000
4	100	4 000	400 000
5	50	10 000	500 000
6	20	10 000	200 000
7	10	64 000	640 000
8	5	240 000	1 200 000
合计		**328 207**	**3 250 000**

十二、潮人之都

（一）面值：5元

（二）奖组：100万张

（三）玩法规则：本彩票共有两个玩法，两个玩法区内的中奖奖金兼中兼得。玩法一：刮开覆盖膜，如果任意一个“茶杯”与“冲茶罐”文字相同，即可获得该“茶杯”文字下方所对应的奖金，中奖奖金兼中兼得。玩法二：刮开覆盖膜，如果任意一个“我的茶具”与任意一个“中奖茶具”相同，即可获得该“我的茶具”下方所对应的奖金，中奖奖金兼中兼得。

（四）设奖方案：

奖级	中奖金额（元）	中奖个数	奖金小计（元）
1	250 000	1	250 000
2	4 000	1	4 000
3	1 000	220	220 000
4	500	80	40 000
5	100	2 660	266 000
6	80	500	40 000
7	40	2 000	80 000
8	30	5 000	150 000
9	20	10 000	200 000
10	10	50 000	500 000
11	5	300 000	1 500 000
合计		**370 462**	**3 250 000**

十三、欢乐购

（一）面值：5元

（二）奖组：120万张

（三）玩法规则：刮开覆盖膜，如果任意一个“我买的宝贝”图符与任意一个“促销宝贝”图符相同，即可获得该“我买的宝贝”图符下方所对应的奖金，中奖奖金兼中兼得；其他不相同的图符下方所对应的奖金无效。

（四）设奖方案：

奖级	中奖金额（元）	中奖个数	奖金小计（元）
1	100 000	1	100 000
2	5 000	2	10 000
3	1 000	40	40 000
4	300	570	171 000
5	100	3 090	309 000
6	50	6 400	320 000
7	25	20 000	500 000

续表

奖级	中奖金额（元）	中奖个数	奖金小计（元）
8	20	40 000	800 000
9	10	60 000	600 000
10	5	210 000	1 050 000
合计		**340 103**	**3 900 000**

十四、7喜

（一）面值：5元

（二）奖组：200万张

（三）玩法规则：刮开覆盖膜，在任意一局游戏中，如果两个数字相加等于“7”，即可获得该局游戏右侧所对应的奖金。共有四局游戏，中奖奖金兼中兼得。

（四）设奖方案：

奖级	中奖金额（元）	中奖个数	奖金小计（元）
1	100 000	1	100 000
2	1 000	10	20 000
3	500	620	155 000
4	200	400	800 000
5	100	15 000	750 000
6	50	2 500	300 000
7	40	7 500	300 000
8	30	7 500	225 000
9	20	20 000	400 000
10	15	30 000	450 000
11	10	140 000	1 400 000
12	5	320 000	1 600 000
合计		**543 531**	**6 500 000**

十五、沪塔

（一）面值：10元

（二）奖组：20万张

（三）玩法规则：刮开覆盖膜，如果在成行、成列或成斜方向上出现三个相同的数字（图符），即可获得该方向所对应的奖金。中奖奖金兼中兼得。

（四）设奖方案：

奖级	中奖金额（元）	中奖个数	奖金小计（元）
1	300 000	1	300 000
2	30 000	4	120 000
3	5 000	20	100 000
4	500	240	120 000
5	100	800	80 000
6	50	3 600	180 000
7	10	40 000	400 000
合计		**44 665**	**1 300 000**

十六、欢乐马戏团

（一）面值：10元

（二）奖组：100万张

（三）玩法规则：本彩票共有两个玩法，两个玩法区内的中奖奖金兼中兼得。玩法一：刮开覆盖膜，如果任意一个动物名称与画面上的动物名称相同，即可获得该动物名称所对应的奖金，中奖奖金兼中兼得。玩法二：刮开覆盖膜，在任意一局游戏中，如果“我的环数”大于“对手环数”，即可获得该局游戏右侧所对应的奖金。共有八局游戏，中奖奖金兼中兼得。

（四）设奖方案：

奖级	中奖金额（元）	中奖个数	奖金小计（元）
1	250 000	1	250 000
2	5 000	1	5 000
3	1 000	10	10 000
4	800	12	9 600
5	400	55	22 000
6	200	912	182 400
7	100	4 810	481 000
8	50	22 000	1 100 000
9	30	24 000	720 000
10	25	8 000	200 000
11	20	80 000	1 600 000
12	10	192 000	1 920 000
合计		**331 801**	**6 500 000**

十七、百载商埠

（一）面值：10 元

（二）奖组：100 万张

（三）玩法规则：本彩票共有两个玩法，两个玩法区内的中奖奖金兼中兼得。玩法一：刮开覆盖膜，如果任意一个“我的算珠”图符与“中奖算珠”图符相同，即可获得该“我的算珠”图符下方所对应的奖金，中奖奖金兼中兼得。玩法二：刮开覆盖膜，如果任意一个“我的号码”与“中奖号码”内的任意一个号码相同，即可获得该“我的号码”下方所对应的奖金；如果刮出“”钻石图符、“”元宝图符或“”铜钱图符，即可获得该图符下方所对应的奖金。中奖奖金兼中兼得。

（四）设奖方案：

奖级	中奖金额（元）	中奖个数	奖金小计（元）
1	450 000	1	450 000
2	20 000	1	20 000
3	1 000	250	250 000
4	600	100	60 000
5	300	500	150 000
6	100	8 200	820 000
7	80	1 000	80 000
8	60	1 500	90 000
9	40	8 000	320 000
10	30	5 000	150 000
11	20	35 000	700 000
12	10	341 000	3 410 000
合计		**400 552**	**6 500 000**

十八、幸运抽奖

（一）面值：10 元

（二）奖组：100 万张

（三）玩法规则：刮开覆盖膜，如果在任意一局游戏中“我的号”与“抽奖号”相同，即可获得该局游戏右方所对应的奖金。共有十五局游戏，中奖奖金兼中兼得。

（四）设奖方案：

奖级	中奖金额（元）	中奖个数	奖金小计（元）
1	400 000	1	400 000
2	10 000	2	20 000
3	1 000	10	10 000
4	500	440	220 000
5	200	800	160 000
6	100	6 100	610 000
7	50	14 000	700 000
8	40	6 000	240 000
9	30	26 000	780 000
10	20	78 000	1 560 000
11	10	180 000	1 800 000
合计		**311 353**	**6 500 000**

十九、印象中国

（一）面值：10 元

（二）奖组：100 万张

（三）玩法规则：刮开覆盖膜，如果任意一个“我的号码”与任意一个“中奖号码”相同，即可获得该“我的号码”下方所对应的奖金，其他不相同的号码下方所对应的奖金无效；如果刮出“”灯笼图符，即可获得该图符下方所对应奖金的两倍。中奖奖金兼中兼得。

（四）设奖方案：

奖级	中奖金额（元）	中奖个数	奖金小计（元）
1	300 000	1	300 000
2	5 000	1	5 000
3	1 000	50	50 000
4	500	600	300 000

续表

奖级	中奖金额（元）	中奖个数	奖金小计（元）
5	100	7 000	700 000
6	60	2 000	120 000
7	50	10 000	500 000
8	30	30 000	900 000
9	20	86 000	1 720 000
10	10	190 500	1 905 000
合计		**326 152**	**6 500 000**

二十、大满贯10元

（一）面值：10元

（二）奖组：100万张

（三）玩法规则：本彩票共有三个玩法，三个玩法区内的中奖奖金兼中兼得。玩法一：刮开覆盖膜，如果在任意一个观众席中刮出三个“ ”欢呼图符，即可获得该观众席下方所对应的奖金。共有三个观众席，中奖奖金兼中兼得。玩法二：刮开覆盖膜，如果刮出任何奖金金额，即中该奖金。共有六次中奖机会，中奖奖金兼中兼得。玩法三：刮开覆盖膜，如果在任意一局游戏中“我的得分”高于“对手得分”，即可获得该局游戏下方所对应的奖金。共有三局游戏，中奖奖金兼中兼得。

（四）设奖方案：

奖级	中奖金额（元）	中奖个数	奖金小计（元）
1	250 000	1	250 000
2	5 000	1	5 000
3	1 000	10	10 000
4	500	50	25 000
5	200	800	160 000
6	100	5 200	520 000
7	50	22 000	1 100 000

续表

奖级	中奖金额（元）	中奖个数	中奖小计（元）
8	30	26 000	780 000
9	25	6 000	150 000
10	20	80 000	1 600 000
11	10	190 000	1 900 000
合计		**330 062**	**6 500 000**

二十一、好日子

（一）面值：10元

（二）奖组：100万张

（三）玩法规则：刮开覆盖膜，如果刮出任何奖金金额，即中该奖金。共有三十一次中奖机会，中奖奖金兼中兼得。

（四）设奖方案：

奖级	中奖金额（元）	中奖个数	奖金小计（元）
1	300 000	1	300 000
2	3 000	5	15 000
3	1 000	50	50 000
4	500	200	100 000
5	300	1 000	300 000
6	150	500	75 000
7	100	5 000	500 000
8	50	12 000	600 000
9	30	22 000	660 000
10	20	50 000	1 000 000
11	15	60 000	900 000
12	10	200 000	2 000 000
合计		**350 756**	**6 500 000**

二十二、生日快乐

（一）面值：10元

（二）奖组：100万张

（三）玩法规则：本彩票共有四个玩法，四个玩法区内的中奖奖金兼中兼得。玩法一：刮开覆盖膜，如果刮出三个相同的奖金金额，即中该单一奖金。玩法二：刮开覆盖膜，如果在成行、成列或成斜线方向上出现三个“”气球图符，即可获得玩法二奖金区中所对应的奖金。玩法三：刮开覆盖膜，如果刮出任何奖金金额，即中该奖金。玩法四：刮开覆盖膜，如果任意一个“我的号码”与“中奖号码”相同，即可获得该“我的号码”下方所对应的奖金，中奖奖金兼中兼得；其他不相同的号码下方所对应的奖金无效。

（四）设奖方案：

奖级	中奖金额（元）	中奖个数	奖金小计（元）
1	250 000	1	250 000
2	5 000	1	5 000
3	1 000	15	15 000
4	500	100	50 000
5	200	1 000	200 000
6	100	4 800	480 000
7	50	24 000	1 200 000
8	30	26 000	780 000
9	20	80 000	1 600 000
10	10	192 000	1 920 000
合计		**327 917**	**6 500 000**

二十三、冰激凌

（一）面值：10 元

（二）奖组：200 万张

（三）玩法规则：刮开覆盖膜，如果任意一个“我的号码”与“中奖号码”相同，即可获得该“我的号码”下方所对应的奖金；如果在“我的号码”区刮出“”冰激凌图符，即可获得该图符下方所对应奖金的十倍。中奖奖金兼中兼得。

（四）设奖方案：

奖级	中奖金额（元）	中奖个数	奖金小计（元）
1	300 000	1	300 000
2	5 000	8	40 000
3	1 000	100	100 000
4	500	1 600	800 000
5	200	4 000	800 000
6	100	16 000	1 600 000
7	50	16 000	800 000
8	40	20 000	800 000
9	25	40 000	1 000 000
10	20	156 000	3 120 000
11	10	364 000	3 640 000
合计		**617 709**	**13 000 000**

二十四、淘宝乐

（一）面值：10 元

（二）奖组：200 万张

（三）玩法规则：刮开兑奖区和坐标区，根据坐标区刮出的字母和数字，找到兑奖区中相应的方格，如果该方格内出现任何金额，即可获得该金额奖金。中奖奖金兼中兼得。

（四）设奖方案：

奖级	中奖金额（元）	中奖个数	奖金小计（元）
1	250 000	1	250 000
2	9 000	10	90 000
3	900	100	90 000
4	300	2 200	660 000
5	150	10 000	1 500 000
6	100	11 900	1 190 000
7	50	20 000	1 000 000
8	20	200 000	4 000 000
9	15	200 000	3 000 000
10	10	120 000	1 200 000
11	5	4 000	20 000
合计		**568 211**	**13 000 000**

二十五、步步高

（一）面值：20元

（二）奖组：100万张

（三）玩法规则：刮开覆盖膜，如果在任意一局游戏中，任意一个“我的号码”与任意一个“中奖号码”相同，即可获得该局游戏所对应的奖金；如果在任意一局游戏中刮出“”龙图符，即可获得该局游戏所对应奖金的两倍；如果在任意一局游戏中刮出“”铺首图符，即可获得该局游戏所对应奖金的四倍。共有十六局游戏，中奖奖金兼中兼得。

（四）设奖方案：

奖级	中奖金额（元）	中奖个数	奖金小计（元）
1	1 000 000	1	1 000 000
2	50 000	1	50 000
3	10 000	3	30 000
4	1 000	500	500 000
5	500	1 200	600 000
6	200	1 000	200 000
7	100	10 000	1 000 000
8	80	6 000	480 000
9	60	10 000	600 000
10	50	10 000	500 000
11	40	110 000	4 400 000
12	20	182 000	3 640 000
合计		**330 705**	**13 000 000**

二十六、福气8

（一）面值：20元

（二）奖组：120万张

（三）玩法规则：刮开覆盖膜，如果任意一个“我的号码”与任意一个“中奖号码”相同，即可获得该“我的号码”下方所对应的奖金，其他不相同的号码下方所对应的奖金无效；如果刮出号码“8”，即可获得该号码下方所对应的奖金；如果刮出“福”字图符，即可获得该图符下方所对应奖金的五倍。中奖奖金兼中兼得。

（四）设奖方案：

奖级	中奖金额（元）	中奖个数	奖金小计（元）
1	1 000 000	1	1 000 000
2	50 000	1	50 000
3	10 000	6	60 000
4	2 000	15	30 000
5	1 000	540	540 000
6	500	1 200	600 000
7	200	1 800	360 000
8	100	12 000	1 200 000
9	80	4 800	384 000
10	60	9 600	576 000
11	50	40 800	2 040 000
12	40	36 000	1 440 000
13	30	60 000	1 800 000
14	20	276 000	5 520 000
合计		**442 763**	**15 600 000**

二十七、时空瑰宝

（一）面值：20元

（二）奖组：250万张

（三）玩法规则：刮开覆盖膜，如果任意一个“我的号码”与任意一个“中奖号码”相同，即可获得该“我的号码”下方所对应的奖金，其他不相同的号码下方所对应的奖金无效；如果刮出“”孔子鸟图符，即可获得50元奖金；如果刮出“”辽宁古果图符，即可获得100元奖金；如果刮出“”中华龙鸟图符，即可获得200元奖金。中奖奖金兼中兼得。

（四）设奖方案：

奖级	中奖金额（元）	中奖个数	奖金小计（元）
1	1 000 000	1	1 000 000
2	100 000	1	100 000
3	10 000	5	50 000
4	5 000	10	50 000
5	1 000	1 350	1 350 000
6	500	5 000	2 500 000
7	200	1 338	267 600
8	100	25 000	2 500 000
9	80	16 250	1 300 000
10	50	34 276	1 713 800
11	30	250 000	7 500 000
12	20	708 430	14 168 600
合计		**1 041 661**	**32 500 000**

二十八、百万财富

（一）面值：20 元

（二）奖组：250 万张

（三）玩法规则：刮开覆盖膜，如果任意一个“我的号码”与任意一个“中奖号码”相同，即可获得该“我的号码”下方所对应的奖金，其他不相同的号码下方所对应的奖金无效；如果刮出“元宝图符”元宝图符，即可获得该图符下方所对应的奖金的五倍；如果刮出“钻石图符”钻石图符，即可获得该刮开区内所有的 20 个奖金之和。中奖奖金兼中兼得。

（四）设奖方案：

奖级	中奖金额（元）	中奖个数	奖金小计（元）
1	1 000 000	1	1 000 000
2	10 000	1	10 000
3	5 000	2	10 000
4	2 000	40	80 000
5	1 000	500	500 000
6	500	5 000	2 500 000
7	200	10 000	2 000 000
8	100	30 000	3 000 000
9	50	80 000	4 000 000
10	40	50 000	2 000 000
11	30	150 000	4 500 000
12	20	640 000	12 800 000
13	10	10 000	100 000
合计		**975 544**	**32 500 000**

二十九、宜居之城

（一）面值：20 元

（二）奖组：100 万张

（三）玩法规则：本彩票共有三个玩法，三个玩法区内的中奖奖金兼中兼得。玩法一：刮开覆盖膜，如果刮出“装修”字符，即可获得 20 元奖金。玩法二：刮开覆盖膜，如果出现三个相同的奖金金额，即中该单一奖金。玩法三：刮开覆盖膜，如果任意一个“我的号码”与任意一个“中奖号码”相同，即可获得该“我的号码”下方所对应的奖金，中奖奖金兼中兼得；其他不相同的号码下方所对应的奖金无效。玩法三附加玩法：如果在“我的号码”区中刮出的房间、客厅图符个数组合与《奖金对照表》中相对应的图符相同，即可赢得相对应的奖金。

（四）设奖方案：

奖级	中奖金额（元）	中奖个数	奖金小计（元）
1	1 000 000	1	1 000 000
2	100 000	1	100 000
3	8 000	5	40 000
4	1 000	1 000	1 000 000
5	500	100	50 000
6	200	5 000	1 000 000
7	100	8 000	800 000
8	80	2 000	160 000
9	60	10 000	600 000
10	50	5 000	250 000
11	40	10 000	400 000
12	30	60 000	1 800 000
13	20	290 000	5 800 000
合计		**391 107**	**13 000 000**

关于同意印制发行“十二运”主题传统型彩票的通知

（2013年8月13日 财政部 财办综［2013］47号）

国家体育总局体育彩票管理中心：

你中心《关于印制发行“十二运”主题传统型彩票的请示》（体彩字［2013］200号）收悉。为优化彩票游戏结构，促进彩票市场健康发展，经研究，根据《彩票管理条例》、《彩票管理条例实施细则》、《彩票发行销售管理办法》（财综［2012］102号）等有关规定，现就有关事项通知如下：

一、为扩大彩票宣传，提升体育彩票品牌，丰富彩票游戏，同意你中心印制发行中华人民共和国第十二届运动会（以下简称“十二运”）主题传统型彩票，并由辽宁省体育彩票销售机构在辽宁省组织销售，具体游戏规则见附件。“十二运”主题传统型彩票按销售总额的65%、15%和20%分别计提彩票奖金、彩票发行费和彩票公益金。

二、上市销售前，你中心应当及时向社会发布公告，并在公告中注明财政部的批准文件名称、文号、上市销售的日期以及财政部批准的《“十二运”主题传统型彩票游戏规则》等。辽宁省体育彩票销售机构应当将上市销售日期、营销宣传计划、风险控制办法等销售实施方案报同级财政部门审核，经核准后上市销售。

三、“十二运”主题传统型彩票上市销售满1个月后，你中心和辽宁省体育彩票销售机构应当分别向同级财政部门提交上市销售情况的书面报告。

四、你中心应当严格按照各项彩票管理制度规定，建立健全彩票发行和销售风险防控制度及应急机制；督促辽宁省体育彩票销售机构切实加强安全管理，做好宣传等工作，确保彩票市场持续健康发展。

附件：“十二运”主题传统型彩票游戏规则

附件

“十二运”主题传统型彩票游戏规则

一、面值：10元。

二、奖组：30万张（300万元）。

三、玩法规则：

（一）“十二运”主题传统型彩票，发行数量300 000张，彩票号码为YC000000至YC299999之间的任意六位数号码。

（二）“十二运”主题传统型彩票销售截止日期为2013年11月30日，开奖日期为2013年12月31日，采用摇号开奖方式产生中奖号码。

（三）中奖条件：一等奖，彩票号码与中奖号码6位数字全部相同且顺序相同；二等奖，彩票号码中的后5位与中奖号码的后5位数字全部相同且顺序相同；三等奖，彩票号码中的后4位与中奖号码的后4位数字全部相同且顺序相同；四等奖，彩票号码中的后3位与中奖号码的后3位数字全部相同且顺序相同；五等奖，彩票号码中的后2位与中奖号码的后2位数字全部相同且顺序相同；六等奖，彩票号码的末位数字与中奖号码的末位数字相同。

（四）奖级设置：一等奖奖金为150 000元；二等奖奖金为90 000元；三等奖奖金为10 000元；四等奖奖金为1 000元；五等奖奖金为200元；六等奖奖金为20元。每张中奖彩票只兑付所中最高奖级奖金，不可兼中兼得。

（五）一等奖奖金在辽宁省体育彩票销售机构兑付，二、三等奖奖金在辽宁省所属市级体育彩票管理中心兑付，四、五、六等奖奖金可在辽宁省体育彩票销售机构指定的销售点兑付。

（六）“十二运”主题传统型彩票兑奖截止日期为2014年3月3日，逾期不兑视为自动弃奖，弃奖奖金纳入彩票公益金。

四、设奖方案：

奖级	中奖金额（元）	中奖个数	中奖小计（元）
1	150 000	1	150 000
2	90 000	2	180 000
3	10 000	27	270 000
4	1 000	270	270 000
5	200	2 700	540 000
6	20	27 000	540 000
合计		**30 000**	**1 950 000**

关于同意印制发行“四叶草”等16款即开型体育彩票的通知

（2013年8月13日　财政部　财办综［2013］48号）

国家体育总局体育彩票管理中心：

你中心《关于印制发行“四叶草”等即开型体育彩票的请示》（体彩字［2013］202号）收悉。为优化彩票游戏结构，促进彩票市场持续健康发展，经研究，根据《彩票管理条例》、《彩票管理条例实施细则》、《彩票发行销售管理办法》（财综［2012］102号）等有关规定，现就有关事项通知如下：

一、同意你中心印制并在全国发行“四叶草”等16款即开型体育彩票，具体游戏规则见附件。“四叶草”等即开型体育彩票游戏按销售总额的65%、15%和20%分别计提彩票奖金、彩票发行费和彩票公益金。

二、上市销售前，你中心应当及时向社会发布公告，并在公告中注明财政部的批准文件名称、文号、上市销售的日期以及财政部批准的《“四叶草”等即开型体育彩票游戏规则》等。各省、自治区、直辖市体育彩票销售机构应当将拟上市销售日期、营销宣传计划、风险控制办法等销售实施方案报同级财政部门审核，经核准后上市销售。

三、你中心向各省、自治区、直辖市体育彩票销售机构分配即开型体育彩票游戏时，应当将彩票游戏、数量和金额等具体分配方案报财政部备案，并按月报送全国印制和发行情况。上市销售满1个月后，你中心和各省、自治区、直辖市体育彩票销售机构应当向同级财政部门提交上市销售情况的书面报告。

四、你中心应当严格按照各项彩票管理制度规定，建立健全即开型体育彩票发行和销售风险防控制度及应急机制；督促各省、自治区、直辖市体育彩票销售机构切实加强安全管理，做好宣传等工作，确保即开型体育彩票市场平稳健康发展。

附件：“四叶草”等即开型体育彩票游戏规则

附件

“四叶草”等即开型体育彩票游戏规则

一、四叶草

（一）面值：2元。

（二）奖组：30万张（60万元）。

（三）玩法规则：刮开覆盖膜，如果出现“黑色幸运草”标志，即中得该标志下方所示的金额；如果出现“红色幸运草”标志，即中得该标志下方所示金额的五倍。兼中兼得。

（四）设奖方案：

奖级	中奖金额（元）	中奖个数	中奖小计（元）
1	8 000	1	8 000
2	1 000	10	10 000
3	500	65	32 500
4	100	400	40 000
5	50	1 030	51 500
6	20	2 000	40 000
7	10	6 000	60 000
8	5	12 000	60 000
9	2	44 000	88 000
合计		**65 506**	**390 000**

二、神秘贝壳

（一）面值：5元。

（二）奖组：30万张（150万元）。

（三）玩法规则：刮开覆盖膜，如果出现“黑色项链”标志，即中得该标志下方所示的金额；如果出现“红色项链”标志，即中得该标志下方所示金额的五倍。兼中兼得。

（四）设奖方案：

奖级	中奖金额（元）	中奖个数	中奖小计（元）
1	50 000	1	50 000
2	5 000	2	10 000
3	1 000	25	25 000
4	500	115	57 500
5	100	1 200	120 000
6	50	1 250	62 500
7	20	7 500	150 000
8	10	31 250	312 500
9	5	37 500	187 500
合计		**78 843**	**975 000**

三、竹报平安

（一）面值：5元。

（二）奖组：30万张（150万元）。

（三）玩法规则：刮开覆盖膜，在任意一场游戏中，如果出现两个相同的标志，即中得该场游戏右方所示的金额。兼中兼得。

（四）设奖方案：

奖级	中奖金额（元）	中奖个数	中奖小计（元）
1	50 000	1	50 000
2	2 000	5	10 000
3	800	25	20 000
4	200	325	65 000
5	80	1 000	80 000
6	50	2 500	125 000
7	20	6 250	125 000
8	10	30 000	300 000
9	5	40 000	200 000
合计		**80 106**	**975 000**

四、够级

（一）面值：5 元。

（二）奖组：120 万张（600 万元）。

（三）玩法规则：刮开覆盖膜，在任意一把扑克牌中，如果出现够级牌说明中所示的任意一种情况，即中得该把扑克牌右方所示的金额；如果出现“王牌”，即中得该把扑克牌右方所示金额的两倍。兼中兼得。够级牌说明：5 个 10，4 个 J，3 个 Q，2 个 K，2 个 A，1 个 2。

（四）设奖方案：

奖级	中奖金额（元）	中奖个数	中奖小计（元）
1	5 000	5	25 000
2	500	500	250 000
3	100	5 000	500 000
4	50	20 000	1 000 000
5	10	50 000	500 000
6	5	325 000	1 625 000
合计		**400 505**	**3 900 000**

五、环太湖赛

（一）面值：5 元。

（二）奖组：60 万张（300 万元）。

（三）玩法规则：刮开覆盖膜，如果你的城市中的任意一个城市与中奖城市之一相同，即中得该城市下方所示的金额；如果出现“自行车”标志，即中得该标志下方所示金额的两倍；如果出现“环太湖赛”标志，即中得刮开区内所示的 8 个金额之和。兼中兼得。

（四）设奖方案：

奖级	中奖金额（元）	中奖个数	中奖小计（元）
1	100 000	1	100 000
2	1 000	7	7 000
3	500	20	10 000
4	200	315	63 000

续表

奖级	中奖金额（元）	中奖个数	中奖小计（元）
5	100	1 105	110 500
6	50	2 190	109 500
7	25	10 000	250 000
8	20	17 500	350 000
9	10	40 000	400 000
10	5	110 000	550 000
合计		**181 138**	**1 950 000**

六、红色印迹

（一）面值：5 元。

（二）奖组：12 万张（60 万元）。

（三）玩法规则：刮开覆盖膜，如果你的号码中的任意一个号码与中奖号码之一相同，即中得该号码下方所示的金额；如果出现“镰刀”标志，即中得该标志下方所示的金额。兼中兼得。

（四）设奖方案：

奖级	中奖金额（元）	中奖个数	中奖小计（元）
1	100 000	1	100 000
2	5 000	2	10 000
3	1 000	5	5 000
4	100	600	60 000
5	50	600	30 000
6	10	3 600	36 000
7	5	29 800	149 000
合计		**34 608**	**390 000**

七、金元宝

（一）面值：10 元。

（二）奖组：30 万张（300 万元）。

（三）玩法规则：刮开覆盖膜，如果出现“黑色元宝”标志，即中得该标志下方所示的金额；如果出现“红色元宝”标志，即中得该标志下方所示金额的五倍。兼中兼得。

（四）设奖方案：

奖级	中奖金额（元）	中奖个数	中奖小计（元）
1	150 000	1	150 000
2	10 000	2	20 000
3	5 000	5	25 000
4	1 000	40	40 000
5	500	125	62 500
6	100	4 025	402 500
7	50	5 000	250 000
8	20	25 000	500 000
9	10	50 000	500 000
合计		**84 198**	**1 950 000**

八、八方来财

（一）面值：10 元。

（二）奖组：180 万张（1 800 万元）。

（三）玩法规则：①游戏一：刮开覆盖膜，如果出现“08”、“18”、“28”、“38”、“48”、“58”、“68”、“78”、“98”九个号码中的任意一个号码，即中得该号码下方所示的金额；如果出现号码“88”，即中得该号码下方所示金额的两倍。②游戏二：刮开覆盖膜，如果出现“财”标志，即中得该标志下方所示的金额。兼中兼得。

（四）设奖方案：

奖级	中奖金额（元）	中奖个数	中奖小计（元）
1	250 000	1	250 000
2	5 000	4	20 000
3	1 000	45	45 000
4	500	210	105 000
5	200	1 650	330 000
6	100	15 000	1 500 000
7	50	45 000	2 250 000
8	20	240 000	4 800 000
9	10	240 000	2 400 000
合计		**541 910**	**11 700 000**

九、中奖达人

（一）面值：10 元。

（二）奖组：240 万张（2 400 万元）。

（三）玩法规则：刮开覆盖膜，如果你的号码中的任意一个号码与中奖号码之一相同，即中得该号码下方所示的金额；如果出现“胜利”标志，即中得该标志下方所示金额的两倍。如果在幸运奖区出现“笑脸”标志，即中得 100 元。兼中兼得。

（四）设奖方案：

奖级	中奖金额（元）	中奖个数	中奖小计（元）
1	500 000	1	500 000
2	5 000	8	40 000
3	1 000	210	210 000
4	500	420	210 000
5	200	200	40 000
6	100	14 000	1 400 000
7	50	60 000	3 000 000
8	20	210 000	4 200 000
9	10	600 000	6 000 000
合计		**884 839**	**15 600 000**

十、马到成功

（一）面值：10 元。

（二）奖组：30 万张（300 万元）。

（三）玩法规则：刮开覆盖膜，如果你的号码中的任意一个号码与中奖号码之一相同，即中得该号码下方所示的金额；如果出现“奔马”标志，即中得该标志下方所示金额的十倍。兼中兼得。

（四）设奖方案：

奖级	中奖金额（元）	中奖个数	中奖小计（元）
1	150 000	1	150 000
2	8 000	5	40 000
3	2 000	25	50 000
4	800	150	120 000

续表

奖级	中奖金额（元）	中奖个数	中奖小计（元）
5	200	300	60 000
6	80	3 500	280 000
7	50	5 000	250 000
8	20	25 000	500 000
9	10	50 000	500 000
合计		**83 981**	**1 950 000**

十一、开门 8 件事

（一）面值：10 元。

（二）奖组：180 万张（1 800 万元）。

（三）玩法规则：①游戏一：刮开覆盖膜，在任意一场游戏中，如果你的文字和该场游戏左方所示的内容相同，即中得该场游戏右方所示的金额。②游戏二：刮开覆盖膜，如果出现“中”标志，即中得该标志下方所示的金额；如果出现“8”标志，即中得该标志下方所示金额的两倍。兼中兼得。

（四）设奖方案：

奖级	中奖金额（元）	中奖个数	中奖小计（元）
1	250 000	1	250 000
2	5 000	2	10 000
3	1 200	10	12 000
4	800	35	28 000
5	500	3 750	1 875 000
6	100	3 750	375 000
7	50	37 500	1 875 000
8	20	183 750	3 675 000
9	10	360 000	3 600 000
合计		**588 798**	**11 700 000**

十二、11 选 5

（一）面值：10 元。

（二）奖组：180 万张（1 800 万元）。

（三）玩法规则：刮开覆盖膜，如果“任选一”的号码与开奖号码中的第一个号码相同，即中得任选一游戏右方所示的金额；如果“任选二”至“任选五”任意一组游戏中，全部号码均与开奖号码相同，即中得该组游戏右方所示的金额乘以该金额右方所示的倍数；如果“任选六”至“任选八”任意一组游戏中，出现五个号码与开奖号码相同，即中得该组游戏右方所示的金额乘以该金额右方所示的倍数。兼中兼得。

（四）设奖方案：

奖级	中奖金额（元）	中奖个数	中奖小计（元）
1	80 000	1	80 000
2	5 000	2	10 000
3	1 000	120	120 000
4	500	1 980	990 000
5	100	30 000	3 000 000
6	50	30 000	1 500 000
7	20	60 000	1 200 000
8	10	480 000	4 800 000
合计		**602 103**	**11 700 000**

十三、NBA

（一）面值：10 元。

（二）奖组：60 万张（600 万元）。

（三）玩法规则：刮开覆盖膜，如果你的号码中的任意一个号码与中奖号码之一相同，即中得该号码下方所示的金额；如果出现“篮网”标志，即中得该标志下方所示金额的两倍。兼中兼得。

（四）设奖方案：

奖级	中奖金额（元）	中奖个数	中奖小计（元）
1	250 000	1	250 000
2	9 000	2	18 000
3	2 000	10	20 000
4	1 000	90	90 000
5	200	1 000	200 000
6	100	7 220	722 000

续表

奖级	中奖金额（元）	中奖个数	中奖小计（元）
7	40	10 000	400 000
8	20	55 000	1 100 000
9	10	110 000	1 100 000
合计		**183 323**	**3 900 000**

十四、盛世十二运

（一）面值：10 元。

（二）奖组：60 万张（600 万元）。

（三）玩法规则：刮开覆盖膜，如果出现号码“12”，即中得该号码下方所示的金额。兼中兼得。

（四）设奖方案：

奖级	中奖金额（元）	中奖个数	中奖小计（元）
1	250 000	1	250 000
2	10 000	2	20 000
3	2 000	10	20 000
4	500	100	50 000
5	200	800	160 000
6	100	6 000	600 000
7	50	10 000	500 000
8	20	60 000	1 200 000
9	10	110 000	1 100 000
合计		**186 913**	**3 900 000**

十五、NBA

（一）面值：20 元。

（二）奖组：3 000 万张（60 000 万元）。

（三）玩法规则：①游戏一：刮开覆盖膜，如果幸运奖区内出现“篮球”标志，即中得 100 元。②游戏二：刮开覆盖膜，在任意一场游戏中，如果你的分数高于对手的分数，即中得该场游戏右方所示的金额；如果出现“胜”标志，即中得该场游戏右方所示金额的十倍。兼中兼得。

（四）设奖方案：

奖级	中奖金额（元）	中奖个数	中奖小计（元）
1	1 000 000	12	12 000 000
2	100 000	44	4 400 000
3	9 000	400	3 600 000
4	2 000	500	1 000 000
5	1 000	12 000	12 000 000
6	200	175 000	35 000 000
7	100	632 500	63 250 000
8	50	1 125 000	56 250 000
9	40	1 125 000	45 000 000
10	30	1 250 000	37 500 000
11	20	6 000 000	120 000 000
合计		**10 320 456**	**390 000 000**

十六、宝罐

（一）面值：20 元。

（二）奖组：3 000 万张（60 000 万元）。

（三）玩法规则：刮开覆盖膜，如果出现“黑色宝石”标志即中得该标志下方所示的金额；如果出现“黑色钻石”标志，即中得该标志下方所示金额的五倍；如果出现“红色宝石”标志，即中得该标志下方所示金额的十倍；如果出现“红色钻石”标志，即中得刮开区内所示的 20 个金额之和。兼中兼得。

（四）设奖方案：

奖级	中奖金额（元）	中奖个数	中奖小计（元）
1	1 000 000	16	16 000 000
2	150 000	30	4 500 000
3	10 000	250	2 500 000
4	5 000	750	3 750 000
5	1 000	12 000	12 000 000
6	500	75 000	37 500 000
7	100	625 000	62 500 000
8	50	1 125 000	56 250 000
9	30	2 500 000	75 000 000
10	20	6 000 000	120 000 000
合计		**10 338 046**	**390 000 000**

关于开展中国福利彩票双色球派奖活动有关事项的通知

（2013 年 8 月 26 日　财政部　财办综［2013］49 号）

中国福利彩票发行管理中心：

你中心《关于开展中国福利彩票双色球亿元派奖活动的请示》（中彩发字［2013］99 号）收悉。为了进一步提升中国福利彩票双色球品牌形象，促进彩票市场持续健康发展。经研究，根据《彩票管理条例》、《彩票管理条例实施细则》、《彩票发行销售管理办法》（财综［2012］102 号）等相关规定，现就有关事项通知如下：

一、同意你中心自 2013 年 10 月 24 日至 2013 年 12 月 31 日，对中国福利彩票双色球连续开展 30 期派奖活动。派奖方案如下：派奖活动期间，每期安排 1 000 万元派奖奖金，由当期一等奖中奖者按中奖注数均分。若当期一等奖未中出，则派奖奖金滚入下一期，与下一期派奖奖金合并后派奖，依此类推。单注派奖奖金最高为 500 万元，当期派奖奖金按一等奖中奖注数均分后，若单注派奖奖金超过 500 万元，超过部分滚入下一期，与下一期派奖奖金合并后派奖。最后一期一等奖若未中出，或者最后一期派奖奖金按一等奖中奖注数均分后单注派奖奖金超过 500 万元，则派奖活动往后顺延，直至派奖奖金派送完毕为止，但不再增加新的派奖奖金。

二、本次派奖活动所需资金 3 亿元从中国福利彩票双色球调节基金中支出。派奖活动尚未到期，如果中国福利彩票双色球的调节基金和你中心的一般调节基金已用完，应当停止派奖。

三、你中心应当在派奖活动开始 5 个自然日前，向社会公告中国福利彩票双色球的派奖方案，并在公告中注明财政部的批准文件名称及文号。

四、你中心应当严格按照现行彩票管理制度规定，督促各省、自治区、直辖市福利彩票销售机构加强彩票销售的风险控制和安全管理，切实做好中国福利彩票双色球的发行销售工作。

关于开展中国足球彩票胜负游戏和中国足球彩票胜负游戏附加玩法任选9场游戏派奖活动有关事项的通知

（2013年8月29日　财政部　财办综［2013］51号）

国家体育总局体育彩票管理中心：

你中心《关于开展中国足球彩票胜负游戏和中国足球彩票胜负游戏附加玩法任选9场游戏派奖活动的请示》（体彩字［2013］206号）收悉。经研究，根据《彩票管理条例》、《彩票管理条例实施细则》、《彩票发行销售管理办法》（财综［2012］102号）等相关规定，现就有关事项通知如下：

一、为进一步完善体育彩票品种结构，提升足球彩票品牌形象，挖掘彩票市场潜力，同意你中心开展中国足球彩票胜负游戏和中国足球彩票胜负游戏附加玩法任选9场游戏派奖活动，具体方案见附件《中国足球彩票胜负游戏和中国足球彩票胜负游戏附加玩法任选9场游戏派奖方案》。

二、本次派奖活动所需资金分别从中国足球彩票胜负游戏和中国足球彩票胜负游戏附加玩法任选9场游戏的调节基金中支出。派奖活动尚未到期，如果中国足球彩票胜负游戏的调节基金和你中心的一般调节基金已用完，应当停止派奖；如果中国足球彩票胜负游戏附加玩法任选9场游戏的调节基金和你中心的一般调节基金已用完，应当停止派奖。

三、你中心应当在派奖活动开始5个自然日前，向社会公告中国足球彩票胜负游戏和中国足球彩票胜负游戏附加玩法任选9场游戏的派奖方案，并在公告中注明财政部的批准文件名称及文号。

四、你中心应当严格按照现行彩票管理制度规定，督促各省、自治区、直辖市体育彩票销售机构加强彩票销售的风险控制和安全管理，切实做好足球彩票的发行销售工作。

附件：中国足球彩票胜负游戏和中国足球彩票胜负游戏附加玩法任选9场游戏派奖方案

附件

中国足球彩票胜负游戏和中国足球彩票胜负游戏附加玩法任选9场游戏派奖方案

第一条 自2013年9月9日起至2013年12月29日止，根据赛事赛程安排，每周指定1至2期中国足球彩票胜负游戏和1至2期中国足球彩票胜负游戏附加玩法任选9场游戏开展派奖。

第二条 本次派奖活动，中国足球彩票胜负游戏派奖资金总额为1.5亿元，中国足球彩票胜负游戏附加玩法任选9场游戏派奖资金总额为0.9亿元，所需资金分别从中国足球彩票胜负游戏和中国足球彩票胜负游戏附加玩法任选9场游戏的调节基金中支出。

第三条 中国足球彩票胜负游戏派奖规则：派奖活动期间，共安排30期派奖，每期安排500万元派奖奖金，由当期一等奖中奖者按中奖注数均分，若当期一等奖未中出，则派奖奖金滚入下一指定派奖期，与下一指定派奖期派奖奖金合并后派奖，依此类推。单注派奖奖金最高为500万元，当期派奖奖金按一等奖中奖注数均分后，若单注派奖奖金超过500万元，超过部分滚入下一指定派奖期，与下一指定派奖期派奖奖金合并后派奖。最后一期一等奖若未中出，或者最后一期派奖奖金按一等奖中奖注数均分后单注派奖奖金超过500万元，则由国家体育总局体育彩票管理中心再指定一期中国足球彩票胜负游戏派奖，直至该游戏派奖奖金派送完毕为止，但不再增加新的派奖奖金。

第四条 中国足球彩票胜负游戏附加玩法任选9场游戏派奖规则：派奖活动期间，共安排30期派奖，每期安排300万元派奖奖金，由当期一等奖中奖者按中奖注数均分，若当期一等奖未中出，则派奖奖金滚入下一指定派奖期，与下一指定派奖期派奖奖金合并后派奖，依此类推。单注派奖奖金最高为500万元，当期派奖奖金按一等奖中奖注数均分后，若单注派奖奖金超过500万元，超过部分滚入下一指定派奖期，与下一指定派奖期派奖奖金合并后派奖。最后一期一等奖若未中出，或者最后一期派奖奖金按一等奖中奖注数均分后单注派奖奖金超过500万元，则由国家体育总局体育彩票管理中心再指定一期中国足球彩票胜负游戏附加玩法任选9场游戏派奖，直至该游戏派奖奖金派送完毕为止，但不再增加新的派奖奖金。

第五条 若指定派奖期彩票开始销售前，期号、竞猜场次、停售时间或开奖时间进行了调整，则派奖活动不变，按照第三条、第四条规定的派奖规则进行派奖。若指定派奖期的彩票销售因故取消，则该期派奖活动相应取消，派奖活动整体向后顺延一周。

第六条 当期派奖奖金按一等奖中奖注数均分后，以元为单位取整，奖金不足

1元的补足至1元，补足所需资金分别从中国足球彩票胜负游戏和中国足球彩票胜负游戏附加玩法任选9场游戏的调节基金中支出。

第七条 中国足球彩票胜负游戏和中国足球彩票胜负游戏附加玩法任选9场游戏派奖的指定派奖期号，由国家体育总局体育彩票管理中心根据每月竞猜场次安排确定，并提前向社会公布。

关于批准在江苏省试点发行销售中国体育彩票虚拟体育竞猜足球游戏的通知

（2013年10月14日 财政部 财办综［2013］57号）

国家体育总局体育彩票管理中心：

你中心《关于增加虚拟体育竞猜游戏的请示》（体彩字［2013］198号）收悉。为完善体育彩票市场结构，培育彩票市场新增长点，促进体育彩票市场持续健康发展，经研究，根据《彩票管理条例》、《彩票管理条例实施细则》、《彩票发行销售管理办法》（财综［2012］102号）等相关规定，现就有关事项通知如下：

一、同意你中心在江苏省试点发行销售中国体育彩票虚拟体育竞猜足球胜平负游戏、中国体育彩票虚拟体育竞猜足球比分游戏、中国体育彩票虚拟体育竞猜足球总进球数游戏和中国体育彩票虚拟体育竞猜足球半全场胜平负游戏（游戏规则见附件1至4）。上述4款游戏每期按彩票销售额的69%、13%和18%，分别计提彩票奖金、彩票发行费和彩票公益金。你中心应当自批准之日起4个月内上市销售上述4款游戏。

二、上述4款游戏上市销售前，你中心应当将拟上市销售日期、营销宣传计划、风险控制办法等销售实施方案报财政部审核，经核准后上市销售。你中心和江苏省体育彩票销售机构应当及时向社会发布公告，公告内容包括财政部批准文件的名称及文号、核准文件的名称及文号、上市销售的日期、财政部批准的《中国体育彩票虚拟体育竞猜足球胜平负游戏规则》、《中国体育彩票虚拟体育竞猜足球比分游戏规则》、《中国体育彩票虚拟体育竞猜足球总进球数游戏规则》和《中国体育彩票虚拟体育竞猜足球半全场胜平负游戏规则》等。上市销售满1个月后，你中心和江苏省体育彩票销售机构应当分别向同级财政部门提交上市销售情况的书面报告。

三、上述4款游戏目前仅限在江苏省体育彩票竞彩网点试点销售。

四、你中心和江苏省体育彩票销售机

构应当严格遵照各项彩票管理制度规定，切实加强虚拟体育竞猜彩票发行销售的风险控制和安全管理；做好宣传公告等工作，确保体育彩票市场持续健康发展。

附件：1. 中国体育彩票虚拟体育竞猜足球胜平负游戏规则

2. 中国体育彩票虚拟体育竞猜足球比分游戏规则

3. 中国体育彩票虚拟体育竞猜足球总进球数游戏规则

4. 中国体育彩票虚拟体育竞猜足球半全场胜平负游戏规则

附件 1

中国体育彩票虚拟体育竞猜足球胜平负游戏规则

第一章 总 则

第一条 根据《彩票管理条例》、《彩票管理条例实施细则》、《彩票发行销售管理办法》（财综［2012］102 号）等有关规定，制定本规则。

第二条 中国体育彩票虚拟体育竞猜足球胜平负游戏（以下简称“虚拟足球胜平负”）由国家体育总局体育彩票管理中心发行和组织销售，由经财政部批准的体育彩票销售机构（以下称“相关省体彩机构”）在所辖区域内销售。

第三条 虚拟足球胜平负采用计算机网络系统发行销售。

第四条 虚拟足球胜平负实行自愿购买，凡购买该彩票者均被视为同意并遵守本规则。

第五条 不得向未成年人出售彩票或兑付奖金。

第二章 投 注

第六条 虚拟足球胜平负是以国家体育总局体育彩票管理中心选定的虚拟足球比赛为竞猜对象，由彩票购买者对指定的比赛场次的比赛结果进行投注。

每一场比赛设置 3 种比赛结果选项：

（一）“胜”：表示主队胜，客队负；

（二）“平”：表示主队与客队平；

（三）“负”：表示主队负，客队胜。

第七条 虚拟足球胜平负实行过关投注，彩票购买者应当选择至少 2 场至多 4 场比赛投注。

投注方式包括单式投注和复式投注。彩票购买者对所选比赛场次的比赛结果均选择 1 种投注结果为单式投注。对于某个或某几个比赛场次选择 2 种或 2 种以上的投注结果为复式投注。

彩票购买者可对其选定的结果进行多倍投注，投注倍数范围为 2 至 99 倍。

第八条 虚拟足球胜平负每注金额人民币 2 元，单张彩票最大投注金额不超过人民币 20 000 元。

第九条 如果因销售终端故障、通讯线路故障或彩票代销者销售额度受限等原因造成投注不成功，应当退还彩票购买者的投注资金。

第三章 设　　奖

第十条 虚拟足球胜平负按销售总额的69%、13%和18%分别计提彩票奖金、彩票发行费和彩票公益金。彩票奖金分为当期奖金和调节基金，其中，68%为当期奖金，1%为调节基金。

第十一条 奖金分配办法如下：

通过专用计算机系统，对每种有效的投注组合设一个固定奖金。彩票购买者获得的某个投注组合对应的固定奖金即为该有效投注中奖后的奖金。

第十二条 虚拟足球胜平负根据投注场次数量限定过关投注的单注彩票最高奖金限额，具体为：

2场或3场过关投注，单注最高奖金限额20万元；

4场过关投注，单注最高奖金限额50万元；

彩票中奖后，若单注应兑奖金高于对应的最高奖金限额，则只兑付本规则设定的对应最高限额奖金。

第十三条 虚拟足球胜平负设置调节基金，调节基金包括按销售总额1%提取部分、逾期未退票的票款。调节基金用于支付不可预见的奖金支出风险，以及设立特别奖。动用调节基金设立特别奖，应报同级财政部门审核批准。

第十四条 虚拟足球胜平负设置奖池，奖池由每个竞猜场次的应计提奖金与实际中出奖金的差额累计而成。当某个竞猜场次的应计提奖金大于其实际中出奖金时，余额进入奖池；当某个竞猜场次的应计提奖金小于其实际中出奖金时，差额用奖池补足；若奖池不足时，用调节基金补足，调节基金不足时，用彩票兑奖周转金垫支。在出现彩票兑奖周转金垫支的情况下，当调节基金出现余额后优先偿还垫支的彩票兑奖周转金。

第十五条 虚拟足球胜平负的奖池、调节基金与其他虚拟竞猜足球游戏之奖池、调节基金统一管理，相互间可调剂使用。

第四章 开奖及公告

第十六条 虚拟足球胜平负采用专用电子开奖设备开奖，以比赛结果作为开奖结果。每期开奖后，相关省体育彩票机构应向社会公布开奖结果、当期销售总额、各奖级中奖情况及奖池资金余额等信息，并将开奖结果通知销售网点。

第五章 中　　奖

第十七条 每注虚拟足球胜平负有效投注与相应开奖结果进行对照，与开奖结果一致的即为中奖。

第十八条 每注彩票只有一次中奖机会，不兼中兼得。

第六章 兑　　奖

第十九条 虚拟足球胜平负中奖者应当在每张彩票所涉及的所有比赛场次开奖结果全部公布之日起60个自然日内，到指定地点兑奖。逾期未兑奖的奖金纳入彩票公益金。

第二十条 中奖彩票为唯一兑奖凭证。中奖彩票因玷污、损坏等原因不能正确识别的，不能兑奖。

第二十一条 兑奖机构可以查验中奖者的中奖彩票及有效身份证件，中奖者兑奖时应予配合。

第七章 附 则

第二十二条 本规则自批准之日起执行。

附件2

中国体育彩票虚拟体育竞猜足球比分游戏规则

第一章 总 则

第一条 根据《彩票管理条例》、《彩票管理条例实施细则》、《彩票发行销售管理办法》（财综［2012］102号）等有关规定，制定本规则。

第二条 中国体育彩票虚拟体育竞猜足球比分游戏（以下简称“虚拟足球比分”）由国家体育总局体育彩票管理中心发行和组织销售，由经财政部批准的体育彩票销售机构（以下称“相关省体彩机构”）在所辖区域内销售。

第三条 虚拟足球比分采用计算机网络系统发行销售。

第四条 虚拟足球比分实行自愿购买，凡购买该彩票者即被视为同意并遵守本规则。

第五条 不得向未成年人出售彩票或兑付奖金。

第二章 投 注

第六条 虚拟足球比分是以国家体育总局体育彩票管理中心选定的虚拟足球比赛为竞猜对象，由彩票购买者对指定的比赛场次的比赛结果进行投注。

每一场比赛设置31种比分结果选项：

主队胜比分：

（一）“1∶0”：主队进球数为1个，客队进球数为0个；

（二）“2∶0”：主队进球数为2个，客队进球数为0个；

（三）“2∶1”：主队进球数为2个，客队进球数为1个；

（四）“3∶0”：主队进球数为3个，客队进球数为0个；

（五）“3∶1”：主队进球数为3个，客队进球数为1个；

（六）“3∶2”：主队进球数为3个，客队进球数为2个；

（七）“4∶0”：主队进球数为4个，客队进球数为0个；

（八）“4∶1”：主队进球数为4个，客队进球数为1个；

（九）“4∶2”：主队进球数为4个，客队进球数为2个；

（十）“5∶0”：主队进球数为5个，客队进球数为0个；

（十一）“5∶1”：主队进球数为5个，

客队进球数为 1 个；

（十二）“5∶2”：主队进球数为 5 个，客队进球数为 2 个；

（十三）“胜其他”：除去上述比分以外，主队获胜的比分。

主队和客队打平比分：

（十四）“0∶0”：主队进球数为 0 个，客队进球数为 0 个；

（十五）“1∶1”：主队进球数为 1 个，客队进球数为 1 个；

（十六）“2∶2”：主队进球数为 2 个，客队进球数为 2 个；

（十七）“3∶3”：主队进球数为 3 个，客队进球数为 3 个；

（十八）“平其他”：除去上述比分以外，主客队打平的比分。

主队负比分：

（十九）“0∶1”：主队进球数为 0 个，客队进球数为 1 个；

（二十）“0∶2”：主队进球数为 0 个，客队进球数为 2 个；

（二十一）“1∶2”：主队进球数为 1 个，客队进球数为 2 个；

（二十二）“0∶3”：主队进球数为 0 个，客队进球数为 3 个；

（二十三）“1∶3”：主队进球数为 1 个，客队进球数为 3 个；

（二十四）“2∶3”：主队进球数为 2 个，客队进球数为 3 个；

（二十五）“0∶4”：主队进球数为 0 个，客队进球数为 4 个；

（二十六）“1∶4”：主队进球数为 1 个，客队进球数为 4 个；

（二十七）“2∶4”：主队进球数为 2 个，客队进球数为 4 个；

（二十八）“0∶5”：主队进球数为 0 个，客队进球数为 5 个；

（二十九）“1∶5”：主队进球数为 1 个，客队进球数为 5 个；

（三十）“2∶5”：主队进球数为 2 个，客队进球数为 5 个；

（三十一）“负其他”：除去上述比分以外，主队负的比分。

第七条 购买虚拟足球比分时，选择 1 场比赛投注为单场投注，选择至少 2 场至多 4 场比赛投注为过关投注。

投注方式包括单式投注和复式投注。彩票购买者对所选比赛场次的比赛结果均选择 1 种投注结果为单式投注。对于某个或某几个比赛场次选择 2 种或 2 种以上的投注结果为复式投注。

彩票购买者可对其选定的结果进行多倍投注，投注倍数范围为 2 至 99 倍。

第八条 虚拟足球比分每注金额人民币 2 元，单张彩票最大投注金额不超过人民币 20 000 元。

第九条 如果因销售终端故障、通讯线路故障或彩票代销者销售额度受限等原因造成投注不成功，应当退还彩票购买者的投注资金。

第三章 奖金管理

第十条 虚拟足球比分按销售总额的 69%、13% 和 18% 分别计提彩票奖金、彩票发行费和彩票公益金。彩票奖金分为当期奖金和调节基金，其中，68% 为当期奖金，1% 为调节基金。

第十一条 奖金分配办法如下：

通过专用计算机系统，对每种有效的投注组合设一个固定奖金。彩票购买者获得的某个投注组合对应的固定奖金即为该有效投注中奖后的奖金。

第十二条 虚拟足球比分根据投注场次数量限定过关投注的单注彩票最高奖金限额，具体为：

单场投注，单注最高奖金限额10万元；

2场或3场过关投注，单注最高奖金限额20万元；

4场过关投注，单注最高奖金限额50万元；

彩票中奖后，若单注应兑奖金高于对应的最高奖金限额，则只兑付本规则设定的对应最高限额奖金。

第十三条 虚拟足球比分设置调节基金，调节基金包括按销售总额1%提取部分、逾期未退票的票款。调节基金用于支付不可预见的奖金支出风险，以及设立特别奖。动用调节基金设立特别奖，应报同级财政部门审核批准。

第十四条 虚拟足球比分设置奖池，奖池由每个竞猜场次的应计提奖金与实际中出奖金的差额累计而成。当某个竞猜场次的应计提奖金大于其实际中出奖金时，余额滚入奖池；当某个竞猜场次的应计提奖金小于其实际中出奖金时，差额用奖池补足；若奖池不足时，用调节基金补足，调节基金不足时，用彩票兑奖周转金垫支。在出现彩票兑奖周转金垫支的情况下，当调节基金出现余额后优先偿还垫支的彩票兑奖周转金。

第十五条 虚拟足球比分的奖池、调节基金与其他虚拟竞猜赛事足球游戏之奖池、调节基金统一管理，相互间可调剂使用。

第四章　开奖及公告

第十六条 虚拟足球比分采用专用电子开奖设备开奖，以比赛结果作为开奖结果。每期开奖后，相关省体育彩票机构应向社会公布开奖结果、当期销售总额、各奖级中奖情况及奖池资金余额等信息，并将开奖结果通知销售网点。

第五章　中　　奖

第十七条 每注虚拟足球比分有效投注与相应开奖结果进行对照，与开奖结果一致的即为中奖。

第十八条 每注彩票只有一次中奖机会，不兼中兼得。

第六章　兑　　奖

第十九条 虚拟足球比分中奖者应当在每张彩票所涉及的所有比赛场次开奖结果全部公布之日起60个自然日内，到指定地点兑奖。逾期未兑奖的奖金纳入彩票公益金。

第二十条 中奖彩票为唯一兑奖凭证。中奖彩票因玷污、损坏等原因不能正确识别的，不能兑奖。

第二十一条 彩票机构和投注站进行兑奖时，有权查验中奖者的中奖彩票及有效身份证件，兑奖者应予配合。

第七章　附　　则

第二十二条 本规则自批准之日起执行。

附件3

中国体育彩票虚拟体育竞猜足球总进球数游戏规则

第一章　总　　则

第一条　根据《彩票管理条例》、《彩票管理条例实施细则》、《彩票发行销售管理办法》（财综［2012］102号）等有关规定，制定本规则。

第二条　中国体育彩票虚拟体育竞猜足球总进球数游戏（以下简称“虚拟足球总进球数”）由国家体育总局体育彩票管理中心发行和组织销售，由经财政部批准的体育彩票销售机构（以下称“相关省体彩机构”）在所辖区域内销售。

第三条　虚拟足球总进球数采用计算机网络系统发行销售。

第四条　虚拟足球总进球数实行自愿购买，凡购买该彩票者即被视为同意并遵守本规则。

第五条　不得向未成年人出售彩票或兑付奖金。

第二章　投　　注

第六条　虚拟足球总进球数是以国家体育总局体育彩票管理中心选定的虚拟足球比赛为竞猜对象，由彩票购买者对指定的比赛场次的比赛结果进行投注。

每一场比赛设置8种总进球数选项：

（一）“0”：表示主队和客队总进球数为0个；

（二）“1”：表示主队和客队总进球数为1个；

（三）“2”：表示主队和客队总进球数为2个；

（四）“3”：表示主队和客队总进球数为3个；

（五）“4”：表示主队和客队总进球数为4个；

（六）“5”：表示主队和客队总进球数为5个；

（七）“6”：表示主队和客队总进球数为6个；

（八）“7+”：表示主队和客队总进球数为7个或7个以上。

第七条　虚拟足球总进球数实行过关投注，彩票购买者应当选择至少2场至多4场比赛投注。

投注方式包括单式投注和复式投注。彩票购买者对所选比赛场次的比赛结果均选择1种投注结果为单式投注。对于某个或某几个比赛场次选择2种或2种以上的投注结果为复式投注。

购票人可对其选定的结果进行多倍投注，投注倍数范围为2至99倍。

第八条　虚拟足球总进球数每注金额人民币2元，单张彩票最大投注金额不超过人民币20 000元。

第九条　如果因销售终端故障、通讯线路故障或彩票代销者销售额度受限等原因造成投注不成功，应当退还彩票购买者的投注资金。

第三章　设　　奖

第十条　虚拟足球总进球数按销售总额的69%、13%和18%分别计提彩票奖金、彩票发行费和彩票公益金。彩票奖金分为当期奖金和调节基金，其中，68%为当期奖金，1%为调节基金。

第十一条　奖金分配办法如下：

通过专用计算机系统，对每种有效的投注组合设一个固定奖金。购票人获得的某个投注组合对应的固定奖金即为该有效投注中奖后的奖金。

第十二条　虚拟足球总进球数根据投注场次数量限定过关投注的单注彩票最高奖金限额，具体为：

2场或3场过关投注，单注最高奖金限额20万元；

4场过关投注，单注最高奖金限额50万元；

彩票中奖后，若单注应兑奖金高于对应的最高奖金限额，则只兑付本规则设定的对应最高限额奖金。

第十三条　虚拟足球总进球数设置调节基金，调节基金包括按销售总额1%提取部分、逾期未退票的票款。调节基金用于支付不可预见的奖金支出风险，以及设立特别奖。动用调节基金设立特别奖，应报同级财政部门审核批准。

第十四条　虚拟足球总进球数设置奖池，奖池由每个竞猜场次的应计提奖金与实际中出奖金的差额累计而成。当某个竞猜场次的应计提奖金大于其实际中出奖金时，余额滚入奖池；当某个竞猜场次的应计提奖金小于其实际中出奖金时，差额用奖池补足；若奖池不足时，用调节基金补足，调节基金不足时，用彩票兑奖周转金垫支。在出现彩票兑奖周转金垫支的情况下，当调节基金出现余额后优先偿还垫支的彩票兑奖周转金。

第十五条　虚拟足球总进球数的奖池、调节基金与其他虚拟竞猜赛事足球游戏之奖池、调节基金统一管理，相互间可调剂使用。

第四章　开奖及公告

第十六条　虚拟足球总进球数采用专用电子开奖设备开奖，以比赛结果作为开奖结果。每期开奖后，相关省体育彩票机构应向社会公布开奖结果、当期销售总额、各奖级中奖情况及奖池资金余额等信息，并将开奖结果通知销售网点。

第五章　中　　奖

第十七条　每注虚拟足球总进球数有效投注与相应开奖结果进行对照，与开奖结果一致的即为中奖。

第十八条　每注彩票只有一次中奖机会，不兼中兼得。

第六章　兑　　奖

第十九条　虚拟足球总进球数中奖者应当在每张彩票所涉及的所有比赛场次开奖结果全部公布之日起60个自然日内，到指定地点兑奖。逾期未兑奖的奖金纳入彩票公益金。

第二十条　中奖彩票为唯一兑奖凭证。中奖彩票因玷污、损坏等原因不能正确识别的，不能兑奖。

第二十一条 彩票机构和投注站进行兑奖时，有权查验中奖者的中奖彩票及有效身份证件，兑奖者应予配合。

第七章 附 则

第二十二条 本规则自批准之日起执行。

附件 4

中国体育彩票虚拟体育竞猜足球半全场胜平负游戏规则

第一章 总 则

第一条 根据《彩票管理条例》、《彩票管理条例实施细则》、《彩票发行销售管理办法》（财综〔2012〕102 号）等有关规定，制定本规则。

第二条 中国体育彩票虚拟体育竞猜足球半全场胜平负游戏（以下简称“虚拟足球半全场胜平负”）由国家体育总局体育彩票管理中心发行和组织销售，由经财政部批准的体育彩票销售机构（以下称“相关省体彩机构”）在所辖区域内销售。

第三条 虚拟足球半全场胜平负采用计算机网络系统发行销售。

第四条 虚拟足球半全场胜平负实行自愿购买，凡购买该彩票者即被视为同意并遵守本规则。

第五条 不得向未成年人出售彩票或兑付奖金。

第二章 投 注

第六条 虚拟足球半全场胜平负是以国家体育总局体育彩票管理中心选定的虚拟足球比赛为竞猜对象，由彩票购买者对指定比赛场次的比赛结果进行投注。

每一场比赛设置 9 种比赛结果选项：

（一）“胜胜”：表示上半场主队胜，全场主队胜；

（二）“胜平”：表示上半场主队胜，全场主队平；

（三）“胜负”：表示上半场主队胜，全场主队负；

（四）“平胜”：表示上半场主队平，全场主队胜；

（五）“平平”：表示上半场主队平，全场主队平；

（六）“平负”：表示上半场主队平，全场主队负；

（七）“负胜”：表示上半场主队负，全场主队胜；

（八）“负平”：表示上半场主队负，全场主队平；

（九）“负负”：表示上半场主队负，全场主队负。

第七条 虚拟足球半全场胜平负实行过关投注，彩票购买者应当选择至少 2 场至多 4 场比赛投注。

投注方式包括单式投注和复式投注。

彩票购买者对所选比赛场次的比赛结果均选择 1 种投注结果为单式投注。对于某个或某几个比赛场次选择 2 种或 2 种以上的投注结果为复式投注。

彩票购买者可对其选定的结果进行多倍投注，投注倍数范围为 2 至 99 倍。

第八条 虚拟足球半全场胜平负每注金额人民币 2 元，单张彩票最大投注金额不超过人民币 20 000 元。

第九条 如果因销售终端故障、通讯线路故障或彩票代销者销售额度受限等原因造成投注不成功，应当退还彩票购买者的投注资金。

第三章 设 奖

第十条 虚拟足球半全场胜平负按销售总额的 69%、13% 和 18% 分别计提彩票奖金、彩票发行费和彩票公益金。彩票奖金分为当期奖金和调节基金，其中，68% 为当期奖金，1% 为调节基金。

第十一条 奖金分配办法如下：

通过专用计算机系统，对每种有效的投注组合设一个固定奖金。彩票购买者获得的某个投注组合对应的固定奖金即为该有效投注中奖后的奖金。

第十二条 虚拟足球半全场胜平负根据投注场次数量限定过关投注的单注彩票最高奖金限额，具体为：

2 场或 3 场过关投注，单注最高奖金限额 20 万元；

4 场过关投注，单注最高奖金限额 50 万元；

彩票中奖后，若单注应兑奖金高于对应的最高奖金限额，则只兑付本规则设定的对应最高限额奖金。

第十三条 虚拟足球半全场胜平负设置调节基金，调节基金包括按销售总额 1% 提取部分、逾期未退票的票款。调节基金用于支付不可预见的奖金支出风险，以及设立特别奖。动用调节基金设立特别奖，应报同级财政部门审核批准。

第十四条 虚拟足球半全场胜平负设置奖池，奖池由每个竞猜场次的应计提奖金与实际中出奖金的差额累计而成。当某个竞猜场次的应计提奖金大于其实际中出奖金时，余额滚入奖池；当某个竞猜场次的应计提奖金小于其实际中出奖金时，差额用奖池补足；若奖池不足时，用调节基金补足，调节基金不足时，用彩票兑奖周转金垫支。在出现彩票兑奖周转金垫支的情况下，当调节基金出现余额后优先偿还垫支的彩票兑奖周转金。

第十五条 虚拟足球半全场胜平负的奖池、调节基金与其他虚拟竞猜赛事足球游戏之奖池、调节基金统一管理，相互间可调剂使用。

第四章 开奖及公告

第十六条 虚拟足球半全场胜平负采用专用电子开奖设备开奖，以比赛结果作为开奖结果。每期开奖后，相关省体育彩票机构应向社会公布开奖结果、当期销售总额、各奖级中奖情况及奖池资金余额等信息，并将开奖结果通知销售网点。

第五章 中 奖

第十七条 每注虚拟足球半全场胜平负有效投注与相应开奖结果进行对照，与开奖结果一致的即为中奖。

第十八条 每注彩票只有一次中奖机

会，不兼中兼得。

第六章　兑　　奖

第十九条　虚拟足球半全场胜平负中奖者应当在每张彩票所涉及的所有比赛场次开奖结果，全部公布之日起60个自然日内，到指定地点兑奖。逾期未兑奖的奖金纳入彩票公益金。

第二十条　中奖彩票为唯一兑奖凭证。中奖彩票因玷污、损坏等原因不能正确识别的，不能兑奖。

第二十一条　兑奖机构有权查验中奖者的中奖彩票以及有效身份证件，彩票中奖者兑奖时应予配合。

第七章　附　　则

第二十二条　本规则自批准之日起执行。

关于停止销售2007年上市的9款即开型体育彩票的通知

（2013年10月17日　财政部　财办综［2013］58号）

国家体育总局体育彩票管理中心：

你中心《关于2007年上市的9款即开型体育彩票停止销售的请示》（体彩字［2013］201号）收悉。经研究，根据《彩票管理条例》、《彩票管理条例实施细则》、《彩票发行销售管理办法》（财综［2012］102号）等有关规定，现就有关事项通知如下：

一、同意你中心停止销售2007年上市的9款即开型体育彩票（见附件）。你中心应当自批准之日起2个月内向社会发布公告，公告内容包括财政部的批准文件名称及文号、停止销售日期、兑奖截止日期等。自公告之日起满60个自然日后，可以停止销售这9款即开型体育彩票。

二、这9款即开型体育彩票停止销售后，在兑奖期内，应当按照规定兑付奖金。兑奖期结束后，你中心和河北、上海、江西、山东、四川等省（市）体育彩票销售机构应当对上述彩票资金进行结算。逾期不兑奖奖金纳入彩票公益金，奖金结余转为一般调节基金，超兑奖金在彩票发行销售风险基金中列支。同时，按照规定做好尾票销毁工作。

三、兑奖期结束后，你中心和河北、上海、江西、山东、四川等省（市）体育彩票销售机构应当在60个自然日内分别向同级财政部门提交书面报告，报告内容包括这9款即开型体育彩票发行销售、资金结算等情况。

四、你中心应当严格按照现行彩票管理制度规定，督促体育彩票销售机构加强彩票销售的安全管理和风险控制，切实做好即开型彩票的发行销售工作。

附件：停止销售 2007 年上市的 9 款即开型体育彩票

附件

停止销售 2007 年上市的 9 款即开型体育彩票

序号	游戏名称	面值	游戏主题类型	序号	游戏名称	面值	游戏主题类型
1	中国结	2	娱乐	6	赛道	2	体育
2	蝶舞	2	娱乐	7	竞速	2	体育
3	生日快乐	2	娱乐	8	顽强拼搏	2	体育
4	幸运星座	2	娱乐	9	快乐台球	2	体育
5	赛车	2	体育				

关于在海南省发行销售中国体育彩票环岛赛游戏的通知

（2013 年 10 月 17 日　财政部　财办综［2013］59 号）

国家体育总局体育彩票管理中心：

你中心《关于在海南省发行中国体育彩票环岛赛的请示》（体彩字［2013］187 号）收悉。为完善海南省体育彩票市场结构，培育彩票市场新增长点，促进体育彩票市场持续健康发展，经研究，根据《彩票管理条例》、《彩票管理条例实施细则》、《彩票发行销售管理办法》（财综［2012］102 号）等相关规定，现就有关事项通知如下：

一、同意你中心在海南省发行销售中国体育彩票环岛赛游戏（以下简称“环岛赛”），具体游戏规则见附件。环岛赛每期按彩票销售额的 67%、13% 和 20%，分别计提彩票奖金、彩票发行费和彩票公益金。海南省体育彩票销售机构应当自批准之日起 4 个月内上市销售环岛赛。

二、环岛赛上市销售前，海南省体育彩票销售机构应当将拟上市销售日期、营销宣传计划、风险控制办法等销售实施方案报同级财政部门审核，经核准后上市销售。海南省体育彩票销售机构应当及时向社会发布公告，公告内容包括财政部批准文件的名称及文号、同级财政部门核准文件的名称及文号、上市销售的日期、财政部批准的《中国体育彩票环岛赛游戏规则》等。上市销售满1个月后，你中心和海南省体育彩票销售机构应当分别向同级财政部门提交上市销售情况的书面报告。

三、你中心应当严格遵照各项彩票管理制度规定，督促海南省体育彩票销售机构加强彩票销售的风险控制和安全管理；切实做好宣传公告等工作，确保体育彩票市场持续健康发展。

附件：中国体育彩票环岛赛游戏规则

附件

中国体育彩票环岛赛游戏规则

第一章 总 则

第一条 根据《彩票管理条例》、《彩票管理条例实施细则》、《彩票发行销售管理办法》（财综［2012］102号）等相关规定，制定本规则。

第二条 中国体育彩票环岛赛游戏（以下简称“环岛赛”）由国家体育总局体育彩票管理中心发行和组织销售，由经财政部批准的体育彩票销售机构（以下简称“相关省体彩机构”）在所辖区域内销售。

第三条 环岛赛采用计算机网络系统发行，在相关省体彩机构设置的销售网点销售，定期开奖。

第四条 环岛赛实行自愿购买，凡购买该彩票均被视为同意并遵守本规则。

第五条 不得向未成年人出售彩票或兑付奖金。

第二章 投 注

第六条 环岛赛是从虚拟“环海南岛国际公路自行车赛”01—22共22个参赛选手的号码中，任意选取一至三个号码进行投注，一组一至三个号码的组合称为一注。每注金额人民币2元。购买者可对其选定的投注号码进行多倍投注，投注倍数范围为2—99倍。单张彩票的投注金额最高不得超过20 000元。

第七条 购买者可在相关省体彩机构设置的销售网点投注。投注号码经投注机打印出对奖凭证，交购买者保存，此对奖凭证即为环岛赛彩票。

第八条 环岛赛根据投注号码个数分为“选1中1”、“任选2中2”、“任选3中3”和“区间投注”。其中：

选1中1：从22个选手号码中选择获得冠军或亚军或季军选手号码的投注；

任选2中2：从22个选手号码中任选

2 个排名前五选手号码的投注；

任选 3 中 3：从 22 个选手号码中任选 3 个排名前五选手号码的投注；

区间投注：从 22 个选手号码中选 2 个相邻的选手号码投注（注：22 个选手号码分为十一个区间［1—2］［3—4］［5—6］［7—8］［9—10］［11—12］［13—14］［15—16］［17—18］［19—20］，［21—22］）。

第九条 购买者可选择机选号码投注、自选号码投注。机选号码投注是指由投注机随机产生投注号码进行投注，自选号码投注是指将购买者选定的号码输入投注机进行投注。

第十条 购买者可选择复式投注、胆拖投注。复式投注是指所选号码个数超过单式投注的号码个数，所选号码可组合为每一种单式投注方式的多注彩票的投注。胆拖投注是指先选取少于单式投注号码个数的号码作为胆码（即每注彩票均包含的号码），再选取除胆码以外的号码作为拖码，胆码与拖码个数之和必须多于单式投注号码个数，由胆码与拖码的每一种组合按单式投注方式组成多注彩票的投注。

第十一条 环岛赛每期销售时间为 5 分钟。销售期号以销售日按每期开奖顺序编排。

第十二条 环岛赛每期全部投注号码的可投注数量实行限量销售，若投注号码受限，则不能投注。若因销售终端故障、通讯线路故障和投注站信用额度受限等原因造成投注不成功，应退还购买者投注金额。

第三章 设 奖

第十三条 环岛赛按当期销售额的 67%、13%、20% 分别计提彩票奖金、彩票发行费和彩票公益金。

第十四条 环岛赛按不同单式投注方式设奖，均为固定奖。奖金规定如下：

选 1 中 1：单注固定奖金 30 元；

任选 2 中 2：单注固定奖金 30 元；

任选 3 中 3：单注固定奖金 200 元；

区间投注：单注固定奖金 14.5 元。

第十五条 环岛赛设置奖池。奖池资金由当期计提奖金与实际中出奖金的差额组成。当期实际中出奖金小于计提奖金时，余额进入奖池；当期实际中出奖金超过计提奖金时，差额由奖池资金补足。当奖池资金总额不足时，用彩票兑奖周转金垫支。在出现彩票兑奖周转金垫支的情况下，当奖池有资金滚入时优先偿还垫支的彩票兑奖周转金。

第四章 开 奖

第十六条 环岛赛采用专用电子开奖设备开奖，每期从 22 个参赛选手的号码中随机依次生成前五名获胜选手号码，作为当期开奖号码。开奖号码的顺序不能颠倒。每期开奖时间为 1 分钟。

第十七条 每期开奖后，相关省体彩机构应向社会公布开奖号码、当期销售总额、各奖级中奖情况及奖池资金余额等信息，并将开奖结果通知销售网点。

第五章 中 奖

第十八条 根据购买者选择的环岛赛的投注号码和投注方式，与当期开奖号码按数位顺序的相符情况，确定相应的中奖资格。具体规定如下：

选 1 中 1：所投注的号码与当期比赛结果冠军或亚军或季军的选手号码和名次均相同，即中奖。

任选 2 中 2：所投注的号码与当期比赛排名前五选手号码中的任意 2 个号码相同，即中奖。

任选 3 中 3：所投注的号码与当期比赛排名前五选手号码中的任意 3 个号码相同，即中奖。

区间投注：投注的 1 个区间号码（2 个相邻号码）中，有任意 1 个号码与当期比赛冠军选手号码相同，即中奖。

第十九条 当期每注投注号码按其投注方式只有一次中奖机会，不能兼中兼得，特别设奖除外。

第六章 兑 奖

第二十条 环岛赛彩票兑奖当期有效。中奖者应当自开奖之日起 60 个自然日内，持中奖彩票到指定的地点兑奖。逾期未兑奖视为弃奖，弃奖奖金纳入彩票公益金。

第二十一条 中奖彩票为兑奖唯一凭证，中奖彩票因玷污、损坏等原因不能正确识别的，不能兑奖。

第二十二条 兑奖机构有权查验中奖者的有效身份证件，兑奖者应予配合。

第七章 附 则

第二十三条 本规则自批准之日起执行。

关于同意印制发行“美好安徽 活力体博”主题即开型体育彩票的通知

（2013 年 10 月 24 日 财政部 财办综［2013］62 号）

国家体育总局体育彩票管理中心：

你中心《关于印制发行“美好安徽 活力体博”主题即开型体育彩票的请示》（体彩字［2013］310 号）收悉。为优化彩票游戏结构，促进彩票市场持续健康发展，经研究，根据《彩票管理条例》、《彩票管理条例实施细则》、《彩票发行销售管理办法》（财综［2012］102 号）等有关规定，现就有关事项通知如下：

一、同意你中心印制发行“美好安徽 活力体博”主题即开型体育彩票，由安徽省体育彩票销售机构在安徽省销售。“美好安徽 活力体博”主题即开型彩票按销售总额的 65%、15% 和 20% 分别计提彩票奖金、彩票发行费和彩票公益金。具体游戏规则见附件。

二、“美好安徽 活力体博”主题即开型体育彩票上市销售前，你中心应当及时向社会发布公告，并在公告中注明财政部的批准文件名称、文号、上市销售的日期以及财政部批准的《“美好安徽　活力体博”主题即开型体育彩票游戏规则》等。安徽省体育彩票销售机构应当将上市销售日期、营销宣传计划、风险控制办法等销售实施方案报同级财政部门审核，经核准后上市销售。

三、“美好安徽　活力体博”主题即开型体育彩票上市销售满1个月后，你中心和安徽省体育彩票销售机构应当分别向同级财政部门提交上市销售情况的书面报告。

四、你中心应当严格按照各项彩票管理制度规定，建立健全即开型体育彩票发行和销售风险防控制度及应急机制；督促安徽省体育彩票销售机构切实加强安全管理，做好宣传报告等工作，确保体育彩票市场平稳健康发展。

附件：“美好安徽　活力体博”即开型体育彩票游戏规则

附件

“美好安徽　活力体博”即开型体育彩票游戏规则

美好安徽　活力体博

（一）面值：10元。

（二）奖组：60万张（600万元）。

（三）玩法规则：刮开覆盖膜，如果你的号码中的任意一个号码与中奖号码之一相同，即中得该号码下方所示的金额；如果出现“顶呱刮”标志，即中得该标志下方所示金额的两倍。兼中兼得。

（四）设奖方案：

奖级	中奖金额（元）	中奖个数	中奖小计（元）
1	250 000	1	250 000
2	20 000	1	20 000
3	5 000	5	25 000
4	1 000	30	30 000
5	500	300	150 000
6	100	8 750	875 000
7	50	7 500	375 000
8	20	53 750	1 075 000
9	10	110 000	1 100 000
合计		**180 337**	**3 900 000**

关于销毁即开型福利彩票尾票的通知

（2013年10月25日　财政部　财办综［2013］64号）

中国福利彩票发行管理中心：

你中心《关于组织辽宁等六省（市）销毁超过使用期限的纸质即开型福利彩票尾票的请示》（中彩发字［2013］136号）

收悉。经研究，根据《彩票管理条例》、《彩票管理条例实施细则》、《彩票发行销售管理办法》（财综［2012］102号）等有关规定，现就有关事项通知如下：

一、同意你中心组织辽宁、上海、安徽、山东、广东、重庆等六省（市）福利彩票销售机构销毁部分即开型彩票尾票，共计4 402.2297万张，票面价值共计13 387.2496万元，具体数量和票面价值见附件。

二、你中心应当在民政部的监督下，选择粉碎或打浆等方式进行彩票销毁。实施销毁前，负责销毁彩票和负责监督销毁的工作人员，应当将经批准销毁彩票的名称、面值、数量、金额与现场待销毁彩票实物进行核对，清点零张票，抽点整本票。核对无误后，出具销毁确认单并签字、盖章。核对中发现问题的，应当立即停止销毁工作，查明原因并处置后再行销毁。你中心应当在此文件印发之日起30个工作日内完成销毁工作，在销毁工作完成之后20个工作日内向财政部报送销毁情况报告。

三、你中心应当严格按照各项彩票管理制度规定，建立健全即开型彩票风险防控制度及应急机制；督促福利彩票销售机构切实加强彩票数据和安全管理等工作，确保即开型彩票市场平稳健康发展。

附件：1. 即开型福利彩票尾票销毁统计表

2. 即开型福利彩票尾票销毁明细表

附件1

即开型福利彩票尾票销毁统计表

序号	单位	销毁游戏（款）	领票金额（万元）	销售金额（万元）	销售率（%）	销毁彩票金额（万元）	销毁彩票数量（万张）	实兑奖金额（万元）	备注
1	辽宁	6	5 450.0000	5 233.9200	96.04%	216.0800	56.7100	3 353.4344	尾票
2	上海	9	5 700.0000	2 274.8830	39.91%	3 425.1170	590.5734	1 368.6020	尾票
3	安徽	25	15 620.0000	12 132.4900	77.67%	3 487.5100	1 545.0700	7 690.2423	尾票
4	山东	4	18 000.0000	15 350.0000	85.28%	2 650.0000	1 069.0000	9 811.2552	尾票
5	广东	14	9 400.0000	7 541.4574	80.23%	1 858.5426	890.3763	4 800.7060	尾票
6	重庆	3	2 693.5750	943.5750	35.03%	1 750.0000	250.5000	529.1130	尾票
合计		40	56 863.5750	43 476.3254	76.46%	13 387.2496	4 402.2297	27 553.3529	尾票

注：上述六省（市）间统计的销毁游戏款数有重叠。

附件2

即开型福利彩票尾票销毁明细表

省份	序号	方案名称	面值（元）	上市时间（年）	销毁金额（万元）	销毁数量（万张）	备注
辽宁省	1	喜庆吉祥2	2	2008	0.2600	0.1300	尾票
	2	吉星高照	2	2008	0.1000	0.0500	尾票
	3	大富翁2	2	2008	5.8800	2.9400	尾票
	4	大富翁2	2	2008	10.6800	5.3400	尾票
	5	见缝插金	2	2008	0.2200	0.1100	尾票
	6	牛年2元	2	2008	27.8400	13.9200	尾票
	7	赛车	2	2008	171.1000	34.2200	尾票
	小计				**216.0800**	**56.7100**	
上海市	1	清一色	1	2008	54.0000	54.0000	尾票
	2	扑克比大小	2	2007	7.0000	3.5000	尾票
	3	婚庆套票	5	2006	175.7670	35.1534	尾票
	4	众志成城	5	2008	55.0000	11.0000	尾票
	5	福牛乐乐	5	2008	10.0000	2.0000	尾票
	6	超越自我	5	2008	130.8500	26.1700	尾票
	7	09上海风采丑牛	5	2008	1 595.0000	319.0000	尾票
	8	同舟共济	10	2008	1 245.0000	124.5000	尾票
	9	欢聚北京	10	2008	152.5000	15.2500	尾票
	小计				**3 425.1170**	**590.5734**	
安徽省	1	清一色	1	2007	0.7500	0.7500	尾票
	2	开心宾果	2	2005	145.6800	72.8400	尾票
	3	即开3D	2	2005	157.7200	78.8600	尾票
	4	66顺	2	2006	386.0000	193.0000	尾票
	5	比大小	2	2006	33.0500	16.5250	尾票
	6	比大小	2	2006	80.2900	40.1450	尾票
	7	和气生财	2	2006	753.4200	376.7100	尾票
	8	鉴宝	2	2006	76.0000	38.0000	尾票
	9	硕果累累	2	2006	0.2600	0.1300	尾票
	10	幸运宝贝	2	2006	5.2800	2.6400	尾票
	11	对对和	2	2007	65.0000	32.5000	尾票
	12	对对碰	2	2007	38.0000	19.0000	尾票
	13	见缝插金	2	2007	58.1500	29.0750	尾票
	14	金花	2	2007	91.1400	45.5700	尾票
	15	农家乐	2	2007	12.2000	6.1000	尾票

续表

省份	序号	方案名称	面值（元）	上市时间（年）	销毁金额（万元）	销毁数量（万张）	备注
安徽省	16	扑克比大小	2	2007	240.2500	120.1250	尾票
	17	大富翁2	2	2008	0.4400	0.2200	尾票
	18	多彩扑克	2	2008	338.5000	169.2500	尾票
	19	趣味麻将一	2	2008	279.5000	139.7500	尾票
	20	喜庆吉祥2	2	2008	7.8600	3.9300	尾票
	21	幸运宝藏	2	2008	2.0000	1.0000	尾票
	22	幸运宝藏	2	2008	9.2200	4.6100	尾票
	23	游乐场	2	2006	99.7500	33.2500	尾票
	24	扶危济困	2	2008	308.2500	61.6500	尾票
	25	西游探宝	2	2008	10.1500	2.0300	尾票
	26	西游探宝	2	2008	58.5750	11.7150	尾票
	27	众志成城	2	2008	226.8750	45.3750	尾票
	28	节大欢喜	2	2008	3.2000	0.3200	尾票
	小　计				**3 487.5100**	**1 545.0700**	
山东省	1	对对和	2	2008	686.0000	343.0000	尾票
	2	金花	2	2008	1 264.0000	632.0000	尾票
	3	重建家园	5	2008	240.0000	48.0000	尾票
	4	同舟共济	10	2008	460.0000	46.0000	尾票
	小　计				**2 650.0000**	**1 069.0000**	
广东省	1	开心宾果	2	2005	119.7526	59.8763	尾票
	2	百变扑克	2	2005	80.0000	40.0000	尾票
	3	点石成金	2	2005	20.9200	10.4600	尾票
	4	喜庆吉祥	2	2005	64.5600	32.2800	尾票
	5	即开3D	2	2005	150.0000	75.0000	尾票
	6	即开3D	2	2005	45.4600	22.7300	尾票
	7	趣味麻将一	2	2006	4.8400	2.4200	尾票
	8	趣味麻将一	2	2007	90.6300	45.3150	尾票
	9	鉴宝	2	2006	25.0000	12.5000	尾票
	10	鉴宝	2	2006	28.0000	14.0000	尾票
	11	富贵有余	2	2006	896.1400	448.0700	尾票
	12	和气生财2	2	2007	20.6100	10.3050	尾票
	13	四季发	2	2007	0.4400	0.2200	尾票
	14	农家乐	2	2007	4.6500	2.3250	尾票
	15	对对和	2	2007	68.0700	34.0350	尾票
	16	扑克比大小	2	2007	109.8200	54.9100	尾票
	17	Fl赛车	5	2005	129.6500	25.9300	尾票
	小　计				**1 858.5426**	**890.3763**	
重庆市	1	赛车	5	2008	280.0000	56.0000	尾票
	2	扶危济困	5	2008	475.0000	95.0000	尾票
	3	同舟共济	10	2008	995.0000	99.5000	尾票
	小　计				**1 750.0000**	**250.5000**	

关于批准在海南省发行销售中国福利彩票海南省快乐三宝游戏的通知

（2013 年 10 月 29 日　财政部　财办综［2013］67 号）

中国福利彩票发行管理中心：

你中心《关于在海南省销售福利彩票快乐三宝游戏的请示》（中彩发字［2013］129 号）收悉。为完善海南省福利彩票市场结构，促进福利彩票市场持续健康发展，经研究，根据《彩票管理条例》、《彩票管理条例实施细则》、《彩票发行销售管理办法》（财综［2012］102 号）等相关规定，现就有关事项通知如下：

一、同意你中心在海南省发行销售中国福利彩票海南省快乐三宝游戏（以下简称"快乐三宝"），具体游戏规则见附件。快乐三宝每期按彩票销售额的 67%、13% 和 20%，分别计提彩票奖金、彩票发行费和彩票公益金。海南省福利彩票销售机构应当自批准之日起 4 个月内上市销售快乐三宝。

二、快乐三宝上市销售前，海南省福利彩票销售机构应当将拟发行销售日期、营销宣传计划、风险控制办法等销售实施方案报同级财政部门审核，经核准后上市销售。海南省福利彩票销售机构应当及时向社会发布公告，公告内容包括财政部批准文件的名称及文号、同级财政部门核准文件的名称及文号、发行销售的日期、财政部批准的《中国福利彩票海南省快乐三宝游戏规则》等。发行销售满 1 个月后，你中心和海南省福利彩票销售机构应当分别向同级财政部门提交上市销售情况的书面报告。

三、你中心应当严格遵照各项彩票管理制度规定，督促海南省福利彩票销售机构加强彩票销售的风险控制和安全管理，切实做好宣传公告等工作，确保彩票市场持续健康发展。

附件：中国福利彩票海南省快乐三宝游戏规则

附件

中国福利彩票海南省快乐三宝游戏规则

第一章　总　　则

第一条　根据《彩票管理条例》、《彩票管理条例实施细则》、《彩票发行销售管理办法》（财综［2012］102 号）等相关规定，制定本规则。

第二条 中国福利彩票海南省快乐三宝游戏（以下简称“快乐三宝”）由中国福利彩票发行管理中心发行和组织销售，由经财政部批准的福利彩票销售机构（以下称“相关省福彩机构”）在所辖区域内销售。

第三条 快乐三宝采用计算机网络系统发行，在相关省福彩机构设置的销售网点销售，定期开奖。

第四条 快乐三宝实行自愿购买，凡购买者均被视为同意并遵守本规则。

第五条 不得向未成年人出售彩票或兑付奖金。

第二章 投　　注

第六条 快乐三宝是指以三个号码组合为一注进行单式投注，每个投注号码为1—6共六个自然数中的任意一个，一组三个号码的组合称为一注。每注金额人民币2元。购买者可对其选定的投注号码进行多倍投注，投注倍数范围为2—99倍。单张彩票的投注金额最高不得超过20 000元。

第七条 购买者可在相关省福彩机构设置的销售网点投注。投注号码经投注机打印出对奖凭证，交购买者保存，此对奖凭证即为快乐三宝彩票。

第八条 快乐三宝根据号码组合共分为“和值”、“三同号”、“二同号”、“三不同号”、“二不同号”、“三连号通选”投注方式，具体规定如下：

（一）和值投注：是指对三个号码的和值进行投注，包括“和值4”至“和值17”投注。

（二）三同号投注：是指对三个相同的号码进行投注，具体分为：

1. 三同号通选：是指对所有相同的三个号码（111、222、…、666）进行投注；

2. 三同号单选：是指从所有相同的三个号码（111、222、…、666）中任意选择一组号码进行投注。

（三）二同号投注：是指对两个指定的相同号码进行投注，具体分为：

1. 二同号复选：是指对三个号码中两个指定的相同号码和一个任意号码进行投注；

2. 二同号单选：是指对三个号码中两个指定的相同号码和一个指定的不同号码进行投注。

（四）三不同号投注：是指对三个各不相同的号码进行投注。

（五）二不同号投注：是指对三个号码中两个指定的不同号码和一个任意号码进行投注。

（六）三连号通选投注：是指对所有三个相连的号码（仅限：123、234、345、456）进行投注。

第九条 购买者可选择机选号码投注、自选号码投注。机选号码投注是指由投注机随机产生投注号码进行投注，自选号码投注是指将购买者选定的号码输入投注机进行投注。

第十条 购买者可选择多期投注。多期投注是指购买从当期起连续若干期的彩票。

第十一条 快乐三宝每期销售时间为10分钟。销售期号以销售日按每期开奖顺序编排。

第十二条 快乐三宝每期全部投注号码的可投注数量实行限量销售，若投注号码受限，则不能投注。若因销售终端故障、通讯线路故障和投注站信用额度受限等原因造成投注不成功，应退还购买者投注金额。

第三章 设 奖

第十三条 快乐三宝按当期销售额的67%、13%和20%分别计提彩票奖金、彩票发行费和彩票公益金。彩票奖金分为当期奖金和调节基金，其中，66%为当期奖金，1%为调节基金。

第十四条 快乐三宝按不同单式投注方式设奖，均为固定奖。奖金规定如下：

（一）和值投注

1. 和值4：单注奖金固定为95元；
2. 和值5：单注奖金固定为46元；
3. 和值6：单注奖金固定为28元；
4. 和值7：单注奖金固定为18元；
5. 和值8：单注奖金固定为13元；
6. 和值9：单注奖金固定为11元；
7. 和值10：单注奖金固定为10元；
8. 和值11：单注奖金固定为10元；
9. 和值12：单注奖金固定为11元；
10. 和值13：单注奖金固定为13元；
11. 和值14：单注奖金固定为18元；
12. 和值15：单注奖金固定为28元；
13. 和值16：单注奖金固定为46元；
14. 和值17：单注奖金固定为95元。

（二）三同号投注

1. 三同号通选：单注奖金固定为46元；
2. 三同号单选：单注奖金固定为280元。

（三）二同号投注

1. 二同号复选：单注奖金固定为17元；
2. 二同号单选：单注奖金固定为95元。

（四）三不同号投注

三不同号：单注奖金固定为46元。

（五）二不同号投注

二不同号：单注奖金固定为9元。

（六）三连号通选投注

三连号通选：单注奖金固定为11元。

第十五条 快乐三宝设置调节基金。调节基金包括按销售总额1%提取部分、逾期未退票的票款。调节基金用于支付不可预见的资金支出风险，以及设立特别奖。动用调节基金设立特别奖，应报同级财政部门审核批准。

第十六条 快乐三宝设置奖池。奖池资金由当期计提奖金与实际中出奖金的差额组成。当期实际中出奖金小于计提奖金时，余额进入奖池；当期实际中出奖金超过计提奖金时，差额由奖池资金补足。当奖池资金总额不足时，由调节基金补足，调节基金不足时，用彩票兑奖周转金垫支。在出现彩票兑奖周转金垫支的情况下，当调节基金有资金滚入时优先偿还垫支的彩票兑奖周转金。当奖池资金超过200万元时，超出部分转入调节基金。

第四章 开 奖

第十七条 快乐三宝采用专用电子开奖设备开奖，每期随机生成三个号码，作为当期开奖号码，每个号码为1—6共六个自然数中的任意一个。每期开奖时间为1分钟。

第十八条 每期开奖后，相关省福彩机构应向社会公布开奖号码、当期销售总额、各奖级中奖情况及奖池资金余额等信息，并将开奖结果通知销售网点。

第五章 中 奖

第十九条 根据购买者选择的快乐三宝的投注号码和投注方式，与当期开奖号码的相符情况，确定相应的中奖资格。具体规定如下：

（一）和值投注

和值：投注号码与当期开奖号码的三个号码的和值相符，即中奖。

（二）三同号投注

1. 三同号通选：当期开奖号码的三个号码相同，即中奖；

2. 三同号单选：当期开奖号码的三个号码相同，且投注号码与当期开奖号码相符，即中奖。

（三）二同号投注

1. 二同号复选：当期开奖号码中有两个号码相同，且投注号码中的两个相同号码与当期开奖号码中两个相同号码相符，即中奖；

2. 二同号单选：当期开奖号码中有两个号码相同，且投注号码与当期开奖号码中两个相同号码和一个不同号码分别相符，即中奖。

（四）三不同号投注

三不同号投注：当期开奖号码的三个号码各不相同，且投注号码与当期开奖号码全部相符，即中奖。

（五）二不同号投注

二不同号投注：当期开奖号码中有两个号码不相同，且投注号码中的两个不同号码与当期开奖号码中的两个不同号码相符，即中奖。

（六）三连号通选投注

三连号通选：当期开奖号码为三个相连的号码（仅限：123、234、345、456），即中奖。

第二十条 当期每注投注号码按其投注方式只有一次中奖机会，不能兼中兼得，特别设奖除外。

第六章 兑 奖

第二十一条 快乐三宝兑奖当期有效。中奖者应当自开奖之日起60个自然日内，持中奖彩票到指定的地点兑奖。逾期未兑奖视为弃奖，弃奖奖金纳入彩票公益金。

第二十二条 中奖彩票为中奖唯一凭证，中奖彩票因玷污、损坏等原因不能正确识别的，不能兑奖。

第二十三条 兑奖机构可以查验中奖者的中奖彩票及有效身份证件，中奖者兑奖时应予配合。

第七章 附 则

第二十四条 本规则自批准之日起执行。

关于变更中国体育彩票山东省快乐扑克游戏有关事项的通知

（2013年10月29日 财政部 财办综［2013］68号）

国家体育总局体育彩票管理中心：

你中心《关于调整山东省中国体育彩票快乐扑克游戏规则的请示》（体彩字［2013］235号）收悉。为完善山东省体育彩票游戏结构，促进体育彩票市场持续健康发展，经研究，根据《彩票管理条例》、《彩票管理条例实施细则》、《彩票发行销售管理办法》（财综［2012］102号）等相关规定，现就有关事项通知如下：

一、同意你中心将中国体育彩票山东省快乐扑克游戏变更为中国体育彩票山东省快乐扑克3游戏（以下简称“快乐扑克3”），变更后的快乐扑克3游戏规则见附件。中国体育彩票山东省快乐扑克游戏的奖池和调节基金余额，应当全部分别转为快乐扑克3的奖池和调节基金。快乐扑克3每期按彩票销售额的59%、13%和28%，分别计提彩票奖金、彩票发行费和彩票公益金。山东省体育彩票销售机构应当自批准之日起4个月内完成变更上市销售。

二、变更上市销售前，山东省体育彩票销售机构应当将快乐扑克3拟上市销售日期、营销宣传计划、风险控制办法等销售实施方案报同级财政部门审核，经核准后上市销售。山东省体育彩票销售机构应当及时向社会发布公告，公告内容包括财政部批准文件的名称及文号、同级财政部门核准文件的名称及文号、上市销售的日期、财政部批准的《中国体育彩票山东省快乐扑克3游戏规则》等。上市销售满1个月后，你中心和山东省体育彩票销售机构应当分别向同级财政部门提交上市销售情况的书面报告。

三、你中心应当严格遵照各项彩票管理制度规定，督促山东省体育彩票销售机构加强彩票销售的风险控制和安全管理，切实做好宣传公告等工作，确保彩票市场持续健康发展。

附件：中国体育彩票山东省快乐扑克3游戏规则

附件

中国体育彩票山东省快乐扑克3游戏规则

第一章 总　　则

第一条　根据《彩票管理条例》、《彩票管理条例实施细则》、《彩票发行销售管理办法》（财综［2012］102号）等相关规定，制定本规则。

第二条　中国体育彩票山东省快乐扑克3游戏（以下简称“快乐扑克3”）由国家体育总局体育彩票管理中心发行和组织销售，由经财政部批准的体育彩票销售机构（以下称“相关省体彩机构”）在所辖区域内销售。

第三条　快乐扑克3采用计算机网络系统发行，在相关省体彩机构设置的销售网点销售，定期开奖。

第四条　快乐扑克3实行自愿购买，凡购买者均被视为同意并遵守本规则。

第五条　不得向未成年人出售彩票或

兑付奖金。

第二章 投 注

第六条 快乐扑克3是指对52张（黑桃、红桃、梅花、方块A—K各13张）扑克牌中的任意3个号码的组合进行投注，每组投注组合称为一注。每注金额人民币2元。购买者可对其选定的投注号码进行多倍投注，投注倍数范围为2—99倍。单张彩票的投注金额最高不得超过20 000元。

第七条 购买者可在相关省体彩机构设置的销售网点投注。投注号码经投注机打印出对奖凭证，交购买者保存，此对奖凭证即为快乐扑克3彩票。

第八条 快乐扑克3分为“花色投注”、“连号投注”、“同号投注”、“任选投注”四种投注方式，具体规定如下：

（一）花色投注：是指对所有三个相同花色的号码进行投注，具体分为：

1. 同花包选：对所有花色相同的号码组合进行投注；

2. 同花单选：对某一种（如黑桃）花色相同的号码进行投注。

（二）连号投注：是指对所有三个相连的号码（仅限：A23、234、345、456、567、678、789、89 < 10 >、9 < 10 > J、< 10 > JQ、JQK、QKA）进行投注，具体分为：

1. 同花顺包选：对所有花色相同的三连号进行投注；

2. 同花顺单选：对某一种花色的三连号进行投注；

3. 顺子包选：对所有三连号（不分花色）进行投注；

4. 顺子单选：对某一个三连号（不分花色）进行投注。

（三）同号投注：是指对包含三个或两个相同号码的组合进行投注，具体分为：

1. 豹子包选：对所有“豹子号码”（3个号码均相同）进行投注；

2. 豹子单选：选择某一个“豹子号码”进行投注；

3. 对子包选：对所有“对子号码”（3个号码中有且只有2个号码相同）的组合进行投注；

4. 对子单选：对包含某两个相同号码的所有“对子号码”的组合进行投注。

（四）任选投注：是指从A—K（不分花色）共13个号码中任选1—6个进行投注，具体分为：

1. 任选一：从A—K中共13个号码中任选1个号码进行投注；

2. 任选二：从A—K中共13个号码中任选2个不同号码进行投注；

3. 任选三：从A—K中共13个号码中任选3个不同号码进行投注；

4. 任选四：从A—K中共13个号码中任选4个不同号码进行投注；

5. 任选五：从A—K中共13个号码中任选5个不同号码进行投注；

6. 任选六：从A—K中共13个号码中任选6个不同号码进行投注。

第九条 购买者可选择机选号码投注、自选号码投注。机选号码投注是指由投注机随机产生投注号码进行投注，自选号码投注是指将购买者选定的号码输入投注机进行投注。

第十条 购买者可选择复式投注、胆拖投注。复式投注是指所选号码个数超过单式投注的号码个数，所选号码可组合为每一种单式投注方式的多注彩票的投注。胆拖投注是指先选取少于单式投注号码个数的号码作为胆码（即每注彩票均包含的号码），再选取除胆码以外的号码作为拖码，胆码与拖码个数之和必须多于单式投注号码个数，由胆码与拖码的每一种组合按单式投注方式组成多注彩票的投注。

第十一条 快乐扑克3每期销售时间为10分钟。销售期号以销售日按每期开奖顺序编排。

第十二条 快乐扑克3每期全部投注号码的可投注数量实行限量销售，若投注号码受限，则不能投注。若因销售终端故障、通讯线路故障和投注站信用额度受限等原因造成投注不成功，应退还购买者投注金额。

第三章 设 奖

第十三条 快乐扑克3按当期销售总额的59%、13%和28%分别计提彩票奖金、彩票发行费和彩票公益金。彩票奖金分为当期奖金和调节基金，其中，58%为当期奖金，1%为调节基金。

第十四条 快乐扑克3按不同投注方式设奖，均为固定奖。奖金规定如下：

（一）花色投注

1. 同花包选：单注固定奖金22元；
2. 同花单选：单注固定奖金90元。

（二）连号投注

1. 同花顺包选：单注固定奖金535元；
2. 同花顺单选：单注固定奖金2 150元；
3. 顺子包选：单注固定奖金33元；
4. 顺子单选：单注固定奖金400元。

（三）同号投注

1. 豹子包选：单注固定奖金500元；
2. 豹子单选：单注固定奖金6 400元；
3. 对子包选：单注固定奖金7元；
4. 对子单选：单注固定奖金88元。

（四）任选投注

1. 任选一中1：单注固定奖金5元；
2. 任选二中2：单注固定奖金33元；
3. 任选三中3：单注固定奖金116元；
4. 任选四中3：单注固定奖金46元；
5. 任选五中3：单注固定奖金22元；
6. 任选六中3：单注固定奖金12元。

第十五条 快乐扑克3设置调节基金。调节基金包括按销售总额1%提取部分、逾期未退票的票款。调节基金用于支付不可预见的奖金支出风险，以及设立特别奖。动用调节基金设立特别奖，应报同级财政部门审核批准。

第十六条 快乐扑克3设置奖池。奖池资金由当期计提奖金与实际中出奖金的差额组成。当期实际中出奖金小于计提奖金时，余额进入奖池；当期实际中出奖金超过计提奖金时，差额由奖池资金补足。当奖池资金总额不足时，由调节基金补足，调节基金不足时，用彩票兑奖周转金垫支。在出现彩票兑奖周转金垫支的情况下，当调节基金有资金滚入时优先偿还垫支的彩票兑奖周转金。当奖池资金总额超过300万元时，超过部分转入调节基金。

第四章 开 奖

第十七条 快乐扑克3采用专用电子开奖设备开奖，每期随机从52张扑克牌中生成三个号码，作为当期开奖号码。开奖号码的顺序不能颠倒。每期开奖时间为1分钟。

第十八条 每期开奖后，相关省体彩机构应向社会公布开奖号码、当期销售总额、各奖级中奖情况及奖池资金余额等信息，并将开奖结果通知销售网点。

第五章 中 奖

第十九条 根据购买者选择的快乐扑克3的投注号码与当期开奖号码的对照情况，确定相应的中奖资格。具体规定如下：

（一）花色投注

1. 同花包选：当期开出的3个开奖号码花色相同即中奖；

2. 同花单选：当期开出的3个开奖号码花色相同，且投注号码的花色与开奖号码的花色相同即中奖。

（二）连号投注

1. 同花顺包选：当期开出的3个开奖号码为三连号且花色相同即中奖；

2. 同花顺单选：当期开出的3个开奖号码为三连号且花色均为投注的一种花色；

3. 顺子包选：当期开出的3个开奖号码为三连号即中奖；

4. 顺子单选：当期开出的3个开奖号码为三连号，且投注号码与开奖号码相同即中奖。

（三）同号投注

1. 豹子包选：当期开出的3个开奖号码为同一号码即中奖；

2. 豹子单选：当期开出的3个开奖号码为同一号码，且与投注号码相同即中奖；

3. 对子包选：当期开出的3个开奖号码有且只有2个号码相同即中奖；

4. 对子单选：当期开出的3个开奖号码有且只有2个号码相同，且投注的号码与该2个号码相同即中奖。

（四）任选投注

1. 任选一中1：投注号码与当期3个开奖号码中任意1个相同即中奖；

2. 任选二中2：投注的2个号码与当期3个开奖号码中任意2个相同即中奖；

3. 任选三中3：投注号码包含当期全部开奖号码即中奖；

4. 任选四中3：投注号码包含当期全部开奖号码即中奖；

5. 任选五中3：投注号码包含当期全部开奖号码即中奖；

6. 任选六中3：投注号码包含当期全部开奖号码即中奖。

第二十条 当期每注投注号码按其投注方式只有一次中奖机会，不能兼中兼得，特别设奖除外。

第六章 兑 奖

第二十一条 快乐扑克3兑奖当期有效。中奖者应当自开奖之日起60个自然日内，持中奖彩票到指定的地点兑奖，逾期未兑奖视为弃奖。弃奖奖金纳入彩票公益金。

第二十二条 中奖彩票为中奖唯一凭证，中奖彩票因玷污、损坏等原因不能正确识别的，不能兑奖。

第二十三条 兑奖机构可以查验中奖者的中奖彩票及有效身份证件，中奖者兑奖时应予配合。

第七章 附 则

第二十四条 本规则自批准之日起执行。

关于变更山东省福利彩票快速开奖游戏有关事项的通知

（2013 年 11 月 8 日　财政部　财办综［2013］70 号）

中国福利彩票发行管理中心：

你中心《关于调整山东省福利彩票群英会游戏规则的请示》（中彩发字［2013］107 号）收悉。为优化山东省福利彩票市场结构，促进福利彩票市场持续健康发展，经研究，根据《彩票管理条例》、《彩票管理条例实施细则》、《彩票发行销售管理办法》（财综［2012］102 号）等相关规定，现就有关事项通知如下：

一、同意你中心将中国福利彩票山东省 23 选 5 快速开奖游戏变更为中国福利彩票山东省 20 选 5 游戏（以下简称“20 选 5”），变更后的 20 选 5 游戏规则见附件。中国福利彩票山东省 23 选 5 快速开奖游戏的奖池和调节基金余额，应当全部转为 20 选 5 的奖池和调节基金。20 选 5 每期按彩票销售额的 59%、13% 和 28%，分别计提彩票奖金、彩票发行费和彩票公益金。山东省福利彩票销售机构应当自批准之日起 4 个月内完成变更上市销售。

二、变更上市销售前，山东省福利彩票销售机构应当将 20 选 5 拟上市销售日期、营销宣传计划、风险控制办法等销售实施方案报同级财政部门审核，经核准后上市销售。山东省福利彩票销售机构应当及时向社会发布公告，公告内容包括财政部批准文件的名称及文号、同级财政部门核准文件的名称及文号、上市销售的日期、财政部批准的《中国福利彩票山东省 20 选 5 游戏规则》等。上市销售满 1 个月后，你中心和山东省福利彩票销售机构应当分别向同级财政部门提交上市销售情况的书面报告。

三、你中心应当严格遵照各项彩票管理制度规定，督促山东省福利彩票销售机构加强彩票销售的风险控制和安全管理，切实做好宣传等工作，确保彩票市场持续健康发展。

附件：中国福利彩票山东省 20 选 5 游戏规则

附件

中国福利彩票山东省20选5游戏规则

第一章　总　　则

第一条　根据《彩票管理条例》、《彩票管理条例实施细则》、《彩票发行销售管理办法》（财综［2012］102号）等有关规定，制定本规则。

第二条　中国福利彩票山东省20选5游戏（以下简称“20选5”）由中国福利彩票发行管理中心发行和组织销售，由经财政部批准的福利彩票销售机构（以下称“相关省福彩机构”）在所辖区域内销售。

第三条　20选5采用计算机网络系统发行，在相关省福彩机构设置的销售网点销售，定期开奖。

第四条　20选5实行自愿购买，凡购买者均被视为同意并遵守本规则。

第五条　不得向未成年人出售彩票或兑付奖金。

第二章　投　　注

第六条　20选5是指从1—20共二十个号码中任意选择一至十个号码进行投注，一组一至十个号码的组合称为一注。每注金额人民币2元。购买者可对其选定的投注号码进行多倍投注，投注倍数范围为2—50倍。单张彩票的投注金额最高不得超过20 000元。

第七条　购买者可在相关省福彩机构设置的销售网点投注。投注号码经投注机打印出对奖凭证，交购买者保存，此对奖凭证即为20选5彩票。

第八条　20选5根据投注方式分为顺选投注、围选投注和任选投注。

（一）顺选投注：包括顺选一、顺选二、顺选三；

1. 顺选一：是指从1—20中任意选择1个号码，对开奖号码中按开奖顺序出现的第一个位置号码的投注；

2. 顺选二：是指从1—20中任意选择2个号码，对开奖号码中按开奖顺序出现的前2个连续位置按位号码相符的投注；

3. 顺选三：是指从1—20中任意选择3个号码，对开奖号码中按开奖顺序出现的前3个连续位置按位号码相符的投注。

（二）围选投注：包括围选二、围选三、围选四、围选五；

1. 围选二：是指从1—20中任意选择2个号码，对开奖号码中按开奖顺序出现的前2个连续位置号码的投注，顺序不限；

2. 围选三：是指从1—20中任意选择3个号码，对开奖号码中按开奖顺序出现的前3个连续位置号码的投注，顺序不限；

3. 围选四：是指从1—20中任意选

择4个号码，对开奖号码中按开奖顺序出现的前4个连续位置号码的投注，顺序不限；

4. 围选五：是指从1—20中任意选择5个号码，对开奖号码中按开奖顺序出现的5个连续位置号码的投注，顺序不限。

（三）任选投注：包括任选一、任选二、任选三、任选四、任选五、任选六、任选七、任选八、任选九、任选十。

1. 任选一：是指从1—20中任意选择1个号码，对开奖号码中的任意1个开奖号码进行的投注；

2. 任选二：是指从1—20中任意选择2个号码，对开奖号码中的任意2个开奖号码进行的投注；

3. 任选三：是指从1—20中任意选择3个号码，对开奖号码中的任意3个开奖号码进行的投注；

4. 任选四：是指从1—20中任意选择4个号码，对开奖号码中的任意4个开奖号码进行的投注；

5. 任选五：是指从1—20中任意选择5个号码，对5个开奖号码进行的投注；

6. 任选六：是指从1—20中任意选择6个号码，对5个开奖号码进行的投注；

7. 任选七：是指从1—20中任意选择7个号码，对5个开奖号码进行的投注；

8. 任选八：是指从1—20中任意选择8个号码，对5个开奖号码进行的投注；

9. 任选九：是指从1—20中任意选择9个号码，对5个开奖号码进行的投注；

10. 任选十：是指从1—20中任意选择10个号码，对5个开奖号码进行的投注。

第九条 购买者可选择机选号码投注、自选号码投注。机选号码投注是指由投注机随机产生投注号码进行投注，自选号码投注是指将购买者选定的号码输入投注机进行投注。

第十条 购买者可选择复式投注、胆拖投注、多期投注。复式投注是指所选号码个数超过单式投注的号码个数，所选号码可组合为每一种单式投注方式的多注彩票的投注。胆拖投注是指选择每注都有的胆码，再补充所有拖码的组合，组成每一种单式投注方式的多注彩票的投注。多期投注是指购买从当期起连续若干期的彩票。

第十一条 20选5每期销售时间为10分钟。销售期号以销售日按每期开奖顺序编排。

第十二条 20选5每期投注号码的可投注数量实行限量销售，若投注号码受限，则不能投注。若因销售终端故障、通讯线路故障和投注站信用额度受限等原因造成投注不成功，应退还购买者投注金额。

第三章 设　奖

第十三条 20选5按当期销售额的59%、13%和28%分别计提彩票奖金、彩票发行费和彩票公益金。彩票奖金分为当期奖金和调节基金，其中，58%为当期奖金，1%为调节基金。

第十四条 20 选 5 按不同单式投注方式设奖。奖金规定如下：

（一）顺选投注：

1. 顺选三：

顺选三中三:单注奖金固定为 7 700 元;

顺选三中二：单注奖金固定为 12 元；

2. 顺选二：

顺选二中二：单注奖金固定为 350 元；

顺选二中一：单注奖金固定为 5 元；

3. 顺选一：

顺选一：单注奖金固定为 23 元。

（二）围选投注：

1. 围选五：

围选五中五:单注奖金固定为 10 000 元;

围选五中四:单注奖金固定为 300 元;

围选五中三：单注奖金固定为 28 元；

2. 围选四：

围选四中四:单注奖金固定为 5 000 元;

围选四中三：单注奖金固定为 38 元；

3. 围选三：

围选三中三:单注奖金固定为 1 000 元;

围选三中二：单注奖金固定为 18 元；

4. 围选二：

围选二中二:单注奖金固定为 130 元;

围选二中一：单注奖金固定为 5 元；

（三）任选投注：

1. 任选一：

任选一：单注奖金固定为 4 元；

2. 任选二：

任选二：单注奖金固定为 22 元；

3. 任选三：

任选三中三：单注奖金固定为 57 元；

任选三中二：单注奖金固定为 5 元；

4. 任选四：

任选四中四：单注奖金固定为 820 元；

任选四中三：单注奖金固定为 10 元；

5. 任选五：

任选五中五：单注奖金固定为 10 000 元;

任选五中四：单注奖金固定为 50 元；

任选五中三：单注奖金固定为 4 元；

6. 任选六：

任选六：单注奖金固定为 3 000 元；

7. 任选七：

任选七：单注奖金固定为 855 元；

8. 任选八：

任选八：单注奖金固定为 320 元；

9. 任选九：

任选九：单注奖金固定为 142 元；

10. 任选十：

任选十：单注奖金固定为 71 元。

第十五条 20 选 5 设置调节基金。调节基金包括按销售总额 1% 提取部分、逾期未退票的票款。调节基金用于支付不可预见的奖金支出风险，以及设立特别奖。动用调节基金设立特别奖，应报同级财政部门审核批准。

第十六条 20 选 5 设置奖池。奖池资金由当期计提奖金与实际中出奖金的差额组成。当期实际中出奖金小于计提奖金时，余额进入奖池；当期实际中出奖金超过计提奖金时，差额由奖池资金补足。当奖池资金总额不足时，由调节基金补足，调节基金不足时，用彩票兑奖周转金垫支。在出现彩票兑奖周转金垫支的情况下，当调节基金有资金滚入时优先偿还垫支的彩票兑奖周转金。

第四章 开　奖

第十七条 20 选 5 采用专用电子开奖设备开奖，每期从 01—20 共二十个号码中随机依次生成五个不同号码，按照开出的顺序排列，作为当期开奖号码。每期开奖时间为 1 分钟。

第十八条 每期开奖后，相关省福彩机构应向社会公布开奖号码、当期销售总额、各奖级中奖情况及奖池资金余额等信息，并将开奖结果通知销售网点。

第五章 中 奖

第十九条 根据购买者选择的 20 选 5 投注号码和投注方式，与当期开奖号码按数位顺序的相符情况，确定相应的中奖资格。具体规定如下：

（一）顺选投注：

1. 顺选三：

顺选三中三：投注号码与当期开奖号码中按开奖顺序出现的前三个连续位置的号码按位相符，即中奖；

顺选三中二：投注号码中的前两位号码与当期开奖号码中按开奖顺序出现的前两个连续位置的号码按位相符，即中奖；

2. 顺选二：

顺选二中二：投注号码与当期开奖号码中按开奖顺序出现的前两个连续位置的号码按位相符，即中奖；

顺选二中一：投注号码中的第一位号码与当期开奖号码中按开奖顺序出现的第一个位置的号码相符，即中奖；

3. 顺选一：

顺选一：投注号码与当期开奖号码中按开奖顺序出现的第一个位置的号码相符，即中奖。

（二）围选投注：

1. 围选五：

围选五中五：投注号码与当期五个开奖号码相符（顺序不限），即中奖；

围选五中四：投注号码中的任意四个号码与当期开奖号码中按开奖顺序出现的前四个连续位置的号码相符（顺序不限），即中奖；

围选五中三：投注号码中的任意三个号码与当期开奖号码中按开奖顺序出现的前三个连续位置的号码相符（顺序不限），即中奖；

2. 围选四：

围选四中四：投注号码与当期开奖号码中按开奖顺序出现的前四个连续位置的号码相符（顺序不限），即中奖；

围选四中三：投注号码中的任意三个号码与当期开奖号码中按开奖顺序出现的前三个连续位置的号码相符（顺序不限），即中奖；

3. 围选三：

围选三中三：投注号码与当期开奖号码中按开奖顺序出现的前三个连续位置的号码相符（顺序不限），即中奖；

围选三中二：投注号码中的任意两个号码与当期开奖号码中按开奖顺序出现的前两个连续位置的号码相符（顺序不限），即中奖；

4. 围选二：

围选二中二：投注号码与当期开奖号码中按开奖顺序出现的前两个连续位置的号码相符（顺序不限），即中奖；

围选二中一：投注号码中的任意一个号码与当期开奖号码中按开奖顺序出现的第一个位置的号码相符，即中奖；

（三）任选投注：

1. 任选一：

任选一：投注号码与当期开奖号码中

的任意一个号码相符，即中奖；

2. 任选二：

任选二：投注号码与当期开奖号码中的任意两个号码相符（顺序不限），即中奖；

3. 任选三：

任选三中三：投注号码与当期开奖号码中的任意三个号码相符（顺序不限），即中奖；

任选三中二：投注号码中的任意两个号码与当期开奖号码中的任意两个号码相符（顺序不限），即中奖；

4. 任选四：

任选四中四：投注号码与当期开奖号码中的任意四个号码相符（顺序不限），即中奖；

任选四中三：投注号码中的任意三个号码与当期开奖号码中的任意三个号码相符（顺序不限），即中奖；

5. 任选五：

任选五中五：投注号码与当期五个开奖号码相符（顺序不限），即中奖；

任选五中四：投注号码中的任意四个号码与当期开奖号码中的任意四个号码相符（顺序不限），即中奖；

任选五中三：投注号码中的任意三个号码与当期开奖号码中的任意三个号码相符（顺序不限），即中奖；

6. 任选六：

任选六：投注号码中的任意五个号码与当期五个开奖号码相符（顺序不限），即中奖；

7. 任选七：

任选七：投注号码中的任意五个号码与当期五个开奖号码相符（顺序不限），即中奖；

8. 任选八：

任选八：投注号码中的任意五个号码与当期五个开奖号码相符（顺序不限），即中奖；

9. 任选九：

任选九：投注号码中的任意五个号码与当期五个开奖号码相符（顺序不限），即中奖；

10. 任选十：

任选十：投注号码中的任意五个号码与当期五个开奖号码相符（顺序不限），即中奖。

第二十条 当期每注投注号码只有一次中奖机会，不能兼中兼得，特别设奖除外。

第六章 兑 奖

第二十一条 20选5兑奖当期有效。中奖者应当自开奖之日起60个自然日内，持中奖彩票到指定的地点兑奖。逾期未兑奖视为弃奖，弃奖奖金纳入彩票公益金。

第二十二条 中奖彩票为中奖唯一凭证，中奖彩票因玷污、损坏等原因不能正确识别的，不能兑奖。

第二十三条 兑奖机构可以查验中奖者的中奖彩票及有效身份证件，中奖者兑奖时应予配合。

第七章 附 则

第二十四条 本规则自批准之日起执行。

关于调整中国体育彩票超级大乐透彩票资金构成比例有关事项的通知

（2013 年 11 月 25 日　财政部　财办综［2013］77 号）

国家体育总局体育彩票管理中心：

你中心《关于调整中国体育彩票超级大乐透彩票资金构成比例的请示》（体彩字［2013］238 号）收悉。经研究，根据《彩票管理条例》、《彩票管理条例实施细则》、《彩票发行销售管理办法》（财综［2012］102 号）等相关规定，现就有关事项通知如下：

一、同意你中心调整中国体育彩票超级大乐透的彩票资金构成比例。调整后，中国体育彩票超级大乐透每期按彩票销售额的 51%、14% 和 35%，分别计提彩票奖金、彩票发行费和彩票公益金。彩票奖金分为当期奖金和调节基金，其中，49% 为当期奖金，2% 为调节基金，调整后的中国体育彩票超级大乐透游戏规则见附件。你中心应当自批准之日起 4 个月内完成超级大乐透彩票资金构成比例调整工作。

二、调整上市 10 个自然日前，你中心应当向社会发布公告。公告内容包括财政部批准文件的名称及文号、调整日期、调整后的《中国体育彩票超级大乐透游戏规则》等。

三、你中心应当严格遵照各项彩票管理制度规定，认真做好中国体育彩票超级大乐透的发行和组织销售工作，督促各省、自治区、直辖市体育彩票销售机构加强彩票销售的风险控制和安全管理，做好宣传公告等工作，确保彩票市场平稳健康发展。

附件：中国体育彩票超级大乐透游戏规则

附件

中国体育彩票超级大乐透游戏规则

第一章　总　　则

第一条　根据《彩票管理条例》、《彩票管理条例实施细则》、《彩票发行销售管理办法》（财综［2012］102 号）等相关规定，制定本规则。

第二条 中国体育彩票超级大乐透（以下简称“超级大乐透”）由国家体育总局体育彩票管理中心发行和组织销售，由各省、自治区、直辖市体育彩票销售机构（以下称“各省体彩机构”）在所辖区域内销售。

第三条 超级大乐透采用计算机网络系统发行，在各省体彩机构设置的销售网点销售，定期开奖。

第四条 超级大乐透实行自愿购买，凡购买者均被视为同意并遵守本规则。

第五条 不得向未成年人出售彩票或兑付奖金。

第二章 投 注

第六条 超级大乐透是指由购买者从01—35共35个号码中选取5个号码为前区号码，并从01—12共12个号码中选取2个号码为后区号码组合为一注彩票进行的基本投注。每注金额人民币2元。

购买者在基本投注的基础上，可进行一次追加投注，每注追加金额人民币1元。

第七条 购买者可进行胆拖投注。在前区号码或后区号码中选择少于单式投注号码个数的号码作为每注都有的号码作为胆码，再选取除胆码以外的号码作为拖码，由胆码和拖码组合成多注投注，称为胆拖投注。胆拖投注包括三种形式：

（一）前区胆拖：从01—35中选取1至4个号码为胆码，再选取除胆码以外的号码作为拖码，胆码和拖码组成前区号码（其数量之和必须等于或多于6个号码），并从01—12中选取2个号码为后区号码。

（二）后区胆拖：从01—35中至少选取5个号码为前区号码，并从01—12中选取1个号码为胆码，再选取除胆码以外的2个以上（含2个）的号码为拖码，胆码和拖码组成后区号码。

（三）双区胆拖：从01—35中选取1至4个号码为胆码，再选取除胆码以外的号码作为拖码，胆码和拖码组成前区号码（其数量之和必须等于或多于6个号码）；并从01—12中选取1个号码为胆码，再选取除胆码以外的2个以上（含2个）的号码为拖码，胆码和拖码组成后区号码。

第八条 在胆拖投注中，当胆码为零时，组合成的多注投注为复式投注。复式投注包括三种形式：

（一）前区复式：前区号码的拖码选取6个号码以上（含6个），后区号码选取2个号码；

（二）后区复式：前区号码选取5个号码，后区号码的拖码选取3个号码以上（含3个）；

（三）双区复式：前区号码的拖码选取6个号码以上（含6个），后区号码的拖码选取3个号码以上（含3个）。

第九条 购买者可对其选定的结果进行多倍投注，投注倍数范围为2—99倍。单张彩票基本投注的最大投注金额不超过20 000元，基本投注加追加投注的最大投注金额不超过30 000元。

第十条 超级大乐透按期销售，每周销售三期，期号以开奖日界定，按日历年度编排。

第十一条 购买者可在各省体彩机构设置的销售网点投注。投注号码经投注机打印出的对奖凭证，交购买者保存，此对奖凭证即为超级大乐透彩票。

第十二条 投注者可选择机选号码投注、自选号码投注。机选号码投注是指由投注机随机产生投注号码进行投注，自选号码投注是指将购买者选定的号码输入投注机进行投注

第三章 设 奖

第十三条 超级大乐透按当期销售总额的 51%、14%、35% 分别计提返奖奖金、彩票发行费和彩票公益金。返奖奖金分为当期奖金和调节基金，其中，49% 为当期奖金，2% 为调节基金。

第十四条 超级大乐透共设八个奖级，一、二、三等奖为浮动奖，四、五、六、七、八等奖为固定奖。各奖级和奖金规定如下：

一等奖：当奖池资金低于 1 亿元时，奖金总额为当期奖金额减去固定奖总额后的 75% 与奖池中累积的奖金之和，单注奖金按注均分，单注最高限额封顶 500 万元。当奖池资金高于 1 亿元（含）时，奖金总额包括两部分，一部分为当期奖金额减去固定奖总额后的 45% 与奖池中累积的奖金之和，单注奖金按注均分，单注最高限额封顶 500 万元；另一部分为当期奖金额减去固定奖总额后的 30%，单注奖金按注均分，单注最高限额封顶 500 万元。

二等奖：奖金总额为当期奖金额减去固定奖总额后的 20%，单注奖金按注均分，单注最高限额封顶 500 万元。

三等奖：奖金总额为当期奖金额减去固定奖总额后的 5%，单注奖金按注均分，单注最高限额封顶 500 万元。

四等奖：单注奖金固定为 3 000 元。

五等奖：单注奖金固定为 600 元。

六等奖：单注奖金固定为 100 元。

七等奖：单注奖金固定为 10 元。

八等奖：单注奖金固定为 5 元。

第十五条 浮动奖级单注奖金根据该奖级单式投注与追加投注中奖数量按比例分配。

第十六条 追加投注仅参与一至七等奖的奖金分配。追加投注一、二、三等奖为浮动奖，四至七等奖为固定奖。如追加投注中得浮动奖，则追加投注奖金为当期基本投注对应单注奖金的 60%。如追加投注中得固定奖，则追加投注奖金为当期单式投注对应单注奖金的 50%。

第十七条 超级大乐透设置奖池，奖池由未中出的浮动奖奖金和超出浮动奖单注奖金封顶限额部分的奖金组成。奖池与当期奖金中用于一等奖的部分及调节基金转入部分合并颁发一等奖奖金。

第十八条 调节基金包括按销售总额的 2% 提取部分、浮动奖奖金按元取整后的余额和逾期未退票的票款。调节基金专项用于支付各种不可预见情况下的奖金支出风险、调节浮动奖奖金以及设立特别奖。动用调节基金设立特别奖，应当报财政部审核批准。

第十九条 一、二、三等奖按照该奖级实际中奖注数平均分配该奖级奖金。当上一奖级单注奖金低于下一奖级单注奖金的两倍时，上一奖级单注奖金补足至下一奖级单注奖金的两倍，但补足后的单注奖金最高限额 500 万元，所需资金从调节基金中支付，若调节基金不足时，用彩票兑奖周转金垫支。在出现彩票兑奖周转金垫支情况下，当调节基金有资金滚入时优先

偿还垫支的彩票兑奖周转金。

第四章　开　　奖

第二十条　超级大乐透每周一、三、六开奖。

第二十一条　每期开奖时，在公证人员封存销售数据资料之后，并在其监督下从01—35共35个号码中随机摇出5个前区号码，从01—12共12个号码中随机摇出2个后区号码。

第二十二条　每期开奖后，体育彩票发行机构应向社会公布当期销售总额、开奖号码、各奖级中奖情况以及奖池资金余额等信息，并将开奖结果通知各销售网点。

第五章　中　　奖

第二十三条　超级大乐透根据投注号码与开奖号码相符情况确定相应中奖资格。具体规定如下：

一等奖：投注号码与当期开奖号码全部相同（顺序不限，下同），即中奖；

二等奖：投注号码与当期开奖号码中的5个前区号码及任意1个后区号码相同，即中奖；

三等奖：投注号码与当期开奖号码中的5个前区号码相同，即中奖；

四等奖：投注号码与当期开奖号码中的任意4个前区号码及2个后区号码相同，即中奖；

五等奖：投注号码与当期开奖号码中的任意4个前区号码及任意1个后区号码相同，即中奖；

六等奖：投注号码与当期开奖号码中的任意4个前区号码相同，或者任意3个前区号码及2个后区号码相同，即中奖；

七等奖：投注号码与当期开奖号码中的任意3个前区号码及任意1个后区号码相同，或者任意2个前区号码及2个后区号码相同，即中奖；

八等奖：投注号码与当期开奖号码中的3个前区号码相同，或者任意1个前区号码及2个后区号码相同，或者任意2个前区号码及任意1个后区号码相同，或者2个后区号码相同，即中奖。

第二十四条　当期每注投注号码只有一次中奖机会，不能兼中兼得，特别设立奖除外。

第六章　兑　　奖

第二十五条　超级大乐透兑奖当期有效。每期自开奖之日起60个自然日为兑奖期，逾期未兑视为弃奖，弃奖奖金纳入彩票公益金。

第二十六条　中奖彩票为兑奖唯一凭证，中奖彩票因玷污、损坏等原因不能正确识别的，不能兑奖。

第二十七条　兑奖机构可以查验中奖者的中奖彩票及有效身份证件，兑奖者应予配合。

第二十八条　凡伪造、涂改中奖彩票，冒领奖金者，送交司法机关追究法律责任。

第七章　附　　则

第二十九条　本规则自批准之日起执行。

关于变更中国福利彩票广东省 36 选 7 游戏好彩 1 玩法调节基金计提比例有关事项的通知

（2013 年 12 月 3 日　财政部　财办综［2013］79 号）

中国福利彩票发行管理中心：

你中心《关于调整广东省福利彩票 36 选 7 游戏好彩 1 玩法调节基金计提比例的请示》（中彩发字［2013］139 号）收悉。经研究，根据《彩票管理条例》、《彩票管理条例实施细则》、《彩票发行销售管理办法》（财综［2012］102 号）等相关规定，现就有关事项通知如下：

一、同意你中心变更中国福利彩票广东省 36 选 7 游戏好彩 1 玩法调节基金计提比例，变更后的游戏附则见附件，中国福利彩票广东省 36 选 7 游戏及其他好运彩玩法彩票资金构成比例保持不变。变更后，中国福利彩票 36 选 7 游戏好彩 1 玩法每期按彩票销售额的 66%、12% 和 22%，分别计提彩票奖金、彩票发行费和彩票公益金。彩票奖金中，64% 为当期奖金，2% 为调节基金。你中心应当自批准之日起 4 个月内完成广东省 36 选 7 游戏好彩 1 玩法调节基金计提比例变更工作。

二、广东省福利彩票销售机构应当及时向社会发布公告，公告内容包括财政部批准文件的名称及文号、同级财政部门核准文件的名称及文号、变更上市日期、变更后的《中国福利彩票广东省 36 选 7 好彩 1 游戏附则》等。

三、你中心应当严格遵照各项彩票管理制度规定，督促广东省福利彩票销售机构加强彩票销售的风险控制和安全管理，切实做好宣传等工作，确保彩票市场持续健康发展。

附件：中国福利彩票广东省 36 选 7 好彩 1 游戏附则

附件

中国福利彩票广东省 36 选 7 好彩 1 游戏附则

第一条　根据《彩票管理条例》、《彩票管理条例实施细则》、《彩票发行销售管理办法》（财综 2012［102］号）等有关规定，结合中国福利彩票广东省 36 选 7 游戏规则，制定本附则。

第二条 在中国福利彩票广东省 36 选 7 游戏的基础上，增加好彩 1 附加玩法（以下简称“好彩 1”），由广东省福利彩票销售机构在所辖区域内销售。

第三条 好彩 1 实行自愿购买，凡购买者均被视为同意并遵守本附则。

第四条 好彩 1 投注是指从 1—36 共三十六个号码中选择一个号码或一个号码组合进行单式投注。每注金额人民币 2 元。购买者可对其选定的投注号码进行多倍投注，投注倍数范围为 2—99 倍。单张彩票的投注金额最高不得超过 20 000 元。具体规定如下：

（一）数字投注：是指从 1—36 共三十六个号码中选择一个号码进行投注。

（二）“十二生肖”组合投注：

1. 是指将 1，13，25 三个号码组成一注对应生肖“鼠”进行投注；

2. 是指将 2、14、26 三个号码组成一注对应生肖“牛”进行投注；

3. 是指将 3、15、27 三个号码组成一注对应生肖“虎”进行投注；

4. 是指将 4、16、28 三个号码组成一注对应生肖“兔”进行投注；

5. 是指将 5、17、29 三个号码组成一注对应生肖“龙”进行投注；

6. 是指将 6、18、30 三个号码组成一注对应生肖“蛇”进行投注；

7. 是指将 7、19、31 三个号码组成一注对应生肖“马”进行投注；

8. 是指将 8、20、32 三个号码组成一注对应生肖“羊”进行投注；

9. 是指将 9、21、33 三个号码组成一注对应生肖“猴”进行投注；

10. 是指将 10、22、34 三个号码组成一注对应生肖“鸡”进行投注；

11. 是指将 11、23、35 三个号码组成一注对应生肖“狗”进行投注；

12. 是指将 12、24、36 三个号码组成一注对应生肖“猪”进行投注。

（三）“春夏秋冬”组合投注：

1. 是指将 1、2、3、4、5、6、7、8、9 九个号码组成一注对应四季中的“春”进行投注；

2. 是指将 10、11、12、13、14、15、16、17、18 九个号码组成一注对应四季中的“夏”进行投注；

3. 是指将 19、20、21、22、23、24、25、26、27 九个号码组成一注对应四季中的“秋”进行投注；

4. 是指将 28、29、30、31、32、33、34、35、36 九个号码组成一注对应四季中的“冬”进行投注。

（四）“东南西北”组合投注：

1. 是指将 1、3、5、7、9、11、13、15、17 九个号码组成一注对应方位中的“东”进行投注；

2. 是指将 2、4、6、8、10、12、14、16、18 九个号码组成一注对应方位中的“南”进行投注；

3. 是指将 19、21、23、25、27、29、31、33、35 九个号码组成一注对应方位中的“西”进行投注；

4. 是指将 20、22、24、26、28、30、32、34、36 九个号码组成一注对应方位中的“北”进行投注。

第五条 购买者可选择机选号码投

注、自选号码投注。机选号码投注是指由投注机随机产生投注号码进行投注，自选号码投注是指将购买者选定的号码输入投注机进行投注。

第六条 购买者可选择复式投注、胆拖投注、多期投注。复式投注是指所选号码个数超过单式投注的号码个数，所选号码可组合为每一种单式投注方式的多注彩票的投注。胆拖投注是指先选取少于单式投注号码个数的号码作为胆码（即每注彩票均包含的号码），再选取除胆码以外的号码作为拖码，胆码与拖码个数之和必须多于单式投注号码个数，由胆码与拖码的每一种组合按单式投注方式组成多注彩票的投注。多期投注是指购买从当期起连续若干期的彩票。

第七条 好彩 1 每期全部投注号码的可投注数量实行限量销售，若投注号码受限，则不能投注。若因销售终端故障、通讯线路故障和投注站信用额度受限等原因造成投注不成功，应退还购买者投注金额。

第八条 好彩 1 按当期销售额的 66%、12% 和 22% 分别计提彩票奖金、彩票发行费和彩票公益金。彩票奖金分为当期奖金和调节基金，其中，64% 为当期奖金，2% 为调节基金。

第九条 好彩 1 按不同单式投注方式设奖，均为固定奖。奖金规定如下：

（一）数字投注：单注奖金固定为 46 元；

（二）“十二生肖”组合投注：单注奖金固定为 15 元；

（三）“春夏秋冬”组合投注：单注奖金固定为 5 元；

（四）“东南西北”组合投注：单注奖金固定为 5 元。

第十条 好彩 1 设置调节基金。调节基金包括按销售总额 2% 提取部分、逾期未退票的票款。调节基金用于支付不可预见的奖金支出风险，以及设立特别奖。动用调节基金设立特别奖，应报同级财政部门审核批准。

第十一条 好彩 1 设置奖池。奖池资金由当期计提奖金与实际中出奖金的差额组成。当期实际中出奖金小于计提奖金时，余额进入奖池；当期实际中出奖金超过计提奖金时，差额由奖池资金补足。当奖池资金总额不足时，由调节基金补足，调节基金不足时，用彩票兑奖周转金垫支。在出现彩票兑奖周转金垫支的情况下，当调节基金有资金滚入时优先偿还垫支的彩票兑奖周转金。当奖池资金超过 200 万元时，超出部分转入调节基金。

第十二条 好彩 1 每天开奖一次，开奖号码与中国福利彩票广东省 36 选 7 游戏当期的开奖号码一致。

第十三条 根据购买者选择的好彩 1 的投注号码和投注方式，与当期开奖号码的相符情况，确定相应的中奖资格。具体规定如下：

（一）数字投注：投注号码与当期开奖号码中的特别号码相同，即中奖；

（二）“十二生肖”组合投注：投注号码中的任意一个号码与当期开奖号码中的特别号码相同，即中奖；

（三）“春夏秋冬”组合投注：投注号码中的任意一个号码与当期开奖号码中的特别号码相同，即中奖；

（四）“东南西北”组合投注：投注

号码中的任意一个号码与当期开奖号码中的特别号码相同，即中奖。

第十四条 当期每注投注号码按其投注方式只有一次中奖机会，不能兼中兼得，特别设奖除外。

第十五条 好彩1兑奖当期有效，兑奖期和具体领奖规则与中国福利彩票广东省36选7游戏规则一致。逾期未兑视为弃奖。弃奖奖金纳入彩票公益金。

第十六条 本附则自批准之日起执行。

关于变更中国体育彩票浙江省6+1游戏规则的通知

（2013年12月3日　财政部　财办综［2013］80号）

国家体育总局体育彩票管理中心：

你中心《关于调整浙江省体育彩票6+1游戏规则的请示》（体彩字［2013］303号）收悉。为优化浙江省体育彩票游戏结构，促进彩票市场持续健康发展，经研究，根据《彩票管理条例》、《彩票管理条例实施细则》、《彩票发行销售管理办法》（财综［2012］102号）等相关规定，现就有关事项通知如下：

一、同意你中心变更中国体育彩票浙江省6+1游戏（以下简称“浙江6+1”）规则，增加特、一、二等奖单注奖金保障办法，即特、一、二等奖按照该奖级实际中奖注数平均分配该奖级奖金后，当上一奖级单注奖金低于下一奖级单注奖金的两倍时，上一奖级单注奖金需补足至下一奖级单注奖金的两倍，变更后的游戏规则见附件。浙江6+1每期按彩票销售额的50%、15%和35%，分别计提彩票奖金、彩票发行费和彩票公益金。浙江省体育彩票销售机构应当自批准之日起4个月内完成变更上市销售。

二、变更上市销售前，浙江省体育彩票销售机构应将拟上市销售日期、营销宣传计划、风险控制办法等销售实施方案报同级财政部门审核，经核准后上市销售。浙江省体育彩票销售机构应当及时向社会发布公告，公告内容包括财政部批准文件的名称及文号、同级财政部门核准文件的名称及文号、上市销售的日期、财政部批准的《中国体育彩票浙江省6+1游戏规则》等。上市销售满1个月后，你中心和浙江省体育彩票销售机构应当分别向同级财政部门提交上市销售情况的书面报告。

三、你中心应当严格遵照各项彩票管理制度规定，督促浙江省体育彩票销售机构加强彩票销售的风险控制和安全管理，切实做好宣传等工作，确保彩票市场持续健康发展。

附件：中国体育彩票浙江省6+1游戏规则

附件

中国体育彩票浙江省 6 +1 游戏规则

第一章 总 则

第一条 根据《彩票管理条例》、《彩票管理条例实施细则》、《彩票发行销售管理办法》（财综［2012］102 号）等有关规定，制定本规则。

第二条 中国体育彩票浙江省 6 +1 游戏（以下简称“浙江 6 +1”）由国家体育总局体育彩票管理中心发行和组织销售，浙江省体育彩票销售机构（以下简称“浙江体彩机构”）在所辖区域内销售。

第三条 浙江 6 +1 采用计算机网络系统发行，在浙江体彩机构设置的销售网点销售，定期开奖。

第四条 浙江 6 +1 实行自愿购买，凡购买者均被视为同意并遵守本规则。

第五条 不得向未成年人出售彩票或兑付奖金。

第二章 投 注

第六条 浙江 6 +1 由一组 6 位数正选号码和一个特别号码组成，前 6 位数正选号码范围为 000000—999999，特别号码范围为 0—9。每注彩票金额人民币 2 元，购买者可进行胆拖投注、复式投注，多倍投注单票单注号码最多可投注 99 倍。单张彩票的投注金额最高不得超过 20 000 元。

第七条 购买者可在浙江体彩机构设置的销售网点投注。投注号码经投注机打印出对奖凭证，交购买者保存，此对奖凭证即为浙江 6 +1 彩票。

第八条 购买者可选择机选号码投注、自选号码投注。机选号码投注是指由投注机随机产生投注号码进行投注，自选号码投注是指将购买者选定的号码输入投注机进行投注。

第九条 浙江 6 +1 每周销售三期，期号以开奖日界定，按日历年度编排。

第三章 设 奖

第十条 浙江 6 +1 按当期销售总额的 50%、15%、35% 分别计提彩票奖金、彩票发行费和彩票公益金。彩票奖金分为当期奖金和调节基金，其中 49% 为当期奖金，1% 为调节基金。

第十一条 浙江 6 +1 共设六个奖级，其中特、一、二等奖为浮动奖，三、四、五等奖为固定奖。各奖级奖金规定如下：

特等奖：奖金总额为当期总奖金减去固定奖总奖金后的 70%，以及奖池资金；

一等奖：奖金总额为当期总奖金减去固定奖总奖金后的 10%；

二等奖：奖金总额为当期总奖金减去固定奖总奖金后的 20%；

三等奖：单注奖金固定为 300 元；

四等奖：单注奖金固定为 20 元；

五等奖：单注奖金固定为 5 元；

第十二条　浙江 6 +1 单注彩票中奖奖金最高限额 500 万元。

第十三条　浙江 6 +1 设置调节基金，调节基金包括按销售总额 1% 提取部分、逾期未退票的票款和浮动奖取整后的余额。调节基金专项用于支付各种不可预见情况下的奖金支出风险、调节浮动奖奖金以及设立特别奖。动用调节基金设立特别奖，应报同级财政部门审核批准。

第十四条　浙江 6 +1 设置奖池，奖池由未中出的浮动奖奖金和超出浮动奖单注奖金封顶限额部分的奖金组成。

第十五条　若当期奖金不足以支付固定奖总额时，不足部分从调节基金中支付。若调节基金不足时，用彩票兑奖周转金垫支。

第十六条　特、一、二等奖按照该奖级实际中奖注数平均分配该奖级奖金。当上一奖级单注奖金低于下一奖级单注奖金的两倍时，上一奖级单注奖金补足至下一奖级单注奖金的两倍。所需资金从调节基金中支付。若调节基金不足时，用彩票兑奖周转金垫支。

第十七条　在出现彩票兑奖周转金垫支情况下，当调节基金有资金滚入时优先偿还垫支的彩票兑奖周转金。

第四章　开　　奖

第十八条　浙江 6 +1 每周开奖三期，逢周二、五、日开奖。开奖时按顺序依次摇出 7 个号码，其中前 6 个号码为正选号码，第 7 个号码为特别号码。

第十九条　每期开奖后，浙江体彩机构应向社会公布开奖号码、当期销售总额、各奖级中奖情况及奖池资金余额等信息，并将开奖结果通知销售网点。

第五章　中　　奖

第二十条　浙江 6 +1 根据投注号码与当期开奖号码相符情况确定相应中奖资格。具体规定如下：

特等奖：投注彩票的 6 位数正选号码与开奖号码排列相同，且特别号码相同，即中奖；

一等奖：投注彩票的 6 位数正选号码与开奖号码排列相同，即中奖；

二等奖：投注彩票的连续 5 位数号码与开奖号码相同位置的连续 5 位数号码相同，即中奖；

三等奖：投注彩票的连续 4 位数号码与开奖号码相同位置的连续 4 位数号码相同，即中奖；

四等奖：投注彩票的连续 3 位数号码与开奖号码相同位置的连续 3 位数号码相同，即中奖；

五等奖：投注彩票的连续 2 位数号码与开奖号码相同位置的连续 2 位数号码相同，即中奖。

第二十一条　当期每注投注号码只有一次中奖机会，不能兼中兼得，特别设奖除外。

第六章　兑　　奖

第二十二条　浙江 6 +1 兑奖当期有效。中奖者应当自开奖之日起 60 个自然日内，持中奖彩票到指定的地点兑奖。逾期未兑奖视为弃奖，弃奖奖金纳入彩票公益金。

第二十三条　中奖彩票为兑奖唯一凭

证，中奖彩票因玷污、损坏等原因不能正确识别的，不能兑奖。

第二十四条 兑奖机构可以查验中奖者的中奖彩票及有效身份证件，兑奖者兑奖时应予配合。

第七章 附 则

第二十五条 本规则自批准之日起执行。

关于同意销毁“射门得奖”等27款即开型体育彩票尾票和废票的通知

（2013年12月12日 财政部 财办综［2013］81号）

国家体育总局体育彩票管理中心：

你中心《关于停售即开型体育彩票销毁工作的请示》（体彩字［2013］326号）收悉。经研究，根据《彩票管理条例》、《彩票管理条例实施细则》、《彩票发行销售管理办法》（财综［2012］102号）等有关规定，现就有关事项通知如下：

一、同意你中心销毁“射门得奖”等27款即开型体育彩票尾票和废票，共计92.7477万包，票面价值共计55 648.62万元，具体数量和票面价值见附件。

二、你中心应当在国家体育总局的监督下，选择粉碎或打浆等方式进行彩票销毁。实施销毁前，负责销毁彩票和负责监督销毁的工作人员，应当将经批准销毁彩票的名称、面值、数量、金额与现场待销毁彩票实物进行核对，清点零张票，抽点整本票。核对无误后，出具销毁确认单并签字、盖章。核对中发现问题的，应当立即停止销毁工作，查明原因并处置后再行销毁。你中心应当在此文件印发之日起30个工作日内完成销毁工作，在销毁工作完成后20个工作日内向财政部报送销毁情况报告。

三、你中心应当严格按照各项彩票管理制度规定，建立健全即开型彩票风险防控制度及应急机制；督促体育彩票销售机构切实加强彩票数据和安全管理等工作，确保即开型彩票市场平稳健康发展。

附件：“射门得奖”等27款即开型体育彩票库存尾票、废票情况表

附件

“射门得奖”等27款即开型体育彩票库存尾票、废票情况表

序号	停售游戏名称	游戏编号	面值	库存尾票情况			库存废票情况			库存尾票、废票情况合计		
				尾票包数	尾票张数	尾票金额（元）	废票包数	废票张数	废票金额（元）	合计包数	合计张数	合计金额
1	发薪日	35	2	519	155 700	311 400	21	6 300	12 600	540	162 000	324 000
2	平安中国	12	3	1 186	237 200	711 600	49	9 800	29 400	1 235	247 000	741 000
3	全运会3	22	3	0	0	0	874	174 800	524 400	874	174 800	524 400
4	黑桃A	40	3	33	6 600	19 800	6 944	1 388 800	4 166 400	6 977	1 395 400	4 186 200
5	金币	49	3	1	200	600	14 503	2 900 600	8 701 800	14 504	2 900 800	8 702 400
6	A与8‘S	51	3	36	7 200	21 600	6 961	1 392 200	4 176 600	6 997	1 399 400	4 198 200
7	幸运66	8	5	50	6 000	30 000	1	120	600	51	6 120	30 600
8	射门得奖	11	5	155	18 600	93 000	3	360	1 800	158	18 960	94 800
9	五倍幸运	14	5	4 337	520 440	2 602 200	50	6 000	30 000	4 387	526 440	2 632 200
10	获奖喜庆	16	5	97	11 640	58 200	9	1 080	5 400	106	12 720	63 600
11	全民健身5	23	5	1	120	600	17 010	2 041 200	10 206 000	17 011	2 041 320	10 206 600
12	撞好运	32	5	0	0	0	2 844	341 280	1 706 400	2 844	341 280	1 706 400
13	大丰收	37	5	0	0	0	2 332	279 840	1 399 200	2 332	279 840	1 399 200
14	群星璀璨	41	5	13	1 560	7 800	2 811	337 320	1 686 600	2 824	338 880	1 694 400
15	步步高升	45	5	11	1 320	6 600	3 541	424 920	2 124 600	3 552	426 240	2 131 200
16	和谐亚洲	47	5	54	6 480	32 400	55 488	6 658 560	33 292 800	55 542	6 665 040	33 325 200
17	百宝箱	17	10	24	1 440	14 400	163 215	9 792 900	97 929 000	163 239	9 794 340	97 943 400
18	金牛报春	18	10	0	0	0	9 591	575 460	5 754 600	9 591	575 460	5 754 600
19	全运会10	24	10	0	0	0	149 094	8 945 640	89 456 400	149 094	8 945 640	89 456 400
20	双响炮	29	10	21	1 260	12 600	18 588	1 115 280	11 152 800	18 609	1 116 540	11 165 400
21	皇牌多多	36	10	64	3 840	38 400	281 460	16 887 600	168 876 000	281 524	16 891 440	168 914 400
22	全民健身10	43	10	9	540	5 400	78 633	4 717 980	47 179 800	78 642	4 718 520	47 185 200
23	写意岭南	48	10	0	0	0	62 726	3 763 560	37 635 600	62 726	3 763 560	37 635 600
24	锦虎送福	52	10	2	120	1 200	19 274	1 156 440	11 564 400	19 276	1 156 560	11 565 600
25	椰风海韵	54	10	0	0	0	6 189	371 340	3 713 400	6 189	371 340	3 713 400
26	冲向顶峰	38	20	48	1 440	28 800	5 048	151 440	3 028 800	5 096	152 880	3 057 600
27	财神到	53	20	5	150	3 000	13 552	406 560	8 131 200	13 557	406 710	8 134 200
合计		合计		**6 666**	**981 850**	**3 999 600**	**920 811**	**63 847 380**	**552 486 600**	**927 477**	**64 829 230**	**556 486 200**

关于批准在浙江省舟山群岛新区试点发行销售中国体育彩票飞鱼游戏的通知

（2013 年 12 月 12 日　财政部　财办综［2013］84 号）

国家体育总局体育彩票管理中心：

你中心《关于在浙江省舟山群岛新区发行中国体育彩票飞鱼游戏的请示》（体彩字［2013］241 号）收悉。为完善浙江省体育彩票游戏结构，促进体育彩票市场持续健康发展，支持浙江省舟山群岛新区建设发展，经研究，根据《彩票管理条例》、《彩票管理条例实施细则》、《彩票发行销售管理办法》（财综［2012］102 号）等相关规定，现就有关事项通知如下：

一、同意你中心在浙江省舟山群岛新区试点发行销售中国体育彩票飞鱼游戏（以下简称“飞鱼”），具体游戏规则见附件。飞鱼每期按彩票销售额的 67%、13% 和 20%，分别计提彩票奖金、彩票发行费和彩票公益金。浙江省体育彩票销售机构应当自批准之日起 4 个月内上市销售飞鱼。

二、飞鱼上市销售前，浙江省体育彩票销售机构应当将飞鱼拟上市销售日期、营销宣传计划、风险控制办法等销售实施方案报同级财政部门审核，经核准后上市销售。浙江省体育彩票销售机构应当及时向社会发布公告，公告内容包括财政部批准文件的名称及文号、同级财政部门核准文件的名称及文号、上市销售的日期、财政部批准的《中国体育彩票飞鱼游戏规则》等。上市销售满 1 个月后，你中心和浙江省体育彩票销售机构应当分别向同级财政部门提交上市销售情况的书面报告。

三、飞鱼在浙江省舟山群岛新区竞彩标准店、符合条件的体彩专营店发行销售。

四、你中心应当严格遵照各项彩票管理制度规定，督促浙江省体育彩票销售机构加强彩票销售的风险控制和安全管理，切实做好宣传公告等工作，确保彩票市场持续健康发展。

附件：中国体育彩票飞鱼游戏规则

附件

中国体育彩票飞鱼游戏规则

第一章 总 则

第一条 根据《彩票管理条例》、《彩票管理条例实施细则》、《彩票发行销售管理办法》（财综［2012］102号）等相关规定，制定本规则。

第二条 中国体育彩票飞鱼游戏（以下简称“飞鱼”）由国家体育总局体育彩票管理中心发行和组织销售，由经财政部批准的体育彩票销售机构（以下称“相关省体彩机构”）在所辖区域内销售。

第三条 飞鱼采用计算机网络系统发行，在相关省体彩机构设置的销售网点销售，定期开奖。

第四条 飞鱼实行自愿购买，凡购买该彩票者即视为同意并遵守本规则。

第五条 不得向未成年人出售彩票或兑付奖金。

第二章 投 注

第六条 飞鱼是指从自由泳比赛项目1—8号共八名参赛选手号码中（比赛参赛选手按泳道顺序分别以1—8号表示），任意选取1至3个号码进行投注，一组1至3个号码的组合称为一注。每注金额人民币2元。购买者可对其选定的投注号码进行多倍投注，投注倍数范围为2—99倍。单张彩票的投注金额最高不得超过20 000元。

第七条 购买者可在相关省体彩机构设置的销售网点投注。投注号码经投注机打印出对奖凭证，交购买者保存，此对奖凭证即为飞鱼彩票。

第八条 飞鱼根据投注号码个数分为直选一、直选二、直选三、任选一、任选二、任选三，具体规定如下：

直选一：从8个号码中选取1个确定为冠军号码的投注；

直选二：从8个号码中按顺序选取2个确定为冠军、亚军号码的投注；

直选三：从8个号码中按顺序选取3个确定为冠军、亚军、季军号码的投注；

任选一：从8个号码中任选一个进入前3名选手号码的投注；

任选二：从8个号码中任选二个进入前3名选手号码的投注；

任选三：从8个号码中任选三个进入前3名选手号码的投注。

第九条 购买者可选择机选号码投注、自选号码投注。机选号码投注是指由投注机随机产生投注号码进行投注，自选号码投注是指将购买者选定的号码输入投注机进行投注。

第十条 购买者可选择复式投注。复式投注是指所选号码个数超过单式投注的号码个数，所选号码可组合为每一种单式投注方式的多注彩票的投注。

第十一条 飞鱼每期销售时间为5分钟。销售期号以销售日按每期开奖顺序编排。

第十二条 飞鱼每期全部投注号码的可投注数量实行限量销售，若投注号码受限，则不能投注。若因销售终端故障、通讯线路故障和投注站信用额度受限等原因造成投注不成功，应退还购买者投注金额。

第三章 设 奖

第十三条 飞鱼按当期销售额的67%、13%、20%分别计提彩票奖金、彩票发行费和彩票公益金。

第十四条 飞鱼按不同单式投注方式设奖，均为固定奖。奖金规定如下：

直选一：单注固定奖金10元；

直选二：单注固定奖金75元；

直选三：单注固定奖金450元；

任选一：单注固定奖金3.5元；

任选二：单注固定奖金12元；

任选三：单注固定奖金75元。

第十五条 飞鱼设置奖池。奖池资金由当期计提奖金与实际中出奖金的差额组成。当期实际中出奖金小于计提奖金时，余额进入奖池；当期实际中出奖金超过计提奖金时，差额由奖池资金补足。当奖池资金总额不足时，用彩票兑奖周转金垫支。在出现彩票兑奖周转金垫支的情况下，当奖池有资金滚入时优先偿还垫支的彩票兑奖周转金。

第四章 开 奖

第十六条 飞鱼采用专用电子开奖设备开奖，按照自由泳的前三名获胜选手号码（共八个号码）作为当期开奖号码。每期开奖时间为1分钟。

第十七条 每期开奖后，相关省体彩机构应向社会公布开奖号码、当期销售总额、各奖级中奖情况及奖池资金余额等信息，并将开奖结果通知销售网点。

第五章 中 奖

第十八条 所购彩票与当期开奖结果对照，符合以下情况即为中奖：

直选一：投注的一个号码与当期开奖结果的冠军号码相同，即中奖；

直选二：投注的两个号码与当期开奖结果冠军和亚军选手号码和名次均相同，即中奖；

直选三：投注的三个号码与当期开奖结果冠军、亚军、季军选手号码和名次均相同，即中奖；

任选一：投注的一个号码与当期比赛结果的三个号码中任意一个号码相同，则中奖；

任选二：投注的两个号码与当期比赛结果的三个号码中任意两个号码相同，则中奖；

任选三：投注的三个号码与当期比赛结果的三个号码相同，则中奖。

第十九条 当期每注投注号码只有一次中奖机会，不兼中兼得，另行设立的特别奖除外。

第六章 兑 奖

第二十条 飞鱼兑奖当期有效。中奖者应当自开奖之日起60个自然日内，持中奖彩票到指定的地点兑奖。逾期未兑奖视为弃奖，弃奖奖金纳入彩票公益金。

第二十一条 中奖彩票为中奖唯一凭证，中奖彩票因玷污、损坏等原因不能正确识别的，不能兑奖。

第二十二条 兑奖机构有权查验中奖者的中奖彩票及有效身份证件，中奖者兑奖时应予配合。

第七章 附 则

第二十三条 本规则自批准之日起执行。

关于同意印制发行“吉祥草原”等 22 款即开型福利彩票的通知

（2013 年 12 月 27 日 财政部 财办综［2013］90 号）

中国福利彩票发行管理中心：

你中心《关于申报 2013 年第 2 批中国福利彩票即开型彩票新游戏的请示》（中彩发字［2013］158 号）收悉。为优化福利彩票游戏结构，促进彩票市场健康发展，经研究，根据《彩票管理条例》、《彩票管理条例实施细则》、《彩票发行销售管理办法》（财综［2012］102 号）等有关规定，现就有关事项通知如下：

一、同意你中心印制发行“吉祥草原”等 22 款即开型福利彩票，具体游戏规则见附件。“吉祥草原”等即开型福利彩票按销售总额的 65%、15% 和 20% 分别计提彩票奖金、彩票发行费和彩票公益金。

二、上市销售前，你中心应及时向社会发布公告，并在公告中注明财政部的批准文件名称、文号、上市销售的日期以及财政部批准的《“吉祥草原”等即开型福利彩票游戏规则》等。各省、自治区、直辖市福利彩票销售机构应当将拟上市销售日期、营销宣传计划、风险控制办法等销售实施方案报同级财政部门审核，经核准后上市销售。

三、你中心向各省、自治区、直辖市福利彩票销售机构分配即开型福利彩票时，应当将彩票游戏、数量和金额等具体分配方案报财政部备案，并按月报送全国印制和发行情况。上市销售满 1 个月后，你中心和各省、自治区、直辖市福利彩票销售机构应当向同级财政部门提交上市销售情况的书面报告。

四、你中心应当严格按照各项彩票管理制度规定，建立健全即开型彩票发行和销售风险防控制度及应急机制；督促各省、自治区、直辖市福利彩票销售机构切实加强安全管理，做好宣传等工作，确保即开型彩票市场平稳健康发展。

附件：“吉祥草原”等即开型福利彩票游戏规则

附件

“吉祥草原”等即开型福利彩票游戏规则

一、七星瓢虫

（一）面值：2元

（二）奖组：100万张

（三）玩法规则：刮开覆盖膜，如果刮出“ ”瓢虫图符，即可获得该图符下方所对应的奖金。

（四）设奖方案：

奖级	中奖金额（元）	中奖个数	中奖小计（元）
1	30 000	1	30 000
2	1 000	3	3 000
3	500	10	5 000
4	200	200	40 000
5	100	1 000	100 000
6	50	4 000	200 000
7	20	4 000	80 000
8	10	21 000	210 000
9	4	80 000	320 000
10	2	156 000	312 000
合计		**266 214**	**1 300 000**

二、5倍惊喜

（一）面值：5元

（二）奖组：200万张

（三）玩法规则：刮开覆盖膜，如果在任意一局游戏中，任意一个“我的号码”与“中奖号码”相同，即可获得该局游戏右方所对应的奖金；如果在任意一局游戏中刮出号码“5”，即可获得该局游戏右方所对应奖金的五倍。共有五局游戏，中奖奖金兼中兼得。

（四）设奖方案：

奖级	中奖金额（元）	中奖个数	中奖小计（元）
1	200 000	1	200 000
2	5 000	2	10 000
3	1 000	10	10 000
4	200	1 000	200 000
5	100	7 000	700 000
6	50	22 000	1 100 000
7	25	26 000	650 000
8	10	180 000	1 800 000
9	5	366 000	1 830 000
合计		**602 013**	**6 500 000**

三、空战赢家

（一）面值：5元

（二）奖组：120万张

（三）玩法规则：刮开覆盖膜，如果在任意一局游戏中刮出两个相同方向的飞机图符，即可获得该局游戏右方所对应的奖金；如果刮出“ ”炸弹图符，即可获得玩法区内所有的8个奖金之和。共有八局游戏，中奖奖金兼中兼得。

（四）设奖方案：

奖级	中奖金额（元）	中奖个数	中奖小计（元）
1	150 000	1	150 000
2	1 000	12	12 000
3	200	600	120 000
4	100	2 400	240 000
5	50	7 200	360 000
6	30	12 000	360 000
7	20	25 200	504 000
8	10	81 600	816 000
9	5	267 600	1 338 000
合计		**396 613**	**3 900 000**

四、足球盛宴

（一）面值：5 元

（二）奖组：200 万张

（三）玩法规则：刮开覆盖膜，如果任意一个“我猜的球数”与“比赛结果”球数相同，即可获得该“我猜的球数”下方所对应的奖金，中奖奖金兼中兼得。如果刮出“ ”足球图符，即可获得25 元奖金。

（四）设奖方案：

奖级	中奖金额（元）	中奖个数	中奖小计（元）
1	200 000	1	200 000
2	1 000	1	1 000
3	500	200	100 000
4	100	8 000	800 000
5	50	16 000	800 000
6	40	8 000	320 000
7	25	20 000	500 000
8	15	40 000	600 000
9	10	136 000	1 360 000
10	5	363 800	1 819 000
合计		**592 002**	**6 500 000**

五、相约咖啡

（一）面值：5 元

（二）奖组：200 万张

（三）玩法规则：刮开覆盖膜，如果任意一个“我的号码”与任意一个“中奖号码”相同，即可获得该“我的号码”下方所对应的奖金，中奖奖金兼中兼得；其他不相同的号码下方所对应的奖金无效。如果在“我的号码”区域出现“”咖啡豆图符，即可获得 20 元奖金。

（四）设奖方案：

奖级	中奖金额（元）	中奖个数	中奖小计（元）
1	150 000	1	150 000
2	1 000	200	200.000
3	500	1 000	500.000
4	100	3 000	300.000
5	50	8 000	400.000
6	40	4 000	160 000
7	30	20 000	600 000
8	20	60 000	1 200 000
9	10	100 000	1 000 000
10	5	398 000	1 990 000
合计		**594 201**	**6 500 000**

六、太极

（一）面值：5 元

（二）奖组：200 万张

（三）玩法规则：刮开覆盖膜，如果任意一个“我的图符”与任意一个“中奖图符”相同，即可获得该“我的图符”下方所对应的奖金，中奖奖金兼中兼得；其他不相同的图符下方所对应的奖金无效。

如果在“我的图符”区刮出“”太极图符，即可获得所有奖金之和。

（四）设奖方案：

奖级	中奖金额（元）	中奖个数	中奖小计（元）
1	200 000	1	200 000
2	1 000	1	1 000
3	500	300	150 000
4	100	5 090	509 000
5	50	20 000	1 000 000
6	25	40 000	1 000 000
7	15	40 000	600 000
8	10	120 000	1 200 000
9	5	368 000	1 840 000
合计		**593 392**	**6 500 000**

七、俏佳人

（一）面值：5 元

（二）奖组：200 万张

（三）玩法规则：刮开覆盖膜，在任意一局游戏中，如果出现三个相同的图符（其中出现“”可代表该局的任意图符），即可获得该局游戏右侧所对应的奖金；如果在任意一局中出现三个“”，即可获得该局游戏右侧所对应奖金的两倍。共有六局游戏，中奖奖金兼中兼得。

（四）设奖方案：

奖级	中奖金额（元）	中奖个数	中奖小计（元）
1	100 000	1	100 000
2	1 000	2	2 000
3	500	36	18 000
4	200	1 900	380 000

续表

奖级	中奖金额（元）	中奖个数	中奖小计（元）
5	100	4 000	400 000
6	50	12 000	600 000
7	40	12 000	480 000
8	30	24 000	720 000
9	20	58 000	1 160 000
10	10	144 000	1 440 000
11	5	240 000	1 200 000
合计		**495 939**	**6 500 000**

八、熊出没

（一）面值：5 元

（二）奖组：100 万张

（三）玩法规则：本彩票共有两个玩法，两个玩法区内的中奖奖金兼中兼得。

玩法一：刮开覆盖膜，如果出现“”熊爪图符，即可获得该图符下方所对应的奖金；其他图符不中奖。中奖奖金兼中兼得。

玩法二：刮开覆盖膜，如果出现任何奖金金额，即中该奖金。

（四）设奖方案：

奖级	中奖金额（元）	中奖个数	中奖小计（元）
1	150 000	1	150 000
2	1 000	1	1 000
3	500	298	149 000
4	100	4 000	400 000
5	50	11 000	550 000
6	20	9 000	180 000
7	10	102 000	1 020 000
8	5	160 000	800 000
合计		**286 300**	**3 250 000**

九、成语故事

（一）面值：5 元

（二）奖组：120 万张

（三）玩法规则：本彩票共有两个玩法，两个玩法区内的中奖奖金兼中兼得。

玩法一：刮开覆盖膜，如果任意一个“我的号码”与任意一个“中奖号码”相同，即可获得该“我的号码”下方所对应的奖金，中奖奖金兼中兼得；其他不相同的号码下方所对应的奖金无效。

玩法二：刮开覆盖膜，如果刮出“围魏救赵”字符，即可获得该字符下方所对应的奖金。

（四）设奖方案：

奖级	中奖金额（元）	中奖个数	中奖小计（元）
1	200 000	1	200 000
2	1 000	1	1 000
3	500	10	5 000
4	100	3 000	300 000
5	50	7 240	362 000
6	40	2 600	104 000
7	30	12 000	360 000
8	20	24 000	480 000
9	10	81 600	816 000
10	5	254 400	1 272 000
合计		**384 852**	**3 900 000**

十、赣南苏区·荣光

（一）面值：5 元

（二）奖组：400 万张

（三）玩法规则：本彩票共有两个玩法，两个玩法区内的中奖奖金兼中兼得。

玩法一：刮开覆盖膜，如果任意一个“我的号码”与任意一个“中奖号码”相同，即可获得该“我的号码”下方所对应的奖金，中奖奖金兼中兼得；其他不相同的号码下方所对应的奖金无效。

玩法二：刮开覆盖膜，如果刮出任何奖金金额，即中该奖金。

（四）设奖方案：

奖级	中奖金额（元）	中奖个数	中奖小计（元）
1	400 000	1	400 000
2	5 000	200	1 000 000
3	1 000	800	800 000
4	100	1 000	100 000
5	50	45 000	2 250 000
6	20	82 500	1 650 000
7	10	270 000	2 700 000
8	5	820 000	4 100 000
合计		**1 219 501**	**13 000 000**

十一、挖金豆

（一）面值：5 元

（二）奖组：200 万张

（三）玩法规则：刮开覆盖膜，在任意一局游戏中，从起点开始，刮出“⇩”箭头图符，即可按箭头指示方向前进，刮出“✕”止步图符则不能前进，如果能到达奖金区，即可获得该局游戏奖金区内所对应的奖金；如果刮出“金砖”金砖图符，即可获得玩法区内所有的 5 个奖金之和。共有五局游戏，中奖奖金兼中兼得。

（四）设奖方案：

奖级	中奖金额（元）	中奖个数	中奖小计（元）
1	50 000	1	50 000
2	1 000	1	1 000
3	500	198	99 000
4	100	5 800	580 000
5	50	34 000	1 700 000
6	25	2 000	50 000
7	20	68 000	1 360 000
8	10	66 000	660 000
9	5	400 000	2 000 000
合计		**576 000**	**6 500 000**

十二、宝石奇缘

（一）面值：10 元

（二）奖组：100 万张

（三）玩法规则：刮开覆盖膜，如果在任意一局游戏中，刮出三个相同的指定图符，即可获得该图符在《奖金对照表》中所对应的奖金。共有七局游戏，中奖奖金兼中兼得。

（四）设奖方案：

奖级	中奖金额（元）	中奖个数	中奖小计（元）
1	250 000	1	250 000
2	5 000	1	5 000
3	1 000	10	10 000
4	500	100	50 000
5	200	825	165 000
6	100	5 000	500 000
7	50	22 000	1 100 000
8	30	30 000	900 000
9	20	40 000	800 000
10	15	72 000	1 080 000
11	10	164 000	1 640 000
合计		**333 937**	**6 500 000**

十三、加油！加油！

（一）面值：10 元

（二）奖组：150 万张

（三）玩法规则：本彩票共有两个玩法，两个玩法区内的中奖奖金兼中兼得。

玩法一：刮开覆盖膜，如果在任意一局游戏中“我的里程”大于“标准里程”，即可获得该局游戏右方所对应的奖金。共有十局游戏，中奖奖金兼中兼得。

玩法二：刮开覆盖膜，如果刮出“”油桶图符，即可获得 20 元奖金。

（四）设奖方案：

奖级	中奖金额（元）	中奖个数	中奖小计（元）
1	300 000	1	300 000
2	10 000	1	10 000
3	1 000	40	40 000
4	200	1 500	300 000
5	100	7 000	700 000
6	50	39 000	1 950 000
7	20	162 000	3 240 000
8	10	321 000	3 210 000
合计		**530 542**	**9 750 000**

十四、牛 7 冲天

（一）面值：10 元

（二）奖组：200 万张

（三）玩法规则：本彩票共有四个玩法，四个玩法区内的中奖奖金兼中兼得。

玩法一：刮开覆盖膜，如果出现三个相同的奖金金额，即可获得该奖金，中奖奖金兼中兼得。

玩法二：刮开覆盖膜，如果刮出号码“7”，即可获得该号码下方所一对应的奖金，中奖奖金兼中兼得；其他号码下方所对应的奖金无效。

玩法三：刮开覆盖膜，如果任意一个“我的号码”与“中奖号码”相同，即可获得该“我的号码”下方所对应的奖金，中奖奖金兼中兼得；其他不相同的号码下方所对应的奖金无效。

玩法四：刮开覆盖膜，如果在任意一局游戏中“我的数字”大于“标准数字”，即可获得该局游戏右方所对应的奖金。共有四局游戏，中奖奖金兼中兼得。

（四）设奖方案：

奖级	中奖金额（元）	中奖个数	中奖小计（元）
1	250 000	1	250 000
2	5 000	1	5 000
3	500	3 000	1 500 000
4	100	22 050	2 205 000
5	50	28 000	1 400 000
6	30	48 000	1 440 000
7	20	172 000	3 440 000
8	10	276 000	2 760 000
合计		**549 052**	**13 000 000**

十五、10 来运转

（一）面值：10 元

（二）奖组：100 万张

（三）玩法规则：本彩票共有四个玩法，四个玩法区内的中奖奖金兼中兼得。

玩法一：刮开覆盖膜，如果出现数字“**10**”的个数与《玩法一奖金对照表》中所示的个数相符，即中相对应的奖金。

玩法二：刮开覆盖膜，如果出现数字“**10**”，即可获得该数字右侧所对应的奖金；其他数字右侧所对应的奖金无效。中奖奖金兼中兼得。

玩法三：刮开覆盖膜，如果出现带“十”字的成语，即可获得该成语右侧所对应的奖金。中奖奖金兼中兼得。

玩法四：刮开覆盖膜，在任意一局游戏中，如果两个数字相加等于 10，即可获得该局游戏右侧所对应的奖金，共有两局游戏，中奖奖金兼中兼得。

（四）设奖方案：

奖级	中奖金额（元）	中奖个数	中奖小计（元）
1	250 000	1	250 000
2	1 000	110	110 000
3	500	200	100 000
4	200	500	100 000
5	100	10 000	1 000 000
6	60	4 000	240 000
7	50	10 000	500 000
8	30	8 000	240 000
9	20	100 000	2 000 000
10	10	196 000	1 960 000
合计		**328 811**	**6 500 000**

十六、好运加倍

（一）面值：10 元

（二）奖组：100 万张

（三）玩法规则：刮开覆盖膜，在任意一局游戏中，如果任意一个“我的号码”与“中奖号码”相同，即可获得该“我的号码”所在行对应的奖金。如果在“我的号码”区刮出号码“五”“十”“二十”，即可获得该号码所在行对应奖金的 5 倍、10 倍、20 倍。共有两局游戏，中奖奖金兼中兼得。

（四）设奖方案：

奖级	中奖金额（元）	中奖个数	中奖小计（元）
1	300 000	1	300 000
2	5 000	10	50 000
3	1 000	50	50 000
4	500	600	300 000
5	200	800	160 000
6	100	7 200	720 000
7	50	12 000	600 000
8	30	32 000	960 000
9	20	88 000	1 760 000
10	10	160 000	1 600 000
合计		**300 661**	**6 500 000**

十七、赛马

（一）面值：10元

（二）奖组：150万张

（三）玩法规则：刮开覆盖膜，在任意一场比赛中，如果“我猜的马匹”与“获胜马匹”相同，即可获得该场比赛右侧所对应的奖金。共有十二场比赛，中奖奖金兼中兼得。

（四）设奖方案：

奖级	中奖金额（元）	中奖个数	中奖小计（元）
1	300 000	1	300 000
2	5 000	1	5 000
3	1 000	150	150 000
4	500	1 200	600 000
5	200	15	3 000
6	100	10 000	1 000 000
7	80	20 000	1 600 000
8	50	10 000	500 000
9	30	30 000	900 000
10	15	120 000	1 800 000
11	10	289 200	2 892 000
合计		**480 567**	**9 750 000**

十八、吉祥草原

（一）面值：10元

（二）奖组：100万张

（三）玩法规则：本彩票共有两个玩法，两个玩法区内的中奖奖金兼中兼得。

玩法一：刮开覆盖膜，如果任意一个“我的号码”与任意一个“中奖号码”相同，即可获得该“我的号码”下方所对应的奖金，中奖奖金兼中兼得；其他不相同的号码下方所对应的奖金无效。

玩法二：刮开覆盖膜，如果在任意一局游戏中刮出“”骏马图符，即可获得该局游戏右方所对应的奖金。共有两局游戏，中奖奖金兼中兼得。

（四）设奖方案：

奖级	中奖金额（元）	中奖个数	中奖小计（元）
1	200 000	1	200 000
2	50 000	10	500 000
3	8 000	50	400 000
4	1 000	1 000	1 000 000
5	500	1 000	500 000
6	200	5 000	1 000 000
7	50	10 000	500 000
8	20	10 000	200 000
9	10	120 000	1 200 000
10	5	200 000	1 000 000
合计		**347 061**	**6 500 000**

十九、日出东方·韶山

（一）面值：10元

（二）奖组：100万张

（三）玩法规则：刮开覆盖膜，如果任意一个“我的号码”与任意一个“中奖号码”相同，即可获得该“我的号码”下方所对应的奖金，其他不相同的号码下方所对应的奖金无效；如果出现“龍”龙字图符，即可获得该图符下方所对应奖金的两倍。中奖奖金兼中兼得。

（四）设奖方案：

奖级	中奖金额（元）	中奖个数	中奖小计（元）
1	400 000	1	400 000
2	5 000	10	50 000
3	1 000	50	50 000
4	500	600	300 000
5	200	800	160 000
6	100	7 000	700 000
7	60	2 000	120 000
8	50	8 000	400 000
9	40	10 000	400 000
10	30	20 000	600 000
11	20	78 000	1 560 000
12	10	176 000	1 760 000
合计		**302 461**	**6 500 000**

二十、圣地延安

（一）面值：10 元

（二）奖组：50 万张

（三）玩法规则：刮开覆盖膜，如果在任意一局游戏中刮出三个相向的号码，即可获得该局游戏右方所对应的奖金；如果在任意一局游戏中刮出“”红色圣地图符，即可获得该局游戏右方所对应的奖金。共有十局游戏，中奖奖金兼中兼得。

（四）设奖方案：

奖级	中奖金额（元）	中奖个数	中奖小计（元）
1	300 000	1	300 000
2	1 000	10	10 000
3	500	80	40 000
4	100	6 000	600 000
5	50	10 000	500 000
6	20	35 000	700 000
7	10	110 000	1 100 000
合计		**161 091**	**3 250 000**

二十一、马到成功

（一）面值：10 元

（二）奖组：80 万张

（三）玩法规则：本彩票共有两个玩法，两个玩法区内的中奖奖金兼中兼得。

玩法一：刮开覆盖膜，出现第一步至第六步的数字，从“起点”开始，第一步的数字是几，就在路线图上走几步，如果停到中奖金额上，即中该金额奖金；在第一步的基础上，第二步的数字是几，向前再走几步，如果停到中奖金额上，即中该金额奖金；以此类推，按顺序走完六步的数字后，将所有中奖金额相加，即为我中的奖金。

玩法二：刮开覆盖膜，如果在任意一局游戏中，我的位置比对手的位置更接近终点线，即可获得该局游戏右方所对应的奖金。共有四局游戏，中奖奖金兼中兼得。

（四）设奖方案：

奖级	中奖金额（元）	中奖个数	中奖小计（元）
1	250 000	1	250 000
2	10 000	2	20 000
3	500	324	162 000
4	100	8 000	800 000

续表

奖级	中奖金额（元）	中奖个数	中奖小计（元）
5	50	9 600	480 000
6	30	11 200	336 000
7	20	68 000	1 360 000
8	10	179 200	1 792 000
合计		**276 327**	**5 200 000**

二十二、神秘好礼

（一）面值：20 元

（二）奖组：150 万张

（三）玩法规则：刮开覆盖膜，如果任意一个“我的号码”与“中奖号码”相同，即可获得该“我的号码”下方所对应的奖金，其他不相同的号码下方所对应的奖金无效；如果刮出一个“🎁”礼盒图符，即可获得该图符下方所对应的奖金。中奖奖金兼中兼得。

（四）设奖方案：

奖级	中奖金额（元）	中奖个数	中奖小计（元）
1	1 000 000	1	1 000 000
2	100 000	1	100 000
3	10 000	1	10 000
4	1 000	300	300 000
5	500	750	375 000
6	200	2 475	495 000
7	100	15 000	1 500 000
8	50	54 000	2 700 000
9	40	120 000	4 800 000
10	30	30 000	900 000
11	20	366 000	7 320 000
合计		**588 528**	**19 500 000**

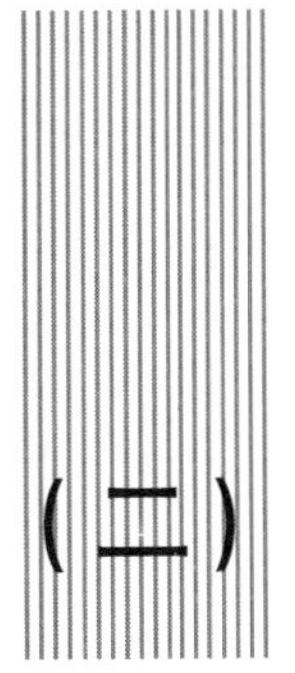

（二）福利彩票管理制度和文献

关于印发全国福利彩票工作会议李立国部长、窦玉沛副部长、汪义达副司长的讲话和俞建良主任工作报告的通知

（2013 年 2 月 6 日　中国福利彩票发行管理中心　中彩发字［2013］17 号）

各省、自治区、直辖市福利彩票发行中心：

现将全国福利彩票工作会议民政部李立国部长、窦玉沛副部长和财政部综合司汪义达副司长的讲话及中彩中心俞建良主任的工作报告印发给你们，请认真贯彻执行。

推进福利彩票事业创新发展

——在 2013 年全国福利彩票工作会议上的讲话

李立国

（2013 年 1 月 17 日）

同志们：

这次全国福利彩票工作会议，是在深入贯彻党的十八大精神和民政系统进一步落实第十三次全国民政会议精神、福利彩票持续高位发行的新形势下召开的。总结去年工作，分析市场形势，研究今年任务，很有必要。

这次会议在浙江召开很有意义。浙江是我国经济大省，也是市场经济发育程度高、改革创新意识强的省份，多项经济社会发展指标位居全国前列。近年来，浙江省委、省政府把民政工作纳入“八八战略”和“创业富民、创新强省”总战略，制定了一系列民政政策措施，有力推动了民政事业创新发展、全面发展，为全国提供了一些新鲜经验和先进做法。福利彩票是其中一个方面，去年销量突破 100 亿元大关，实现了新的历史性跨越。

去年，是全国福利彩票在高位发行中坚持科学发展、在安全运行中平稳增长的一年。我们认真贯彻《彩票管理条例》及实施细则和《中国福利彩票“十二五”发展规划纲要》，以“公益、慈善、健康、快乐、创新”文化为引领，加强制度建设和保障能力建设，规范发行管理，充分发挥各级民政部门和发行销售机构的积极性，发行销售量突破 1 500 亿元，筹集公益金 450 多亿元，再创历史新高，为发展社会福利和其他社会公益事业提供了更加有力的支持。在国际经济复苏乏力、我国经济增长下行压力增大的背景下，福利彩票工作取得新的好成绩，来之不易，难能可贵。在此，我代表民政部，向长期关爱和支持福利彩票事业发展的财政部等有关部门、社会各界表示衷心的感谢，向全国福利彩票系统的同志们表示热烈的祝贺和亲切的慰问！

福利彩票是改革创新的产物。上世纪八十年代，全国社会福利服务设施严重匮乏，财政资金远远不能适应社会福利服务需求，在借鉴外国成功经验中，催生了中国福利彩票。25 年来，正是由于我们始终坚持改革创新，福利彩票事业才不断发展壮大，走出了一条具有中国特色的福利彩票事业发展之路。销售模式从摊点销售发展到大奖组集中销售再发展到常态化网点销售，彩票品种从即开型单一票种发展到乐透、数字、即开、视频以及基诺型等多样票种，发行方式从各省分散销售发展到区域联销、全国联销，销售系统从准热线销售发展到热线销售。今天的中国福利彩票，已经成为引领公民奉献爱心、弘扬美德、传播慈善的重要载体，成为发展社会福利事业和公益事业的重要支柱。

促进福利彩票事业持续健康发展需要坚持改革创新。福利彩票已在千亿元以上高位运行，实现持续增长的压力越来越大，防控各种风险的压力也在不断增大，一些深层次的矛盾和问题日益显现出来。一些地方还程度不同地存在重发行轻管理、重局部轻整体、重眼前轻长远、重治标轻治本、重事后处理轻源头预防、重经济效益轻社会责任等现象；个别地区在销量上揠苗助长，违背了彩票市场规律，很容易埋下风险隐患；福利彩票发行管理观念还有些滞后，管理方式还有些粗放，运行机制与市场化要求还不相适应，游戏结构和规则有待完善，技术研发和应用能力有待提高，人才队伍建设有待加强，舆论环境有待改善。解决这些问题，需要坚持改革创新。要坚决破除妨碍福利彩票事业发展的陈旧观念和体制机制弊端，着力构建系统完备、科学规范、运行有效的福利彩票制度体系，推动福利彩票由规模扩张向内涵发展、结构优化、质量提升转变。要深入研究人口大规模流动、利益多样化、社会信息化、思想文化多元化形势下的福利彩票事业发展规律，大胆探索、勇于开拓，推进福利彩票技术创新、产品创新、品牌创新、销售方式创新。

一是要创新观念。要始终坚持扶老、助残、救孤、济困的发行宗旨，积极树立高公益、低风险、大众化的游戏观念，着力加强公平、公正、公开、公信的诚信体系建设。要扭转仅仅把彩票视为筹资工具的旧观念，增进彩票的文化娱乐功能和内涵，积极营造寓募于乐、多人少买、稳定有序的和谐市场氛围。要扭转那些违背彩票市场运行规律的观念，牢固树立在高位发行中坚持科学发展的新观念，转变增长方式，优化布局和结构，提高福利彩票事业发展的质量和效益。

二是要创新机制。要完善和落实财政部门监管、民政部门管理、其他有关部门参与的协作机制，形成合力，确保责任到位、政策到位、措施到位。立足彩票市场化运行的特点，积极引入市场手段和竞争机制，增强发展活力。创新中福彩中心与省福彩中心的运行机制，以事业为核心，以市场为导向，增强福利彩票发行销售工作的整体性、协调性，增强福利彩票发行管理机构的自主权和灵活性。

三是要创新管理。要健全管理制度，改进管理方式，加强标准化建设，完善操作程序，优化工作流程，规范市场行为，切实做到有章可循、有制可守、有序发展。要完善决策程序，建立健全专家咨询、社会听证等制度，扩大社会参与，提高福利彩票工作决策的科学化、民主化水平。要以转换用人机制和改革用人制度为核心，建立权责清晰、分类科学、机制灵活、监管有力的福利彩票发行管理机构人事管理制度。以完善工资分配激励约束机制为核心，健全符合公益服务特点、体现岗位绩效和分级分类管理的福利彩票发行管理机构收入分配制度。创新绩效考核办法，以工作质量为标准，把工作实绩作为考核的主要内容，提高考核的科学性和实效性。

四是要创新技术。要顺应科学技术发展潮流，加快应用新技术的步伐，尤其要在发行销售系统统一和以互联网销售彩票为重点的新技术方面实现突破，为新游戏和新销售渠道的开发做好技术准备和支持，增强福利彩票事业发展的核心竞争力。要创新彩票游戏研发机制，充分调动各方力量参与彩票游戏研发的积极性，不断增进福利彩票游戏研发市场的活力。要科学分析彩票市场需求，在改进原有彩票游戏的同时，积极研究开发适合不同购彩群体、适合不同销售渠道的彩票游戏。要着眼于满足彩票市场发展的需要，在整合现有销售渠道的基础上，着力创新和拓宽销售渠道，形成现有渠道和新型渠道相互补充、协调发展格局，平稳扩大福利彩票的发行规模。

统筹兼顾是科学发展观的根本方法，也是福利彩票事业创新发展的基本遵循。我们要始终坚持发展是第一要义，围绕破解工作难题、推动事业发展进行改革创新。要综合运用原始创新、集成创新、引进消化吸收再创新和协同创新等多种方式，积极借鉴吸收国内外、行业内外的先进经验和技术，增强福利彩票事业发展的内在动力和物质技术支撑。

安全是福利彩票发行管理工作的底线，也是福利彩票事业发展的保障。要深化改革创新，增强福利彩票安全运行的保障条件。要认真开展福利彩票安全运行和社会风险的评估，掌握好创新的方式方法，把握好创新举措出台的时机和步骤，对创新举措跟踪管理，根据实际效果不断改进和完善。

彩票发行既具有市场经济的一般规律，也具有政府特许行业的特殊规律。要积极认识和遵循市场经济规律，在发行方式、站点建设、营销管理和市场服务等方面不断创新发展，不断巩固和提高福利彩票的市场地位和品牌优势。同时，还要善于运用彩票事业特有的规律，充分发挥福利彩票公益性质、福利宗旨、依托民政、政府动员等优势，增强福利彩票事业发展的吸引力和公众性。

福利彩票事业发展的 25 年，是渐进积累、成果丰硕的 25 年，是与时俱进、不断创新的 25 年。要尊重福利彩票事业发展的历史，继承福利彩票发展的成果，在传承中创新发展。要把握时代脉搏，认真研究福利彩票事业发展中的新情况、新问题，及时制定新的措施办法，实现福利彩票事业创新发展。进入新的一年，福利彩票事业发展既具备很多有利条件和因素，又面临许多困难和挑战。各级民政部门要加强组织领导，加大政策支持力度，加强与有关部门沟通协调，积极为福利彩票事业创新发展营造良好环境。全国福利彩票系统要以改革创新为动力和手段，群策群力，扎实工作，确保福利彩票持续平稳增长，为发展社会福利和其他社会公益事业作出新的更大的贡献。

在 2013 年全国福利彩票工作会议上的总结讲话

窦玉沛

（2013 年 1 月 18 日）

同志们：

昨天上午，立国部长作了《推进福利彩票事业创新发展》的重要讲话，对于福利彩票工作领域深入贯彻落实党的十八大精神，推进观念创新、机制创新、管理创新、技术创新，实现科学发展具有重要的指导意义，我们要认真学习、深刻领会、抓好落实。财政部综合司汪义达副司长也作了讲话，充分体现了财政部对福利彩票工作的关心、重视和支持，我们表示衷心的感谢。建良同志对去年工作作了很好的总结，对今年工作作了具体安排和部署，我都同意。会议还根据年度绩效考核结果，表扬了一批先进单位和个人，听取了浙江省福彩工作经验介绍，与会同志深受教育和启发，各省（区、市）通过视频短片展示了工作成就，分享了各地工作经验。今天上午，大家围绕贯彻落实立国部长讲话精神和建良同志的工作报告以及浙江等地的经验，推进福利彩票科学发展展开了热烈讨论，提出了许多富有建设性的意见和建议。总的来看，这次会议开得很好，达到了预期目的。

下面，我结合贯彻落实立国部长讲话

精神，就民政部门加强和改善对福利彩票工作的领导问题讲几点意见。

一、充分认识加强和改善对福利彩票工作领导的紧迫性

民政部门一直高度重视对福利彩票工作的领导，近年来，部领导特别是立国部长多次强调加强和改善对福利彩票工作的领导，并且把福利彩票工作作为“一把手工程”，对于民政部门履行好职责、推动民政事业发展，具有十分重要的意义。

首先，加强和改善对福利彩票工作的领导，是民政部门的应尽职责。做好福利彩票工作，是党中央、国务院赋予民政部门的重要职责。《彩票管理条例》明确赋予了民政部门对福利彩票工作的管理职能，《彩票管理条例实施细则》进一步细化了民政部管理全国福利彩票的六项职责，以及省级民政部门管理本行政区域福利彩票的四项职责。加强和改善对福利彩票工作的领导是民政部门依法履行的重大责任，不履行是失职，履行不好也是失职。

其次，加强和改善对福利彩票工作的领导，是推动民政事业科学发展的必然要求。自发行以来，福利彩票对扶老、助残、救孤、济困等社会福利和公益事业提供了有力支持。以去年为例，中央财政转移支付的民政事业费达到1 780亿元，但基本上是用于社会救助、社会福利、优抚安置、救灾的人头费，用于基本建设的经费捉襟见肘。而去年发行福利彩票1 500多亿，筹集公益金约446.05亿，其中一半留在地方用于社会福利和公益事业，上缴到中央的另一半除大部分用于其他公益事业外，也有一部分由部里用于支持各地的社会福利事业，或用于医疗救助和支持新疆、西藏的社会福利事业，从明年起，暂定三年内，中央集中的彩票公益金，每年拿出10亿用于支持农村互助养老。如果没有福利彩票自发行以来超过1 000多亿的彩票公益金投入，民政公共服务设施就不可能有今天的局面。正因为这样，有人把福利彩票当做民政事业发展的命根子，谁丢了谁是罪人，谁搞不好也是罪人。当前，在迈向全面建成小康社会的奋斗进程中，满足人民群众过上美好生活的新期待，提高和改善福利对象的生活质量，就必须做好福利彩票发行和彩票公益金使用管理工作。只有这样，我们才能有较多的资金改善社会福利设施、增加社会福利项目、完善社会服务功能，才能较好地发挥民政在社会建设中的骨干作用。

最后，加强和改善对福利彩票工作的领导，是福利彩票应对风险、创新发展的迫切需要。必须看到，处于高位运行、快速发展的福彩事业，“发展中的困惑”、“成长中的烦恼”接踵而至，如何创新发展、化解风险、安全运行、健康发展比以往任何时候更加迫切，需要我们高度重视、深入研究、时刻警觉。在体制机制上，目前福利彩票发行实行的是行政化监管、事业化运行、市场化运营，总体上还是有效的，但在国家深化事业单位分类改革的形势下，如何健全福利彩票发行体制机制，已经成为十分现实的问题；在彩票发行上，在全球彩票总体增速放缓、我国经济下行压力继续增大的形势下，保持福利彩票平稳增长、自然增长的压力也日益增大；在游戏品种结构上，目前，电脑票

在所有彩票发行中占了71.5%，而即开票和视频票所占比例较低，双色球、3D、连环夺宝、“好运十倍”、“争分夺秒”和“百发百中”等六款游戏的销量占居近70%，而其他300多个游戏销量仅占30%左右，如何使上述三大票种均衡发展、游戏玩法结构优化，挖掘市场潜力，已经成为十分突出的问题；在彩票公益金使用上，个别地方随意扩大使用范围，使用效能低下，如何使福利彩票公益金使用更加科学、更加规范、更加透明，已经成为影响福利彩票形象和公信力的重大问题。

尤其需要特别指出的是：随着福利彩票发行规模的扩大，社会各界和媒体的关注度越来越高，个别问题、局部问题都有可能通过自媒体、多媒体曝光、发酵、放大，给整个福彩事业造成致命伤害。随着福彩发行品种的增加，网络安全、技术安全、设施安全要求越来越高，现有的综合保障、技术能力、设施支撑与日益增大的销量之间不适应的矛盾日益突出，给安全运行带来了隐患。随着福彩发行销售链条的延伸，相关服务合作方、技术设备供应商、站点从业者越来越多，相关方的协作关系、相关联的利益关切，把福彩这个政府垄断的行业由封闭转向开放，由政府行为、事业运作，推向政府、事业、市场互动的利益交汇点上，如何为福彩发行创造良好的市场环境和舆论氛围，已经成为当前亟待解决的重大问题。总的看来，面对福利彩票工作的新情况和新问题，我们只有加强和改善对福利彩票工作的领导，不断研究和解决存在的各种问题，福利彩票的可持续发展才有坚强保障。

二、紧紧围绕创新发展福彩事业这个大局来加强和改善领导工作

从全国带有共性、普遍性问题来看，当前和今后一个时期各地民政部门尤其是省级以上民政部门和福彩机构要把以下五个问题摆上议事日程。

（一）要不断创新完善福利彩票发行方式

福利彩票发行是全部福彩事业的核心，2013年福利彩票发行面临着更加严峻的形势，因此，我们要把创新完善福利彩票发行作为重中之重，摆在突出位置。一是要进一步加强福利彩票游戏品种研发工作。在现有游戏品牌的基础上，加大福利彩票游戏新品种研发的力度，适时推进成熟游戏品种上市，做好游戏品种结构优化和市场形势预判，促进福利彩票平稳较快发展；二是要全力推进福利彩票发行渠道建设。在巩固提高现有发行渠道的基础上，积极研发新的发行渠道和方式，抓紧推动电话、互联网等新兴投注渠道的开发建设；三是要维护和培育好福利彩票市场秩序。改进和提高技术水平，强化福利彩票诚信的运营机制，提高福利彩票开奖兑奖管理水平，确保发行过程公开透明。提高服务彩民意识，净化彩票发行环境，通过市场和行政等手段遏制、打击“私彩”对社会的消极影响；四是要加强基层投注站点建设。采取切实可行的措施，积极推进站点标准化、规范化建设，将每一个基层投注站点建设成为倡导公益理念、弘扬福彩文化、践行社会责任的重要窗口。

（二）要着力加强福利彩票队伍建设

人才队伍是事业发展的根本，对具有

公益性和竞争性的福彩事业来说，必须造就一支政治合格、业务精湛、情操高尚，作风过硬的人才队伍。各级民政部门对福彩机构人才队伍建设要进一步加强领导，做好人才发展规划。要着力加强省级福彩机构领导班子建设。精心挑选政治素质优、道德品质好、业务能力强、管理水平高的同志担任福彩销售机构的主要负责人。配强配好福彩销售机构领导班子，充分发挥整体功能。加强省级福彩机构领导干部培训，不断提高业务素质，高度重视廉政建设；要加强从业人员队伍建设。省级以上民政部门要指导福彩机构研究制定创新人才引进、使用、培训、激励、约束机制，创造有利环境，让各种人才人尽其才、才尽其用，让高层次、高技能人才进得来、留得住、干得好。要以申报彩票销售员纳入《国家职业分类大典》为契机，进一步推动彩票代销者队伍建设。

（三）要加强福利彩票基础设施建设

基础设施是福利彩票安全运行、健康发展的重要保障，要站在推动福利彩票长远发展的高度，按照适度超前、功能完善、设施齐全的原则，着力提升福利彩票基础设施水平。一是要加强福彩机构设施建设，重点是加强销售管理业务中心、灾备中心的筹建工作，推进主数据中心的功能完善；二是要加强技术系统建设，保障发行销售安全；三是要加强信息化建设，加快办公自动化、远程培训、视频会商等设施建设。

（四）要加强风险防控和应急管理

预防风险、有效应对突发事件是确保安全运行的重要基础和前提。福彩事业越是高位运行，我们越要增强风险意识、忧患意识、安全意识，把潜在的风险搞清楚，把应急对策弄明白，把防控机制建扎实，守住底线、确保平安。一是要建立健全预防和应急管理运行机制。各地要建立由主管领导牵头、职能处室、彩票销售中心及其他相关部门参加的预防和应急管理协商机制，定期分析潜在风险和苗头性问题，研究制定解决对策；二是要制定完善风险防控和应急预案。针对福利彩票的销售管理、资金归集管理、公益金使用管理、形象建设等建立健全相应的应急预案，通过适时演练检验预案的科学性和可操作性；三是要提高预防和化解风险能力。要积极排查福利彩票发行和公益金使用各项风险隐患，加快建立检查、监控、处置三者良性互动的重大应对机制；四是要切实提高应对舆情的能力。加强宣传，强化福彩公益意识，深化福彩宗旨教育。探索建立福利彩票新闻发言人队伍、网络宣传员队伍，积极引导社会舆论，促进与社会良性互动。各地要建立健全重大事件信息报告制度，不断提高信息报告的效率和质量，切实提高危机事件反应能力。

（五）要加强和改进福彩公益金的使用管理工作

福利彩票发行的最终目的就是要使福利彩票公益金，取之于民、用之于民，发挥最大社会效益。同时，使用好、管理好福利彩票公益金，对于福利彩票发行也能起到积极促进作用。一是要健全福彩公益金使用管理制度。要根据《彩票管理条例》及其实施细则、《彩票公益金管理办法》的有关规定，尽快研究完善《福利彩票公益金使用管理办法》，对福彩公益金使用的范围、对象、额度等做出具体规范，各地也要制定完善福利彩票公益金使用管理办法；二是要确保福利彩票公益金使用公开透明。借助各种媒体，加强资金使用公示公告工作，取信于民。监督各项目使用单位，按照规定设置福彩公益金使用标识。建立福利彩票公益金使用明白账，方便社会各界咨询和查询，接受社会监督；三是要建立绩效评价体系和跟踪问效机制。合理确定评价指标的权重，研究制定并公布福利彩票公益金使用绩效评价指标。探索第三方评估机制，提出有公信力和说服力的评估报告。四是要规范福利彩票公益金的使用范围。福彩公益金既不同于一般财政性资金，也不同于一般预算外资金，极具特殊性，要坚持按发行宗旨使用，不能随意开口子，甚至滥用。各地要尽快规范福利彩票公益金的使用范围，报民政部备案。

三、不断完善民政部门对福彩工作领导的方式方法

福利彩票发行、销售是一个具有自身发展规律的系统工程。建立健全民政部门对福彩工作的领导体制机制，不断完善领导方式方法，对发展壮大福彩事业具有重要意义。应当说，各级民政部门特别是省级以上民政部门形成的对福彩机构的领导体制机制、领导方式方法总体上还是适应的，近年来省级民政部门确立的一把手负总责，重大问题集体决策，分管领导具体负责的领导体制还是十分有效的，应当继续坚持，并不断完善。同时，我们也要看到当前福利彩票正处于创新发展的关键时期，我们要努力适应新形势新情况，在加强民政部门对福彩工作领导的同时，不断改善领导的方式方法。

（一）要善于用服务的方式方法来领导福彩工作

邓小平同志曾说，领导就是服务。民政部门作为福彩机构的主管部门，要进一步增强服务意识，为福彩机构提供必要的服务。当前要重点做好三项服务：一是要进一步改善福利彩票的社会环境。要充分发挥民政部门的职能作用，经常向当地政府汇报福利彩票发行和福彩公益金使用情况，让党政领导了解福利彩票事业对本地经济社会发展的重要作用。主动协调财政、公安、工商、人事等有关部门，研究福彩机构难以解决的问题，商定支持与解决措施。二是进一步协调省级民政机关内部的配合。福彩机构的诸多业务都会与民政部门内的各职能部门发生联系，如果得到相关处室的支持，福彩机构的许多工作就会更有效率。民政部门的领导要协调好福彩机构和内部职能部门之间的关系，发挥各自的优势，共同推进福彩事业发展。三是进一步改善福利彩票的市场环境。各级民政部门要帮助福彩机构协调与公安、工商和财政等部门的关系，整合力量，有效打击非法彩票，维护福利彩票国家彩票的地位。今年，经民政部协调，中福彩中心将拨出专款用于支持公安部打击非法彩票活动，各地民政部门也可借鉴这种做法，争取公安部门的支持和配合。

（二）要善于运用抓大放小的方式方法来领导福彩工作

我们不能单纯用行政的、计划的、命令的方式管理福彩工作，要抓大放小，把主要精力放在把握发展方向上，放在制定法规、制度、规划上，放在营造发展环境

上；要有所为，做到管理不缺位、不流于形式，尤其是对权力运作、重要人事任免、重大经济活动等，要加强管理；要有所不为，做到管理不越位，不越俎代庖，尤其是不能取代福彩机构的职责、干预福彩机构的正常管理和运行、干预福彩机构的日常事务。我听说有的发行中心主任只有 1 万元经费的审批权限，高于 1 万元的支出就要厅领导批，甚至有的地方连 1 万元的审批权限都没有，这难以适应市场发展需要，应该用制度管人管事。

（三）要善于通过加强监督的方式方法来领导福利彩票工作

加强监督管理是制度管理的一部分，也是加强和改善领导，为福利彩票创新发展提供坚强有力保障的重要手段。要避免出现把监督误解成了行政主导，对福彩工作过多、过细干预；也要避免出现把监督误认为对福彩机构不信任而不敢监督。各级民政部门要敢于监督、善于监督，要整合监督资源，充分发挥民政部门、财政部门、审计部门及党政其他部门行政监督力量的作用，充分发挥新闻媒体和社会公众的舆论监督作用；要确保监督效果，严厉查处违法违规行为，这既是民政部门应尽的职责，也是对福彩机构和领导班子成员最好的爱护和保护。

同志们，今年是全面贯彻落实党的十八大精神的开局之年，也是实施福利彩票“十二五”规划的关键之年，更是福利彩票工作推动改革创新、谋求科学发展的崭新之年。站在这样一个新起点上，希望各级民政部门进一步增强责任感，带领福彩机构继往开来、攻坚克难，为福彩事业的创新发展提供坚强、有力的保障，推动福彩事业在 2013 年里实现新的辉煌。

新春佳节将至，在此，我谨代表民政部党组，给大家拜个早年！祝大家春节愉快、幸福安康！谢谢大家。

在 2013 年全国福利彩票工作会议上的讲话

汪义达

（2013 年 1 月 17 日）

尊敬的李立国部长，窦玉沛副部长，各位领导，同志们：

大家好！

很高兴参加全国福利彩票工作会议。民政部领导一直以来高度重视福利彩票工作，这次李立国部长又在百忙之中出席会议并作重要讲话，必将极大地推动福利彩票工作。我借此机会，就当前及今后一个时期的彩票事业发展和管理工作，谈点想法，供大家参考。

2012 年，在党中央、国务院的坚强领导下，全国彩票管理和发行销售机构密切配合、扎实工作，各项工作都取得了新进展：

一是彩票管理制度形成体系。2012年1月，财政部、民政部、国家体育总局联合颁布《彩票管理条例实施细则》，自2012年3月1日起施行。在此基础上，财政部及时修订印发彩票公益金、彩票机构财务、彩票发行销售等管理办法，形成了以《彩票管理条例》为核心、以《实施细则》为纽带、以相关管理办法为配套的彩票管理制度体系，为彩票事业健康发展提供了完善的制度保障。

二是彩票市场监管取得新进展。定期召开彩票管理工作会商和彩票市场形势分析会议，促进了彩票管理工作的沟通协调。初步建立彩票专家咨询和评审工作机制，有利于提高彩票监管的科学化专业化水平。积极推进彩票发行、销售和资金管理信息系统建设。有关部门查处非法彩票行为取得新进展，切实维护了彩票市场秩序。

三是彩票市场发展再上新台阶。注重完善彩票管理政策，提高政策执行力。支持挖掘乐透型数字型彩票潜力，积极发展竞猜型彩票，优化即开型彩票游戏结构，保持视频型彩票健康发展，积极推动彩票销售渠道建设。2012年，全国共销售彩票2 615.24亿元，同比增长18%。其中，福利彩票机构销售1 510.32亿元，增长18.2%。

四是彩票公益性质更加彰显。注重加强彩票公益金管理，继续拓宽彩票公益金使用领域，支持了社会福利、体育、教育、文化、城乡医疗救助、红十字、残疾人、扶贫、法律援助、农村贫困母亲“两癌”救助、农村养老服务、社会保障等社会事业发展，形成了彩票业与社会公益事业协调发展的局面。

在过去的一年中，民政部门高度重视、积极支持福利彩票发展和管理工作。福利彩票机构牢固树立责任彩票理念，团结协作、埋头苦干，开创了福利彩票事业发展新局面，全国福利彩票筹集彩票公益金446亿元，为我国彩票事业和社会公益事业发展做出了新贡献。在此，我谨代表财政部综合司对各级民政部门和福利彩票战线同志们付出的艰辛劳动表示衷心感谢！

2013年，我国彩票事业发展面临的机遇和挑战并存。工业化、城镇化、信息化进程不断加快，有利于提高居民收入能力，为彩票事业发展提供良好的空间；完善的彩票管理制度体系、健全的彩票销售网络，日益成熟扩大的彩民队伍，都为彩票事业发展提供有力的支撑。与此同时，彩票事业发展中依然存在不均衡、不协调问题。为此，财政部门将与有关部门和单位密切配合，团结协作，加强管理，共同促进我国彩票发行销售安全运营，彩票事业科学发展。

第一，全面贯彻落实彩票管理制度。在贯彻《条例》、《实施细则》基础上，全面落实彩票发行销售、机构财务等管理办法，做好教育宣传和培训工作，认真梳理包括彩票游戏规则在内的彩票管理政策，在彩票发行机构报财政部审核后公布执行。继续研究制定彩票设备和技术服务标准。

第二，促进彩票市场持续健康发展。在继续夯实彩票管理基础、加强彩票监管、维护彩票市场秩序的同时，完善乐透数字型彩票游戏结构，发展彩票主力游戏，化解彩票奖金风险，做好快速开奖游戏风险控制。优化即开型彩票品种，支持发行历史、文化、体育等主题即开型彩票游戏。支持竞猜型彩票和视频型彩票健康发展。统筹兼顾彩票销售渠道建设，稳步推进利用电话、互联网销售彩票有关工作。

第三，切实规范彩票资金管理。强化彩票机构业务费收缴管理，确保资金及时足额上缴财政。研究建立彩票机构财务收支决算工作规范，提升预算执行管理水平。推动制定彩票机构会计制度和人员收入分配政策。完善彩票公益金分配政策，加强彩票公益金管理和宣传，不断提高使用效益，更好地支持社会公益事业协调发展。

新春佳节将至，祝愿各位领导和同志们工作顺利、身体健康、吉祥如意！谢谢大家！

夯基础、稳市场、促创新，确保福利彩票平稳持续发展

——在2013年全国福利彩票工作会议上的报告

俞建良

（2013年1月17日）

现在我代表中国福利彩票发行管理中心向大家报告2012年工作情况和2013年工作思路。

一、2012年工作情况

在各级民政部门的正确领导和各级财政部门的大力支持下，全国福彩系统认真贯彻落实2012年福彩工作会议精神，深入推进《彩票管理条例》及其《实施细则》和《中国福利彩票“十二五”发展规划纲要》的落实，扎实工作，实现了发行销售平稳较快增长，各项工作都取得了进步。

（一）市场销售情况

2012年，福利彩票共销售1 510.32亿元，同比增加232.35亿元，增长18.18%，筹集公益金约446.05亿元。其中，乐透型和数字型彩票销售1 079.84亿元，同比增长19.75%；即开型彩票销售202.03亿元，同比增长0.79%；视频型彩票销售224.23亿元，同比增长31.79%；基诺型彩票开乐彩游戏销售4.22亿元，同比下降25.62%。

2012年，全国福利彩票共有29个省市销量创历史新高。在销售总量上，广东、江苏、山东、浙江4个省超过100亿元，其中，广东连续三年，江苏、山东连续两年超百亿，分别达到169.56亿元、134.01亿元和122.36亿元，浙江首次超百亿，达到102.4亿元；辽宁、湖北、四川、河南、河北、湖南、北京、陕西8个省市超过50亿元，其中，辽宁近80亿

元，湖北超过60亿元；云南、安徽、广西、上海、重庆、福建、黑龙江、江西8个省市突破30亿元；内蒙古、新疆、吉林、山西、甘肃、天津6个省市过20亿元；贵州接近20亿元；海南接近15亿元；宁夏、青海接近10亿元；西藏也超过了3亿元。在增长数量上，广东增28.85亿，辽宁、江苏过16亿元，山东、江西、湖南、河南、四川、广西、陕西7个省过10亿元。在增长幅度上，江西达52.48%，天津达41.87%，广西达36.3%，湖南、青海、辽宁、河南、黑龙江、陕西、甘肃、吉林、新疆、安徽、四川、海南、广东13个省也都过20%。在人均纯收入购票率上，青海、海南、西藏、新疆、宁夏居全国前列。

（二）市场主要特点

一是年销量总体增长，但增速放缓。2012年全国福利彩票年销量同比增长18.18%，与2011年32.02%的增幅相比，下降了近14个百分点。各月份销量环比增速呈现前高后低的走势，1－5月份增速持续走高，月平均增幅达9.1%；6－12月份增速逐渐回落，月平均增幅为3.1%，增速逐渐放缓。

二是三大票种均有增长，但并不均衡。从增长幅度看，2012年，乐透型和数字型彩票首次突破1 000亿元，同比增加178.12亿元，增长19.75%；即开型彩票同比增加1.59亿元，增长0.79%；视频型彩票同比增加54.09亿元，增长31.79%。从市场份额看，三大票种占全国福彩年销量的份额分别为71.5%、13.38%和14.85%。正在试点的基诺型彩票开乐彩游戏受返奖率低和高返奖快开游戏大面积上市等因素的影响，销量下滑严重，同比减少1.46亿元，销量仅占总年销量的0.27%。

三是游戏产品强者恒强，但后续缺乏。在乐透型和数字型彩票中，双色球游戏继续发挥强大的品牌优势，年销售548.77亿元，同比增加61.31亿元，增长12.58%，占全国福彩年销量的36.33%；3D游戏销售209.61亿元，同比减少5.6亿元，下降2.6%，但销量仍占全国福彩年销量的13.88%。这两款游戏占乐透型和数字型彩票销量的70.23%，占全国福彩年销量的50.21%。在即开型彩票中，“好运十倍”、“百发百中”“争分夺秒”等10款游戏依然是市场主力，销量占即开型彩票销量的49.89%，占全国福彩年销量的6.67%。在视频型彩票中，“连环夺宝”游戏一枝独秀，销售223.54亿元，销量占视频型彩票销量的99.69%，占全国福彩年销量的14.8%。目前销售的329款游戏中，双色球、3D、连环夺宝、好运十倍、争分夺秒、百发百中六款游戏的销量达到1 033.57亿元，占福彩年销量的68.43%。

四是高返奖快开游戏发展迅速，但风险增大。2012年，全国有24个省市上市高返奖快开游戏，共销售250.49亿元，同比增加127.83亿元，增长104.21%，占乐透型与数字型彩票销量的23.2%，占全国福彩年销量的16.59%。从2012年各地高返奖快开游戏上市情况看，主要呈现出以下三个特点：一是销量不稳，部分快开游戏上市之初销量迅速增长，但一段时间后就大幅回落；二是游戏数量迅速增加，大量通过现有渠道销售，对其他彩票游戏形成了一定冲击；三是与其他彩票游戏相比具有较强的刺激性，消费速度较快，部分购彩者投入较多，产生了一定负面影响。随着高返奖快开游戏发行范围和发行规模的扩大，市场风险增大。

（三）主要业务工作情况

一是制度建设。中福彩中心积极配合民政部、财政部参与修订《彩票机构财务管理办法》和《彩票发行销售管理办法》，目前两《办法》已经下发执行；配合民政部参与修订了《中国福利彩票代销合同示范文本》，去年8月30日已正式下发；制订了《中国福利彩票销售场所管理办法》和《中国福利彩票视频票销售厅管理办法》等规章制度，已上报民政部；制定下发了《关于规范大奖宣传工作管理办法》，为进一步规范各地大奖宣传工作提供了指导。各地围绕市场管理、财务管理、技术安全、开奖兑奖管理、新闻发布等业务制定完善了一批规章制度。

二是福彩文化建设。全国福彩系统继续深入贯彻落实立国部长关于加强福彩文化建设的重要讲话精神，从文化研究、平台建设和公益活动入手，结合创先争优、行风建设活动，开展文化建设工作。4月12日，玉沛副部长在安徽主持召开了“福利彩票文化研讨会”，布置了福彩文化理论课题研究工作。中福彩中心与部政策研究中心合作开展的福彩文化理论课题研究、中福彩中心的“福彩文化建设专项调研课题”都取得了阶段性成果。各地福彩销售机构以福利彩票发行25周年为契机，广泛开展形式多样的文化宣传活动，推进福彩文化建设。如，湖北举办了“福彩论坛”，对福彩理论和实践创新进行了探讨，得到了玉沛副部长的肯定；浙江组织开展了“阳光福彩”工程；黑龙江组织开展了“民政惠民生，福彩龙江行”公益文化巡演活动；北京在“公益北京”频道组织“爱心雨花”首届老年人才艺大赛，并成立“爱心雨花”艺术团进行巡回演出；天津举办了“善行天下，爱心无限”福彩文化节；江苏和四川举办了“福彩文化年”活动；广西完成了14 000个公益金资助项目标识挂牌工作；新疆组织开展了“福彩公益万里行——公益金使用成果采访报道”活动；安徽举办了“彩民走进公益金资助示范项目现场”活动；广东、山西创新福彩助学模式，成立“福彩慈善班”和“福彩慈爱阳光班”，定向资助困难学生完成学业。2012年，全系统在文化建设和行风建设方面涌现出一大批先进典型，各级福彩机构共有56个单位、个人和服务项目获得了民政部授予的“群众满意窗口”、“优秀服务标兵”和“优质服务品牌”荣誉称号。

三是销售渠道建设。中福彩中心起草了《关于中国福利彩票销售场所实行分类分级管理的指导意见》；即开型彩票销售网络体系得到了进一步完善；视频彩票销售厅规范管理工作进一步加强，搭建了视频监控、管理考核和信息管理“三位一体”的管理平台。在提升销售渠道质量和标准的同时，销售渠道规模进一步拓展，网点即开型彩票站点发展到16.5万个，增加了1.5万个；乐透型和数字型彩票站点达到15.6万个，增加了6 400个；视频型彩票销售厅达到900个，增加了

30个。各省级销售机构投入了大量的人力、财力和物力支持销售渠道建设，山东投入7 000多万元，黑龙江、江苏、陕西、四川等地分别投入1 000多万元支持投注站规范化、标准化建设。同时，各省认真贯彻《关于停止违规利用电话、互联网销售福利彩票行为的紧急通知》，积极配合公安、工商等有关部门，严厉打击非法彩票，及时遏制非法利用电话、互联网销售彩票行为，清理整顿了销售渠道。

四是营销宣传。中福彩中心和各省根据市场需要，把握时机，积极运作，组织开展了一系列主题性营销宣传活动，收到了较好的市场效果。中福彩中心组织的“走近双色球”活动继续发挥品牌效应，全年共接待参观人员3 000多人次，有力提升了双色球乃至整个福利彩票的社会认知度和认可度；双色球“回馈彩民、回报爱心”两亿元派奖活动和七乐彩“2 000万元派奖活动”持续开展，促进了销量增长；即开型彩票“代销费让利政策”激发了销售机构特别是代销者的积极性，有效拉动了市场销量。各地福彩机构结合本地市场实际，针对不同的游戏品种，也推出了不少各具特色的营销宣传活动。如，江苏省市联动开展了“‘刮刮乐’、‘双色球’感恩回馈对对送”活动，重庆开展了“三色魔方——智动全城”系列营销活动，这些活动的开展有力地提升了福彩的品牌形象，扩大了福彩的社会影响。

五是服务工作。在服务基层方面，福彩系统着力完善中福彩中心服务省级机构，省级机构服务市县基层的服务体系，将服务能力建设融入业务工作的各个方面。中福彩中心进一步严格制度，规范流程，指导销售机构做好开奖工作，双色球、3D和七乐彩等全国联销游戏全年开奖661期，区域和省级游戏全年开奖6 240期，做到了安全运行无事故。中福彩中心进一步加强了彩票运输监督管理，提高了配送效率、服务质量和运输车辆的安全防护能力，全年为各地配送彩票80多万箱，运输里程近百万公里。中福彩中心还与法国游戏集团合作组织开展了第一届中法彩票业务培训班，从全系统选派学员参加，提升了业务水平，增进了国际交流。各省销售机构结合工作实际，积极为地市彩票机构和投注站服务，加强业务培训，全年共开展业务培训1.14万场，累计培训79.35万人次，提高了基层机构从业人员的业务能力和销售终端的服务能力。辽宁、湖南等地在全省部署运用了精细化管理系统和信息管理系统，提高服务效率。河北、内蒙古、安徽、福建、湖北、四川等地在抓好本级业务设施和技术保障建设的同时，积极指导推动地市级福彩机构加强业务设施建设，并在政策和资金等方面给予支持。在服务销售网点方面，中福彩中心在全国29个发行视频型彩票的省份建立了技术维修维护服务分支机构，为销售厅的安全运行提供了优质高效的服务保障和技术支持，提供4 000多万元资金用于支持省级福彩销售机构销售厅视频监控系统建设。在服务购彩者方面，全国福彩服务热线全年接受购彩者咨询、查询服务2 590多万人次；中福彩中心组织开展了积分服务回馈活动，产生有效奖券3 380多万张；山东建成了集合互联网、呼叫中心和手机短信等多种信息交互的信息服务平台和彩友虚拟社区平台；浙江、天津邀请心理专家进行培训，让从业人员了解购彩者心理特征、心理误区和深层次需求，掌握心理引导的方法，更好地为购彩者服务；福建以五星级站点、骨干站点为依托建立购彩者俱乐部；山西开展“便民服务进站点”活动，为购彩者提供增值服务。

六是基础设施建设。中福彩中心在部领导的关怀下，在财政部和发改委的支持下，克服了困难，完成了综合业务楼主体工程，主数据中心、开奖演播厅等项目正在紧张建设之中。各地福彩机构基础设施建设也取得了明显成效。如，内蒙古、上海的业务楼已经投入使用；天津、河北、湖北、湖南、甘肃业务楼正在建设中；浙江占地 15 亩的新业务楼已开工建设；西藏新建办公场所项目已经获批。在技术设施建设上，许多省级福彩销售机构有新进展。黑龙江开奖节目制作、远程培训、数据、客服四个中心已投入运行；陕西数据中心已建成；河南、广西数据中心，新疆福利彩票销售基地和销售数据中心工程正在积极建设；广东数据中心项目已经完成立项。目前全国绝大部分省级福彩销售机构和不少地市级福彩机构都拥有了自己的业务楼、数据中心，为福彩事业的长远发展打下了良好基础。

二、形势分析：挑战和机遇

2012 年，福利彩票呈现了一些值得关注的特点，我们要客观面对、理性分析、冷静应对。除了长期以来制约我们发展的瓶颈问题，如事业体制和市场运作的冲突，2013 年福利彩票发行销售管理工作还面临一些新的压力。

一是销售增幅减缓，面临市场盘整风险。国际经济复苏缓慢，国内经济增长下行压力依然存在，彩票市场面临盘整风险。网点即开型、乐透型和数字型彩票销售增幅回落可能会持续，基诺型彩票和 3D 游戏的负增长状态短期内恐难改变，快速游戏回落态势也可能难免。

二是基础保障能力与高位运行下的销量增长压力之间的矛盾更加突出。尽管 2012 年福彩年销量再创新高，但社会和管理部门对公益资金的显性或隐性需求并没有减少，一些地方对销售机构的刚性销量考核指标并没有减码，早已存在的发展制约因素更加突出。这些制约因素包括：游戏储备不足，新游戏的设计、申报和审批周期过长；基础设施建设滞后，发展不均衡；安全运行存在隐患；人才储备不足，游戏设计、营销和 IT 等方面人才短缺等。

三是彩票市场竞争更加激烈。随着物价等运行成本的持续增加，各销售机构面临的市场压力不断增大，基层销售站点亏损面出现了扩大趋势。随着新技术的应用和销售模式的变化，传统销售站点的经营压力也将增大。彩票市场的同质化、不规范促销和非法彩票屡禁不止甚至有增无减，将进一步加剧竞争压力。

四是社会关注度不断升高，社会责任风险加大。随着福利彩票发行销售总量持续攀升，高位运行的风险不断加大，对管理的要求也不断提高。然而目前，一些销售机构不同程度地存在重销售轻管理、重规模轻基础、重局部轻整体、重眼前轻长远的现象；有的地方过分追求销量，过分追求短期增长，饮鸩止渴，透支了彩票市场；个别购彩者过度沉迷游戏，不能自拔。随着社会关注度升高和各类矛盾的积累、冲突，一些偶发事件在当前网络舆论环境下，有可能被炒作成热点问题，局部问题有可能放大到全局，继而演变成“信任危机”事件，给彩票带来不可估量的影响。

尽管 2013 年福利彩票的发展面临着诸多挑战和困难，但我们也要清醒地看到，25 年来福利彩票的不懈努力为我们积累了厚实的基础，我们仍然具备难得的机遇和有利条件。

一是彩票市场存在惯性增长的潜力。中国彩票与发达国家人均购彩量、占 GDP 份额、购彩者占总人口比例以及占世界彩票总销量的比例相比，仍有巨大潜力。从世界彩票市场发展来看，成熟的彩票市场销量年均增长率可稳定在 5% 左右，只要不出现不可预料的恶性事件，中国彩票以其庞大的身躯不会一下刹住车，必将继续增长，只是速度可能要减缓。

二是国家宏观经济政策的到位将助推福彩发展。随着新一届政府成立，十八大确立的一系列促进经济增长、保障人民生活、增加居民收入的政策将陆续到位，发挥效应。如，城镇化进程和服务业、文化娱乐业发展的加快，将进一步推动福利彩票布局的扩张；消费拉动和社会保障措施的落实、城乡居民收入的增加、分配制度改革的出台，将对提高彩票购买力产生促进作用。

三是科学发展观深入人心和强有力的行政领导将为福彩发展提供政治和组织保障。全国福彩系统通过学习十八大精神，对彩票发展如何更好地落实科学发展观有了更新更高的认识：彩票发展要从粗放型、外延式发展向精细化、内涵式发展转变；要从阶段性增长向全面协调可持续发展转变；要从增量式发展向责任彩票、和谐彩票发展。各级民政部门更加重视福彩事业发展，列为“一把手”工程来抓。在部的层面上，立国部长和玉沛副部长亲自参加今天的会议并做重要讲话，就是例证。这些都是推动福彩发展的保障和动力。

三、2013 年工作思路

2013 年的整体工作思路是：夯基础、稳市场、促创新，确保福利彩票平稳持续发展。

（一）循规顺守、夯实基础，努力使发展更平稳、有后劲

市场盘整，不见得都是坏事。我们要认清形势，顺势而为，抓住难得的机遇期，把目光看远一点，把方向找准一点，把基础夯实一点。俗话说磨刀不误砍柴工，蓄势就是为了待发。

1. 进一步研究彩票规律，坚持科学发展。彩票作为特殊的商品既有普通商品的特性和规律，又有其特殊性。要研究新的社会环境和市场条件下，彩票属性的变化，除了原先熟悉的筹集资金、公益慈善、拉动经济属性，要研究其娱乐休闲属性，也不要回避对其适度性，即负面属性的研究。彩票由各具机理、玩法不同的游戏产品组成，要研究彩票游戏产品的生命周期规律，根据其不同的发展阶段，采取不同的营销策略，并加快游戏产品的更新换代。要研究人口流动、利益结构、生活

方式、思想观念等变化跟购彩者购彩动机变化进而引起销量变化的规律。要研究彩票发展的三个依赖要素，即市场、政府和技术各自的功能作用和协调配置关系。只有不断加深对彩票自身规律的认识，我们才能摆脱唯销量论，才能真正把购彩者当衣食父母。

彩票是一门学问，要真正掌握其规律需要下大工夫，除了要有基础理论，还得有实践探索和总结。2013 年，要在全国福彩系统大兴研究之风，要组织若干专题研究，并且广泛吸引社会力量参与，每年一次的年中分析会也要突出理论研讨。要探索建立理论研究的考评和激励机制，鼓励年轻人刻苦钻研，多出成果。

2. 进一步挖掘自身优势，争取发展主动。在激烈的市场竞争中，要有田忌赛马的谋略，懂得以己之长克人之短，要清楚自己的优势所在，同时要学会取舍，舍小就大才是上策。

福彩的优势，首先是行政组织优势。福利彩票从无到有、从小到大，依靠的就是民政。民政系统具有完整的五级组织构架，社会组织、社区建设也是其自身业务，社会性、群众性、基础性是民政的最大特征；民政的干部具有良好的素质，崇尚的是“孺子牛”精神；中国的彩票源于民政，福彩的发展依托民政，福彩是民政事业的有机组成部分，民政事业的发展也依靠福彩，没有一个系统能像民政那样发自内心的爱护、支持彩票。其次是品牌价值优势。福利彩票的旗帜是“福利”（引申涵义是公益慈善），发行宗旨是“扶老、助残、救孤、济困”（引申涵义是对弱势群体的救助），购彩者购买福彩的动机除了中奖回报还有同情和爱心的成分，这种基于道德的购彩价值体验参与性更强。最后是规模积累优势。福利彩票有 25 年的发展历程，这 25 年积累下来的经验、人才、资产本身就是一笔巨大的财富，目前我们还暂时占有了相对优势的市场份额，这些都为我们站在市场竞争的制高点提供了基础。

当然，上面这些优势并不会自动转化为实力和竞争力，如果墨守成规还有可能成为发展的包袱。但如果能真正认识到优势，利用好优势，采取扬长避短的策略，将这些优势最大化，就能争取到发展的主动。我们要避免舍近求远、舍本求末。

3. 进一步确保安全运行，守住发展底线。彩票是建立在公平、公正、公开、公信基础上的游戏，而公平、公正、公开、公信的前提是安全，所以安全是彩票的生命，是彩票发展的底线。只有安全运行，彩票才能健康发展。

狭义的安全只是指销售系统的安全，我在这里强调的是广义的安全，包括技术、数据、资金和信用的安全。中福彩中心要加强顶层设计，各级福彩机构要完善制度、制定标准，健全技术管理体系，确保技术安全，一些关键技术要掌握在自己手里。要完善制度设计，规范操作程序，建立灾备和预防应急机制，确保数据安全。要严格执行财务管理规定，规范运作程序，加强风险防控、监督管理和廉政建设，确保资金归集、管理和使用安全。要加强行风建设，提升诚信意识，提升应对舆情能力，确保社会信用安全。

4. 进一步加强基础设施、渠道和基层建设，增加发展活水。基础不牢地动山摇。技术系统、机房、开奖兑奖场所、办公系统和场所等重要业务系统和设施是福彩事业发展的基础保障，销售渠道和基层彩票销售机构是彩票事业发展的源头活水。

中福彩中心要抓紧进行数据中心、开奖演播中心、游戏研发测试中心建设。各级福彩机构也要积极创造条件，充分利用业务费比较充裕的时机，增加资金投入，加快推进本地基础设施建设，夯实福彩发展的基础。要根据购彩者购彩需求和购彩方式的变化，根据信息技术的新应用，优化整合已有销售渠道，拓展新型销售渠道，新旧渠道要相互补充，协调建设。要拓展即开型彩票与其他规模行业的渠道合作途径，加快推进“一点一枪”布局。要完成视频型彩票新一代投注机的更换工作，在保证安全的前提下，根据规划要求适量开设新的销售厅。各地在进一步扩张基层销售站点建设的同时，要对现有站点进行分类指导，要休养生息，不能竭泽而渔，要降低成本，提升站点生存能力，还要采取扶持措施，提升其竞争能力，同时要继续推进销售网点规范化建设，提升网点形象和服务水平。

5. 进一步强化自身建设，发挥人力优势。政治路线确定之后，干部就是决定的因素。彩票事业的发展必须依靠一支高素质的人才队伍去实现。打铁还须自身硬，培养、锻炼、造就这支与彩票事业发展相适应的人才队伍，是各级福彩机构面临的迫切任务。

要创新和运用灵活的用人机制，积极大胆地引进一些当前福彩系统短缺急需的高新和特殊人才，如游戏开发、市场营销、信息技术人才，特别要注意复合型人才的发现和使用。要抓紧对现有人才的锻炼和培养，特别对年轻干部要舍得放出去，让他们到基层去，到彩票一线去。要敢于压担子，在急难险重的工作实境中去发现、培养人才。要建立一套科学的选人用人、考评激励机制，让想干事、会干事、干成事的人才能够脱颖而出。要开展彩票销售员培训工作，加强基层从业人员队伍建设。要强化团队意识，优化部门内部、部门之间、系统上下的人力资源配置，建立共享协作机制，今年可考虑进行一次全系统优秀人才的摸底调查。

（二）加强游戏产品的规划、完善、开发和营销，努力使强者更强、弱者趋强、新者能强

游戏产品是彩票市场的主角，是彩票发展的核心。要不断探索、总结游戏产品的自身规律，做好成体系、有层次、分阶段的规划、开发、完善和营销工作，为福彩市场长盛不衰提供支撑。

要统筹规划市场布局，巩固强化乐透型、数字型彩票，大力发展即开型彩票，稳步发展视频型彩票，积极培育基诺型彩票，推动各类型彩票协调发展。要着力优化游戏产品结构，建立健全游戏产品开发机制，调整完善现有游戏产品，积极开发新的游戏产品，逐步形成全国游戏、区域游戏和地方游戏相结合的游戏产品体系。要努力加大营销推广力度，整合营销推广资源，丰富营销手段，拓展营销渠道，加强游戏产品推广，巩固提升现有游戏品牌优势，培育打造新的游戏品牌，切实增强福彩整体品牌形象。

1. 进一步完善现有游戏产品，巩固

市场优势地位。根据目前各类型彩票游戏产品的市场运行状态，按照立足当前，着眼长远，着重解决游戏发展困难的原则，要抓紧完善现有游戏产品。

要调整完善3D游戏规则，适当提高返奖率，充实奖池和调节基金，规避奖池的长期兑奖风险，增强高峰期兑奖风险的调节能力，推动3D游戏的良性发展；同时，通过彩票发行销售风险基金，逐年冲销解决3D游戏现有奖池亏损，消除3D游戏发展的后顾之忧。要调整优化视频型彩票游戏产品结构，完善“连环夺宝”游戏规则，降低最高投注金额和高等奖奖金额度，提高返奖比率，争取放宽购卡额度和营业时间限制；将“好运射击”、“三江风光”、“四花选五”、“幸运五彩”、“开心一刻”等5款游戏进行退市；要完善基诺型彩票开乐彩游戏规则，提高返奖率，改变销量低迷现状，推动基诺型彩票平稳发展。要切实加强双色球游戏发展趋势的市场调研和研究论证，探索增加开奖次数、提高面值、突破最高奖限额的可能性，为适时优化双色球游戏规则做好前期准备工作，推动双色球游戏的持续发展。要认真分析七乐彩、“东方6+1”游戏的市场运行现状，研究找准这两款游戏产品的市场定位，适时调整完善游戏规则和发行范围，推动这两款游戏健康发展。要认真梳理各地的地方游戏产品，研究提出调整完善和退市处理的意见，推动地方游戏有序发展。

2. 进一步开发新游戏产品，拓展市场发展空间。根据我国目前彩票市场的发展格局，按照合理规划市场布局，增强游戏产品娱乐功能，着重解决游戏产品市场缺位的原则，要大力开发新游戏产品。

要从乐透型、数字型彩票游戏产品相对欠缺的实际出发，认真分析我国彩票市场的现实需求，积极开发一些乐透型、数字型游戏产品，适时进行试点发行，逐步推开。要根据即开型彩票发展相对缓慢的现状，综合考虑即开型彩票游戏产品具有现实感受较强、生命周期相对较短等特点，研发推出玩法丰富、设奖科学、结构合理、文化娱乐元素多样的系列主题产品；积极推进二次开奖、电子即开票和手机即开票的论证、开发工作，适时组织实施。要根据视频型彩票的发展态势和目前游戏一枝独秀的问题，积极争取推出“西周古迹”、“三国演义”、“趣味象棋”等游戏，降低目前面临的运行风险；要加大新游戏的开发力度，逐步形成多元化的游戏产品库，为满足市场和购彩者需要做好储备。要根据目前快速开奖游戏的市场运行情况和面临的潜在风险，组织研究快速开奖游戏发展方向和实现路径问题，确保其健康发展。要研究建立游戏产品开发新机制，充分利用各种资源加强开发，鼓励地方积极开发新游戏，允许在条件成熟地区先行先试。

3. 进一步加大营销推广力度，增强市场竞争实力。根据目前各类型彩票游戏营销推广的特点，按照整合资源，加强协调，着重解决营销推广盲点的原则，要加大营销推广力度。

中福彩中心要进一步加大“走近双色球”活动和积分服务等营销力度，各地福彩机构要结合本地实际，配合做好双色球、七乐彩游戏的营销活动，积极开展3D等本地区游戏产品的加奖和营销活动，提高营销活动的整体效果，增加福利彩票的群众参与度。要加强游戏产品加奖营销，积极开展双色球、七乐彩游戏的加奖活动，加大全国性营销活动力度，巩固提升双色球、七乐彩游戏的品牌优势。要加强游戏产品推广与营销的结合，把握即开型彩票游戏产品的推广节奏，加大视频型彩票新游戏产品的推介宣传力度，配套推出多种形式的营销活动，提高新产品的市场认知度。要加强各类型彩票游戏产品营销的衔接，着重规划做好乐透型、数字型和即开型彩票整体营销工作，将即开型彩票纳入积分服务系统统筹营销推广，扩大营销影响，提高营销效果，增加福利彩票的受众度。要加强营销推广与公益宣传的结合，切实加大福利彩票筹集资金支持社会公益事业的宣传力度，培养公益慈善理念，弱化非理性投注心态，展现福利彩票的公益形象。

（三）积极推进创新，努力寻找发展的保障和突破

关于创新对福彩的意义，福彩创新的内涵，立国部长刚才的讲话已经作了深刻的阐述，我们要认真领会、贯彻落实。创新是永恒的主题，是连续和不懈的过程。2013 年，围绕创新着重要落实和做好以下三个方面的工作。

1. 探索机制创新，为发展寻求保障。制约彩票发展的体制、机制问题很多，目前主要应当从贯彻落实《彩票管理条例》及其实施细则，推动福利彩票科学发展入手，着重在福利彩票发行销售运行机制方面研究探索创新。要立足彩票市场化运行的特点，组织研究规范市场准入标准，积极引入市场手段和竞争机制，有效配置和合理利用市场资源，增强发展活力。要以事业为核心，以市场为导向，从游戏产品研发上市、销售渠道拓展、技术创新、市场营销、公益宣传等方面，研究建立中福彩中心与省福彩中心的运行机制，增强福利彩票发行销售工作的整体性、协调性，提高市场反应能力和执行能力。要在深入调查研究，充分听取各地意见的基础上，研究提出建立全国福利彩票市场调控机制的具体方案，对各地游戏产品研发推广、销售渠道拓展、技术能力建设等发行销售业务予以支持，推动各地区、各游戏、各渠道协调发展。要集中力量研究提出建立全国福利彩票激励约束机制的实施意见，积极争取国家有关部门的政策支持，以完善工资分配激励约束机制为核心，创新绩效考核办法，建立健全符合公益服务特点、体现岗位绩效和分级分类管理的福利彩票机构收入分配制度。要组织落实彩票销售机构业务费实行省级集中统一管理的财务管理政策，各地福彩中心要在深入调查研究的基础上，参考中福彩中心去年提出的三个具体实施方案，紧密结合本地区的实际情况，制定具体实施方案。

机制创新的另一项工作是规范化、标准化建设。2013 年，中福彩中心要完成《中国福利彩票电脑票投注站规范化、标准化建设手册》和《关于中国福利彩票销售场所实行分类分级管理的指导意见》的修订工作，制定出台《中国福利彩票系统教育培训管理暂行办法》、《中国福利彩票管理员培训大纲》、《中国福利彩票销售员培训大纲》和《中国福利彩票社会责任报告编制标准规范》。要切实加大标准化建设力度，争取将更多的福彩行

业标准上升为国家标准，提升福彩行业管理水平和行业地位。

2. 探索互联网销售彩票模式，为发展寻找突破。有研究报告称，2011 年中国网购交易规模达 7 735.6 亿人民币，较 2010 年增长 67.8%，占社会消费品零售总额的 4.3%，2012 年超 1 万亿元，2013 年网上零售总额将占整个社会消费品零售总额的 6% 左右。去年 11 月 11 日，淘宝、天猫的支付宝创下总销售额 191 亿元的记录。具有普通商品特征的彩票进行互联网销售已经成为不可阻挡的趋势。

面对汹涌的互联网交易浪潮，福彩不论在思想观念、工作策略还是技术上都显得准备不足。我们要认识到，互联网销售彩票不是简单复制现有彩票运行模式，必须创新思路，在彩票发行销售、游戏产品设计、系统开发、渠道管理、营销宣传等诸多方面进行创新。要针对新的购彩对象，开发新的彩票消费群体。今年将抓紧组织专题研究，积极探索互联网销售彩票模式，争取在产品、技术、管理和运行等方面形成初步共识。

2010 年财政部印发了电话和互联网销售彩票相关管理办法后，中福彩中心抓紧起草了《中国福利彩票电话销售彩票业务管理规范》和《中国福利彩票电话销售彩票技术管理规范》，今年将择机发布。

3. 探索创新平台，为发展提供先导。创新的形式多种多样，创新的内容覆盖整个彩票业务。创新不是一两个人的事，而应发动福彩机构的每一个员工乃至社会力量参与。创新不是搞形式，也不是纸上创新，要加强对创新成果进行实验、试验、检验和推广，将创新转化为现实生产力。

2013 年，中福彩中心将组织开展“创新点子”竞赛活动，为创新搭建平台，鼓励员工就彩票发行销售管理各项工作，从游戏设计、市场营销、形象宣传等各个方面出点子、作论证，建立鼓励创新、运用创新的长效机制，形成中心内部勇于创新、善于创新的良好氛围。这项活动如果有成效，将向整个福彩系统和社会推广，使福彩事业拥有更多的创新源。要选择一些地方作为福彩创新的观察点和试验区，也可以跟已经同民政部签署合作协议的观察点、试验区结合起来，将福彩发展的一些新思路、新游戏、新渠道、新措施在这些地方先行先试。

最后，给 2013 年的工作思路做个总结，打个比方。如果把整个福彩比作一个人，夯基础就是站稳脚跟，抓游戏产品就是保住身体，促创新就是开发大脑。头、身、脚都有了着落，人才能跑起来。

新春佳节将至，我代表中福彩中心向大家并通过你们向全国福彩系统的全体员工拜个早年，祝事业兴旺、身体健康、阖家幸福！

关于印发《中国福利彩票销售员培训大纲》和《中国福利彩票市场管理员培训大纲》的通知

（2013 年 4 月 10 日　中国福利彩票发行管理中心　中彩发字［2013］46 号）

各省、自治区、直辖市福利彩票发行中心：

中国福利彩票销售员和市场管理员是福利彩票事业一线的关键性岗位，为全面提升他们的业务素质，促进福利彩票事业的发展，我们组织编写了《中国福利彩票销售员培训大纲》和《中国福利彩票市场管理员培训大纲》，现印发给你们。请根据两个培训大纲的内容，结合本地实际编写培训讲义，全面开展福利彩票销售员和市场管理员岗位的业务培训工作。

附件：1. 中国福利彩票销售员培训大纲

2. 中国福利彩票市场管理员培训大纲

附件 1

中国福利彩票销售员培训大纲

（2013 年 3 月 25 日）

目　录

一、培训对象

《中国福利彩票销售员培训大纲》是针对中国福利彩票销售员（以下简称福彩销售员）进行职业培训而编写，适用于福彩销售员或即将成为福彩销售员的群体，通过多种方式对他们进行相关专业知识、业务能力和职业素养的培训，以提高福利彩票一线销售工作的整体水平，更好地为彩民服务。

二、培训目的

通过培训使福彩销售员熟悉国家有关彩票的政策、法规和制度，正确领会福利彩票的性质、宗旨、文化和价值理念，熟练掌握福利彩票销售的流程、规定、技能和注意事项，切实提高福彩销售员的销售能力，打造一支爱岗敬业、业务精湛的福利彩票职业化销售队伍，促进福利彩票事业的可持续、健康发展。具体来说，就是通过培训，使福彩销售员在知识、技能、流程、方法、态度和价值观等方面实现以下几个方面的目标：

1. 全面了解国家彩票管理法规和政策，熟悉福利彩票发行销售的有关规章制度和管理办法，做到依法销售福利彩票；

2. 正确领会福利彩票的性质、宗旨、文化和理念，切实增强福彩销售员的职业意识，树立福彩销售员的职业道德，做到爱岗敬业、积极主动、仔细认真、诚实守信，对事业负责，对社会负责；

3. 准确识记所销售福利彩票的游戏规则和投注方法，了解福利彩票的发展历史和发行销售方式，掌握职业化服务的基本技能以及应对问题彩民的方法，做到向彩民负责，为彩民提供优质服务，逐步实现由坐销向行销、营销转变；

4. 熟练掌握福利彩票的销售技能、工作流程、销售规则以及投注设备的维护技能，做好售前、售中、售后各项工作，为彩民创造良好的购彩环境；

5. 密切联系福利彩票销售的实际，通过案例教学，提高福彩销售员解决实际问题的能力，提升发展自我的能力。

三、培训要求

培训要充分利用各种培训资源，做到以人为本，需求为先，要以培训大纲为依据，并结合福彩销售员的实际需求进行，杜绝盲目培训、重复培训、“大锅烩”等现象，防止培训过程中出现形式主义、功利主义和学用脱节，逐步增强培训的实用性、有效性和针对性。

四、培训内容

《中国福利彩票销售员培训大纲》共有 32 课时，部分内容可根据实际情况分级分类适当调整。

第一部分　彩票政策法规和基础知识

第一章　彩票管理政策法规

[培训目的]　通过本章培训，使福彩销售员了解国家有关彩票的政策法规，熟悉福利彩票发行和销售机构有关福利彩票的管理制度、办法和规则，从而使福彩销售员树立依法从业的意识，保障福利彩票销售工作的行为规范。

[培训重点]　《彩票管理条例》、《彩票管理条例实施细则》

[培训课时]　4 课时

第一模块　《彩票管理条例》和《彩票管理条例实施细则》的基本内容

第一单元　彩票的含义及其作用

第二单元　彩票管理体制

第三单元　彩票发行销售

第四单元　彩票开奖兑奖

第五单元　彩票资金管理

第六单元　法律责任

第二模块　国务院及相关部门对彩票管理的有关规定

第一单元　国务院关于彩票管理的政策和规定

第二单元　财政部关于彩票管理的规定和办法

第三单元　民政部关于彩票管理的规定和办法

第四单元　其他相关部门关于彩票管理的规定和办法

第三模块　中国福利彩票发行管理中心关于福利彩票发行、销售与管理的规章制度

第一单元　福利彩票发行销售管理

第二单元　福利彩票投注站管理

第三单元　福利彩票开兑奖管理

第四单元　福利彩票其他管理

第四模块　省级福利彩票销售机构关于福利彩票销售的办法和规定

第二章　中国福利彩票的创立和发展

[培训目的]　通过本章培训，使福彩销售员熟悉福利彩票发展的历史以及现行的运行模式。

[培训重点]　福利彩票的发行销售体系

[培训课时]　2 课时

第一模块　福利彩票的创立

第一单元　福利彩票创立的宗旨

第二单元　福利彩票创立的过程

第二模块　福利彩票的发行和销售

第一单元　福利彩票实行全国统一发行、统一管理、统一标准

第二单元　福利彩票销售模式的演变

第三单元　福利彩票“条块结合”的管理模式

第四单元　福利彩票销售资金分配比例

第五单元　福利彩票的发行销售体系

第三模块　福利彩票的发展

第一单元　转变发行方式，引领福利彩票科学发展

第二单元　改革运营机制，提高福利彩票运行效率

第三单元　夯实基础建设，推动福利彩票安全健康可持续发展

第三章　中国福利彩票品种和游戏规则

[培训目的]　通过本章培训，要求福彩销售员熟练掌握所售福利彩票的游戏规则，以更好地适应工作需要，为彩民服务。

[培训重点]　福利彩票各品种的游戏规则

[培训课时]　6 课时

第一模块　福利彩票品种

第一单元　乐透型

第二单元　数字型

第三单元　传统型

第四单元　即开型

第五单元　视频型

第六单元　基诺型

第七单元　福利彩票的其他品种

第二模块　福利彩票各品种游戏规则

第一单元　双色球

第二单元　3D

第三单元　刮刮乐

第四单元　中福在线

第五单元　七乐彩

第六单元　开乐彩

第七单元　地方游戏

第二部分　福利彩票销售员的能力和素养

第四章　福利彩票销售员职业意识和职业道德

［培训目的］　通过本章培训，深化福彩销售员对福利彩票发行宗旨及核心理念的理解，使福彩销售员树立良好的职业意识和职业道德，不断增强他们的事业心、责任感和自觉性。

［培训重点］　福利彩票销售员的职业意识

［培训课时］　4课时

第一模块　福利彩票销售员的职业意识

　　第一单元　福利彩票的发行宗旨

　　第二单元　福利彩票的文化理念

　　第三单元　福利彩票的安全理念

　　第四单元　福利彩票的诚信理念

　　第五单元　福利彩票的责任理念

　　第六单元　福利彩票的品牌理念

　　第七单元　福利彩票的市场理念

第二模块　福利彩票销售员的职业道德

　　第一单元　福彩销售员社会公德

　　第二单元　福彩销售员职业道德

　　第三单元　福彩销售员工作守则

　　第四单元　福利彩票行业风气

第三模块　案例精选

　　福彩销售员获选全国道德模范的案例

第四模块　案例分析

第五章　福利彩票销售员岗位职责

［培训目的］　通过本章培训，使福彩销售员熟知本岗位的工作职责和工作任务，熟练掌握岗位要求的基本知识和工作技能以及应对彩民疑问和赢得彩民的基本方法，以便为彩民提供更好的服务。

［培训重点］　福利彩票销售员岗位基本要求

［培训课时］　6课时

第一模块　福利彩票销售员岗位基本要求

　　第一单元　投注专用设备的使用

　　第二单元　票面信息解读

　　第三单元　真假彩票识别与彩票核兑奖

　　第四单元　注销票、残损票与争议票的处理

　　第五单元　彩票销售财务常识

第二模块　应对彩民疑义的原则与方法

　　第一单元　应对彩民疑问的原则

　　第二单元　应对彩民疑问的方法

第三模块　案例精选

第四模块　案例分析

第六章　福利彩票销售员岗位工作流程

［培训目的］　通过本章培训，使福彩销售员熟悉本岗位的工作流程和注意事项，做到在实践中按工作流程办事，灵活应对突发事件，以保障福利彩票销售的工作质量和工作效率。

［培训重点］　彩票销售中的各项工作

［培训课时］　2课时

第一模块　销售前的准备工作

　　第一单元　清洁销售站点内外卫生

　　第二单元　检查投注设备和投注用品

　　第三单元　公布及更新相关信息

　　第四单元　合理摆放各类福利彩票

　　第五单元　备齐营销宣传资料和营业款

　　第六单元　整塑自我形象

第二模块　彩票销售中的工作

　　第一单元　彩票销售基本流程

　　第二单元　彩票销售注意事项

第三单元　彩票销售禁止行为

第四单元　突发事件处理

第三模块　销售结束后的工作

第一单元　销售业务结束整理

第二单元　关闭投注设备和电源

第三单元　与未走彩民交流

第四单元　现金结算与存款

第五单元　完成福彩机构和市场管理员交办的其他任务

第四模块　精选案例

第五模块　案例分析

第七章　投注专用设备维护和销售站点安全管理

［培训目的］ 通过本章培训，使福彩销售员熟练操作投注专用设备，并对投注机进行一般的维护和保养，以保证投注机的正常使用；掌握安全常识以及处理日常安全问题的方法，以保障销售站点人、财、物的安全。

［培训重点］ 投注专用设备的养护

［培训课时］ 4课时

第一模块　投注专用设备的维护

第一单元　投注专用设备的安装

第二单元　投注专用设备的养护

第二模块　销售站点日常安全

第一单元　销售站点用电安全

第二单元　销售站点人员安全

第三单元　销售站点财务安全

第四单元　销售站点自然灾害预防措施

第三模块　案例精选

第四模块　案例分析

第八章　福利彩票销售员职业化服务技能

［培训目的］ 通过本章培训，使福彩销售员了解职业化服务的基本要求，掌握职业化服务的用语和技能，为彩民提供职业化的购彩服务。

［培训重点］ 福彩销售员职业化服务的语言、仪表和行为

［培训课时］ 4课时

第一模块　职业化服务

第一单元　职业化服务的含义

第二单元　职业化服务的内容

第三单元　职业化服务的特征

第四单元　用心、用情、用智服务

第二模块　职业化服务的语言、仪表和行为

第一单元　销售的语言艺术

第二单元　销售的肢体语言

第三单元　福彩销售员的着装和仪表

第四单元　职业化服务实用技能

第三模块　案例精选

第四模块　案例分析

附件 2

中国福利彩票市场管理员培训大纲

（2013 年 3 月 25 日）

目 录

一、培训对象

《中国福利彩票市场管理员培训大纲》是针对中国福利彩票市场管理员（以下简称福彩市场管理员）进行岗位培训而编写的，即从福彩市场管理员工作实际出发，为其进行福利彩票营销、管理、服务、培训、执行力提升等工作提供相关指导。

二、培训目标

旨在使福彩市场管理员了解国家有关彩票的政策法规，掌握市场营销和管理的知识与方法，在完善合理的知识体系和技能体系基础上，提高管理、营销、服务、培训和执行的能力，将福彩市场管理员打造成“管理的行家、营销的能手、服务的明星、业务的教练、执行的模范”。通过培训实现如下目标：

1. 全面了解《彩票管理条例》、《彩票管理条例实施细则》等国家有关部门的彩票政策法规，熟悉中国福利彩票发行和销售机构的有关规章制度、管理办法和业务标准。

2. 全面了解中国福利彩票的宗旨、管理体制、运行机制、文化内涵和工作理念。

3. 了解中国彩票市场，适时进行市场分析，熟悉福利彩票发行、销售流程，熟练掌握游戏规则。

4. 熟悉福彩市场管理员的岗位职责、职业道德，树立以市场及彩民需求为中心的市场营销理念，掌握福彩市场管理的知识与方法。

5. 紧密联系中国福利彩票的实际情况，充分利用案例分析，提升自身解决实际问题的能力，运用实践中总结的案例及经验有效指导福利彩票销售员的工作。

三、培训要求

培训要充分利用各种培训资源，做到以人为本，需求为先，要以培训大纲为依据，并结合福彩市场管理员的实际需求进行，杜绝盲目培训、重复培训、“大锅烩”等现象，防止培训过程中出现形式主义、功利主义、学用脱节等现象，增强培训的实用性、有效性和针对性。

四、培训内容

《大纲》共36课时，部分内容可根据实际情况分级分类适当调整。

第一部分　彩票政策法规和基础知识

第一章　彩票管理政策法规

[培训目的]　通过本章培训，使福彩市场管理员了解国家有关彩票的政策法规，熟悉福利彩票发行和销售机构有关福利彩票的管理制度、办法和规则，从而使福彩市场管理员树立依法从业的意识，保障福利彩票销售工作的行为规范。

[培训重点]　《彩票管理条例》、《彩票管理条例实施细则》

[培训课时]　4课时

第一模块　《彩票管理条例》和《彩票管理条例实施细则》的基本内容

第一单元　彩票的含义及其作用

第二单元　彩票管理体制

第三单元　彩票发行销售

第四单元　彩票开奖兑奖

第五单元　彩票资金管理

第六单元　法律责任

第二模块　国务院及相关部门对彩票管理的有关规定

第一单元　国务院关于彩票管理的政策和规定

第二单元　财政部关于彩票管理的规定和办法

第三单元　民政部关于彩票管理的规定和办法

第四单元　其他相关部门关于彩票管理的规定和办法

第三模块　中国福利彩票发行管理中心关于福利彩票发行、销售与管理的规章制度

第一单元　福利彩票发行销售管理

第二单元　福利彩票投注站管理

第三单元　福利彩票开兑奖管理

第四单元　福利彩票其他管理

第四模块　省级福利彩票销售机构关于福利彩票销售的办法和规定

第二章　中国福利彩票的创立和发展

[培训目的]　通过本章培训，使福彩市场管理员熟悉福利彩票发展的历史以及现行的运行模式。

[培训重点]　福利彩票的发行销售体系

[培训课时]　2课时

第一模块　福利彩票的创立

第一单元　福利彩票创立的宗旨

第二单元　福利彩票创立的过程

第二模块　福利彩票的发行和销售

第一单元　福利彩票实行全国统一发行、统一管理、统一标准

第二单元　福利彩票销售模式的演变

第三单元　福利彩票“条块结合”的管理模式

第四单元　福利彩票销售资金分配比例

第五单元　福利彩票的发行销售体系

第三模块　福利彩票的发展

第一单元　转变发行方式，引领福利彩票科学发展

第二单元　改革运营机制，提高福利彩票运行效率

第三单元　夯实基础建设，推动福利彩票安全健康可持续发展

第三章　中国福利彩票品种和游戏规则

[培训目的]　通过本章培训，要求福彩市场管理员熟练掌握本地区所售福利彩票的游戏规则，以更好地适应工作需要，为销售站点服务。

[培训重点]　福利彩票各品种的游戏规则

[培训课时]　6 课时

第一模块　福利彩票品种

第一单元　乐透型

第二单元　数字型

第三单元　传统型

第四单元　即开型

第五单元　视频型

第六单元　基诺型

第七单元　福利彩票的其他品种

第二模块　福利彩票游戏规则

第一单元　双色球

第二单元　3D

第三单元　刮刮乐

第四单元　中福在线

第五单元　七乐彩

第六单元　开乐彩

第七单元　地方游戏

第二部分　福利彩票市场管理员的能力和素养

第四章　福彩市场管理员职业意识和职业道德

[培训目的]　通过本章培训，使福彩市场管理员加深对福利彩票发行宗旨及核心理念的理解，树立良好的职业意识和职业道德观念，确立爱岗敬业的职业精神，不断增强他们的事业心，提高他们的责任感和自觉性。

[培训重点]　福彩市场管理员的职业意识

[培训难点]　福彩市场管理员强烈的责任心和爱岗敬业的精神

[培训课时]　6 课时

第一模块　福彩市场管理员的职业意识

第一单元　相关知识点链接

知识点一、“扶老、助残、救孤、济困”的发行宗旨

知识点二、“公开、公平、公正、公信”的诚信原则

知识点三、“安全运行、健康发展”的工作方针

知识点四、“诚信、公正、廉明、守规”的行业风气

知识点五、“公益、慈善、健康、快乐、创新”的文化理念

第二单元　能力训练指南

能力点一、强化福彩市场管理员的服务意识

能力点二、强化福彩市场管理员的市场意识

能力点三、强化福彩市场管理员的诚信意识

能力点四、强化福彩市场管理员的社会责任意识

能力点五、强化福彩市场管理员的福利彩票事业可持续发展意识

第三单元　案例精选

某省福彩市场管理员爱岗敬业的案例

第四单元　案例分析

第二模块　福彩市场管理员的职业道德

第一单元　相关知识点链接

知识点一、光荣的岗位、高尚的职责

知识点二、福彩市场管理员的职业道德

第二单元　能力训练指南

能力点一、正确认识福彩市场管理员的岗位

能力点二、如何胜任福彩市场管理员的工作

第三单元　案例精选

马班路上的邮递员——王顺友

第四单元　案例分析

第三模块　福彩市场管理员职业守则

第一单元　相关知识点链接

知识点一、福彩市场管理员职业守则的含义

知识点二、福彩市场管理员职业守则的内容

知识点三、福彩市场管理员职业守则的作用

第二单元　能力训练指南

能力点一、如何履行福彩市场管理员职业守则

能力点二、自我完善福彩市场管理员职业守则

第三单元　案例精选

某省福利彩票福彩市场管理员工作守则

第四单元　案例分析

第五章　福彩市场管理员岗位职责

［培训目的］　通过本章培训，使福彩市场管理员明确自身的岗位职责、入职条件和工作任务，将他们打造成“素质过硬、正确履职”的一线管理队伍。

［培训难点］　福彩市场管理员的工作职责，学习如何将这些职责落实到实际工作中，解决工作中遇到的各种问题。

［培训课时］　2 课时

第一模块　福彩市场管理员的岗位描述

第一单元　岗位概述

第二单元　入职条件

第二模块　福彩市场管理员的职责和任务

第一单元　工作职责

第二单元　工作任务

第六章　福彩市场管理员业务能力

［培训目的］　通过本章培训，使福彩市场管理员掌握相关的业务知识和技能，提升解决实际问题的能力，熟悉福利彩票市场管理需要协调的工作内容，切实发挥桥梁纽带作用，保障福利彩票区域市场销售工作的顺畅。

［培训重点］　提高福彩市场管理员的协调能力、公关能力、沟通能力和应变能力。

［培训难点］　与辖区政府有关部门关系的协调

［培训课时］　6 课时

第一模块　福彩市场管理员的基本业务知识和能力

第一单元　相关知识点链接

知识点一、区域彩票市场营销

知识点二、职业经理人的管理技能

知识点三、组织销售人员培训

知识点四、投注设备维修

知识点五、公关协调

知识点六、危机事件处理

第二单元　能力训练指南

能力点一、站点管理和区域营销能力

能力点二、市场洞察能力、分析能力及应变能力

能力点三、良好的人际关系处理能力

能力点四、较强的业务培训指导能力

能力点五、持续的学习能力

第三单元　案例精选

第四单元　案例分析

第二模块　福彩市场管理员的专业知识和能力

第一单元　相关知识链接

知识点一、管理学知识

知识点二、营销学知识

知识点三、消费心理学知识

知识点四、职业培训知识

知识点五、职业服务知识

第二单元　能力训练指南

能力点一、站点管理的行家

能力点二、辖区营销的能手

能力点三、彩票玩法的专家

能力点四、业务运营的教练

能力点五、上下服务的明星

第三单元　案例精选

某省福彩市场管理员的案例

第四单元　案例分析

第三模块　福彩市场管理员的桥梁作用

第一单元　相关知识点链接

知识点一、上传下达的重要性

知识点二、对销售站点的规范服务

知识点三、与省、地市中心的关系管理

第二单元　能力训练指南

能力点一、对销售员的业务指导

能力点二、对销售员的业绩考核

能力点三、对销售员的激励和约束

能力点四、与销售员建立良好的关系

第三单元　案例精选

第四单元　案例分析

第四模块　福彩市场管理员的沟通能力

第一单元　相关知识点链接

知识点一、管理过程中的语言沟通

知识点二、应对媒体与公众

第二单元　能力训练指南

能力点一、与销售站点业主及销售员的沟通技巧

能力点二、福彩市场管理员的文字表达能力

能力点三、数据分析和表格制作

能力点四、营销计划书的撰写

能力点五、市场分析报告的撰写

能力点六、工作计划和总结的撰写

能力点七、办公软件的操作

能力点八、培训开发及培训实施

能力点九、接待彩民的咨询和处理彩民投诉的方法

第三单元　案例精选

第四单元　案例分析

第七章　销售站点管理和服务

[培训目的]　通过本章培训，使福彩市场管理员掌握福利彩票区域销售站点管理的基本技能和规范化建设的基本要求，为销售站点提供全方位的优质服务。

[培训重点]　掌握用优质服务赢得市场的技能

[培训难点]　与销售站点建立融洽的工作关系

[培训课时]　6课时

第一模块　区域销售站点管理

第一单元　相关知识点链接

知识点一、销售站点的设立、迁移和

撤销

知识点二、福利彩票机构关于销售站点规范化建设的要求

知识点三、销售站点分类分级管理

知识点四、销售站点应急管理措施

知识点五、销售站点奖励和违规处理

知识点六、销售站点明令禁止的事项

第二单元 能力训练指南

能力点一、销售站点规范化建设指导

能力点二、销售站点工作人员管理

能力点三、销售站点环境与设施管理

能力点四、销售站点安全管理

能力点五、销售站点动态管理

能力点六、日常投注耗材供给

第三单元 案例精选

第四单元 案例分析

第二模块 区域销售站点主要指标管理

第一单元 相关知识点链接

知识点一、销售站点开机率

知识点二、销售设备故障率

知识点三、彩民投诉率

知识点四、销售站点单机销量

知识点五、销售站点阶段性重点管理事项

第二单元 能力训练指南

能力点一、提高销售站点开机率

能力点二、降低销售设备故障率

能力点三、提高销售站点单机销量

能力点四、开展销售站点运行情况的调查与分析

第三单元 案例精选

第四单元 案例分析

第三模块 区域销售站点服务

第一单元 相关知识点链接

知识点一、福彩市场管理员的服务理念

知识点二、福彩市场管理员服务内容及流程

知识点三、福彩市场管理员服务规范及要求

第八章 福彩市场管理员执行力提升

[培训目的] 通过本章培训，使福彩市场管理员了解执行力的基本内涵和构成要素，掌握提升执行力的方法，结合实际提出提高执行力的措施，有效提高福彩市场管理员自身和所管区域销售员队伍的执行力。

[培训重点] 掌握执行力构成要素和提升执行力的方法

[培训难点] 福彩市场管理员执行力的提升

[培训课时] 4课时

第一模块 执行力认知

第一单元 相关知识连接

知识点一、执行力的含义

知识点二、执行力要素

知识点三、个人执行力

知识点四、团队执行力

第二单元 能力训练指南

能力点一、个人执行力自检

能力点二、团队执行力自检

能力点三、执行力强弱原因分析

第二模块 执行力体系建设

第一单元 相关知识链接

知识点一、执行组织体系

知识点二、执行目标体系

知识点三、执行资源体系

知识点四、执行文化体系

第二单元 能力训练指南

能力点一、所辖区域执行组织体系现状分析

能力点二、现行目标体系分析

能力点三、可支配资源利用分析

能力点四、福彩文化作用分析

第三模块　执行力提升的方法

第一单元　相关知识点链接

知识点一、区域市场目标体系

知识点二、自我激励

知识点三、业务流程

知识点四、区域市场执行文化

第二单元　能力训练指南

能力点一、建立区域市场工作目标体系

能力点二、福彩市场管理员自我激励

能力点三、改进业务流程

能力点四、强化区域市场执行文化的落实

关于调整中国福利彩票网点即开票业务费计提比例有关事宜的通知

（2013 年 12 月 16 日　中国福利彩票发行管理中心　中彩发字［2013］165 号）

各省、自治区、直辖市福利彩票发行中心：

网点即开票发行销售过程中有着环节多、程序繁、成本高的特点，为充分调动省及省级以下机构销售网点即开票的积极性，中国福利彩票发行管理中心（以下简称“中福彩中心”）本着最大限度的让利于基层的原则，向民政部申请对网点即开票业务费计提比例进行调整，根据《民政部关于同意调整中国福利彩票网点即开票业务费计提比例的批复》（民函［2013］334 号）精神，现将有关事宜通知如下：

一、下调中福彩中心网点即开票业务费的计提比例，将现行 2.85% 的计提比例调整为 2%。

调整后各省（自治区、直辖市）应上缴业务费为：

每月应缴业务费 = 当月实际销售额 × 2%；

全年应缴业务费 = 全年实际销售额 × 2%；

销售额以中福彩中心网点即开票发行管理系统统计数据为准。如有因数据漏传、彩票退库等原因造成销售数据变动的统一在每年 12 月份进行调整。

二、省级销售机构应当于每月 15 日前，将上月提取的网点业务费按规定上缴中福彩中心。

三、为降低省级销售机构积压彩票的风险，对不适应当地销售的、完整奖组的常规彩票，各省级销售机构可在领票两个月内（以调拨单时间为准）提出退票申请，中福彩中心将据此办理退票手续，退票产生的运输费由提出退票的省级销售机构承担。

四、中福彩中心将按照《彩票管理条例》、《彩票管理条例实施细则》及《彩票发行销售管理办法》等规定要求，每年 6 月份以前对印制时间超过 60 个月或不适应市场需求、销售基本处于停滞的游戏品种申请停销退出处理，停销后各省完成统计后封存的剩余彩票，在完成统计的下个月 10 日前，按照网点即开票印制实际成本支出向中福彩中心上缴这部分剩余彩票的印制成本费。

印制成本费 = 2 元票面值票面总额 × 2.5% + 5 元票面值票面总额 × 2% + 10 元票面值票面总额 × 1.5% + 20 元票面值票面总额 × 1%

待完成统计和资金结算后，由我中心按照规定要求组织各省级销售机构完成销毁处理的相关工作。

五、各省级销售机构应将中福彩中心下调的业务费主要用于以下工作：

（一）网点即开票“一点一枪”的推进和销售终端布局；

（二）网点即开票销售网点建设及营销宣传；

（三）建立网点即开票的奖励激励机制；

（四）其他保障网点即开票销售业务健康发展的工作。

各地应将“一点一枪”推进方案和业务费下调后的使用计划于 2014 年 1 月 10 日前上报中福彩中心备案。

附件：民政部关于同意调整中国福利彩票网点即开票业务费计提比例的批复（略）

关于印发《关于科学布局中国福利彩票视频型彩票销售厅的指导意见》的通知

（2013 年 12 月 16 日　中国福利彩票发行管理中心　中彩发字［2013］170 号）

各省、自治区、直辖市福利彩票发行中心：

为进一步促进中国福利彩票视频型彩票（以下简称中福在线视频票）的安全健康持续发展，按照十八届三中全会的精神，发挥市场在资源配置中的决定性作用，实现中福在线视频票销售厅科学布局，中福彩中心研究制定了《关于科学布局中国福利彩票视频型彩票销售厅的指导意见》。经报民政部审批同意，现印发你们，请遵照执行。

特此通知。

附件：关于科学布局中国福利彩票视频型彩票销售厅的指导意见

附件

关于科学布局中国福利彩票视频型彩票销售厅的指导意见

为进一步规范中国福利彩票视频型彩票（以下简称福彩视频票）的发行销售和管理，科学布局福彩视频票销售厅（以下简称销售厅），发挥市场导向的作用，满足各地福彩视频票市场发展需求，促进福彩视频票科学、合理、协调、持续、健康发展，根据福彩视频票目前的发展状况，结合各地实际，制定本指导意见。

一、科学规划销售厅布局的必要性

福彩视频票虽然已经结束整改，整改前开设的所有销售厅都已恢复了销售，但市场对销售厅的需求量仍然很大。下一步如何满足市场的需求，科学布局销售厅，合理配置资源，是福彩视频票发展中的一个重要问题。我国地域广阔，人口众多，各地区经济发展水平、文化习俗、消费水平和消费习惯差别都很大，市场需求差异很大，因此在销售厅布局和投注机配置上，必须改变全国“一刀切”的标准，要根据各地的实际需求，因地制宜，实现福彩视频票资源优化配置和精细化经营管理服务，保障福彩视频票安全、健康、平稳和持续发展。

二、销售厅布局规划的指导思想、基本原则和总体目标

（一）指导思想

以实际市场需求为导向，以优化福彩视频票资源配置为目的，坚持“安全运行、健康发展”的工作方针，根据各地经济、人口、文化、社会发展和福彩机构组织管理能力的实际，科学布局销售厅规模和配置终端机数量，实现科学的市场布局和资源的最优配置。

（二）基本原则

根据福彩视频票的市场定位，今后一个时期福彩视频票销售厅的发展应在确保安全的前提下，坚持科学规划、稳步发展、适度控制、统筹调整、市场导向的原则。优先发展经济条件好、经营管理规范、单厅销量比较高和有自购场所的地方；严格控制在经济不发达、人口数量不足10万和没有专门的福彩机构的地方设立销售厅。

（三）总体目标

为各省提供销售厅规划布局指导，使全国各区域销售厅的布局和终端机配置科学和合理；妥善处理好销量与安全、公益与责任的关系，为福彩视频票安全运行、健康发展打好坚实基础。

三、科学选取可量化指标、合理布局销售厅

（一）科学选取可量化指标

彩票市场的发展主要受两方面的影响，一是当地的市场潜力；二是当地彩票机构的组织管理能力。这两方面的因素相

辅相成，相互作用，共同决定了彩票市场的发展。虽然市场潜力主要受当地经济、人口、文化、社会发展等因素综合影响，但从彩票的发展经验和可量化的角度出发，可以选取GDP、人口数量、城镇居民人均可支配收入3个指标来体现某一地方的市场潜力；同样用福利彩票销量来体现某一地方的彩票机构组织管理能力。

根据GDP、人口数量、城镇居民人均可支配收入和福利彩票销量四个指标，把每个指标占一定区域总量的比重分别按照一定的权重进行加权（如25%、10%、25%、40%），得出彩票市场发展综合指标。

（二）销售厅布局标准

各省市进行销售厅布局规划时，可以地市（包括直辖市区、县）为单位，按照每个地市的彩票市场发展综合指标与“十二五”末期预期设置销售厅总目标数相乘，取整后得出每个地市“十二五”末期预期销售厅总数。中福彩中心将在各省“十二五”末期预期销售厅数量的基础上得出全国“十二五”末期预期开发销售厅总数的参考数值。

（三）投注终端机配置标准

根据销售厅所在的行政区划类别，按照以下标准执行：

1. 地级城市销售厅。按照每个销售厅初始不超过20台的数量配置，具体数量由当地福彩销售机构提出，中福彩中心审批。对单机销量达到一定标准的销售厅可以申请增加投注终端机，但每个销售厅的投注终端机总数一般不超过30台。

2. 县级（包括镇）销售厅。按照每个销售厅初始不超过10台的数量配置，具体数量由当地福彩销售机构提出，中福彩中心审批。对单机销量达到一定标准的销售厅可以申请增加投注终端机，但每个销售厅的投注终端机总数一般不超过30台。

（四）销售厅和投注终端机调整

福彩销售机构应采取调整、淘汰机制，整合资源，提高投注终端机的单机销售水平和销售厅的整体销售水平。

1. 福彩销售机构有权根据销售厅管理状况和总体销售水平在本区域范围对销售厅设置进行调整，对销量低、管理差、存在安全隐患的销售厅应限期整改，直至限期迁址或将销售厅调整至其他地市，以提高销售厅的整体销售水平。

2. 福彩销售机构有权根据销售厅单机销售水平在本区域范围内调配各销售厅投注终端机配置数量，对销量低、开机率低、投注终端机保管不善的销售厅应减少投注终端机配置数量，调配出来的投注终端机既可以增加到销售水平较高的销售厅（单个销售厅投注终端机总数一般不超过30台），也可以用来申请设立新销售厅，以充分利用投注终端机资源，提高投注终端机的单机销售水平。

四、组织实施

（一）各福彩销售机构要按照本指导意见，本着科学、合理、平稳、安全的原则，结合本地实际，对“十二五”时期销售厅的布局数量、投注终端机配置数量和上线时间进行合理规划，并报中福彩中心审批。

（二）各福彩销售机构在制订本地区

销售厅上线时间安排时，不能一哄而上，要遵循基本原则，按照先省会城市，后地级城市，再县级城市的顺序分期分批进行，准备成熟一个，申报一个，提高建设效率。

（三）中福彩中心将根据本指导意见，对各福彩销售机构上报规划中的销售厅布局数量、投注终端机配置数量和上线时间安排进行统筹调整，按照“公开、公平、公正”原则进行审批。

（四）经中福彩中心审批同意后，各福彩销售机构应按照现有的业务流程，在三个月内完成销售厅建设并上线销售。

（五）北京市、西藏自治区在民政部、财政部批准发行福彩视频票后按照以上销售厅的布局标准制定本地福彩视频票销售厅发展规划，并逐步开展福彩视频票的销售工作。

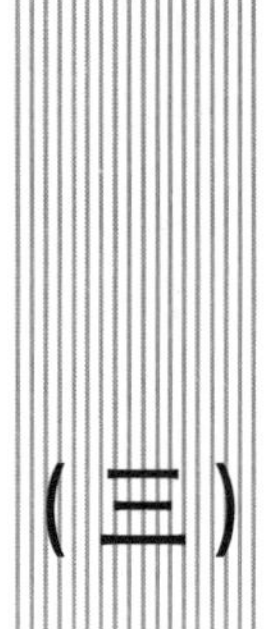

（三）体育彩票管理制度和文献

国家体育总局局长刘鹏在2013年全国体育彩票工作会议上的致辞

（2013年1月17日）

同志们：

在全党、全国认真学习贯彻党的十八大精神之际，承载着收获的喜悦，满怀着奋进的信心，全国体彩工作会议召开了。2012年是中国体育彩票不平凡的一年，体育彩票年度销量首次突破千亿，实现了重大的历史跨越。自1994年全国统一发行以来，体育彩票肩负国家赋予的光荣使命，秉承“来之于民　用之于民”的发行宗旨，累计发行5 679亿元，筹集公益金1 681亿元，为国家公益事业和体育事业的发展做出了突出的贡献。“千亿”是体育彩票发展史上一个值得纪念的重要里程碑，是体育彩票坚持科学发展取得的重大成就；“千亿”是体育彩票在安全运行的前提下，取得的公益事业贡献与事业发展的双丰收。借此机会，我代表国家体育总局，向各级体育部门担负体育彩票管理工作的同志、向长年奋斗在体育彩票发行销售一线的同志表示亲切的问候！向大家为体育事业和社会公益事业做出的重要贡献表示衷心的感谢和崇高的敬意！向财政部领导和同志们对体育彩票工作的正确领导和大力支持表示诚挚的感谢！

党的十八大对发展体育事业指明了方向、明确了任务、提出了要求，是我们做好体育工作的思想源泉和行动指南。不久前，我们召开了全国体育局长会议，按照党的十八大对体育工作提出的新任务、新要求，对全国体育战线促进体育事业的全面发展、迈出体育强国建设的新步伐进行了全面部署。这次全国体彩工作会议是在新的历史条件下，在体育彩票年度销售量达到千亿规模后，努力推动体育彩票事业迈上新台阶的一次再总结再动员再部署的重要会议。体育人常讲，走下领奖台，一切从零开始。因此，我们要以更加科学求实、团结协作、顽强拼搏的事业心和敬业精神，努力做好各项工作。

深刻认识、牢牢把握体育彩票作为国家公益彩票的基本定位和发展方向，是体育彩票事业持续健康发展的基础。发行体育彩票，是国家从经济社会发展战略高度所采取的一项重大举措，是推动公益事业发展、构建公共体育服务体系和建设体育强国的一项重要政策，是国家交给体育部门的一项光荣使命，是体育部门服务于经济社会发展、实现体育工作的多元社会价值和综合功能的具体实践，是中国特色社会主义体育事业的重要发展成果。

——要继续坚持科学发展，更加注重统筹兼顾，协调推动。科学发展是推动体育彩票事业发展的必然要求和指路明灯。要把握科学发展的主题，不断深化对中国特色体育彩票发展特征和规律的认识，着力解决思想观念、体制机制、政策制度等方面存在的不适应、不协调、不可持续的问题，统筹规划，处理好工作中整体与局部、当前与长远、创新与巩固、效率与安全等重要关系，打牢科学发展的坚实基础。

——要继续坚持以人为本，服务民生，服务社会。目前，中央集中部分的体彩公益金已经广泛用于社会保障、医疗卫生、教育助学、文化艺术等各项社会公益事业。在构建公共体育服务体系中，体育彩票公益金已成为重要的资金保障。正是因为有了彩票公益金，基层体育工作才有了设施改善、组织健全、活动丰富的发展局面，使亿万百姓从中受益。要继续坚持服务民生、服务社会的工作理念，让广大人民共享体育改革发展成果。

——要继续坚持依法治彩，依法运行。要把深入贯彻落实《彩票管理条例》和《实施细则》贯穿于体育彩票管理、发行、销售工作的始终。各级体育部门、体彩机构要根据法规要求，进一步强化维护彩票市场秩序、保护彩票参与者合法权益的责任，依法开展管理模式创新和试点工作，依法加强公益金管理使用宣传等工作。

——要继续坚持改革创新，勇于攻坚克难。18 年的发展实践中，改革创新始终是我们的发展动力。面对实现科学发展道路上的新挑战、新任务，要积极探索中国特色体育彩票发展模式，不断改革创新，解决好制约发展的矛盾和问题。

——要继续坚持弘扬体彩精神，为社会主义核心价值体系建设贡献力量。要继续大力弘扬“责任、诚信、团结、创新”的体彩精神，为塑造积极健康的社会公益文化、丰富体育文化内涵提供“正能量”；要通过强化体彩精神的要义，凝聚、锤炼队伍，提升社会对体育彩票公益属性的认识，为体育彩票健康发展提供强大精神动力。

同志们，体育彩票的发展已经站到了新的高度，面向未来，全国体彩系统要在党的十八大精神的指引下，落实全国体育局长会议精神，坚定信念，牢记使命，进一步增强做好体育彩票工作的政治责任感和历史使命感。在这里，我再次强调三点要求。

第一，要始终把安全作为体育彩票事业的“生命线”。

安全责任重于泰山，有了安全，才会有体育彩票的持续发展。要始终牢记安全运营是体育彩票的“生命线”，时刻警钟长鸣，常抓不懈。要以法律法规为准绳，强化法制意识，依法依规开展各项工作；要强化责任意识，维护国家彩票公信力，完成好党和人民交给的任务；要增强忧患意识，居安思危；要有风险意识，未雨绸缪，不断在实践中完善体育彩票安全风险管理体系，做到确保安全。

第二，要始终以加强管理增强内生发展动力，向管理要效益。

各级体育部门要切实加强对彩票工作的管理，继续落实好“一把手”工程。过去的实践表明，体育行政部门对体育彩票工作的思想认识、重视程度、管理能力、措施保障直接影响彩票事业发展的速度和质量。凡是体育局领导班子重视彩票工作的地方，体制机制优势就能充分发挥，彩票的发展特别是自我超越就很显著，这不仅在一些发达省市如此，在相对落后地区也同样。这说明，事在人为，要本着“大发展、广受益”的全局观念，更加求真务实，统一认识、步调一致，依法依规，科学管理，强化创新驱动、制度设计，转变发展方式，向管理要效益，向管理要成绩，增强内生发展动力。

第三，要始终保持清正廉洁的作风。

廉政作风建设关系到体育彩票事业的成败，是提升体育彩票社会公信力，维护体育彩票良好形象的根基。要严格按照《彩票管理条例》及《实施细则》的要求，严格按照国家相关规定和廉政风险防控体系的要求，加强彩票资金、游戏项目审批、电话互联网等新渠道的建设和对外采购招标合作等重大事项的管理，确保公开、公正、透明。

同志们，万里征程风正劲，千钧重任再奋蹄。站在新的起点上，希望大家团结拼搏，再接再厉，为体育彩票事业的全面协调可持续发展再立新功！蛇年春节即将到来，祝愿大家新春愉快，身体健康，阖家幸福！

转变观念，加快创新，在新的起点上推动体育彩票事业科学发展

——国家体育总局体育彩票管理中心主任王卫东在 2013 年全国体育彩票工作会议上的讲话

（2013 年 1 月 17 日）

尊敬的各位领导，同志们！

下面，我代表总局体彩中心向大会作工作报告。

一、2012 年体育彩票工作情况

在国家体育总局党组的正确领导和财

政部的大力支持下，全国体育彩票系统紧紧围绕“十二五”规划，把握要点、抓住重点、突破难点，圆满完成了2012年各项工作任务。全年共销售体育彩票1 104亿元，再创历史新高，比去年同期增加167亿元，增长17.8%，共筹集公益金294亿元。全国29个省市的销量同比有所增加，江苏销量达到161亿元，山东、广东突破100亿元，浙江、辽宁、福建、河南等省销量超过50亿元。销量保持两位数增长的省份达到21个，海南、甘肃、辽宁、吉林、黑龙江增长率超过40%以上，湖南、河南、湖北增长率超过30%，上海、河北、江西、云南、浙江增长率都达到20%以上，超过了全国平均增长水平。

乐透型彩票以超级大乐透和高频游戏为工作重点，全面加强基础性建设。全国体彩系统积极应对市场挑战，创新营销方式。研究制定了《超级大乐透三年发展规划》，启动网点宣传“五个一”规范，强化日常宣传工作，开展派奖促销活动，巩固大盘游戏的战略地位。以提高高频游戏返奖率和增机扩点为抓手，着力加强上市筹备、市场分析和骨干培养，全面提升了管理能力，优化了网点结构，继续保持了市场竞争优势。各类乐透型彩票全年的销售规模达656亿元，占体彩总销量的59.4%，比去年同期增加136亿元，增长26.2%。

竞猜型彩票以竞彩网点的标准化经营建设为重点，通过量化检查考核工作，进一步完善表彰激励机制，提升渠道管理水平和经营服务水平，搭建立体化营销培训平台，开展竞彩普及日、欧洲杯、奥运会、新赛季等宣传营销活动，推动了市场持续发展。投注运营管理更加规范，风险控制水平日益提高，培养出了一批专业化人才，为竞猜型彩票健康发展奠定了基础。竞猜型彩票全年共销售268亿元，占体彩总销量的24.3%，比去年同期增加50亿元，增长23%。

即开型彩票以安全管理体系建设和电彩网点“一站一枪”项目为重点，进一步夯实发展基础。总局中心统筹协调，各省市积极落实，初步建立了即开票安全管理制度体系。“一站一枪”年度既定目标基本完成，新安装即开票兑奖终端设备5万余台。全年共上市41款新游戏，推出了NBA、伦敦奥运会等主题即开票，提升了“顶呱刮”品牌市场认知度。即开型彩票全年共销售180亿元，占体彩总销量的16%。

网点形象改造工作取得显著进展，目前已完成近7.5万个网点的门头改造，网点形象改造率由2011年的24%提高至59%，全国76%的单彩店已经完成改造任务。《代销证使用管理规范》、《五星级网点评定实施办法》和《全国优秀网点评定办法》等网点管理制度陆续出台，网点基础信息管理系统建设进入实施阶段。互联网技术系统开发工作按计划推进，相关管理制度基本形成。开发建设了电话销售监控系统，组建了电话销售监控中心，在山东首先开通了体育彩票电话投注业务。

围绕安全运营和规范管理，应急处理和信息安全保障工作显著加强。全年重点推进了四方面工作：一是加强技术系统的运行与维护，完善软件和硬件更新机制，全面排查安全隐患，完善应急处理预案，组织应急模拟演练，全热线、高频、竞彩三个交易系统的可用性指标分别达到了99.986%、99.996%和99.92%，全年未发生人为因素导致的技术系统故障。二是制定完成信息安全管理体系建设的总体计划，明确了对省市中心信息安全管理的要求，开展信息安全培训。三是履行市场监察的职责，开展销售网点安全运营专项治理。针对非法网络代购行为，省市中心均与代销者签署了书面责任承诺，目前未再发现省市中心与网络代购公司直接签约销售彩票的行为。四是扎实开展廉政风险防控工作，深入排查岗位廉政风险点，摸清权力底数，制定防控措施，初步建立起了廉政风险防控的长效机制。

技术体系建设重点项目取得一定进展。国家主数据中心各项施工已经进入收尾阶段，预计今年3月底可正式投入使用；第二数据中心的前期准备工作基本就绪；新一代游戏管理平台和乐透交易系统的建设基本完成；新一代终端机的选型测评工作圆满结束。在技术管理上，着力研究了调动省市资源来增强技术保障能力的政策措施，明确了销售机构自建系统的管理规范，技术管理制度得到进一步完善。

品牌建设管理体系不断健全，品牌宣传工作不断加强。初步形成了统筹协调、上下联动、层次清晰、执行有力、反馈到位的宣传工作格局。以年度销量突破千亿元为节点，营造了中央媒体深度报道、省市合作媒体配合跟进的宣传态势，提升了体育彩票的社会公信力和影响力。抓住体彩新长城助学、公益体彩快乐操场等品牌宣传活动，进一步扩大了体彩公益宣传的范围。主动引导舆论和危机传播管理能力不断增强，总局中心与省市中心共享舆情监测信息，通过新闻发言人队伍建设，共同加强危机传播管理的演练和应对协调，最大限度地扩大了正面信息的传播。

开奖管理工作规范化水平进一步提高。现有摇奖省市全年稳定运行无事故，总局中心的摇奖管理流程通过了ISO9001质量管理体系认证，摇奖大厅累计接待彩民近1.2万人次，建设完成了95086全国统一客服体系，体育彩票的品牌建设和阳光开奖工作得到了社会的高度认可。

各级体彩机构继续加强队伍建设，基层管理力量进一步充实。总局中心编制了《地市体彩中心主任培训大纲》，丰富了培训内容，在北京体育大学、新疆体彩中心挂牌设立了两个“中国体育彩票培训基地”，丰富了业务培训平台，扩充了培训师队伍。省市中心分层次、分阶段、有针对性地进行培训。全国专管员队伍规模进一步扩大，县级管理人员也得壮大，改善并强化了县域体彩市场的管理状况。

同志们，2012年是体育彩票发展不平凡的一年。在长期的发展实践中，我们不断探索、不断创新，走出了一条具有中国特色的体育彩票发展之路，形成了核心理念，凝炼了体彩精神，推动销售规模迈上了千亿元的新台阶。这不仅得益于国家经济社会的快速发展，更得益于18年来为体育彩票做出过突出贡献的历任领导和老一代体彩人，得益于各级财政部门和体育行政部门的大力支持。刚才，刘鹏局长和晓敏局长助理对体育彩票18年来取得的成绩予以了充分肯定。在此，我谨代表总局中心，对总局和财政部领导以及各级体育、财政部门多年来对体育彩票工作的关心和支持表示衷心的感谢！对所有体彩工作者的辛勤工作表示崇高的敬意！

二、清醒认识形势，加快转变发展思路

面向未来，体育彩票的发展仍然大有可为，继续向上发展的趋势并没有改变。一方面，体育彩票已步入良性发展的轨道。形成了统一管理、分级负责的体制优势，打造了一支素质过硬的体彩队伍，提升了队伍的管理水平，形成了日趋完善的产品结构，具备了向更高目标迈进的有利条件。另一方面，随着改革开放的推进，居民收入水平不断增长，中央关于继续稳步扩大内需和加快城镇化进程的举措，将极大地拓宽彩票的发展空间。《条例》和《实施细则》出台以来，彩票的市场秩序更加规范，发展环境更趋稳定。

但是，我们也要清醒地看到，发展中不平衡、不协调、不可持续的问题依然突出。与同业者在主要同质产品上的差距日益加大；三大类品种的结构优化和均衡发展任务仍然艰巨；省内地市之间、县市之间的发展呈现出更大的不均衡。一些地区在“条块结合”的管理模式上进行了积极探索，但更多省市还需要在如何发挥体育行政部门与销售机构合力方面，想更多的办法。在市场开拓、新产品上市阶段，由于经验缺乏、储备不足，总局中心投入了大量资源，强化全国集中统一管理，但是随着区域差异性的扩大，在坚持统一管理的同时，省市中心的创新突破显得更加重要；同时，现有的管理思路与管理制度能否适应新形势下彩票市场发展的需要，也值得深入研究和反思。这些问题反映出，我们仍然处在对彩票工作规律的摸索和把握之中，要求我们立足当前，着眼长远，认真处理好重点突破与均衡发展的关系，处理好集中统一与省市中心内驱动力不断增强的关系，处理好统一规划与创新发展的关系，处理好顶层设计与基层实践的关系，防止出现新的制约发展的问题。

为此，我们必须继续转变观念、加快创新，提高发展的质量和效益。一是要由高度集中统一的销售管理模式向灵活、高效的多元机制转变。不仅要注重顶层设计和顶层推动，强化总局中心的统筹规划，更要发挥基层的首创精神，挖掘基层的发展潜力，制定更多鼓励和调动基层活力的政策措施，防止出现基层体制性依赖、创造性不足、主动性不强的倾向，增强发展的协调性。二是要由增量拉动向存量优化转变。改变以往单纯依靠新增游戏拉动销量的粗放方式，在快速发展的今天，特别要防止重规模轻质量、重速度轻效益的做法，把推动发展的立足点真正转到提高现有游戏、现有渠道的质量和效益上，增强发展的可持续性。三是要由管理型销售向服务型营销转变。我国人口众多，地域辽阔，城乡潜在消费需求大，我们要改变长期形成的管理惯性，由管理转变到服务，更多关注代销者和彩民需求，扩大、引导和创造需求，完善服务手段，提高服务质量，把销量增长真正建立在消费群体持续扩大、服务质量不断改善、品牌效应不断提高的基础之上，增强发展基础的牢固性。四是要由竞争驱动型增长向创新驱动型增长转变。改变以往只局限于当前、当地的发展思路，打开认知视野，站在全国

彩票发展的战略高度，增强创新意识，提高创新能力，以更大的勇气和智慧，更加自觉、更加坚定地深化重点领域的创新，加快完善更有利于创新发展的体制机制，在管理创新、技术创新、营销创新上完善有中国特色的体育彩票发展模式，提高发展的科学性，努力推动体育彩票事业发展迈上新的台阶。

三、认真做好2013年各项工作

今年是“十二五”时期承前启后的关键之年，也是体育彩票超过千亿元后的开局之年。按照刘鹏局长提出的“五个坚持”的指导思想，今年工作的总体要求是：以十八大精神和科学发展观为指导，继续贯彻《条例》和《实施细则》，紧紧围绕“十二五”规划，加快转变发展思路，加快推进改革创新，深入践行体彩精神，在新的起点上推动体育彩票事业科学、健康、可持续发展。重点抓好以下6个方面的工作：

（一）转变工作思路，加强市场调控，提升基层发展能力

今年，我们要按照“十二五”规划的要求，依据《条例》、《实施细则》和相关配套制度，进一步厘清总局中心和省市中心的工作重心，探索新的工作方法和手段。总局中心主要加强对彩票市场的调研、分析，建立和完善相关的制度、标准，制定政策措施，继续发挥中央业务费的杠杆作用，进一步完善表彰奖励办法，加强对体育彩票的市场调控。省市中心作为彩票销售机构，是销售运营的主体，直接面向彩票市场、面向彩民群体，要围绕服务市场，切实发挥在产品培育、市场营销、渠道管理等工作上的主动性、积极性、创造性，切实研究如何管理和强化基层队伍。

当前的实践表明，只有坚持均衡协调发展，做大做强市、县市场，减少区域差距，体育彩票市场才能实现稳步增长。今年，省市中心要重点抓住基础薄弱、潜力较大的市、县，深入挖掘市场潜力，投入更多资源，全面推进，重点突破，努力打造新的增长点。对此，总局中心将加强分类指导，通过项目管理的方式对省市中心的重点工作、关键环节下发扶持资金，力促体育彩票市场的均衡发展。

（二）加强产品培育，挖掘市场潜力，促进三大类产品统筹发展

今年，按照转变工作思路的要求，总局中心将进一步提高产品管理工作的计划性。统筹考虑不同游戏的营销资源，合理分配、分步实施，并给予省市中心更多的服务和支持。研究超级大乐透优化措施，停售附加玩法，调整调节基金提取比例，制定全国开展超级大乐透营销活动的整体思路和具体要求；继续强化高频游戏的研发和储备工作，推动其余省市提高返奖率的审批，加强对上市筹备工作的指导，并推动省市发挥高频游戏的反哺作用，促进超级大乐透的市场基础得到巩固。进一步推广竞彩混合过关投注，横向拓展竞猜赛事资源，研究申报拆分竞彩足球胜平负游戏、虚拟竞猜游戏等新产品；组织竞彩普及日、传统足彩促销、新赛季推广等营销活动，建立竞彩网点建设、培训工作的信息共享平台，通过完善检查、考核和激励机制，促进省市中心不断提高管理服务水平。加大即开票创新力度，做好游戏规划

和设计，制定科学合理的游戏上市节奏，同时，制定即开票的整体营销策略规划，为各省市即开票渠道发展提供策略支持和建议。

为此，省市中心要顺应工作思路的转变，提高工作的主动性，在产品培育上发挥核心作用。一方面，要统筹兼顾、整体推进，实现三大类产品的均衡协调发展。另一方面，要围绕服务彩民，创新、丰富营销促销手段，把派奖、新游戏上市等作为打牢基础的重要契机。不仅要按照总局中心的要求扎实落实各项工作，更要结合实际加大在市场营销、品牌宣传等方面的资源投入力度，积极组织本区域内的营销促销活动，稳定和拓展彩民群体，促进销量进一步增长。

（三）统筹规划，强化基础，稳步推进销售渠道建设

今年，我们要进一步理清渠道管理工作的层次，理顺渠道规划和网点管理的分工。总局中心将重点抓好渠道规划、基本制度和基础信息建设，并对关键问题作原则性指导。在渠道管理方面，总局中心将开展实体渠道发展“十二五”规划中期评估和调整，并着手制定非实体渠道发展规划。在网点基础建设方面，要继续按照“先建设，后补贴”的原则，对完成形象改造的网点发放补贴资金；启动全国五星级网点的评审和抽检工作，推出第一批五星级销售网点；推广代销合同示范文本、贯彻落实代销证管理规范；推进网点管理的信息化建设，完成网点信息管理平台的上线工作。在电话、互联网销售筹备方面，要继续按照总局的要求，坚持“科学论证、积极稳妥、穷尽风险”的原则，组织互联网销售系统建设，做好互联网销售制度设计，为各省市中心搭建互联网销售运营管理平台；并做好省市自建电话销售系统的监控和服务工作。

省市中心要根据全国渠道规划、结合区域和市场特点，制定本地区渠道管理的工作思路、发展规划并组织实施。要紧紧抓住现有实体网点不放松，强化网点管理基础性工作，全部完成三年网点形象改造任务，提高精细化管理水平。要深入研究和理解互联网销售对管理能力、队伍素质、实体渠道等产生的影响，研究制定应对措施，扎实开展互联网销售业务的各项运营准备工作。

（四）强化技术支撑，推动技术创新，进一步增强保障能力

总局中心将进一步完善统一的技术管理体系，建立健全技术管理规范、标准和工作流程，并组织落实，继续增强技术支撑能力，尽快完成国家主数据中心建设，稳步实施系统迁移，扎实推进第二数据中心的筹建工作，启动下一代游戏管理平台和乐透交易系统试点工作，完成竞猜型和乐透型产品的互联网销售技术准备，并适时组织对省市中心信息安全管理体系建设的审计工作。

省市中心要重点推进五方面工作：一是要按照统一的技术标准与规范，全力做好互联网销售技术准备。二是做好下一代系统的用户接受测试及上线准备工作。三是严格按照统一的需求处理流程，规范需求变更，遵守需求提出时间、做好需求前期规划分析，为系统安全稳定运行奠定基础。四是落实信息安全管理体系的各项工作。五是加强技术队伍能力建设，制订规

划、明确目标，扩充高层次技术人才，不断提高技术管理水平，适应新形势下体育彩票发展的需要。

（五）加强品牌建设，强化责任意识，进一步提升公信力

总局中心将以转变工作方式、创新工作内容为导向，持续推进体彩公益宣传的规范化与制度化，进一步健全品牌建设管理体系，提升公益体彩品牌形象。结合对品牌规划的中期评估，梳理公益宣传活动的种类、项目，重点做好宣传效果评估。在此基础上，整合全国宣传资源，不断打造与体彩公益形象相契合的主题公益宣传活动，并配合总局开展体彩公益金使用情况的专项调研，组织策划“公益体彩在我身边”主题采访报道活动。收集、推广省市宣传工作好的做法和经验，制定实用可行的工作模板，加强宣传队伍的建设和培训，促进省市中心的宣传工作迈上新台阶。强化体育彩票社会责任意识，继续推进阳光开奖，加强与彩民互动，丰富活动内容，多形式、多角度吸引社会各界关注、参与、监督体彩开奖。完善 95086 客户服务质量的监督、考评机制，加强对问题彩民的研究，建立体育彩票社会责任情况通报机制。

省市中心要切实增强责任工作意识，做好本地区的宣传工作。一是拓宽、利用媒体渠道，配合好全国性的宣传活动，抓住当地的亮点、热点，加大投入力度，主动组织公益宣传活动。二是密切与体育行政部门的联系，做好体彩公益金捐建的体育场馆、全民健身路径、青少年体育活动中心的挂牌展示和全民健身、品牌赛事的冠名活动。三是在共享舆情监测信息的基础上，按照《中国体育彩票危机传播管理制度》的要求，加强分析研判和流程演练，按照统一的应对口径，及时引导，提高突发事件危机传播管理工作水平。

（六）强化安全管理，推进队伍建设，切实防范各种风险隐患

随着发行销售规模的不断扩大，体育彩票的安全形势依然严峻。今年，总局中心要推动覆盖整个体育彩票的大安全管理体系建设，制订《体育彩票安全手册》，组织体彩机构培训，提供工作指导。要按照《条例》、《实施细则》和相关配套制度的要求，加强对彩票资金、销售数据、电话和互联网等新渠道建设、对外采购招标合作等重大事项的管理。省市中心要发挥好市场监察机制的作用，结合代销证的使用管理和新代销合同的签订，规范代销关系，杜绝网点违法违规行为，积极配合管理部门和执法部门打击非法彩票，净化市场环境。

要按照刘鹏局长和晓敏局长助理的要求，向管理要效益，向管理要成绩。在新的形势下，我们必须适应工作思路转变后的新要求，以加强科学管理来增强内生发展能力，形成新的管理制度和管理方法，切实解决条块分割、管理断层等问题，不断充实各级体彩机构的管理力量，增强管理能力。要更加重视队伍建设，体育彩票加强管理、转变工作思路的关键在队伍，要努力建立一种有利于推进学习型组织建设、有利于发挥人力资源优势、有利于凝聚发展正能量的制度环境，大力宣传体彩文化，壮大网点管理力量，打造一支在新的形势下勇于创新、甘于奉献、作风过硬、不断奋进的体彩队伍。要继续推进廉

政风险防控工作，建立健全权利运行制约和监督体系，加强廉洁教育和职业操守教育，切实抓好思想作风建设，全面落实中央关于密切联系群众、改进工作作风的八项规定，有效防止腐败行为的发生。

各位领导，同志们！在新的一年开始之际，新任务、新使命又摆在我们面前。我们要以党的十八大精神为指导，弘扬“责任、诚信、团结、创新”的体彩精神，以更加饱满的热情，更加昂扬的斗志，更加扎实的作风，全面做好2013年各项工作，推动体育彩票事业在新的起点上不断取得新的更大的进步。谢谢大家！

四、彩票统计资料

（一）历年综合统计资料

Statistical Data of Past Years

1987—2013年全国彩票销售统计表（分系统）

Statistical Table of Lottery Sales in Different Organizations in China from 1987 to 2013

单位：万元

Unit: Ten Thousand Yuan

年份 Year	福利彩票 Welfare Lottery	体育彩票 Sports Lottery	合 计 Total	增长率（%） Rate of Increment
1987	1 739. 50	—	1 739. 50	—
1988	37 627. 76	—	37 627. 76	2 063. 14
1989	38 315. 65	—	38 315. 65	1. 83
1990	64 731. 22	—	64 731. 22	68. 94
1991	77 388. 04	—	77 388. 04	19. 55
1992	137 550. 03	—	137 550. 03	77. 74
1993	184 288. 52	—	184 288. 52	33. 98
1994	179 823. 77	—	179 823. 77	-2. 42
1995	573 023. 46	100 000. 00	673 023. 46	274. 27
1996	647 521. 50	120 000. 00	767 521. 50	14. 04
1997	363 751. 40	150 000. 00	513 751. 40	-33. 06
1998	631 990. 40	250 000. 00	881 990. 40	71. 68
1999	1 044 448. 50	403 551. 00	1 447 999. 50	64. 17
2000	898 847. 26	911 400. 40	1 810 247. 66	25. 02
2001	1 395 735. 16	1 492 928. 39	2 888 663. 55	59. 57
2002	1 679 925. 25	2 177 313. 99	3 857 239. 24	33. 53
2003	2 000 569. 58	2 013 453. 28	4 014 022. 86	4. 06
2004	2 263 753. 30	1 541 963. 48	3 805 716. 78	-5. 19
2005	4 112 077. 66	3 026 557. 94	7 138 635. 60	87. 58
2006	4 956 759. 24	3 236 292. 90	8 193 052. 14	14. 77
2007	6 315 902. 51	3 851 370. 97	10 167 273. 49	24. 10
2008	6 039 795. 23	4 561 530. 35	10 601 325. 58	4. 27
2009	7 560 580. 05	5 687 306. 97	13 247 887. 02	24. 96
2010	9 680 238. 56	6 944 604. 20	16 624 842. 76	25. 49
2011	12 779 719. 93	9 378 464. 56	22 158 184. 49	33. 28
2012	15 103 223. 19	11 049 195. 92	26 152 419. 11	18. 03
2013	17 652 846. 37	13 279 658. 55	30 932 504. 92	18. 28
合计 Total	**96 422 173. 05**	**70 175 592. 91**	**166 597 765. 96**	—

1987—2013 年全国彩票销售统计表（分类型）

Statistical Table of Lottery Sales in Different Lottery Games in China from 1987 to 2013

单位：万元

Unit：Ten Thousand Yuan

年份 Year	传统型 Traditional Games	即开型 Instant Games	乐透数字型 Lotto Games	竞猜型 Sports Betting	视频型 Online Instant Win	合 计 Total
1987	1 739. 50	—	—	—	—	1 739. 50
1988	14 446. 35	23 181. 41	—	—	—	37 627. 76
1989	4 265. 32	34 050. 33	—	—	—	38 315. 65
1990	4 333. 22	60 398. 00	—	—	—	64 731. 22
1991	5 697. 45	71 690. 59	—	—	—	77 388. 04
1992	6 196. 90	131 353. 13	—	—	—	137 550. 03
1993	3 831. 52	180 457. 00	—	—	—	184 288. 52
1994	2 843. 45	176 980. 32	—	—	—	179 823. 77
1995	1 487. 00	646 150. 53	25 385. 93	—	—	673 023. 46
1996	—	696 208. 80	71 312. 70	—	—	767 521. 50
1997	—	401 779. 40	111 972. 00	—	—	513 751. 40
1998	—	682 207. 00	199 783. 40	—	—	881 990. 40
1999	—	1 042 575. 00	405 424. 50	—	—	1 447 999. 50
2000	—	568 023. 49	1 242 224. 17	—	—	1 810 247. 66
2001	—	289 993. 93	2 465 206. 91	133 462. 71	—	2 888 663. 55
2002	—	308 266. 49	2 842 639. 72	706 333. 03	—	3 857 239. 24
2003	—	404 405. 42	2 818 291. 62	791 112. 78	213. 04	4 014 022. 86
2004	—	122 576. 45	3 198 995. 66	483 891. 25	253. 42	3 805 716. 78
2005	—	26 447. 48	6 653 117. 10	391 897. 83	67 173. 19	7 138 635. 60
2006	—	125 359. 91	7 050 408. 47	560 723. 13	456 560. 63	8 193 052. 14
2007	—	366 038. 84	7 901 932. 76	579 335. 85	1 319 966. 04	10 167 273. 49
2008		1 798 686. 42	8 057 835. 60	538 722. 52	206 081. 04	10 601 325. 58
2009	—	2 447 161. 08	10 024 861. 15	659 663. 40	116 201. 39	13 247 887. 02
2010	—	3 089 504. 13	11 129 658. 88	1 473 623. 11	932 056. 64	16 624 842. 76
2011	—	4 000 574. 46	14 275 680. 65	2 180 541. 40	1 701 387. 99	22 158 184. 49
2012	—	3 822 368. 16	17 404 801. 51	2 682 919. 12	2 242 330. 32	26 152 419. 11
2013	—	3 519 179. 54	21 135 200. 81	3 384 239. 04	2 893 885. 10	30 932 504. 92
合计 Total	**44 840. 71**	**25 035 617. 31**	**117 014 733. 54**	**14 566 465. 17**	**9 936 108. 80**	**166 597 765. 96**

1987—2013 年全国彩票销量折线图

Statistical Line Chart of Lottery Sales in China from 1987 to 2013

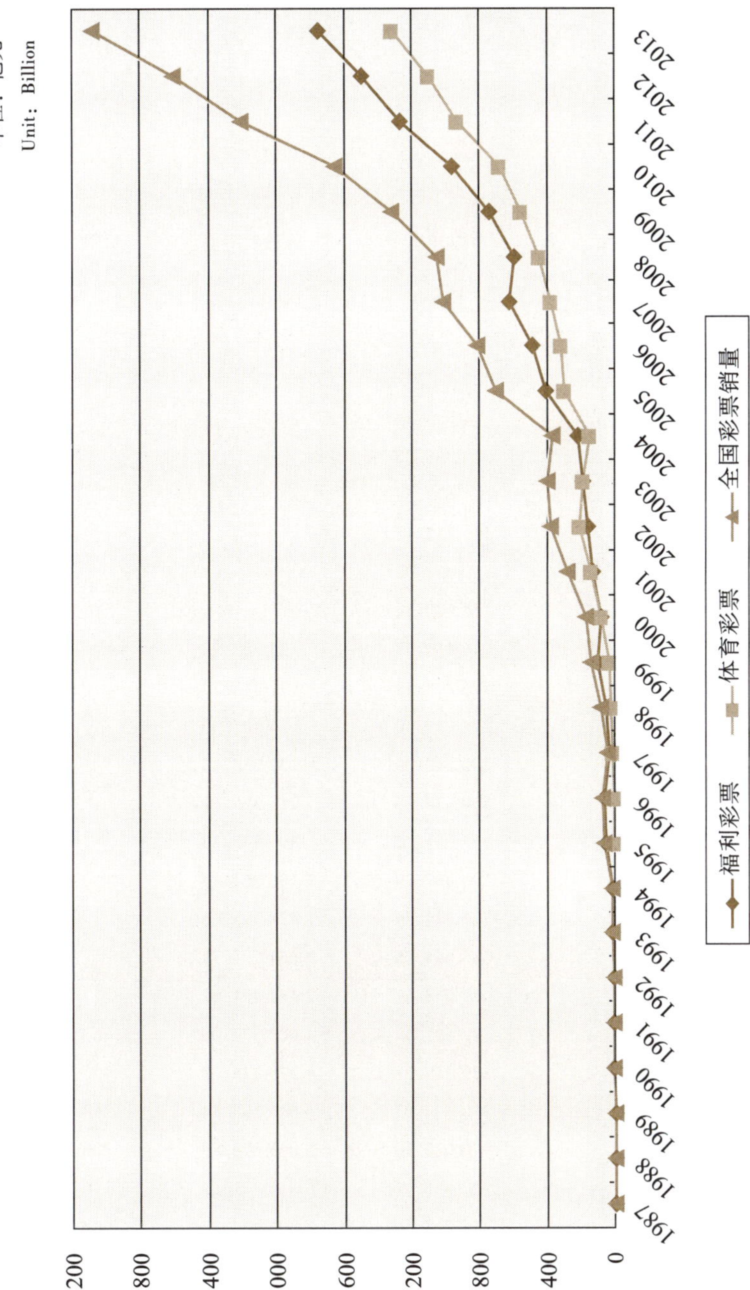

1987—2013 年全国彩票

Statistical Table of Lottery Sales in Different Organizations

年份 Year	福利彩票 Welfare Lottery				
	传统型 Traditional Games	即开型 Instant Games	乐透数字型 Lotto Games	视频型 Online Instant Win	小计 Subtotal
1987	1 739. 50	—	—	—	1 739. 50
1988	14 446. 35	23 181. 41	—	—	37 627. 76
1989	4 265. 32	34 050. 33	—	—	38 315. 65
1990	4 333. 22	60 398. 00	—	—	64 731. 22
1991	5 697. 45	71 690. 59	—	—	77 388. 04
1992	6 196. 90	131 353. 13	—	—	137 550. 03
1993	3 831. 52	180 457. 00	—	—	184 288. 52
1994	2 843. 45	176 980. 32	—	—	179 823. 77
1995	1 487. 00	546 150. 53	25 385. 93	—	573 023. 46
1996	—	576 208. 80	71 312. 70	—	647 521. 50
1997	—	276 969. 40	86 782. 00	—	363 751. 40
1998	—	492 640. 00	139 350. 40	—	631 990. 40
1999	—	829 178. 00	215 270. 50	—	1 044 448. 50
2000	—	393 001. 91	505 845. 35	—	898 847. 26
2001	—	196 467. 99	1 199 267. 17	—	1 395 735. 16
2002	—	201 349. 59	1 478 575. 66	—	1 679 925. 25
2003	—	335 654. 76	1 664 701. 78	213. 04	2 000 569. 58
2004	—	79 068. 61	2 184 431. 27	253. 42	2 263 753. 30
2005	—	22 567. 47	4 022 337. 00	67 173. 19	4 112 077. 66
2006	—	129 359. 91	4 370 838. 70	456 560. 63	4 956 759. 24
2007	—	350 803. 03	4 645 133. 44	1 319 966. 04	6 315 902. 51
2008	—	770 040. 30	5 063 673. 89	206 081. 04	6 039 795. 23
2009	—	927 657. 45	6 516 721. 21	116 201. 39	7 560 580. 05
2010	—	1 445 717. 55	7 302 464. 37	932 056. 64	9 680 238. 56
2011	—	2 004 425. 65	9 073 906. 29	1 701 387. 99	12 779 719. 93
2012	—	2 020 302. 00	10 840 590. 87	2 242 330. 32	15 103 223. 19
2013	—	1 855 828. 18	12 903 133. 09	2 893 885. 10	17 652 846. 37
合计 Total	**44 840. 71**	**14 131 501. 91**	**72 309 721. 62**	**9 936 108. 80**	**96 422 173. 05**

销售统计表（分系统分类型）

and Different Lottery Games in China from 1987 to 2013

单位：万元

Unit: Ten Thousand Yuan

体育彩票 Sports Lottery				
即开型 Instant Games	乐透数字型 Lotto Games	竞猜型 Sports Betting	小计 Subtotal	合 计 Total
—	—	—	—	1 739.50
—	—	—	—	37 627.76
—	—	—	—	38 315.65
—	—	—	—	64 731.22
—	—	—	—	77 388.04
—	—	—	—	137 550.03
—	—	—	—	184 288.52
—	—	—	—	179 823.77
100 000.00	—	—	100 000.00	673 023.46
120 000.00	—	—	120 000.00	767 521.50
124 810.00	25 190.00	—	150 000.00	513 751.40
189 567.00	60 433.00	—	250 000.00	881 990.40
213 397.00	190 154.00	—	403 551.00	1 447 999.50
175 021.58	736 378.82	—	911 400.40	1 810 247.66
93 525.94	1 265 939.74	133 462.71	1 492 928.39	2 888 663.55
106 916.90	1 364 064.06	706 333.03	2 177 313.99	3 857 239.24
68 750.66	1 153 589.84	791 112.78	2 013 453.28	4 014 022.86
43 507.84	1 014 564.39	483 891.25	1 541 963.48	3 805 716.78
3 880.01	2 630 780.10	391 897.83	3 026 557.94	7 138 635.60
—	2 675 569.77	560 723.13	3 236 292.90	8 193 052.14
15 236.17	3 256 798.96	579 335.85	3 851 370.97	10 167 273.49
1 028 646.12	2 994 161.71	538 722.52	4 561 530.35	10 601 325.58
1 519 503.63	3 508 139.94	659 663.40	5 687 306.97	13 247 887.02
1 643 786.58	3 827 194.51	1 473 623.11	6 944 604.20	16 624 842.76
1 996 148.81	5 201 774.36	2 180 541.40	9 378 464.56	22 158 184.49
1 802 066.16	6 564 210.65	2 682 919.12	11 049 195.92	26 152 419.11
1 663 351.36	8 232 068.14	3 384 239.04	13 279 658.55	30 932 504.92
10 908 115.75	**44 701 011.98**	**14 566 465.17**	**70 175 592.91**	**166 597 765.96**

1987—2013 年全国各

Statistical Table of Lottery Sales in Different

地　区 Region	1987	1988	1989	1990	1991	1992	1993
北　京	—	1 136.68	940.07	2 077.00	2 765.00	3 220.00	5 404.00
天　津	396.60	328.48	1 166.29	1 995.38	1 209.00	769.62	2 474.35
河　北	100.00	1 505.00	1 295.00	2 082.00	2 579.00	3 204.66	3 010.00
山　西	—	1 211.74	826.17	1 136.16	1 516.00	4 175.00	3 300.00
内蒙古	—	14.00	484.68	924.90	549.56	1 766.58	1 293.00
辽　宁	—	3 073.04	2 397.14	6 587.00	3 530.41	3 598.52	4 825.17
吉　林	—	997.98	1 577.14	4 617.10	1 683.33	2 388.21	4 262.68
黑龙江	—	1 550.48	1 463.44	2 214.32	1 417.00	1 650.38	3 185.00
上　海	373.71	701.80	833.99	2 371.89	2 724.00	2 841.00	1 496.60
江　苏	100.00	2 659.00	3 304.65	3 110.30	2 299.87	4 607.66	17 173.00
浙　江	193.90	2 757.89	2 615.25	2 431.00	3 921.82	19 642.22	16 724.97
安　徽	—	1 123.99	1 068.75	1 693.08	2 251.00	2 711.00	8 214.07
福　建	242.84	1 269.65	1 537.63	1 060.00	4 527.96	7 038.50	4 512.05
江　西	—	195.00	300.00	890.21	1 827.72	4 287.92	9 145.99
山　东	—	1 259.19	1 393.80	1 908.46	3 598.37	6 596.13	11 061.04
河　南	198.64	1 130.00	2 041.38	2 540.00	3 230.00	4 220.00	8 000.00
湖　北	133.81	867.40	650.41	787.09	1 107.17	7 962.42	10 882.76
湖　南	—	855.52	950.00	2 010.00	5 625.00	9 117.43	5 009.00
广　东	—	7 396.80	8 271.03	11 278.52	14 275.24	15 554.45	23 138.20
广　西	—	68.88	467.16	4 536.77	6 203.60	7 255.33	12 493.11
海　南	—	512.75	34.87	2 514.53	405.57	227.96	26.21
重　庆	—	816.18	339.61	1 140.00	733.00	1 463.00	3 444.00
四　川	—	1 795.63	912.58	1 405.59	2 356.00	5 907.00	4 857.81
贵　州	—	290.00	547.87	803.18	527.55	3 117.00	6 394.87
云　南	—	1 910.33	1 329.93	612.46	1 270.00	5 781.07	6 958.58
西　藏	—	—	—	—	—	—	60.00
陕　西	—	1 296.68	990.05	1 071.72	2 778.89	1 931.26	871.06
甘　肃	—	636.26	406.40	654.59	1 003.00	2 591.75	2 365.60
青　海	—	207.41	30.36	177.97	171.99	467.37	629.40
宁　夏	—	60.00	140.00	100.00	110.00	74.00	96.00
新　疆	—	—	—	—	1 190.99	3 382.59	2 980.00
中彩中心	—	—	—	—	—	—	—
合　计 Total	**1 739.50**	**37 627.76**	**38 315.65**	**64 731.22**	**77 388.04**	**137 550.03**	**184 288.52**

地区彩票销售统计表

Regions in China from 1987 to 2013

单位：万元

Unit：Ten Thousand Yuan

1994	1995	1996	1997	1998	1999	2000
6 395.71	13 485.78	5 452.40	10 003.40	12 722.30	43 131.50	63 118.20
1 799.00	14 313.00	7 259.90	5 843.00	9 717.30	11 712.30	55 439.48
11 255.82	28 411.00	16 559.40	13 528.40	12 499.50	26 277.40	35 183.56
5 010.00	13 801.43	30 227.10	12 877.40	17 973.10	15 337.30	7 556.82
3 838.71	18 800.00	26 400.00	12 846.20	4 318.50	14 977.00	6 523.15
14 719.11	27 107.97	27 892.50	13 833.00	11 716.10	39 806.60	46 842.62
5 499.95	15 885.96	24 455.60	8 507.40	5 647.70	16 878.70	8 027.99
7 313.00	16 879.00	22 697.80	12 155.70	9 568.90	21 969.70	42 058.77
1 523.00	15 992.00	22 770.00	24 833.70	40 900.90	131 004.10	177 625.55
11 860.76	33 711.20	33 926.80	34 324.60	76 061.60	177 922.00	251 908.42
5 445.48	14 629.72	11 622.80	10 609.40	81 921.20	151 933.90	121 948.65
12 155.09	22 188.18	20 129.00	14 650.20	18 902.20	31 695.40	24 559.70
4 245.70	16 785.62	22 663.90	24 925.00	47 528.80	108 638.40	100 047.75
4 687.03	17 297.56	16 776.80	16 508.20	16 970.00	26 132.80	11 690.15
9 075.51	40 488.45	28 738.00	17 257.30	35 253.20	45 327.30	88 189.99
7 040.00	40 850.00	24 649.70	13 207.30	17 302.20	22 013.30	23 157.14
12 679.81	34 767.00	42 408.40	29 090.00	26 587.60	29 308.80	74 845.08
6 454.50	27 172.70	47 291.40	18 565.10	15 684.70	35 218.90	36 432.86
10 582.25	72 291.31	139 585.20	118 132.00	264 180.10	293 098.20	224 923.94
8 631.07	26 174.75	39 601.50	19 799.60	34 670.30	33 950.20	54 054.78
—	—	5 420.00	2 680.00	8 644.00	11 536.80	4 855.42
1 051.26	11 727.14	8 648.00	6 857.30	17 589.00	15 456.40	51 301.08
3 978.24	33 252.38	53 626.70	21 683.90	30 833.10	67 514.10	222 815.23
2 115.00	15 096.05	16 560.50	11 769.60	11 216.10	16 439.20	22 314.81
2 875.51	10 825.06	13 228.90	12 084.40	19 255.10	23 888.00	13 832.37
—	100.00	800.00	400.00	820.00	1 147.00	1 930.54
4 507.64	41 419.93	18 630.40	10 472.70	8 803.10	9 221.60	15 296.50
3 006.80	13 986.53	18 866.60	8 057.90	7 201.20	5 181.90	4 646.90
304.00	3 851.00	3 766.20	1 764.00	630.70	689.10	1 210.01
108.00	3 232.34	5 586.60	406.00	2 566.00	3 254.40	1 190.38
11 665.82	28 500.40	11 279.40	6 078.70	14 305.90	17 337.20	16 719.82
—	—	—	—	—	—	—
179 823.77	**673 023.46**	**767 521.50**	**513 751.40**	**881 990.40**	**1 447 999.50**	**1 810 247.66**

续表

地　区 Region	2001	2002	2003	2004	2005	2006	2007
北　京	183 426.03	186 984.23	212 481.94	231 696.76	296 639.31	348 667.43	364 205.94
天　津	62 878.15	72 439.67	74 972.27	69 962.76	119 600.62	132 753.21	154 765.02
河　北	78 277.90	123 133.92	126 060.59	129 222.49	316 761.76	366 048.84	444 533.31
山　西	59 527.70	43 995.89	43 391.10	52 268.78	122 840.62	187 467.71	208 250.04
内蒙古	6 461.29	17 007.15	29 466.86	36 534.14	93 438.86	134 849.96	184 002.56
辽　宁	111 621.48	206 723.54	203 604.56	206 744.28	400 758.06	573 853.54	693 544.08
吉　林	48 248.19	58 025.93	90 297.35	81 510.56	168 178.60	246 662.33	335 385.86
黑龙江	85 260.30	117 798.85	139 917.21	145 173.76	544 557.78	332 262.63	349 002.33
上　海	157 562.63	182 801.32	178 651.20	151 761.70	177 276.14	240 564.33	306 813.42
江　苏	248 549.71	255 104.13	228 805.79	209 357.33	332 088.42	536 258.76	754 634.01
浙　江	137 212.28	196 464.30	252 183.56	229 524.97	396 910.77	569 548.38	806 654.80
安　徽	59 261.08	57 630.47	72 671.55	76 483.46	196 571.39	202 123.17	303 947.95
福　建	262 631.42	385 834.77	249 397.58	193 359.61	244 091.53	310 985.40	384 498.77
江　西	49 749.19	47 804.77	64 517.88	55 083.25	133 705.01	118 903.07	153 782.75
山　东	227 938.13	333 516.51	330 205.30	318 519.65	738 111.38	624 819.75	784 817.95
河　南	154 390.98	176 796.70	159 270.29	161 142.88	329 627.50	338 440.79	361 520.90
湖　北	100 171.69	141 856.34	192 607.05	215 459.97	517 317.41	421 096.47	491 046.51
湖　南	37 239.45	62 677.66	78 911.74	80 893.66	222 888.69	236 245.07	291 164.37
广　东	315 492.94	628 070.76	612 706.20	496 055.70	601 556.63	729 761.78	865 872.21
广　西	72 449.87	107 097.48	136 795.58	126 466.13	155 693.50	157 681.10	178 265.19
海　南	8 374.90	9 509.17	12 092.93	17 888.68	18 420.22	19 030.45	34 514.72
重　庆	41 999.61	40 775.48	50 373.34	51 979.64	85 626.17	116 315.65	164 078.78
四　川	144 497.28	116 733.32	122 764.54	107 251.73	202 844.03	312 249.70	353 850.78
贵　州	33 481.67	18 622.06	33 560.19	33 953.12	55 320.95	92 637.38	126 307.91
云　南	87 714.63	87 157.57	98 595.84	111 534.98	184 731.70	263 843.48	312 308.21
西　藏	717.70	1 234.39	2 583.28	4 579.57	5 693.45	9 709.00	13 525.92
陕　西	64 606.28	69 762.04	67 625.38	64 902.44	169 249.10	175 146.14	274 124.27
甘　肃	24 580.28	42 040.26	43 143.79	35 752.11	68 986.63	105 921.73	154 676.04
青　海	2 036.49	4 663.22	9 295.74	11 987.66	25 418.13	30 760.42	38 665.04
宁　夏	4 395.50	18 189.21	20 095.16	17 591.70	31 839.21	54 559.75	67 651.55
新　疆	17 908.80	46 471.02	76 977.07	81 073.31	181 892.02	203 884.71	210 862.32
中彩中心	—	317.11	—	—	—	—	—
合　计 Total	**2 888 663.55**	**3 857 239.24**	**4 014 022.86**	**3 805 716.78**	**7 138 635.60**	**8 193 052.14**	**10 167 273.49**

2008	2009	2010	2011	2012	2013	1987—2013
418 725.52	482 920.73	689 761.37	889 971.87	890 313.24	1 048 245.07	6 413 891.49
156 352.53	195 867.86	286 469.37	418 625.19	529 342.17	652 865.30	3 041 317.82
422 358.46	445 502.21	539 471.42	717 542.81	852 389.50	1 268 715.78	5 987 509.73
218 230.57	229 328.74	241 974.19	309 903.51	356 372.51	449 367.91	2 637 867.48
269 102.99	319 953.66	316 556.99	404 819.59	443 079.49	614 430.65	2 962 440.47
591 826.33	669 570.30	777 782.54	986 035.55	1 320 996.78	1 426 089.70	8 375 079.92
272 217.64	282 356.77	310 482.61	369 346.58	490 751.36	747 339.35	3 601 232.87
334 752.57	380 371.88	399 893.63	555 524.82	741 169.01	867 065.92	5 136 874.18
292 498.07	412 311.39	450 127.54	590 816.19	646 935.65	833 034.07	5 047 145.88
835 014.45	1 162 346.09	1 656 617.14	2 596 181.24	2 958 408.79	2 842 859.90	15 269 195.62
809 606.24	946 078.70	1 261 175.46	1 533 861.39	1 757 255.10	2 107 540.33	11 450 414.49
264 403.83	342 026.91	421 931.18	585 611.50	672 592.45	954 914.87	4 371 511.47
429 791.83	508 755.03	619 002.03	805 928.17	893 882.57	1 078 215.00	6 711 397.52
174 729.67	234 050.56	368 174.85	523 225.50	713 257.43	993 725.35	3 757 418.65
746 670.95	1 144 753.59	1 436 484.52	2 049 366.12	2 283 427.69	2 568 489.21	13 877 267.49
429 574.90	505 308.29	607 782.42	841 837.09	1 085 215.79	1 234 812.98	6 555 301.15
442 788.63	482 768.24	602 493.22	711 836.86	870 990.19	1 092 247.60	6 554 757.94
237 953.54	319 854.46	428 111.17	645 303.73	849 948.13	971 903.23	4 673 482.02
1 026 148.02	1 377 659.96	1 886 537.75	2 354 381.63	2 723 203.86	3 078 771.53	17 898 926.20
161 348.57	187 847.42	263 226.87	354 741.63	461 099.04	564 752.43	3 175 371.87
57 590.20	49 504.07	99 040.75	145 996.78	190 335.91	211 361.98	910 518.87
162 061.62	204 168.77	320 375.10	491 887.88	531 924.09	626 087.19	3 008 219.29
416 268.59	561 413.98	660 079.25	819 856.12	974 965.46	1 039 204.03	6 282 917.08
172 817.77	227 136.03	259 770.61	277 968.68	315 059.71	382 704.18	2 136 532.00
435 224.78	597 272.40	614 818.06	738 866.59	865 044.73	980 746.14	5 491 710.83
33 477.56	47 719.77	39 099.13	57 271.24	57 340.02	72 233.10	350 441.66
277 894.21	322 963.02	390 700.63	561 822.71	684 210.58	855 169.33	4 095 467.67
175 918.73	192 774.96	211 623.10	260 378.55	343 119.30	549 525.28	2 277 046.18
53 448.93	61 622.99	69 425.66	90 663.43	108 675.63	158 741.01	679 303.86
74 704.95	84 137.64	101 578.48	122 954.85	132 749.93	170 921.74	918 293.38
207 822.93	269 540.60	294 275.71	345 656.70	408 363.01	490 424.77	2 948 593.78
—	—	—	—	—	—	317.11
10 601 325.58	**13 247 887.02**	**16 624 842.76**	**22 158 184.49**	**26 152 419.11**	**30 932 504.92**	**166 597 765.96**

1987—2013 年全国彩票

Statistical Table of Lottery Sales in Different Regions and

	1987	1988	1989	1990	1991	1992	1993	1994
地 区 Region	福利彩票 Welfare Lottery	福利彩票 Welfare Lottery	福利彩票 Welfare Lottery	福利彩票 Welfare Lottery	福利彩票 Welfare Lottery	福利彩票 Welfare Lottery	福利彩票 Welfare Lottery	福利彩票 Welfare Lottery
北 京	—	1 136.68	940.07	2 077.00	2 765.00	3 220.00	5 404.00	6 395.71
天 津	396.60	328.48	1 166.29	1 995.38	1 209.00	769.62	2 474.35	1 799.00
河 北	100.00	1 505.00	1 295.00	2 082.00	2 579.00	3 204.66	3 010.00	11 255.82
山 西	—	1 211.74	826.17	1 136.16	1 516.00	4 175.00	3 300.00	5 010.00
内蒙古	—	14.00	484.68	924.90	549.56	1 766.58	1 293.00	3 838.71
辽 宁	—	3 073.04	2 397.14	6 587.00	3 530.41	3 598.52	4 825.17	14 719.11
吉 林	—	997.98	1 577.14	4 617.10	1 683.33	2 388.21	4 262.68	5 499.95
黑龙江	—	1 550.48	1 463.44	2 214.32	1 417.00	1 650.38	3 185.00	7 313.00
上 海	373.71	701.80	833.99	2 371.89	2 724.00	2 841.00	1 496.60	1 523.00
江 苏	100.00	2 659.00	3 304.65	3 110.30	2 299.87	4 607.66	17 173.00	11 860.76
浙 江	193.90	2 757.89	2 615.25	2 431.00	3 921.82	19 642.22	16 724.97	5 445.48
安 徽	—	1 123.99	1 068.75	1 693.08	2 251.00	2 711.00	8 214.07	12 155.09
福 建	242.84	1 269.65	1 537.63	1 060.00	4 527.96	7 038.50	4 512.05	4 245.70
江 西	—	195.00	300.00	890.21	1 827.72	4 287.92	9 145.99	4 687.03
山 东	—	1 259.19	1 393.80	1 908.46	3 598.37	6 596.13	11 061.04	9 075.51
河 南	198.64	1 130.00	2 041.38	2 540.00	3 230.00	4 220.00	8 000.00	7 040.00
湖 北	133.81	867.40	650.41	787.09	1 107.17	7 962.42	10 882.76	12 679.81
湖 南	—	855.52	950.00	2 010.00	5 625.00	9 117.43	5 009.00	6 454.50
广 东	—	7 396.80	8 271.03	11 278.52	14 275.24	15 554.45	23 138.20	10 582.25
广 西	—	68.88	467.16	4 536.77	6 203.60	7 255.33	12 493.11	8 631.07
海 南	—	512.75	34.87	2 514.53	405.57	227.96	26.21	—
重 庆	—	816.18	339.61	1 140.00	733.00	1 463.00	3 444.00	1 051.26
四 川	—	1 795.63	912.58	1 405.59	2 356.00	5 907.00	4 857.81	3 978.24
贵 州	—	290.00	547.87	803.18	527.55	3 117.00	6 394.87	2 115.00
云 南	—	1 910.33	1 329.93	612.46	1 270.00	5 781.07	6 958.58	2 875.51
西 藏	—	—	—	—	—	—	60.00	—
陕 西	—	1 296.68	990.05	1 071.72	2 778.89	1 931.26	871.06	4 507.64
甘 肃	—	636.26	406.40	654.59	1 003.00	2 591.75	2 365.60	3 006.80
青 海	—	60.00	140.00	100.00	110.00	74.00	96.00	108.00
宁 夏	—	207.41	30.36	177.97	171.99	467.37	629.40	304.00
新 疆	—	—	—	—	1 190.99	3 382.59	2 980.00	11 665.82
中彩中心	—	—	—	—	—	—	—	—
合 计 Total	**1 739.50**	**37 627.76**	**38 315.65**	**64 731.22**	**77 388.04**	**137 550.03**	**184 288.52**	**179 823.77**

销售统计表（分地区分系统）

Different Organizations in China from 1987 to 2013

单位：万元

Unit: Ten Thousand Yuan

1995			1996			1997		
福利彩票 Welfare Lottery	体育彩票 Sports Lottery	小 计 Subtotal	福利彩票 Welfare Lottery	体育彩票 Sports Lottery	小 计 Subtotal	福利彩票 Welfare Lottery	体育彩票 Sports Lottery	小 计 Subtotal
11 485.78	2 000.00	13 485.78	5 452.40	—	5 452.40	8 003.40	2 000.00	10 003.40
6 113.00	8 200.00	14 313.00	4 159.90	3 100.00	7 259.90	4 043.00	1 800.00	5 843.00
20 611.00	7 800.00	28 411.00	11 559.40	5 000.00	16 559.40	7 928.40	5 600.00	13 528.40
13 001.43	800.00	13 801.43	28 227.10	2 000.00	30 227.10	10 877.40	2 000.00	12 877.40
18 400.00	400.00	18 800.00	24 200.00	2 200.00	26 400.00	8 446.20	4 400.00	12 846.20
23 007.97	4 100.00	27 107.97	21 992.50	5 900.00	27 892.50	11 033.00	2 800.00	13 833.00
14 005.96	1 880.00	15 885.96	19 355.60	5 100.00	24 455.60	5 507.40	3 000.00	8 507.40
9 565.00	7 314.00	16 879.00	18 797.80	3 900.00	22 697.80	7 155.70	5 000.00	12 155.70
9 492.00	6 500.00	15 992.00	11 770.00	11 000.00	22 770.00	5 833.70	19 000.00	24 833.70
21 711.20	12 000.00	33 711.20	29 126.80	4 800.00	33 926.80	27 524.60	6 800.00	34 324.60
12 209.72	2 420.00	14 629.72	8 102.80	3 520.00	11 622.80	4 609.40	6 000.00	10 609.40
19 088.18	3 100.00	22 188.18	15 729.00	4 400.00	20 129.00	10 050.20	4 600.00	14 650.20
14 985.62	1 800.00	16 785.62	18 663.90	4 000.00	22 663.90	10 925.00	14 000.00	24 925.00
15 797.56	1 500.00	17 297.56	13 376.80	3 400.00	16 776.80	12 508.20	4 000.00	16 508.20
39 488.45	1 000.00	40 488.45	23 718.00	5 020.00	28 738.00	12 257.30	5 000.00	17 257.30
39 550.00	1 300.00	40 850.00	21 849.70	2 800.00	24 649.70	10 207.30	3 000.00	13 207.30
30 067.00	4 700.00	34 767.00	36 888.40	5 520.00	42 408.40	23 730.00	5 360.00	29 090.00
22 672.70	4 500.00	27 172.70	42 271.40	5 020.00	47 291.40	13 565.10	5 000.00	18 565.10
61 005.31	11 286.00	72 291.31	130 585.20	9 000.00	139 585.20	105 132.00	13 000.00	118 132.00
23 774.75	2 400.00	26 174.75	34 601.50	5 000.00	39 601.50	13 799.60	6 000.00	19 799.60
—	—	—	2 920.00	2 500.00	5 420.00	680.00	2 000.00	2 680.00
11 727.14	—	11 727.14	8 648.00	—	8 648.00	4 857.30	2 000.00	6 857.30
29 952.38	3 300.00	33 252.38	47 906.70	5 720.00	53 626.70	15 683.90	6 000.00	21 683.90
14 096.05	1 000.00	15 096.05	12 760.50	3 800.00	16 560.50	7 769.60	4 000.00	11 769.60
7 825.06	3 000.00	10 825.06	10 828.90	2 400.00	13 228.90	8 084.40	4 000.00	12 084.40
—	100.00	100.00	—	800.00	800.00	—	400.00	400.00
38 099.93	3 320.00	41 419.93	14 530.40	4 100.00	18 630.40	5 472.70	5 000.00	10 472.70
13 006.53	980.00	13 986.53	15 866.60	3 000.00	18 866.60	5 057.90	3 000.00	8 057.90
3 232.34	—	3 232.34	3 586.60	2 000.00	5 586.60	764.00	1 000.00	1 764.00
3 551.00	300.00	3 851.00	1 766.20	2 000.00	3 766.20	166.00	240.00	406.00
25 500.40	3 000.00	28 500.40	8 279.40	3 000.00	11 279.40	2 078.70	4 000.00	6 078.70
—	—	—	—	—	—	—	—	—
573 023.46	**100 000.00**	**673 023.46**	**647 521.50**	**120 000.00**	**767 521.50**	**363 751.40**	**150 000.00**	**513 751.40**

续表

地 区 Region	1998			1999			2000		
	福利彩票 Welfare Lottery	体育彩票 Sports Lottery	小 计 Subtotal	福利彩票 Welfare Lottery	体育彩票 Sports Lottery	小 计 Subtotal	福利彩票 Welfare Lottery	体育彩票 Sports Lottery	小 计 Subtotal
北 京	9 442.30	3 280.00	12 722.30	37 931.50	5 200.00	43 131.50	14 439.53	48 678.67	63 118.20
天 津	4 717.30	5 000.00	9 717.30	4 302.30	7 410.00	11 712.30	7 329.81	48 109.67	55 439.48
河 北	6 559.50	5 940.00	12 499.50	23 306.40	2 971.00	26 277.40	9 915.50	25 268.06	35 183.56
山 西	11 973.10	6 000.00	17 973.10	15 137.30	200.00	15 337.30	5 663.91	1 892.91	7 556.82
内蒙古	3 388.50	930.00	4 318.50	12 203.00	2 774.00	14 977.00	4 410.29	2 112.86	6 523.15
辽 宁	7 716.10	4 000.00	11 716.10	38 092.60	1 714.00	39 806.60	40 451.11	6 391.51	46 842.62
吉 林	3 647.70	2 000.00	5 647.70	15 166.70	1 712.00	16 878.70	7 027.99	1 000.00	8 027.99
黑龙江	5 568.90	4 000.00	9 568.90	15 389.70	6 580.00	21 969.70	14 793.15	27 265.62	42 058.77
上 海	30 900.90	10 000.00	40 900.90	87 778.10	43 226.00	131 004.10	127 451.61	50 173.94	177 625.55
江 苏	59 061.60	17 000.00	76 061.60	111 465.00	66 457.00	177 922.00	69 646.57	182 261.85	251 908.42
浙 江	57 921.20	24 000.00	81 921.20	106 897.90	45 036.00	151 933.90	60 531.70	61 416.95	121 948.65
安 徽	13 862.20	5 040.00	18 902.20	25 035.40	6 660.00	31 695.40	16 397.84	8 161.86	24 559.70
福 建	17 528.80	30 000.00	47 528.80	65 630.40	43 008.00	108 638.40	28 880.51	71 167.24	100 047.75
江 西	12 770.00	4 200.00	16 970.00	20 766.80	5 366.00	26 132.80	8 441.16	3 248.99	11 690.15
山 东	29 253.20	6 000.00	35 253.20	36 476.30	8 851.00	45 327.30	75 387.02	12 802.97	88 189.99
河 南	13 302.20	4 000.00	17 302.20	19 731.30	2 282.00	22 013.30	17 382.00	5 775.14	23 157.14
湖 北	17 227.60	9 360.00	26 587.60	23 651.80	5 657.00	29 308.80	31 098.02	43 747.06	74 845.08
湖 南	10 684.70	5 000.00	15 684.70	28 507.90	6 711.00	35 218.90	21 268.46	15 164.40	36 432.86
广 东	215 180.10	49 000.00	264 180.10	211 035.20	82 063.00	293 098.20	133 754.80	91 169.14	224 923.94
广 西	22 670.30	12 000.00	34 670.30	30 539.20	3 411.00	33 950.20	51 230.75	2 824.03	54 054.78
海 南	2 644.00	6 000.00	8 644.00	8 002.80	3 534.00	11 536.80	1 300.67	3 554.75	4 855.42
重 庆	14 589.00	3 000.00	17 589.00	13 131.40	2 325.00	15 456.40	45 989.14	5 311.94	51 301.08
四 川	17 793.10	13 040.00	30 833.10	31 239.10	36 275.00	67 514.10	55 473.45	167 341.78	222 815.23
贵 州	6 796.10	4 420.00	11 216.10	12 335.20	4 104.00	16 439.20	8 437.27	13 877.54	22 314.81
云 南	14 255.10	5 000.00	19 255.10	20 115.00	3 773.00	23 888.00	12 244.00	1 588.37	13 832.37
西 藏	—	820.00	820.00	—	1 147.00	1 147.00	1 186.54	744.00	1 930.54
陕 西	5 803.10	3 000.00	8 803.10	8 740.60	481.00	9 221.60	10 232.62	5 063.88	15 296.50
甘 肃	4 201.20	3 000.00	7 201.20	4 081.90	1 100.00	5 181.90	3 657.95	988.95	4 646.90
青 海	260.70	370.00	630.70	689.10	—	689.10	1 030.38	160.00	1 190.38
宁 夏	2 166.00	400.00	2 566.00	2 754.40	500.00	3 254.40	627.74	582.27	1 210.01
新 疆	10 105.90	4 200.00	14 305.90	14 314.20	3 023.00	17 337.20	13 165.77	3 554.05	16 719.82
中彩中心	—	—	—	—	—	—	—	—	—
合 计 Total	**631 990.40**	**250 000.00**	**881 990.40**	**1 044 448.50**	**403 551.00**	**1 447 999.50**	**898 847.26**	**911 400.40**	**1 810 247.66**

2001			2002			2003		
福利彩票 Welfare Lottery	体育彩票 Sports Lottery	小 计 Subtotal	福利彩票 Welfare Lottery	体育彩票 Sports Lottery	小 计 Subtotal	福利彩票 Welfare Lottery	体育彩票 Sports Lottery	小 计 Subtotal
33 179.03	150 247.00	183 426.03	56 126.23	130 858.00	186 984.23	100 520.93	111 961.01	212 481.94
12 100.15	50 778.00	62 878.15	8 159.23	64 280.44	72 439.67	10 763.39	64 208.88	74 972.27
25 530.36	52 747.54	78 277.90	48 987.11	74 146.81	123 133.92	58 907.49	67 153.10	126 060.59
53 207.86	6 319.84	59 527.70	34 870.99	9 124.90	43 995.89	27 644.61	15 746.49	43 391.10
5 473.39	987.90	6 461.29	10 824.25	6 182.90	17 007.15	16 957.45	12 509.41	29 466.86
75 896.56	35 724.92	111 621.48	105 933.26	100 790.28	206 723.54	126 814.59	76 789.97	203 604.56
33 078.01	15 170.18	48 248.19	25 229.36	32 796.57	58 025.93	46 783.59	43 513.76	90 297.35
41 780.52	43 479.78	85 260.30	67 728.98	50 069.87	117 798.85	84 072.82	55 844.39	139 917.21
100 356.05	57 206.58	157 562.63	80 032.30	102 769.02	182 801.32	102 551.43	76 099.77	178 651.20
71 973.80	176 575.91	248 549.71	72 515.36	182 588.77	255 104.13	68 803.36	160 002.43	228 805.79
54 559.50	82 652.78	137 212.28	53 042.52	143 421.78	196 464.30	84 922.35	167 261.21	252 183.56
35 054.75	24 206.33	59 261.08	23 206.75	34 423.72	57 630.47	27 413.74	45 257.81	72 671.55
81 017.90	181 613.52	262 631.42	67 481.65	318 353.12	385 834.77	29 091.19	220 306.39	249 397.58
39 602.89	10 146.30	49 749.19	30 992.83	16 811.94	47 804.77	34 426.37	30 091.51	64 517.88
185 322.67	42 615.46	227 938.13	265 900.88	67 615.63	333 516.51	288 136.42	42 068.88	330 205.30
71 436.07	82 954.91	154 390.98	68 094.52	108 702.18	176 796.70	73 635.77	85 634.52	159 270.29
32 817.84	67 353.85	100 171.69	40 236.65	101 619.69	141 856.34	78 832.09	113 774.96	192 607.05
24 411.12	12 828.33	37 239.45	42 815.92	19 861.74	62 677.66	55 828.97	23 082.77	78 911.74
172 421.81	143 071.13	315 492.94	287 606.13	340 464.63	628 070.76	314 331.30	298 374.90	612 706.20
58 162.23	14 287.64	72 449.87	84 519.87	22 577.61	107 097.48	111 382.99	25 412.59	136 795.58
3 575.51	4 799.39	8 374.90	3 296.49	6 212.68	9 509.17	2 068.59	10 024.34	12 092.93
29 524.27	12 475.34	41 999.61	22 350.63	18 424.85	40 775.48	31 040.63	19 332.71	50 373.34
19 000.56	125 496.72	144 497.28	13 806.77	102 926.55	116 733.32	28 635.87	94 128.67	122 764.54
12 220.15	21 261.52	33 481.67	6 032.89	12 589.17	18 622.06	18 790.79	14 769.40	33 560.19
25 311.57	62 403.06	87 714.63	24 168.39	62 989.18	87 157.57	27 504.37	71 091.47	98 595.84
550.70	167.00	717.70	572.85	661.54	1 234.39	628.59	1 954.69	2 583.28
52 690.49	11 915.79	64 606.28	42 608.99	27 153.05	69 762.04	37 829.76	29 795.62	67 625.38
23 019.63	1 560.65	24 580.28	32 861.07	9 179.19	42 040.26	30 073.74	13 070.05	43 143.79
1 717.27	319.22	2 036.49	15 110.71	3 078.50	18 189.21	6 992.77	2 302.97	9 295.74
4 395.50	—	4 395.50	3 545.14	1 118.08	4 663.22	13 723.54	6 371.62	20 095.16
16 347.00	1 561.80	17 908.80	41 266.53	5 204.49	46 471.02	61 460.08	15 516.99	76 977.07
—	—	—	317.11	—	317.11	—	—	—
1 395 735.16	**1 492 928.39**	**2 888 663.55**	**1 679 925.25**	**2 177 313.99**	**3 857 239.24**	**2 000 569.58**	**2 013 453.28**	**4 014 022.86**

续表

地 区 Region	2004 福利彩票 Welfare Lottery	2004 体育彩票 Sports Lottery	2004 小 计 Subtotal	2005 福利彩票 Welfare Lottery	2005 体育彩票 Sports Lottery	2005 小 计 Subtotal
北 京	157 995. 61	73 701. 15	231 696. 76	207 187. 56	89 451. 75	296 639. 31
天 津	19 589. 60	50 373. 16	69 962. 76	40 174. 97	79 425. 65	119 600. 62
河 北	80 013. 37	49 209. 12	129 222. 49	176 551. 16	140 210. 60	316 761. 76
山 西	37 431. 99	14 836. 79	52 268. 78	83 938. 78	38 901. 84	122 840. 62
内蒙古	23 363. 02	13 171. 12	36 534. 14	55 135. 96	38 302. 91	93 438. 86
辽 宁	152 600. 09	54 144. 19	206 744. 28	266 384. 46	134 373. 60	400 758. 06
吉 林	49 510. 98	31 999. 58	81 510. 56	96 075. 33	72 103. 27	168 178. 60
黑龙江	95 629. 70	49 544. 06	145 173. 76	302 950. 17	241 607. 61	544 557. 78
上 海	100 273. 42	51 488. 28	151 761. 70	123 528. 65	53 747. 48	177 276. 14
江 苏	75 014. 61	134 342. 72	209 357. 33	136 391. 95	195 696. 48	332 088. 42
浙 江	82 221. 07	147 303. 90	229 524. 97	160 436. 76	236 474. 01	396 910. 77
安 徽	41 476. 63	35 006. 83	76 483. 46	100 089. 03	96 482. 37	196 571. 39
福 建	21 336. 50	172 023. 11	193 359. 61	45 162. 07	198 929. 46	244 091. 53
江 西	30 510. 91	24 572. 34	55 083. 25	51 637. 78	82 067. 23	133 705. 01
山 东	284 915. 79	33 603. 86	318 519. 65	539 046. 67	199 064. 71	738 111. 38
河 南	91 656. 07	69 486. 81	161 142. 88	157 659. 30	171 968. 20	329 627. 50
湖 北	123 910. 17	91 549. 80	215 459. 97	278 119. 79	239 197. 62	517 317. 41
湖 南	60 041. 08	20 852. 58	80 893. 66	118 344. 02	104 544. 68	222 888. 69
广 东	306 563. 04	189 492. 66	496 055. 70	391 173. 93	210 382. 70	601 556. 63
广 西	111 488. 44	14 977. 69	126 466. 13	136 391. 95	19 301. 55	155 693. 50
海 南	12 918. 82	4 969. 86	17 888. 68	13 857. 37	4 562. 85	18 420. 22
重 庆	37 457. 36	14 522. 28	51 979. 64	62 666. 48	22 959. 69	85 626. 17
四 川	45 672. 66	61 579. 07	107 251. 73	106 713. 86	96 130. 18	202 844. 03
贵 州	23 482. 24	10 470. 88	33 953. 12	39 630. 18	15 690. 77	55 320. 95
云 南	52 379. 05	59 155. 93	111 534. 98	105 475. 42	79 256. 28	184 731. 70
西 藏	3 651. 32	928. 25	4 579. 57	4 334. 58	1 358. 87	5 693. 45
陕 西	35 969. 80	28 932. 64	64 902. 44	106 804. 71	62 444. 39	169 249. 10
甘 肃	22 782. 61	12 969. 50	35 752. 11	43 373. 18	25 613. 45	68 986. 63
青 海	8 826. 95	3 160. 71	11 987. 66	16 054. 81	6 729. 68	22 784. 49
宁 夏	10 684. 80	6 906. 90	17 591. 70	18 688. 45	15 784. 40	34 472. 85
新 疆	64 385. 60	16 687. 71	81 073. 31	128 098. 35	53 793. 67	181 892. 02
中彩中心	—	—	—	—	—	—
合 计 Total	**2 263 753. 30**	**1 541 963. 48**	**3 805 716. 78**	**4 112 077. 66**	**3 026 557. 94**	**7 138 635. 60**

2006			2007			2008		
福利彩票 Welfare Lottery	体育彩票 Sports Lottery	小　计 Subtotal	福利彩票 Welfare Lottery	体育彩票 Sports Lottery	小　计 Subtotal	福利彩票 Welfare Lottery	体育彩票 Sports Lottery	小　计 Subtotal
229 001.22	119 666.21	348 667.43	238 198.87	126 007.06	364 205.94	264 760.76	153 964.77	418 725.52
54 531.44	78 221.77	132 753.21	72 412.81	82 352.20	154 765.02	64 095.76	92 256.78	156 352.53
233 993.59	132 055.25	366 048.84	272 316.12	172 217.19	444 533.31	260 128.67	162 229.79	422 358.46
131 537.22	55 930.49	187 467.71	157 469.17	50 780.87	208 250.04	125 853.49	92 377.08	218 230.57
80 375.24	54 474.73	134 849.96	110 442.21	73 560.35	184 002.56	165 259.42	103 843.57	269 102.99
399 046.63	174 806.91	573 853.54	493 266.48	200 277.60	693 544.08	400 885.63	190 940.70	591 826.33
132 208.30	114 454.03	246 662.33	214 700.40	120 685.46	335 385.86	159 023.07	113 194.58	272 217.64
235 808.29	96 454.34	332 262.63	224 301.91	124 700.41	349 002.33	212 956.64	121 795.93	334 752.57
167 850.45	72 713.88	240 564.33	221 109.64	85 703.78	306 813.42	195 329.31	97 168.76	292 498.07
210 184.33	326 074.44	536 258.76	320 308.22	434 325.79	754 634.01	334 282.22	500 732.23	835 014.45
244 239.10	325 309.28	569 548.38	444 633.66	362 021.14	806 654.80	407 120.26	402 485.98	809 606.24
128 081.78	74 041.39	202 123.17	188 383.13	115 564.82	303 947.95	157 284.48	107 119.35	264 403.83
100 104.26	210 881.14	310 985.40	146 417.77	238 081.00	384 498.77	125 404.77	304 387.06	429 791.83
52 859.06	66 044.01	118 903.07	65 072.47	88 710.28	153 782.75	81 403.05	93 326.62	174 729.67
468 047.68	156 772.06	624 819.75	592 654.30	192 163.66	784 817.95	510 118.51	236 552.44	746 670.95
177 670.69	160 770.10	338 440.79	207 361.08	154 159.82	361 520.90	191 362.83	238 212.07	429 574.90
265 749.02	155 347.45	421 096.47	305 241.68	185 804.83	491 046.51	280 791.48	161 997.15	442 788.63
147 414.49	88 830.59	236 245.07	191 915.75	99 248.63	291 164.37	151 375.73	86 577.80	237 953.54
487 050.04	242 711.74	729 761.78	565 821.16	300 051.05	865 872.21	633 992.91	392 155.11	1 026 148.02
136 514.05	21 167.05	157 681.10	155 515.47	22 749.72	178 265.19	136 672.69	24 675.88	161 348.57
13 112.29	5 918.16	19 030.45	25 544.39	8 970.32	34 514.72	47 368.49	10 221.71	57 590.20
90 646.02	25 669.64	116 315.65	127 322.18	36 756.60	164 078.78	111 486.31	50 575.31	162 061.62
173 020.19	139 229.52	312 249.70	196 865.49	156 985.30	353 850.78	244 593.94	171 674.65	416 268.59
61 166.11	31 471.27	92 637.38	78 969.03	47 338.89	126 307.91	103 451.21	69 366.56	172 817.77
149 057.25	114 786.23	263 843.48	188 850.64	123 457.57	312 308.21	202 386.33	232 838.45	435 224.78
7 691.78	2 017.22	9 709.00	11 116.17	2 409.76	13 525.92	17 889.68	15 587.88	33 477.56
116 610.58	58 535.56	175 146.14	186 680.07	87 444.20	274 124.27	159 361.70	118 532.51	277 894.21
67 309.07	38 612.66	105 921.73	107 355.26	47 320.78	154 676.04	100 122.40	75 796.32	175 918.73
22 232.30	8 528.13	30 760.42	28 816.76	9 848.28	38 665.04	30 548.01	22 900.92	53 448.93
31 646.79	22 912.96	54 559.75	42 365.13	25 286.42	67 651.55	35 768.60	38 936.36	74 704.95
142 000.00	61 884.71	203 884.71	134 475.11	76 387.21	210 862.32	128 716.89	79 106.04	207 822.93
—	—	—	—	—	—	—	—	—
4 956 759.24	**3 236 292.90**	**8 193 052.14**	**6 315 902.51**	**3 851 370.97**	**10 167 273.49**	**6 039 795.23**	**4 561 530.35**	**10 601 325.58**

续表

地区 Region	2009			2010			2011		
	福利彩票 Welfare Lottery	体育彩票 Sports Lottery	小计 Subtotal	福利彩票 Welfare Lottery	体育彩票 Sports Lottery	小计 Subtotal	福利彩票 Welfare Lottery	体育彩票 Sports Lottery	小计 Subtotal
北京	311 890.56	171 030.17	482 920.73	382 292.54	307 468.83	689 761.37	503 554.26	386 417.61	889 971.87
天津	83 173.48	112 694.38	195 867.86	123 844.76	162 624.61	286 469.37	160 714.27	257 910.92	418 625.19
河北	279 639.11	165 863.10	445 502.21	347 006.56	192 464.86	539 471.42	471 188.65	246 354.16	717 542.81
山西	148 620.24	80 708.50	229 328.74	159 719.43	82 254.76	241 974.19	213 702.01	96 201.50	309 903.51
内蒙古	193 675.40	126 278.26	319 953.66	200 553.74	116 003.25	316 556.99	258 553.80	146 265.79	404 819.59
辽宁	474 376.30	195 194.00	669 570.30	543 791.57	233 990.98	777 782.54	627 739.73	358 295.82	986 035.55
吉林	156 052.32	126 304.45	282 356.77	176 023.10	134 459.51	310 482.61	208 013.56	161 333.02	369 346.58
黑龙江	233 872.57	146 499.31	380 371.88	243 383.48	156 510.15	399 893.63	285 501.27	270 023.55	555 524.82
上海	291 953.43	120 357.96	412 311.39	295 040.81	155 086.73	450 127.54	383 409.73	207 406.46	590 816.19
江苏	478 358.21	683 987.88	1 162 346.09	723 258.10	933 359.04	1 656 617.14	1 178 830.30	1 417 350.94	2 596 181.24
浙江	493 209.76	452 868.94	946 078.70	733 942.15	527 233.31	1 261 175.46	927 216.13	606 645.26	1 533 861.39
安徽	201 035.41	140 991.50	342 026.91	251 627.30	170 303.88	421 931.18	355 627.04	229 984.46	585 611.50
福建	160 594.20	348 160.83	508 755.03	241 186.14	377 815.89	619 002.03	329 024.52	476 903.65	805 928.17
江西	107 444.82	126 605.74	234 050.56	144 329.17	223 845.68	368 174.85	231 094.96	292 130.54	523 225.50
山东	690 475.14	454 278.45	1 144 753.59	898 454.89	538 029.63	1 436 484.52	1 097 297.13	952 068.99	2 049 366.12
河南	227 658.45	277 649.84	505 308.29	321 660.36	286 122.06	607 782.42	452 936.10	388 900.99	841 837.09
湖北	318 822.18	163 946.06	482 768.24	407 074.95	195 418.27	602 493.22	510 549.41	201 287.45	711 836.86
湖南	203 959.50	115 894.96	319 854.46	263 449.03	164 662.14	428 111.17	409 434.94	235 868.79	645 303.73
广东	833 977.73	543 682.23	1 377 659.96	1 135 538.64	750 999.12	1 886 537.75	1 407 034.45	947 347.17	2 354 381.63
广西	159 526.95	28 320.47	187 847.42	209 737.98	53 488.89	263 226.87	282 296.16	72 445.47	354 741.63
海南	38 184.09	11 319.98	49 504.07	84 036.38	15 004.37	99 040.75	118 814.54	27 182.24	145 996.78
重庆	140 283.50	63 885.27	204 168.77	218 964.71	101 410.39	320 375.10	345 860.20	146 027.68	491 887.88
四川	311 716.13	249 697.85	561 413.98	367 863.16	292 216.09	660 079.25	486 887.44	332 968.68	819 856.12
贵州	135 172.12	91 963.91	227 136.03	144 454.78	115 315.83	259 770.61	160 217.70	117 750.99	277 968.68
云南	286 596.57	310 675.83	597 272.40	330 270.78	284 547.28	614 818.06	396 464.71	342 401.88	738 866.59
西藏	27 808.32	19 911.45	47 719.77	25 139.88	13 959.25	39 099.13	33 106.41	24 164.83	57 271.24
陕西	203 278.41	119 684.61	322 963.02	257 242.51	133 458.12	390 700.63	401 325.86	160 496.85	561 822.71
甘肃	129 457.73	63 317.23	192 774.96	147 863.66	63 759.44	211 623.10	182 711.20	77 667.35	260 378.55
青海	37 355.34	24 267.65	61 622.99	45 868.17	23 557.49	69 425.66	58 201.79	32 461.64	90 663.43
宁夏	44 247.36	39 890.28	84 137.64	63 665.31	37 913.17	101 578.48	77 054.53	45 900.32	122 954.85
新疆	158 164.72	111 375.88	269 540.60	192 954.54	101 321.17	294 275.71	225 357.13	120 299.56	345 656.70
中彩中心	—	—	—	—	—	—	—	—	—
合计 Total	**7 560 580.05**	**5 687 306.97**	**13 247 887.02**	**9 680 238.56**	**6 944 604.20**	**16 624 842.76**	**12 779 719.93**	**9 378 464.56**	**22 158 184.49**

2012			2013			1987—2013		
福利彩票 Welfare Lottery	体育彩票 Sports Lottery	小　计 Subtotal	福利彩票 Welfare Lottery	体育彩票 Sports Lottery	小　计 Subtotal	福利彩票 Welfare Lottery	体育彩票 Sports Lottery	合　计 Total
507 317.39	382 995.85	890 313.24	509 368.74	538 876.33	1 048 245.07	3 610 087.07	2 803 804.41	6 413 891.48
228 000.86	301 341.31	529 342.17	300 405.71	352 459.59	652 865.30	1 218 770.46	1 822 547.36	3 041 317.82
546 386.83	306 002.67	852 389.50	703 776.51	564 939.27	1 268 715.78	3 609 337.20	2 378 172.54	5 987 509.73
254 806.03	101 566.48	356 372.51	293 196.41	156 171.50	449 367.91	1 824 053.54	813 813.94	2 637 867.48
281 124.50	161 954.99	443 079.49	395 704.85	218 725.80	614 430.65	1 877 362.64	1 085 077.82	2 962 440.47
798 047.23	522 949.55	1 320 996.78	929 441.33	496 648.37	1 426 089.70	5 575 247.53	2 799 832.39	8 375 079.92
256 357.13	234 394.23	490 751.36	416 052.71	331 286.64	747 339.35	2 054 845.60	1 546 387.26	3 601 232.87
358 206.36	382 962.65	741 169.01	440 035.04	427 030.88	867 065.92	2 916 291.62	2 220 582.56	5 136 874.18
384 025.82	262 909.83	646 935.65	375 293.73	457 740.34	833 034.07	3 106 847.08	1 940 298.81	5 047 145.89
1 340 066.74	1 618 342.05	2 958 408.79	1 285 029.01	1 557 830.89	2 842 859.90	6 658 667.21	8 610 528.41	15 269 195.62
1 023 967.93	733 287.17	1 757 255.10	1 244 851.59	862 688.74	2 107 540.33	6 258 368.04	5 192 046.45	11 450 414.48
436 558.35	236 034.10	672 592.45	590 768.95	364 145.92	954 914.87	2 665 987.13	1 705 524.34	4 371 511.47
371 984.26	521 898.31	893 882.57	479 583.00	598 632.00	1 078 215.00	2 379 436.80	4 331 960.71	6 711 397.51
352 383.78	360 873.65	713 257.43	487 034.84	506 690.51	993 725.35	1 813 787.31	1 943 631.35	3 757 418.66
1 223 637.80	1 059 789.89	2 283 427.69	1 344 280.28	1 224 208.93	2 568 489.21	8 639 760.93	5 237 506.56	13 877 267.49
568 890.93	516 324.86	1 085 215.79	617 988.22	616 824.76	1 234 812.98	3 378 432.90	3 176 868.25	6 555 301.15
607 789.85	263 200.34	870 990.19	738 288.79	353 958.81	1 092 247.60	4 185 957.60	2 368 800.35	6 554 757.94
529 189.21	320 758.92	849 948.13	603 054.26	368 848.97	971 903.23	2 970 225.73	1 703 256.30	4 673 482.02
1 695 551.18	1 027 652.68	2 723 203.86	1 899 419.72	1 179 351.81	3 078 771.53	11 077 671.13	6 821 255.07	17 898 926.20
384 769.57	76 329.47	461 099.04	477 437.00	87 315.43	564 752.43	2 660 687.36	514 684.51	3 175 371.86
143 251.44	47 084.47	190 335.91	160 175.92	51 186.06	211 361.98	685 473.69	225 045.18	910 518.87
381 540.93	150 383.16	531 924.09	435 129.47	190 957.72	626 087.19	2 142 201.72	866 017.57	3 008 219.29
595 148.22	379 817.24	974 965.46	678 348.28	360 855.75	1 039 204.03	3 487 534.04	2 795 383.04	6 282 917.08
181 386.47	133 673.24	315 059.71	202 467.37	180 236.81	382 704.18	1 243 431.23	893 100.78	2 136 532.00
448 759.71	416 285.02	865 044.73	499 102.20	481 643.94	980 746.14	2 830 417.32	2 661 293.50	5 491 710.82
30 752.25	26 587.77	57 340.02	42 693.91	29 539.19	72 233.10	207 182.98	143 258.68	350 441.67
502 854.75	181 355.83	684 210.58	631 348.13	223 821.20	855 169.33	2 830 932.41	1 264 535.26	4 095 467.67
228 036.40	115 082.90	343 119.30	330 035.41	219 489.87	549 525.28	1 501 537.85	775 508.34	2 277 046.18
74 962.26	33 713.37	108 675.63	95 625.92	63 115.09	158 741.01	452 564.17	237 513.65	690 077.81
90 801.09	41 948.84	132 749.93	107 387.08	63 534.66	170 921.74	556 993.15	350 526.28	907 519.43
276 667.92	131 695.09	408 363.01	339 521.99	150 902.78	490 424.77	2 002 079.63	946 514.15	2 948 593.78
—	—	—	—	—	—	317.11	—	317.11
15 103 223.19	**11 049 195.92**	**26 152 419.11**	**17 652 846.37**	**13 279 658.55**	**30 932 504.92**	**96 422 490.16**	**70 175 275.79**	**166 597 765.96**

1987—2013 年全国福利

Statistical Table of Public Welfare Funds of Welfare

地 区 Region	1987—1988	1989	1990	1991	1992	1993
北 京	331.66	279.23	549.80	606.20	770.60	1 332.50
天 津	242.28	322.41	392.60	302.70	191.70	567.60
河 北	516.60	390.40	578.80	708.90	767.30	753.00
山 西	485.32	248.28	320.40	380.70	1 001.40	641.40
内蒙古		134.66	312.00	146.00	439.30	323.20
辽 宁	1 065.78	676.35	1 510.80	878.10	870.70	1 191.20
吉 林	407.55	616.26	1 114.60	429.60	647.90	1 037.10
黑龙江	239.73	443.32	567.00	375.31	412.20	800.40
上 海	170.24	249.69	615.63	680.90	710.20	374.10
江 苏	395.41	919.78	662.49	1 007.02	1 382.20	4 524.80
浙 江	443.59	762.12	777.98	1 218.64	5 062.80	4 069.60
安 徽	256.00	238.60	478.10	605.30	675.50	1 912.80
福 建	282.01	447.74	264.70	1 078.12	1 759.60	1 124.80
江 西	58.72	98.40	236.00	475.96	1 014.40	2 252.00
山 东	391.67	381.34	466.20	798.00	1 657.90	2 672.10
河 南	643.20	640.00	842.56	966.70	1 055.00	2 000.00
湖 北	346.47	193.35	281.18	267.40	2 046.10	2 745.70
湖 南	206.80	232.66	691.30	1 127.93	2 027.60	1 252.30
广 东	1 325.72	1 339.04	2 064.60	4 467.14	3 463.00	5 248.80
广 西		135.72	1 217.97	1 542.70	1 825.50	3 131.40
海 南	154.94	9.27	668.80	100.20	35.40	5.00
重 庆	269.64	88.77	278.20	173.25	359.60	861.00
四 川	816.55	277.96	165.22	586.45	1 476.70	1 214.50
贵 州	185.03	149.30	230.50	129.20	779.30	1 598.70
云 南	543.58	422.43	194.50	314.90	1 432.80	1 740.60
西 藏						
陕 西	479.89	279.00	293.17	701.65	480.60	206.50
甘 肃	206.15	145.03	196.00	252.00	637.00	591.40
青 海	37.92	8.46	43.00	41.00	117.00	155.60
宁 夏	24.00	49.44	18.80	27.40	18.50	24.00
新 疆				256.00	963.60	732.00
小 计 Subtotal	10 526.45	10 179.01	16 032.90	20 645.37	34 081.40	45 084.10
中央集中 Central Government	2 754.52	2 445.82	3 994.94	4 326.92	6 517.90	9 459.20
合 计 Total	**13 280.97**	**12 624.83**	**20 027.84**	**24 972.29**	**40 599.30**	**54 543.30**

注：本统计表为按福利彩票销量计算的福利彩票公益金筹集数，未包括弃奖奖金。

彩票公益金统计表

Lottery in China from 1987 to 2013

单位：万元

Unit：Ten Thousand Yuan

1994	1995	1996	1997	1998	1999	2000
1 550.40	2 780.40	1 265.60	1 813.00	2 300.20	9 662.40	1 219.80
460.00	1 528.30	1 033.10	1 012.90	1 180.70	1 252.20	1 849.00
2 810.00	5 152.70	3 154.40	1 729.90	1 764.00	6 128.60	2 005.40
1 168.00	3 187.20	6 756.40	2 779.40	2 551.60	3 292.70	1 146.80
959.60	4 600.00	5 747.50	1 408.30	1 017.60	1 545.00	988.40
3 642.50	5 681.10	5 636.30	2 502.90	1 862.00	9 795.50	10 562.40
1 372.00	3 504.80	4 996.00	1 184.50	930.60	1 813.50	1 553.00
1 829.00	2 392.70	4 772.90	1 920.40	1 309.50	3 492.60	3 371.60
386.80	2 373.00	2 970.00	1 605.60	7 627.00	21 922.30	26 506.90
2 925.60	5 454.00	6 853.50	6 684.90	14 827.50	27 539.70	14 346.80
1 358.00	2 926.00	1 942.70	917.60	14 481.70	25 784.90	11 646.40
2 849.70	4 723.70	3 962.30	2 457.40	3 321.60	6 251.10	4 472.20
1 061.70	3 731.10	4 642.30	2 645.50	4 541.10	16 505.70	5 334.20
1 171.50	3 912.80	3 537.40	3 315.30	3 108.90	5 131.00	1 723.00
2 206.00	9 733.70	5 916.30	2 762.50	7 847.90	7 190.30	16 878.10
1 760.00	9 850.80	5 516.40	2 551.80	3 414.70	4 451.70	4 717.80
3 100.70	7 443.20	8 980.10	5 629.40	4 277.00	5 950.60	6 613.50
1 613.60	5 716.50	10 615.70	3 404.00	2 278.20	5 811.10	4 217.30
2 035.70	14 882.40	31 719.80	25 403.70	53 784.00	52 758.70	28 912.90
2 157.80	5 943.70	8 248.60	3 446.90	5 659.60	8 536.80	9 231.50
		730.00	170.00	661.00	2 000.70	291.40
237.80	2 931.80	2 121.90	1 214.30	3 684.00	3 219.10	10 030.60
990.60	7 436.20	11 919.10	3 777.40	4 384.90	7 809.80	16 300.60
528.70	3 524.00	3 190.10	1 262.70	1 826.50	3 083.80	1 637.00
654.60	1 898.90	2 582.80	1 888.10	3 568.20	4 990.60	2 657.50
913.20	8 819.40	3 530.30	1 186.50	1 480.30	2 041.10	2 109.10
751.70	3 251.60	3 948.10	1 212.20	1 062.40	945.60	792.30
76.00	887.70	437.10	191.00	55.00	160.00	130.40
27.00	808.10	902.30	41.50	541.50	691.20	205.30
1 576.80	6 445.10	2 090.50	487.20	2 445.80	3 244.80	2 071.40
42 175.00	141 520.90	159 719.50	86 606.80	157 795.00	253 003.10	193 522.60
11 266.60	27 828.40	31 348.90	14 519.90	38 101.20	51 493.80	48 749.90
53 441.60	**169 349.30**	**191 068.40**	**101 126.70**	**195 896.20**	**304 496.90**	**242 272.50**

续表

地　区 Region	2001	2002	2003	2004	2005	2006
北　京	5 480. 47	8 418. 93	15 125. 01	23 846. 42	36 257. 82	40 075. 21
天　津	2 056. 17	1 223. 88	1 689. 67	3 009. 68	7 030. 62	9 530. 61
河　北	4 316. 92	7 348. 07	9 191. 86	12 043. 49	30 895. 16	40 948. 88
山　西	8 653. 94	5 230. 65	4 547. 58	6 106. 91	14 689. 29	23 019. 02
内蒙古	977. 31	1 623. 64	2 674. 52	3 571. 25	9 648. 79	14 059. 47
辽　宁	12 543. 96	15 889. 99	19 197. 34	23 047. 29	46 306. 91	68 123. 77
吉　林	5 508. 87	3 784. 41	7 151. 71	7 496. 73	16 813. 18	23 136. 45
黑龙江	6 866. 66	10 159. 34	12 812. 95	14 380. 24	53 016. 28	40 720. 57
上　海	16 712. 70	12 004. 84	16 603. 34	15 227. 70	21 572. 47	28 580. 21
江　苏	11 888. 38	10 877. 31	11 653. 50	11 674. 64	23 702. 90	36 407. 25
浙　江	9 926. 85	7 956. 38	15 355. 76	12 562. 01	28 076. 43	42 236. 66
安　徽	5 785. 92	3 481. 01	4 390. 16	6 235. 43	17 485. 58	21 841. 56
福　建	13 992. 24	10 122. 25	4 776. 13	3 200. 48	7 903. 36	17 480. 75
江　西	6 568. 38	4 648. 93	5 653. 09	4 585. 05	9 036. 61	9 065. 37
山　东	30 797. 28	39 885. 13	44 120. 98	43 466. 53	94 333. 17	81 397. 99
河　南	11 673. 44	10 214. 18	11 363. 33	13 848. 48	27 590. 38	31 092. 37
湖　北	5 402. 41	6 035. 50	12 575. 80	18 586. 53	48 390. 26	45 870. 45
湖　南	4 027. 84	6 422. 39	8 699. 57	9 112. 68	20 524. 15	25 292. 25
广　东	27 862. 23	43 140. 93	51 235. 63	46 643. 02	68 426. 12	83 241. 16
广　西	10 190. 26	12 677. 98	17 259. 95	16 850. 17	23 791. 02	23 274. 97
海　南	1 072. 64	494. 47	322. 07	1 938. 82	2 410. 12	2 270. 38
重　庆	4 872. 59	3 352. 59	4 906. 19	5 622. 92	10 966. 63	15 724. 25
四　川	3 148. 34	2 071. 02	4 896. 20	6 899. 19	18 674. 93	30 278. 53
贵　州	2 004. 59	904. 93	3 194. 07	3 522. 34	6 864. 54	10 514. 34
云　南	4 496. 99	3 625. 26	4 301. 16	7 882. 40	18 458. 20	26 055. 58
西　藏	212. 74	85. 93	101. 79	568. 87	758. 55	1 346. 07
陕　西	8 860. 98	6 391. 35	5 876. 35	5 421. 98	18 690. 82	20 296. 65
甘　肃	3 796. 64	4 929. 16	4 533. 76	3 446. 34	7 590. 31	11 747. 58
青　海	303. 49	531. 77	1 055. 36	1 331. 57	2 809. 59	3 869. 52
宁　夏	725. 26	2 266. 61	2 144. 76	1 656. 92	3 270. 48	5 538. 19
新　疆	2 201. 74	6 189. 98	9 469. 27	9 743. 03	22 417. 21	24 711. 22
小　计 Subtotal	232 928. 23	251 988. 78	316 878. 83	343 529. 11	718 401. 90	857 747. 28
中央集中 Central Government	186 276. 48	335 985. 06	383 320. 53	448 784. 56	718 401. 90	857 747. 28
合　计 Total	**419 204. 71**	**587 973. 84**	**700 199. 35**	**792 313. 67**	**1 436 803. 80**	**1 715 494. 56**

2007	2008	2009	2010	2011	2012	2013	1987—2013
41 684.80	46 169.80	53 321.25	62 758.89	80 253.82	81 297.16	81 416.45	600 567.82
12 672.20	10 466.53	13 339.66	18 893.37	23 951.07	33 190.78	43 486.63	190 876.35
46 849.16	42 529.15	46 337.35	54 763.92	71 949.28	83 086.61	102 570.29	579 290.13
27 454.42	21 464.47	25 224.57	26 077.44	33 203.91	38 897.58	43 990.72	302 520.09
19 253.18	25 479.13	32 288.45	31 711.11	40 233.26	43 175.30	60 012.01	302 328.97
82 550.02	66 626.69	77 452.55	84 539.25	95 591.86	118 755.49	134 779.26	891 280.02
35 488.97	26 445.23	26 343.85	28 063.93	31 657.88	37 707.30	58 895.90	328 101.81
38 311.01	35 766.60	39 301.21	40 499.32	45 939.11	55 810.22	66 865.14	482 375.32
37 737.18	33 097.73	49 539.94	48 478.65	62 206.07	60 725.59	58 939.14	527 617.91
54 908.28	54 825.79	77 178.98	107 255.56	168 363.91	190 044.87	178 760.89	1 025 065.96
75 587.26	66 877.86	80 029.63	108 563.76	134 755.72	147 740.95	173 237.40	974 298.70
31 613.33	26 337.35	33 310.21	39 377.60	52 544.92	63 259.94	82 572.69	420 440.01
25 451.51	20 239.45	25 331.11	35 272.14	47 376.55	53 585.90	67 832.48	375 982.92
11 282.90	13 862.57	17 582.82	23 351.29	36 170.17	55 368.17	75 014.99	298 225.70
101 406.39	81 333.60	105 963.96	127 961.10	153 636.15	170 438.23	185 807.34	1 319 449.86
36 456.85	32 170.44	37 351.38	49 766.78	67 552.55	83 251.53	88 223.30	538 965.67
52 531.85	47 452.26	52 720.12	62 857.32	76 430.12	89 384.31	105 108.65	671 220.27
32 645.77	25 449.41	34 272.85	42 127.11	60 554.61	75 987.30	84 539.85	468 850.78
95 294.74	101 914.62	132 438.73	169 057.84	207 638.59	246 642.15	272 618.59	1 773 559.84
25 867.56	22 768.27	26 308.23	32 681.03	41 820.99	57 214.67	71 180.02	432 963.30
4 057.07	5 965.34	5 320.61	10 254.99	14 466.55	17 252.67	18 951.12	89 603.56
21 401.43	18 566.09	23 472.16	33 928.07	51 113.44	55 260.24	65 103.46	339 760.02
34 405.76	38 986.96	50 645.27	58 732.50	75 192.53	89 834.05	98 866.84	569 788.10
13 316.06	16 919.49	22 544.53	24 108.00	26 524.26	29 818.35	32 527.45	210 887.78
32 667.88	34 615.37	46 884.01	54 415.67	63 720.46	71 337.39	77 679.09	469 028.95
1 945.33	3 089.56	4 339.29	4 084.50	5 172.87	4 826.50	6 411.05	32 943.04
31 075.13	25 641.13	32 901.19	39 994.23	61 028.64	77 350.03	91 867.19	447 916.37
18 783.42	16 880.79	21 426.09	23 156.97	27 561.77	33 544.44	47 042.22	238 430.98
4 997.42	5 101.56	6 357.28	7 403.66	8 994.68	11 505.57	14 252.51	70 854.16
7 358.48	6 026.10	7 260.51	9 759.27	11 614.77	13 662.63	16 085.11	90 748.13
23 485.57	22 007.45	24 656.34	28 281.25	32 979.64	40 305.87	48 712.85	315 474.61
1 078 540.93	995 076.79	1 231 444.12	1 488 176.51	1 910 200.15	2 230 261.73	2 553 350.65	15 379 417.13
1 078 540.93	995 076.79	1 231 444.12	1 488 176.51	1 910 200.15	2 230 261.73	2 553 350.65	14 670 374.68
2 157 081.86	**1 990 153.58**	**2 462 888.24**	**2 976 353.01**	**3 820 400.30**	**4 460 523.45**	**5 106 701.31**	**30 049 791.81**

1994—2013 年全国体育

Statistical Table of Public Welfare Funds of Sports

地 区 Region	1994—1995	1996	1997	1998	1999
北 京	—	—	477.20	887.00	1 279.00
天 津	4 000.00	431.35	748.50	1 320.00	2 256.00
河 北	1 510.30	1 280.60	1 057.48	1 545.60	810.00
山 西	117.00	313.80	676.40	1 560.00	54.00
内蒙古	51.00	370.00	1 019.00	251.10	724.00
辽 宁	785.00	1 518.60	745.20	1 080.00	189.00
吉 林	223.00	661.00	869.00	540.00	459.00
黑龙江	—	—	1 169.70	1 130.00	1 734.20
上 海	1 725.00	3 300.00	5 700.00	2 465.00	10 497.80
江 苏	1 131.20	917.90	1 314.00	4 234.30	16 270.00
浙 江	653.40	909.60	1 539.20	5 868.60	11 967.20
安 徽	465.00	800.10	1 256.40	1 329.60	1 728.00
福 建	230.00	1 050.00	2 970.00	7 320.00	10 452.00
江 西	300.00	530.40	995.76	1 156.00	1 419.00
山 东	200.00	1 069.56	1 063.80	1 560.00	2 229.00
河 南	—	575.40	975.50	1 096.10	634.70
湖 北	1 131.20	917.90	1 314.00	2 328.30	1 469.00
湖 南	1 263.60	1 213.40	1 134.00	1 320.00	1 736.10
广 东	3 385.80	2 160.00	2 940.00	12 352.30	18 534.00
广 西	240.00	1 085.70	1 808.40	2 959.00	918.00
海 南	—	577.00	985.00	1 560.00	945.00
重 庆	—	—	—	820.00	621.30
四 川	990.00	1 373.00	1 533.00	3 169.60	8 740.00
贵 州	153.70	987.30	1 039.70	1 230.10	1 109.30
云 南	—	—	928.00	1 284.30	1 042.00
西 藏	—	302.00	—	239.00	297.00
陕 西	996.53	763.82	777.94	850.20	136.70
甘 肃	192.00	636.00	630.00	810.00	297.00
青 海	—	—	—	108.00	147.00
宁 夏	—	360.00	310.00	78.20	—
新 疆	743.00	661.00	869.00	1 128.00	868.30
小计 Subtotal	20 486.73	24 765.43	36 846.18	63 580.30	99 563.60
中央集中	2 055.60	3 981.63	5 872.61	12 371.40	21 549.00
合 计 Total	**22 542.33**	**28 747.06**	**42 718.79**	**75 951.70**	**121 112.60**

注：本统计表为按体育彩票销量计算的体育彩票公益金筹集数，未包括弃奖奖金。

彩票公益金统计表

Lottery in China from 1994 to 2013

单位：万元

Unit：Ten Thousand Yuan

2000	2001	2002	2003	2004
10 305.00	22 044.00	19 270.95	16 807.15	12 540.46
10 268.60	7 525.00	9 525.58	9 659.63	8 563.44
5 567.90	8 315.00	10 969.88	10 114.67	8 417.15
530.00	1 079.00	1 470.20	2 381.54	2 524.74
622.30	281.00	1 025.40	1 930.55	2 245.48
1 705.80	5 183.00	15 155.98	11 568.50	9 278.84
280.00	2 202.00	5 055.05	6 633.41	5 452.18
5 694.20	6 596.00	7 866.24	8 492.94	8 427.07
11 006.20	8 863.00	16 481.75	11 574.66	8 799.54
38 174.10	26 428.00	29 672.42	24 440.00	23 096.14
13 524.50	13 833.00	24 042.50	26 083.72	25 347.46
2 056.20	3 918.00	5 499.60	6 863.52	5 997.67
15 276.30	26 981.00	46 316.72	33 045.96	29 243.93
607.90	1 716.00	2 858.00	4 728.78	4 177.30
1 931.00	6 563.00	10 204.15	6 367.65	5 830.56
1 432.70	12 529.00	16 254.46	12 854.47	11 812.88
9 386.00	9 819.00	15 104.85	17 131.32	15 567.66
3 922.00	3 010.00	3 619.95	3 542.53	3 566.01
22 323.00	22 703.00	52 852.91	44 904.98	32 347.58
660.30	2 206.00	3 447.13	3 869.12	2 588.57
872.10	789.00	943.11	1 503.65	847.46
1 358.40	1 891.00	3 210.49	2 980.90	2 479.69
34 145.30	18 896.00	15 954.31	14 394.61	10 487.21
3 374.70	3 346.00	1 996.61	2 269.82	1 809.64
466.00	9 253.00	9 483.14	10 708.42	10 075.02
208.30	55.00	118.22	293.20	157.80
1 417.00	2 201.00	4 052.82	4 575.59	4 992.91
277.00	265.00	1 507.97	1 995.76	2 220.99
123.70	76.00	193.45	348.28	538.41
61.60	15.00	468.39	982.79	1 179.71
1 093.20	1 040.00	874.23	2 407.43	2 882.95
198 671.30	229 621.00	335 496.46	305 455.53	263 496.45
75 920.50	218 342.59	426 563.44	399 253.12	276 291.20
274 591.80	**447 963.59**	**762 059.90**	**704 708.65**	**539 787.65**

续表

地 区 Region	2005	2006	2007	2008	2009
北 京	14 577.38	17 311.61	18 450.80	20 868.27	22 266.67
天 津	13 613.06	12 826.11	13 150.80	13 923.17	16 972.12
河 北	24 355.88	22 527.80	28 792.20	25 421.02	25 865.80
山 西	6 680.63	9 408.59	8 555.43	12 170.10	12 546.46
内蒙古	6 616.53	9 224.03	12 527.34	15 320.74	18 872.89
辽 宁	22 749.68	28 415.28	33 175.01	29 286.82	28 252.15
吉 林	12 412.01	19 392.87	20 527.82	17 636.05	19 471.22
黑龙江	42 084.64	16 324.82	21 293.00	18 611.17	21 659.29
上 海	8 728.42	10 632.21	12 891.50	14 091.26	16 770.38
江 苏	33 755.13	55 477.24	74 404.85	79 483.70	101 430.89
浙 江	40 776.75	54 980.98	61 427.92	63 575.33	68 961.92
安 徽	16 764.94	12 381.02	19 106.43	16 443.49	20 940.92
福 建	34 518.53	35 920.23	40 689.22	48 447.34	53 412.05
江 西	14 047.15	9 999.38	13 139.03	13 314.38	17 331.11
山 东	34 378.90	26 095.62	32 176.29	34 318.00	62 658.98
河 南	29 879.91	27 494.57	26 367.60	35 993.55	43 809.38
湖 北	41 347.27	25 586.21	30 827.41	25 757.44	25 993.78
湖 南	17 931.89	14 390.18	16 564.89	13 870.02	17 255.75
广 东	34 114.82	34 609.00	43 875.47	54 103.19	71 246.81
广 西	3 121.31	2 935.62	3 244.76	3 458.48	3 857.35
海 南	746.67	856.91	1 278.15	1 498.71	1 689.86
重 庆	3 795.62	3 789.04	5 673.11	7 122.22	8 847.75
四 川	16 362.51	23 108.33	26 249.51	26 804.51	36 335.70
贵 州	2 591.75	5 032.65	7 839.09	10 643.93	13 653.59
云 南	13 633.75	19 308.22	20 886.48	32 691.46	42 471.83
西 藏	227.36	328.17	400.72	1 794.99	2 210.75
陕 西	10 745.31	9 704.32	14 795.20	17 381.61	16 910.87
甘 肃	4 400.91	6 516.10	8 059.23	10 514.67	9 522.04
青 海	1 159.60	1 447.21	1 676.43	3 013.88	3 213.24
宁 夏	2 722.53	3 877.04	4 307.16	5 934.47	6 172.89
新 疆	9 242.92	10 389.26	12 951.04	11 595.10	15 438.45
小计 Subtotal	518 083.71	530 290.62	635 303.89	685 089.07	826 042.87
中央集中	518 083.71	530 290.62	635 303.89	685 089.07	826 042.87
合计 Total	**1 036 167.42**	**1 060 581.24**	**1 270 607.78**	**1 370 178.14**	**1 652 085.75**

2010	2011	2012	2013	1994—2013
37 550.11	47 230.81	46 349.01	65 211.99	373 427.40
22 771.77	31 113.56	36 407.29	42 590.95	257 666.94
28 343.35	35 176.53	42 697.10	78 396.51	361 164.77
11 607.32	12 700.79	13 282.21	21 298.16	118 956.37
16 275.81	19 965.56	21 505.33	29 877.51	158 705.56
30 800.57	47 598.49	69 732.04	66 164.09	403 384.05
20 052.83	23 377.10	32 395.76	45 169.47	232 809.79
22 057.55	37 156.82	52 396.60	58 300.00	330 994.23
20 293.35	26 857.63	32 079.73	51 912.26	274 669.68
127 297.04	191 956.12	217 581.40	208 559.09	1 255 623.51
77 052.09	87 763.25	104 476.35	122 111.66	804 895.42
24 459.98	30 449.02	31 083.51	46 948.81	248 492.22
55 701.97	69 267.89	74 349.86	85 121.94	670 314.94
29 624.22	37 891.18	43 630.07	61 849.71	259 315.36
72 239.77	123 049.18	137 002.36	158 411.60	717 349.43
43 057.32	54 963.41	72 464.59	85 893.28	478 088.82
29 978.24	30 156.80	37 883.80	48 623.14	370 323.33
22 535.57	31 923.77	41 695.31	46 764.63	247 259.59
96 927.51	120 285.13	129 005.08	149 395.62	948 066.19
6 367.41	8 944.47	8 953.75	10 377.34	71 042.72
2 149.31	3 728.83	5 615.39	6 203.66	32 789.80
12 830.96	18 863.42	18 653.05	23 539.55	116 476.49
41 798.61	47 534.61	53 096.75	51 147.39	432 120.97
17 208.63	16 994.01	19 006.63	25 234.79	135 521.93
39 387.38	47 521.83	57 120.77	66 770.81	383 032.41
1 661.67	2 962.93	3 220.74	3 608.05	18 085.90
18 459.20	21 728.31	24 846.20	30 420.44	185 755.97
9 214.04	10 931.32	15 001.18	29 397.20	112 388.40
3 158.42	4 064.31	4 422.71	7 262.73	30 953.36
5 528.88	6 885.16	6 356.97	8 731.40	53 972.18
13 323.40	15 088.27	16 509.24	18 882.26	135 987.05
959 714.29	1 264 130.52	1 468 820.80	1 754 176.05	10 219 634.79
959 714.29	1 264 130.52	1 468 820.80	1 754 176.05	10 083 852.91
1 919 428.58	**2 528 261.03**	**2 937 641.59**	**3 508 352.10**	**20 303 487.70**

1987—2013 年全国彩票公益金统计表

Statistical Table of Public Welfare Funds of Lottery in China from 1987 to 2013

单位：万元

Unit：Ten Thousand Yuan

年 份 Year	福利彩票 Welfare Lottery	体育彩票 Sports Lottery	合 计 Total
1987	855.00	—	855.00
1988	12 425.97	—	12 425.97
1989	12 624.83	—	12 624.83
1990	20 027.84	—	20 027.84
1991	24 972.29	—	24 972.29
1992	40 599.30	—	40 599.30
1993	54 543.30	—	54 543.30
1994	53 441.60	—	53 441.60
1995	169 349.30	22 542.33	191 891.63
1996	191 068.40	28 747.06	219 815.46
1997	101 126.70	42 718.79	143 845.49
1998	195 896.20	75 951.70	271 847.90
1999	304 496.90	121 112.60	425 609.50
2000	242 272.50	274 591.80	516 864.30
2001	419 204.71	447 963.59	867 168.30
2002	587 973.84	762 059.90	1 350 033.74
2003	700 199.35	704 708.65	1 404 908.00
2004	792 313.67	539 787.65	1 332 101.32
2005	1 436 803.80	1 036 167.42	2 472 971.22
2006	1 715 494.56	1 060 581.24	2 776 075.80
2007	2 157 081.86	1 270 607.78	3 427 689.64
2008	1 990 153.58	1 370 178.14	3 360 331.72
2009	2 462 888.24	1 652 085.75	4 114 973.99
2010	2 976 353.01	1 919 428.58	4 895 781.59
2011	3 820 400.30	2 528 261.03	6 348 661.33
2012	4 460 523.45	2 937 641.59	7 398 165.04
2013	5 106 701.31	3 508 352.10	8 615 053.41
合计 Total	**30 049 791.81**	**20 303 487.71**	**50 353 279.51**

注：本统计表为按彩票销量计算的彩票公益金筹集数，未包括弃奖奖金。

1987—2013 年全国彩票公益金中央与地方分配表

Statistical Table of the Allocation of Public Welfare Funds of Lottery Between Central and Local Governments from 1987 to 2013

单位：万元

Unit：Ten Thousand Yuan

年 份 Year	合 计 Total	中央集中 Central Government	地方留成 Local Government	分成比例（%） Percentage	
				中央 Central	地方 Local
1987—1988	13 280.97	2 754.52	10 526.45	20.70	79.30
1989	12 624.83	2 445.82	10 179.01	19.40	80.60
1990	20 027.84	3 994.94	16 032.90	19.90	80.10
1991	24 972.29	4 326.92	20 645.37	17.30	82.70
1992	40 599.30	6 517.90	34 081.40	16.10	83.90
1993	54 543.30	9 459.20	45 084.10	17.30	82.70
1994	53 441.60	11 266.60	42 175.00	21.10	78.90
1995	191 891.63	29 884.00	162 007.63	15.60	88.40
1996	219 815.46	35 330.53	184 484.93	16.10	83.90
1997	143 845.49	20 392.51	123 452.98	14.10	85.90
1998	271 847.90	50 472.60	221 375.30	18.60	81.40
1999	425 609.50	73 042.80	352 566.70	17.20	82.80
2000	516 864.30	124 670.40	392 193.90	24.10	75.90
2001	867 168.30	404 619.07	462 549.23	46.70	53.30
2002	1 350 033.74	762 548.50	587 485.24	56.50	43.50
2003	1 404 908.00	782 573.65	622 334.35	55.70	44.30
2004	1 332 101.32	725 075.81	607 025.51	54.40	45.60
2005	2 472 971.22	1 236 485.61	1 236 485.61	50.00	50.00
2006	2 776 075.80	1 388 037.90	1 388 037.90	50.00	50.00
2007	3 427 689.64	1 713 844.82	1 713 844.82	50.00	50.00
2008	3 360 331.72	1 680 165.86	1 680 165.86	50.00	50.00
2009	4 114 973.99	2 057 486.99	2 057 486.99	50.00	50.00
2010	4 895 781.59	2 447 890.80	2 447 890.80	50.00	50.00
2011	6 348 661.33	3 174 330.66	3 174 330.66	50.00	50.00
2012	7 398 165.04	3 699 082.52	3 699 082.52	50.00	50.00
2013	1 388 037.90	694 018.95	694 018.95	50.00	50.00
合计 Total	**43 126 264.01**	**21 140 719.89**	**21 985 544.12**	**49.02**	**50.98**

注：本统计表为按彩票销量计算的彩票公益金筹集数，未包括弃奖奖金。

（二）2013年综合统计资料
Statistical Data of 2013

2013年全国彩票
Statistical Table of Lottery

月份 Month	福利彩票 Welfare Lottery 乐透数字型 Lotto Games	即开型 Instant Games	视频型 Online Instant Win	小计 Subtotal
1月	111.71	11.10	24.04	146.85
2月	69.97	12.09	16.85	98.92
3月	113.01	18.43	25.55	156.99
4月	112.99	19.02	24.10	156.11
5月	109.76	18.30	23.84	151.90
6月	103.90	15.50	22.93	142.33
7月	104.09	13.23	23.80	141.12
8月	102.60	12.85	24.85	140.30
9月	106.90	14.64	24.53	146.07
10月	115.47	14.29	25.20	154.96
11月	111.86	15.69	25.87	153.42
12月	128.05	20.45	27.84	176.34
合计 Total	**1 290.31**	**185.58**	**289.39**	**1 765.28**

销售情况表

Sales in China in 2013

单位：亿元

Unit：Billion

体育彩票 Sports Lottery				
乐透数字型 Lotto Games	即开型 Instant Games	竞猜型 Sports Betting Lottery	小计 Subtotal	合计 Total
70.00	10.68	21.06	101.74	248.59
42.14	11.50	16.09	69.73	168.65
70.12	16.81	29.45	116.38	273.37
75.16	17.08	37.26	129.50	285.61
74.91	15.46	31.14	121.51	273.41
70.46	14.80	19.87	105.13	247.46
69.72	12.39	20.43	102.53	243.65
64.93	11.89	29.06	105.88	246.18
65.04	13.78	32.73	111.55	257.62
69.50	13.15	34.22	116.87	271.83
73.37	13.68	33.69	120.74	274.16
77.85	15.10	33.43	126.39	302.73
823.20	**166.33**	**338.42**	**1 327.96**	**3 093.25**

2013 年全国彩票销售情况图

Diagram of Lottery Sales in China in 2013

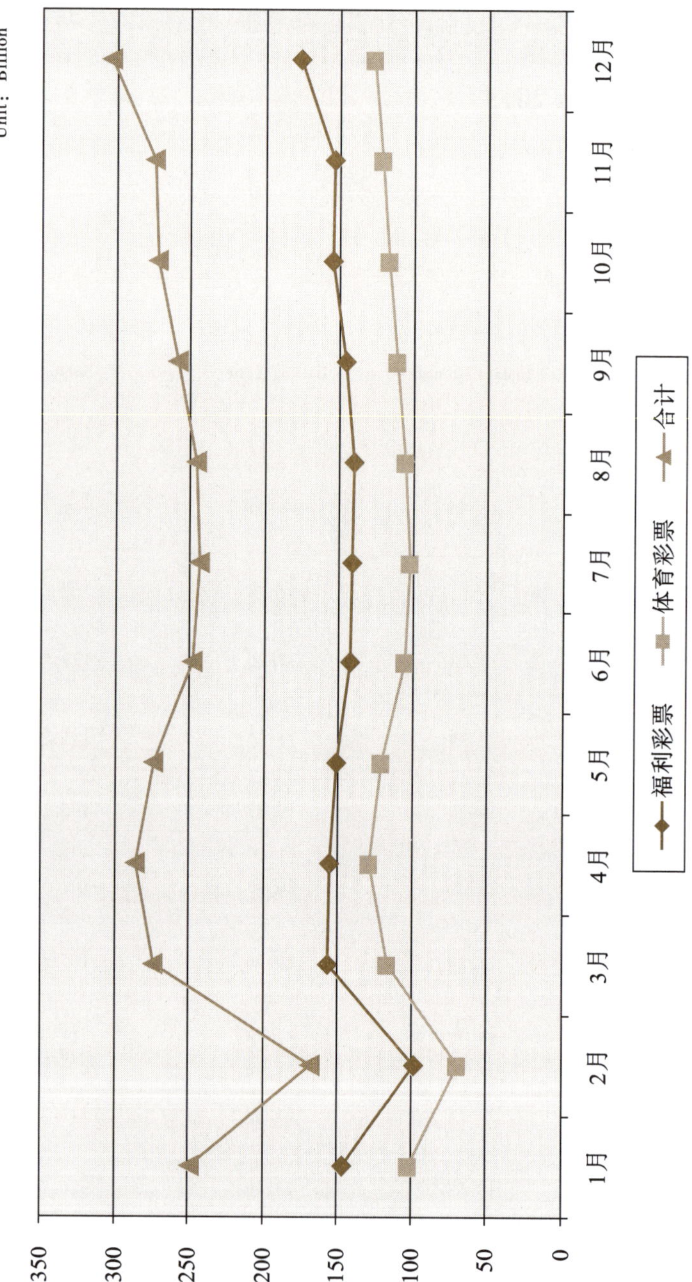

2013 年全国各地区彩票销售量排名表

Ranking of Lottery Sales in Different Regions in China in 2013

单位：万元
Unit：Ten Thousand Yuan

名 次 Ranking	地 区 Region	销售额 Sales Volume
1	广 东	3 078 771.53
2	江 苏	2 842 859.90
3	山 东	2 568 489.21
4	浙 江	2 107 540.33
5	辽 宁	1 426 089.70
6	河 北	1 268 715.78
7	河 南	1 234 812.98
8	湖 北	1 092 247.60
9	福 建	1 078 215.00
10	北 京	1 048 245.07
11	四 川	1 039 204.03
12	江 西	993 725.35
13	云 南	980 746.14
14	湖 南	971 903.23
15	安 徽	954 914.87
16	黑龙江	867 065.92
17	陕 西	855 169.33
18	上 海	833 034.07
19	吉 林	747 339.35
20	天 津	652 865.30
21	重 庆	626 087.19
22	内蒙古	614 430.65
23	广 西	564 752.43
24	甘 肃	549 525.28
25	新 疆	490 424.77
26	山 西	449 367.91
27	贵 州	382 704.18
28	海 南	211 361.98
29	宁 夏	170 921.74
30	青 海	158 741.01
31	西 藏	72 233.10
合计 Total		**30 932 504.92**

2013 年全国各地区彩票销售额比重图

Diagram of Lottery Sales Proportion in Different Regions in China in 2013

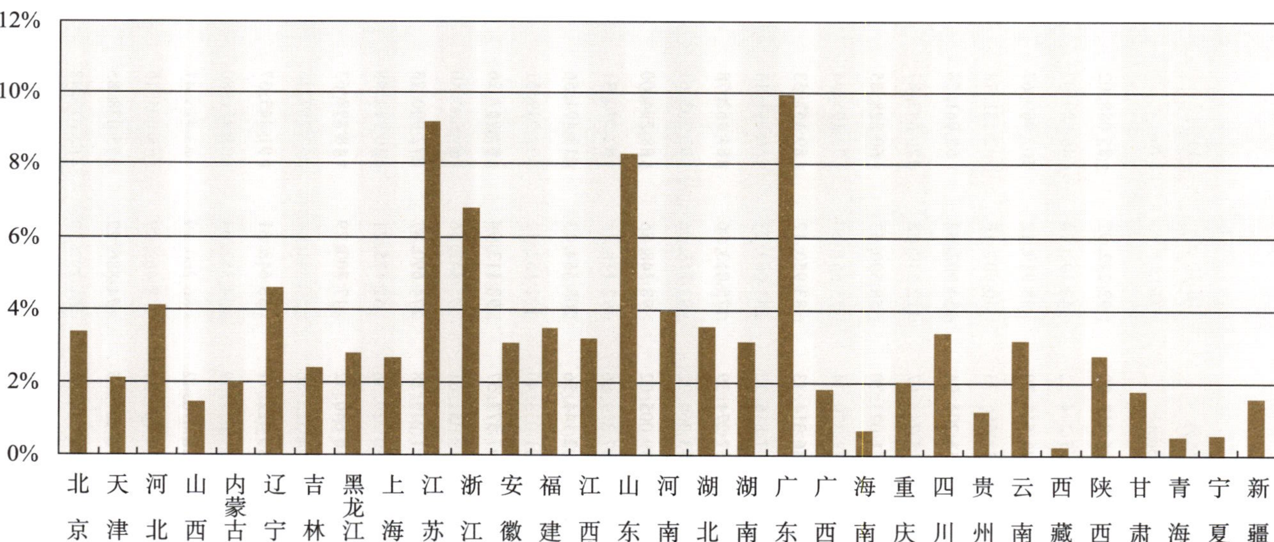

2013 年全国彩票分类型销售情况图

Diagram of Lottery Sales in Different Lottery Games in China in 2013

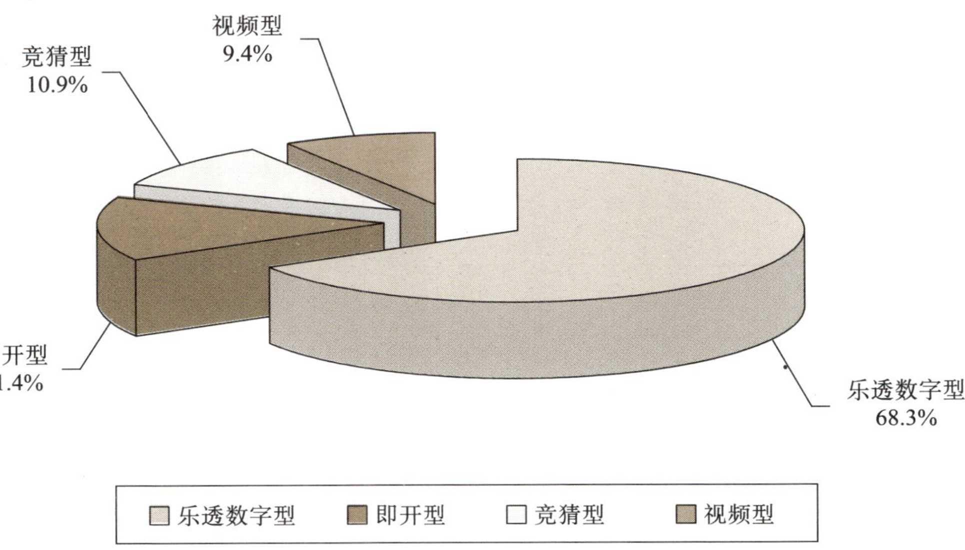

2013 年全国彩票销售

Statistical Table of Lottery Sales in Different

地 区 Region	福利彩票 Welfare Lottery 乐透数字型 Lotto Games	即开型 Instant Games	视频型 Online Instant Win	小计 Subtotal	体育 Sports 乐透数字型 Lotto Games	即开型 Instant Games
北 京	406 394.32	102 974.42	0.00	509 368.74	128 770.18	73 137.96
天 津	244 750.58	24 419.91	31 235.22	300 405.71	108 942.05	13 978.89
河 北	557 254.31	56 336.19	90 186.01	703 776.51	454 691.31	78 054.23
山 西	204 720.35	35 368.79	53 107.27	293 196.41	114 106.47	25 146.90
内蒙古	308 133.70	35 888.49	51 682.66	395 704.85	139 093.09	65 638.83
辽 宁	727 112.23	76 226.81	126 102.29	929 441.33	352 407.38	66 427.44
吉 林	328 389.29	33 024.38	54 639.04	416 052.71	251 097.16	52 222.44
黑龙江	383 577.34	40 907.22	15 550.48	440 035.04	330 391.23	60 076.46
上 海	294 382.61	35 293.67	45 617.45	375 293.73	132 912.41	33 793.21
江 苏	908 105.59	136 254.36	240 669.06	1 285 029.01	1 049 516.05	164 222.69
浙 江	789 076.31	90 405.10	365 370.18	1 244 851.59	662 152.89	93 708.62
安 徽	371 507.24	44 906.98	174 354.73	590 768.95	203 933.12	26 508.02
福 建	328 558.43	59 658.05	91 366.52	479 583.00	456 369.17	94 685.40
江 西	410 672.63	21 931.05	54 431.16	487 034.84	238 181.12	11 464.25
山 东	884 856.18	181 545.01	277 879.09	1 344 280.28	843 575.43	153 374.52
河 南	397 471.87	100 972.72	119 543.63	617 988.22	459 619.97	80 622.35
湖 北	528 402.30	28 790.86	181 095.63	738 288.79	241 600.74	7 961.15
湖 南	380 247.19	68 487.70	154 319.37	603 054.26	185 827.76	12 250.88
广 东	1 370 503.50	285 719.65	243 196.57	1 899 419.72	602 056.21	182 717.16
广 西	345 144.20	43 800.85	88 491.95	477 437.00	26 474.83	9 221.13
海 南	138 155.69	3 164.71	18 855.52	160 175.92	37 869.69	5 141.01
重 庆	336 015.71	26 347.04	72 766.72	435 129.47	76 208.10	14 645.18
四 川	495 601.31	102 788.83	79 958.14	678 348.28	233 529.50	68 456.06
贵 州	187 472.58	8 588.51	6 406.28	202 467.37	131 501.31	21 367.91
云 南	399 743.33	38 279.23	61 079.64	499 102.20	338 700.73	93 748.85
西 藏	35 737.46	6 956.45	0.00	42 693.91	11 164.69	16 915.86
陕 西	495 461.64	57 598.36	78 288.13	631 348.13	152 039.84	44 203.80
甘 肃	226 150.96	18 565.85	85 318.60	330 035.41	143 186.12	32 140.97
青 海	71 149.21	10 410.65	14 066.06	95 625.92	20 014.66	9 127.74
宁 夏	75 530.71	13 548.67	18 307.70	107 387.08	38 504.91	11 124.74
新 疆	272 854.32	66 667.67	0.00	339 521.99	67 629.60	41 266.79
合 计 Total	**12 903 133.09**	**1 855 828.18**	**2 893 885.10**	**17 652 846.37**	**8 232 068.15**	**1 663 351.36**

情况表（分地区分系统）

Regions and Different Organizations in China in 2013

单位：万元
Unit：Ten Thousand Yuan

彩票 Lottery		销售合计 Sales Total				
竞猜型 Sports Betting	小计 Subtotal	乐透数字型 Lotto Games	即开型 Instant Games	竞猜型 Sports Betting	即开型 Online Instant Win	小计 Subtotal
336 968. 20	538 876. 33	535 164. 50	176 112. 38	336 968. 20	0. 00	1 048 245. 07
229 538. 66	352 459. 59	353 692. 63	38 398. 80	229 538. 66	31 235. 22	652 865. 30
32 193. 74	564 939. 27	1 011 945. 62	134 390. 42	32 193. 74	90 186. 01	1 268 715. 78
16 918. 13	156 171. 50	318 826. 82	60 515. 69	16 918. 13	53 107. 27	449 367. 91
13 993. 87	218 725. 80	447 226. 79	101 527. 32	13 993. 87	51 682. 66	614 430. 65
77 813. 56	496 648. 37	1 079 519. 61	142 654. 25	77 813. 56	126 102. 29	1 426 089. 70
27 967. 04	331 286. 64	579 486. 45	85 246. 82	27 967. 04	54 639. 04	747 339. 35
36 563. 20	427 030. 88	713 968. 57	100 983. 68	36 563. 20	15 550. 48	867 065. 92
291 034. 72	457 740. 34	427 295. 02	69 086. 88	291 034. 72	45 617. 45	833 034. 07
344 091. 72	1 557 830. 89	1 957 621. 64	300 477. 05	344 091. 72	240 669. 06	2 842 859. 90
106 827. 23	862 688. 74	1 451 229. 20	184 113. 72	106 827. 23	365 370. 18	2 107 540. 33
133 704. 79	364 145. 92	575 440. 36	71 415. 00	133 704. 79	174 354. 73	954 914. 87
47 577. 43	598 632. 00	784 927. 60	154 343. 45	47 577. 43	91 366. 52	1 078 215. 00
257 045. 15	506 690. 51	648 853. 75	33 395. 30	257 045. 15	54 431. 16	993 725. 35
227 258. 98	1 224 208. 93	1 728 431. 61	334 919. 53	227 258. 98	277 879. 09	2 568 489. 21
76 582. 44	616 824. 76	857 091. 84	181 595. 07	76 582. 44	119 543. 63	1 234 812. 98
104 396. 92	353 958. 81	770 003. 04	36 752. 01	104 396. 92	181 095. 63	1 092 247. 60
170 770. 33	368 848. 97	566 074. 95	80 738. 58	170 770. 33	154 319. 37	971 903. 23
394 578. 43	1 179 351. 81	1 972 559. 71	468 436. 81	394 578. 43	243 196. 57	3 078 771. 53
51 619. 47	87 315. 43	371 619. 03	53 021. 98	51 619. 47	88 491. 95	564 752. 43
8 175. 36	51 186. 06	176 025. 38	8 305. 72	8 175. 36	18 855. 52	211 361. 98
100 104. 44	190 957. 72	412 223. 81	40 992. 22	100 104. 44	72 766. 72	626 087. 19
58 870. 20	360 855. 75	729 130. 81	171 244. 89	58 870. 20	79 958. 14	1 039 204. 03
27 367. 60	180 236. 81	318 973. 89	29 956. 42	27 367. 60	6 406. 28	382 704. 18
49 194. 36	481 643. 94	738 444. 06	132 028. 08	49 194. 36	61 079. 64	980 746. 14
1 458. 64	29 539. 19	46 902. 15	23 872. 31	1 458. 64	0. 00	72 233. 10
27 577. 56	223 821. 20	647 501. 48	101 802. 16	27 577. 56	78 288. 13	855 169. 33
44 162. 78	219 489. 87	369 337. 08	50 706. 82	44 162. 78	85 318. 60	549 525. 28
33 972. 69	63 115. 09	91 163. 87	19 538. 39	33 972. 69	14 066. 06	158 741. 01
13 905. 01	63 534. 66	114 035. 62	24 673. 41	13 905. 01	18 307. 70	170 921. 74
42 006. 40	150 902. 78	340 483. 92	107 934. 46	42 006. 40	0. 00	490 424. 77
3 384 239. 04	**13 279 658. 55**	**21 135 201. 24**	**3 519 179. 54**	**3 384 239. 04**	**2 893 885. 10**	**30 932 504. 92**

2013 年全国彩票

Statistical Table of the Public Welfare Funds Raised

地区 Region	福利彩票 Welfare Lottery			
	小计 Subtotal	中央集中 Central Gov.	地方留成 Local Gov.	小计 Subtotal
北京	162 832.90	81 416.45	81 416.45	130 423.98
天津	86 973.26	43 486.63	43 486.63	85 181.90
河北	205 140.57	102 570.29	102 570.29	156 793.02
山西	87 981.44	43 990.72	43 990.72	42 596.33
内蒙古	120 024.01	60 012.01	60 012.01	59 755.02
辽宁	269 558.53	134 779.26	134 779.26	132 328.17
吉林	117 791.81	58 895.90	58 895.90	90 338.94
黑龙江	133 730.29	66 865.14	66 865.14	116 599.99
上海	117 878.28	58 939.14	58 939.14	103 824.52
江苏	357 521.79	178 760.89	178 760.89	417 118.17
浙江	346 474.81	173 237.40	173 237.40	244 223.31
安徽	165 145.38	82 572.69	82 572.69	93 897.63
福建	135 664.97	67 832.48	67 832.48	170 243.88
江西	150 029.98	75 014.99	75 014.99	123 699.42
山东	371 614.68	185 807.34	185 807.34	316 823.21
河南	176 446.61	88 223.30	88 223.30	171 786.57
湖北	210 217.31	105 108.65	105 108.65	97 246.28
湖南	169 079.71	84 539.85	84 539.85	93 529.25
广东	545 237.18	272 618.59	272 618.59	298 791.24
广西	142 360.03	71 180.02	71 180.02	20 754.68
海南	37 902.23	18 951.12	18 951.12	12 407.31
重庆	130 206.92	65 103.46	65 103.46	47 079.11
四川	197 733.69	98 866.84	98 866.84	102 294.79
贵州	65 054.90	32 527.45	32 527.45	50 469.59
云南	155 358.17	77 679.09	77 679.09	133 541.62
西藏	12 822.10	6 411.05	6 411.05	7 216.10
陕西	183 734.37	91 867.19	91 867.19	60 840.89
甘肃	94 084.44	47 042.22	47 042.22	58 794.40
青海	28 505.02	14 252.51	14 252.51	14 525.45
宁夏	32 170.23	16 085.11	16 085.11	17 462.81
新疆	97 425.70	48 712.85	48 712.85	37 764.51
合计 Total	**5 106 701.31**	**2 553 350.65**	**2 553 350.65**	**3 508 352.10**

注：本统计表为按彩票销量计算的彩票公益金筹集数，未包括弃奖奖金。

公益金筹集情况表

from Lottery Sales in China in 2013

单位：万元

Unit：Ten Thousand Yuan

体育彩票 Sports Lottery		两种彩票汇总 Total		
中央集中 Central Gov.	地方留成 Local Gov.	合计 Total	中央集中 Central Gov.	地方留成 Local Gov.
65 211.99	65 211.99	293 256.88	146 628.44	146 628.44
42 590.95	42 590.95	172 155.17	86 077.58	86 077.58
78 396.51	78 396.51	361 933.60	180 966.80	180 966.80
21 298.16	21 298.16	130 577.77	65 288.89	65 288.89
29 877.51	29 877.51	179 779.03	89 889.51	89 889.51
66 164.09	66 164.09	401 886.70	200 943.35	200 943.35
45 169.47	45 169.47	208 130.75	104 065.37	104 065.37
58 300.00	58 300.00	250 330.28	125 165.14	125 165.14
51 912.26	51 912.26	221 702.80	110 851.40	110 851.40
208 559.09	208 559.09	774 639.96	387 319.98	387 319.98
122 111.66	122 111.66	590 698.12	295 349.06	295 349.06
46 948.81	46 948.81	259 043.01	129 521.51	129 521.51
85 121.94	85 121.94	305 908.85	152 954.42	152 954.42
61 849.71	61 849.71	273 729.39	136 864.70	136 864.70
158 411.60	158 411.60	688 437.89	344 218.94	344 218.94
85 893.28	85 893.28	348 233.18	174 116.59	174 116.59
48 623.14	48 623.14	307 463.59	153 731.79	153 731.79
46 764.63	46 764.63	262 608.96	131 304.48	131 304.48
149 395.62	149 395.62	844 028.42	422 014.21	422 014.21
10 377.34	10 377.34	163 114.71	81 557.36	81 557.36
6 203.66	6 203.66	50 309.54	25 154.77	25 154.77
23 539.55	23 539.55	177 286.03	88 643.02	88 643.02
51 147.39	51 147.39	300 028.47	150 014.24	150 014.24
25 234.79	25 234.79	115 524.49	57 762.24	57 762.24
66 770.81	66 770.81	288 899.79	144 449.89	144 449.89
3 608.05	3 608.05	20 038.21	10 019.10	10 019.10
30 420.44	30 420.44	244 575.26	122 287.63	122 287.63
29 397.20	29 397.20	152 878.84	76 439.42	76 439.42
7 262.73	7 262.73	43 030.47	21 515.23	21 515.23
8 731.40	8 731.40	49 633.04	24 816.52	24 816.52
18 882.26	18 882.26	135 190.22	67 595.11	67 595.11
1 754 176.05	**1 754 176.05**	**8 615 053.41**	**4 307 526.70**	**4 307 526.70**

2013 年全国福利彩票销售情况图

Diagram of Sales of welfare Lottery in China in 2013

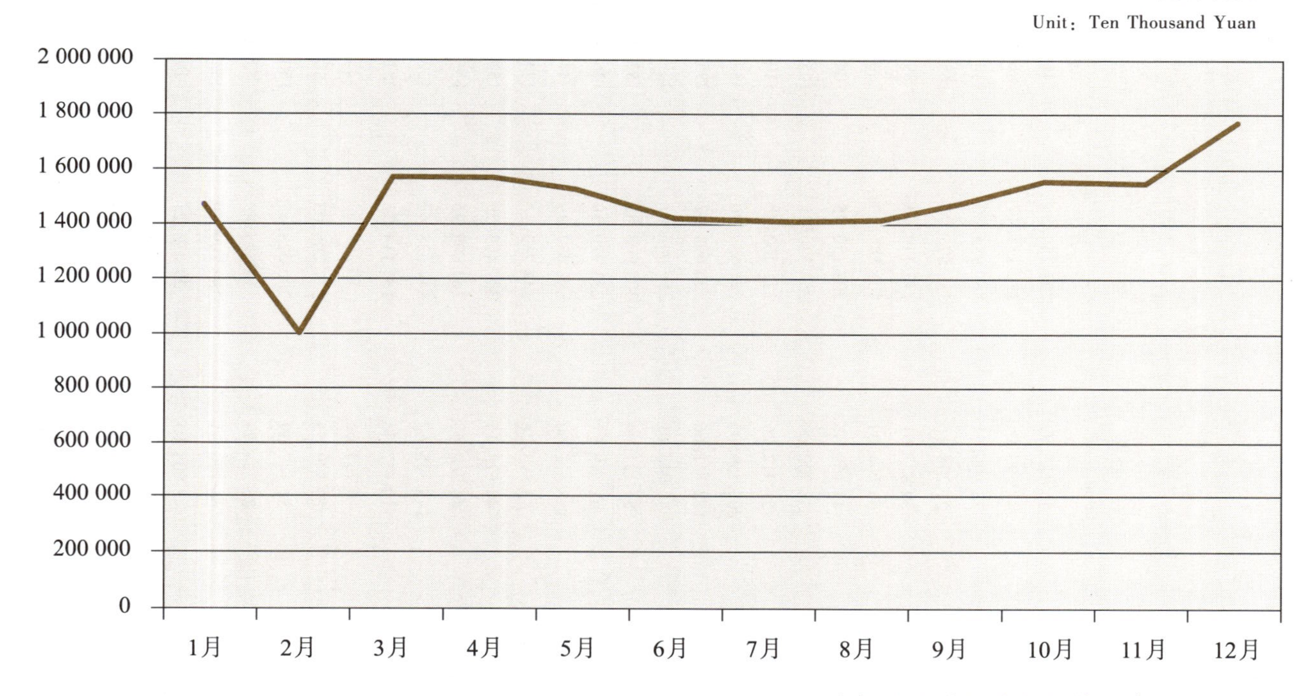

（中国福利彩票发行管理中心供稿）

2013 年全国福利彩票各地区销售量排名表

Ranking of Sales of Welfare Lottery in Different Regions in China in 2013

单位：万元
Unit：Ten Thousand Yuan

名次 Ranking	地区 Region	销售量 Sales Amounts
1	广东	1 899 419.72
2	山东	1 344 280.28
3	江苏	1 285 029.01
4	浙江	1 244 851.59
5	辽宁	929 441.33
6	湖北	738 288.79
7	河北	703 776.51
8	四川	678 348.28
9	陕西	631 348.13
10	河南	617 988.22
11	湖南	603 054.26
12	安徽	590 768.95
13	北京	509 368.74
14	云南	499 102.20
15	江西	487 034.84
16	福建	479 583.00
17	广西	477 437.00
18	黑龙江	440 035.04
19	重庆	435 129.47
20	吉林	416 052.71
21	内蒙古	395 704.85
22	上海	375 293.73
23	新疆	339 521.99
24	甘肃	330 035.41
25	天津	300 405.71
26	山西	293 196.41
27	贵州	202 467.37
28	海南	160 175.92
29	宁夏	107 387.08
30	青海	95 625.92
31	西藏	42 693.91
合计 Total		**17 652 846.37**

（中国福利彩票发行管理中心供稿）

2013 年全国福利彩票各地区销售额比重图

Diagram of Sales Proportion of Welfare Lottery in Different Regions in China in 2013

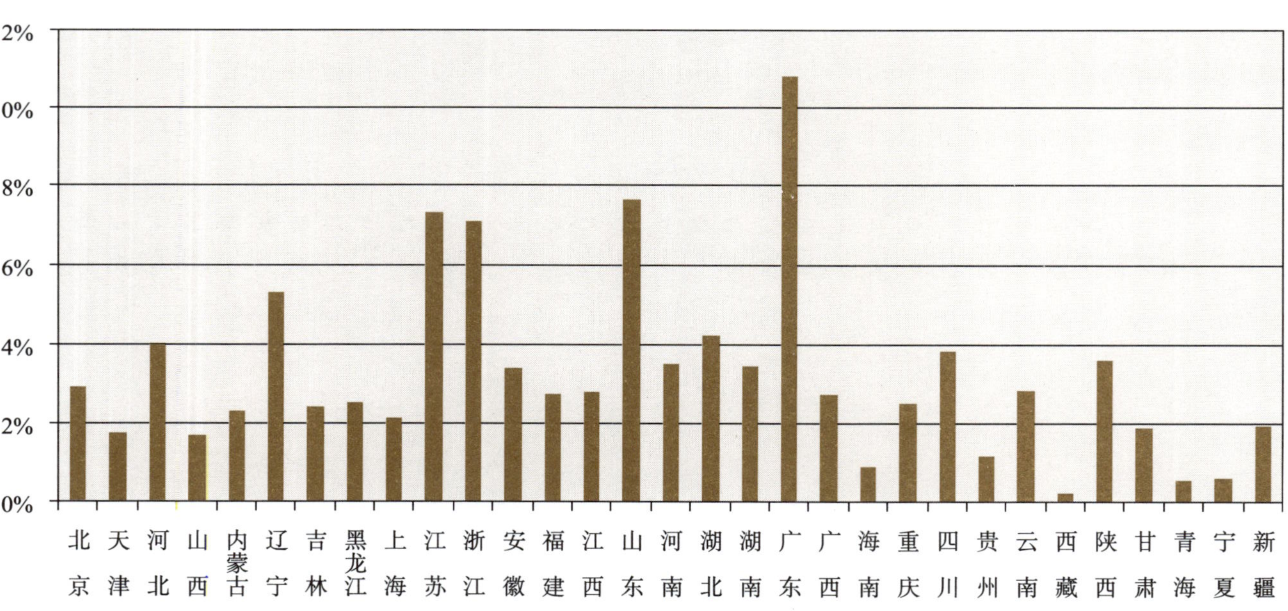

（中国福利彩票发行管理中心供稿）

2013 年全国福利彩票分类型销售情况图

Diagram of Welfare Lottery Sales in Different Lottery Games in China in 2013

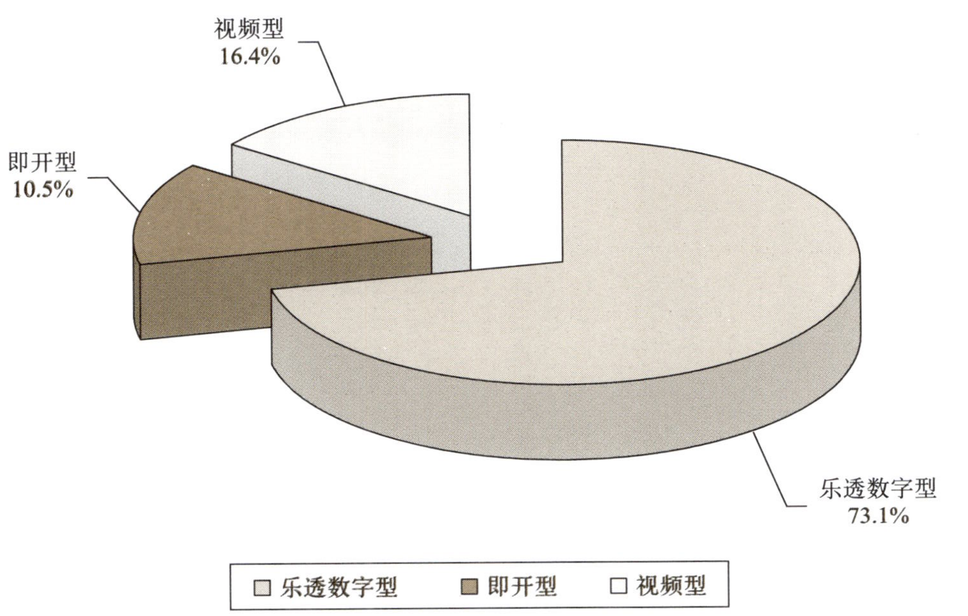

（中国福利彩票发行管理中心供稿）

2013 年全国福利彩票（分

Statistical Table of Welfare Lottery Sales in Different Regions

地区 Region	1 月 Jan.			
	乐透数字型 Lotto Games	即开型 Instant Games	视频型 Online Instant Win	小计 Subtotal
北　京	38 702.56	7 050.75	—	45 753.31
天　津	20 201.42	1 353.64	3 157.54	24 712.60
河　北	61 753.08	3 980.71	7 245.78	72 979.57
山　西	17 963.85	2 682.35	4 264.26	24 910.46
内蒙古	20 198.44	2 386.83	3 968.00	26 553.27
辽　宁	58 706.16	3 910.29	10 525.58	73 142.03
吉　林	30 937.56	1 430.03	4 384.76	36 752.35
黑龙江	33 169.71	2 511.07	1 345.35	37 026.13
上　海	25 107.69	2 424.05	3 463.50	30 995.24
江　苏	85 153.69	9 243.61	19 200.02	113 597.32
浙　江	77 348.93	4 853.57	31 053.94	113 256.44
安　徽	23 654.77	1 443.34	14 862.58	39 960.69
福　建	19 756.41	3 611.92	7 191.60	30 559.93
江　西	28 921.67	817.82	4 024.29	33 763.78
山　东	75 825.38	11 235.86	23 311.61	110 372.85
河　南	36 873.12	2 748.16	8 538.43	48 159.71
湖　北	57 615.49	2 313.91	16 208.21	76 137.61
湖　南	29 307.82	5 947.56	12 891.21	48 146.59
广　东	119 444.79	17 608.77	19 784.03	156 837.59
广　西	25 550.85	2 238.37	8 390.84	36 180.06
海　南	13 302.16	66.97	1 591.82	14 960.95
重　庆	25 932.61	1 111.32	6 832.99	33 876.92
四　川	41 428.99	7 927.42	5 800.67	55 157.08
贵　州	17 360.72	388.51	512.11	18 261.34
云　南	32 717.84	3 002.10	4 910.21	40 630.15
西　藏	1 662.46	478.48	—	2 140.94
陕　西	42 667.53	3 368.64	6 751.46	52 787.63
甘　肃	13 631.38	791.21	7 327.44	21 750.03
青　海	5 539.27	594.50	1 174.92	7 308.69
宁　夏	6 646.75	778.56	1 646.40	9 071.71
新　疆	30 077.01	2 687.63	—	32 764.64
合　计 Total	**1 117 160.09**	**110 987.95**	**240 359.55**	**1 468 507.59**

地区分类型）销售情况表

and Different Lottery Games in China in 2013

单位：万元

Unit：Ten Thousand Yuan

2月 Feb.			
乐透数字型 Lotto Games	即开型 Instant Games	视频型 Online Instant Win	小计 Subtotal
23 828.78	4 931.13	—	28 759.91
11 757.45	1 153.27	2 030.58	14 941.30
35 815.95	3 452.38	4 809.63	44 077.96
10 258.35	1 990.30	2 838.66	15 087.31
13 627.19	2 394.14	2 556.17	18 577.50
39 354.00	4 846.17	7 547.97	51 748.14
19 351.88	2 034.06	3 150.43	24 536.37
22 345.84	2 249.06	848.65	25 443.55
14 995.50	1 004.90	2 368.83	18 369.23
52 766.92	9 285.32	14 367.59	76 419.83
46 147.11	5 564.41	22 201.31	73 912.83
16 679.21	1 989.39	10 087.01	28 755.61
12 995.95	4 780.19	5 430.65	23 206.79
21 148.42	1 183.60	2 819.92	25 151.94
47 526.25	11 972.09	16 384.99	75 883.33
22 987.14	4 742.84	5 875.02	33 605.00
32 884.11	2 465.79	10 792.14	46 142.04
19 501.91	4 796.42	9 556.15	33 854.48
73 632.37	17 522.95	13 774.28	104 929.60
16 924.75	2 857.07	6 098.85	25 880.67
8 974.97	362.82	1 098.51	10 436.30
18 593.53	4 594.32	4 763.90	27 951.75
27 944.95	11 314.39	4 248.46	43 507.80
10 613.42	520.72	313.83	11 447.97
20 496.44	4 494.02	3 596.40	28 586.86
799.30	327.97	—	1 127.27
24 230.76	3 503.38	4 416.56	32 150.70
8 183.48	897.09	4 585.43	13 666.00
3 230.51	450.65	788.14	4 469.30
4 107.97	743.93	1 141.29	5 993.19
18 041.38	2 497.55	—	20 538.93
699 745.80	**120 922.32**	**168 491.35**	**989 159.47**

续表

地区 Region	3 月 Mar. 乐透数字型 Lotto Games	即开型 Instant Games	视频型 Online Instant Win	小计 Subtotal
北　京	37 787.80	9 705.54	—	47 493.34
天　津	20 784.36	2 316.29	3 150.79	26 251.44
河　北	55 835.62	5 928.12	7 839.23	69 602.97
山　西	16 928.62	3 633.02	4 556.95	25 118.59
内蒙古	25 103.52	4 175.80	4 389.05	33 668.37
辽　宁	63 075.81	6 639.29	11 342.19	81 057.29
吉　林	31 830.67	3 116.02	5 042.61	39 989.30
黑龙江	35 158.93	4 296.25	1 334.16	40 789.34
上　海	23 891.85	2 249.20	3 556.15	29 697.20
江　苏	83 375.36	12 628.19	21 330.63	117 334.18
浙　江	72 180.67	8 337.56	33 510.45	114 028.68
安　徽	34 263.17	3 507.46	14 946.41	52 717.04
福　建	33 035.57	5 971.89	7 655.51	46 662.97
江　西	33 683.05	1 737.19	4 352.43	39 772.67
山　东	74 248.01	17 685.30	25 636.61	117 569.92
河　南	36 029.57	7 904.52	9 131.02	53 065.11
湖　北	50 615.74	3 698.62	16 000.46	70 314.82
湖　南	32 467.77	7 929.45	14 694.21	55 091.43
广　东	117 132.68	31 349.96	20 494.62	168 977.26
广　西	26 517.69	3 973.19	8 567.18	39 058.06
海　南	12 346.47	288.58	1 661.53	14 296.58
重　庆	28 523.30	2 824.48	6 702.35	38 050.13
四　川	42 892.49	14 337.63	6 382.89	63 613.01
贵　州	17 408.75	866.66	448.45	18 723.85
云　南	32 545.91	3 510.18	5 261.47	41 317.56
西　藏	1 751.02	610.36	—	2 361.38
陕　西	41 488.27	5 795.41	6 678.50	53 962.18
甘　肃	13 545.93	1 816.16	7 744.46	23 106.55
青　海	4 833.49	968.57	1 276.12	7 078.18
宁　夏	6 100.17	1 220.65	1 767.32	9 088.14
新　疆	24 681.60	5 270.15	—	29 951.75
合　计 Total	**1 130 063.86**	**184 291.68**	**255 453.74**	**1 569 809.29**

4月 Apr.			
乐透数字型 Lotto Games	即开型 Instant Games	视频型 Online Instant Win	小计 Subtotal
36 435. 14	10 271. 78	—	46 706. 92
20 761. 45	2 747. 98	2 915. 65	26 425. 08
59 221. 19	6 242. 00	7 506. 08	72 969. 27
17 603. 50	3 833. 05	4 464. 43	25 900. 98
28 385. 12	4 176. 56	4 438. 22	36 999. 90
71 091. 53	6 925. 64	10 705. 64	88 722. 81
30 528. 94	4 059. 17	4 765. 35	39 353. 46
35 291. 32	4 709. 44	1 326. 67	41 327. 43
23 171. 93	4 250. 35	3 377. 36	30 799. 64
78 700. 86	13 825. 08	19 952. 94	112 478. 88
71 061. 70	10 494. 24	31 424. 28	112 980. 22
34 819. 03	5 094. 61	13 886. 91	53 800. 55
34 928. 92	5 976. 40	7 234. 70	48 140. 02
34 779. 66	2 414. 02	4 076. 93	41 270. 61
72 588. 66	19 858. 47	24 121. 31	116 568. 44
34 043. 99	8 195. 55	8 866. 56	51 106. 10
49 125. 27	3 173. 29	14 689. 59	66 988. 15
32 409. 28	7 679. 70	13 427. 55	53 516. 53
115 555. 04	24 928. 19	19 490. 34	159 973. 57
25 609. 79	4 366. 75	7 591. 95	37 568. 49
11 511. 38	340. 53	1 606. 94	13 458. 85
27 981. 04	2 803. 34	6 110. 69	36 895. 07
40 936. 48	10 801. 60	6 315. 65	58 053. 73
17 186. 56	833. 76	444. 66	18 464. 98
33 324. 58	3 736. 55	4 954. 14	42 015. 27
1 981. 34	748. 90	—	2 730. 24
43 822. 11	6 184. 08	6 710. 55	56 716. 74
13 330. 15	2 077. 80	7 703. 05	23 111. 00
4 782. 51	1 228. 96	1 256. 87	7 268. 34
5 311. 86	1 367. 43	1 635. 14	8 314. 43
23 588. 75	6 834. 23	—	30 422. 98
1 129 869. 08	**190 179. 45**	**241 000. 15**	**1 561 048. 68**

续表

地区 Region	5月 May			
	乐透数字型 Lotto Games	即开型 Instant Games	视频型 Online Instant Win	小计 Subtotal
北　京	34 335.52	9 802.78	—	44 138.30
天　津	21 315.04	2 578.40	2 653.20	26 546.64
河　北	50 678.31	5 690.56	7 457.25	63 826.12
山　西	16 700.42	3 462.53	4 284.20	24 447.15
内蒙古	29 221.56	3 978.35	4 471.21	37 671.12
辽　宁	65 641.16	13 145.10	10 525.71	89 311.97
吉　林	29 222.22	3 042.50	4 688.52	36 953.24
黑龙江	31 814.92	4 174.12	1 402.88	37 391.92
上　海	22 627.97	3 701.45	3 311.36	29 640.78
江　苏	77 637.19	12 478.34	20 148.93	110 264.46
浙　江	67 991.37	8 604.62	30 405.27	107 001.26
安　徽	37 553.31	3 553.92	13 795.49	54 902.72
福　建	30 770.50	5 494.06	7 096.91	43 361.47
江　西	32 013.41	2 310.66	3 943.43	38 267.50
山　东	71 347.12	19 155.85	23 481.46	113 984.43
河　南	33 387.33	7 348.60	9 405.45	50 141.38
湖　北	44 858.26	3 267.67	14 404.09	62 530.02
湖　南	34 775.72	6 280.73	13 168.25	54 224.70
广　东	113 422.51	27 431.38	20 007.25	160 861.14
广　西	29 919.79	3 711.39	7 333.61	40 964.79
海　南	11 172.88	224.29	1 574.57	12 971.74
重　庆	27 307.53	1 763.98	6 099.45	35 170.96
四　川	41 445.73	8 751.17	6 513.61	56 710.51
贵　州	16 873.31	781.70	427.28	18 082.29
云　南	34 665.25	3 448.81	5 062.02	43 176.08
西　藏	1 962.77	830.08	—	2 792.85
陕　西	44 026.96	5 725.52	6 638.76	56 391.24
甘　肃	12 988.64	2 016.86	7 316.98	22 322.48
青　海	4 715.83	1 213.15	1 300.02	7 229.00
宁　夏	4 987.69	1 274.38	1 452.51	7 714.58
新　疆	22 236.90	7 737.86	—	29 974.76
合　计 Total	**1 097 617.12**	**182 980.81**	**238 369.67**	**1 518 967.60**

6月 June			
乐透数字型 Lotto Games	即开型 Instant Games	视频型 Online Instant Win	小计 Subtotal
32 310.29	8 195.80	—	40 506.09
19 397.38	2 101.36	2 269.54	23 768.28
45 305.07	4 799.96	7 153.62	57 258.65
15 419.98	2 841.29	4 076.54	22 337.81
27 304.35	3 442.71	4 278.71	35 025.77
58 782.70	5 147.18	9 730.57	73 660.45
28 102.77	3 025.19	4 347.66	35 475.62
29 478.68	3 865.82	1 328.08	34 672.58
21 959.52	2 872.81	3 260.04	28 092.37
76 190.69	12 116.11	19 465.00	107 771.80
62 999.96	6 148.81	29 000.71	98 149.48
35 148.42	6 133.61	13 035.32	54 317.35
29 381.27	4 760.82	7 223.08	41 365.17
32 507.97	1 498.97	4 361.90	38 368.84
72 321.51	15 765.46	21 998.07	110 085.04
30 471.28	6 006.85	9 721.84	46 199.97
38 224.66	2 494.69	14 031.77	54 751.12
32 678.98	5 266.15	12 502.60	50 447.73
112 064.62	25 784.59	20 104.65	157 953.86
27 547.25	3 682.24	7 091.43	38 320.92
10 437.20	203.34	1 441.19	12 081.73
26 135.71	1 521.84	5 385.16	33 042.71
39 464.68	7 504.05	6 543.84	53 512.57
14 866.61	670.89	450.19	15 987.69
34 131.07	2 621.08	4 866.58	41 618.73
2 128.83	571.45	—	2 700.28
40 732.27	4 851.37	6 031.91	51 615.55
12 438.00	1 997.77	7 029.03	21 464.80
5 275.97	966.03	1 152.72	7 394.72
5 586.33	1 158.51	1 402.25	8 147.09
20 162.33	7 004.86	—	27 167.19
1 038 956.35	**155 021.61**	**229 284.00**	**1 423 261.96**

续表

地区 Region	7月 July 乐透数字型 Lotto Games	即开型 Instant Games	视频型 Online Instant Win	小计 Subtotal
北　京	33 359.34	8 230.18	—	41 589.52
天　津	18 580.45	1 989.26	2 306.27	22 875.98
河　北	41 187.49	4 155.22	7 575.62	52 918.33
山　西	15 395.51	2 677.74	4 296.45	22 369.70
内蒙古	26 872.82	3 529.50	4 339.27	34 741.59
辽　宁	56 505.16	5 612.07	10 363.48	72 480.71
吉　林	28 893.09	3 123.36	4 653.58	36 670.03
黑龙江	31 473.60	3 546.87	1 312.84	36 333.31
上　海	22 150.86	2 628.80	3 880.98	28 660.64
江　苏	69 516.85	8 938.09	20 034.41	98 489.35
浙　江	59 353.48	6 103.65	30 127.93	95 585.06
安　徽	32 299.95	1 238.78	13 757.03	47 295.76
福　建	27 955.28	4 568.85	7 626.18	40 150.31
江　西	35 447.80	887.56	4 592.41	40 927.77
山　东	71 024.61	14 130.47	22 861.83	108 016.91
河　南	31 349.33	5 537.95	10 786.10	47 673.38
湖　北	46 193.55	1 598.62	14 896.95	62 689.12
湖　南	31 501.80	4 404.83	11 430.52	47 337.15
广　东	115 467.97	17 956.63	20 643.27	154 067.87
广　西	29 942.76	3 213.74	6 973.58	40 130.08
海　南	11 994.14	143.08	1 640.62	13 777.84
重　庆	26 037.94	1 791.27	5 506.15	33 335.36
四　川	39 000.15	6 525.40	6 852.67	52 378.22
贵　州	14 580.36	723.28	517.00	15 820.64
云　南	35 506.31	3 070.54	4 954.41	43 531.26
西　藏	3 385.16	601.16	—	3 986.32
陕　西	40 567.44	4 363.66	6 402.76	51 333.86
甘　肃	12 521.28	1 769.37	7 230.19	21 520.84
青　海	6 765.51	1 164.82	1 090.54	9 020.87
宁　夏	5 581.59	1 443.32	1 371.19	8 396.10
新　疆	20 448.00	6 629.71	—	27 077.71
合　计 Total	**1 040 859.58**	**132 297.78**	**238 024.23**	**1 411 181.59**

8月 Aug.			
乐透数字型 Lotto Games	即开型 Instant Games	视频型 Online Instant Win	小计 Subtotal
31 872.50	7 414.06	—	39 286.56
19 711.71	1 734.84	2 393.61	23 840.16
39 739.59	4 073.28	7 966.91	51 779.78
14 646.18	2 516.08	4 514.04	21 676.30
26 055.06	3 315.45	4 361.63	33 732.14
55 736.28	5 216.07	11 168.33	72 120.68
25 472.41	2 863.30	4 771.30	33 107.01
31 122.23	3 390.01	1 249.82	35 762.06
22 778.60	2 356.20	4 169.86	29 304.66
64 759.63	8 492.23	20 430.50	93 682.36
57 697.97	5 823.88	31 068.46	94 590.31
29 375.77	1 900.77	15 008.58	46 285.12
25 954.98	4 173.21	8 458.30	38 586.49
39 483.00	852.62	4 782.55	45 118.17
69 541.15	12 868.21	23 512.69	105 922.05
32 028.01	5 207.94	11 386.34	48 622.29
42 154.82	1 469.29	15 761.67	59 385.78
31 729.37	4 708.95	12 253.79	48 692.11
112 027.26	20 283.41	21 487.58	153 798.25
30 515.89	3 223.15	7 278.72	41 017.76
12 104.98	198.89	1 643.51	13 947.38
26 247.85	1 639.55	5 746.99	33 634.39
44 721.91	6 136.57	6 700.37	57 558.85
14 679.76	765.23	647.73	16 092.72
34 168.74	2 716.94	4 981.03	41 866.71
3 696.65	606.60	—	4 303.25
39 888.54	4 007.33	6 606.15	50 502.02
14 965.83	1 650.14	7 421.45	24 037.42
6 859.41	996.33	1 190.27	9 046.01
5 524.64	1 251.59	1 524.29	8 300.52
20 732.13	6 691.52	—	27 423.65
1 025 992.85	**128 543.64**	**248 486.47**	**1 403 022.96**

续表

地区 Region	9月 Sept. 乐透数字型 Lotto Games	即开型 Instant Games	视频型 Online Instant Win	小计 Subtotal
北　京	32 663.47	8 026.30	—	40 689.77
天　津	20 123.28	2 202.98	2 412.30	24 738.56
河　北	38 605.50	4 364.81	7 472.03	50 442.34
山　西	16 757.78	2 794.61	4 835.25	24 387.64
内蒙古	26 982.06	2 970.68	4 228.40	34 181.14
辽　宁	57 235.47	7 792.79	10 316.13	75 344.39
吉　林	25 529.25	3 199.40	4 657.63	33 386.28
黑龙江	31 078.07	3 411.71	1 365.31	35 855.09
上　海	26 701.02	2 925.05	4 326.06	33 952.13
江　苏	72 748.44	9 006.79	20 463.95	102 219.18
浙　江	63 881.62	7 742.09	30 354.41	101 978.12
安　徽	29 645.33	2 625.84	15 097.71	47 368.88
福　建	27 603.26	4 177.24	8 240.37	40 020.87
江　西	36 138.85	2 375.28	4 896.27	43 410.40
山　东	69 811.43	15 818.78	22 693.15	108 323.36
河　南	33 125.17	5 411.57	10 799.00	49 335.74
湖　北	40 349.57	2 058.35	15 346.20	57 754.12
湖　南	32 399.70	5 847.43	12 543.93	50 791.06
广　东	115 728.27	22 722.50	21 022.81	159 473.58
广　西	32 488.99	3 412.18	7 232.85	43 134.02
海　南	11 152.79	207.83	1 576.51	12 937.13
重　庆	30 300.09	1 788.14	5 836.59	37 924.82
四　川	41 958.04	6 749.31	7 134.91	55 842.26
贵　州	15 095.00	868.09	714.80	16 677.89
云　南	34 395.15	2 917.22	5 364.79	42 677.16
西　藏	4 360.47	595.44	—	4 955.91
陕　西	41 271.13	4 481.19	6 538.28	52 290.60
甘　肃	26 596.28	1 540.46	7 011.17	35 147.91
青　海	7 069.45	915.23	1 203.46	9 188.14
宁　夏	5 461.04	1 086.14	1 575.32	8 122.50
新　疆	21 774.08	6 331.69	—	28 105.77
合　计 Total	**1 069 030.05**	**146 367.12**	**245 259.59**	**1 460 656.76**

10月 Oct.			
乐透数字型 Lotto Games	即开型 Instant Games	视频型 Online Instant Win	小计 Subtotal
35 549.95	8 480.64	—	44 030.59
21 476.47	1 935.05	2 536.98	25 948.50
40 907.97	4 372.32	7 684.58	52 964.87
19 447.32	2 853.84	4 982.92	27 284.08
28 497.65	2 516.80	4 542.54	35 556.99
59 555.58	4 920.87	10 485.48	74 961.93
24 745.97	2 252.39	4 584.53	31 582.89
32 147.89	2 721.88	1 314.70	36 184.47
28 580.37	2 781.35	4 276.01	35 637.73
85 549.95	9 323.18	21 052.21	115 925.34
69 163.59	7 703.83	30 999.10	107 866.52
33 654.59	4 150.60	15 801.73	53 606.92
34 123.45	5 273.62	8 235.90	47 632.97
37 150.62	3 427.90	5 295.72	45 874.24
75 875.06	13 832.12	23 724.89	113 432.07
33 785.56	6 331.55	10 861.44	50 978.55
42 079.27	2 323.99	15 442.04	59 845.30
33 951.26	5 220.03	13 126.95	52 298.24
125 395.75	22 282.49	22 014.61	169 692.85
33 815.11	3 266.75	6 999.79	44 081.65
10 511.31	253.47	1 658.26	12 423.04
32 157.71	2 067.88	5 850.28	40 075.87
44 927.62	7 114.89	7 283.70	59 326.21
17 773.09	732.65	607.78	19 113.52
35 835.38	2 448.43	5 680.87	43 964.68
5 194.15	533.81	—	5 727.96
43 668.03	4 523.84	6 676.90	54 868.77
31 309.47	1 312.08	7 512.96	40 134.51
7 773.80	844.12	1 241.41	9 859.33
7 513.94	1 014.04	1 553.87	10 081.85
22 590.12	6 076.44	—	28 666.56
1 154 708.00	**142 892.85**	**252 028.15**	**1 549 629.00**

续表

地区 Region	11 月 Nov.				12 月	
	乐透数字型 Lotto Games	即开型 Instant Games	视频型 Online Instant Win	小计 Subtotal	乐透数字型 Lotto Games	即开型 Instant Games
北　京	32 873.14	8 545.34	—	41 418.48	36 675.83	12 320.12
天　津	22 248.48	2 035.86	2 614.17	26 898.51	28 393.07	2 270.98
河　北	41 504.51	4 381.50	8 364.16	54 250.17	46 700.06	4 895.11
山　西	20 158.17	2 583.34	4 896.31	27 637.82	23 440.64	3 500.64
内蒙古	27 056.84	1 816.33	4 988.39	33 861.56	28 829.09	1 185.33
辽　宁	66 222.42	5 653.33	11 084.05	82 959.80	75 205.96	6 418.01
吉　林	25 315.20	2 657.49	4 597.79	32 570.48	28 459.32	2 221.46
黑龙江	32 302.24	2 756.17	1 367.71	36 426.12	38 193.89	3 274.83
上　海	29 423.00	3 179.50	4 669.78	37 272.28	32 994.28	4 920.01
江　苏	76 182.68	9 980.36	21 203.11	107 366.15	85 523.32	20 937.06
浙　江	67 502.42	8 910.69	31 609.07	108 022.18	73 747.58	10 117.75
安　徽	30 339.01	6 771.66	16 411.01	53 521.68	34 074.68	6 497.02
福　建	25 335.53	5 245.07	8 084.13	38 664.73	26 717.30	5 624.77
江　西	35 197.29	2 094.83	5 403.76	42 695.88	44 200.91	2 330.60
山　东	72 487.44	14 066.65	24 313.49	110 867.58	112 259.54	15 155.76
河　南	34 541.68	9 535.14	11 774.39	55 851.21	38 849.70	32 002.05
湖　北	40 453.19	2 007.42	16 103.63	58 564.24	43 848.37	1 919.22
湖　南	32 960.89	5 573.40	13 466.61	52 000.90	36 562.72	4 833.05
广　东	120 048.36	27 761.03	21 523.66	169 333.05	130 583.89	30 087.75
广　西	31 966.31	4 141.08	7 047.23	43 154.62	34 345.02	5 714.93
海　南	11 026.66	278.38	1 599.20	12 904.24	13 620.76	596.52
重　庆	32 036.22	2 270.33	6 657.63	40 964.18	34 762.19	2 170.59
四　川	43 651.81	7 862.58	7 684.35	59 198.74	47 228.47	7 763.84
贵　州	15 164.18	703.32	660.42	16 527.92	15 870.83	733.70
云　南	34 389.60	2 802.32	5 573.85	42 765.77	37 567.09	3 511.04
西　藏	4 644.06	520.60	—	5 164.66	4 171.25	531.61
陕　西	43 105.86	5 088.60	7 195.28	55 389.74	49 992.72	5 705.34
甘　肃	32 061.44	1 324.81	7 043.14	40 429.39	34 579.05	1 372.12
青　海	7 048.69	486.69	1 201.59	8 736.97	7 254.78	581.60
宁　夏	8 985.87	915.90	1 594.80	11 496.57	9 722.87	1 294.20
新　疆	22 358.23	4 925.48	—	27 283.71	26 163.79	3 980.56
合　计 Total	**1 118 591.42**	**156 875.20**	**258 732.71**	**1 534 199.33**	**1 280 538.97**	**204 467.57**

Dec.		合计 Total			
视频型 Online Instant Win	小计 Subtotal	乐透数字型 Lotto Games	即开型 Instant Games	视频型 Online Instant Win	小计 Subtotal
—	48 995.95	406 394.32	102 974.42	—	509 368.74
2 794.58	33 458.63	244 750.58	24 419.91	31 235.22	300 405.71
9 111.12	60 706.29	550 208.38	56 336.19	90 186.01	703 776.51
5 097.28	32 038.56	203 747.41	35 368.79	53 107.27	293 196.41
5 121.07	35 135.49	308 133.70	35 888.49	51 682.66	395 704.85
12 307.15	93 931.12	725 572.52	76 226.81	126 102.29	929 441.33
4 994.86	35 675.64	327 914.85	33 024.38	54 639.04	416 052.71
1 354.31	42 823.03	383 577.34	40 907.22	15 550.48	440 035.04
4 957.53	42 871.82	294 382.61	35 293.67	45 617.45	375 293.73
23 019.78	129 480.16	908 105.59	136 254.36	240 669.06	1 285 029.01
33 615.25	117 480.58	789 076.31	90 405.10	365 370.18	1 244 851.59
17 664.94	58 236.64	371 507.24	44 906.98	174 354.73	590 768.95
8 889.18	41 231.25	328 558.43	59 658.05	91 366.52	479 583.00
5 881.54	52 413.05	410 672.63	21 931.05	54 431.16	487 034.84
25 838.98	153 254.28	884 579.00	181 545.01	277 879.09	1 344 280.28
12 398.03	83 249.78	397 471.87	100 972.72	119 543.63	617 988.22
17 418.88	63 186.47	528 402.30	28 790.86	181 095.63	738 288.79
15 257.59	56 653.36	380 157.20	68 487.70	154 319.37	603 054.26
22 849.48	183 521.12	1 370 502.67	285 719.65	243 196.57	1 899 419.72
7 885.92	47 945.87	345 144.20	43 800.85	88 491.95	477 437.00
1 762.87	15 980.15	138 155.69	3 164.71	18 855.52	160 175.92
7 274.54	44 207.32	336 015.71	26 347.04	72 766.72	435 129.47
8 497.02	63 489.33	495 563.45	102 788.83	79 958.14	678 348.28
662.00	17 266.53	187 472.58	8 588.51	6 406.28	202 467.37
5 873.86	46 951.99	399 743.33	38 279.23	61 079.64	499 102.20
—	4 702.86	35 737.46	6 956.45	—	42 693.91
7 641.02	63 339.08	495 404.74	57 598.36	78 288.13	631 348.13
7 393.31	43 344.48	221 664.96	18 565.85	85 318.60	330 035.41
1 190.02	9 026.40	71 149.21	10 410.65	14 066.06	95 625.92
1 643.33	12 660.40	75 530.71	13 548.67	18 307.70	107 387.08
—	30 144.35	2 146.49	66 667.67	—	339 521.99
278 395.44	**1 763 401.98**	**12 888 151.31**	**1 855 828.18**	**2 893 885.10**	**17 652 846.37**

（中国福利彩票发行管理中心供稿）

2013 年全国体育彩票销售情况图

Diagram of Sales of Sports Lottery in China in 2013

单位：万元

Unit：Ten Thousand Yuan

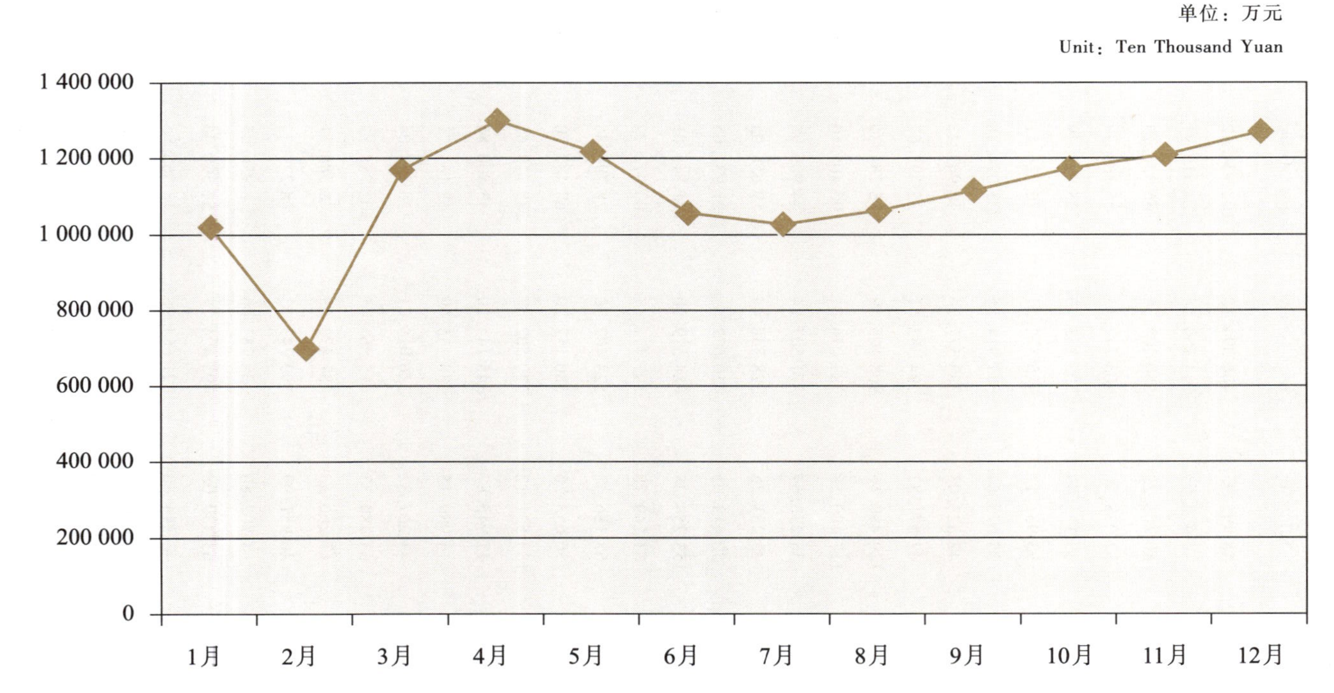

（国家体育总局体育彩票管理中心供稿）

2013年全国体育彩票各地区销售量排名表

Ranking of Sales of Sports Lottery in Different Regions in China in 2013

单位：万元

Unit：Ten Thousand Yuan

名次 Ranking	地区 Region	销售量（万元） Sales Amounts
1	江苏	1 557 830.89
2	山东	1 224 208.93
3	广东	1 179 351.81
4	浙江	862 688.74
5	河南	616 824.76
6	福建	598 632.00
7	河北	564 939.27
8	北京	538 876.33
9	江西	506 690.51
10	辽宁	496 648.37
11	云南	481 643.94
12	上海	457 740.34
13	黑龙江	427 030.88
14	湖南	368 848.97
15	安徽	364 145.92
16	四川	360 855.75
17	湖北	353 958.81
18	天津	352 459.59
19	吉林	331 286.64
20	陕西	223 821.20
21	甘肃	219 489.87
22	内蒙古	218 725.80
23	重庆	190 957.72
24	贵州	180 236.81
25	山西	156 171.50
26	新疆	150 902.78
27	广西	87 315.43
28	宁夏	63 534.66
29	青海	63 115.09
30	海南	51 186.06
31	西藏	29 539.19
合计 Total		**13 279 658.55**

（国家体育总局体育彩票管理中心供稿）

2013 年全国体育彩票各地区销售额比重图

Diagram of Sales Proportion of Sports Lottery in Different Regions in China in 2013

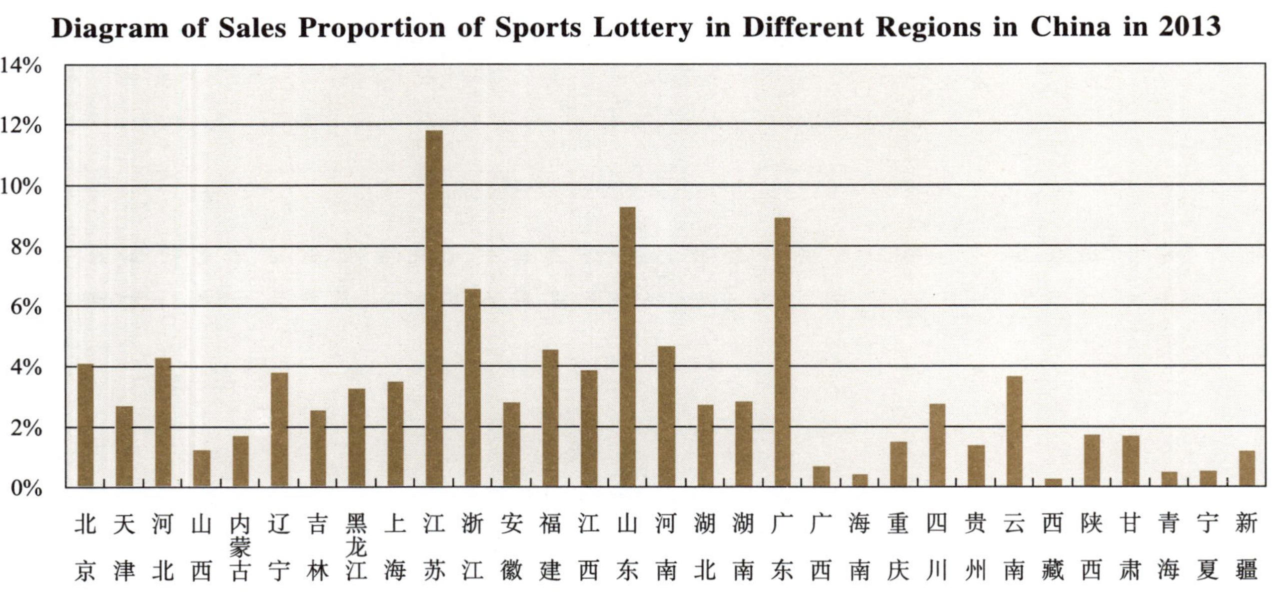

（国家体育总局体育彩票管理中心供稿）

2013 年全国体育彩票分类型销售情况图

Diagram of Sports Lottery Sales in Different Lottery Games in China in 2013

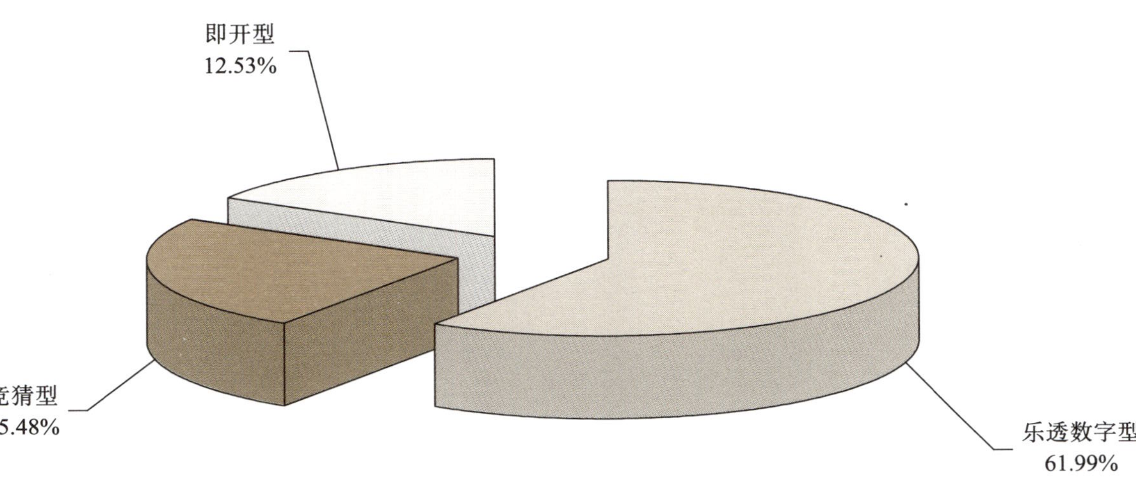

（国家体育总局体育彩票管理中心供稿）

2013年全国体育彩票（分地区分类型）销售情况表

Statistical Table of Sports Lottery Sales in Different Regions and Different Lottery Games in China in 2013

单位：万元

Unit：Ten Thousand Yuan

地区 Region	1月 Jan.			
	乐透数字型 Lotto Games	竞猜型 Sports Betting	即开型 Instant Games	小计 Subtotal
北京	9 122.63	18 247.29	4 536.84	31 906.76
天津	10 029.61	21 962.02	944.25	32 935.88
河北	42 720.16	2 017.64	3 994.85	48 732.64
山西	4 468.72	1 415.34	1 162.53	7 046.59
内蒙古	7 201.95	1 049.78	3 519.42	11 771.15
辽宁	30 407.59	5 933.28	4 535.00	40 875.87
吉林	22 505.32	2 095.04	3 226.05	27 826.42
黑龙江	26 492.64	1 734.82	4 160.61	32 388.07
上海	10 352.01	8 307.44	2 172.06	20 831.51
江苏	94 782.44	15 142.83	13 069.26	122 994.54
浙江	65 976.08	7 670.88	5 214.81	78 861.77
安徽	17 728.20	8 321.29	630.18	26 679.67
福建	39 005.14	3 908.50	8 199.03	51 112.67
江西	18 018.30	19 900.14	534.23	38 452.66
山东	76 173.97	18 503.51	8 715.57	103 393.05
河南	36 220.93	4 036.76	3 355.61	43 613.29
湖北	23 469.16	3 486.27	279.11	27 234.53
湖南	14 545.04	9 845.34	461.13	24 851.50
广东	50 073.14	28 356.78	11 895.29	90 325.20
广西	1 781.99	3 828.13	877.92	6 488.04
海南	2 968.66	432.91	360.75	3 762.32
重庆	7 572.54	6 378.66	453.71	14 404.91
四川	20 344.23	4 333.47	7 442.96	32 120.66
贵州	12 427.59	1 700.91	872.40	15 000.90
云南	25 255.35	3 272.93	7 450.64	35 978.92
西藏	649.99	92.71	1 460.16	2 202.85
陕西	13 226.58	2 046.09	1 930.41	17 203.08
甘肃	4 931.22	1 110.43	2 790.17	8 831.81
青海	2 673.83	2 089.89	410.54	5 174.26
宁夏	2 944.94	234.35	604.58	3 783.87
新疆	5 971.93	3 109.28	1 574.43	10 655.64
合计 Total	**700 041.87**	**210 564.71**	**106 834.44**	**1 017 441.01**

续表

地 区 Region	2月 Feb. 乐透数字型 Lotto Games	竞猜型 Sports Betting	即开型 Instant Games	小 计 Subtotal
北 京	5 833.22	14 200.74	4 190.85	24 224.81
天 津	6 594.98	15 719.38	638.28	22 952.63
河 北	24 870.30	1 691.31	4 472.60	31 034.21
山 西	2 448.87	1 014.78	1 543.14	5 006.78
内蒙古	4 349.82	738.90	3 650.64	8 739.37
辽 宁	18 996.38	4 489.84	3 952.04	27 438.26
吉 林	13 651.58	1 581.27	2 972.51	18 205.36
黑龙江	18 097.14	1 169.48	5 171.30	24 437.92
上 海	6 279.68	8 360.78	2 192.76	16 833.22
江 苏	56 552.30	11 335.79	12 337.26	80 225.35
浙 江	37 931.70	6 031.02	5 316.23	49 278.95
安 徽	10 831.31	5 320.72	1 208.28	17 360.31
福 建	24 549.13	3 078.04	7 602.18	35 229.35
江 西	12 598.87	15 397.00	791.39	28 787.25
山 东	43 417.84	12 546.29	7 091.52	63 055.65
河 南	22 282.76	2 527.57	4 604.69	29 415.02
湖 北	13 742.68	2 907.20	434.36	17 084.23
湖 南	8 788.61	7 334.26	1 025.63	17 148.49
广 东	27 905.02	20 951.15	11 910.11	60 766.28
广 西	1 228.22	4 490.01	2 314.08	8 032.31
海 南	1 981.47	282.22	433.38	2 697.07
重 庆	4 508.95	4 947.76	1 849.04	11 305.74
四 川	13 117.43	3 503.55	9 905.40	26 526.38
贵 州	7 224.95	1 361.54	1 544.52	10 131.00
云 南	16 526.65	2 543.37	8 672.03	27 742.05
西 藏	302.72	47.51	1 025.58	1 375.80
陕 西	7 086.52	1 522.68	3 904.29	12 513.49
甘 肃	2 916.19	1 576.43	1 802.15	6 294.76
青 海	1 083.28	1 727.59	389.73	3 200.60
宁 夏	1 899.64	172.48	480.87	2 552.99
新 疆	3 808.78	2 297.59	1 616.61	7 722.98
合 计 Total	**421 406.99**	**160 868.25**	**115 043.39**	**697 318.62**

续表

地 区 Region	3月 Mar. 乐透数字型 Lotto Games	竞猜型 Sports Betting	即开型 Instant Games	小 计 Subtotal
北 京	9 845.31	29 479.48	7 830.33	47 155.12
天 津	9 998.95	28 167.46	1 551.54	39 717.95
河 北	44 022.19	2 989.66	6 977.60	53 989.45
山 西	6 867.90	1 854.70	2 330.61	11 053.22
内蒙古	8 498.92	1 222.11	6 283.86	16 004.89
辽 宁	31 150.34	7 216.43	5 860.92	44 227.70
吉 林	22 278.19	2 587.55	4 214.75	29 080.48
黑龙江	29 567.91	2 079.97	5 208.99	36 856.87
上 海	10 729.52	18 577.27	3 794.52	33 101.30
江 苏	97 989.54	30 308.70	21 693.14	149 991.37
浙 江	58 280.66	10 410.83	9 346.68	78 038.16
安 徽	17 203.41	10 925.15	3 505.07	31 633.62
福 建	40 891.29	4 776.86	9 599.52	55 267.67
江 西	18 774.69	26 929.36	753.98	46 458.02
山 东	73 266.18	22 093.65	17 032.02	112 391.85
河 南	37 144.71	5 037.09	7 655.61	49 837.41
湖 北	23 132.01	5 988.66	762.77	29 883.43
湖 南	14 646.89	9 701.70	1 405.35	25 753.94
广 东	47 050.96	32 918.63	15 788.04	95 757.64
广 西	1 865.10	4 670.06	578.82	7 113.98
海 南	3 227.98	444.08	433.74	4 105.80
重 庆	6 839.45	8 320.25	1 554.44	16 714.14
四 川	20 047.05	6 102.51	8 357.10	34 506.66
贵 州	11 566.28	2 209.86	2 163.75	15 939.88
云 南	27 297.09	4 664.41	9 664.17	41 625.67
西 藏	645.95	94.30	1 519.14	2 259.39
陕 西	12 383.12	2 765.93	4 354.95	19 504.00
甘 肃	5 657.70	4 338.82	3 113.63	13 110.15
青 海	1 277.76	3 192.97	874.55	5 345.27
宁 夏	2 830.61	309.82	947.54	4 087.96
新 疆	6 230.70	4 161.53	2 985.09	13 377.32
合 计 Total	**701 208.36**	**294 539.79**	**168 142.17**	**1 163 890.32**

续表

地 区 Region	4月 Apr.			
	乐透数字型 Lotto Games	竞猜型 Sports Betting	即开型 Instant Games	小 计 Subtotal
北 京	10 007. 72	48 836. 99	6 654. 48	65 499. 19
天 津	9 871. 23	30 770. 86	1 609. 62	42 251. 71
河 北	43 010. 13	3 246. 54	10 383. 33	56 640. 00
山 西	11 250. 92	1 747. 30	2 610. 00	15 608. 22
内蒙古	12 894. 37	1 566. 62	7 118. 40	21 579. 39
辽 宁	31 334. 89	8 287. 28	6 565. 22	46 187. 39
吉 林	24 338. 36	3 116. 24	4 992. 47	32 447. 07
黑龙江	30 507. 41	2 379. 29	6 305. 04	39 191. 74
上 海	11 458. 68	23 328. 16	4 166. 79	38 953. 63
江 苏	105 177. 27	50 140. 24	17 025. 08	172 342. 59
浙 江	57 408. 26	13 758. 14	9 726. 24	80 892. 63
安 徽	19 603. 27	8 744. 13	2 396. 73	30 744. 13
福 建	42 934. 28	5 014. 64	8 512. 02	56 460. 94
江 西	28 708. 98	33 927. 44	1 035. 00	63 671. 42
山 东	77 344. 02	25 642. 94	15 353. 34	118 340. 31
河 南	38 549. 85	5 715. 32	8 927. 12	53 192. 28
湖 北	24 833. 08	5 371. 42	861. 44	31 065. 94
湖 南	15 040. 49	11 437. 77	1 023. 96	27 502. 21
广 东	56 266. 05	35 555. 59	18 679. 97	110 501. 60
广 西	2 034. 33	5 150. 17	560. 91	7 745. 41
海 南	2 813. 81	438. 71	404. 43	3 656. 96
重 庆	6 258. 65	9 871. 56	1 811. 42	17 941. 62
四 川	19 651. 05	6 446. 69	6 874. 31	32 972. 04
贵 州	11 580. 05	3 007. 13	2 269. 02	16 856. 20
云 南	28 080. 57	5 033. 27	9 126. 98	42 240. 82
西 藏	766. 73	126. 69	1 625. 88	2 519. 30
陕 西	13 273. 91	3 086. 21	4 373. 70	20 733. 83
甘 肃	6 864. 51	4 595. 61	3 361. 40	14 821. 52
青 海	1 135. 74	2 751. 74	1 115. 78	5 003. 26
宁 夏	2 640. 17	346. 81	1 113. 56	4 100. 53
新 疆	5 962. 59	5 956. 98	4 261. 88	16 181. 45
合 计 Total	**751 615. 52**	**372 598. 31**	**170 845. 46**	**1 295 059. 28**

续表

地区 Region	5月 May			
	乐透数字型 Lotto Games	竞猜型 Sports Betting	即开型 Instant Games	小计 Subtotal
北京	10 474.81	50 029.97	6 062.61	66 567.38
天津	9 728.56	29 736.98	1 534.08	40 999.61
河北	38 949.83	2 823.93	8 180.42	49 954.17
山西	12 729.65	1 560.42	2 160.69	16 450.75
内蒙古	13 788.14	1 341.69	6 292.53	21 422.37
辽宁	30 207.81	7 007.49	6 065.07	43 280.37
吉林	23 408.83	2 622.96	5 224.04	31 255.83
黑龙江	28 700.19	2 332.32	6 001.86	37 034.37
上海	11 694.01	18 999.71	3 187.67	33 881.39
江苏	102 032.89	34 095.30	15 015.54	151 143.73
浙江	60 796.36	9 924.11	8 577.39	79 297.86
安徽	22 669.79	7 536.32	1 741.04	31 947.15
福建	41 648.10	4 254.99	7 332.57	53 235.65
江西	23 706.48	24 188.60	755.45	48 650.53
山东	74 097.62	21 283.38	14 231.82	109 612.82
河南	38 694.70	5 509.18	7 916.66	52 120.54
湖北	21 982.21	8 671.46	944.39	31 598.05
湖南	15 346.08	8 695.63	1 128.27	25 169.98
广东	59 679.35	37 202.99	16 162.19	113 044.53
广西	2 886.79	4 326.34	503.31	7 716.44
海南	2 690.93	339.38	332.91	3 363.22
重庆	6 244.75	9 392.41	1 547.36	17 184.51
四川	19 730.38	5 147.79	6 124.40	31 002.57
贵州	11 344.00	2 645.97	2 226.99	16 216.95
云南	28 721.87	4 633.03	8 696.57	42 051.46
西藏	748.95	119.85	1 516.02	2 384.82
陕西	13 573.25	2 471.35	4 168.38	20 212.98
甘肃	12 899.92	3 573.95	3 302.36	19 776.22
青海	1 520.87	3 120.19	1 038.59	5 679.65
宁夏	2 739.46	269.53	1 459.25	4 468.24
新疆	5 663.43	4 757.17	5 125.98	15 546.58
合计 Total	**749 085.84**	**311 414.57**	**154 556.34**	**1 215 056.75**

续表

地区 Region	6月 June 乐透数字型 Lotto Games	竞猜型 Sports Betting	即开型 Instant Games	小计 Subtotal
北京	11 805.51	24 805.54	6 064.80	42 675.85
天津	9 035.24	13 517.64	1 351.65	23 904.53
河北	36 422.63	1 768.20	7 190.63	45 381.45
山西	12 417.32	898.44	2 255.76	15 571.52
内蒙古	13 410.54	851.26	6 171.96	20 433.76
辽宁	27 938.45	4 815.08	5 661.15	38 414.68
吉林	21 312.73	1 692.17	4 800.08	27 804.98
黑龙江	27 722.15	1 928.69	5 298.24	34 949.09
上海	11 790.79	18 419.69	2 859.11	33 069.58
江苏	86 303.69	16 746.68	14 304.11	117 354.48
浙江	62 913.13	6 421.25	7 632.78	76 967.16
安徽	18 669.94	5 449.64	3 330.96	27 450.54
福建	38 297.97	2 824.54	7 110.51	48 233.02
江西	21 627.52	16 990.60	1 038.06	39 656.17
山东	68 123.06	12 023.99	14 309.22	94 456.27
河南	37 398.81	4 125.20	6 966.14	48 490.15
湖北	20 284.33	4 511.97	1 140.30	25 936.60
湖南	15 112.64	6 424.89	1 253.79	22 791.32
广东	53 077.77	25 108.11	15 690.38	93 876.25
广西	2 790.83	2 763.74	535.20	6 089.77
海南	2 880.91	200.28	365.43	3 446.61
重庆	6 796.47	6 876.55	1 203.09	14 876.11
四川	19 686.51	3 076.21	5 511.05	28 273.77
贵州	10 951.80	2 014.10	1 979.52	14 945.42
云南	28 893.74	3 395.56	7 720.70	40 009.99
西藏	902.11	88.94	1 323.06	2 314.10
陕西	12 680.69	1 525.13	4 667.76	18 873.57
甘肃	15 171.33	4 380.65	3 334.71	22 886.69
青海	1 657.49	3 457.92	1 055.27	6 170.68
宁夏	3 313.88	176.21	1 197.47	4 687.56
新疆	5 242.43	1 468.88	4 636.80	11 348.11
合计 Total	**704 632.42**	**198 747.74**	**147 959.64**	**1 051 339.80**

续表

地　区 Region	7月 July			
	乐透数字型 Lotto Games	竞猜型 Sports Betting	即开型 Instant Games	小　计 Subtotal
北　京	12 676.04	24 436.71	6 784.65	43 897.40
天　津	10 236.09	17 106.80	1 126.26	28 469.15
河　北	36 610.08	1 773.93	5 906.88	44 290.89
山　西	11 668.43	865.41	1 783.11	14 316.95
内蒙古	12 668.69	736.09	5 250.42	18 655.20
辽　宁	33 143.91	4 385.00	5 249.90	42 778.80
吉　林	20 565.67	1 769.39	4 675.05	27 010.12
黑龙江	28 147.60	1 968.29	4 838.25	34 954.14
上　海	11 907.90	23 674.34	2 502.21	38 084.46
江　苏	82 013.89	12 721.68	11 281.71	106 017.28
浙　江	53 831.00	6 053.61	6 197.28	66 081.89
安　徽	17 349.05	5 298.42	2 588.52	25 235.98
福　建	39 001.71	2 719.57	5 880.45	47 601.73
江　西	19 301.09	16 977.60	560.13	36 838.82
山　东	67 140.20	12 211.68	12 002.40	91 354.28
河　南	38 088.19	4 353.07	5 411.91	47 853.18
湖　北	19 353.69	5 467.85	428.57	25 250.10
湖　南	16 052.05	6 120.73	774.66	22 947.44
广　东	52 786.62	27 052.45	13 864.11	93 703.18
广　西	2 667.95	2 892.73	468.48	6 029.16
海　南	3 354.16	195.72	410.70	3 960.58
重　庆	7 143.50	7 836.61	710.13	15 690.24
四　川	19 414.47	3 268.20	3 698.00	26 380.67
贵　州	10 836.98	1 709.08	1 396.17	13 942.24
云　南	30 256.29	2 855.11	6 887.70	39 999.10
西　藏	991.48	79.60	1 219.38	2 290.47
陕　西	12 970.30	1 488.48	2 997.12	17 455.90
甘　肃	15 870.14	2 922.55	2 558.46	21 351.15
青　海	1 788.41	2 659.92	925.30	5 373.64
宁　夏	3 725.00	161.67	1 092.39	4 979.07
新　疆	5 591.77	2 534.91	4 396.29	12 522.97
合　计 Total	**697 152.35**	**204 297.22**	**123 866.58**	**1 025 316.15**

续表

地区 Region	8月 Aug.			
	乐透数字型 Lotto Games	竞猜型 Sports Betting	即开型 Instant Games	小计 Subtotal
北京	11 873.70	25 961.72	6 279.24	44 114.66
天津	8 432.52	21 645.17	1 378.56	31 456.26
河北	34 062.91	2 860.30	5 291.55	42 214.76
山西	10 068.63	1 387.63	2 216.67	13 672.92
内蒙古	12 196.22	1 100.24	5 653.74	18 950.20
辽宁	28 694.48	6 248.05	5 166.24	40 108.78
吉林	18 831.81	2 263.82	4 622.37	25 718.00
黑龙江	26 137.53	3 337.63	4 860.39	34 335.55
上海	11 000.16	27 988.15	2 422.29	41 410.60
江苏	77 880.10	16 434.09	10 695.66	105 009.85
浙江	49 702.80	8 760.31	5 628.63	64 091.74
安徽	15 462.69	12 479.76	1 231.23	29 173.68
福建	36 405.92	3 893.29	5 648.52	45 947.72
江西	18 503.76	23 141.49	423.12	42 068.37
山东	63 785.19	28 823.64	11 316.12	103 924.96
河南	36 975.47	6 073.12	5 454.84	48 503.43
湖北	17 496.09	14 630.79	571.16	32 698.04
湖南	13 487.76	9 796.70	625.95	23 910.41
广东	48 655.56	33 939.54	12 727.36	95 322.46
广西	2 110.93	4 063.81	424.32	6 599.06
海南	3 460.66	305.44	398.73	4 164.84
重庆	5 683.81	9 337.06	838.35	15 859.22
四川	17 480.71	4 832.75	3 481.70	25 795.16
贵州	10 164.58	2 709.38	1 638.18	14 512.14
云南	32 029.41	3 946.46	6 639.15	42 615.02
西藏	1 113.83	204.75	1 595.34	2 913.92
陕西	11 773.21	2 298.56	3 018.87	17 090.64
甘肃	15 613.96	4 568.68	2 384.30	22 566.94
青海	1 769.30	3 186.30	967.94	5 923.53
宁夏	3 439.76	325.00	913.89	4 678.66
新疆	5 036.94	4 012.09	4 382.37	13 431.40
合计 Total	**649 330.41**	**290 555.73**	**118 896.77**	**1 058 782.91**

续表

地　区 Region	9月 Sept. 乐透数字型 Lotto Games	竞猜型 Sports Betting	即开型 Instant Games	小　计 Subtotal
北　京	12 353.59	26 647.80	7 155.84	46 157.23
天　津	8 630.83	20 769.62	1 105.50	30 505.96
河　北	35 467.08	3 218.36	7 417.92	46 103.36
山　西	9 981.39	1 624.54	2 063.16	13 669.09
内蒙古	12 449.78	1 219.44	5 354.58	19 023.80
辽　宁	27 130.08	7 642.61	5 626.59	40 399.28
吉　林	19 771.95	2 526.13	5 338.85	27 636.92
黑龙江	26 300.69	5 052.61	5 161.95	36 515.25
上　海	11 152.42	38 598.56	2 611.32	52 362.30
江　苏	74 542.82	18 563.16	12 491.06	105 597.04
浙　江	48 617.79	9 201.61	7 476.87	65 296.27
安　徽	14 512.62	19 235.81	2 251.92	36 000.34
福　建	36 459.73	4 300.34	8 224.08	48 984.15
江　西	18 694.57	24 034.08	1 240.82	43 969.46
山　东	60 894.06	19 333.55	13 593.60	93 821.20
河　南	37 949.83	7 114.54	6 633.30	51 697.66
湖　北	17 390.95	21 870.74	561.77	39 823.45
湖　南	14 219.12	13 696.51	644.93	28 560.55
广　东	50 715.49	37 288.77	13 771.44	101 775.70
广　西	2 094.76	4 791.49	709.29	7 595.54
海　南	2 909.37	378.92	414.90	3 703.19
重　庆	6 117.12	9 217.80	1 053.12	16 388.04
四　川	20 901.29	5 453.45	4 225.71	30 580.45
贵　州	10 339.63	2 775.55	1 834.53	14 949.70
云　南	32 888.39	4 853.39	7 651.47	45 393.26
西　藏	1 174.50	209.58	1 447.32	2 831.40
陕　西	11 718.36	2 612.32	3 486.36	17 817.05
甘　肃	14 907.30	6 832.23	2 431.25	24 170.77
青　海	1 705.04	3 264.02	804.66	5 773.72
宁　夏	3 444.61	1 328.93	1 057.04	5 830.58
新　疆	4 943.07	3 676.83	3 961.47	12 581.37
合　计 Total	**650 378.22**	**327 333.28**	**137 802.59**	**1 115 514.08**

续表

地 区 Region	10月 Oct.			
	乐透数字型 Lotto Games	竞猜型 Sports Betting	即开型 Instant Games	小 计 Subtotal
北 京	12 637.17	29 371.70	6 233.46	48 242.33
天 津	8 643.56	11 729.30	870.84	21 243.70
河 北	36 837.81	3 416.57	5 769.87	46 024.25
山 西	10 244.80	1 649.41	1 728.87	13 623.08
内蒙古	12 617.10	1 347.03	5 471.70	19 435.83
辽 宁	35 465.91	7 562.19	4 559.25	47 587.35
吉 林	20 252.97	2 567.19	4 187.49	27 007.64
黑龙江	27 300.32	5 700.60	6 366.21	39 367.13
上 海	11 818.10	33 891.16	2 603.13	48 312.39
江 苏	87 757.77	25 785.99	11 594.13	125 137.89
浙 江	48 124.90	9 405.53	9 616.11	67 146.54
安 徽	15 119.17	13 192.15	1 799.82	30 111.14
福 建	38 080.23	4 175.53	8 460.12	50 715.88
江 西	19 208.18	25 215.95	1 819.77	46 243.90
山 东	65 367.87	18 081.08	11 673.12	95 122.06
河 南	45 479.14	20 163.48	5 530.95	71 173.57
湖 北	18 481.19	19 019.00	768.45	38 268.64
湖 南	16 527.20	25 804.71	812.42	43 144.32
广 东	50 584.23	39 411.22	15 002.57	104 998.02
广 西	2 134.58	5 026.45	932.52	8 093.56
海 南	3 253.78	1 512.99	510.48	5 277.25
重 庆	6 702.83	11 590.44	971.91	19 265.17
四 川	19 412.48	5 773.48	4 136.45	29 322.40
贵 州	10 749.84	2 853.11	1 636.17	15 239.12
云 南	30 481.39	5 052.70	6 762.02	42 296.11
西 藏	1 212.78	144.67	1 376.88	2 734.33
陕 西	14 346.10	2 584.55	3 086.79	20 017.45
甘 肃	15 392.28	3 217.94	2 552.57	21 162.78
青 海	1 747.81	2 574.70	674.22	4 996.73
宁 夏	3 425.06	1 383.03	817.28	5 625.36
新 疆	5 584.89	2 946.92	3 214.95	11 746.76
合 计 Total	**694 991.42**	**342 150.75**	**131 540.49**	**1 168 682.66**

续表

地 区 Region	11月 Nov.			
	乐透数字型 Lotto Games	竞猜型 Sports Betting	即开型 Instant Games	小 计 Subtotal
北 京	10 564.45	26 622.95	6 031.35	43 218.75
天 津	8 165.76	10 151.09	991.77	19 308.62
河 北	38 017.38	3 147.91	7 554.21	48 719.50
山 西	10 735.21	1 530.95	2 227.80	14 493.96
内蒙古	13 924.12	1 306.23	5 969.67	21 200.02
辽 宁	27 981.23	7 341.32	8 411.52	43 734.07
吉 林	21 333.08	2 637.51	3 687.78	27 658.37
黑龙江	29 546.87	4 487.62	2 734.83	36 769.32
上 海	12 191.10	37 243.57	2 450.58	51 885.25
江 苏	92 898.05	46 053.21	10 875.93	149 827.19
浙 江	58 576.16	9 243.25	8 321.19	76 140.60
安 徽	16 994.91	20 029.03	2 757.99	39 781.93
福 建	37 982.48	4 479.04	7 167.75	49 629.27
江 西	20 362.83	18 457.55	1 254.06	40 074.43
山 东	76 905.49	18 794.55	11 926.95	107 626.98
河 南	45 810.65	6 792.30	13 795.35	66 398.30
湖 北	21 532.09	7 066.65	594.29	29 193.02
湖 南	20 176.29	26 458.90	1 344.32	47 979.50
广 东	50 929.97	265 793.90	13 383.11	330 106.97
广 西	2 330.10	4 928.21	507.06	7 765.36
海 南	3 635.99	1 876.83	481.56	5 994.39
重 庆	6 340.95	9 563.25	921.09	16 825.28
四 川	22 455.04	5 641.42	4 150.17	32 246.63
贵 州	10 729.43	2 325.65	1 868.81	14 923.88
云 南	28 807.27	4 606.26	7 246.11	40 659.64
西 藏	1 323.59	134.99	1 381.92	2 840.50
陕 西	13 884.85	2 580.43	3 223.83	19 689.11
甘 肃	15 966.28	3 845.27	1 831.55	21 643.09
青 海	1 804.50	3 035.49	462.14	5 302.13
宁 夏	3 797.55	5 648.18	715.74	10 161.46
新 疆	7 161.13	2 964.55	2 544.48	12 670.16
合 计 Total	**732 864.80**	**337 959.95**	**136 814.88**	**1 207 639.63**

续表

地区 Region	12月 Dec.			
	乐透数字型 Lotto Games	竞猜型 Sports Betting	即开型 Instant Games	小计 Subtotal
北京	11 576.02	18 327.31	5 313.51	35 216.85
天津	9 574.72	8 262.33	876.54	18 713.59
河北	43 700.80	3 239.40	4 914.39	51 854.59
山西	11 224.65	1 369.20	3 064.56	15 658.40
内蒙古	15 093.45	1 514.47	4 901.91	21 509.83
辽宁	29 956.29	6 884.97	4 774.56	41 615.83
吉林	22 846.67	2 507.76	4 281.03	29 635.45
黑龙江	31 870.76	4 391.88	3 968.79	40 231.43
上海	12 538.05	33 645.90	2 830.78	49 014.73
江苏	91 585.27	66 764.49	13 839.83	172 189.58
浙江	59 994.06	9 946.69	10 654.41	80 595.16
安徽	17 788.76	17 172.36	3 066.29	38 027.41
福建	41 113.19	4 152.11	10 948.65	56 213.95
江西	18 675.87	11 885.35	1 258.26	31 819.47
山东	97 059.93	17 920.73	16 128.84	131 109.51
河南	45 024.91	5 134.81	4 370.19	54 529.92
湖北	19 903.28	5 404.92	614.58	25 922.78
湖南	21 885.59	35 453.21	1 750.49	59 089.29
广东	54 332.06	37 827.38	23 842.62	116 002.06
广西	2 549.26	4 688.32	809.22	8 046.79
海南	4 691.96	1 767.89	594.00	7 053.85
重庆	5 999.10	6 772.10	1 731.54	14 502.73
四川	21 288.86	5 290.67	4 548.84	31 128.37
贵州	13 586.20	2 055.33	1 937.85	17 579.38
云南	29 462.71	4 337.86	7 231.34	41 031.90
西藏	1 332.06	115.05	1 425.18	2 872.29
陕西	15 122.94	2 595.82	4 991.34	22 710.10
甘肃	16 995.30	3 200.24	2 678.46	22 874.00
青海	1 850.63	2 911.95	409.05	5 171.63
宁夏	4 304.22	3 549.00	725.16	8 578.38
新疆	6 431.93	4 119.68	2 566.44	13 118.05
合计 Total	**779 359.51**	**333 209.18**	**151 048.63**	**1 263 617.32**

续表

地 区 Region	合计 Total			
	乐透数字型 Lotto Games	竞猜型 Sports Betting	即开型 Instant Games	小 计 Subtotal
北 京	128 770. 18	336 968. 20	73 137. 96	538 876. 33
天 津	108 942. 05	229 538. 66	13 978. 89	352 459. 59
河 北	454 691. 31	32 193. 74	78 054. 23	564 939. 27
山 西	114 106. 47	16 918. 13	25 146. 90	156 171. 50
内蒙古	139 093. 09	13 993. 87	65 638. 83	218 725. 80
辽 宁	352 407. 38	77 813. 56	66 427. 44	496 648. 37
吉 林	251 097. 16	27 967. 04	52 222. 44	331 286. 64
黑龙江	330 391. 23	36 563. 20	60 076. 46	427 030. 88
上 海	132 912. 41	291 034. 72	33 793. 21	457 740. 34
江 苏	1 049 516. 05	344 092. 15	164 222. 69	1 557 830. 89
浙 江	662 152. 89	106 827. 23	93 708. 62	862 688. 74
安 徽	203 933. 12	133 704. 79	26 508. 02	364 145. 92
福 建	456 369. 17	47 577. 43	94 685. 40	598 632. 00
江 西	238 181. 12	257 045. 15	11 464. 25	506 690. 51
山 东	843 575. 43	227 258. 98	153 374. 52	1 224 208. 93
河 南	459 619. 97	76 582. 44	80 622. 35	616 824. 76
湖 北	241 600. 74	104 396. 92	7 961. 15	353 958. 81
湖 南	185 827. 76	170 770. 33	12 250. 88	368 848. 97
广 东	602 056. 21	394 578. 43	182 717. 16	1 179 351. 81
广 西	26 474. 83	51 619. 47	9 221. 13	87 315. 43
海 南	37 869. 69	8 175. 36	5 141. 01	51 186. 06
重 庆	76 208. 10	100 104. 44	14 645. 18	190 957. 72
四 川	233 529. 50	58 870. 20	68 456. 06	360 855. 75
贵 州	131 501. 31	27 367. 60	21 367. 91	180 236. 81
云 南	338 700. 73	49 194. 36	93 748. 85	481 643. 94
西 藏	11 164. 69	1 458. 64	16 915. 86	29 539. 19
陕 西	152 039. 84	27 577. 56	44 203. 80	223 821. 20
甘 肃	143 186. 12	44 162. 78	32 140. 97	219 489. 87
青 海	20 014. 66	33 972. 69	9 127. 74	63 115. 09
宁 夏	38 504. 91	13 905. 01	11 124. 74	63 534. 66
新 疆	67 629. 60	42 006. 40	41 266. 79	150 902. 78
合 计 Total	**8 232 067. 72**	**3 384 239. 47**	**1 663 351. 36**	**13 279 658. 55**

（国家体育总局体育彩票管理中心供稿）

（三）历年彩票销售统计资料

Sales Statistics of Lottery in Past Years

2004—2013 年中国福利彩票全国联网游戏销售统计

Sales Statistics of National Games of Welfare Lottery from 2004 to 2013

双 色 球

单位：万元

Unit：Ten Thousand Yuan

地区 Region	游戏类型 Game Type	2004	2005	2006	2007	2008	2009	2010	2011	2012	2013	合计 Total
北京	乐透组合	83 633.43	119 490.06	123 316.59	121 983.94	141 372.33	168 462.42	178 801.92	230 925.86	238 395.99	237 406.52	1 643 789.07
天津		10 673.83	14 992.84	17 645.74	18 256.88	23 242.80	34 065.25	43 636.24	59 399.76	70 071.30	77 893.73	369 878.36
河北		42 153.43	50 580.04	64 456.51	69 247.26	92 853.92	117 992.31	136 215.68	168 394.71	195 276.81	182 447.25	1 119 617.92
山西		19 476.97	26 261.60	35 515.31	38 441.17	47 650.23	61 558.69	69 938.13	85 420.43	99 458.58	98 957.24	582 678.34
内蒙古		13 534.20	22 672.58	28 923.03	30 865.80	43 650.33	63 811.61	70 031.43	97 907.70	103 460.99	135 945.08	610 802.75
辽宁		52 458.60	82 544.97	102 893.95	109 338.81	131 922.53	161 044.89	171 705.99	197 180.75	218 378.50	211 457.08	1 438 926.06
吉林		28 725.43	34 018.01	37 023.72	37 708.89	47 557.79	56 839.80	61 695.14	70 706.95	77 273.73	74 966.47	526 515.93
黑龙江		33 628.16	47 127.01	51 022.90	62 305.64	74 180.94	93 819.37	103 975.88	127 721.11	144 972.14	144 879.09	883 632.23
上海		44 443.18	70 382.15	91 509.46	98 862.56	123 213.40	188 408.81	192 229.62	241 310.52	233 197.98	218 818.35	1 502 376.04
江苏		38 058.87	55 384.38	80 962.74	100 073.00	159 735.40	253 779.53	291 829.58	340 082.64	351 933.00	317 509.11	1 989 348.23
浙江		45 559.07	75 712.63	113 436.72	143 384.73	190 433.79	259 375.38	294 976.29	375 033.35	412 498.37	363 720.6	2 274 130.92
安徽		26 042.18	40 369.51	56 848.20	61 623.54	80 779.67	116 068.96	128 606.87	163 358.00	193 282.55	187 267	1 054 246.47
福建		11 833.45	12 977.68	17 207.15	26 971.04	42 545.09	72 199.63	102 147.11	145 015.80	172 277.03	163 427.18	766 601.16
江西		20 001.69	24 740.07	29 631.49	35 158.14	42 790.63	55 797.83	92 889.30	137 545.35	190 187.28	219 449.72	848 191.50
山东		37 164.93	65 472.80	86 679.63	108 343.93	146 225.90	182 798.76	205 906.02	262 365.35	305 181.48	304 495.64	1 704 634.43
河南		31 000.65	44 302.02	52 644.29	59 493.30	79 346.18	106 352.44	138 751.93	181 662.29	204 973.61	213 547.92	1 112 074.63
湖北		57 911.51	65 201.16	83 976.04	89 310.01	112 970.18	140 695.69	162 260.32	200 032.90	217 305.29	189 729.99	1 319 393.08
湖南		21 799.45	34 088.81	48 856.81	54 773.01	73 875.56	106 621.61	129 860.88	166 256.30	182 660.22	183 450.02	1 002 242.65
广东		92 247.41	153 101.79	226 712.62	268 663.26	325 540.15	467 958.39	506 980.22	621 004.43	678 920.66	696 569.11	4 037 698.05
广西		18 189.06	21 137.70	25 798.20	31 950.26	44 596.78	65 205.45	76 686.99	104 264.50	159 605.65	195 205.93	742 640.51
海南		12 151.18	11 509.46	10 935.64	12 084.13	14 733.09	19 201.44	23 577.82	33 091.62	37 542.26	37 602.07	212 428.71
重庆		27 867.86	38 403.95	42 747.03	47 326.09	58 489.26	79 840.08	101 495.58	130 859.92	131 434.60	170 041.16	828 505.53
四川		40 142.12	50 458.97	67 348.32	71 446.92	92 726.32	139 858.26	160 410.58	197 137.45	235 593.15	223 847.84	1 278 969.93
贵州		19 799.39	24 438.09	29 886.68	34 487.85	45 570.02	63 452.85	68 532.10	79 511.53	93 051.89	91 846.02	550 576.42
云南		38 163.49	51 627.94	67 634.88	68 644.21	84 258.41	113 938.92	134 587.99	156 448.85	179 021.02	178 597.6	1 072 923.30
西藏		3 227.80	3 746.11	4 917.87	5 399.78	7 149.40	8 026.07	8 087.59	8 825.15	9 638.93	9 190.98	68 209.67
陕西		24 368.14	33 873.33	41 774.46	50 154.30	61 870.10	87 252.80	98 374.34	127 637.94	149 198.61	150 812.66	825 316.69
甘肃		15 620.90	18 962.32	24 412.96	25 715.95	36 497.07	45 863.75	50 448.61	59 127.88	68 552.56	71 202.28	416 404.29
青海		7 648.25	8 565.21	9 345.93	8 855.61	12 022.74	15 594.34	17 104.75	20 755.18	27 455.78	27 591.22	154 939.00
宁夏		7 643.13	9 642.65	11 164.88	11 912.30	14 897.33	19 760.47	24 149.07	29 574.41	37 821.20	39 742.79	206 308.24
新疆		—	—	—	—	20 334.82	35 782.51	42 126.28	55 996.12	69 063.66	72 239.84	295 543.23
合计 Total		**925 167.75**	**1 311 785.82**	**1 685 229.75**	**1 902 782.29**	**2 473 032.15**	**3 401 428.31**	**3 888 020.25**	**4 874 554.74**	**5 487 684.78**	**5 489 857.43**	**31 439 543.27**

3D

单位：万元

Unit: Ten Thousand Yuan

地区 Region	游戏类型 Game Type	2004	2005	2006	2007	2008	2009	2010	2011	2012	2013	合计 Total
北京	乐透排列	47 624.69	48 788.14	47 381.92	50 773.22	58 620.44	67 563.38	70 528.36	73 366.04	79 817.34	84 192.2	628 655.72
天津		—	17 809.05	25 260.55	19 065.93	18 629.93	22 075.03	19 932.51	23 943.26	23 428.81	24 100.57	194 245.65
河北		163.92	85 441.73	104 696.92	102 882.70	92 657.60	99 457.98	99 447.40	118 440.89	125 711.11	79 484.22	908 384.48
山西		1 136.32	46 606.76	59 585.76	62 239.40	59 066.95	66 191.82	57 444.15	64 809.07	71 940.27	67 611.23	556 631.74
内蒙古		115.57	27 244.37	45 390.58	59 999.29	68 275.45	62 496.00	60 001.39	66 299.21	68 224.92	68 737.13	526 783.91
辽宁		2 024.93	121 450.55	206 570.52	204 638.75	186 067.43	213 762.57	204 822.49	206 665.91	167 495.66	142 218.06	1 655 716.87
吉林		1 477.50	53 026.20	84 916.81	101 734.65	84 929.08	81 420.75	65 272.46	62 204.88	59 640.23	41 022.57	635 645.13
黑龙江		3 962.79	212 203.13	138 331.76	112 391.71	93 312.41	96 536.96	86 369.24	77 759.57	64 180.59	57 848.81	942 896.96
上海		5 830.66	7 437.33	7 466.51	8 946.44	10 858.39	27 688.30	24 644.13	44 302.89	30 524.48	32 610.83	200 309.96
江苏		3 300.89	52 174.20	78 559.90	90 647.56	72 346.32	100 552.00	130 318.64	122 016.45	75 125.92	61 594.33	786 636.20
浙江		3 281.38	53 452.75	72 012.41	86 195.04	83 077.70	108 908.91	122 306.19	147 070.83	150 172.30	104 786.26	931 263.77
安徽		9.58	45 854.17	40 426.83	40 912.82	33 817.09	43 573.70	38 800.63	45 416.95	50 505.45	42 045.73	381 362.94
福建		37.98	10 258.94	13 608.17	23 314.71	22 315.25	15 420.90	14 135.07	14 202.02	15 021.35	13 446.62	141 761.01
江西		698.07	19 742.97	11 413.55	12 128.73	10 940.92	8 065.24	11 315.61	14 423.04	35 814.51	50 979.31	175 521.94
山东		—	319 628.23	174 492.09	136 967.97	135 690.63	125 917.34	109 038.82	119 249.08	115 197.71	104 325.82	1 340 507.70
河南		2 543.60	73 569.77	64 130.23	56 144.55	54 380.81	55 575.93	59 936.71	81 885.75	71 101.52	61 029.13	580 298.01
湖北		9 238.78	175 598.26	130 298.75	124 983.64	112 884.61	113 666.96	112 603.18	119 620.47	115 633.97	87 000.04	1 101 528.66
湖南		480.48	60 525.36	58 513.80	63 621.34	46 855.90	56 371.96	65 786.96	79 799.44	73 093.51	70 957.5	576 006.24
广东		—	96 043.52	81 761.07	73 822.73	68 102.31	70 378.25	64 589.03	67 844.54	67 040.34	70 215.61	659 797.40
广西		—	23 461.82	18 203.48	12 210.87	9 365.12	10 143.09	12 074.32	14 476.50	23 599.60	24 171.79	147 706.59
海南		746.50	2 149.01	1 148.69	809.69	577.52	650.72	898.93	1 159.33	1 260.13	1 306.15	10 706.68
重庆		268.03	13 362.80	6 724.72	8 336.02	9 230.94	14 997.03	16 257.46	17 632.30	23 019.03	28 187.57	138 015.89
四川		—	53 113.62	97 187.68	99 869.05	93 896.10	110 421.94	110 453.14	105 227.98	103 434.38	93 153.96	866 757.85
贵州		—	10 908.93	25 564.75	32 111.51	39 283.02	54 340.58	54 288.76	53 388.61	54 969.99	43 498.61	368 354.76
云南		—	43 414.00	68 126.85	90 217.10	94 127.09	119 872.54	131 470.11	152 492.30	157 386.73	151 479.12	1 008 585.85
西藏		—	588.48	2 773.91	5 212.15	9 827.72	12 485.66	12 627.80	13 119.29	11 897.53	10 181.88	78 714.41
陕西		1 874.78	68 854.97	56 671.42	56 477.79	56 621.20	77 060.40	88 404.20	116 946.95	119 227.47	100 173.66	742 312.84
甘肃		—	19 270.49	30 426.71	45 548.90	48 339.10	59 369.90	56 533.39	60 888.95	68 976.83	65 340.26	454 694.52
青海		—	7 090.90	10 426.82	11 850.65	13 777.31	18 917.53	18 094.22	19 082.98	23 051.53	23 436.09	145 728.03
宁夏		—	8 027.49	14 819.61	16 485.81	15 427.87	17 378.26	19 108.92	20 584.83	22 202.96	25 770.24	159 805.99
新疆		4 082.63	80 673.49	96 161.03	74 559.75	48 131.01	43 229.49	29 924.07	27 772.93	27 445.40	26 176.38	458 156.18
合计 Total		**88 899.08**	**1 857 771.44**	**1 873 053.82**	**1 885 100.50**	**1 751 433.19**	**1 974 491.12**	**1 967 428.28**	**2 152 093.26**	**2 096 141.53**	**1 857 081.68**	**17 503 493.89**

七 乐 彩

单位：万元

Unit：Ten Thousand Yuan

地 区 Region	游戏类型 Game Type	2004	2005	2006	2007	2008	2009	2010	2011	2012	2013	合 计 Total
北 京	乐透组合	—	—	—	6 195.80	4 598.97	3 665.01	2 918.19	2 633.29	2 860.00	2 754.66	25 625.91
天 津		—	—	—	2 093.08	1 561.49	1 336.81	1 465.84	1 453.03	1 933.53	2 045.59	11 889.37
河 北		—	—	—	11 764.55	8 432.33	6 741.50	6 255.66	6 609.88	7 232.28	6 018.38	53 054.58
山 西		—	—	—	3 630.53	2 464.45	2 151.89	2 188.33	2 412.91	2 492.58	2 235.863	17 576.56
内蒙古		—	—	—	4 159.35	3 182.57	2 689.14	2 578.68	3 163.43	3 036.58	3 977.8	22 787.54
辽 宁		—	—	—	18 195.38	10 650.42	8 180.76	7 256.76	6 745.75	6 461.57	5 486.83	62 977.47
吉 林		—	—	—	4 342.96	2 891.50	2 309.95	2 227.75	2 121.05	2 185.37	1 763.28	17 841.85
黑龙江		—	—	—	7 071.05	4 267.15	3 416.59	3 249.35	3 319.26	2 918.83	2 578.66	26 820.88
上 海		—	—	—	8 840.49	7 193.97	7 847.61	5 876.99	6 831.20	4 940.63	4 209.7	45 740.59
江 苏		—	—	—	10 746.53	8 982.49	9 262.45	8 702.89	7 942.04	7 240.98	5 970.43	58 847.80
浙 江		—	—	—	17 094.06	12 061.12	11 134.48	10 360.89	10 233.02	10 636.78	8 118.16	79 638.51
安 徽		—	—	—	7 161.18	5 214.58	4 871.34	4 543.61	4 603.43	4 769.62	4 322.74	35 486.51
福 建		—	—	—	7 064.27	6 879.29	7 183.50	7 979.42	8 702.84	11 274.51	9 259.04	58 342.88
江 西		—	—	—	3 292.44	2 509.81	2 064.19	2 640.43	3 374.67	6 860.28	8 603.4	29 345.22
山 东		—	—	—	68 376.78	61 669.28	52 837.19	47 189.44	46 848.29	46 944.93	40 084.33	363 950.24
河 南		—	—	—	7 529.15	5 024.93	4 475.58	4 447.76	4 618.29	4 768.94	4 390.95	35 255.60
湖 北		—	—	—	8 697.49	4 855.00	4 055.43	3 626.09	3 691.44	4 209.59	3 173.9	32 308.94
湖 南		—	—	—	7 243.25	4 280.12	3 907.47	3 629.22	3 580.87	3 811.86	3 346.5	29 799.28
广 东		—	—	—	3 302.54	2 427.12	2 311.71	2 041.79	1 676.70	1 823.84	1 669.94	15 253.62
广 西		—	—	—	9 688.98	6 835.01	6 633.58	6 552.52	6 458.83	8 232.64	8 891.54	53 293.11
海 南		—	—	—	508.33	198.83	177.17	207.90	217.00	231.27	205.45	1 745.95
重 庆		—	—	—	2 594.25	1 429.45	1 650.78	1 900.64	1 944.86	1 647.89	2 079.23	13 247.11
四 川		—	—	—	5 032.72	2 978.63	2 889.56	2 775.71	2 649.96	2 911.80	2 664.89	21 903.26
贵 州		—	—	—	1 750.34	1 012.63	986.20	924.15	879.60	988.63	874.74	7 416.30
云 南		—	—	—	4 862.70	3 681.18	3 373.05	3 306.51	3 228.50	3 615.41	4 133.89	26 201.23
西 藏		—	—	—	504.24	364.11	267.74	224.73	181.73	166.57	139.43	1 848.55
陕 西		—	—	—	5 454.57	3 460.90	3 322.20	3 422.77	3 526.64	3 894.29	3 639.87	26 721.25
甘 肃		—	—	—	3 006.68	2 020.15	1 678.97	1 504.27	1 569.82	1 667.87	1 618.37	13 066.13
青 海		—	—	—	708.11	453.60	364.29	316.16	351.40	653.67	468.8	3 316.03
宁 夏		—	—	—	1 133.40	731.45	670.27	699.88	773.79	874.69	920.69	5 804.17
新 疆		—	—	—	7 083.04	3 705.04	2 479.89	2 258.76	2 375.20	2 636.91	2 146.5	22 685.34
合 计 Total		—	—	—	**249 128.24**	**186 017.55**	**164 936.30**	**153 273.05**	**154 718.74**	**163 924.35**	**147 793.59**	**1 219 791.81**

开 乐 彩

单位：万元

Unit：Ten Thousand Yuan

地 区 Region	游戏类型 Game Type	2004	2005	2006	2007	2008	2009	2010	2011	2012	2013	合 计 Total
天 津	基诺	—	—	—	—	—	125. 85	9. 27	—	3. 50	—	138. 62
河 北		—	—	—	—	—	4 613. 50	11 564. 56	—	25 168. 17	7 045. 93	48 392. 15
山 西		—	—	—	—	—	5 346. 27	3 061. 68	—	1 860. 68	972. 94	11 241. 57
内蒙古		—	—	—	—	—	9. 95	17. 62	—			27. 57
辽 宁		—	—	—	—	—	6 944. 54	8 695. 43	—	7 182. 33	1 539. 71	24 362. 01
吉 林		—	—	—	—	—	2 611. 05	4 700. 55	—	1 966. 15	474. 44	9 752. 18
安 徽		—	—	—	—	—	—	—	—	—	—	—
福 建		—	—	—	—	—	5. 63	1. 92	—	—	—	7. 55
山 东		—	—	—	—	—	2 968. 78	1 948. 62	—	1 029. 85	277. 18	6 224. 43
河 南		—	—	—	—	—	10. 21	6. 47	—	0. 43	—	17. 11
湖 北		—	—	—	—	—	5. 22	—	—	—	—	5. 22
湖 南		—	—	—	—	—	13 050. 60	4 391. 30	—	448. 21	89. 99	17 980. 10
广 东		—	—	—	—	—	52. 82	39. 99	—	4. 52	0. 83	98. 16
四 川		—	—	—	—	—	5 049. 93	3 861. 22	—	348. 82	37. 86	9 297. 84
云 南		—	—	—	—	—	14. 73	4. 12	—	—	—	18. 85
陕 西		—	—	—	—	—	9. 32	64. 99	—	215. 79	56. 90	347. 00
甘 肃		—	—	—	—	—	6 158. 34	3 121. 79	—	4 013. 41	4 486. 00	17 779. 53
宁 夏		—	—	—	—	—	1. 29	0. 08	—	—	—	1. 37
合计 Total		**—**	**—**	**—**	**—**	**—**	**46 978. 03**	**41 489. 61**	**—**	**42 241. 87**	**14 981. 78**	**145 691. 28**

2004—2013 年中国福利彩票区域联网游戏销售统计

Sales Statistics of Inter-Regional Games of Welfare Lottery from 2004 to 2013

15 选 5

单位：万元

Unit：Ten Thousand Yuan

地 区 Region	游戏类型 Game Type	2004	2005	2006	2007	2008	2009	2010	2011	2012	2013	合 计 Total
上 海	乐透组合	—	—	—	1 444. 10	5 131. 33	4 521. 69	6 186. 19	4 848. 79	3 810. 64	4 294. 76	30 237. 51
江 苏		—	—	—	2 183. 53	17 900. 75	20 099. 60	28 162. 62	19 335. 61	9 531. 71	8 942. 62	106 156. 44
浙 江		—	—	—	2 630. 39	20 819. 45	17 383. 63	28 431. 11	19 045. 94	14 615. 74	8 634. 76	111 561. 02
安 徽		—	—	—	1 314. 02	8 135. 29	7 752. 67	8 316. 42	6 591. 48	8 956. 06	10 910. 74	51 976. 68
福 建		—	—	—	1 721. 67	10 356. 48	6 734. 67	9 664. 92	5 846. 83	4 674. 47	4 858. 22	43 857. 26
江 西		—	—	—	713. 29	3 089. 47	1 876. 01	2 369. 75	1 649. 01	1 708. 42	3 020. 05	14 425. 99
合 计 Total		**—**	**—**	**—**	**10 007. 00**	**65 432. 77**	**58 368. 27**	**83 131. 01**	**57 317. 66**	**43 297. 04**	**40 661. 15**	**358 214. 90**

20 选 5

单位：万元

Unit：Ten Thousand Yuan

地 区 Region	游戏类型 Game Type	2004	2005	2006	2007	2008	2009	2010	2011	2012	2013	合 计 Total
甘 肃	乐透组合	3 275. 97	1 662. 84	1 100. 50	—	—	—	—		—	—	6 039. 31
宁 夏		1 193. 42	554. 73	231. 72	—	—	—	—		—	—	1 979. 87
青 海		646. 43	243. 90	34. 77	—	—	—	—		—	—	925. 10
合 计 Total		**5 115. 82**	**2 461. 46**	**1 366. 99**	**—**	**—**	**—**	**—**		**—**	**—**	**8 944. 28**

22 选 5

单位：万元

Unit：Ten Thousand Yuan

地 区 Region	游戏类型 Game Type	2004	2005	2006	2007	2008	2009	2010	2011	2012	2013	合 计 Total
四 川	乐透组合	2 658. 83	2 113. 39	2 092. 80	1 742. 09	1 595. 58	1 429. 03	1 051. 87	739. 03	620. 50	523. 01	14 566. 14
贵 州		2 224. 09	2 357. 35	2 526. 52	2 127. 38	1 755. 21	1 584. 63	940. 17	673. 33	562. 16	403. 80	15 154. 64
云 南		9 338. 86	8 739. 00	8 671. 12	7 314. 51	6 960. 35	5 691. 07	4 297. 53	3 312. 18	2 664. 96	2 054. 93	59 044. 53
合 计 Total		**14 221. 78**	**13 209. 74**	**13 290. 44**	**11 183. 98**	**10 311. 14**	**8 704. 73**	**6 289. 58**	**4 724. 54**	**3 847. 62**	**2 981. 74**	**88 765. 30**

25 选 7

单位：万元

Unit：Ten Thousand Yuan

地 区 Region	游戏类型 Game Type	2004	2005	2006	2007	2008	2009	2010	2011	2012	2013	合 计 Total
甘 肃	乐透组合	726. 28	247. 44	56. 29	—	—	—	—	—	—	—	1 030. 00
宁 夏		205. 85	59. 81	7. 44	—	—	—	—	—	—	—	273. 11
青 海		98. 97	24. 09	1. 62	—	—	—	—	—	—	—	124. 68
合 计 Total		**1 031. 10**	**331. 34**	**65. 35**	—	—	—	—	—	—	—	**1 427. 79**

25 选 7 好运 2

单位：万元

Unit：Ten Thousand Yuan

地 区 Region	游戏类型 Game Type	2004	2005	2006	2007	2008	2009	2010	2011	2012	2013	合 计 Total
甘 肃	乐透组合	20. 35	19. 90	4. 99	—	—	—	—	—	—	—	45. 24
宁 夏		6. 70	4. 54	0. 47	—	—	—	—	—	—	—	11. 71
青 海		3. 35	2. 19	0. 14	—	—	—	—	—	—	—	5. 68
合 计 Total		**30. 40**	**26. 64**	**5. 60**	—	—	—	—	—	—	—	**62. 63**

25 选 7 好运 3

单位：万元

Unit：Ten Thousand Yuan

地 区 Region	游戏类型 Game Type	2004	2005	2006	2007	2008	2009	2010	2011	2012	2013	合 计 Total
甘 肃	乐透组合	28. 33	44. 58	14. 13	—	—	—	—	—	—	—	87. 04
宁 夏		10. 19	10. 93	1. 49	—	—	—	—	—	—	—	22. 61
青 海		5. 76	4. 64	0. 34	—	—	—	—	—	—	—	10. 74
合 计 Total		**44. 28**	**60. 15**	**15. 96**	—	—	—	—	—	—	—	**120. 40**

25 选 7 好运 4

单位：万元

Unit：Ten Thousand Yuan

地 区 Region	游戏类型 Game Type	2004	2005	2006	2007	2008	2009	2010	2011	2012	2013	合 计 Total
甘 肃	乐透组合	15. 42	30. 24	10. 13	—	—	—	—	—	—	—	55. 79
宁 夏		5. 04	9. 09	1. 06	—	—	—	—	—	—	—	15. 19
青 海		2. 63	2. 73	0. 24	—	—	—	—	—	—	—	5. 60
合 计 Total		**23. 09**	**42. 06**	**11. 44**	—	—	—	—	—	—	—	**76. 58**

25 选 7 好运 5

单位：万元

Unit：Ten Thousand Yuan

地 区 Region	游戏类型 Game Type	2004	2005	2006	2007	2008	2009	2010	2011	2012	2013	合 计 Total
甘 肃	乐透组合	8.49	16.77	6.09	—	—	—	—	—	—	—	31.35
宁 夏		2.59	4.18	0.62	—	—	—	—	—	—	—	7.39
青 海		1.34	1.53	0.22	—	—	—	—	—	—	—	3.09
合 计 Total		**12.43**	**22.48**	**6.93**	—	—	—	—	—	—	—	**41.83**

36 选 7

单位：万元

Unit：Ten Thousand Yuan

地 区 Region	游戏类型 Game Type	2004	2005	2006	2007	2008	2009	2010	2011	2012	2013	合 计 Total
甘 肃	乐透组合	2 507.97	1 571.48	905.44	—	—	—	—	—	—	—	4 984.88
宁 夏		533.89	256.77	79.91	—	—	—	—	—	—	—	870.57
青 海		269.66	107.98	14.19	—	—	—	—	—	—	—	391.83
合 计 Total		**3 311.52**	**1 936.23**	**999.54**	—	—	—	—	—	—	—	**6 247.29**

37 选 7

单位：万元

Unit：Ten Thousand Yuan

地 区 Region	游戏类型 Game Type	2004	2005	2006	2007	2008	2009	2010	2011	2012	2013	合 计 Total
上 海	乐透组合	25 590.81	21 621.96	20 080.55	15 028.07	1 263.00	—	—	—	—	—	83 584.39
江 苏		3 957.58	4 959.08	6 286.21	3 974.76	331.07	—	—	—	—	—	19 508.71
浙 江		5 041.87	7 631.64	10 496.96	6 020.21	494.35	—	—	—	—	—	29 685.04
安 徽		598.60	1 299.97	2 243.25	1 101.49	81.91	—	—	—	—	—	5 325.23
福 建		1 070.43	1 973.18	2 486.31	2 528.15	301.30	—	—	—	—	—	8 359.38
江 西		536.41	729.10	1 007.26	454.35	32.94	—	—	—	—	—	2 760.05
合 计 Total		**36 795.70**	**38 214.94**	**42 600.55**	**29 107.03**	**2 504.59**	—	—	—	—	—	**149 222.80**

37 选 7

单位：万元

Unit：Ten Thousand Yuan

地 区 Region	游戏类型 Game Type	2004	2005	2006	2007	2008	2009	2010	2011	2012	2013	合 计 Total
四 川	乐透组合	520.56	83.24	54.34	—	—	—	—	—	—	—	658.14
贵 州		460.52	68.66	42.01	—	—	—	—	—	—	—	571.19
云 南		1 023.74	186.66	132.86	—	—	—	—	—	—	—	1 343.25
合 计 Total		**2 004.81**	**338.56**	**229.21**	—	—	—	—	—	—	—	**2 572.58**

37 选 7 好运 2

单位：万元

Unit：Ten Thousand Yuan

地 区 Region	游戏类型 Game Type	2004	2005	2006	2007	2008	2009	2010	2011	2012	2013	合 计 Total
四 川	乐透组合	307.77	52.71	25.04	—	—	—	—	—	—	—	385.52
贵 州		137.58	28.73	13.42	—	—	—	—	—	—	—	179.74
云 南		557.43	107.34	56.29	—	—	—	—	—	—	—	721.06
合 计 Total		**1 002.78**	**188.79**	**94.75**	—	—	—	—	—	—	—	**1 286.32**

37 选 7 好运 3

单位：万元

Unit：Ten Thousand Yuan

地 区 Region	游戏类型 Game Type	2004	2005	2006	2007	2008	2009	2010	2011	2012	2013	合 计 Total
四 川	乐透组合	1 077.59	296.61	132.09	—	—	—	—	—	—	—	1 506.29
贵 州		860.67	297.27	126.39	—	—	—	—	—	—	—	1 284.33
云 南		2 045.47	639.70	269.17	—	—	—	—	—	—	—	2 954.34
合 计 Total		**3 983.73**	**1 233.59**	**527.65**	—	—	—	—	—	—	—	**5 744.96**

数 字 6

单位：万元

Unit：Ten Thousand Yuan

地 区 Region	游戏类型 Game Type	2004	2005	2006	2007	2008	2009	2010	2011	2012	2013	合 计 Total
辽 宁	乐透排列	—	—	—	—	1 547. 96	—	—	—	—	—	1 547. 96
上 海		—	—	—	—	7 619. 75	—	—	—	—	—	7 619. 75
江 苏		—	—	—	—	12 308. 24	—	—	—	—	—	12 308. 24
浙 江		—	—	—	—	17 968. 09	—	—	—	—	—	17 968. 09
安 徽		—	—	—	—	3 277. 75	—	—	—	—	—	3 277. 75
福 建		—	—	—	—	2 617. 53	—	—	—	—	—	2 617. 53
江 西		—	—	—	—	817. 08	—	—	—	—	—	817. 08
合 计 Total		—	—	—	—	**46 156. 40**	—	—	—	—	—	**46 156. 40**

东 方 6 + 1

单位：万元

Unit：Ten Thousand Yuan

地 区 Region	游戏类型 Game Type	2004	2005	2006	2007	2008	2009	2010	2011	2012	2013	合 计 Total
辽 宁	乐透排列	—	—	—	—	—	1 471. 30	1 177. 44	770. 88	613. 07	507. 36	4 540. 04
上 海		—	—	—	—	—	5 184. 69	4 093. 72	2 974. 22	2 119. 44	2 010. 29	16 382. 36
江 苏		—	—	—	—	—	7 548. 52	6 716. 30	4 847. 66	3 944. 65	4 091. 24	27 148. 37
浙 江		—	—	—	—	—	12 646. 29	12 852. 76	9 071. 56	6 736. 76	5 860. 07	47 167. 45
安 徽		—	—	—	—	—	2 469. 85	2 415. 85	1 666. 74	1 330. 07	1 398. 62	9 281. 13
福 建		—	—	—	—	—	1 677. 67	2 236. 18	1 608. 66	1 370. 32	1 347. 43	8 240. 26
江 西		—	—	—	—	—	324. 68	393. 80	232. 20	229. 02	364. 65	1 544. 35
合 计 Total		—	—	—	—	—	**31 323. 00**	**29 886. 05**	**21 171. 92**	**16 343. 31**	**15 579. 66**	**114 303. 95**

2004—2013 年中国福利彩票地方游戏销售情况表

Sales Statistics of Regional Games of Welfare Lottery from 2004 to 2013

单位：万元

Unit：Ten Thousand Yuan

地区 Region	游戏类型 Game Type	游戏名称 Game Name	2004	2005	2006	2007	2008	2009	2010	2011	2012	2013	合计 Total
北京	乐透组合	北京 32 选 7	6 736. 11	1 104. 05	—	—	—	—	—	—	—	—	7 840. 16
		北京 36 选 7	9 949. 21	2 008. 20	—	—	—	—	—	—	—	—	11 957. 40
		北京快乐 8	7 110. 55	33 679. 43	55 887. 99	55 903. 36	55 190. 44	50 259. 81	66 610. 01	81 016. 53	75 802. 35	71 896. 71	553 357. 17
		北京两步彩	—	2 115. 37	2 414. 72	3 164. 00	1 111. 16	625. 78	431. 97	1 244. 78	426. 88	75. 50	11 610. 15
	乐透排列	北京 PK 拾	—	—	—	178. 55	1 689. 52	4 519. 53	7 771. 39	9 458. 80	10 236. 33	10 068. 72	43 922. 85
天津	乐透组合	天津 15 选 5	5 242. 26	5 650. 08	5 596. 43	4 439. 97	5 359. 79	5 275. 47	2 640. 22	2 029. 82	675. 35	—	36 909. 40
		天津 15 选 5 好运彩	68. 69	—	—	—	—	—	—	—	—	—	68. 69
		天津 15 选 5 好运 2	—	—	—	—	—	69. 22	31. 89	18. 76	6. 04	—	125. 92
		天津 15 选 5 好运 3	1 580. 52	1 625. 17	1 297. 39	1 119. 39	1 305. 08	1 145. 36	596. 60	419. 61	131. 18	—	9 220. 31
		天津 15 选 5 好运 4	—	—	—	—	—	588. 16	462. 06	350. 25	119. 88	—	1 520. 35
		天津 25 选 5	321. 72	64. 30	—	—	—	—	—	—	—	—	386. 03
		天津 25 选 5 好运 2	128. 46	9. 59	—	—	—	—	—	—	—	—	138. 05
		天津 30 选 7	149. 32	—	—	—	—	—	—	—	—	—	149. 32
		天津 35 选 7	—	—	—	—	—	—	—	—	—	—	—
		天津快乐十分	—	—	—	—	—	—	—	14 286. 01	75 069. 75	139 553. 40	228 909. 16
	乐透排列	天津 C061	—	—	—	—	—	—	—	—	—	—	—
		天津时时彩	—	—	—	—	—	2 282. 94	18 010. 57	9 780. 32	2 218. 24	1 157. 27	33 449. 34

续表

地　区 Region	游戏类型 Game Type	游戏名称 Game Name	2004	2005	2006	2007	2008	2009	2010	2011	2012	2013	合计 Total
河　北	乐透组合	河北 20 选 5	26 670.39	18 166.31	17 821.43	14 863.63	15 086.61	13 237.92	11 445.67	10 792.28	9 860.42	6 331.00	144 275.66
		河北 20 选 5 好运 2	—	628.79	929.26	780.78	439.45	255.15	131.52	129.93	107.25	49.05	3 451.19
		河北 20 选 5 好运 3	—	1 728.77	2 003.18	1 266.96	789.01	560.79	539.01	343.34	327.69	247.03	7 805.77
		河北 29 选 7	5 531.95	3 196.28	3 690.79	—	—	—	—	—	—	—	12 419.02
		河北 30 选 7	—	—	—	—	—	—	—	—	—	—	—
		河北 33 选 7	—	—	—	—	—	—	—	—	—	—	—
		河北 36 选 7	—	—	—	—	—	—	—	—	—	—	—
		河北快 3	—	—	—	—	—	—	—	—	26 234.26	274 326.79	300 561.05
	乐透排列	河北数字 5	1 570.28	676.06	726.42	616.65	2 230.80	372.38	317.53	301.96	302.92	189.79	7 304.79
		河北数字 7	3 093.78	2 676.97	3 504.88	2 693.65	495.58	1 747.69	1 593.11	1 454.58	1 327.47	1 114.88	19 702.59
		河北 C050	—	—	—	—	—	—	—	—	—	—	—
		河北 C061	—	—	—	—	—	—	—	—	—	—	—
		河北 C070	—	—	—	—	—	—	—	—	—	—	—
山　西	乐透组合	山西 15 选 5	—	—	—	—	—	—	—	—	—	—	—
		山西 18 选 6 + 1	425.08	52.41	—	—	—	—	—	—	—	—	477.49
		山西 18 选 6 +1 好运 1	8.09	0.52	—	—	—	—	—	—	—	—	8.62
		山西 18 选 6 +1 好运 2	9.13	0.92	—	—	—	—	—	—	—	—	10.05
		山西 18 选 6 +1 好运 3	24.67	2.23	—	—	—	—	—	—	—	—	26.90
		山西 18 选 6 +1 好运 4	63.05	4.67	—	—	—	—	—	—	—	—	67.71
		山西 21 选 5	2 944.85	2 559.91	2 295.96	2 622.61	2 724.23	1 962.70	1 388.06	1 294.99	1 078.41	951.93	19 823.66
		山西 21 选 5 好运 2	605.00	226.29	188.32	196.73	179.32	123.97	91.46	81.99	74.48	56.66	1 824.21
		山西 21 选 5 好运 3	1 547.02	972.37	812.08	907.67	928.19	641.21	479.88	424.37	371.54	290.72	7 375.06

续表

地 区 Region	游戏类型 Game Type	游戏名称 Game Name	2004	2005	2006	2007	2008	2009	2010	2011	2012	2013	合计 Total
山 西	乐透组合	山西 21 选 5 好运 4	253.13	270.95	231.31	242.84	260.97	190.75	145.53	136.74	117.51	93.68	1 943.40
		山西 29 选 7	—	—	—	—	—	—	—	—	—	—	—
		山西 31 选 7	—	—	—	—	—	—	—	—	—	—	—
		山西 35 选 7	726.81	24.64	—	—	—	—	—	—	—	—	751.45
		山西 35 选 7 好运 1	36.69	0.22	—	—	—	—	—	—	—	—	36.90
		山西 35 选 7 好运 2	55.07	0.34	—	—	—	—	—	—	—	—	55.41
		山西 35 选 7 好运 3	92.36	1.06	—	—	—	—	—	—	—	—	93.42
		山西 35 选 7 好运 4	185.46	1.77	—	—	—	—	—	—	—	—	187.23
		山西快乐十分	—	—	—	—	—	—	—	—	—	19 512.71	19 512.71
	乐透排列	山西时时彩	—	—	—	—	—	—	2.78	1 263.95	1 498.95	14 037.34	16 803.02
内蒙古	乐透组合	内蒙古 21 选 5	—	—	—	—	932.38	279.74	—	—	—	—	1 212.12
		内蒙古 21 选 5 好运 2	—	—	—	—	55.60	15.48	—	—	—	—	71.08
		内蒙古 21 选 5 好运 3	—	—	—	—	223.08	67.14	—	—	—	—	290.22
		内蒙古 21 选 5 好运 4	—	—	—	—	30.09	8.21	—	—	—	—	38.30
		内蒙古 22 选 5	7 321.69	4 443.94	1 933.89	1 233.68	—	—	—	—	—	—	14 933.21
		内蒙古 22 选 5 好运 2	—	—	254.41	112.93	—	—	—	—	—	—	367.34
		内蒙古 22 选 5 好运 3	—	—	388.09	345.03	—	—	—	—	—	—	733.12
		内蒙古 22 选 5 好运 4	—	—	175.66	83.50	—	—	—	—	—	—	259.16
		内蒙古 29 选 7	—	—	—	—	—	—	—	—	—	—	—
		内蒙古 32 选 7	—	—	—	—	—	—	—	—	—	—	—
		内蒙古 35 选 7	1 055.66	575.59	476.38	—	—	—	—	—	—	—	2 107.63
		内蒙古快 3	—	—	—	—	—	—	—	—	—	76 243.07	76 243.07
	乐透排列	内蒙古 C051	—	—	—	—	—	—	—	—	—	—	—
		内蒙古时时乐	—	—	—	—	1 246.40	—	—	—	—	—	1 246.40
		内蒙古时时彩	—	—	—	—	—	42 901.55	22 780.67	24 333.26	26 115.70	23 230.63	139 361.81

续表

地 区 Region	游戏类型 Game Type	游戏名称 Game Name	2004	2005	2006	2007	2008	2009	2010	2011	2012	2013	合计 Total
辽 宁	乐透组合	辽宁 25 选 4	5 858.95	4 073.28	1 350.46	—	—	—	—	—	—	—	11 282.69
		辽宁 25 选 4 好运 1	4 893.81	918.47	142.59	—	—	—	—	—	—	—	5 954.86
		辽宁 25 选 4 好运 2	—	1 150.77	649.67	—	—	—	—	—	—	—	1 800.43
		辽宁 25 选 4 好运 3	—	7 423.69	3 938.54	—	—	—	—	—	—	—	11 362.23
		辽宁 29 选 7	18 814.50	10 910.91	5 599.42	—	—	—	—	—	—	—	35 324.83
		辽宁 29 选 7 +1	—	—	—	—	—	—	—	—	—	—	—
		辽宁 29 选 7 好运 1	4 627.28	476.65	36.77	—	—	—	—	—	—	—	5 140.71
		辽宁 29 选 7 好运 2	—	261.61	127.90	—	—	—	—	—	—	—	389.51
		辽宁 29 选 7 好运 3	—	890.87	498.56	—	—	—	—	—	—	—	1 389.43
		辽宁 29 选 7 好运 4	—	3 450.15	1 939.23	—	—	—	—	—	—	—	5 389.38
		辽宁 35 选 7	60 776.55	25 705.54	15 151.93	8 298.47	7 862.53	6 144.35	4 620.83	3 668.89	2 608.17	2 130.71	136 967.97
		辽宁 35 选 7 好运 1	—	—	—	—	37.21	43.64	1 004.19	49.93	28.69	22.28	1 185.94
		辽宁 35 选 7 好运 2	—	—	—	—	135.03	198.21	147.86	119.68	74.46	63.39	738.62
		辽宁 35 选 7 好运 3	—	—	—	—	353.46	644.24	528.84	429.83	286.34	240.86	2 483.57
		辽宁 35 选 7 好运 4	—	—	—	—	942.02	1 764.53	2 174.73	1 382.72	832.28	637.84	7 734.12
		辽宁 36 选 7	—	—	—	—	—	—	—	—	—	—	—
		辽宁 45 选 6	—	—	—	—	—	—	—	—	—	—	—
		辽宁快乐十二	—	—	—	—	—	—	—	—	216 342.34	362 808.11	579 150.45
吉 林	乐透组合	吉林 21 选 5	13 961.13	8 347.30	6 909.64	2 246.02	—	—	—	—	—	—	31 464.10
		吉林 30 选 7	2 988.80	—	—	—	—	—	—	—	—	—	2 988.80
		吉林 35 选 7	—	—	—	—	—	—	—	—	—	—	—
		吉林 40 选 6	—	—	—	—	—	—	—	—	—	—	—
		吉林快 3	—	—	—	—	—	—	—	—	30 185.18	209 673.23	239 858.41
	乐透排列	吉林 C061	—	—	—	—	—	—	—	—	—	—	—
		吉林 S6	956.39	—	—	—	—	—	—	—	—	—	956.39
		吉林时时彩	—	—	—	—	—	—	5 592.40	7 362.97	3 790.22	489.30	17 234.90

续表

地 区 Region	游戏类型 Game Type	游戏名称 Game Name	2004	2005	2006	2007	2008	2009	2010	2011	2012	2013	合计 Total
黑龙江	乐透组合	黑龙江 22 选 5	26 055.45	19 871.61	16 345.43	9 165.80	6 503.34	4 948.82	3 930.90	2 738.49	2 164.59	1 741.12	93 465.56
		黑龙江 32 选 7	—	—	—	—	—	—	—	—	—	—	—
		黑龙江 36 选 7	16 855.12	9 548.55	11 742.30	7 457.35	5 075.47	3 782.90	3 859.98	1 926.18	1 418.16	1 064.75	62 730.77
		黑龙江快乐十分	—	—	—	—	—	—	—	14 264.63	85 746.70	168 761.70	268 773.03
	乐透排列	黑龙江 C061	—	—	—	—	—	—	—	—	—	—	—
		黑龙江 S62	14 412.39	14 148.30	11 087.56	10 665.66	—	—	—	—	—	—	50 313.91
		黑龙江数字 6	—	—	—	—	8 479.01	4 935.50	5 556.45	5 232.80	4 357.44	5 616.03	34 177.23
		黑龙江时时彩	—	—	—	—	—	4 745.96	8 537.79	5 547.82	784.49	1 087.17	20 703.23
上 海	乐透组合	上海 35 选 7	6 264.91	4 250.30	3 482.10	108.58	—	—	—	—	—	—	14 105.89
		上海 37 选 7	—	—	—	—	—	—	—	—	—	—	—
		上海基诺（KENO）	—	1 923.14	7 368.43	8 734.34	6 620.46	5 299.14	4 661.58	2 947.09	4 850.55	3 335.34	45 740.06
		上海快 3	—	—	—	—	—	—	—	—	4 617.10	19 112.27	23 729.37
	乐透排列	上海4位数（天天彩4）	10 140.21	9 418.98	9 130.10	8 441.43	7 219.10	7 332.31	7 538.85	7 967.52	5 751.36	5 525.34	78 465.19
		上海天天彩选3（时时乐）	4 269.98	5 336.62	10 150.33	25 044.22	7 062.95	24 979.47	7 696.28	6 695.19	9 910.11	4 465.72	105 610.87
		上海时时彩	—	—	—	—	—	—	66.83	323.92	72.44	—	463.19
江 苏	乐透组合	江苏 15 选 5	16 033.26	16 342.95	15 696.62	11 229.58	—	—	—	—	—	—	59 302.41
		江苏 30 选 7	1 767.36	—	—	—	—	—	—	—	—	—	1 767.36
		江苏 35 选 7	—	—	—	—	—	—	—	—	—	—	—
		江苏 36 选 7	—	—	—	—	—	—	—	—	—	—	—
		江苏快 3	—	—	—	—	—	—	—	335 351.32	561 374.33	509 997.83	1 406 723.48
	乐透排列	江苏 C061	—	—	—	—	—	—	—	—	—	—	—
		江苏 S6	3 447.66	2 780.09	—	—	—	—	—	—	—	—	6 227.75

续表

地　区 Region	游戏类型 Game Type	游戏名称 Game Name	2004	2005	2006	2007	2008	2009	2010	2011	2012	2013	合计 Total
浙　江	乐透组合	浙江 15 选 5	19 034. 71	18 231. 27	16 919. 94	17 759. 76	—	—	—	—	—	—	71 945. 67
		浙江 30 选 7	90. 43	—	—	—	—	—	—	—	—	—	90. 43
		浙江 34 选 7	—	—	—	—	—	—	—	—	—	—	—
		浙江快乐十二	—	—	—	—	—	—	—	—	18 616. 42	297 956. 50	316 572. 92
	乐透排列	浙江 C061	—	—	—	—	—	—	—	—	—	—	—
		浙江 5 位数	4 636. 62	4 905. 02	4 765. 87	789. 18	—	—	—	—	—	—	15 096. 68
		浙江 6 位数	—	—	—	2 087. 08	131. 57	—	—	—	—	—	2 218. 65
安　徽	乐透组合	安徽 15 选 5	5 938. 25	7 251. 07	8 905. 35	7 728. 08	—	—	—	—	—	—	29 822. 73
		安徽 25 选 4 +1	—	—	—	—	—	—	—	—	—	—	—
		安徽 25 选 5	5 874. 05	3 169. 80	2 897. 10	1 915. 37	1 359. 26	1 352. 46	1 042. 55	1 020. 51	879. 74	783. 92	20 294. 74
		安徽 32 选 7 +1	116. 68	—	—	—	—	—	—	—	—	—	116. 68
		安徽 33 选 7	1 250. 79	—	—	—	—	—	—	—	—	—	1 250. 79
		安徽 35 选 7	—	—	—	—	—	—	—	—	—	—	—
		安徽 37 选 7	—	—	—	—	—	—	—	—	—	—	—
		安徽快 3	—	—	—	—	—	—	—	—	—	124 778. 48	124 778. 48
	乐透排列	安徽 5 位数	1 367. 87	1 308. 67	1 315. 89	1 173. 23	77. 14	—	—	—	—	—	5 242. 81
		安徽时时彩	—	—	—	—	—	—	5 805. 67	3 772. 52	1 664. 55	—	11 242. 73

续表

地区 Region	游戏类型 Game Type	游戏名称 Game Name	2004	2005	2006	2007	2008	2009	2010	2011	2012	2013	合计 Total
福建	乐透组合	福建20选5	6 301.32	3 834.62	3 274.17	3 123.30	—	—	—	—	—	—	16 533.40
		福建21选5	—	—	—	—	—	—	—	—	—	—	—
		福建22选5	—	—	—	—	—	—	—	—	—	—	—
		福建27选7	—	—	—	—	—	—	—	—	—	—	—
		福建29选4+1	—	—	—	—	—	—	—	—	—	—	—
		福建31选7	1 470.80	573.48	499.32	—	—	—	—	—	—	—	2 543.61
		福建36选7	—	—	—	—	—	—	—	—	—	—	—
		福建37选7	622.51	—	—	—	—	—	—	—	—	—	622.51
		福建快3	—	—	—	—	—	—	—	—	—	128 415.57	128 415.57
	乐透排列	福建时时乐	—	—	—	—	6 244.71	—	—	—	—	—	6 244.71
		福建时时彩	—	—	—	—	—	23 318.52	23 537.88	33 022.16	26 028.60	7 804.37	113 711.53
江西	乐透组合	江西21选5	6 270.14	4 393.89	1 893.17	973.88	—	—	—	—	—	—	13 531.08
		江西21选5好运2	—	114.53	96.43	60.44	—	—	—	—	—	—	271.40
		江西21选5好运3	—	801.71	615.67	384.74	—	—	—	—	—	—	1 802.12
		江西21选5好运4	—	310.29	216.80	116.12	—	—	—	—	—	—	643.21
		江西21选5好运彩	2 300.38	81.70	—	—	—	—	—	—	—	—	2 382.08
		江西31选7	218.08	—	—	—	—	—	—	—	—	—	218.08
		江西31选7好运彩	317.96	—	—	—	—	—	—	—	—	—	317.96
		江西35选7	—	—	—	—	—	—	—	—	—	—	—
		江西36选7	—	—	—	—	—	—	—	—	—	—	—
	乐透排列	江西时时彩	—	—	—	—	14 087.99	24 608.67	17 442.59	31 721.26	62 995.59	128 255.51	279 111.61

续表

地　区 Region	游戏类型 Game Type	游戏名称 Game Name	2004	2005	2006	2007	2008	2009	2010	2011	2012	2013	合计 Total
山　东	乐透组合	山东 23 选 5	62 235. 56	43 083. 45	39 412. 34	32 424. 52	32 147. 45	19 226. 29	12 052. 08	12 427. 16	9 707. 91	7 533. 14	270 249. 89
		山东 23 选 5 好运 2	3 552. 68	—	—	—	—	—	—	—	—	—	3 552. 68
		山东 30 选 7	136 370. 99	83 870. 20	75 767. 85	—	—	—	—	—	—	—	296 009. 04
		山东 36 选 7	29 456. 08	19 320. 25	—	—	—	—	—	—	—	—	48 776. 32
		山东 36 选 7 好运 3	1 552. 33	—	—	—	—	—	—	—	—	—	1 552. 33
		山东群英会	—	—	—	—	—	203 383. 02	256 162. 44	266 804. 15	305 495. 14	428 140. 07	1 459 984. 82
河　南	乐透组合	河南 22 选 5	23 011. 54	19 207. 62	19 115. 22	18 152. 94	—	18 869. 77	19 899. 85	18 811. 12	15 995. 42	14 066. 80	167 130. 28
		河南 22 选 5 好运 2	2 157. 52	975. 38	1 034. 13	823. 02	832. 78	847. 39	865. 69	611. 32	697. 04	792. 51	9 636. 78
		河南 22 选 5 好运 3	7 479. 89	5 388. 58	5 346. 10	5 417. 04	5 906. 63	5 726. 69	6 024. 12	5 375. 34	4 772. 03	4 405. 72	55 842. 14
		河南 22 选 5 好运 4	2 088. 25	1 508. 45	1 719. 84	1 871. 11	2 112. 22	2 244. 00	2 438. 23	2 483. 74	2 274. 90	2 498. 63	21 239. 38
		河南 22 选 6	—	—	—	—	19 336. 05	—	—	—	—	—	19 336. 05
		河南 33 选 7	—	—	—	—	—	—	—	—	—	—	—
		河南 36 选 7	16 695. 98	3 118. 29	—	—	—	—	—	—	—	—	19 814. 26
		河南 36 选 7 好运彩 1	174. 46	28. 72	—	—	—	—	—	—	—	—	203. 19
		河南 36 选 7 好运彩 2	435. 57	106. 35	—	—	—	—	—	—	—	—	541. 92
		河南 36 选 7 好运彩 3	1 457. 76	647. 95	—	—	—	—	—	—	—	—	2 105. 71
		河南 36 选 7 好运彩 4	1 180. 81	421. 63	—	—	—	—	—	—	—	—	1 602. 44
	乐透排列	河南 6 + 1	1 428. 60	—	—	—	—	—	—	—	—	—	1 428. 60
		河南幸运彩	—	—	—	—	—	—	—	—	—	96 740. 22	96 740. 22
		河南幸运武林	—	—	—	—	—	371. 83	2 305. 88	2 294. 42	87 966. 17	—	92 938. 30

续表

地　区 Region	游戏类型 Game Type	游戏名称 Game Name	2004	2005	2006	2007	2008	2009	2010	2011	2012	2013	合计 Total
湖　北	乐透组合	湖北 21 选 7	—	—	—	—	12 679. 51	—	—	—	—	—	12 679. 51
		湖北 22 选 5	20 125. 36	15 787. 02	16 395. 96	12 858. 87	—	13 847. 04	10 826. 83	9 021. 02	7 255. 35	5 672. 21	111 789. 65
		湖北 22 选 5 好运 1	369. 61	105. 61	86. 32	67. 62	70. 62	62. 78	44. 83	36. 97	26. 02	15. 87	886. 25
		湖北 22 选 5 好运 2	895. 04	301. 78	304. 64	268. 04	305. 91	274. 35	204. 10	194. 33	159. 59	114. 07	3 021. 85
		湖北 22 选 5 好运 3	10 460. 26	4 550. 63	4 205. 08	3 682. 53	3 527. 64	3 370. 97	2 892. 22	2 644. 72	2 293. 44	1 575. 60	39 203. 11
		湖北 22 选 5 好运 4	2 569. 01	2 294. 87	2 137. 50	1 896. 16	1 808. 84	1 860. 21	1 538. 22	1 503. 45	1 409. 49	1 061. 89	18 079. 64
		湖北 22 选 5 好运彩	—	—	—	—	—	—	—	—	—	—	—
		湖北 27 选 7 +1	—	—	—	—	—	—	—	—	—	—	—
		湖北 32 选 7	14 111. 37	6 247. 24	3 536. 62	—	—	—	—	—	—	—	23 895. 22
		湖北 32 选 7 好运 1	80. 37	28. 17	26. 32	—	—	—	—	—	—	—	134. 86
		湖北 32 选 7 好运 2	157. 44	43. 49	30. 89	—	—	—	—	—	—	—	231. 83
		湖北 32 选 7 好运 3	1 651. 08	685. 32	398. 78	—	—	—	—	—	—	—	2 735. 18
		湖北 32 选 7 好运 4	3 601. 77	1 164. 71	601. 76	—	—	—	—	—	—	—	5 368. 24
		湖北 32 选 7 好运 5	761. 93	472. 66	228. 35	—	—	—	—	—	—	—	1 462. 94
		湖北 32 选 7 好运彩	420. 75	—	—	—	—	—	—	—	—	—	420. 75
		湖北 33 选 7	—	—	—	—	—	—	—	—	—	—	—
		湖北 36 选 7	—	—	—	—	—	—	—	—	—	—	—
		湖北快 3	—	—	—	—	—	—	—	—	59 639. 26	238 582. 87	298 222. 13
	乐透排列	湖北 C061	—	—	—	—	—	—	—	—	—	—	—
		湖北 5 位数	1 555. 90	—	—	—	—	—	—	—	—	—	1 555. 90
		湖北 7 位数	—	—	—	—	—	—	—	—	—	—	—
		湖北时时彩	—	—	—	—	—	—	1 335. 13	1 590. 36	1 303. 91	1 475. 86	5 705. 26

续表

地区 Region	游戏类型 Game Type	游戏名称 Game Name	2004	2005	2006	2007	2008	2009	2010	2011	2012	2013	合计 Total
湖南	乐透组合	湖南 22 选 5	14 452.75	8 933.61	6 479.72	3 869.54	—	3 645.83	2 285.63	—	—	—	39 667.08
		湖南 22 选 5 好运 1	—	—	—	—	—	—	5.28	—	—	—	5.28
		湖南 22 选 5 好运 2	—	—	—	—	—	—	50.28	—	—	—	50.28
		湖南 22 选 5 好运 3	—	—	—	—	—	—	453.80	—	—	—	453.80
		湖南 22 选 5 好运 4	—	—	—	—	—	—	324.10	—	—	—	324.10
		湖南 22 选 5 好运彩	8 275.30	4 341.49	3 417.08	1 887.22	1 628.36	1 427.79	52.80	—	—	—	21 030.03
		湖南 22 选 7	—	—	—	—	4 642.04	—	—	—	—	—	4 642.04
		湖南 35 选 7	11 125.02	5 629.62	3 253.47	—	—	—	—	—	—	—	20 008.11
		湖南 35 选 7 好运彩	1 777.76	701.13	384.67	—	—	—	—	—	—	—	2 863.56
		湖南快乐十分	—	—	—	—	—	—	—	17 880.40	89 183.62	122 403.19	229 467.20
	乐透排列	湖南时时彩	—	—	—	—	—	—	3 589.27	972.51	—	—	4 561.77
广东	乐透组合	广东 26 选 5	17 886.06	10 849.78	8 228.15	5 840.64	4 873.29	3 493.11	2 738.01	2 085.97	1 526.80	1 522.15	59 043.97
		广东 26 选 5 好运彩	17 487.95	2 552.27	—	—	—	—	—	—	—	—	20 040.22
		广东 26 选 5 好运 2	—	980.22	4 457.82	1 954.81	997.66	437.52	256.19	213.19	194.38	176.63	9 668.41
		广东 26 选 5 好运 3	—	8 277.23	9 838.21	8 507.35	6 710.07	3 059.51	1 940.51	1 622.14	1 560.69	1 428.99	42 944.70
		广东 36 选 7	111 158.70	71 683.61	61 771.66	43 649.42	54 002.53	54 140.24	33 644.38	32 600.39	25 519.26	29 404.37	517 574.56
		广东 36 选 7 好运彩	34 169.71	5 343.77	—	—	—	—	—	—	—	—	39 513.48
		广东 36 选 7 好运 1	—	9 390.01	16 417.30	6 367.17	17 988.36	61 183.28	63 701.36	35 935.17	28 955.02	38 209.26	278 146.93
		广东 36 选 7 好运 2	—	1 414.68	1 997.43	1 575.51	1 482.58	2 189.55	1 778.20	1 558.71	1 477.26	1 417.33	14 891.25
		广东 36 选 7 好运 3	—	14 810.87	18 114.49	15 648.33	16 396.25	27 133.79	23 676.10	22 735.67	21 301.13	21 087.46	180 904.09
		广东 45 选 6	—	—	—	—	—	—	—	—	—	—	—
		广东快乐十分	—	—	—	880.39	5 972.97	6 629.41	166 062.81	247 387.38	410 750.19	503 038.86	1 340 722.02

续表

地区 Region	游戏类型 Game Type	游戏名称 Game Name	2004	2005	2006	2007	2008	2009	2010	2011	2012	2013	合计 Total
深圳	乐透组合	深圳35选7	20 441.89	13 484.96	14 347.46	8 984.23	6 400.25	4 303.63	2 821.58	2 004.43	1 623.51	1 493.97	75 905.91
		深圳快乐彩	—	—	—	—	—	—	—	14.77	252.86	705.16	972.80
		深圳快乐8	—	1 074.48	4 977.44	4 662.20	4 594.74	3 981.66	2 579.92	2 375.84	3 772.40	3 563.81	31 582.47
广西	乐透组合	广西21选5	19 433.12	8 426.40	4 728.27	—	—	—	—	—	—	—	32 587.80
		广西21选5好运2	5 056.52	21 810.15	16 265.00	18 356.93	16 231.11	15 593.17	19 242.26	16 977.28	17 307.11	—	146 839.53
		广西21选5好运3	12 216.11	25 035.62	30 353.00	23 403.14	24 356.97	27 277.59	26 858.49	24 484.64	25 227.90	—	219 213.46
		广西21选5好运4	5 461.51	7 234.46	8 244.70	7 895.01	8 196.04	8 488.01	10 088.20	9 772.76	9 945.80	—	75 326.50
		广西24选7	—	—	—	1 230.59	2 988.77	2 610.05	2 455.29	2 660.47	2 122.34	2 620.63	16 688.14
		广西24选7好运1	—	—	—	102.04	40.58	25.99	24.94	22.31	23.33	24.18	263.37
		广西24选7好运2	—	—	—	139.80	222.32	133.33	121.99	111.24	110.60	105.37	944.65
		广西24选7好运3	—	—	—	393.97	1 025.18	862.66	830.35	805.34	835.44	839.42	5 592.36
		广西24选7好运4	—	—	—	278.04	870.54	966.94	1 013.36	1 043.19	1 137.74	1 187.33	6 497.15
		广西24选7好运5	—	—	—	79.25	143.12	133.93	147.69	141.23	161.74	151.14	958.11
		广西29选7	8 980.71	5 772.66	3 838.11	—	—	—	—	—	—	—	18 591.48
		广西29选7好运1	183.50	71.59	41.17	—	—	—	—	—	—	—	296.27
		广西29选7好运2	415.93	174.61	95.53	—	—	—	—	—	—	—	686.07
		广西29选7好运3	1 784.34	715.88	395.04	—	—	—	—	—	—	—	2 895.26
		广西29选7好运4	2 223.02	805.67	454.05	—	—	—	—	—	—	—	3 482.74
		广西29选7好运5	663.12	185.27	92.13	—	—	—	—	—	—	—	940.52
		广西29选7C	375.64	105.31	—	—	—	—	—	—	—	—	480.95
		广西29选7F	271.90	62.29	—	—	—	—	—	—	—	—	334.19
		广西29选7开心8	446.58	110.24	—	—	—	—	—	—	—	—	556.82
		广西35选7	—	—	—	—	—	—	—	—	—	—	—
		广西37选7	23 826.62	15 360.39	9 612.53	—	—	—	—	—	—	—	48 799.54
		广西37选7好运1	326.50	137.57	89.58	—	—	—	—	—	—	—	553.65

续表

地　区 Region	游戏类型 Game Type	游戏名称 Game Name	2004	2005	2006	2007	2008	2009	2010	2011	2012	2013	合计 Total
广　西	乐透组合	广西 37 选 7 好运 2	814.90	363.79	245.95	—	—	—	—	—	—	—	1 424.64
		广西 37 选 7 好运 3	3 468.72	1 503.57	1 128.87	—	—	—	—	—	—	—	6 101.16
		广西 37 选 7 好运 4	3 673.36	1 521.62	973.21	—	—	—	—	—	—	—	6 168.19
		广西 37 选 7 好运 5	1 139.16	356.12	173.45	—	—	—	—	—	—	—	1 668.73
		广西快乐十分	—	—	—	—	—	—	—	—	—	41 816.13	41 816.13
		广西快 3	—	—	—	—	—	—	—	—	—	69 985.67	69 985.67
		广西跑跑彩	—	—	—	—	—	—	—	—	1 526.24	145.06	1 671.29
	乐透排列	广西 C061	—	—	—	—	—	—	—	—	—	—	—
海　南	乐透组合	海南 15 选 5	0.30	—	—	—	—	—	—	—	—	—	0.30
		海南 48 选 5	—	—	—	—	—	—	—	—	—	—	—
		海南快 2	—	—	—	4 999.75	28 658.85	17 697.98	55 466.65	76 207.17	88 652.79	99 042.04	370 725.23
	乐透排列	海南 C061	0.75	—	—	—	—	—	—	—	—	—	0.75
重　庆	乐透组合	重庆 20 选 5	3 188.89	2 770.56	1 835.01	512.26	385.36	288.30	58.09	—	—	—	9 038.47
		重庆 20 选 5 好运 1	11.31	3.81	—	—	—	—	—	—	—	—	15.13
		重庆 20 选 5 好运 2	54.74	26.05	—	—	—	—	—	—	—	—	80.80
		重庆 20 选 5 好运 3	252.20	149.89	130.14	98.65	93.25	84.72	14.45	—	—	—	823.30
		重庆 20 选 5 好运 4	107.75	73.66	—	—	—	—	—	—	—	—	181.40
		重庆 32 选 7	—	—	—	—	—	—	—	—	—	—	—
		重庆 33 选 7	2 628.36	1 040.93	712.11	—	—	—	—	—	—	—	4 381.39
		重庆 33 选 7 好运 3	309.18	283.99	57.37	—	—	—	—	—	—	—	650.54
		重庆 35 选 7	—	—	—	—	—	—	—	—	—	—	—
		重庆 37 选 7	740.81	—	—	—	—	—	—	—	—	—	740.81
		重庆 37 选 7 好运 1	1.00	—	—	—	—	—	—	—	—	—	1.00
		重庆 37 选 7 好运 2	5.32	—	—	—	—	—	—	—	—	—	5.32
		重庆 37 选 7 好运 3	47.79	—	—	—	—	—	—	—	—	—	47.79
		重庆 37 选 7 好运 4	19.39	—	—	—	—	—	—	—	—	—	19.39
		重庆 45 选 6	—	—	—	—	—	—	—	—	—	—	—
		重庆快乐十分	—	—	—	—	—	—	13 209.11	56 883.03	81 736.62	103 161.81	254 990.58
	乐透排列	重庆 C050	—	—	—	—	—	—	—	—	—	—	—
		重庆时时彩	1 868.48	6 212.93	35 196.21	42 200.04	—	—	—	—	—	—	85 477.66
		重庆时时乐	—	—	—	—	25 343.66	29 056.57	33 650.27	39 590.94	28 387.57	32 545.94	188 574.95

续表

地 区 Region	游戏类型 Game Type	游戏名称 Game Name	2004	2005	2006	2007	2008	2009	2010	2011	2012	2013	合计 Total
四 川	乐透组合	四川 22 选 5	—	—	—	—	—	—	—	—	—	—	—
		四川 29 选 7	—	—	—	—	—	—	—	—	—	—	—
		四川 35 选 7	—	—	—	—	—	—	—	—	—	—	—
		四川 46 选 6	—	—	—	—	—	—	—	—	—	—	—
		四川快乐十二	—	—	—	—	—	—	14 063. 32	67 463. 77	115 027. 06	175 373. 77	371 927. 93
	乐透排列	四川 C070	—	—	—	—	—	—	—	—	—	—	—
贵 州	乐透组合	贵州 22 选 5	—	—	—	—	—	—	—	—	—	—	—
		贵州 29 选 7	—	—	—	—	—	—	—	—	—	—	—
		贵州 33 选 7	—	—	—	—	—	—	—	—	—	—	—
		贵州 34 选 7	—	—	—	—	—	—	—	—	—	—	—
		贵州十二生肖	—	—	—	—	—	—	4 148. 45	5 580. 08	2 042. 72	205. 42	11 976. 67
		贵州快 3	—	—	—	—	—	—	—	—	7 713. 80	50 643. 99	58 357. 80
	乐透排列	贵州 C061	—	—	—	—	—	—	—	—	—	—	—
云 南	乐透组合	云南 22 选 5	552. 13	—	—	—	—	—	—	—	—	—	552. 13
		云南 29 选 7	—	—	—	—	—	—	—	—	—	—	—
		云南 30 选 7	—	—	—	—	—	—	—	—	—	—	—
		云南 34 选 7	—	—	—	—	—	—	—	—	—	—	—
		云南 37 选 7	187. 07	—	—	—	—	—	—	—	—	—	187. 07
		云南快乐十分	—	—	—	—	—	—	—	4 978. 28	18 598. 16	63 196. 70	86 773. 14
	乐透排列	云南时时彩	—	—	—	—	—	101. 01	11 514. 92	2 846. 24	211. 63	281. 10	14 954. 89
西 藏	乐透组合	西藏生肖时时彩	—	—	—	—	—	—	—	2 703. 56	1 647. 27	917. 99	5 268. 81
		西藏快 3	—	—	—	—	—	—	—	—	—	15 307. 18	15 307. 18
	乐透排列	西藏 C050	—	—	—	—	—	—	—	—	—	—	—

续表

地区 Region	游戏类型 Game Type	游戏名称 Game Name	2004	2005	2006	2007	2008	2009	2010	2011	2012	2013	合计 Total
陕西	乐透组合	陕西21选5	2 300. 11	—	—	—	—	—	—	—	—	—	2 300. 11
		陕西21选5好运2	302. 93	—	—	—	—	—	—	—	—	—	302. 93
		陕西33选7	4 572. 66	2 576. 51	1 747. 69	—	—	—	—	—	—	—	8 896. 85
		陕西33选7好运彩	2 020. 91	54. 64	—	—	—	—	—	—	—	—	2 075. 54
		陕西33选7好运3	—	220. 18	128. 73	—	—	—	—	—	—	—	348. 91
		陕西33选7好运4	—	406. 12	224. 64	—	—	—	—	—	—	—	630. 76
		陕西36选7	—	—	—	—	—	—	—	—	—	—	—
		陕西快乐十分	—	—	—	—	—	—	—	30 202. 32	99 819. 78	240 778. 55	370 800. 65
甘肃	乐透组合	甘肃快3	—	—	—	—	—	—	—	—	—	83 504. 03	83 504. 03
青海	乐透组合	青海快3	—	—	—	—	—	—	—	—	—	18 464. 90	18 464. 90
	乐透排列	青海时时彩	—	—	—	—	—	80. 46	2 042. 79	2 137. 19	2 296. 95	1 188. 21	7 745. 60
宁夏	乐透组合	宁夏快3	—	—	—	—	—	—	—	—	—	9 005. 73	9 005. 73
	乐透排列	宁夏时时彩	—	—	—	—	—	—	1 278. 62	1 191. 20	201. 39	91. 28	2 762. 48
新疆	乐透组合	新疆18选7	7 185. 88	3 249. 76	2 817. 00	1 421. 66	901. 42	641. 90	411. 80	357. 51	318. 72	266. 11	17 571. 75
		新疆25选7	9 764. 44	10 134. 11	8 706. 02	5 211. 42	3 090. 46	1 852. 98	1 186. 16	1 412. 66	2 448. 30	1 058. 76	44 865. 30
		新疆33选7	—	—	—	—	—	—	—	—	—	—	—
		新疆35选7	38 788. 41	32 835. 12	31 852. 10	30 601. 93	21 584. 51	16 014. 56	10 074. 08	8 092. 51	7 292. 09	7 273. 76	204 409. 07
		新疆35选7偶数彩中彩	2 860. 48	1 050. 27	613. 48	453. 92	308. 02	248. 79	172. 43	126. 77	73. 45	—	5 907. 60
		新疆60选5	—	—	—	—	—	—	—	—	—	—	—
		新疆喜乐彩	—	—	—	—	—	—	—	—	1 635. 45	738. 25	2 373. 69
	乐透排列	新疆时时乐	—	—	—	14 509. 09	23 754. 85	—	—	—	—	—	38 263. 94
		新疆时时彩	—	—	—	—	—	25 392. 95	63 106. 95	80 847. 45	108 013. 20	162 954. 73	440 315. 28
合计 Total			**1 102 786. 99**	**794 340. 87**	**748 159. 54**	**551 450. 69**	**525 080. 70**	**830 491. 22**	**1 132 946. 62**	**1 752 531. 55**	**2 987 110. 38**	**5 334 196. 03**	**15 759 094. 57**

2004—2013 年中国福利彩票视频型彩票销售情况表（分游戏）

Sales Statistics of Online Instant Win Games of Welfare Lottery in Different Lottery Games from 2004 to 2013

单位：万元

Unit：Ten Thousand Yuan

序号	游戏品种	2004	2005	2006	2007	2008	2009	2010	2011	2012	2013	合计 Total
1	四花选五	130.59	204.97	482.81	685.43	8 481.60	399.20	549.53	646.99	527.07	633.29	12 741.48
2	小猫钓鱼	0.69	—	—	—	—	—	—	—	—	—	0.69
3	洞穴寻宝	2.16	—	—	—	—	—	—	—	—	—	2.16
4	幸运七彩	7.10	—	—	—	—	—	—	—	—	—	7.10
5	开心一刻	2.81	66.22	209.42	338.59	700.78	64.05	57.37	78.68	60.22	58.23	1 636.37
6	幸运五彩	9.44	136.17	396.23	616.93	2 278.04	361.47	783.32	815.34	809.16	921.76	7 127.86
7	幸运扑克	63.91	35 931.82	79 693.66	81 016.15	7 714.89	—	—	—	—	—	204 420.43
8	西游夺彩	6.58	20 474.01	332 823.50	1 170 665.26	177 585.81	—	—	—	—	—	1 701 555.16
9	多级扑克	30.16	10 360.01	42 955.01	66 642.58	9 319.93	—	—	—	—	—	129 307.69
10	三江风光	—	—	—	—	—	8 582.96	1 645.76	1 556.68	1 194.77	1 078.01	14 058.18
11	连环夺宝	—	—	—	—	—	106 385.92	926 921.80	1 694 888.30	2 235 373.54	2 884 955.30	7 848 524.86
12	趣味高尔夫	—	—	—	—	—	335.98	1 933.58	3 155.41	4 120.94	5 965.59	15 511.50
13	好运射击	—	—	—	—	—	71.82	165.28	246.60	244.63	272.92	1 001.25
	合计 Total	**253.44**	**67 173.20**	**456 560.63**	**1 319 964.94**	**206 081.05**	**116 201.40**	**932 056.64**	**1 701 388.00**	**2 242 330.33**	**2 893 885.10**	**9 935 894.73**

（中国福利彩票发行管理中心供稿）

2004—2013 年中国福利彩票即开型彩票销售情况表（分游戏）

Sales Statistics of Terminal – Sale Instant Win Tickets of Welfare Lottery in Different Lottery Games from 2004 to 2013

单位：万元

Unit：Ten Thousand Yuan

序号	游戏品种	2004	2005	2006	2007	2008	2009	2010	2011	2012	2013	合计 Total
1	神秘骨牌	48.78	0.69	—	—	—	—	—	—	—	—	49.47
2	勇士闯关	109.34	0.83	—	—	—	—	—	—	—	—	110.18
3	请您开奖	25.78	153.01	—	—	—	—	—	—	—	—	178.78
4	勇士闯关 2	456.31	669.90	—	—	—	1.18	—	—	—	—	1 127.38
5	小猫钓鱼 3	23.56	32.56	—	—	—	—	—	—	—	—	56.12
6	五子登科	—	1.13	—	—	—	—	—	—	—	—	1.13
7	幸运八	—	1.24	—	—	—	—	—	—	—	—	1.24
8	金鸡唱晓	—	81.00	—	—	—	—	—	—	—	—	81.00
9	即刻乐透	—	3.71	—	—	—	—	—	—	—	—	3.71
10	一条龙	—	1.87	—	—	—	—	—	—	—	—	1.87
11	勇士闯关 4	—	7 345.24	23 022.27	5 834.41	5 217.97	345.51	65.33	24.07	1.94	0.64	41 857.38
12	开心宾果	—	143.28	168.12	198.98	126.69	2.14	9.67	7.19	0.73	2.35	659.15
13	百变扑克	—	1 552.28	711.10	595.66	235.87	22.63	12.68	5.42	0.38	—	3 136.01
14	点石成金	—	23.11	23.21	349.31	364.24	123.34	85.07	122.01	2.79	—	1 093.08
15	喜庆吉祥	—	331.99	349.79	284.80	61.83	61.11	23.50	14.19	3.75	—	1 130.96
16	趣味麻将	—	39.66	20.34	101.67	76.34	34.00	12.00	16.00	—	—	300.01
17	F1 赛车	—	3.95	1.05	—	20.55	-2.85	—	47.05	0.60	—	70.35
18	即开 3D	—	1 491.10	749.73	398.08	800.30	94.03	84.90	269.65	4.85	0.24	3 892.87
19	棒球小子	—	1 054.95	246.80	190.10	233.01	14.56	22.84	15.14	0.01	—	1 777.40
20	趣味麻将一	—	1 112.47	2 724.27	1 926.42	6 603.13	2 158.72	663.82	837.40	310.00	101.16	16 437.39
21	F1 赛车（一）	—	2.55	4.25	0.35	—	—	—	—	—	—	7.15
22	喜庆吉祥 2	—	—	7 945.02	14 922.26	36 875.74	14 711.93	3 435.86	410.33	21.28	11.84	78 334.27
23	比大小	—	—	4 368.78	5 281.12	3 535.36	4 459.51	337.26	645.43	83.14	17.73	18 728.33
24	66 顺	—	—	3 465.11	4 264.58	1 500.90	286.97	35.03	20.05	1.39	0.12	9 574.16
25	幸运宝贝	—	—	3 170.43	2 358.49	368.78	51.03	4.24	8.87	0.30	0.02	5 962.15
26	吉星高照	—	—	1 731.08	10 756.38	24 880.35	11 219.03	930.96	284.35	29.22	-5.07	49 826.30
27	鉴宝	—	—	1 522.43	1 100.02	773.84	151.93	60.82	70.20	10.08	-1.11	3 688.22
28	清一色	—	—	1 274.51	2 587.34	3 297.66	4 008.06	567.38	357.86	19.59	5.42	12 117.81

续表

序号	游戏品种	2004	2005	2006	2007	2008	2009	2010	2011	2012	2013	合 计 Total
29	游乐场	—	—	446.84	382.76	1 023.02	301.17	119.74	64.02	7.83	3.10	2 348.48
30	棒球小子 2	—	—	270.34	842.99	57.80	1.78	—	0.64	—	—	1 173.55
31	快乐生肖	—	—	718.43	4 316.78	882.09	64.93	11.43	1.90	0.07	0.06	5 995.70
32	和气生财	—	—	442.48	585.18	129.14	245.65	15.02	-191.37	1.76	0.38	1 228.24
33	大富翁	—	—	1 440.53	526.12	13.19	7.95	1.51	4.26	0.11	—	1 993.67
34	发奖金	—	—	1 673.02	49 572.86	141 840.02	88 358.01	50 271.60	57 471.74	60 457.29	48 162.31	497 806.86
35	生肖	—	—	34.76	321.49	809.35	755.86	69.78	2.96	2.27	0.08	1 996.54
36	硕果累累	—	—	360.99	2 382.85	2 695.17	438.72	53.75	15.27	1.34	2.42	5 950.51
37	多彩扑克	—	—	193.88	3 677.69	9 941.76	1 443.52	227.86	43.01	1.74	0.25	15 529.71
38	幸运宝藏	—	—	1 714.38	22 778.94	49 798.04	22 482.14	9 446.22	2 034.29	104.25	40.10	108 398.37
39	富贵有余	—	—	67.91	-32.30	22.11	9.58	2.08	28.64	5.84	—	103.86
40	勇士闯关 5	—	—	6 951.16	103 689.70	232 644.85	161 476.89	128 429.65	99 814.22	53 100.04	24 562.27	810 668.79
41	大富翁 2	—	—	1 609.05	22 383.25	33 427.09	26 410.95	2 689.54	750.42	220.73	108.64	87 599.68
42	幸运宝贝 2	—	—	—	4 007.70	7 564.56	354.53	16.73	53.01	0.02	0.01	11 996.55
43	和气生财 2	—	—	—	333.48	2 188.67	464.98	186.49	591.17	76.03	98.00	3 938.83
44	四季发	—	—	—	3 045.73	8 048.02	3 173.88	870.01	757.09	57.37	13.21	15 965.31
45	农家乐	—	—	—	2 121.30	3 013.06	691.29	64.96	37.89	14.05	0.15	5 942.69
46	富贵有余 2	—	—	—	8 425.08	44 181.66	67 163.29	53 386.07	41 800.13	39 736.37	27 902.56	282 595.17
47	吉林硕果	—	—	—	1 147.37	577.05	133.94	70.65	37.76	4.79	—	1 971.56
48	对对和	—	—	—	1 287.68	5 455.87	1 323.53	768.43	1 518.59	12.71	10.07	10 376.87
49	金花	—	—	—	2 262.15	9 650.26	1 322.27	982.21	1 815.64	180.01	41.19	16 253.73
50	扑克比大小	—	—	—	—	1 968.33	586.54	466.04	182.20	28.29	13.55	3 244.95
51	对对碰	—	—	—	148.87	2 863.51	2 674.56	672.48	86.64	14.21	0.05	6 460.33
52	见缝插金	—	—	—	2 847.73	10 290.08	3 320.23	746.85	627.61	45.62	11.07	17 889.18
53	双喜临门	—	—	—	894.49	19.20	—	—	0.12	—	—	913.81
54	66 顺 2	—	—	—	—	11 475.26	7 402.55	2 025.81	1 943.25	112.09	25.15	22 984.10
55	翱翔海航	—	—	—	61.45	755.71	107.00	12.10	7.64	1.75	—	945.65
56	昌盛海航	—	—	—	116.00	1 684.00	—	—	—	—	—	1 800.00
57	双喜临门 2	—	—	—	—	116.04	—	—	0.01	—	—	116.05
58	幸运宝贝 3	—	—	—	—	5 592.34	13 255.00	2 736.85	299.24	29.90	6.48	21 919.81
59	数字魔方	—	—	—	—	1 958.50	471.07	117.71	394.45	56.36	11.42	3 009.52
60	海底寻宝	—	—	—	—	8 335.12	21 980.59	13 959.22	2 493.12	81.29	-1.28	46 848.05
61	红楼十二钗	—	—	—	—	10 973.14	25 906.81	5 210.98	1 413.73	661.63	9.81	44 176.11
62	点石成金 2	—	—	—	—	871.75	3 042.75	78.70	6.67	—	—	3 999.87

续表

序号	游戏品种	2004	2005	2006	2007	2008	2009	2010	2011	2012	2013	合计 Total
63	幸运宝藏2	—	—	—	—	1 130.52	4 373.22	1 728.50	253.92	80.45	40.03	7 606.63
64	主场2元	—	—	—	—	1 133.40	1 266.60	—	—	—	—	2 400.00
65	主场5元	—	—	—	—	944.50	974.86	53.28	77.36	—	—	2 050.00
66	赛车	—	—	—	—	5 102.31	576.29	182.30	787.55	48.10	11.70	6 708.25
67	宁夏票5元	—	—	—	—	—	5.00	7.66	—	—	0.80	13.46
68	宁夏票2元	—	—	—	—	79.64	115.60	—	85.24	15.04	52.21	347.73
69	齐鲁古车	—	—	—	—	3 059.72	2 874.22	66.05	0.01	—	—	6 000.00
70	西游探宝	—	—	—	—	11 695.71	42 587.23	6 888.46	2 635.35	180.22	—	63 986.97
71	游乐场	—	—	—	—	6 658.06	5 797.24	639.64	827.78	15.78	0.09	13 938.59
72	节大欢喜	—	—	—	—	8 446.55	4 947.95	306.20	1 064.45	37.65	60.10	14 862.91
73	硕果累累2	—	—	—	—	508.00	659.52	92.86	42.64	2.96	10.02	1 316.00
74	金花2	—	—	—	—	152.00	1 241.98	265.21	122.62	5.97	2.04	1 789.82
75	重建家园	—	—	—	—	8 044.32	6 471.36	2 998.82	953.03	32.01	15.13	18 514.67
76	同舟共济	—	—	—	—	5 566.57	7 997.52	5 356.55	959.34	59.28	10.70	19 949.96
77	众志成城	—	—	—	—	7 079.12	6 429.17	2 964.89	243.35	54.25	6.52	16 777.30
78	扶危济困	—	—	—	—	5 692.44	7 439.79	3 354.15	772.76	66.48	35.21	17 360.83
79	阖家欢乐	—	—	—	—	497.60	2 291.00	552.88	425.01	67.87	20.85	3 855.21
80	孕前关爱	—	—	—	—	480.00	—	—	—	—	—	480.00
81	09上海风采-牛	—	—	—	—	921.00	484.00	—	—	—	—	1 405.00
82	万众一心	—	—	—	—	1 959.81	2 885.21	905.07	128.09	—	—	5 878.18
83	福牛乐乐	—	—	—	—	220.33	875.68	111.12	214.03	35.16	3.58	1 459.90
84	超越自我	—	—	—	—	134.10	361.90	126.65	109.98	27.17	0.30	760.10
85	欢聚北京	—	—	—	—	123.70	232.20	213.06	155.95	37.81	3.29	766.01
86	节大欢喜2	—	—	—	—	987.10	23 516.59	1 903.77	2 172.74	112.59	52.62	28 745.41
87	牛年2元	—	—	—	—	—	8 928.62	285.66	291.55	2.02	0.38	9 508.23
88	牛年5元	—	—	—	—	—	3 036.59	411.25	716.34	63.34	63.95	4 291.46
89	喜庆吉祥3	—	—	—	—	—	8 073.14	4 837.82	2 927.10	234.72	34.07	16 106.85
90	阖家欢乐3	—	—	—	—	—	19 422.92	3 053.76	1 661.93	7.89	5.68	24 152.19
91	阖家欢乐2	—	—	—	—	—	10 789.59	2 094.42	1 245.39	165.99	16.83	14 312.22
92	富贵有余3	—	—	—	—	—	3 916.41	82.44	0.15	1.00	—	4 000.00
93	富贵有余4	—	—	—	—	—	908.35	72.10	15.90	2.13	—	998.48
94	富贵有余5	—	—	—	—	—	696.75	63.25	206.75	43.55	21.65	1 031.95

续表

序号	游戏品种	2004	2005	2006	2007	2008	2009	2010	2011	2012	2013	合计 Total
95	争分夺秒	—	—	—	—	—	46 110.39	105 470.35	153 721.60	129 226.87	88 898.94	523 428.16
96	星座	—	—	—	—	—	2 681.03	1 097.41	1 936.04	222.94	16.78	5 954.19
97	放飞梦想	—	—	—	—	—	3 997.00	3 967.14	3 035.86	—	—	11 000.00
98	万事如意	—	—	—	—	—	3 308.18	3 016.27	2 184.97	17.81	5.37	8 532.60
99	美丽辽宁	—	—	—	—	—	3 810.33	1 219.15	0.91	0.08	0.94	5 031.40
100	和谐辽宁	—	—	—	—	—	2 400.25	422.95	112.89	24.46	28.80	2 989.35
101	好运辽宁	—	—	—	—	—	1 397.40	604.04	453.90	214.18	113.22	2 782.74
102	欢乐碰碰碰	—	—	—	—	—	1 345.18	174.63	328.23	32.24	-0.30	1 879.98
103	开心时刻	—	—	—	—	—	3 324.18	1 324.93	979.42	75.55	9.19	5 713.27
104	淘宝商城	—	—	—	—	—	24 265.19	11 102.89	6 924.97	347.23	62.29	42 702.58
105	节大欢喜3	—	—	—	—	—	2 118.88	1 261.14	774.91	2 755.81	1 045.97	7 956.70
106	主场2	—	—	—	—	—	1 194.56	784.44	21.00	—	—	2 000.00
107	万众一心2	—	—	—	—	—	704.66	239.94	255.40	—	—	1 200.00
108	爱满人间	—	—	—	—	—	4 906.15	730.10	65.30	0.45	—	5 702.00
109	美梦成真	—	—	—	—	—	11 262.95	76 343.28	86 799.16	76 104.77	50 448.75	300 958.91
110	水浒108将	—	—	—	—	—	16 364.82	4 603.18	2 211.37	254.01	81.50	23 514.87
111	一刮一乐	—	—	—	—	—	6 928.12	3 790.34	865.16	108.77	55.55	11 747.93
112	财源滚滚	—	—	—	—	—	3 322.46	1 292.22	278.16	61.73	22.06	4 976.64
113	齐鲁古车2	—	—	—	—	—	2 600.64	1 399.35	0.01	—	—	4 000.00
114	梁祝	—	—	—	—	—	6 338.02	2 876.48	3 602.12	267.68	16.28	13 100.58
115	节大欢喜4	—	—	—	—	—	9 007.01	31 429.40	23 306.48	12 937.51	18 800.90	95 481.30
116	五福临门	—	—	—	—	—	13 364.65	49 484.07	33 040.92	29 166.32	23 126.18	148 182.14
117	游乐场2	—	—	—	—	—	2 392.68	2 804.56	632.48	152.94	17.35	6 000.00
118	祝福	—	—	—	—	—	579.73	782.17	434.65	117.95	32.85	1 947.34
119	锦绣中华	—	—	—	—	—	25 822.88	22 568.97	2 712.16	662.14	80.04	51 846.18
120	缤纷世博	—	—	—	—	—	9 076.56	4 635.98	599.11	-228.66	5.30	14 088.28
121	奇妙世博	—	—	—	—	—	7 159.19	3 502.18	228.84	16.47	0.40	10 907.07
122	海宝风情	—	—	—	—	—	8 992.79	4 968.83	253.82	19.48	1.59	14 236.51
123	吉祥海宝	—	—	—	—	—	7 422.77	4 101.31	2 250.75	367.10	211.12	14 353.05
124	美丽辽宁2	—	—	—	—	—	825.25	4 978.17	4 877.38	650.39	0.25	11 331.44
125	和谐辽宁2	—	—	—	—	—	440.50	1 364.04	1 168.02	4.29	0.25	2 977.10
126	水浒108将2	—	—	—	—	—	3 134.07	5 836.35	817.55	25.90	1.75	9 815.61
127	放飞梦想2	—	—	—	—	—	1 333.25	2 521.19	145.56	—	—	4 000.00
128	融入城市	—	—	—	—	—	3.00	477.00	—	—	—	480.00

续表

序号	游戏品种	2004	2005	2006	2007	2008	2009	2010	2011	2012	2013	合计 Total
129	圣诞快乐	—	—	—	—	—	6 995.56	11 340.73	14 108.30	3 315.61	322.96	36 083.14
130	爱情密码	—	—	—	—	—	907.60	21 402.61	1 572.64	72.88	0.07	23 955.80
131	奇妙世博2	—	—	—	—	—	244.55	6 746.97	623.67	15.11	11.45	7 641.75
132	游乐场3	—	—	—	—	—	25.00	8 600.00	5 331.15	2 394.05	966.50	17 316.70
133	彩运天天有	—	—	—	—	—	34.54	14 953.88	876.02	81.25	15.51	15 961.20
134	指动金来	—	—	—	—	—	—	53 364.02	66 552.73	61 119.78	9 968.43	191 004.96
135	欢天喜地	—	—	—	—	—	—	21 075.38	2 808.04	91.31	3.14	23 977.87
136	阖家欢乐4	—	—	—	—	—	—	13 023.72	1 868.37	55.87	4.45	14 952.41
137	中华名人	—	—	—	—	—	—	1 594.70	166.05	95.50	1.25	1 857.50
138	中华泰山	—	—	—	—	—	—	801.50	136.40	31.00	71.40	1 040.30
139	楚天2元	—	—	—	—	—	—	596.44	635.14	92.10	6.46	1 330.14
140	楚天5元	—	—	—	—	—	—	402.90	346.35	33.40	3.75	786.40
141	节大欢喜5	—	—	—	—	—	—	87 802.70	61 005.37	25 270.88	11 532.29	185 611.24
142	上海风采虎	—	—	—	—	—	—	1 600.00	—	—	—	1 600.00
143	畅游天下	—	—	—	—	—	—	1 227.50	295.00	297.30	125.20	1 945.00
144	苏州5元	—	—	—	—	—	—	1 306.85	484.35	132.30	236.35	2 159.85
145	苏州10元	—	—	—	—	—	—	1 538.60	526.25	200.15	206.75	2 471.75
146	寻宝乐	—	—	—	—	—	—	22 737.82	246.43	6.90	1.25	22 992.40
147	海宝赛车	—	—	—	—	—	—	10 412.86	488.55	3.45	0.04	10 904.90
148	海宝魔术师	—	—	—	—	—	—	10 167.35	866.71	253.42	80.95	11 368.43
149	海底大寻宝	—	—	—	—	—	—	7 070.72	1 934.67	557.84	204.47	9 767.70
150	红楼探秘	—	—	—	—	—	—	89 931.05	5 885.01	131.28	24.78	95 972.11
151	虎门销烟	—	—	—	—	—	—	12 234.43	11 667.47	5 760.50	5 667.64	35 330.04
152	羊城八景	—	—	—	—	—	—	697.96	283.85	559.74	15.85	1 557.40
153	桂林山水	—	—	—	—	—	—	709.31	214.11	78.93	27.88	1 030.23
154	岩洞寻宝	—	—	—	—	—	—	352.56	115.61	547.09	9.31	1 024.57
155	长春雕塑	—	—	—	—	—	—	206.41	433.12	187.56	83.13	910.23
156	秀美吉林	—	—	—	—	—	—	471.20	164.36	54.25	10.65	700.45
157	足球之源	—	—	—	—	—	—	6 701.37	1 964.28	128.72	29.48	8 823.84
158	欢乐谷	—	—	—	—	—	—	1 000.00	—	—	—	1 000.00
159	星耀世博	—	—	—	—	—	—	11 874.74	99.16	12.04	3.09	11 989.02
160	金山银山	—	—	—	—	—	—	14 271.15	126.13	2.67	—	14 399.95
161	欢乐彩	—	—	—	—	—	—	13 130.85	2 744.39	695.56	494.47	17 065.27
162	羊城新八景	—	—	—	—	—	—	221.45	26.75	207.65	65.55	521.40

续表

序号	游戏品种	2004	2005	2006	2007	2008	2009	2010	2011	2012	2013	合计 Total
163	吉星高照2	—	—	—	—	—	—	16 287.92	13 168.39	4 490.68	31.13	33 978.11
164	开奖啦	—	—	—	—	—	—	5 305.09	511.51	151.90	24.12	5 992.62
165	福寿有余	—	—	—	—	—	—	16 490.12	24 873.07	9 716.63	1 324.42	52 404.24
166	乐翻天	—	—	—	—	—	—	14 128.74	777.27	10 623.36	903.85	26 433.22
167	中华名人2	—	—	—	—	—	—	9 189.21	2 512.02	187.10	7.29	11 895.61
168	淘金者	—	—	—	—	—	—	25 901.02	9 033.33	2 343.55	1 059.10	38 337.00
169	畅游天下2	—	—	—	—	—	—	1 587.20	922.35	194.10	24.55	2 728.20
170	我爱电影	—	—	—	—	—	—	8 168.37	736.53	95.00	0.05	8 999.95
171	大熊猫2元	—	—	—	—	—	—	398.00	2 580.76	21.23	0.01	3 000.00
172	大熊猫5元	—	—	—	—	—	—	1 000.00	1 479.09	20.85	—	2 499.94
173	大熊猫10元	—	—	—	—	—	—	2 606.10	393.90	—	—	3 000.00
174	大熊猫20元	—	—	—	—	—	—	11 778.72	4 185.10	34.77	1.30	15 999.90
175	缘定金生	—	—	—	—	—	—	11 768.68	11 779.34	417.40	17.89	23 983.31
176	王牌高手	—	—	—	—	—	—	16 564.14	16 704.46	1 563.46	82.00	34 914.05
177	好运气	—	—	—	—	—	—	346.20	642.57	2.50	757.50	1 748.77
178	世博熊猫	—	—	—	—	—	—	13 358.29	2 225.87	199.39	104.00	15 887.55
179	百发百中	—	—	—	—	—	—	44 645.98	145 338.16	181 815.25	176 320.60	548 119.98
180	魅力新疆	—	—	—	—	—	—	2 569.30	2 618.71	0.10	—	5 188.11
181	和谐中华	—	—	—	—	—	—	9 963.63	4 498.68	1 423.29	86.40	15 972.00
182	高山流水	—	—	—	—	—	—	158.80	506.74	92.50	49.90	807.94
183	荷包满满	—	—	—	—	—	—	8 573.13	1 261.54	22.02	0.70	9 857.40
184	紫荆花开	—	—	—	—	—	—	8 032.45	1 581.12	111.33	25.35	9 750.26
185	宝岛风情	—	—	—	—	—	—	8 063.72	1 539.51	186.82	23.73	9 813.79
186	畅游天下3	—	—	—	—	—	—	1 535.05	655.15	164.80	15.00	2 370.00
187	东方之冠1	—	—	—	—	—	—	5 100.47	1 265.42	74.45	39.65	6 479.98
188	东方之冠2	—	—	—	—	—	—	2 425.05	2 272.47	623.04	145.85	5 466.40
189	漫游世博	—	—	—	—	—	—	9 287.51	2 494.28	80.57	28.45	11 890.80
190	中华名人3	—	—	—	—	—	—	5 048.10	29 876.20	25 270.95	8 112.34	68 307.59
191	锦绣中华2	—	—	—	—	—	—	1 939.42	3 059.98	—	0.60	5 000.00
192	红楼探秘2	—	—	—	—	—	—	22 572.80	80 000.29	39 813.13	42 360.76	184 746.97
193	筑美世博	—	—	—	—	—	—	2 415.91	1 024.14	53.30	0.15	3 493.50
194	筑美（套票）	—	—	—	—	—	—	1 043.71	214.78	27.46	3.48	1 289.43
195	水浒108将3	—	—	—	—	—	—	5 523.29	8 307.87	157.85	10.46	13 999.47
196	灌篮高手	—	—	—	—	—	—	9 849.91	10 617.45	483.45	32.45	20 983.26

续表

序号	游戏品种	2004	2005	2006	2007	2008	2009	2010	2011	2012	2013	合 计 Total
197	超越梦想	—	—	—	—	—	—	3 964.52	978.55	49.03	2.95	4 995.05
198	上海风采兔	—	—	—	—	—	—	526.00	916.00	—	—	1 442.00
199	京彩2元	—	—	—	—	—	—	296.26	1 103.74	—	—	1 400.00
200	京彩5元	—	—	—	—	—	—	799.75	3 600.00	600.35	—	5 000.10
201	关爱家庭，祝您好“孕”	—	—	—	—	—	—	180.00	300.00	—	—	480.00
202	惊喜夺金	—	—	—	—	—	—	851.41	12 881.95	13 014.20	6 000.71	32 748.28
203	领奖台	—	—	—	—	—	—	2 239.20	28 517.89	2 497.90	458.36	33 713.36
204	金猴送福	—	—	—	—	—	8 200.00	2 810.60	29.90	—	—	11 040.50
205	套票系列	—	—	—	—	—	24.23	—	—	—	—	24.23
206	邮彩联票	—	—	—	—	—	—	—	60.00	—	—	60.00
207	—	—	—	—	—	—	—	—	200.00	—	—	200.00
208	大满贯	—	—	—	—	—	—	—	11 927.53	69.62	2.50	11 999.65
209	欢乐嘉年华	—	—	—	—	—	—	—	88 231.88	81 334.84	20 027.40	189 594.12
210	上海风采-过年啦	—	—	—	—	—	—	—	460.60	139.40	—	600.00
211	上海风采-闹新春	—	—	—	—	—	—	—	600.00	—	—	600.00
212	上海风采-童子乐	—	—	—	—	—	—	—	350.00	150.00	—	500.00
213	恭贺新春	—	—	—	—	—	—	—	22 889.47	91.17	8.49	22 989.12
214	玉兔迎春	—	—	—	—	—	—	—	96 330.32	1 109.92	34.53	97 474.77
215	爱情密码2	—	—	—	—	—	—	—	17 450.02	141.39	8.24	17 599.65
216	淘金者2	—	—	—	—	—	—	—	15 344.50	6 795.40	4 607.90	26 747.80
217	吉祥如意	—	—	—	—	—	—	—	9 496.64	466.05	13.53	9 976.22
218	发奖金5元	—	—	—	—	—	—	—	47 405.97	37 470.49	32 708.00	117 584.46
219	年年有余	—	—	—	—	—	—	—	46 400.93	2 570.85	971.57	49 943.35
220	欢乐园	—	—	—	—	—	—	—	33 443.08	540.68	5.51	33 989.27
221	中华故事2元-老子	—	—	—	—	—	—	—	1 385.18	14.82	—	1 400.00
222	中华故事5元	—	—	—	—	—	—	—	1 494.15	1 813.60	154.55	3 462.30
223	中华故事5元-2	—	—	—	—	—	—	—	474.65	13.30	1.70	489.65
224	中华故事10元-老子经典	—	—	—	—	—	—	—	1 992.50	1 684.45	296.40	3 973.35
225	环游世界	—	—	—	—	—	—	—	45 384.83	6 727.50	1 526.07	53 638.40

续表

序号	游戏品种	2004	2005	2006	2007	2008	2009	2010	2011	2012	2013	合计 Total
226	连连看	—	—	—	—	—	—	—	13 733.22	242.33	12.39	13 987.94
227	神笔马良	—	—	—	—	—	—	—	18 576.93	1 332.68	66.11	19 975.71
228	上海风采-外滩	—	—	—	—	—	—	—	1 950.00	1 927.50	805.00	4 682.50
229	富贵有余6	—	—	—	—	—	—	—	791.81	721.97	219.14	1 732.92
230	富贵有余7	—	—	—	—	—	—	—	987.50	11.25	—	998.75
231	富贵有余8	—	—	—	—	—	—	—	1 981.15	1 188.25	255.70	3 425.10
232	畅游天下4-文明深圳	—	—	—	—	—	—	—	997.50	2.50	—	1 000.00
233	和谐中华2	—	—	—	—	—	—	—	7 986.05	13.95	—	8 000.00
234	好运十倍	—	—	—	—	—	—	—	23 076.90	205 463.28	257 183.78	485 723.96
235	普天同庆	—	—	—	—	—	—	—	1 808.60	179.95	11.35	1 999.90
236	金色土地	—	—	—	—	—	—	—	40 333.59	9 936.94	418.63	50 689.15
237	美好生活-永结同心	—	—	—	—	—	—	—	35 561.21	15 551.97	5 349.90	56 463.08
238	财富之旅	—	—	—	—	—	—	—	39 077.72	14 943.58	4 717.89	58 739.19
239	中状元	—	—	—	—	—	—	—	51 578.64	20 764.30	1 944.18	74 287.12
240	中华故事5元	—	—	—	—	—	—	—	1 000.00	—	—	1 000.00
241	中华瑰宝10元	—	—	—	—	—	—	—	600.00	—	—	600.00
242	数字达人2元	—	—	—	—	—	—	—	12 837.21	2 974.29	141.17	15 952.67
243	奇兵夺宝	—	—	—	—	—	—	—	499.90	20 434.02	-229.01	20 704.91
244	中秋送福	—	—	—	—	—	—	—	22 460.42	7 488.77	2 097.73	32 046.92
245	九九重阳	—	—	—	—	—	—	—	21 965.11	4 158.24	174.90	26 298.25
246	灌篮高手20元	—	—	—	—	—	—	—	13 593.16	23 036.72	6 346.74	42 976.62
247	中华故事10元	—	—	—	—	—	—	—	1 637.25	1 342.40	20.35	3 000.00
248	富贵有余20元	—	—	—	—	—	—	—	1 570.70	2 339.50	87.30	3 997.50
249	国泰民安	—	—	—	—	—	—	—	25 651.00	67 148.22	32 909.99	125 709.22
250	马到功成	—	—	—	—	—	—	—	12 015.41	8 818.87	1 785.34	22 619.61
251	对对碰5元	—	—	—	—	—	—	—	8 942.64	17 798.41	3 213.75	29 954.80

续表

序号	游戏品种	2004	2005	2006	2007	2008	2009	2010	2011	2012	2013	合计 Total
252	我爱电影－龙门飞甲10元	—	—	—	—	—	—	—	1 270.65	717.30	4.80	1 992.75
253	上海风采5元－龙	—	—	—	—	—	—	—	704.00	496.00	—	1 200.00
254	生态鄱阳2元	—	—	—	—	—	—	—	116.92	1 039.18	139.66	1 295.76
255	大吉大利	—	—	—	—	—	—	—	273.65	79 689.68	37 457.84	117 421.17
256	企鹅探宝	—	—	—	—	—	—	—	2 342.75	62 748.93	21 575.70	86 667.38
257	金龙贺岁	—	—	—	—	—	—	—	3 222.70	63 231.19	3 148.63	69 602.52
258	三国争雄	—	—	—	—	—	—	—	—	4 496.10	-147.84	4 348.26
259	金钥匙	—	—	—	—	—	—	—	—	55 863.47	10 118.95	65 982.42
260	2012龙	—	—	—	—	—	—	—	—	23 515.35	992.20	24 507.55
261	江门风光	—	—	—	—	—	—	—	—	6 477.80	5 100.71	11 578.51
262	2012龙	—	—	—	—	—	—	—	—	3 095.61	1 091.60	4 187.21
263	2012龙四联张	—	—	—	—	—	—	—	—	10 595.70	2 138.14	12 733.84
264	2012龙小本票	—	—	—	—	—	—	—	—	7 154.98	1 315.17	8 470.15
265	魅力丹霞	—	—	—	—	—	—	—	—	1 785.75	189.24	1 974.99
266	张家界风光5元	—	—	—	—	—	—	—	—	1 192.01	5.69	1 197.70
267	张家界风光10元	—	—	—	—	—	—	—	—	1 461.05	79.68	1 540.74
268	心连心	—	—	—	—	—	—	—	—	28 588.53	10 735.24	39 323.77
269	招财猫	—	—	—	—	—	—	—	—	35 417.75	9 270.05	44 687.80
270	美好生活	—	—	—	—	—	—	—	—	37 157.34	11 076.36	48 233.70
271	大赢家	—	—	—	—	—	—	—	—	13 080.05	11 793.14	24 873.19
272	夺宝嘉年华	—	—	—	—	—	—	—	—	26 433.15	7 927.37	34 360.52
273	倍给力	—	—	—	—	—	—	—	—	35 159.72	16 842.99	52 002.71
274	存钱罐	—	—	—	—	—	—	—	—	9 297.40	22 255.33	31 552.73
275	欢乐嘉年华20元	—	—	—	—	—	—	—	—	14 242.51	11 970.45	26 212.96
276	荷塘月色	—	—	—	—	—	—	—	—	4 571.45	34 740.10	39 311.55
277	蚂蚁搬家	—	—	—	—	—	—	—	—	3 418.06	10 682.90	14 100.95
278	七彩盛世	—	—	—	—	—	—	—	—	950.95	869.80	1 820.75
279	黄河魂	—	—	—	—	—	—	—	—	6 575.45	2 818.79	9 394.24
280	敦煌韵	—	—	—	—	—	—	—	—	5 897.35	2 803.95	8 701.30

续表

序号	游戏品种	2004	2005	2006	2007	2008	2009	2010	2011	2012	2013	合计 Total
281	花好月圆	—	—	—	—	—	—	—	—	29 946.33	8 425.28	38 371.61
282	巍巍井冈	—	—	—	—	—	—	—	—	3 342.92	8 738.32	12 081.24
283	跷跷板	—	—	—	—	—	—	—	—	10 937.78	11 768.71	22 706.50
284	幸运扑克	—	—	—	—	—	—	—	—	14 336.80	9 894.63	24 231.43
285	喜从天降	—	—	—	—	—	—	—	—	7 947.89	24 980.58	32 928.47
286	龙腾盛世	—	—	—	—	—	—	—	—	5 281.84	32 910.79	38 192.63
287	打地鼠	—	—	—	—	—	—	—	—	—	26 693.15	26 693.15
288	招财纳福	—	—	—	—	—	—	—	—	8 821.10	35 989.57	44 810.68
289	网鱼高手	—	—	—	—	—	—	—	—	7 657.90	54 763.85	62 421.75
290	圣诞快乐 2	—	—	—	—	—	—	—	—	7 156.14	6 325.72	13 481.86
291	生肖 - 蛇	—	—	—	—	—	—	—	—	884.00	316.00	1 200.00
292	群岛之彩	—	—	—	—	—	—	—	—	—	1 471.75	1 471.75
293	伏羲定姓氏	—	—	—	—	—	—	—	—	1 064.70	615.75	1 680.45
294	中国节	—	—	—	—	—	—	—	—	—	29 416.83	29 416.83
295	闹新春	—	—	—	—	—	—	—	—	—	21 375.72	21 375.72
296	跳房子	—	—	—	—	—	—	—	—	—	7 991.59	7 991.59
297	博爱中山	—	—	—	—	—	—	—	—	—	3 587.93	3 587.93
298	中华名人 -	—	—	—	—	—	—	—	—	—	14 171.40	14 171.40
299	昆曲	—	—	—	—	—	—	—	—	—	9 499.56	9 499.56
300	民俗文化	—	—	—	—	—	—	—	—	—	2 143.90	2 143.90
301	快乐生肖 10	—	—	—	—	—	—	—	—	—	34 755.03	34 755.03
302	金鹊报喜	—	—	—	—	—	—	—	—	—	15 009.34	15 009.34
303	幸运殿堂	—	—	—	—	—	—	—	—	—	24 928.96	24 928.96
304	黄山风光	—	—	—	—	—	—	—	—	—	5 482.43	5 482.43
305	巅峰对决	—	—	—	—	—	—	—	—	—	22 105.65	22 105.65
306	7 乐无穷	—	—	—	—	—	—	—	—	—	54 555.28	54 555.28
307	好彩头	—	—	—	—	—	—	—	—	—	7 371.42	7 371.42
308	小鸡快跑	—	—	—	—	—	—	—	—	—	20 569.78	20 569.78
309	花神	—	—	—	—	—	—	—	—	—	23 257.16	23 257.16
310	幸运双色球	—	—	—	—	—	—	—	—	—	24 165.33	24 165.33
311	幸福来电	—	—	—	—	—	—	—	—	—	26 703.47	26 703.47
312	爱我家园	—	—	—	—	—	—	—	—	—	8 919.65	8 919.65
313	探险家	—	—	—	—	—	—	—	—	—	15 364.92	15 364.92
314	柿柿如意	—	—	—	—	—	—	—	—	—	4 962.54	4 962.54

续表

序号	游戏品种	2004	2005	2006	2007	2008	2009	2010	2011	2012	2013	合计 Total
315	甜蜜连连	—	—	—	—	—	—	—	—	—	3 438.07	3 438.07
316	福运连连	—	—	—	—	—	—	—	—	—	7 283.13	7 283.13
317	金蜂巢	—	—	—	—	—	—	—	—	—	12 051.76	12 051.76
318	7喜	—	—	—	—	—	—	—	—	—	4 430.08	4 430.08
319	欢乐马戏团	—	—	—	—	—	—	—	—	—	10 704.15	10 704.15
320	好日子	—	—	—	—	—	—	—	—	—	7 338.40	7 338.40
321	冰激凌	—	—	—	—	—	—	—	—	—	3 900.58	3 900.58
322	福气8	—	—	—	—	—	—	—	—	—	8 453.62	8 453.62
323	百万财富	—	—	—	—	—	—	—	—	—	6 902.80	6 902.80
324	放飞梦想5	—	—	—	—	—	—	—	—	—	2 087.40	2 087.40
325	财神到	—	—	—	—	—	—	—	—	—	1 376.74	1 376.74
326	欢乐购	—	—	—	—	—	—	—	—	—	1 321.15	1 321.15
327	印象中国	—	—	—	—	—	—	—	—	—	744.45	744.45
328	时空瑰宝	—	—	—	—	—	—	—	—	—	983.80	983.80
329	沪塔	—	—	—	—	—	—	—	—	—	4.00	4.00
330	幸福汕头-宜居之城	—	—	—	—	—	—	—	—	—	615.16	615.16
331	幸福汕头-百载商埠	—	—	—	—	—	—	—	—	—	785.12	785.12
332	幸福汕头-潮人之都	—	—	—	—	—	—	—	—	—	511.92	511.92
333	幸福汕头-潮菜之乡	—	—	—	—	—	—	—	—	—	356.03	356.03
334	春夏秋冬	—	—	—	—	—	—	—	—	—	2 049.00	2 049.00
335	蝌蚪找妈妈	—	—	—	—	—	—	—	—	—	1 972.35	1 972.35
336	水果连连看	—	—	—	—	—	—	—	—	—	872.25	872.25
337	幸运抽奖	—	—	—	—	—	—	—	—	—	2 020.15	2 020.15
338	淘宝乐	—	—	—	—	—	—	—	—	—	681.95	681.95
339	生日快乐	—	—	—	—	—	—	—	—	—	1 676.10	1 676.10
340	大满贯10元	—	—	—	—	—	—	—	—	—	1 658.50	1 658.50
341	步步高	—	—	—	—	—	—	—	—	—	3 790.16	3 790.16
342	日出东方韶山	—	—	—	—	—	—	—	—	—	357.40	357.40
合计 Total		**663.77**	**14 046.51**	**67 422.05**	**289 277.34**	**766 454.82**	**927 657.43**	**1 445 717.53**	**2 004 425.62**	**2 020 302.00**	**1 855 448.62**	**9 391 415.67**

（中国福利彩票发行管理中心供稿）

2004—2013 年中国体育彩票全国联网游戏销售统计

Sales Statistics of National Games of Sports Lottery from 2004 to 2013

进球幸运彩

单位：万元

Unit：Ten Thousand Yuan

地　区 Region	游戏类型 Game Type	2004	2005	2006	2007	2008	2009	2010	2011	2012	2013	合　计 Total
北　京	竞猜	19. 32	—	—	—	—	—	—	—	—	—	19. 32
天　津		7. 33	—	—	—	—	—	—	—	—	—	7. 33
河　北		5. 39	—	—	—	—	—	—	—	—	—	5. 39
山　西		3. 60	—	—	—	—	—	—	—	—	—	3. 60
辽　宁		11. 23	—	—	—	—	—	—	—	—	—	11. 23
吉　林		4. 25	—	—	—	—	—	—	—	—	—	4. 25
黑龙江		6. 60	—	—	—	—	—	—	—	—	—	6. 60
上　海		17. 77	—	—	—	—	—	—	—	—	—	17. 77
江　苏		14. 16	—	—	—	—	—	—	—	—	—	14. 16
浙　江		17. 47	—	—	—	—	—	—	—	—	—	17. 47
安　徽		6. 32	—	—	—	—	—	—	—	—	—	6. 32
福　建		11. 62	—	—	—	—	—	—	—	—	—	11. 62
江　西		5. 62	—	—	—	—	—	—	—	—	—	5. 62
山　东		11. 55	—	—	—	—	—	—	—	—	—	11. 55
河　南		5. 62	—	—	—	—	—	—	—	—	—	5. 62
湖　北		10. 16	—	—	—	—	—	—	—	—	—	10. 16
湖　南		6. 85	—	—	—	—	—	—	—	—	—	6. 85
广　东		83. 02	—	—	—	—	—	—	—	—	—	83. 02
广　西		9. 62	—	—	—	—	—	—	—	—	—	9. 62
海　南		1. 71	—	—	—	—	—	—	—	—	—	1. 71
重　庆		3. 78	—	—	—	—	—	—	—	—	—	3. 78
四　川		15. 48	—	—	—	—	—	—	—	—	—	15. 48
贵　州		2. 28	—	—	—	—	—	—	—	—	—	2. 28
云　南		5. 92	—	—	—	—	—	—	—	—	—	5. 92
西　藏		0. 19	—	—	—	—	—	—	—	—	—	0. 19
陕　西		3. 82	—	—	—	—	—	—	—	—	—	3. 82
甘　肃		2. 03	—	—	—	—	—	—	—	—	—	2. 03
青　海		0. 69	—	—	—	—	—	—	—	—	—	0. 69
新　疆		2. 10	—	—	—	—	—	—	—	—	—	2. 10
合计 Total		**295. 51**	—	—	—	—	—	—	—	—	—	**295. 51**

篮球单场

单位：万元

Unit：Ten Thousand Yuan

地 区 Region	游戏类型 Game Type	2004	2005	2006	2007	2008	2009	2010	2011	2012	2013	合 计 Total
北 京	竞猜	—	1 404. 30	540. 29	146. 68	—	—	—	—	—	—	2 091. 27
天 津		—	289. 73	132. 01	41. 49	—	—	—	—	—	—	463. 23
河 北		—	723. 43	389. 59	162. 81	—	—	—	—	—	—	1 275. 83
山 西		—	307. 09	160. 46	46. 65	—	—	—	—	—	—	514. 19
辽 宁		—	959. 95	497. 11	122. 33	—	—	—	—	—	—	1 579. 39
吉 林		—	470. 72	295. 58	110. 73	—	—	—	—	—	—	877. 04
黑龙江		—	448. 45	205. 57	60. 81	—	—	—	—	—	—	714. 83
上 海		—	139. 66	63. 61	12. 72	—	—	—	—	—	—	215. 99
江 苏		—	437. 84	273. 79	93. 48	—	—	—	—	—	—	805. 11
安 徽		—	238. 82	90. 62	48. 01	—	—	—	—	—	—	377. 45
福 建		—	281. 81	106. 63	28. 04	—	—	—	—	—	—	416. 49
江 西		—	338. 92	110. 00	15. 08	—	—	—	—	—	—	464. 01
山 东		—	808. 20	343. 87	133. 07	—	—	—	—	—	—	1 285. 14
河 南		—	806. 97	227. 23	73. 67	—	—	—	—	—	—	1 107. 86
湖 北		—	1 040. 73	481. 54	134. 08	—	—	—	—	—	—	1 656. 35
湖 南		—	802. 78	158. 36	29. 94	—	—	—	—	—	—	991. 08
广 东		—	1 202. 33	—	—	—	—	—	—	—	—	1 202. 33
广 西		—	83. 96	40. 99	15. 13	—	—	—	—	—	—	140. 08
海 南		—	41. 35	9. 72	2. 12	—	—	—	—	—	—	53. 20
重 庆		—	231. 43	56. 43	17. 89	—	—	—	—	—	—	305. 75
四 川		—	510. 56	227. 06	75. 61	—	—	—	—	—	—	813. 23
贵 州		—	183. 88	135. 79	43. 23	—	—	—	—	—	—	362. 90
云 南		—	364. 60	183. 74	49. 58	—	—	—	—	—	—	597. 92
西 藏		—	16. 65	7. 06	4. 04	—	—	—	—	—	—	27. 75
陕 西		—	358. 81	77. 88	41. 98	—	—	—	—	—	—	478. 67
甘 肃		—	108. 02	72. 99	28. 05	—	—	—	—	—	—	209. 06
青 海		—	68. 95	47. 00	7. 50	—	—	—	—	—	—	123. 45
新 疆		—	392. 26	281. 93	135. 20	—	—	—	—	—	—	809. 39
合计 Total		—	**13 062. 19**	**5 216. 87**	**1 679. 93**	—	—	—	—	—	—	**19 958. 99**

胜负幸运彩

单位：万元

Unit：Ten Thousand Yuan

地　区 Region	游戏类型 Game Type	2004	2005	2006	2007	2008	2009	2010	2011	2012	2013	合　计 Total
北　京	竞猜	11.94	—	—	—	—	—	—	—	—	—	11.94
天　津		4.68	—	—	—	—	—	—	—	—	—	4.68
河　北		3.01	—	—	—	—	—	—	—	—	—	3.01
山　西		2.30	—	—	—	—	—	—	—	—	—	2.30
辽　宁		7.65	—	—	—	—	—	—	—	—	—	7.65
吉　林		2.58	—	—	—	—	—	—	—	—	—	2.58
黑龙江		3.97	—	—	—	—	—	—	—	—	—	3.97
上　海		13.20	—	—	—	—	—	—	—	—	—	13.20
江　苏		9.01	—	—	—	—	—	—	—	—	—	9.01
浙　江		11.90	—	—	—	—	—	—	—	—	—	11.90
安　徽		2.09	—	—	—	—	—	—	—	—	—	2.09
福　建		7.25	—	—	—	—	—	—	—	—	—	7.25
江　西		2.61	—	—	—	—	—	—	—	—	—	2.61
山　东		7.19	—	—	—	—	—	—	—	—	—	7.19
河　南		4.12	—	—	—	—	—	—	—	—	—	4.12
湖　北		7.59	—	—	—	—	—	—	—	—	—	7.59
湖　南		4.01	—	—	—	—	—	—	—	—	—	4.01
广　东		50.70	—	—	—	—	—	—	—	—	—	50.70
广　西		6.70	—	—	—	—	—	—	—	—	—	6.70
海　南		0.93	—	—	—	—	—	—	—	—	—	0.93
重　庆		2.33	—	—	—	—	—	—	—	—	—	2.33
四　川		7.96	—	—	—	—	—	—	—	—	—	7.96
贵　州		1.47	—	—	—	—	—	—	—	—	—	1.47
云　南		3.69	—	—	—	—	—	—	—	—	—	3.69
西　藏		0.11	—	—	—	—	—	—	—	—	—	0.11
陕　西		2.53	—	—	—	—	—	—	—	—	—	2.53
甘　肃		1.42	—	—	—	—	—	—	—	—	—	1.42
青　海		0.43	—	—	—	—	—	—	—	—	—	0.43
新　疆		1.36	—	—	—	—	—	—	—	—	—	1.36
合计 Total		**184.71**	—	—	—	—	—	—	—	—	—	**184.71**

胜平负任选 9 场

单位：万元

Unit：Ten Thousand Yuan

地 区 Region	游戏类型 Game Type	2004	2005	2006	2007	2008	2009	2010	2011	2012	2013	合 计 Total
北 京	竞猜	—	2 660.48	9 790.16	10 572.32	10 230.83	10 230.83	15 118.80	16 555.33	17 511.38	27 390.66	120 060.80
天 津		—	1 076.55	3 169.83	2 948.14	2 927.16	2 927.16	11 565.18	16 228.52	17 462.76	16 156.36	74 461.66
河 北		—	717.69	2 478.70	2 905.41	3 153.90	3 153.90	4 771.54	4 674.19	4 766.65	4 466.20	31 088.18
山 西		—	409.96	1 433.70	1 806.36	1 932.18	1 932.18	2 521.35	2 389.25	3 206.72	2 441.41	18 073.11
内蒙古		—	—	—	725.27	1 455.41	1 455.41	2 222.50	2 033.68	2 275.94	2 347.75	12 515.95
辽 宁		—	2 605.93	8 156.46	9 135.89	9 568.45	9 568.45	12 596.89	11 447.85	11 635.61	11 465.65	86 181.19
吉 林		—	763.60	2 470.36	2 964.88	2 806.07	2 806.07	3 618.22	3 263.66	3 481.19	3 089.91	25 263.95
黑龙江		—	719.16	2 123.90	2 382.83	2 377.83	2 377.83	3 142.17	2 722.30	3 180.06	3 421.09	22 447.16
上 海		—	2 277.63	8 028.16	9 160.14	9 225.74	9 225.74	12 804.33	12 067.58	14 496.04	19 135.38	96 420.75
江 苏		—	1 629.15	5 915.71	7 415.66	8 084.04	8 084.04	12 345.33	11 246.57	11 479.84	14 320.24	80 520.58
浙 江		—	1 664.69	6 581.70	7 765.39	8 890.41	8 890.41	13 536.14	12 861.38	13 895.31	13 303.85	87 389.28
安 徽		—	493.77	2 222.80	5 091.77	3 437.91	3 437.91	6 813.71	11 757.70	8 698.96	12 067.93	54 022.45
福 建		—	841.09	3 108.62	3 869.57	4 267.31	4 267.31	6 148.80	5 554.93	6 442.17	6 224.20	40 724.00
江 西		—	998.34	5 328.21	7 999.25	10 282.50	10 282.50	23 064.60	23 665.09	22 802.95	30 976.66	135 400.09
山 东		—	1 303.96	4 992.93	6 494.93	7 483.62	7 483.62	8 880.89	9 487.21	9 890.81	10 995.72	67 013.68
河 南		—	773.86	2 439.55	2 876.41	3 045.59	3 045.59	4 848.49	3 845.13	4 157.62	4 203.63	29 235.87
湖 北		—	1 868.59	6 592.02	8 003.32	8 339.79	8 339.79	10 883.07	10 407.10	11 382.36	10 913.54	76 729.58
湖 南		—	988.66	3 728.27	4 041.91	4 897.90	4 897.90	13 980.61	9 982.26	14 266.40	19 135.54	75 919.45
广 东		—	9 501.41	27 940.42	28 328.82	27 791.23	27 791.23	38 788.98	38 657.11	41 512.36	41 523.25	281 834.82
广 西		—	969.64	3 126.59	3 874.05	4 324.82	4 324.82	7 009.26	6 949.88	7 987.01	8 546.76	47 112.82
海 南		—	179.97	470.70	578.68	540.65	540.65	802.98	808.58	917.11	911.33	5 750.64
重 庆		—	763.34	2 875.03	3 771.08	3 768.91	3 768.91	5 882.03	4 994.37	8 691.50	10 126.34	44 641.50
四 川		—	1 588.51	5 020.73	6 151.21	6 844.68	6 844.68	10 283.70	9 773.75	11 080.76	11 633.56	69 221.57
贵 州		—	525.63	1 692.35	1 958.77	2 233.24	2 233.24	3 437.88	3 203.19	3 248.55	3 132.00	21 664.87
云 南		—	764.07	2 417.76	3 027.39	3 284.74	3 284.74	5 179.88	4 488.97	4 904.37	4 522.01	31 873.94
西 藏		—	24.41	73.72	89.45	97.92	97.92	—	139.00	160.93	177.00	860.35
陕 西		—	668.54	2 049.63	2 393.32	2 609.43	2 609.43	3 761.81	3 604.39	4 017.32	3 969.32	25 683.19
甘 肃		—	315.69	975.57	1 300.91	1 161.40	1 161.40	1 420.60	1 365.63	1 721.89	1 387.86	10 810.96
青 海		—	67.90	199.37	243.29	267.26	267.26	344.78	276.78	308.57	295.21	2 270.42
宁 夏		—	—	—	140.19	526.08	526.08	660.88	568.45	574.97	578.54	3 575.20
新 疆		—	521.06	1 772.62	2 213.55	2 210.58	2 210.58	2 943.68	4 020.13	3 404.09	4 211.72	23 508.01
合计 Total		—	**37 683.28**	**127 175.58**	**150 230.16**	**158 067.58**	**158 067.58**	**249 379.07**	**249 039.95**	**269 562.21**	**303 070.62**	**1 702 276.02**

世界杯6场进球

单位：万元

Unit：Ten Thousand Yuan

地 区 Region	游戏类型 Game Type	2004	2005	2006	2007	2008	2009	2010	2011	2012	2013	合 计 Total
北 京	竞猜	—	—	390. 64	—	—	—	—	—	—	—	390. 64
天 津		—	—	72. 39	—	—	—	—	—	—	—	72. 39
河 北		—	—	69. 75	—	—	—	—	—	—	—	69. 75
山 西		—	—	63. 90	—	—	—	—	—	—	—	63. 90
辽 宁		—	—	235. 14	—	—	—	—	—	—	—	235. 14
吉 林		—	—	82. 31	—	—	—	—	—	—	—	82. 31
黑龙江		—	—	78. 68	—	—	—	—	—	—	—	78. 68
上 海		—	—	295. 46	—	—	—	—	—	—	—	295. 46
江 苏		—	—	184. 62	—	—	—	—	—	—	—	184. 62
浙 江		—	—	233. 17	—	—	—	—	—	—	—	233. 17
安 徽		—	—	56. 82	—	—	—	—	—	—	—	56. 82
福 建		—	—	144. 15	—	—	—	—	—	—	—	144. 15
江 西		—	—	204. 71	—	—	—	—	—	—	—	204. 71
山 东		—	—	177. 90	—	—	—	—	—	—	—	177. 90
河 南		—	—	82. 06	—	—	—	—	—	—	—	82. 06
湖 北		—	—	158. 58	—	—	—	—	—	—	—	158. 58
湖 南		—	—	200. 69	—	—	—	—	—	—	—	200. 69
广 东		—	—	1 026. 01	—	—	—	—	—	—	—	1 026. 01
广 西		—	—	119. 17	—	—	—	—	—	—	—	119. 17
海 南		—	—	21. 62	—	—	—	—	—	—	—	21. 62
重 庆		—	—	91. 05	—	—	—	—	—	—	—	91. 05
四 川		—	—	180. 92	—	—	—	—	—	—	—	180. 92
贵 州		—	—	85. 10	—	—	—	—	—	—	—	85. 10
云 南		—	—	155. 32	—	—	—	—	—	—	—	155. 32
西 藏		—	—	4. 65	—	—	—	—	—	—	—	4. 65
陕 西		—	—	70. 68	—	—	—	—	—	—	—	70. 68
甘 肃		—	—	30. 31	—	—	—	—	—	—	—	30. 31
青 海		—	—	4. 81	—	—	—	—	—	—	—	4. 81
新 疆		—	—	64. 52	—	—	—	—	—	—	—	64. 52
合计 Total		—	—	**4 585. 12**	—	—	—	—	—	—	—	**4 585. 12**

世界杯四强

单位：万元

Unit：Ten Thousand Yuan

地区 Region	游戏类型 Game Type	2004	2005	2006	2007	2008	2009	2010	2011	2012	2013	合计 Total
北京	竞猜	—	—	191.74	—	—	—	—	—	—	—	191.74
天津		—	—	69.72	—	—	—	—	—	—	—	69.72
河北		—	—	131.98	—	—	—	—	—	—	—	131.98
山西		—	—	52.57	—	—	—	—	—	—	—	52.57
辽宁		—	—	254.26	—	—	—	—	—	—	—	254.26
吉林		—	—	102.15	—	—	—	—	—	—	—	102.15
黑龙江		—	—	142.67	—	—	—	—	—	—	—	142.67
上海		—	—	169.20	—	—	—	—	—	—	—	169.20
江苏		—	—	129.74	—	—	—	—	—	—	—	129.74
浙江		—	—	134.57	—	—	—	—	—	—	—	134.57
安徽		—	—	64.41	—	—	—	—	—	—	—	64.41
福建		—	—	122.06	—	—	—	—	—	—	—	122.06
江西		—	—	93.65	—	—	—	—	—	—	—	93.65
山东		—	—	127.82	—	—	—	—	—	—	—	127.82
河南		—	—	78.81	—	—	—	—	—	—	—	78.81
湖北		—	—	137.71	—	—	—	—	—	—	—	137.71
湖南		—	—	203.77	—	—	—	—	—	—	—	203.77
广东		—	—	847.21	—	—	—	—	—	—	—	847.21
广西		—	—	79.67	—	—	—	—	—	—	—	79.67
海南		—	—	19.07	—	—	—	—	—	—	—	19.07
重庆		—	—	89.61	—	—	—	—	—	—	—	89.61
四川		—	—	162.55	—	—	—	—	—	—	—	162.55
贵州		—	—	55.71	—	—	—	—	—	—	—	55.71
云南		—	—	195.56	—	—	—	—	—	—	—	195.56
西藏		—	—	1.86	—	—	—	—	—	—	—	1.86
陕西		—	—	87.81	—	—	—	—	—	—	—	87.81
甘肃		—	—	49.33	—	—	—	—	—	—	—	49.33
青海		—	—	10.50	—	—	—	—	—	—	—	10.50
新疆		—	—	63.01	—	—	—	—	—	—	—	63.01
合计 Total		—	—	**3 868.73**	—	—	—	—	—	—	—	**3 868.73**

世界杯八强

单位：万元

Unit：Ten Thousand Yuan

地 区 Region	游戏类型 Game Type	2004	2005	2006	2007	2008	2009	2010	2011	2012	2013	合 计 Total
北 京	竞猜	—	—	222.74	—	—	—	—	—	—	—	222.74
天 津		—	—	88.33	—	—	—	—	—	—	—	88.33
河 北		—	—	125.76	—	—	—	—	—	—	—	125.76
山 西		—	—	41.00	—	—	—	—	—	—	—	41.00
辽 宁		—	—	242.26	—	—	—	—	—	—	—	242.26
吉 林		—	—	106.74	—	—	—	—	—	—	—	106.74
黑龙江		—	—	118.75	—	—	—	—	—	—	—	118.75
上 海		—	—	163.53	—	—	—	—	—	—	—	163.53
江 苏		—	—	137.67	—	—	—	—	—	—	—	137.67
浙 江		—	—	116.69	—	—	—	—	—	—	—	116.69
安 徽		—	—	65.99	—	—	—	—	—	—	—	65.99
福 建		—	—	130.53	—	—	—	—	—	—	—	130.53
江 西		—	—	104.96	—	—	—	—	—	—	—	104.96
山 东		—	—	118.47	—	—	—	—	—	—	—	118.47
河 南		—	—	94.43	—	—	—	—	—	—	—	94.43
湖 北		—	—	160.62	—	—	—	—	—	—	—	160.62
湖 南		—	—	160.87	—	—	—	—	—	—	—	160.87
广 东		—	—	544.10	—	—	—	—	—	—	—	544.10
广 西		—	—	93.82	—	—	—	—	—	—	—	93.82
海 南		—	—	8.04	—	—	—	—	—	—	—	8.04
重 庆		—	—	102.07	—	—	—	—	—	—	—	102.07
四 川		—	—	170.56	—	—	—	—	—	—	—	170.56
贵 州		—	—	57.79	—	—	—	—	—	—	—	57.79
云 南		—	—	132.28	—	—	—	—	—	—	—	132.28
西 藏		—	—	1.49	—	—	—	—	—	—	—	1.49
陕 西		—	—	75.85	—	—	—	—	—	—	—	75.85
甘 肃		—	—	35.10	—	—	—	—	—	—	—	35.10
青 海		—	—	5.39	—	—	—	—	—	—	—	5.39
新 疆		—	—	49.34	—	—	—	—	—	—	—	49.34
合计 Total		—	—	**3 475.20**	—	—	—	—	—	—	—	**3 475.20**

世界杯 8 场胜平负

单位：万元

Unit：Ten Thousand Yuan

地　区 Region	游戏类型 Game Type	2004	2005	2006	2007	2008	2009	2010	2011	2012	2013	合　计 Total
北　京	竞猜	—	—	712.32	—	—	—	—	—	—	—	712.32
天　津		—	—	267.35	—	—	—	—	—	—	—	267.35
河　北		—	—	267.41	—	—	—	—	—	—	—	267.41
山　西		—	—	139.53	—	—	—	—	—	—	—	139.53
辽　宁		—	—	736.04	—	—	—	—	—	—	—	736.04
吉　林		—	—	243.27	—	—	—	—	—	—	—	243.27
黑龙江		—	—	290.27	—	—	—	—	—	—	—	290.27
上　海		—	—	602.35	—	—	—	—	—	—	—	602.35
江　苏		—	—	471.88	—	—	—	—	—	—	—	471.88
浙　江		—	—	460.22	—	—	—	—	—	—	—	460.22
安　徽		—	—	175.81	—	—	—	—	—	—	—	175.81
福　建		—	—	306.04	—	—	—	—	—	—	—	306.04
江　西		—	—	338.85	—	—	—	—	—	—	—	338.85
山　东		—	—	437.42	—	—	—	—	—	—	—	437.42
河　南		—	—	211.22	—	—	—	—	—	—	—	211.22
湖　北		—	—	537.12	—	—	—	—	—	—	—	537.12
湖　南		—	—	382.19	—	—	—	—	—	—	—	382.19
广　东		—	—	2 725.03	—	—	—	—	—	—	—	2 725.03
广　西		—	—	311.27	—	—	—	—	—	—	—	311.27
海　南		—	—	57.86	—	—	—	—	—	—	—	57.86
重　庆		—	—	226.04	—	—	—	—	—	—	—	226.04
四　川		—	—	487.27	—	—	—	—	—	—	—	487.27
贵　州		—	—	168.00	—	—	—	—	—	—	—	168.00
云　南		—	—	319.72	—	—	—	—	—	—	—	319.72
西　藏		—	—	8.53	—	—	—	—	—	—	—	8.53
陕　西		—	—	228.28	—	—	—	—	—	—	—	228.28
甘　肃		—	—	102.91	—	—	—	—	—	—	—	102.91
青　海		—	—	24.37	—	—	—	—	—	—	—	24.37
新　疆		—	—	155.73	—	—	—	—	—	—	—	155.73
合计 Total		—	—	**11 394.30**	—	—	—	—	—	—	—	**11 394.30**

足球4场进球

单位：万元

Unit：Ten Thousand Yuan

地　区 Region	游戏类型 Game Type	2004	2005	2006	2007	2008	2009	2010	2011	2012	2013	合　计 Total
北　京	竞猜	—	—	3 444.89	3 749.87	2 410.04	1 420.16	1 670.98	1 379.78	1 314.74	959.88	16 350.34
天　津		—	—	837.61	730.69	669.94	475.24	601.69	1 158.64	1 376.56	962.49	6 812.86
河　北		—	—	699.79	634.66	582.10	481.84	491.92	373.09	306.78	277.25	3 847.42
山　西		—	—	429.54	292.15	318.61	261.02	278.01	161.23	239.80	129.23	2 109.59
内蒙古		—	—	0.00	132.90	319.73	265.42	337.77	239.14	170.33	115.54	1 580.83
辽　宁		—	—	2 262.78	2 034.71	1 958.98	1 674.48	1 170.27	686.85	717.88	386.14	10 892.10
吉　林		—	—	802.94	747.12	415.92	313.55	357.78	184.06	154.57	134.09	3 110.03
黑龙江		—	—	773.67	834.26	593.55	427.24	444.21	292.21	262.93	295.72	3 923.79
上　海		—	—	2 802.32	2 801.48	2 352.87	1 598.21	1 495.42	937.10	927.42	914.81	13 829.62
江　苏		—	—	2 071.83	2 141.14	1 732.05	1 001.38	1 123.41	590.29	574.54	726.44	9 961.08
浙　江		—	—	2 672.53	2 590.60	2 212.40	2 505.71	2 512.68	1 264.22	986.13	659.44	15 403.71
安　徽		—	—	1 386.23	2 259.82	725.05	964.55	678.73	1 014.78	520.00	663.75	8 212.90
福　建		—	—	1 342.15	1 480.93	1 537.41	845.68	753.72	416.83	516.96	283.36	7 177.04
江　西		—	—	3 345.10	5 181.90	3 523.79	3 205.45	3 459.46	2 706.85	2 018.69	2 076.06	25 517.30
山　东		—	—	1 782.34	2 202.28	1 878.60	1 032.69	1 026.78	668.88	650.17	659.81	9 901.55
河　南		—	—	755.05	821.21	796.75	469.21	612.98	366.51	281.14	249.49	4 352.34
湖　北		—	—	1 809.20	1 961.54	1 384.06	1 124.02	1 142.82	709.91	842.96	520.35	9 494.86
湖　南		—	—	1 463.30	1 105.48	1 010.51	1 954.91	3 190.37	1 382.93	1 783.74	2 147.32	14 038.55
广　东		—	—	9 646.52	8 318.35	5 744.07	3 743.63	4 165.41	3 136.30	2 816.81	2 197.98	39 769.07
广　西		—	—	948.78	869.11	695.10	522.73	764.05	536.95	573.96	494.77	5 405.46
海　南		—	—	192.96	164.07	121.69	79.61	114.85	72.47	55.35	52.86	853.86
重　庆		—	—	831.88	1 051.13	1 045.92	448.77	908.16	537.89	1 170.41	1 010.49	7 004.65
四　川		—	—	1 505.50	1 522.38	1 108.09	815.53	1 211.03	827.13	735.60	540.58	8 265.84
贵　州		—	—	606.51	615.29	454.87	351.91	511.27	241.01	206.76	170.16	3 157.78
云　南		—	—	1 121.15	962.00	656.82	391.10	536.14	327.89	349.69	256.39	4 601.19
西　藏		—	—	25.77	23.52	16.75	14.03	—	25.39	9.31	5.25	120.02
陕　西		—	—	620.76	568.78	456.21	427.26	479.92	442.06	414.81	247.31	3 657.10
甘　肃		—	—	339.48	374.23	202.45	141.05	171.00	165.33	169.01	104.88	1 667.43
青　海		—	—	66.00	66.96	76.36	40.14	26.08	14.68	14.25	11.10	315.57
宁　夏		—	—	0.00	7.08	41.75	33.68	73.69	45.38	75.74	22.48	299.80
新　疆		—	—	514.78	598.83	379.73	295.59	296.20	204.88	229.12	174.91	2 694.04
合计 Total		—	—	**45 101.35**	**46 844.46**	**35 422.17**	**27 325.79**	**30 606.80**	**21 110.65**	**20 466.17**	**17 450.35**	**244 327.73**

足球 6 场半全场

单位：万元

Unit：Ten Thousand Yuan

地　区 Region	游戏类型 Game Type	2004	2005	2006	2007	2008	2009	2010	2011	2012	2013	合　计 Total
北　京	竞猜	—	—	—	1 259. 30	—	—	—	—	—	—	1 259. 30
河　北		—	—	—	274. 77	—	—	—	—	—	—	274. 77
吉　林		—	—	—	351. 80	—	—	—	—	—	—	351. 80
黑龙江		—	—	—	313. 35	—	—	—	—	—	—	313. 35
福　建		—	—	—	613. 89	—	—	—	—	—	—	613. 89
合计 Total		—	—	—	**2 813. 11**	—	—	—	—	—	—	**2 813. 11**

足球 6 场半全场胜平负

单位：万元

Unit：Ten Thousand Yuan

地　区 Region	游戏类型 Game Type	2004	2005	2006	2007	2008	2009	2010	2011	2012	2013	合　计 Total
北　京	竞猜	—	—	1 740. 88	—	666. 51	335. 09	398. 89	262. 71	257. 62	197. 14	3 858. 84
天　津		—	—	425. 71	279. 99	242. 72	142. 87	170. 82	402. 43	436. 46	220. 50	2 321. 50
河　北		—	—	430. 59	—	193. 46	104. 96	182. 55	134. 01	121. 17	75. 70	1 242. 43
山　西		—	—	275. 17	152. 39	121. 20	55. 76	66. 29	38. 50	64. 57	25. 85	799. 72
内蒙古		—	—	—	62. 42	183. 66	104. 07	105. 37	69. 78	47. 51	26. 90	599. 71
辽　宁		—	—	1 432. 19	945. 18	802. 73	289. 92	345. 86	188. 52	204. 64	110. 64	4 319. 67
吉　林		—	—	535. 34	—	234. 12	82. 27	140. 21	68. 50	54. 80	24. 24	1 139. 48
黑龙江		—	—	533. 70	—	251. 96	113. 66	133. 94	86. 17	82. 12	50. 36	1 251. 90
上　海		—	—	1 555. 72	1 295. 31	855. 98	350. 45	340. 42	274. 29	248. 36	257. 27	5 177. 81
江　苏		—	—	1 237. 38	1 039. 86	699. 50	285. 10	290. 84	174. 33	217. 74	196. 62	4 141. 37
浙　江		—	—	1 579. 01	1 356. 15	1 014. 08	452. 61	530. 79	319. 81	294. 20	156. 35	5 703. 00
安　徽		—	—	491. 65	978. 16	291. 73	234. 22	180. 88	308. 50	141. 61	202. 55	2 829. 30
福　建		—	—	829. 07	—	477. 49	202. 92	185. 20	131. 90	186. 51	134. 56	2 147. 66
江　西		—	—	1 324. 91	2 313. 77	1 592. 53	1 002. 47	1 204. 90	896. 41	867. 62	675. 26	9 877. 87
山　东		—	—	956. 52	721. 49	606. 68	249. 17	206. 15	163. 22	185. 41	157. 35	3 245. 99
河　南		—	—	511. 02	330. 68	251. 08	103. 70	138. 81	93. 78	71. 37	56. 13	1 556. 57
湖　北		—	—	1 226. 54	1 132. 06	634. 39	237. 82	221. 88	182. 10	167. 10	88. 48	3 890. 37
湖　南		—	—	866. 23	486. 51	375. 67	573. 05	776. 10	347. 84	754. 21	749. 35	4 928. 96
广　东		—	—	6 108. 04	4 506. 05	3 131. 87	1 408. 03	1 401. 82	1 109. 65	882. 23	630. 58	19 178. 28
广　西		—	—	650. 43	492. 52	352. 97	167. 95	193. 81	143. 55	146. 87	118. 62	2 266. 71
海　南		—	—	140. 31	125. 14	54. 12	23. 56	35. 55	28. 68	26. 82	28. 06	462. 23
重　庆		—	—	588. 14	487. 75	596. 98	112. 38	152. 86	84. 44	194. 37	192. 84	2 409. 76
四　川		—	—	912. 65	637. 96	514. 87	198. 78	304. 16	151. 23	192. 50	133. 88	3 046. 03
贵　州		—	—	374. 74	310. 72	185. 36	81. 85	110. 40	68. 31	65. 74	35. 98	1 233. 10
云　南		—	—	640. 71	458. 35	286. 14	125. 05	172. 44	85. 57	96. 02	81. 80	1 946. 08
西　藏		—	—	14. 43	14. 27	7. 84	3. 22	—	2. 37	1. 75	1. 01	44. 90
陕　西		2 438. 78	456. 00	640. 86	335. 09	232. 24	113. 43	166. 23	123. 98	108. 41	45. 35	4 660. 38
甘　肃		—	—	197. 19	161. 41	133. 20	51. 22	50. 90	31. 65	41. 89	28. 71	696. 17
青　海		—	—	33. 74	39. 56	24. 72	8. 78	7. 02	5. 55	7. 30	2. 29	128. 97
宁　夏		—	—	—	5. 22	28. 32	9. 92	22. 64	10. 07	12. 17	8. 81	97. 15
新　疆		—	—	328. 67	204. 08	161. 13	69. 92	78. 62	54. 26	61. 26	48. 19	1 006. 12
合计 Total		**2 438. 78**	**456. 00**	**26 581. 53**	**18 872. 10**	**15 205. 25**	**7 294. 20**	**8 316. 36**	**6 042. 13**	**6 240. 35**	**4 761. 35**	**96 208. 05**

足球进球彩票

单位：万元

Unit：Ten Thousand Yuan

地区 Region	游戏类型 Game Type	2004	2005	2006	2007	2008	2009	2010	2011	2012	2013	合计 Total
北京	竞猜	8 678.15	4 738.52	1 874.51	—	—	—	—	—	—	—	15 291.19
天津		1 480.65	889.42	322.35	—	—	—	—	—	—	—	2 692.42
河北		1 270.77	695.86	271.61	—	—	—	—	—	—	—	2 238.25
山西		—	681.41	185.06	—	—	—	—	—	—	—	866.47
辽宁		4 964.21	3 270.47	1 068.43	—	—	—	—	—	—	—	9 303.10
吉林		1 390.96	824.66	288.18	—	—	—	—	—	—	—	2 503.80
黑龙江		1 584.67	849.45	241.86	—	—	—	—	—	—	—	2 675.98
上海		5 569.41	3 260.86	1 221.80	—	—	—	—	—	—	—	10 052.06
江苏		3 406.56	2 066.39	864.01	—	—	—	—	—	—	—	6 336.95
浙江		5 245.50	3 314.93	1 210.97	—	—	—	—	—	—	—	9 771.40
安徽		808.49	484.98	201.00	—	—	—	—	—	—	—	1 494.46
福建		2 569.84	1 603.22	632.94	—	—	—	—	—	—	—	4 805.99
江西		1 702.32	1 564.44	1 144.83	—	—	—	—	—	—	—	4 411.59
山东		3 435.85	1 847.19	823.73	—	—	—	—	—	—	—	6 106.78
河南		1 352.33	902.94	308.86	—	—	—	—	—	—	—	2 564.13
湖北		3 679.46	1 626.19	722.61	—	—	—	—	—	—	—	6 028.26
湖南		2 271.45	1 553.68	852.15	—	—	—	—	—	—	—	4 677.28
广东		22 878.88	13 231.94	4 547.80	—	—	—	—	—	—	—	40 658.61
广西		2 326.82	1 151.33	456.23	—	—	—	—	—	—	—	3 934.39
海南		639.47	296.49	99.80	—	—	—	—	—	—	—	1 035.76
重庆		1 952.67	983.78	344.44	—	—	—	—	—	—	—	3 280.89
四川		3 677.18	2 126.43	676.52	—	—	—	—	—	—	—	6 480.13
贵州		1 016.54	760.52	298.62	—	—	—	—	—	—	—	2 075.68
云南		1 562.49	1 095.63	519.13	—	—	—	—	—	—	—	3 177.25
西藏		57.69	31.47	11.00	—	—	—	—	—	—	—	100.16
陕西		1 031.90	630.57	259.08	—	—	—	—	—	—	—	1 921.55
甘肃		554.16	287.68	92.80	—	—	—	—	—	—	—	934.64
青海		96.79	80.69	15.33	—	—	—	—	—	—	—	192.81
新疆		1 256.96	1 268.96	247.20	—	—	—	—	—	—	—	2 773.12
合计 Total		**86 462.17**	**52 120.08**	**19 802.84**	—	—	—	—	—	—	—	**158 385.09**

足球胜平负

单位：万元

Unit：Ten Thousand Yuan

地　区 Region	游戏类型 Game Type	2004	2005	2006	2007	2008	2009	2010	2011	2012	2013	合　计 Total
北　京	竞猜	34 056.29	25 816.17	25 880.64	—	15 798.50	16 636.15	20 458.92	22 342.93	25 364.66	47 737.22	234 091.47
天　津		10 300.22	7 540.85	6 962.45	6 495.31	5 774.97	6 470.61	12 740.14	25 766.13	22 630.13	16 816.20	121 497.00
河　北		6 827.78	4 537.82	4 476.44	—	3 157.74	4 528.09	6 392.90	6 029.60	6 198.13	5 922.14	48 070.64
山　西		—	3 542.25	3 214.01	2 844.82	2 398.50	2 966.44	2 977.24	3 493.80	4 926.18	2 977.24	29 340.48
内蒙古		—	—	—	1 443.69	2 301.84	2 849.60	3 325.63	3 438.70	3 628.28	3 748.95	20 736.69
辽　宁		28 458.62	19 838.57	19 088.24	16 636.27	13 661.16	15 687.21	18 979.06	17 494.63	14 813.40	13 746.55	178 403.72
吉　林		7 540.64	5 249.67	5 162.27	—	3 919.57	3 726.25	4 838.99	4 525.06	4 857.17	3 951.23	43 770.86
黑龙江		7 648.54	5 010.77	4 230.25	—	3 703.00	3 764.22	4 166.00	3 978.09	3 926.16	4 573.93	41 000.95
上　海		24 354.70	17 707.29	17 834.03	19 084.14	14 004.05	13 889.28	15 138.34	15 125.24	15 024.07	32 318.98	184 480.11
江　苏		15 244.93	11 994.84	13 383.85	14 051.96	11 224.38	12 409.64	15 595.25	15 006.10	14 410.67	19 822.41	143 144.02
浙　江		20 327.12	15 661.04	16 982.65	17 915.23	16 164.16	17 222.23	20 831.98	19 823.84	20 337.84	18 961.48	184 227.56
安　徽		4 262.83	2 961.47	4 200.23	8 861.25	3 113.44	5 172.65	8 169.07	22 137.01	10 820.18	15 741.71	85 439.84
福　建		10 030.50	7 381.69	8 522.36	—	8 833.00	9 920.70	9 610.38	8 817.69	9 338.96	9 736.71	82 191.99
江　西		6 237.05	6 213.64	12 088.93	19 680.25	21 090.10	24 662.16	37 158.94	48 869.46	40 462.13	42 518.17	258 980.82
山　东		14 208.74	10 666.24	11 190.36	10 593.27	10 466.75	9 976.62	12 412.21	12 236.90	12 699.13	14 953.58	119 403.80
河　南		6 240.47	4 823.93	5 368.15	5 362.02	4 587.89	5 300.84	7 091.83	7 659.98	6 289.54	6 159.46	58 884.11
湖　北		19 380.00	13 127.40	13 264.75	14 878.95	11 213.96	11 024.36	11 174.69	11 335.69	11 306.80	11 670.46	128 377.07
湖　南		10 156.60	8 294.59	9 914.36	6 729.43	5 297.38	13 715.13	26 245.69	21 718.67	26 972.44	27 455.23	156 499.52
广　东		99 450.97	68 052.00	64 832.31	58 815.15	46 725.09	49 583.73	52 979.76	56 238.15	48 657.11	52 023.44	597 357.69
广　西		8 963.82	6 196.98	6 038.82	6 094.21	4 943.02	5 657.23	7 124.06	8 123.96	8 922.36	9 985.73	72 050.17
海　南		2 539.43	1 464.31	1 739.94	3 619.07	912.06	960.10	1 111.18	1 100.41	1 090.74	1 256.01	15 793.25
重　庆		7 183.90	5 426.17	5 669.40	6 371.69	7 400.36	5 571.86	4 815.72	5 283.20	8 010.70	10 986.04	66 719.04
四　川		16 544.43	11 847.55	10 219.18	9 547.11	8 097.60	10 410.02	12 948.77	12 145.65	13 395.35	14 281.95	119 437.60
贵　州		4 477.15	3 614.35	3 966.08	3 964.72	3 275.75	3 900.87	4 562.08	4 022.89	4 046.64	4 455.43	40 285.94
云　南		6 941.04	5 379.50	6 488.68	6 607.57	4 951.73	5 823.14	6 709.84	6 338.70	6 219.51	7 119.16	62 578.87
西　藏		339.15	247.34	240.81	195.60	170.84	204.88	—	192.97	202.34	254.86	2 048.78
陕　西		5 712.71	4 261.44	4 480.83	4 511.15	4 193.61	4 623.49	5 626.91	7 596.90	7 662.41	7 022.20	55 691.66
甘　肃		2 885.53	1 988.26	1 886.79	2 135.89	1 452.31	1 450.56	1 428.40	1 609.78	2 021.83	2 258.76	19 118.12
青　海		698.85	418.59	336.13	373.51	447.18	475.58	458.05	457.37	718.04	494.78	4 878.07
宁　夏		—	—	—	299.59	995.67	978.80	955.27	979.94	903.10	1 223.74	6 336.11
新　疆		4 949.80	4 403.47	3 582.07	3 394.67	2 617.65	2 486.90	3 527.19	4 862.04	3 726.14	4 745.96	38 295.88
合计 Total		**385 961.81**	**283 668.18**	**291 244.97**	**250 506.51**	**242 893.26**	**272 049.34**	**339 554.47**	**378 751.47**	**359 582.10**	**414 919.71**	**3 219 131.82**

足彩胜平负

单位：万元

Unit：Ten Thousand Yuan

地　区 Region	游戏类型 Game Type	2004	2005	2006	2007	2008	2009	2010	2011	2012	2013	合　计 Total
北　京	竞猜	—	—	—	22 750. 80	—	—	—	—	—	—	22 750. 80
河　北		—	—	—	4 183. 49	—	—	—	—	—	—	4 183. 49
吉　林		—	—	—	5 046. 00	—	—	—	—	—	—	5 046. 00
黑龙江		—	—	—	4 616. 80	—	—	—	—	—	—	4 616. 80
福　建		—	—	—	9 019. 71	—	—	—	—	—	—	9 019. 71
合计 Total		**—**	**—**	**—**	**45 616. 79**	**—**	**—**	**—**	**—**	**—**	**—**	**45 616. 79**

竞 彩 玩 法

单位：万元

Unit：Ten Thousand Yuan

地　区 Region	游戏类型 Game Type	2004	2005	2006	2007	2008	2009	2010	2011	2012	2013	合　计 Total
北　京	竞猜	—	—	—	—	—	—	—	0. 20	9627. 25	85154. 41	94 781. 86
天　津		—	—	—	—	—	—	9 965. 63	91 622. 31	82 597. 16	130 952. 30	315 137. 39
河　北		—	—	—	—	—	—	9 104. 67	10 248. 86	16 400. 46	21 452. 45	57 206. 44
山　西		—	—	—	—	—	—	4 930. 26	20 000. 65	21 167. 75	11 344. 40	57 443. 05
内蒙古		—	—	—	—	—	—	1 107. 15	2 965. 22	7 779. 79	7 754. 74	19 606. 89
辽　宁		—	—	—	—	—	—	49 026. 16	54 434. 33	62 591. 83	52 104. 57	218 156. 89
吉　林		—	—	—	—	—	—	9 433. 61	14 374. 57	26 578. 36	20 767. 57	71 154. 11
黑龙江		—	—	—	—	—	—	11 369. 53	27 002. 62	21 765. 19	28 222. 10	88 359. 45
上　海		—	—	—	—	—	—	17 770. 37	39 389. 89	99 412. 91	238 408. 27	394 981. 45
江　苏		—	—	—	—	—	—	156 212. 19	244 760. 64	301 023. 51	304 647. 44	1 006 643. 79
浙　江		—	—	—	—	—	—	44 993. 12	71 343. 87	89 621. 04	73 746. 11	279 704. 15
安　徽		—	—	—	—	—	—	16 774. 21	46 540. 84	64 599. 41	105 028. 84	232 943. 30
福　建		—	—	—	—	—	—	10 344. 93	17 572. 83	35 441. 21	31 198. 60	94 557. 57
江　西		—	—	—	—	—	—	13 298. 25	48 588. 78	132 996. 44	180 798. 99	375 682. 47
山　东		—	—	—	—	—	—	34 839. 03	163 459. 05	151 848. 62	200 492. 52	550 639. 23
河　南		—	—	—	—	—	—	18 337. 25	39 199. 23	34 604. 28	65 913. 73	158 054. 49
湖　北		—	—	—	—	—	—	20 638. 12	27 092. 52	39 232. 00	81 204. 09	168 166. 73
湖　南		—	—	—	—	—	—	23 903. 61	38 270. 03	75 304. 69	121 282. 89	258 761. 22
广　东		—	—	—	—	—	—	48 085. 33	108 613. 65	188 228. 16	186 470. 11	531 397. 24
广　西		—	—	—	—	—	—	16 879. 33	23 078. 17	30 860. 07	32 473. 59	103 291. 16
海　南		—	—	—	—	—	—	1 974. 51	2 414. 64	6 585. 13	5 927. 10	16 901. 38
重　庆		—	—	—	—	—	—	18 813. 97	32 209. 38	42 832. 04	77 788. 72	171 644. 12
四　川		—	—	—	—	—	—	23 560. 78	26 233. 10	40 891. 72	32 280. 24	122 965. 84
贵　州		—	—	—	—	—	—	7 972. 83	9 285. 48	18 913. 08	19 574. 03	55 745. 42
云　南		—	—	—	—	—	—	25 474. 81	30 370. 30	42 732. 76	37 214. 99	135 792. 86
西　藏		—	—	—	—	—	—	—	689. 80	1 254. 77	1 020. 52	2 965. 09
陕　西		—	—	—	—	—	—	8 112. 87	12 452. 02	20 294. 26	16 293. 38	57 152. 53
甘　肃		—	—	—	—	—	—	1 811. 45	6 811. 61	27 846. 71	40 382. 58	76 852. 34
青　海		—	—	—	—	—	—	712. 15	7 477. 53	7 811. 01	33 169. 32	49 170. 02
宁　夏		—	—	—	—	—	—	562. 92	938. 69	1 985. 73	12 071. 44	15 558. 79
新　疆		—	—	—	—	—	—	3 594. 08	24 794. 92	28 763. 10	32 825. 61	89 977. 71
合计 Total		**—**	**—**	**—**	**—**	**—**	**—**	**609 603. 13**	**1 242 235. 71**	**1 731 590. 45**	**2 287 965. 67**	**5 871 394. 97**

欧锦赛四强

单位：万元

Unit：Ten Thousand Yuan

地　区 Region	游戏类型 Game Type	2004	2005	2006	2007	2008	2009	2010	2011	2012	2013	合　计 Total
北　京	竞猜	—	—	—	—	41. 06	—	—	—	—	—	41. 06
天　津		—	—	—	—	10. 62	—	—	—	—	—	10. 62
河　北		—	—	—	—	19. 51	—	—	—	—	—	19. 51
山　西		—	—	—	—	8. 11	—	—	—	—	—	8. 11
内蒙古		—	—	—	—	13. 15	—	—	—	—	—	13. 15
辽　宁		—	—	—	—	55. 91	—	—	—	—	—	55. 91
吉　林		—	—	—	—	20. 18	—	—	—	—	—	20. 18
黑龙江		—	—	—	—	35. 29	—	—	—	—	—	35. 29
上　海		—	—	—	—	33. 92	—	—	—	—	—	33. 92
江　苏		—	—	—	—	43. 57	—	—	—	—	—	43. 57
浙　江		—	—	—	—	37. 14	—	—	—	—	—	37. 14
安　徽		—	—	—	—	16. 03	—	—	—	—	—	16. 03
福　建		—	—	—	—	23. 95	—	—	—	—	—	23. 95
江　西		—	—	—	—	47. 12	—	—	—	—	—	47. 12
山　东		—	—	—	—	48. 82	—	—	—	—	—	48. 82
河　南		—	—	—	—	22. 46	—	—	—	—	—	22. 46
湖　北		—	—	—	—	25. 05	—	—	—	—	—	25. 05
湖　南		—	—	—	—	35. 50	—	—	—	—	—	35. 50
广　东		—	—	—	—	139. 41	—	—	—	—	—	139. 41
广　西		—	—	—	—	20. 80	—	—	—	—	—	20. 80
海　南		—	—	—	—	5. 12	—	—	—	—	—	5. 12
重　庆		—	—	—	—	15. 82	—	—	—	—	—	15. 82
四　川		—	—	—	—	24. 54	—	—	—	—	—	24. 54
贵　州		—	—	—	—	11. 70	—	—	—	—	—	11. 70
云　南		—	—	—	—	22. 87	—	—	—	—	—	22. 87
西　藏		—	—	—	—	0. 58	—	—	—	—	—	0. 58
陕　西		—	—	—	—	23. 90	—	—	—	—	—	23. 90
甘　肃		—	—	—	—	7. 68	—	—	—	—	—	7. 68
青　海		—	—	—	—	1. 42	—	—	—	—	—	1. 42
宁　夏		—	—	—	—	2. 19	—	—	—	—	—	2. 19
新　疆		—	—	—	—	8. 87	—	—	—	—	—	8. 87
合计 Total		**—**	**—**	**—**	**—**	**822. 29**	**—**	**—**	**—**	**—**	**—**	**822. 29**

欧锦赛八强

单位：万元

Unit：Ten Thousand Yuan

地 区 Region	游戏类型 Game Type	2004	2005	2006	2007	2008	2009	2010	2011	2012	2013	合 计 Total
北 京	竞猜	—	—	—	—	46.45	—	—	—	—	—	46.45
天 津		—	—	—	—	16.85	—	—	—	—	—	16.85
河 北		—	—	—	—	21.51	—	—	—	—	—	21.51
山 西		—	—	—	—	10.95	—	—	—	—	—	10.95
内蒙古		—	—	—	—	13.22	—	—	—	—	—	13.22
辽 宁		—	—	—	—	59.17	—	—	—	—	—	59.17
吉 林		—	—	—	—	24.36	—	—	—	—	—	24.36
黑龙江		—	—	—	—	21.57	—	—	—	—	—	21.57
上 海		—	—	—	—	41.45	—	—	—	—	—	41.45
江 苏		—	—	—	—	50.70	—	—	—	—	—	50.70
浙 江		—	—	—	—	42.70	—	—	—	—	—	42.70
安 徽		—	—	—	—	16.33	—	—	—	—	—	16.33
福 建		—	—	—	—	23.33	—	—	—	—	—	23.33
江 西		—	—	—	—	38.54	—	—	—	—	—	38.54
山 东		—	—	—	—	58.69	—	—	—	—	—	58.69
河 南		—	—	—	—	18.31	—	—	—	—	—	18.31
湖 北		—	—	—	—	26.99	—	—	—	—	—	26.99
湖 南		—	—	—	—	27.03	—	—	—	—	—	27.03
广 东		—	—	—	—	145.31	—	—	—	—	—	145.31
广 西		—	—	—	—	28.52	—	—	—	—	—	28.52
海 南		—	—	—	—	5.33	—	—	—	—	—	5.33
重 庆		—	—	—	—	15.34	—	—	—	—	—	15.34
四 川		—	—	—	—	29.78	—	—	—	—	—	29.78
贵 州		—	—	—	—	12.49	—	—	—	—	—	12.49
云 南		—	—	—	—	19.15	—	—	—	—	—	19.15
西 藏		—	—	—	—	0.54	—	—	—	—	—	0.54
陕 西		—	—	—	—	20.20	—	—	—	—	—	20.20
甘 肃		—	—	—	—	7.58	—	—	—	—	—	7.58
青 海		—	—	—	—	1.68	—	—	—	—	—	1.68
宁 夏		—	—	—	—	3.24	—	—	—	—	—	3.24
新 疆		—	—	—	—	10.91	—	—	—	—	—	10.91
合计 Total		**—**	**—**	**—**	**—**	**858.22**	**—**	**—**	**—**	**—**	**—**	**858.22**

奥运连连猜资格奖

单位：万元

Unit：Ten Thousand Yuan

地区 Region	游戏类型 Game Type	2004	2005	2006	2007	2008	2009	2010	2011	2012	2013	合计 Total
北京	竞猜	—	—	—	—	121.73	—	—	—	—	—	121.73
天津		—	—	—	—	45.02	—	—	—	—	—	45.02
河北		—	—	—	—	136.18	—	—	—	—	—	136.18
山西		—	—	—	—	195.66	—	—	—	—	—	195.66
内蒙古		—	—	—	—	160.73	—	—	—	—	—	160.73
辽宁		—	—	—	—	123.85	—	—	—	—	—	123.85
吉林		—	—	—	—	163.44	—	—	—	—	—	163.44
黑龙江		—	—	—	—	163.29	—	—	—	—	—	163.29
上海		—	—	—	—	77.47	—	—	—	—	—	77.47
江苏		—	—	—	—	107.50	—	—	—	—	—	107.50
浙江		—	—	—	—	105.36	—	—	—	—	—	105.36
安徽		—	—	—	—	101.47	—	—	—	—	—	101.47
福建		—	—	—	—	288.65	—	—	—	—	—	288.65
江西		—	—	—	—	107.51	—	—	—	—	—	107.51
山东		—	—	—	—	218.82	—	—	—	—	—	218.82
河南		—	—	—	—	989.61	—	—	—	—	—	989.61
湖北		—	—	—	—	127.30	—	—	—	—	—	127.30
湖南		—	—	—	—	184.30	—	—	—	—	—	184.30
广东		—	—	—	—	1 123.02	—	—	—	—	—	1 123.02
广西		—	—	—	—	58.60	—	—	—	—	—	58.60
海南		—	—	—	—	4.48	—	—	—	—	—	4.48
重庆		—	—	—	—	40.33	—	—	—	—	—	40.33
四川		—	—	—	—	72.41	—	—	—	—	—	72.41
贵州		—	—	—	—	91.23	—	—	—	—	—	91.23
云南		—	—	—	—	285.50	—	—	—	—	—	285.50
西藏		—	—	—	—	2.66	—	—	—	—	—	2.66
陕西		—	—	—	—	64.40	—	—	—	—	—	64.40
甘肃		—	—	—	—	74.51	—	—	—	—	—	74.51
青海		—	—	—	—	21.61	—	—	—	—	—	21.61
宁夏		—	—	—	—	34.04	—	—	—	—	—	34.04
新疆		—	—	—	—	42.19	—	—	—	—	—	42.19
合计 Total		**—**	**—**	**—**	**—**	**5 332.87**	**—**	**—**	**—**	**—**	**—**	**5 332.87**

奥运赛事天天彩

单位：万元

Unit：Ten Thousand Yuan

地　区 Region	游戏类型 Game Type	2004	2005	2006	2007	2008	2009	2010	2011	2012	2013	合　计 Total
北　京	竞猜	—	—	—	—	28.83	—	—	—	—	—	28.83
天　津		—	—	—	—	6.68	—	—	—	—	—	6.68
河　北		—	—	—	—	18.29	—	—	—	—	—	18.29
山　西		—	—	—	—	9.01	—	—	—	—	—	9.01
内蒙古		—	—	—	—	14.97	—	—	—	—	—	14.97
辽　宁		—	—	—	—	18.31	—	—	—	—	—	18.31
吉　林		—	—	—	—	11.62	—	—	—	—	—	11.62
黑龙江		—	—	—	—	21.75	—	—	—	—	—	21.75
上　海		—	—	—	—	20.40	—	—	—	—	—	20.40
江　苏		—	—	—	—	30.34	—	—	—	—	—	30.34
浙　江		—	—	—	—	32.75	—	—	—	—	—	32.75
安　徽		—	—	—	—	17.30	—	—	—	—	—	17.30
福　建		—	—	—	—	43.57	—	—	—	—	—	43.57
江　西		—	—	—	—	20.31	—	—	—	—	—	20.31
山　东		—	—	—	—	33.17	—	—	—	—	—	33.17
河　南		—	—	—	—	28.28	—	—	—	—	—	28.28
湖　北		—	—	—	—	36.56	—	—	—	—	—	36.56
湖　南		—	—	—	—	16.32	—	—	—	—	—	16.32
广　东		—	—	—	—	105.49	—	—	—	—	—	105.49
广　西		—	—	—	—	10.15	—	—	—	—	—	10.15
海　南		—	—	—	—	3.15	—	—	—	—	—	3.15
重　庆		—	—	—	—	7.49	—	—	—	—	—	7.49
四　川		—	—	—	—	22.68	—	—	—	—	—	22.68
贵　州		—	—	—	—	10.42	—	—	—	—	—	10.42
云　南		—	—	—	—	33.65	—	—	—	—	—	33.65
西　藏		—	—	—	—	0.86	—	—	—	—	—	0.86
陕　西		—	—	—	—	10.41	—	—	—	—	—	10.41
甘　肃		—	—	—	—	4.92	—	—	—	—	—	4.92
青　海		—	—	—	—	1.10	—	—	—	—	—	1.10
宁　夏		—	—	—	—	5.11	—	—	—	—	—	5.11
新　疆		—	—	—	—	5.32	—	—	—	—	—	5.32
合计 Total		**—**	**—**	**—**	**—**	**629.21**	**—**	**—**	**—**	**—**	**—**	**629.21**

奥运女足四强

单位：万元

Unit：Ten Thousand Yuan

地 区 Region	游戏类型 Game Type	2004	2005	2006	2007	2008	2009	2010	2011	2012	2013	合 计 Total
北 京	竞猜	—	—	—	—	10.77	—	—	—	—	—	10.77
天 津		—	—	—	—	1.35	—	—	—	—	—	1.35
河 北		—	—	—	—	3.67	—	—	—	—	—	3.67
山 西		—	—	—	—	1.75	—	—	—	—	—	1.75
内蒙古		—	—	—	—	1.89	—	—	—	—	—	1.89
辽 宁		—	—	—	—	11.81	—	—	—	—	—	11.81
吉 林		—	—	—	—	5.40	—	—	—	—	—	5.40
黑龙江		—	—	—	—	6.81	—	—	—	—	—	6.81
上 海		—	—	—	—	6.51	—	—	—	—	—	6.51
江 苏		—	—	—	—	4.37	—	—	—	—	—	4.37
浙 江		—	—	—	—	6.68	—	—	—	—	—	6.68
安 徽		—	—	—	—	2.27	—	—	—	—	—	2.27
福 建		—	—	—	—	5.38	—	—	—	—	—	5.38
江 西		—	—	—	—	10.18	—	—	—	—	—	10.18
山 东		—	—	—	—	11.66	—	—	—	—	—	11.66
河 南		—	—	—	—	23.01	—	—	—	—	—	23.01
湖 北		—	—	—	—	5.20	—	—	—	—	—	5.20
湖 南		—	—	—	—	2.68	—	—	—	—	—	2.68
广 东		—	—	—	—	26.80	—	—	—	—	—	26.80
广 西		—	—	—	—	4.37	—	—	—	—	—	4.37
海 南		—	—	—	—	0.29	—	—	—	—	—	0.29
重 庆		—	—	—	—	3.47	—	—	—	—	—	3.47
四 川		—	—	—	—	4.19	—	—	—	—	—	4.19
贵 州		—	—	—	—	1.38	—	—	—	—	—	1.38
云 南		—	—	—	—	2.81	—	—	—	—	—	2.81
西 藏		—	—	—	—	0.07	—	—	—	—	—	0.07
陕 西		—	—	—	—	2.22	—	—	—	—	—	2.22
甘 肃		—	—	—	—	1.09	—	—	—	—	—	1.09
青 海		—	—	—	—	0.40	—	—	—	—	—	0.40
宁 夏		—	—	—	—	0.34	—	—	—	—	—	0.34
新 疆		—	—	—	—	1.38	—	—	—	—	—	1.38
合计 Total		**—**	**—**	**—**	**—**	**170.20**	**—**	**—**	**—**	**—**	**—**	**170.20**

奥运男足四强

单位：万元

Unit：Ten Thousand Yuan

地 区 Region	游戏类型 Game Type	2004	2005	2006	2007	2008	2009	2010	2011	2012	2013	合 计 Total
北 京	竞猜	—	—	—	—	21.70	—	—	—	—	—	21.70
天 津		—	—	—	—	2.89	—	—	—	—	—	2.89
河 北		—	—	—	—	5.45	—	—	—	—	—	5.45
山 西		—	—	—	—	4.81	—	—	—	—	—	4.81
内蒙古		—	—	—	—	3.96	—	—	—	—	—	3.96
辽 宁		—	—	—	—	24.18	—	—	—	—	—	24.18
吉 林		—	—	—	—	7.25	—	—	—	—	—	7.25
黑龙江		—	—	—	—	15.42	—	—	—	—	—	15.42
上 海		—	—	—	—	12.04	—	—	—	—	—	12.04
江 苏		—	—	—	—	10.14	—	—	—	—	—	10.14
浙 江		—	—	—	—	14.39	—	—	—	—	—	14.39
安 徽		—	—	—	—	3.36	—	—	—	—	—	3.36
福 建		—	—	—	—	9.30	—	—	—	—	—	9.30
江 西		—	—	—	—	17.66	—	—	—	—	—	17.66
山 东		—	—	—	—	17.55	—	—	—	—	—	17.55
河 南		—	—	—	—	24.71	—	—	—	—	—	24.71
湖 北		—	—	—	—	11.09	—	—	—	—	—	11.09
湖 南		—	—	—	—	5.32	—	—	—	—	—	5.32
广 东		—	—	—	—	47.78	—	—	—	—	—	47.78
广 西		—	—	—	—	7.49	—	—	—	—	—	7.49
海 南		—	—	—	—	0.54	—	—	—	—	—	0.54
重 庆		—	—	—	—	7.20	—	—	—	—	—	7.20
四 川		—	—	—	—	6.59	—	—	—	—	—	6.59
贵 州		—	—	—	—	2.58	—	—	—	—	—	2.58
云 南		—	—	—	—	5.00	—	—	—	—	—	5.00
西 藏		—	—	—	—	0.10	—	—	—	—	—	0.10
陕 西		—	—	—	—	4.25	—	—	—	—	—	4.25
甘 肃		—	—	—	—	3.16	—	—	—	—	—	3.16
青 海		—	—	—	—	0.58	—	—	—	—	—	0.58
宁 夏		—	—	—	—	0.58	—	—	—	—	—	0.58
新 疆		—	—	—	—	3.15	—	—	—	—	—	3.15
合计 Total		**—**	**—**	**—**	**—**	**300.22**	**—**	**—**	**—**	**—**	**—**	**300.22**

奥运男足八强

单位：万元

Unit：Ten Thousand Yuan

地区 Region	游戏类型 Game Type	2004	2005	2006	2007	2008	2009	2010	2011	2012	2013	合计 Total
北京	竞猜	—	—	—	—	7.65	—	—	—	—	—	7.65
天津		—	—	—	—	2.64	—	—	—	—	—	2.64
河北		—	—	—	—	4.76	—	—	—	—	—	4.76
山西		—	—	—	—	1.82	—	—	—	—	—	1.82
内蒙古		—	—	—	—	2.87	—	—	—	—	—	2.87
辽宁		—	—	—	—	12.44	—	—	—	—	—	12.44
吉林		—	—	—	—	3.37	—	—	—	—	—	3.37
黑龙江		—	—	—	—	5.39	—	—	—	—	—	5.39
上海		—	—	—	—	9.10	—	—	—	—	—	9.10
江苏		—	—	—	—	9.18	—	—	—	—	—	9.18
浙江		—	—	—	—	7.10	—	—	—	—	—	7.10
安徽		—	—	—	—	2.67	—	—	—	—	—	2.67
福建		—	—	—	—	5.38	—	—	—	—	—	5.38
江西		—	—	—	—	8.96	—	—	—	—	—	8.96
山东		—	—	—	—	10.67	—	—	—	—	—	10.67
河南		—	—	—	—	4.83	—	—	—	—	—	4.83
湖北		—	—	—	—	4.47	—	—	—	—	—	4.47
湖南		—	—	—	—	3.61	—	—	—	—	—	3.61
广东		—	—	—	—	21.52	—	—	—	—	—	21.52
广西		—	—	—	—	5.41	—	—	—	—	—	5.41
海南		—	—	—	—	0.49	—	—	—	—	—	0.49
重庆		—	—	—	—	3.12	—	—	—	—	—	3.12
四川		—	—	—	—	5.86	—	—	—	—	—	5.86
贵州		—	—	—	—	2.07	—	—	—	—	—	2.07
云南		—	—	—	—	2.97	—	—	—	—	—	2.97
西藏		—	—	—	—	0.22	—	—	—	—	—	0.22
陕西		—	—	—	—	2.97	—	—	—	—	—	2.97
甘肃		—	—	—	—	1.67	—	—	—	—	—	1.67
青海		—	—	—	—	0.30	—	—	—	—	—	0.30
宁夏		—	—	—	—	0.51	—	—	—	—	—	0.51
新疆		—	—	—	—	1.81	—	—	—	—	—	1.81
合计 Total		**—**	**—**	**—**	**—**	**155.83**	**—**	**—**	**—**	**—**	**—**	**155.83**

排 列 3

单位：万元

Unit：Ten Thousand Yuan

地 区 Region	游戏类型 Game Type	2004	2005	2006	2007	2008	2009	2010	2011	2012	2013	合 计 Total
北 京	乐透排列	472.31	27 672.26	41 996.90	40 721.18	30 218.51	25 621.76	26 313.93	28 861.90	29 927.98	34 343.96	286 150.68
天 津		540.46	37 761.52	37 310.38	31 805.05	24 883.35	23 685.67	18 989.80	17 776.55	17 936.51	21 006.01	231 695.30
河 北		917.10	95 330.32	81 508.79	87 569.52	43 528.84	43 987.35	39 048.68	44 315.26	45 473.11	30 005.89	511 684.84
山 西		163.87	25 585.43	39 679.83	34 035.01	23 592.26	16 188.99	10 811.18	10 051.95	9 660.32	7 543.86	177 312.71
内蒙古		—	—	—	12 674.68	40 603.71	32 533.25	25 800.37	28 858.51	28 360.81	25 734.56	194 565.88
辽 宁		139.26	86 439.62	113 690.26	108 485.93	60 308.61	47 568.89	40 896.52	38 926.55	27 157.74	26 067.11	549 680.49
吉 林		231.36	39 885.38	78 824.37	80 587.62	42 912.99	31 764.25	23 530.10	21 462.24	18 405.58	14 422.82	352 026.70
黑龙江		343.62	199 450.04	60 525.52	46 850.01	25 508.06	21 362.62	18 232.69	17 920.01	14 669.19	14 687.82	419 549.57
上 海		63.81	12 168.47	20 234.41	24 846.02	15 173.45	14 981.81	14 037.39	14 066.54	13 027.44	12 514.00	141 113.33
江 苏		528.41	60 956.31	157 802.58	212 543.95	123 502.01	142 330.77	154 703.67	134 656.18	84 667.31	68 395.69	1 140 086.88
浙 江		791.08	68 782.61	105 341.43	102 107.33	61 851.24	74 094.45	80 113.47	93 862.49	84 787.67	54 631.99	726 363.76
安 徽		199.55	67 771.72	38 977.00	51 748.66	24 830.18	25 524.55	18 746.16	19 998.70	19 213.51	16 667.07	283 677.08
福 建		484.00	31 129.71	39 060.61	35 274.99	24 352.26	14 680.29	10 600.65	10 541.54	8 421.99	7 771.61	182 317.64
江 西		178.17	60 808.84	27 199.81	29 882.90	16 875.11	16 631.44	10 456.40	12 322.66	11 179.95	12 504.29	198 039.56
山 东		1 282.25	171 204.89	116 985.89	105 126.18	47 292.28	28 474.15	22 955.26	26 771.98	17 110.35	16 352.58	553 555.81
河 南		591.76	117 138.97	98 177.40	78 209.75	64 718.69	49 731.22	43 122.04	45 970.56	36 642.85	36 996.19	571 299.43
湖 北		1 310.80	167 064.10	76 771.16	80 197.08	46 338.14	47 441.81	38 226.84	40 916.83	38 435.03	32 271.79	568 973.58
湖 南		861.02	80 727.45	55 568.27	62 519.34	33 771.47	32 452.33	27 683.09	28 836.65	21 667.16	21 291.74	365 378.52
广 东		919.91	63 955.41	59 225.39	53 963.39	32 315.40	28 346.54	21 496.94	20 935.61	19 048.09	18 453.78	318 660.45
广 西		33.53	9 355.32	6 842.24	5 344.33	3 382.03	2 538.03	3 041.86	2 749.75	2 309.89	2 291.31	37 888.28
海 南		13.61	1 116.21	593.27	536.30	299.50	215.00	306.38	393.74	400.34	343.71	4 218.07
重 庆		96.56	11 577.20	9 175.97	12 506.73	5 226.21	3 488.22	3 620.68	3 946.44	4 336.80	6 927.38	60 902.20
四 川		470.17	39 524.27	71 715.68	66 734.11	44 467.74	50 159.63	50 779.24	46 395.28	39 826.00	37 456.23	447 528.35
贵 州		45.93	5 573.83	16 364.35	22 780.65	15 765.31	17 687.83	13 891.96	14 392.34	15 007.63	11 793.69	133 303.52
云 南		297.27	34 167.42	62 694.15	60 938.83	48 192.57	45 437.22	41 257.60	42 016.72	38 970.41	35 482.91	409 485.08
西 藏		9.43	577.12	1 090.30	1 218.11	1 428.26	1 092.18	—	1 159.02	1 237.98	1 265.46	9 077.85
陕 西		181.17	42 090.36	36 192.75	39 087.31	28 120.15	24 647.62	20 646.65	23 122.28	19 728.31	14 507.15	248 323.75
甘 肃		108.25	15 992.27	26 992.89	33 115.40	22 893.76	18 365.63	14 794.25	17 108.86	17 573.11	15 403.48	182 347.89
青 海		29.17	3 786.85	5 189.37	5 771.28	4 490.00	4 044.75	2 738.02	3 021.63	2 844.96	2 707.43	34 623.47
宁 夏		—	—	—	2 383.18	13 961.94	10 933.10	9 625.36	8 351.50	9 255.44	9 865.67	64 376.19
新 疆		315.69	35 136.41	37 731.55	46 463.43	21 264.55	14 819.17	10 206.64	10 043.75	10 350.99	10 132.63	196 464.81
合计 Total		**11 619.51**	**612 730.28**	**523 462.50**	**576 028.25**	**992 068.58**	**910 830.52**	**816 673.78**	**829 784.00**	**707 634.45**	**619 839.81**	**9 600 671.68**

排 列 5

单位：万元

Unit：Ten Thousand Yuan

地 区 Region	游戏类型 Game Type	2004	2005	2006	2007	2008	2009	2010	2011	2012	2013	合 计 Total
北 京	乐透排列	71.02	3 366.71	5 115.99	9 787.73	7 030.17	7 622.76	8 486.77	8 554.08	9 021.63	11 097.37	70 154.23
天 津		90.67	5 696.92	6 700.73	7 319.36	6 767.49	6 958.66	5 785.86	5 853.91	6 383.69	9 697.67	61 254.97
河 北		48.77	4 913.02	8 548.38	9 896.83	9 276.76	10 863.67	11 494.80	13 552.68	14 359.45	11 982.56	94 936.93
山 西		13.07	1 474.80	4 270.59	4 504.64	4 341.69	4 147.78	4 113.90	4 117.84	4 068.35	3 903.59	34 956.25
内蒙古		—	—	—	2 973.24	8 696.95	8 533.33	8 946.25	9 698.99	10 718.91	12 009.52	61 577.20
辽 宁		15.85	4 093.21	13 203.12	14 921.82	15 017.70	13 408.22	13 716.55	14 315.66	11 857.94	11 714.44	112 264.51
吉 林		48.66	4 037.62	7 245.62	8 129.37	8 395.81	8 292.16	7 855.01	7 784.58	7 024.29	6 656.02	65 469.15
黑龙江		33.17	4 121.28	5 386.22	5 680.17	4 797.41	5 312.74	6 006.13	7 028.79	6 471.92	6 894.35	51 732.18
上 海		19.86	1 304.74	2 607.05	3 779.47	3 551.10	4 138.71	4 430.34	4 823.89	4 827.54	5 385.74	34 868.45
江 苏		142.26	6 934.89	17 048.24	23 347.10	27 260.81	33 610.07	36 690.76	35 562.41	28 424.55	27 800.52	236 821.62
浙 江		—	—	11 876.29	20 143.04	21 589.81	25 692.03	30 859.35	30 133.66	29 473.83	24 377.64	194 145.64
安 徽		34.73	2 675.49	5 031.59	6 723.92	6 735.28	9 746.94	9 338.61	9 779.56	10 320.04	10 204.98	70 591.14
福 建		—	—	2 738.18	4 494.39	5 086.16	4 392.67	4 091.41	4 093.93	3 831.13	4 030.19	32 758.05
江 西		23.23	2 556.48	3 033.74	3 756.54	3 304.83	2 851.00	3 562.16	3 862.49	4 094.47	4 951.82	31 996.76
山 东		23.24	2 384.50	4 925.37	7 184.38	6 929.63	6 383.87	7 151.46	9 592.59	7 520.59	8 583.26	60 678.89
河 南		108.31	8 950.92	16 003.02	18 090.01	20 307.41	19 776.52	19 865.39	21 733.22	19 928.90	21 526.35	166 290.06
湖 北		176.12	14 434.45	18 742.28	19 522.27	16 530.15	19 420.71	19 491.97	20 528.57	20 373.75	21 013.68	170 233.96
湖 南		17.72	2 171.19	5 667.03	7 698.20	7 724.84	9 031.79	9 852.03	10 703.71	10 558.13	11 493.85	74 918.49
广 东		157.22	5 587.92	10 727.86	11 399.45	11 647.04	13 491.15	12 651.58	13 103.65	12 595.10	13 548.15	104 909.11
广 西		3.05	259.16	476.23	587.47	685.91	884.88	1 194.73	1 310.44	1 391.06	1 895.11	8 688.04
海 南		4.61	201.60	329.31	346.44	335.36	348.68	399.49	449.73	481.80	530.00	3 427.01
重 庆		—	550.93	910.01	846.05	819.95	879.66	1 204.96	1 644.15	1 943.63	3 370.33	12 169.68
四 川		108.21	5 091.56	10 963.54	12 826.29	12 843.99	17 015.10	19 459.69	19 363.82	19 563.10	19 872.54	137 107.85
贵 州		6.34	723.92	3 134.93	5 472.55	6 631.66	9 563.19	9 551.65	9 672.87	10 311.49	10 031.90	65 100.49
云 南		44.73	3 728.62	10 542.68	11 993.94	14 826.01	18 276.06	19 990.01	23 520.67	24 244.39	28 356.95	155 524.07
西 藏		2.51	75.05	168.33	270.42	531.06	668.67	—	1 106.37	1 132.02	1 178.79	5 133.23
陕 西		21.48	1 068.92	3 180.39	4 772.40	4 440.25	5 893.67	6 519.46	8 054.14	7 814.02	7 057.33	48 822.06
甘 肃		10.69	835.09	2 475.31	3 815.23	4 667.17	4 824.73	4 970.93	6 337.56	7 752.02	8 677.33	44 366.05
青 海		3.10	307.41	843.65	1 039.21	1 318.44	1 680.31	1 455.44	1 715.23	2 054.11	2 101.45	12 518.35
宁 夏		—	—	—	620.03	3 308.18	3 217.28	3 279.46	3 368.78	3 807.58	4 376.29	21 977.61
新 疆		29.16	2 495.13	6 018.68	7 280.81	5 976.50	4 695.57	3 805.41	4 090.50	4 236.38	4 624.95	43 253.08
合计 Total		**1 257.81**	**90 041.54**	**187 914.39**	**239 222.78**	**251 375.52**	**281 622.58**	**296 221.56**	**315 458.46**	**306 585.96**	**318 944.65**	**2 288 645.24**

七 星 彩

单位：万元

Unit：Ten Thousand Yuan

地 区 Region	游戏类型 Game Type	2004	2005	2006	2007	2008	2009	2010	2011	2012	2013	合 计 Total
北 京	乐透排列	5 776.80	10 525.94	8 759.18	8 087.63	7 501.93	6 634.86	7 249.06	7 250.17	6 124.20	10 473.67	78 383.44
天 津		13 526.47	19 395.13	16 219.82	14 118.87	13 651.40	14 293.51	13 210.31	11 369.00	11 014.43	12 775.81	139 574.75
河 北		13 795.38	21 876.62	21 722.31	19 917.10	20 110.45	19 987.25	19 287.75	19 252.54	18 324.62	18 307.98	192 582.00
山 西		—	1 817.65	2 094.99	1 868.86	1 982.12	1 908.10	1 903.48	1 988.13	1 865.16	1 837.93	17 266.43
内蒙古		—	—	—	1 051.89	2 561.85	2 287.06	2 202.89	2 401.11	2 394.74	2 653.98	15 553.53
辽 宁		2 611.37	4 298.48	5 198.84	5 261.96	4 988.56	4 177.51	4 043.27	4 075.30	3 501.88	3 536.65	41 693.82
吉 林		6 007.34	10 109.96	10 439.36	9 705.35	10 043.14	9 735.66	9 326.57	9 291.99	8 803.65	8 608.94	92 071.96
黑龙江		3 498.93	5 344.85	6 904.42	5 582.33	5 665.06	5 509.83	5 601.94	6 205.70	5 796.39	6 214.93	56 324.38
上 海		1 693.82	6 073.80	7 364.69	7 605.47	7 204.28	6 530.03	6 063.01	5 910.51	5 368.69	6 008.06	59 822.36
安 徽		11 209.74	15 756.30	13 960.95	13 348.67	13 622.15	14 701.69	13 882.70	13 025.23	11 453.31	11 523.73	132 484.46
福 建		470.67	4 620.22	4 505.44	5 280.31	5 780.10	5 811.75	5 791.22	6 077.68	5 233.19	5 754.82	49 325.39
江 西		3 231.04	3 804.44	3 921.01	4 099.93	3 571.21	3 822.79	4 153.41	4 218.54	4 322.92	5 870.55	41 015.85
山 东		2 068.75	3 730.92	5 796.71	6 113.90	6 463.99	6 956.64	7 618.23	12 741.96	7 915.57	9 343.54	68 750.21
河 南		23 294.70	34 104.86	32 711.61	31 868.61	35 383.70	36 062.87	36 246.55	36 104.90	33 702.21	36 276.35	335 756.35
湖 北		26 032.69	34 348.67	30 550.46	26 696.61	25 690.64	24 400.88	22 833.53	21 288.00	19 303.49	19 925.53	251 070.50
湖 南		3 712.73	4 388.54	4 751.40	4 245.30	4 486.22	4 987.02	4 952.60	4 892.96	4 652.02	5 047.80	46 116.59
广 东		20 659.40	29 911.63	29 974.12	28 814.49	28 311.09	28 371.56	27 545.92	26 444.23	23 483.97	25 145.45	268 661.86
广 西		559.08	688.87	798.12	1 011.70	1 150.87	1 221.11	1 389.48	1 561.89	1 466.82	1 684.67	11 532.61
海 南		687.55	957.55	1 976.37	2 141.75	2 878.46	3 637.74	4 405.03	5 498.51	6 027.51	7 064.10	35 274.56
重 庆		2 622.51	2 668.45	2 366.17	1 816.14	1 648.70	1 602.27	1 744.67	2 012.30	2 269.74	3 502.01	22 252.96
四 川		24 164.38	33 340.26	35 019.70	34 979.20	36 688.25	42 376.28	42 605.69	41 950.59	37 741.93	37 632.60	366 498.89
贵 州		2 513.70	3 851.97	4 254.25	4 544.10	4 867.81	5 079.03	5 205.87	4 915.22	4 590.50	4 812.37	44 634.83
云 南		23 289.52	29 651.01	27 134.39	23 365.77	25 316.16	26 888.36	25 548.97	24 334.15	21 550.88	22 971.89	250 051.10
西 藏		325.62	334.19	300.14	325.10	370.80	369.37	—	452.45	452.18	480.73	3 410.58
陕 西		1 154.63	1 604.91	2 605.00	3 042.65	2 684.04	2 740.07	2 587.83	2 678.03	2 459.46	2 787.41	24 344.03
甘 肃		798.74	1 181.70	1 562.68	1 674.17	1 554.72	1 472.80	1 412.21	1 602.21	1 841.06	2 756.89	15 857.17
青 海		317.22	783.72	793.46	698.41	752.07	800.76	670.68	757.39	973.14	909.57	7 456.43
宁 夏		—	—	—	282.03	1 180.08	1 070.52	978.22	926.96	838.58	910.58	6 186.97
新 疆		1 867.11	4 344.20	6 956.23	6 721.09	5 568.52	4 680.44	4 003.69	3 849.64	3 520.00	3 843.95	45 354.87
合计 Total		**195 889.87**	**289 514.82**	**288 641.81**	**274 269.39**	**281 678.37**	**288 117.76**	**282 464.80**	**283 077.30**	**256 992.39**	**278 662.51**	**2 719 309.01**

七星彩排列3

单位：万元

Unit：Ten Thousand Yuan

地 区 Region	游戏类型 Game Type	2004	2005	2006	2007	2008	2009	2010	2011	2012	2013	合 计 Total
北 京	乐透排列	28.66	—	—	—	—	—	—	—	—	—	28.66
天 津		29.95	—	—	—	—	—	—	—	—	—	29.95
河 北		17.72	—	—	—	—	—	—	—	—	—	17.72
山 西		4.04	—	—	—	—	—	—	—	—	—	4.04
辽 宁		6.64	—	—	—	—	—	—	—	—	—	6.64
吉 林		11.71	—	—	—	—	—	—	—	—	—	11.71
黑龙江		15.72	—	—	—	—	—	—	—	—	—	15.72
上 海		5.02	—	—	—	—	—	—	—	—	—	5.02
安 徽		13.60	—	—	—	—	—	—	—	—	—	13.60
福 建		12.22	—	—	—	—	—	—	—	—	—	12.22
江 西		8.52	—	—	—	—	—	—	—	—	—	8.52
山 东		26.38	—	—	—	—	—	—	—	—	—	26.38
河 南		33.46	—	—	—	—	—	—	—	—	—	33.46
湖 北		63.90	—	—	—	—	—	—	—	—	—	63.90
湖 南		18.63	—	—	—	—	—	—	—	—	—	18.63
广 东		101.22	—	—	—	—	—	—	—	—	—	101.22
广 西		3.00	—	—	—	—	—	—	—	—	—	3.00
海 南		1.72	—	—	—	—	—	—	—	—	—	1.72
重 庆		7.34	—	—	—	—	—	—	—	—	—	7.34
四 川		56.15	—	—	—	—	—	—	—	—	—	56.15
贵 州		2.54	—	—	—	—	—	—	—	—	—	2.54
云 南		20.71	—	—	—	—	—	—	—	—	—	20.71
西 藏		0.86	—	—	—	—	—	—	—	—	—	0.86
陕 西		4.84	—	—	—	—	—	—	—	—	—	4.84
甘 肃		6.05	—	—	—	—	—	—	—	—	—	6.05
青 海		2.85	—	—	—	—	—	—	—	—	—	2.85
新 疆		25.14	—	—	—	—	—	—	—	—	—	25.14
合计 Total		**528.59**	**—**	**—**	**—**	**—**	**—**	**—**	**—**	**—**	**—**	**528.59**

七星彩排列5

单位：万元

Unit：Ten Thousand Yuan

地　区 Region	游戏类型 Game Type	2004	2005	2006	2007	2008	2009	2010	2011	2012	2013	合　计 Total
北　京	乐透排列	6.33	—	—	—	—	—	—	—	—	—	6.33
天　津		4.94	—	—	—	—	—	—	—	—	—	4.94
河　北		4.10	—	—	—	—	—	—	—	—	—	4.10
山　西		0.96	—	—	—	—	—	—	—	—	—	0.96
辽　宁		1.47	—	—	—	—	—	—	—	—	—	1.47
吉　林		3.84	—	—	—	—	—	—	—	—	—	3.84
黑龙江		3.20	—	—	—	—	—	—	—	—	—	3.20
上　海		1.65	—	—	—	—	—	—	—	—	—	1.65
安　徽		3.18	—	—	—	—	—	—	—	—	—	3.18
江　西		2.73	—	—	—	—	—	—	—	—	—	2.73
山　东		1.59	—	—	—	—	—	—	—	—	—	1.59
河　南		7.96	—	—	—	—	—	—	—	—	—	7.96
湖　北		15.75	—	—	—	—	—	—	—	—	—	15.75
湖　南		1.75	—	—	—	—	—	—	—	—	—	1.75
广　东		17.10	—	—	—	—	—	—	—	—	—	17.10
广　西		0.51	—	—	—	—	—	—	—	—	—	0.51
海　南		0.73	—	—	—	—	—	—	—	—	—	0.73
四　川		12.19	—	—	—	—	—	—	—	—	—	12.19
贵　州		0.52	—	—	—	—	—	—	—	—	—	0.52
云　南		6.16	—	—	—	—	—	—	—	—	—	6.16
西　藏		0.32	—	—	—	—	—	—	—	—	—	0.32
陕　西		1.41	—	—	—	—	—	—	—	—	—	1.41
甘　肃		0.71	—	—	—	—	—	—	—	—	—	0.71
青　海		0.37	—	—	—	—	—	—	—	—	—	0.37
新　疆		1.98	—	—	—	—	—	—	—	—	—	1.98
合计 Total		**101.46**	**—**	**—**	**—**	**—**	**—**	**—**	**—**	**—**	**—**	**101.46**

七星彩猜单双

单位：万元

Unit：Ten Thousand Yuan

地 区 Region	游戏类型 Game Type	2004	2005	2006	2007	2008	2009	2010	2011	2012	2013	合 计 Total
北 京	乐透排列	328.60	—	—	—	—	—	—	—	—	—	328.60
天 津		217.43	—	—	—	—	—	—	—	—	—	217.43
河 北		345.47	—	—	—	—	—	—	—	—	—	345.47
山 西		40.51	—	—	—	—	—	—	—	—	—	40.51
辽 宁		133.49	—	—	—	—	—	—	—	—	—	133.49
吉 林		170.09	—	—	—	—	—	—	—	—	—	170.09
黑龙江		221.79	—	—	—	—	—	—	—	—	—	221.79
上 海		17.54	—	—	—	—	—	—	—	—	—	17.54
安 徽		73.89	—	—	—	—	—	—	—	—	—	73.89
江 西		131.55	—	—	—	—	—	—	—	—	—	131.55
山 东		148.70	—	—	—	—	—	—	—	—	—	148.70
河 南		381.20	—	—	—	—	—	—	—	—	—	381.20
湖 北		237.46	—	—	—	—	—	—	—	—	—	237.46
湖 南		374.25	—	—	—	—	—	—	—	—	—	374.25
广 东		467.04	—	—	—	—	—	—	—	—	—	467.04
广 西		80.88	—	—	—	—	—	—	—	—	—	80.88
海 南		34.23	—	—	—	—	—	—	—	—	—	34.23
重 庆		119.84	—	—	—	—	—	—	—	—	—	119.84
四 川		438.83	—	—	—	—	—	—	—	—	—	438.83
贵 州		57.53	—	—	—	—	—	—	—	—	—	57.53
云 南		429.04	—	—	—	—	—	—	—	—	—	429.04
西 藏		7.09	—	—	—	—	—	—	—	—	—	7.09
陕 西		133.70	—	—	—	—	—	—	—	—	—	133.70
甘 肃		73.72	—	—	—	—	—	—	—	—	—	73.72
青 海		28.45	—	—	—	—	—	—	—	—	—	28.45
新 疆		85.63	—	—	—	—	—	—	—	—	—	85.63
合计 Total		**4 777.93**	**—**	**—**	**—**	**—**	**—**	**—**	**—**	**—**	**—**	**4 777.93**

七星彩押大小

单位：万元

Unit：Ten Thousand Yuan

地　区 Region	游戏类型 Game Type	2004	2005	2006	2007	2008	2009	2010	2011	2012	2013	合　计 Total
北　京	乐透排列	463.44	85.27	—	—	—	—	—	—	—	—	548.71
天　津		469.58	52.03	—	—	—	—	—	—	—	—	521.61
河　北		460.52	50.28	—	—	—	—	—	—	—	—	510.80
山　西		—	19.68	—	—	—	—	—	—	—	—	19.68
辽　宁		217.63	37.43	—	—	—	—	—	—	—	—	255.06
吉　林		212.76	35.64	—	—	—	—	—	—	—	—	248.40
黑龙江		325.37	40.11	—	—	—	—	—	—	—	—	365.47
上　海		36.79	36.51	—	—	—	—	—	—	—	—	73.30
安　徽		121.38	16.89	—	—	—	—	—	—	—	—	138.27
江　西		257.90	44.74	—	—	—	—	—	—	—	—	302.64
山　东		383.16	32.87	—	—	—	—	—	—	—	—	416.03
河　南		503.82	74.14	—	—	—	—	—	—	—	—	577.95
湖　北		304.67	40.58	—	—	—	—	—	—	—	—	345.25
湖　南		512.53	42.21	—	—	—	—	—	—	—	—	554.73
广　东		739.72	240.04	—	—	—	—	—	—	—	—	979.76
广　西		82.34	9.83	—	—	—	—	—	—	—	—	92.17
海　南		33.61	2.57	—	—	—	—	—	—	—	—	36.18
重　庆		165.07	13.89	—	—	—	—	—	—	—	—	178.96
四　川		538.17	76.90	—	—	—	—	—	—	—	—	615.06
贵　州		71.79	20.57	—	—	—	—	—	—	—	—	92.36
云　南		506.62	83.75	—	—	—	—	—	—	—	—	590.37
西　藏		9.12	3.59	—	—	—	—	—	—	—	—	12.71
陕　西		152.99	26.80	—	—	—	—	—	—	—	—	179.79
甘　肃		109.55	14.62	—	—	—	—	—	—	—	—	124.17
青　海		30.80	3.30	—	—	—	—	—	—	—	—	34.10
新　疆		105.63	28.85	—	—	—	—	—	—	—	—	134.48
合计 Total		**6 814.95**	**1 133.06**	**—**	**—**	**—**	**—**	**—**	**—**	**—**	**—**	**7 948.01**

七星彩全家和

单位：万元

Unit：Ten Thousand Yuan

地　区 Region	游戏类型 Game Type	2004	2005	2006	2007	2008	2009	2010	2011	2012	2013	合　计 Total
北　京	乐透排列	434.44	—	—	—	—	—	—	—	—	—	434.44
天　津		376.21	—	—	—	—	—	—	—	—	—	376.21
河　北		619.72	—	—	—	—	—	—	—	—	—	619.72
山　西		98.70	—	—	—	—	—	—	—	—	—	98.70
辽　宁		185.29	—	—	—	—	—	—	—	—	—	185.29
吉　林		219.57	—	—	—	—	—	—	—	—	—	219.57
黑龙江		430.47	—	—	—	—	—	—	—	—	—	430.47
上　海		24.88	—	—	—	—	—	—	—	—	—	24.88
安　徽		86.18	—	—	—	—	—	—	—	—	—	86.18
江　西		73.52	—	—	—	—	—	—	—	—	—	73.52
山　东		126.07	—	—	—	—	—	—	—	—	—	126.07
河　南		532.95	—	—	—	—	—	—	—	—	—	532.95
湖　北		227.03	—	—	—	—	—	—	—	—	—	227.03
湖　南		267.76	—	—	—	—	—	—	—	—	—	267.76
广　东		908.10	—	—	—	—	—	—	—	—	—	908.10
广　西		123.73	—	—	—	—	—	—	—	—	—	123.73
海　南		41.70	—	—	—	—	—	—	—	—	—	41.70
重　庆		122.03	—	—	—	—	—	—	—	—	—	122.03
四　川		622.60	—	—	—	—	—	—	—	—	—	622.60
贵　州		67.45	—	—	—	—	—	—	—	—	—	67.45
云　南		780.81	—	—	—	—	—	—	—	—	—	780.81
西　藏		12.89	—	—	—	—	—	—	—	—	—	12.89
陕　西		112.11	—	—	—	—	—	—	—	—	—	112.11
甘　肃		81.23	—	—	—	—	—	—	—	—	—	81.23
青　海		39.03	—	—	—	—	—	—	—	—	—	39.03
新　疆		84.36	—	—	—	—	—	—	—	—	—	84.36
合计 Total		**6 698.82**	**—**	**—**	**—**	**—**	**—**	**—**	**—**	**—**	**—**	**6 698.82**

22 选 5

单位：万元

Unit：Ten Thousand Yuan

地 区 Region	游戏类型 Game Type	2004	2005	2006	2007	2008	2009	2010	2011	2012	2013	合 计 Total
天 津	乐透组合	—	—	2 090. 36	1 739. 98	1 639. 59	1 801. 47	1 452. 63	1 604. 34	1 591. 49	938. 19	12 858. 05
河 北		—	5 183. 11	6 597. 86	5 819. 44	5 332. 92	5 889. 63	5 566. 58	6 113. 31	5 906. 18	2 085. 37	48 494. 41
山 西		—	2 974. 33	3 005. 04	2 188. 95	1 792. 06	1 470. 75	1 310. 75	1 206. 59	1 035. 79	471. 94	15 456. 19
内蒙古		—	—	—	1 153. 81	2 963. 49	2 466. 34	2 742. 41	2 898. 85	2 809. 35	1 330. 02	16 364. 27
辽 宁		—	4 895. 36	4 883. 99	4 262. 37	3 709. 79	2 821. 01	2 575. 24	2 312. 87	1 702. 01	784. 29	27 946. 93
吉 林		—	5 714. 07	4 997. 63	3 893. 84	4 683. 19	4 459. 64	3 541. 83	3 291. 36	2 881. 40	1 121. 30	34 584. 25
黑龙江		—	4 428. 45	4 311. 31	3 412. 94	3 108. 51	2 906. 08	2 887. 41	2 645. 96	2 160. 43	960. 65	26 821. 74
上 海		—	—	5 698. 91	4 813. 42	3 951. 63	3 925. 70	3 583. 69	3 404. 98	3 048. 80	1 375. 08	29 802. 20
江 苏		—	—	—	3 558. 58	12 177. 48	13 869. 36	14 621. 85	13 065. 04	8 881. 90	3 963. 98	70 138. 18
安 徽		—	2 601. 00	4 996. 10	4 775. 77	5 069. 41	5 620. 68	5 173. 22	5 208. 99	5 068. 64	2 256. 93	40 770. 74
江 西		—	783. 34	5 775. 69	4 710. 24	4 868. 93	4 823. 26	4 612. 90	4 635. 17	4 036. 52	1 941. 91	36 187. 96
山 东		—	3 409. 45	5 075. 27	5 216. 79	5 040. 23	3 590. 16	2 927. 20	2 796. 49	2 334. 27	1 112. 98	31 502. 84
湖 北		—	—	3 184. 16	2 302. 72	2 094. 82	2 120. 85	1 627. 78	1 506. 03	1 405. 58	540. 89	14 782. 83
湖 南		—	2 742. 10	3 193. 28	2 236. 53	2 251. 95	2 389. 49	2 166. 41	2 733. 86	2 563. 07	1 061. 79	21 338. 48
广 东		—	—	8 013. 80	13 427. 27	10 384. 49	10 751. 35	8 859. 86	8 243. 39	7 278. 53	3 197. 15	70 155. 83
广 西		—	—	515. 91	890. 63	868. 99	916. 36	982. 85	874. 25	811. 43	416. 56	6 276. 99
海 南		—	—	162. 01	102. 69	113. 71	113. 35	150. 29	147. 89	126. 49	54. 88	971. 31
重 庆		—	—	1 634. 82	1 170. 59	991. 19	795. 42	809. 99	711. 46	736. 99	534. 84	7 385. 30
四 川		—	804. 76	1 338. 58	1 315. 24	1 291. 84	1 672. 79	1 885. 49	1 450. 81	1 262. 57	554. 76	11 576. 84
西 藏		—	23. 48	40. 10	58. 42	111. 11	100. 65	—	80. 76	57. 06	26. 97	498. 55
陕 西		—	6 651. 45	6 422. 89	5 835. 05	4 759. 41	4 438. 52	3 032. 44	2 967. 89	2 400. 20	973. 92	37 481. 76
甘 肃		—	2 804. 41	3 004. 99	2 931. 59	2 640. 28	1 845. 89	1 409. 20	1 461. 84	1 588. 42	725. 00	18 411. 61
青 海		—	792. 43	851. 35	711. 12	866. 10	843. 52	587. 76	670. 92	572. 46	253. 59	6 149. 26
宁 夏		—	—	—	414. 51	2 023. 50	1 813. 60	1 637. 96	1 368. 57	1 123. 95	529. 68	8 911. 77
新 疆		—	2 452. 20	2 755. 17	2 212. 63	1 775. 56	1 411. 04	1 045. 68	987. 86	974. 85	454. 42	14 069. 41
合计 Total		**—**	**46 259. 92**	**78 549. 24**	**79 155. 12**	**84 510. 18**	**82 856. 91**	**75 191. 40**	**72 389. 46**	**62 358. 49**	**27 667. 08**	**608 937. 81**

29 选 7

单位：万元

Unit：Ten Thousand Yuan

地 区 Region	游戏类型 Game Type	2004	2005	2006	2007	2008	2009	2010	2011	2012	2013	合 计 Total
河 北	乐透组合	—	4 369. 19	—	3 177. 29	1 799. 83	1 049. 60	—	—	—	—	10 395. 91
山 西		—	1 178. 13	885. 10	522. 67	278. 64	121. 07	—	—	—	—	2 985. 61
内蒙古		—	—	—	589. 39	995. 00	518. 14	—	—	—	—	2 102. 53
辽 宁		—	3 263. 19	3 035. 99	2 386. 97	1 402. 21	718. 24	—	—	—	—	10 806. 60
吉 林		—	3 251. 39	2 857. 91	1 930. 05	959. 50	517. 55	—	—	—	—	9 516. 40
黑龙江		—	1 817. 24	1 630. 64	1 164. 23	694. 07	389. 40	—	—	—	—	5 695. 58
安 徽		—	1 199. 91	2 120. 21	1 575. 85	877. 05	552. 00	—	—	—	—	6 325. 01
江 西		—	1 309. 88	1 421. 69	1 148. 63	578. 73	368. 72	—	—	—	—	4 827. 65
山 东		—	2 103. 54	3 037. 46	2 905. 90	1 841. 13	839. 32	—	—	—	—	10 727. 35
湖 南		—	1 085. 96	979. 18	709. 36	313. 22	167. 77	—	—	—	—	3 255. 49
广 西		—	—	268. 12	460. 90	232. 22	158. 83	—	—	—	—	1 120. 07
重 庆		—	—	353. 28	243. 20	112. 53	45. 97	—	—	—	—	754. 98
四 川		—	—	152. 75	205. 90	113. 24	67. 57	—	—	—	—	539. 46
西 藏		—	—	5. 75	5. 99	5. 63	1. 81	—	—	—	—	19. 18
陕 西		—	2 275. 50	1 542. 89	1 185. 68	612. 02	285. 37	—	—	—	—	5 901. 46
甘 肃		—	1 024. 65	794. 31	550. 61	253. 29	121. 39	—	—	—	—	2 744. 25
青 海		—	163. 09	107. 64	70. 70	47. 49	16. 84	—	—	—	—	405. 76
宁 夏		—	—	—	49. 47	191. 77	87. 73	—	—	—	—	328. 97
新 疆		—	1 686. 44	1 363. 22	1 027. 42	573. 21	264. 40	—	—	—	—	4 914. 69
合计 Total		**—**	**24 728. 10**	**20 556. 15**	**19 910. 19**	**11 880. 78**	**6 291. 72**	**—**	**—**	**—**	**—**	**83 366. 94**

金 银 彩

单位：万元

Unit：Ten Thousand Yuan

地 区 Region	游戏类型 Game Type	2004	2005	2006	2007	2008	2009	2010	2011	2012	2013	合 计 Total
北 京	乐透组合	602.00	—	—	—	—	—	—	—	—	—	602.00
天 津		276.09	—	—	—	—	—	—	—	—	—	276.09
河 北		542.24	—	—	—	—	—	—	—	—	—	542.24
山 西		102.47	—	—	—	—	—	—	—	—	—	102.47
辽 宁		169.96	—	—	—	—	—	—	—	—	—	169.96
吉 林		495.51	—	—	—	—	—	—	—	—	—	495.51
黑龙江		352.49	—	—	—	—	—	—	—	—	—	352.49
上 海		396.47	—	—	—	—	—	—	—	—	—	396.47
江 苏		387.21	—	—	—	—	—	—	—	—	—	387.21
浙 江		406.09	—	—	—	—	—	—	—	—	—	406.09
安 徽		88.59	—	—	—	—	—	—	—	—	—	88.59
福 建		671.63	—	—	—	—	—	—	—	—	—	671.63
江 西		100.11	—	—	—	—	—	—	—	—	—	100.11
山 东		106.91	—	—	—	—	—	—	—	—	—	106.91
河 南		770.30	—	—	—	—	—	—	—	—	—	770.30
湖 北		882.08	—	—	—	—	—	—	—	—	—	882.08
湖 南		255.13	—	—	—	—	—	—	—	—	—	255.13
广 东		1 795.41	—	—	—	—	—	—	—	—	—	1 795.41
广 西		83.53	—	—	—	—	—	—	—	—	—	83.53
海 南		87.47	—	—	—	—	—	—	—	—	—	87.47
重 庆		280.33	—	—	—	—	—	—	—	—	—	280.33
四 川		673.95	—	—	—	—	—	—	—	—	—	673.95
贵 州		129.30	—	—	—	—	—	—	—	—	—	129.30
云 南		633.16	—	—	—	—	—	—	—	—	—	633.16
西 藏		20.11	—	—	—	—	—	—	—	—	—	20.11
陕 西		192.55	—	—	—	—	—	—	—	—	—	192.55
甘 肃		82.00	—	—	—	—	—	—	—	—	—	82.00
青 海		26.57	—	—	—	—	—	—	—	—	—	26.57
新 疆		175.48	—	—	—	—	—	—	—	—	—	175.48
合计 Total		**10 785.13**	**—**	**—**	**—**	**—**	**—**	**—**	**—**	**—**	**—**	**10 785.13**

超级大乐透

单位：万元

Unit：Ten Thousand Yuan

地 区 Region	游戏类型 Game Type	2004	2005	2006	2007	2008	2009	2010	2011	2012	2013	合 计 Total
北 京	乐透组合	—	—	—	8 379.74	18 229.29	19 293.13	27 236.58	39 467.80	36 947.78	70 687.06	220 241.37
天 津		—	—	—	4 201.67	11 088.92	21 249.99	43 718.44	26 863.60	31 775.07	49 624.95	188 522.63
河 北		—	—	—	7 962.91	19 690.21	23 583.52	3 328.81	39 315.34	42 364.17	45 975.41	182 220.37
山 西		—	—	—	2 431.41	6 250.88	6 859.00	39 264.45	12 422.70	12 580.58	13 824.88	93 633.90
内蒙古		—	—	—	2 599.77	9 148.41	9 657.77	23 022.27	16 941.91	19 558.39	24 137.00	105 065.52
辽 宁		—	—	—	11 399.69	21 120.45	20 409.13	25 012.24	32 876.04	31 816.74	33 935.54	176 569.83
吉 林		—	—	—	6 992.21	15 748.57	16 737.76	24 653.65	26 330.99	27 971.17	29 993.36	148 427.70
黑龙江		—	—	—	5 779.50	13 216.90	15 103.20	53 117.84	32 010.74	33 355.52	42 032.44	194 616.15
上 海		—	—	—	7 295.22	19 311.69	23 688.96	19 881.26	41 696.95	44 477.67	50 907.26	207 259.00
江 苏		—	—	—	21 340.30	72 437.98	113 330.77	18 922.79	215 374.28	184 445.06	181 875.77	807 726.95
浙 江		—	—	—	21 550.10	51 891.12	66 012.82	40 756.97	120 469.16	118 680.10	118 842.08	538 202.36
安 徽		—	—	—	8 787.90	21 100.84	23 606.60	952 017.96	41 615.16	41 087.95	48 917.19	1 137 133.60
福 建		—	—	—	19 372.01	45 264.85	49 641.07	23 749.18	83 785.16	82 988.92	91 364.59	396 165.78
江 西		—	—	—	7 584.92	17 791.87	20 193.83	150 426.97	37 356.94	40 289.46	51 483.85	325 127.84
山 东		—	—	—	9 962.29	26 802.01	30 021.67	2 606.84	80 478.23	65 649.36	78 122.33	293 642.72
河 南		—	—	—	15 415.97	39 340.55	48 650.83	26 432.75	72 962.41	72 516.40	86 227.42	361 546.33
湖 北		—	—	—	15 532.43	27 872.94	27 574.19	18 520.34	36 870.49	37 284.64	44 526.00	208 181.03
湖 南		—	—	—	8 179.46	18 019.28	20 680.49	27 516.62	34 756.96	34 205.00	51 338.13	194 695.94
广 东		—	—	—	36 075.42	81 273.90	89 470.52	7 095.07	129 215.92	121 343.82	143 436.34	607 910.99
广 西		—	—	—	2 308.86	4 884.26	5 583.55	92 432.57	10 946.34	11 360.46	13 738.35	141 254.38
海 南		—	—	—	1 284.51	2 498.14	2 816.29	24 106.87	5 914.47	5 475.08	6 778.11	48 873.48
重 庆		—	—	—	8 094.96	16 798.26	18 318.62	82 599.41	29 640.21	30 184.60	41 242.59	226 878.65
四 川		—	—	—	12 233.86	28 506.79	36 157.45	28 630.71	61 735.50	64 814.79	69 402.37	301 481.47
贵 州		—	—	—	7 293.31	20 892.64	23 909.83	6 667.08	29 446.00	29 085.24	32 377.92	149 672.03
云 南		—	—	—	14 585.17	35 066.22	37 792.95	12 724.70	56 610.42	56 687.49	64 178.01	277 644.96
西 藏		—	—	—	186.04	634.61	630.00	24 796.18	1 344.98	1 734.93	1 814.84	31 141.58
陕 西		—	—	—	9 526.56	18 877.76	18 535.07	8 053.94	28 881.18	28 045.11	31 626.76	143 546.37
甘 肃		—	—	—	3 816.23	6 392.16	6 700.46	59 604.23	11 360.78	14 923.73	29 477.53	132 275.12
青 海		—	—	—	802.44	2 024.83	2 638.13	6 643.22	4 054.68	6 699.91	7 159.72	30 022.94
宁 夏		—	—	—	1 021.13	6 154.70	6 178.97	11 078.26	7 799.46	8 235.70	8 948.18	49 416.40
新 疆		—	—	—	5 990.09	13 026.10	12 098.87	—	16 289.63	16 570.57	18 674.13	82 649.39
合计 Total		**—**	**—**	**—**	**287 986.08**	**691 357.13**	**817 125.44**	**1 884 618.21**	**1 384 834.40**	**1 353 155.55**	**1 582 670.12**	**8 001 746.93**

大乐透·幸运彩

单位：万元

Unit：Ten Thousand Yuan

地　区 Region	游戏类型 Game Type	2004	2005	2006	2007	2008	2009	2010	2011	2012	2013	合　计 Total
北　京	乐透组合	—	—	—	202.72	361.87	374.92	460.05	559.23	719.56	333.86	3 012.22
天　津		—	—	—	241.79	315.77	364.15	410.95	333.61	422.56	196.47	2 285.30
河　北		—	—	—	413.07	674.61	657.46	699.97	701.77	1 124.50	243.11	4 514.49
山　西		—	—	—	124.31	193.94	201.29	182.73	166.76	204.10	63.92	1 137.05
内蒙古		—	—	—	117.08	252.82	172.23	175.91	202.87	210.41	81.72	1 213.05
辽　宁		—	—	—	466.80	599.38	483.48	514.55	542.41	408.51	144.46	3 159.59
吉　林		—	—	—	226.48	463.17	431.64	384.02	362.48	404.97	129.00	2 401.76
黑龙江		—	—	—	115.04	256.96	381.04	342.85	411.71	389.13	171.20	2 067.93
上　海		—	—	—	287.62	560.93	817.61	897.94	898.51	1 082.33	368.41	4 913.36
江　苏		—	—	—	644.70	1 108.27	2 389.49	2 717.89	2 767.29	1 572.25	446.55	11 646.44
浙　江		—	—	—	594.10	795.15	1 065.82	1 468.82	1 577.99	1 521.99	408.82	7 432.69
安　徽		—	—	—	154.13	270.06	340.46	422.85	509.34	464.15	156.54	2 317.54
福　建		—	—	—	1 169.46	1 874.45	2 174.07	2 526.08	2 311.13	2 194.81	646.17	12 896.17
江　西		—	—	—	348.02	737.68	796.89	684.17	1 261.68	897.90	360.18	5 086.51
山　东		—	—	—	659.25	2 365.81	1 244.52	1 147.47	1 205.84	938.58	324.87	7 886.34
河　南		—	—	—	608.96	1 241.96	1 159.28	1 145.45	1 064.43	1 003.69	335.23	6 559.00
湖　北		—	—	—	311.46	435.57	499.81	428.07	366.12	376.64	103.33	2 521.00
湖　南		—	—	—	536.46	1 032.20	816.46	627.21	881.65	771.59	179.68	4 845.25
广　东		—	—	—	1 847.28	2 417.97	2 057.01	1 747.28	1 686.45	1 649.91	531.98	11 937.88
广　西		—	—	—	171.29	234.29	251.39	248.76	214.02	237.74	87.97	1 445.45
海　南		—	—	—	9.82	9.00	13.00	16.03	20.65	29.27	10.42	108.19
重　庆		—	—	—	131.25	118.10	172.68	233.96	256.75	304.42	142.52	1 359.67
四　川		—	—	—	110.90	297.35	612.53	611.09	561.77	480.62	154.12	2 828.38
贵　州		—	—	—	150.89	351.90	427.54	393.97	359.67	295.31	94.51	2 073.79
云　南		—	—	—	343.32	760.44	682.49	733.41	730.93	861.94	263.86	4 376.39
西　藏		—	—	—	1.72	16.87	4.41	—	7.34	6.68	2.83	39.85
陕　西		—	—	—	270.72	298.03	352.20	362.71	361.52	364.70	141.37	2 151.25
甘　肃		—	—	—	166.29	325.81	182.91	137.19	150.35	278.52	82.87	1 323.93
青　海		—	—	—	24.29	39.29	132.53	81.69	55.00	56.60	13.98	403.37
宁　夏		—	—	—	40.10	172.59	193.95	157.57	136.60	137.78	43.81	882.39
新　疆		—	—	—	145.41	216.49	144.85	114.76	117.65	147.08	76.84	963.08
合计 Total		**—**	**—**	**—**	**10 634.72**	**18 798.73**	**19 598.11**	**20 075.39**	**20 783.53**	**19 558.38**	**6 340.59**	**115 789.45**

2004—2013年中国体育彩票区域联网游戏销售统计

Sales Statistics of Inter-Regional Games of Sports Lottery from 2004 to 2013

7 位 数

单位：万元

Unit：Ten Thousand Yuan

地 区 Region	游戏类型 Game Type	2004	2005	2006	2007	2008	2009	2010	2011	2012	2013	合 计 Total
四 川	乐透排列	12 357. 30	—	—	—	—	—	—	—	—	—	12 357. 30
西 藏		140. 70	—	—	—	—	—	—	—	—	—	140. 70
合计 Total		**12 498. 00**	**—**	**—**	**—**	**—**	**—**	**—**	**—**	**—**	**—**	**12 498. 00**

21 选 5

单位：万元

Unit：Ten Thousand Yuan

地 区 Region	游戏类型 Game Type	2004	2005	2006	2007	2008	2009	2010	2011	2012	2013	合 计 Total
河 北	乐透组合	2 405. 94	1 111. 65	—	—	—	—	—	—	—	—	3 517. 59
辽 宁		1 909. 91	993. 27	—	—	—	—	—	—	—	—	2 903. 18
吉 林		2 720. 13	1 409. 43	—	—	—	—	—	—	—	—	4 129. 56
黑龙江		2 635. 45	1 219. 94	—	—	—	—	—	—	—	—	3 855. 39
山 东		896. 74	608. 30	—	—	—	—	—	—	—	—	1 505. 03
河 南		1 757. 20	—	—	—	—	—	—	—	—	—	1 757. 20
合计 Total		**12 325. 37**	**5 342. 59**	**—**	**—**	**—**	**—**	**—**	**—**	**—**	**—**	**17 667. 96**

22 选 5

单位：万元

Unit：Ten Thousand Yuan

地 区 Region	游戏类型 Game Type	2004	2005	2006	2007	2008	2009	2010	2011	2012	2013	合 计 Total
山 西	乐透组合	11 236. 07	603. 89	—	—	—	—	—	—	—	—	11 839. 96
陕 西		8 356. 65	1 711. 09	—	—	—	—	—	—	—	—	10 067. 73
甘 肃		4 903. 41	723. 57	—	—	—	—	—	—	—	—	5 626. 98
青 海		1 323. 73	208. 57	—	—	—	—	—	—	—	—	1 532. 30
新 疆		4 507. 72	587. 67	—	—	—	—	—	—	—	—	5 095. 39
合计 Total		**30 327. 57**	**3 834. 78**	**—**	**—**	**—**	**—**	**—**	**—**	**—**	**—**	**34 162. 36**

29 选 7

单位：万元

Unit: Ten Thousand Yuan

地 区 Region	游戏类型 Game Type	2004	2005	2006	2007	2008	2009	2010	2011	2012	2013	合 计 Total
河 北	乐透组合	2 127.29	578.43	—	—	—	—	—	—	—	—	2 705.73
辽 宁		3 456.29	—	—	—	—	—	—	—	—	—	3 456.29
吉 林		2 284.20	331.05	—	—	—	—	—	—	—	—	2 615.26
黑龙江		2 256.18	205.10	—	—	—	—	—	—	—	—	2 461.28
山 东		659.75	205.98	—	—	—	—	—	—	—	—	865.72
合计 Total		**10 783.71**	**1 320.56**	**—**	**—**	**—**	**—**	**—**	**—**	**—**	**—**	**12 104.27**

30 选 7

单位：万元

Unit: Ten Thousand Yuan

地 区 Region	游戏类型 Game Type	2004	2005	2006	2007	2008	2009	2010	2011	2012	2013	合 计 Total
山 西	乐透组合	431.56	—	—	—	—	—	—	—	—	—	431.56
陕 西		1 598.80	—	—	—	—	—	—	—	—	—	1 598.80
甘 肃		536.50	—	—	—	—	—	—	—	—	—	536.50
青 海		84.25	—	—	—	—	—	—	—	—	—	84.25
新 疆		569.10	—	—	—	—	—	—	—	—	—	569.10
合计 Total		**3 220.21**	**—**	**—**	**—**	**—**	**—**	**—**	**—**	**—**	**—**	**3 220.21**

31 选 7

单位：万元

Unit: Ten Thousand Yuan

地 区 Region	游戏类型 Game Type	2004	2005	2006	2007	2008	2009	2010	2011	2012	2013	合 计 Total
河 北	乐透组合	—	—	—	—	—	992.74	1 148.43	—	—	—	2 141.17
山 西		—	—	—	—	—	129.29	127.39	—	—	—	256.68
辽 宁		—	—	—	—	—	526.49	620.97	—	—	—	1 147.46
内蒙古		—	—	—	—	—	358.39	428.80	—	—	—	787.19
吉 林		—	—	—	—	—	417.82	496.33	—	—	—	914.15
黑龙江		—	—	—	—	—	369.00	424.38	—	—	—	793.38
安 徽		—	—	—	—	—	600.98	555.16	—	—	—	1 156.14
江 西		—	—	—	—	—	297.90	329.65	—	—	—	627.55
山 东		—	—	—	—	—	906.50	950.86	—	—	—	1 857.36
湖 南		—		—	—	—	183.87	230.79	—	—	—	414.66
广 西		—	—	—	—	—	219.77	288.88	—	—	—	508.65
重 庆		—	—	—	—	—	69.37	83.07	—	—	—	152.44
陕 西		—	—	—	—	—	398.96	321.56	—	—	—	720.52
甘 肃		—	—	—	—	—	193.98	124.46	—	—	—	318.44
宁 夏		—	—	—	—	—	93.75	92.17	—	—	—	185.92
青 海		—	—	—	—	—	27.78	19.67	—	—	—	47.45
新 疆		—	—	—	—	—	296.01	315.09	—	—	—	611.10
合计 Total		**—**	**—**	**—**	**—**	**—**	**6 082.60**	**6 557.68**	**—**	**—**	**—**	**12 640.28**

注：31 选 7 于 2010 年 10 月 10 日起停售。

35 选 7

单位：万元

Unit：Ten Thousand Yuan

地 区 Region	游戏类型 Game Type	2004	2005	2006	2007	2008	2009	2010	2011	2012	2013	合 计 Total
山 西	乐透组合	2 656. 83	282. 58	—	—	—	—	—	—	—	—	2 939. 41
陕 西		5 353. 88	632. 59	—	—	—	—	—	—	—	—	5 986. 47
甘 肃		2 276. 44	238. 29	—	—	—	—	—	—	—	—	2 514. 73
青 海		442. 09	48. 18	—	—	—	—	—	—	—	—	490. 27
新 疆		2 510. 95	388. 78	—	—	—	—	—	—	—	—	2 899. 73
合计 Total		**13 240. 20**	**1 590. 41**	**—**	**—**	**—**	**—**	**—**	**—**	**—**	**—**	**14 830. 61**

36 选 7

单位：万元

Unit：Ten Thousand Yuan

地 区 Region	游戏类型 Game Type	2004	2005	2006	2007	2008	2009	2010	2011	2012	2013	合 计 Total
黑龙江	乐透组合	300. 86	2 760. 22	1 297. 14	1 260. 14	715. 72	349. 45	—	—	—	—	6 683. 53
上 海		—	3 964. 53	4 063. 05	3 910. 15	2 626. 62	1 264. 59	—	—	—	—	15 828. 94
江 西		69. 81	682. 47	607. 91	670. 48	462. 59	271. 34	—	—	—	—	2 764. 61
湖 北		187. 59	1 472. 80	813. 84	476. 30	—	—	—	—	—	—	2 950. 52
湖 南		49. 14	592. 69	579. 83	647. 61	316. 56	162. 89	—	—	—	—	2 348. 73
广 东		1 349. 77	18 007. 77	13 738. 58	16 377. 80	8 577. 11	4 686. 39	—	—	—	—	62 737. 42
广 西		56. 52	547. 42	400. 65	629. 54	379. 86	233. 32	—	—	—	—	2 247. 32
海 南		19. 67	135. 10	91. 64	59. 73	—	—	—	—	—	—	306. 15
重 庆		60. 53	562. 23	355. 28	248. 14	93. 59	36. 91	—	—	—	—	1 356. 68
四 川		133. 42	652. 89	403. 63	421. 39	184. 96	96. 45	—	—	—	—	1 892. 76
贵 州		13. 54	181. 60	188. 29	165. 87	83. 47	54. 89	—	—	—	—	687. 65
云 南		67. 44	1 075. 69	1 104. 81	760. 74	—	—	—	—	—	—	3 008. 68
西 藏		2. 46	25. 57	23. 27	17. 07	11. 28	8. 11	—	—	—	—	87. 76
合计 Total		**2 310. 75**	**30 661. 00**	**23 667. 93**	**25 644. 96**	**13 451. 76**	**7 164. 34**	**—**	**—**	**—**	**—**	**102 900. 75**

金 银 球

单位：万元

Unit：Ten Thousand Yuan

地 区 Region	游戏类型 Game Type	2004	2005	2006	2007	2008	2009	2010	2011	2012	2013	合 计 Total
上 海	乐透组合	986. 31	—	—	—	—	—	—	—	—	—	986. 31
江 苏		771. 03	—	—	—	—	—	—	—	—	—	771. 03
浙 江		1 121. 16	—	—	—	—	—	—	—	—	—	1 121. 16
安 徽		347. 49	—	—	—	—	—	—	—	—	—	347. 49
江 西		145. 28	—	—	—	—	—	—	—	—	—	145. 28
山 东		262. 67	—	—	—	—	—	—	—	—	—	262. 67
合计 Total		**3 633. 92**	**—**	**—**	**—**	**—**	**—**	**—**	**—**	**—**	**—**	**3 633. 92**

千 喜 乐

单位：万元

Unit：Ten Thousand Yuan

地 区 Region	游戏类型 Game Type	2004	2005	2006	2007	2008	2009	2010	2011	2012	2013	合 计 Total
湖 南	乐透组合	541.58	1 020.92	140.39	73.69	—	—	—	—	—	—	1 776.58
广 西		51.91	31.72	—	—	—	—	—	—	—	—	83.63
海 南		17.08	6.19	—	—	—	—	—	—	—	—	23.27
重 庆		147.14	113.93	—	—	—	—	—	—	—	—	261.07
贵 州		82.55	153.86	55.40	22.80	—	—	—	—	—	—	314.61
云 南		462.21	752.91	296.42	134.00	—	—	—	—	—	—	1 645.54
合计 Total		**1 302.47**	**2 079.53**	**492.21**	**230.49**	**—**	**—**	**—**	**—**	**—**	**—**	**4 104.70**

同 花 5

单位：万元

Unit：Ten Thousand Yuan

地 区 Region	游戏类型 Game Type	2004	2005	2006	2007	2008	2009	2010	2011	2012	2013	合 计 Total
湖 南	乐透组合	222.15	133.42	21.02	9.39	—	—	—	—	—	—	385.98
广 西		31.52	7.32	—	—	—	—	—	—	—	—	38.83
海 南		19.39	8.74	—	—	—	—	—	—	—	—	28.14
重 庆		182.75	68.34	—	—	—	—	—	—	—	—	251.09
贵 州		74.45	100.64	33.38	15.98	—	—	—	—	—	—	224.45
云 南		517.47	458.43	134.90	62.97	—	—	—	—	—	—	1 173.76
合计 Total		**1 047.74**	**776.88**	**189.29**	**88.34**	**—**	**—**	**—**	**—**	**—**	**—**	**2 102.25**

传 统 单 场

单位：万元

Unit：Ten Thousand Yuan

地 区 Region	游戏类型 Game Type	2004	2005	2006	2007	2008	2009	2010	2011	2012	2013	合 计 Total
北 京	竞猜	—	—	—	—	—	—	—	—	138 301.07	—	138 301.07
天 津		—	—	—	—	—	—	—	—	84 294.68	—	84 294.68
广 东		—	—	—	—	—	—	—	—	72 882.09	—	72 882.09
合计 Total		**—**	**—**	**—**	**—**	**—**	**—**	**—**	**—**	**295 477.84**	**—**	**295 477.84**

快 中 彩

单位：万元

Unit：Ten Thousand Yuan

地 区 Region	游戏类型 Game Type	2004	2005	2006	2007	2008	2009	2010	2011	2012	2013	合 计 Total
北 京	乐透组合	—	—	—	—	—	—	—	—	227.04	—	227.04
天 津		—	—	—	—	—	—	—	—	110.39	—	110.39
广 东		—	—	—	—	—	—	—	—	234.72	—	234.72
合计 Total		**—**	**—**	**—**	**—**	**—**	**—**	**—**	**—**	**572.16**	**—**	**572.16**

2004—2013 年中国体育彩票地方游戏销售情况表

Sales Statistics of Regional Games of Sports Lottery from 2004 to 2013

单位：万元

Unit：Ten Thousand Yuan

地区 Region	游戏类型 Game Type	游戏名称 Game Name	2004	2005	2006	2007	2008	2009	2010	2011	2012	2013	合计 Total
北　京	乐透组合	北京 36 选 7	21 777. 36	12 085. 37	7 369. 81	4 368. 42	2 969. 43	1 635. 61	—	—	—	—	50 206. 00
		北京 4 项 13 选 1	372. 86	—	—	—	—	—	—	—	—	—	372. 86
		北京 33 选 7	—	—	—	—	—	808. 60	2 272. 72	1 567. 51	1 274. 44	1 346. 38	7 269. 65
	乐透排列	北京 7 位数	226. 16	—	—	—	—	—	—	—	—	—	226. 16
天　津	乐透组合	天津 11 选 5	—	—	—	—	—	—	513. 11	658. 89	260. 57	269. 13	1 701. 69
		天津 21 选 5	6 064. 90	3 254. 93	405. 07	—	—	—	—	—	—	—	9 724. 89
		天津 29 选 7	—	—	—	—	—	—	—	—	—	—	—
		天津 4 项 13 选 1	—	—	—	—	—	—	—	—	—	—	—
		天津四选乐	—	—	—	—	—	139. 61	138. 95	—	—	—	278. 56
		天津泳坛夺金	—	—	—	—	—	2 922. 50	15 178. 56	12 614. 07	18 478. 66	14 342. 95	63 536. 73
	乐透排列	天津 6 + 0	978. 80	—	—	—	—	—	—	—	—	—	978. 80
		天津 6 + 1	—	—	—	—	—	171. 55	121. 27	—	—	—	292. 82
		天津 6 + 1（停用 1）	13 558. 66	—	—	—	—	—	—	—	—	—	13 558. 66
		天津 6 + 1（停用 2）	2 605. 20	3 468. 57	1 991. 32	1 839. 73	751. 00	385. 59	—	—	—	—	11 041. 42
河　北	乐透组合	河北 11 选 5	—	—	—	—	—	—	—	—	32 695. 32	—	32 695. 32
		河北 20 选 5	4 701. 05	—	—	—	—	—	—	—	—	—	4 701. 05
		河北 29 选 7	3 576. 12	—	—	—	—	—	—	—	—	—	3 576. 12
		河北快乐扑克	—	—	—	18 137. 88	21 254. 02	12 590. 82	6 886. 17	6 818. 40	5 664. 07	345 490. 08	416 841. 44
		河北运动生肖	—	—	—	—	—	2 875. 36	10 360. 28	10 348. 32	11 305. 21	600. 90	35 490. 07
	乐透排列	河北 3 位数	356. 48	—	—	—	—	—	—	—	—	—	356. 48
		河北 7 位数	9 664. 32	—	—	—	—	—	—	—	—	—	9 664. 32

续表

地区 Region	游戏类型 Game Type	游戏名称 Game Name	2004	2005	2006	2007	2008	2009	2010	2011	2012	2013	合计 Total
山西	乐透组合	山西 11 选 5	—	—	—	—	—	—	4 607.62	5 851.23	6 634.48	82 358.83	99 452.17
		山西 20 选 5	—	—	—	—	—	—	—	—	—	—	—
		山西 30 选 7	—	—	—	—	—	—	—	—	—	—	—
		山西 35 选 7	—	—	—	—	—	—	—	—	—	—	—
		山西泳坛夺金	—	—	—	—	—	27 867.88	13 857.77	7 104.89	7 322.77	4 101.52	60 254.82
	乐透排列	山西 6 位数	—	—	—	—	—	—	—	—	—	—	—
内蒙古	乐透组合	内蒙古 11 选 5	—	—	—	—	—	—	—	4 257.98	5 109.21	70 711.36	80 078.55
		内蒙古泳坛夺金	—	—	—	—	—	25 679.01	9 308.24	5 474.01	4 241.26	2 434.93	47 137.44
		内蒙古运动生肖	—	—	—	—	—	347.02	1 004.92	—	—	—	1 351.94
辽宁	乐透组合	辽宁 11 选 5	—	—	—	—	—	—	—	106 205.09	301 219.47	276 209.94	683 634.50
		辽宁 21 选 5	1 845.78	—	—	—	—	—	—	—	—	—	1 845.78
		辽宁 29 选 7	2 373.34	—	—	—	—	—	—	—	—	—	2 373.34
		辽宁 33 选 7	1 105.57	4 399.32	821.79	—	—	—	—	—	—	—	6 326.68
		辽宁 35 选 7	5 707.75	—	—	—	—	—	—	—	—	—	5 707.75
		辽宁快乐扑克	—	—	—	24 145.66	25 250.36	11 911.06	9 172.15	5 861.22	95.3	14.94	76 450.69
		辽宁即乐彩	—	—	—	—	—	10 948.51	6 244.25	—	—	—	17 192.76
吉林	乐透组合	吉林 11 选 5	—	—	—	—	—	2 383.54	23 329.70	28 627.83	81 805.89	190 165.73	326 312.68
		吉林 21 选 5	4 895.78	—	—	—	—	—	—	—	—	—	4 895.78
		吉林 29 选 7	432.86	—	—	—	—	—	—	—	—	—	432.86
		吉林快乐扑克	—	—	—	—	—	15 452.68	765.77	272.09	45.25	—	16 535.80
	乐透排列	吉林 7 位数	4 919.01	—	—	—	—	—	—	—	—	—	4 919.01

续表

地区 Region	游戏类型 Game Type	游戏名称 Game Name	2004	2005	2006	2007	2008	2009	2010	2011	2012	2013	合计 Total
黑龙江	乐透组合	黑龙江 11 选 5	—	—	—	—	—	—	—	90 072.14	231 428.25	256 674.97	578 175.37
		黑龙江 21 选 5	5 582.57	—	—	—	—	—	—	—	—	—	5 582.57
		黑龙江 29 选 7	323.95	—	—	—	—	—	—	—	—	—	323.95
		黑龙江 35 选 7	1 894.24	—	—	—	—	—	—	—	—	—	1 894.24
		黑龙江快乐扑克	—	—	—	39 491.94	24 187.92	20 368.01	21 651.09	10 698.72	794.95	308.07	117 500.69
		黑龙江运动生肖	—	—	—	—	—	14 891.84	7 461.24	—	—	—	22 353.08
	乐透排列	黑龙江 6 位数	21 929.77	15 192.55	7 659.77	7 156.07	6 644.32	5 691.45	4 754.69	3 762.25	2 847.02	2 446.80	78 084.69
上 海	乐透组合	上海 11 选 5	—	—	—	—	—	—	—	10 327.53	18 800.59	56 353.86	85 481.98
		上海 22 选 5	5 766.06	5 135.40	—	—	—	—	—	—	—	—	10 901.46
		上海 30 选 7	1 121.98	99.53	—	—	—	—	—	—	—	—	1 221.51
		上海 36 选 7	9 848.06	1 199.35	—	—	—	931.94	949.88	663.82	424.71	—	14 017.76
		上海 4 项 13 选 1	—	—	—	—	—	—	—	—	—	—	—
		上海即乐彩	—	—	—	752.61	2 393.53	3 070.95	3 596.35	—	—	—	9 813.44
	乐透排列	上海 6 位数	—	—	—	—	—	—	—	—	—	—	—
	竞猜	上海篮球单场	—	29.25	9.61	—	—	—	—	—	—	—	38.86
江 苏	乐透组合	江苏体彩 11 选 5	—	—	—	—	—	—	—	378 128.74	715 652.02	662 801.69	1 756 582.45
		江苏体彩 22 选 5	13 514.82	11 155.66	11 858.70	7 158.24	—	—	—	—	—	—	43 687.42
		江苏 29 选 7	—	—	—	—	—	—	—	—	—	—	—
		江苏快乐扑克	—	—	—	5 986.33	23 178.20	3 096.28	2 581.03	—	—	—	34 841.84
	乐透排列	江苏体彩 7 位数	90 884.54	100 110.71	113 151.46	130 965.41	128 144.05	127 737.80	107 495.94	94 838.43	90 202.53	104 231.84	1 087 762.71
		江苏 4 +1 （0—2）	844.02	—	—	—	—	—	—	—	—	—	844.02
		江苏 5 +1	—	—	1 542.98	4 039.08	1 398.10	928.80	435.59	—	—	—	8 344.55

续表

地区 Region	游戏类型 Game Type	游戏名称 Game Name	2004	2005	2006	2007	2008	2009	2010	2011	2012	2013	合计 Total
浙江	乐透组合	浙江 11 选 5	—	—	—	—	—	—	—	—	159 377. 06	383 200. 98	542 578. 04
		浙江 20 选 5	18 886. 09	15 076. 16	18 509. 67	17 636. 38	17 440. 47	17 143. 32	17 783. 91	18 907. 76	16 611. 74	10 166. 86	168 162. 36
		浙江 29 选 7（停用）	10 152. 93	9 920. 69	9 857. 38	8 283. 31	3 880. 16	2 122. 89	—	—	—	—	44 217. 37
		浙江 31 选 7	—	—	—	—	—	2 915. 69	1 862. 99	—	—	—	4 778. 68
		浙江快乐扑克	—	—	—	24 954. 58	20 261. 94	4 971. 43	—	—	—	—	50 187. 95
		浙江泳坛夺金	—	—	—	—	—	4 349. 17	9 658. 17	8 636. 39	7 229. 57	305. 23	30 178. 53
	乐透排列	浙江 6 + 1	80 151. 46	121 880. 74	149 753. 00	137 124. 93	129 509. 63	113 110. 10	101 037. 33	92 632. 97	79 210. 1	70 219. 29	1 074 629. 54
安徽	乐透组合	安徽 11 选 5	—	—	—	—	—	7 723. 17	23 816. 68	10 688. 51	24 817. 41	114 206. 68	181 252. 46
		安徽 21 选 5	5 734. 64	2 028. 82	—	—	—	—	—	—	—	—	7 763. 46
		安徽 21 选 5 幸运 2	76. 25	20. 31	—	—	—	—	—	—	—	—	96. 56
		安徽 21 选 5 幸运 3	168. 39	84. 95	—	—	—	—	—	—	—	—	253. 33
		安徽 21 选 5 幸运 4	60. 46	10. 88	—	—	—	—	—	—	—	—	71. 34
		安徽 30 选 7	673. 36	—	—	—	—	—	—	—	—	—	673. 36
		安徽快乐扑克	—	—	—	11 210. 91	2 885. 46	1 220. 72	—	—	—	—	15 317. 09
		安徽快乐 3	101. 26	41. 99	—	—	—	—	—	—	—	—	143. 25
		安徽快乐 4	50. 30	3. 96	—	—	—	—	—	—	—	—	54. 25
		安徽快乐 5	538. 86	36. 03	—	—	—	—	—	—	—	—	574. 89
	乐透排列	安徽 7 位数	8 795. 06	—	—	—	—	—	—	—	—	—	8 795. 06
福建	乐透组合	福建 11 选 5	—	—	—	—	—	—	34 980. 83	149 861. 63	187 243. 17	252 021. 38	624 107. 01
		福建 22 选 5	25 014. 86	21 920. 90	22 033. 82	21 414. 46	22 041. 84	16 165. 36	11 211. 08	9 070. 39	7 989. 25	7 203. 60	164 065. 57
		福建 31 选 7	65 652. 45	68 882. 99	66 371. 96	70 385. 42	66 634. 95	60 987. 38	54 138. 59	46 867. 82	45 336. 18	44 074. 54	589 332. 27
		福建 36 选 7	67 098. 08	60 910. 33	60 926. 57	65 662. 56	67 011. 87	63 567. 49	46 112. 59	45 378. 65	42 136. 09	43 502. 27	562 306. 50
		福建 4 项 13 选 1	—	—	—	—	—	—	—	—	—	—	—
		福建即乐彩	—	—	—	—	—	35 110. 86	4 111. 27	—	—	—	39 222. 13

续表

地区 Region	游戏类型 Game Type	游戏名称 Game Name	2004	2005	2006	2007	2008	2009	2010	2011	2012	2013	合计 Total
江　西	乐透组合	江西 20 选 5	7 964. 29	1 996. 96	—	—	—	—	—	—	—	—	9 961. 25
		江西 20 选 5 幸运 1	34. 16	0. 35	—	—	—	—	—	—	—	—	34. 51
		江西 20 选 5 幸运 2	100. 14	6. 97	—	—	—	—	—	—	—	—	107. 12
		江西 20 选 5 幸运 3	555. 16	273. 84	—	—	—	—	—	—	—	—	829. 00
		江西 20 选 5 幸运 4	304. 25	117. 63	—	—	—	—	—	—	—	—	421. 88
		江西 28 选 7	2 112. 26	112. 68	—	—	—	—	—	—	—	—	2 224. 94
		江西 28 选 7 幸运 1	9. 98	0. 07	—	—	—	—	—	—	—	—	10. 05
		江西 28 选 7 幸运 2	20. 06	0. 90	—	—	—	—	—	—	—	—	20. 96
		江西 28 选 7 幸运 3	96. 77	5. 70	—	—	—	—	—	—	—	—	102. 46
		江西 28 选 7 幸运 4	125. 82	6. 60	—	—	—	—	—	—	—	—	132. 42
		江西 28 选 7 幸运 5	56. 04	2. 06	—	—	—	—	—	—	—	—	58. 10
		江西 30 选 7	154. 59	—	—	—	—	—	—	—	—	—	154. 59
		江西 33 选 7	—	—	—	—	—	—	—	—	—	—	—
		江西多乐彩	—	—	—	—	—	10 815. 60	76 557. 06	90 646. 64	83 739. 13	161 068. 52	422 826. 95
	乐透排列	江西 6 + 1 （0—9）	543. 89	—	—	—	—	—	—	—	—	—	543. 89
	竞猜	江西足球幸运 3	304. 99	394. 64	—	—	—	—	—	—	—	—	699. 63
		江西足球幸运 4	20. 48	40. 51	—	—	—	—	—	—	—	—	60. 99
		江西足彩 4 场竞猜	—	2. 78	—	—	—	—	—	—	—	—	2. 78
山　东	乐透组合	山东 21 选 5	3 018. 90	—	—	—	—	—	—	—	—	—	3 018. 90
		山东 21 选 5 幸运 1	48. 99	3. 59	—	—	—	—	—	—	—	—	52. 58
		山东 21 选 5 幸运 2	189. 85	34. 53	—	—	—	—	—	—	—	—	224. 39
		山东 21 选 5 幸运 3	281. 41	70. 24	—	—	—	—	—	—	—	—	351. 65

续表

地区 Region	游戏类型 Game Type	游戏名称 Game Name	2004	2005	2006	2007	2008	2009	2010	2011	2012	2013	合计 Total
山东	乐透组合	山东 21 选 5 幸运 4	129.83	25.37	—	—	—	—	—	—	—	—	155.20
		山东 29 选 7	1 835.09	—	—	—	—	—	—	—	—	—	1 835.09
		山东 35 选 7	—	—	—	—	—	—	—	—	—	—	—
		山东快乐扑克	—	—	—	32 828.90	27 214.14	306.99	89.65	94.21	33.63	16.30	60 583.81
		山东十一运夺金	—	—	—	—	28 951.89	278 456.51	309 981.23	480 579.65	617 373.05	729 719.58	2 445 061.91
	乐透排列	山东幸运 6 + 1	883.01	—	—	—	—	—	—	—	—	—	883.01
	竞猜	山东进球幸运彩	4.41	0.69	—	—	—	—	—	—	—	—	5.11
		山东胜平负猜大小	9.89	0.38	—	—	—	—	—	—	—	—	10.27
		山东胜平负猜单双	0.79	0.03	—	—	—	—	—	—	—	—	0.82
		山东足彩幸运 6	—	371.91	—	—	—	—	—	—	—	—	371.91
河南	乐透组合	河南 9 选 9	—	—	2 695.92	502.53	—	—	—	—	—	—	3 198.45
		河南 11 选 5	—	—	—	—	—	—	9 648.62	6 444.70	772.53	880.12	17 745.97
		河南 20 选 5	14 593.54	—	—	—	—	—	—	—	—	—	14 593.54
		河南 21 选 5（停用）	787.09	—	—	—	—	—	—	—	—	—	787.09
		河南 21 选 5	2 108.42	4 138.31	1 105.79	—	—	—	—	—	—	—	7 352.51
		河南 21 选 5 幸运 2	84.84	—	—	—	—	—	—	—	—	—	84.84
		河南 21 选 5 幸运 3	224.63	—	—	—	—	—	—	—	—	—	224.63
		河南 21 选 5 幸运 4	128.60	—	—	—	—	—	—	—	—	—	128.60
		河南泳坛夺金	—	—	—	—	—	57 184.26	30 203.45	55 018.27	218 191.35	277 378.31	637 975.64
	乐透排列	河南快乐 3	464.28	128.78	—	—	—	—	—	—	—	—	593.07
		河南快乐 4	188.41	21.42	—	—	—	—	—	—	—	—	209.83
		河南快乐 5	1 718.80	103.09	—	—	—	—	—	—	—	—	1 821.90
		河南 6 + 1	13 599.87	—	—	—	—	—	—	—	—	—	13 599.87

续表

地区 Region	游戏类型 Game Type	游戏名称 Game Name	2004	2005	2006	2007	2008	2009	2010	2011	2012	2013	合计 Total
湖北	乐透组合	湖北 11 选 5	—	—	—	—	—	2 736.81	28 590.79	12 799.92	66 247.33	123 219.53	233 594.38
		湖北 21 选 5	13 200.82	2 858.90	145.22	—	—	—	—	—	—	—	16 204.94
		湖北 21 选 5 幸运 1	97.69	21.27	1.10	—	—	—	—	—	—	—	120.06
		湖北 21 选 5 幸运 2	284.16	57.43	2.89	—	—	—	—	—	—	—	344.48
		湖北 21 选 5 幸运 3	2 108.79	657.81	28.65	—	—	—	—	—	—	—	2 795.25
		湖北 21 选 5 幸运 4	1 268.59	396.87	17.00	—	—	—	—	—	—	—	1 682.47
		湖北 29 选 7	804.78	—	—	—	—	—	—	—	—	—	804.78
		湖北 33 选 6 +1	1 915.27	—	—	—	—	—	—	—	—	—	1 915.27
		湖北33 选6 +1 幸运1	50.68	—	—	—	—	—	—	—	—	—	50.68
		湖北33 选6 +1 幸运2	110.80	—	—	—	—	—	—	—	—	—	110.80
		湖北33 选6 +1 幸运3	554.89	—	—	—	—	—	—	—	—	—	554.89
		湖北33 选6 +1 幸运4	603.11	—	—	—	—	—	—	—	—	—	603.11
		湖北33 选6 +1 幸运5	256.74	—	—	—	—	—	—	—	—	—	256.74
		湖北四花选四	—	—	—	14 656.01	5 566.24	741.81	60.90	18.91	2.97	—	21 046.84
	乐透排列	湖北 7 位数	16 118.81	—	—	—	—	—	—	—	—	—	16 118.81
		湖北快乐 3	573.20	49.93	—	—	—	—	—	—	—	—	623.13
		湖北快乐 4	316.29	29.74	—	—	—	—	—	—	—	—	346.02
		湖北快乐 5	630.24	94.53	—	—	—	—	—	—	—	—	724.77
湖南	乐透组合	湖南 21 选 5	244.13	—	—	—	—	—	—	—	—	—	244.13
		湖南 33 选 7	632.64	—	—	—	—	—	—	—	—	—	632.64
		湖南 4 项 13 选 1	—	—	—	—	—	—	—	—	—	—	—
		湖南幸运赛车	—	—	—	—	—	—	—	50 743.63	108 700.79	95 411.34	254 855.77
		湖南即乐彩	—	—	—	—	—	962.75	8 046.54	1 925.40	71.84	3.43	11 009.95
	乐透排列	湖南 6 +0	—	—	—	—	—	—	—	—	—	—	—

续表

地区 Region	游戏类型 Game Type	游戏名称 Game Name	2004	2005	2006	2007	2008	2009	2010	2011	2012	2013	合计 Total
广　东	乐透组合	广东 11 选 5	—	—	—	—	—	31 553. 12	189 862. 66	229 211. 44	300 400. 39	397 433. 14	1 148 460. 75
		广东 36 选 7	15 504. 13	—	—	—	—	3 678. 25	6 902. 30	7 565. 25	5 358. 54	—	39 008. 47
		广东 4 项 13 选 1	—	—	—	—	—	—	—	—	—	—	—
	乐透排列	广东 7 位数	19 949. 35	—	—	—	—	—	—	—	—	—	19 949. 35
	竞猜	广东篮球单场	—	179. 53	23. 42	—	—	—	—	—	—	—	202. 95
广　西	乐透组合	广西 11 选 5	—	—	—	—	—	—	—	5 978. 62	1 797. 28	6 360. 86	14 136. 76
		广西 20 选 5	349. 11	—	—	—	—	—	—	—	—	—	349. 11
		广西 28 选 7	—	—	—	—	—	—	—	—	—	—	—
		广西 36 选 7	799. 82	—	—	—	—	—	—	—	—	—	799. 82
		广西 4 项 13 选 1	—	—	—	—	—	—	—	—	—	—	—
	乐透排列	广西 7 位数	—	—	—	—	—	—	—	—	—	—	—
海　南	乐透组合	海南环岛赛	—	—	—	—	—	—	—	—	—	524. 14	524. 14
		海南 29 选 7	—	—	—	—	—	—	—	—	—	—	—
	乐透排列	海南 2 位数	29. 25	18. 28	0. 90	—	—	—	—	—	—	—	48. 43
		海南 3 位数	19. 09	15. 30	0. 46	—	—	—	—	—	—	—	34. 85
		海南飞鱼	—	—	—	—	—	—	—	5 148. 05	20 731. 38	21 239. 70	47 119. 13
		海南 4 + 1	229. 55	119. 20	4. 18	—	—	411. 38	247. 62	1 103. 24	1 135. 59	1 324. 63	4 575. 40
		海南 6 位数	463. 06	—	—	—	—	—	—	—	—	—	463. 06
重　庆	乐透组合	重庆 11 选 5	—	—	—	—	—	—	10 379. 28	40 171. 80	21 979. 12	20 488. 44	93 018. 63
		重庆 15 选 5	851. 70	—	—	—	—	—	—	—	—	—	851. 70
		重庆 21 选 5	—	—	—	—	—	—	—	—	—	—	—
		重庆 30 选 7	360. 48	—	—	—	—	—	—	—	—	—	360. 48
		重庆 36 选 7	—	—	—	—	—	—	—	—	—	—	—
		重庆快乐 123	—	—	—	—	—	6 984. 80	7 783. 86	—	—	—	14 768. 66
	乐透排列	重庆 6 位数	—	—	—	—	—	—	—	—	—	—	—

续表

地区 Region	游戏类型 Game Type	游戏名称 Game Name	2004	2005	2006	2007	2008	2009	2010	2011	2012	2013	合计 Total
四　川	乐透组合	四川11选5	—	—	—	—	—	—	11 672.24	27 814.76	74 830.66	68 456.86	182 774.52
		四川4项13选1	1 133.02	295.01	72.69	15.88	—	—	—	—	—	—	1 516.61
		四川扑克十分乐	—	—	—	9 380.25	1 868.97	759.15	336.44	—	—	—	12 344.81
贵　州	乐透组合	贵州11选5	—	—	—	—	—	1 694.46	22 455.63	11 030.51	24 195.19	72 390.93	131 766.71
		贵州21选5	171.99	—	—	—	—	—	—	—	—	—	171.99
	乐透排列	贵州6位数	730.74	—	—	—	—	—	—	—	—	—	730.74
		贵州4+1	—	—	—	—	—	—	—	—	—	—	—
		贵州6+1（0—4）	18.56	—	—	—	—	—	—	—	—	—	18.56
云　南	乐透组合	云南11选5	—	—	—	—	—	—	10 489.69	50 302.59	126 728.74	186 965.25	374 486.27
		云南21选5	3 294.49	—	—	—	—	—	—	—	—	—	3 294.49
		云南30选7	4 208.16	1 734.67	704.83	165.95	—	—	—	—	—	—	6 813.61
		云南快乐123	—	—	—	—	—	21 494.05	8 704.93	2 188.16	814.81	481.86	33 683.82
	乐透排列	云南6+1	15 467.96	—	—	—	—	—	—	—	—	—	15 467.96
西　藏	乐透组合	西藏11选5	—	—	—	—	—	—	—	2 669.71	2 989.28	6 395.07	12 054.05
陕　西	乐透组合	陕西11选5	—	—	—	—	—	—	—	—	37 656.02	—	37 656.02
		陕西22选5	—	—	—	—	—	—	—	—	—	—	—
		陕西30选7	—	—	—	—	—	—	—	—	—	—	—
		陕西即乐彩	—	—	—	—	—	3 252.48	10 770.07	5 987.58	1 666.53	94 702.09	116 378.75
		陕西快乐扑克	—	—	—	15 873.50	12 903.87	4 199.16	—	—	—	—	32 976.53
		陕西泳坛夺金	—	—	—	—	—	—	3 798.76	3 749.13	976.13	243.82	8 767.84
	乐透排列	陕西6位数	—	—	—	—	—	—	—	—	—	—	—

续表

地区 Region	游戏类型 Game Type	游戏名称 Game Name	2004	2005	2006	2007	2008	2009	2010	2011	2012	2013	合计 Total
甘　肃	乐透组合	甘肃11选5	—	—	—	—	—	—	47 536.53	4 354.26	5 328.96	85 496.94	142 716.70
		甘肃即乐彩	—	—	—	—	—	7 425.71	1 133.32	—	—	—	8 559.03
		甘肃泳坛夺金	—	—	—	—	—	1 001.05	2 485.10	300.85	471.66	566.08	4 824.74
青　海	乐透组合	青海11选5	—	—	—	—	—	—	—	1 393.44	1 700.82	6 865.42	9 959.69
		青海快乐扑克	—	—	—	—	—	185.53	2 523.90	137.73	17.98	3.51	2 868.65
宁　夏	乐透组合	宁夏11选5	—	—	—	—	—	—	—	8 434.73	5 482.15	13 830.69	27 747.57
		宁夏快乐扑克	—	—	—	—	—	5 305.32	600.12	126.02	2.52	—	6 033.98
新　疆	乐透组合	新疆11选5	—	—	—	—	—	—	6 805.43	13 964.26	21 704.18	29 822.68	72 296.55
		新疆20选5	—	—	—	—	—	—	—	—	—	—	—
		新疆32选7	—	—	—	—	—	—	—	—	—	—	—
		新疆泳坛夺金	—	—	—	—	—	21 806.75	11 757.81	—	—	—	33 564.56
合计 Total			**676 082.01**	**471 337.94**	**477 065.95**	**674 136.96**	**642 342.36**	**1 083 179.93**	**1 376 824.67**	**2 286 100.74**	**3 857 353.09**	**5 397 053.98**	**16 941 477.62**

2004—2013年中国体育彩票即开型彩票销售情况表（分地区）

Sales Statistics of Terminal – Sale Instant Win Tickets of Sports Lottery in Different Regions in China from 2004 to 2013

单位：万元

Unit：Ten Thousand Yuan

序号	地区	2004	2005	2006	2007	2008	2009	2010	2011	2012	2013	合计 Total
1	北京	375.44	—	—	—	44 542.98	61 402.44	75 104.70	90 118.46	106 376.49	73 137.96	451 058.47
2	天津	—	—	—	—	13 941.00	18 132.18	17 505.30	19 198.92	15 982.80	13 978.89	98 739.09
3	河北	1 549.96	123.17	—	11 000.00	33 265.54	33 431.88	50 607.66	84 494.21	100 992.81	78 054.23	393 519.45
4	山西	82.81	17.42	—	—	48 942.90	15 736.68	26 518.92	27 364.32	28 589.85	25 146.90	172 399.80
5	内蒙古	212.84	—	—	—	34 149.96	38 360.76	47 221.26	66 714.00	74 650.02	65 638.83	326 947.67
6	辽宁	2 477.62	—	—	—	32 246.70	47 167.44	51 105.24	64 382.69	55 226.57	66 127.44	318 733.69
7	吉林	408.33	20.09	—	—	22 376.94	28 262.16	27 928.50	41 529.98	51 925.92	52 222.44	224 674.36
8	黑龙江	152.52	—	—	—	29 805.12	44 885.16	51 387.30	63 437.57	55 833.36	60 076.46	305 577.48
9	上海	1 550.96	450.00	—	60.00	15 756.06	32 284.50	45 387.84	56 498.36	41 743.22	33 609.12	227 340.05
10	江苏	8 595.77	410.69	—	—	89 529.60	220 479.54	278 536.74	270 683.30	176 790.09	164 222.69	1 209 248.41
11	浙江	10 193.10	173.15	—	—	66 739.32	107 230.08	119 526.60	134 865.47	111 260.55	93 708.62	643 696.88
12	安徽	1 550.21	55.10	—	—	24 001.38	39 310.38	38 616.54	47 589.39	38 828.90	26 508.02	216 459.91
13	福建	—	1 357.49	—	—	50 825.82	77 998.26	74 226.30	86 431.59	84 597.74	94 685.40	470 122.60
14	江西	—	—	—	1 318.39	8 396.42	18 036.96	20 356.68	13 345.95	13 165.58	11 463.89	86 083.86
15	山东	3 608.87	251.92	—	2 021.00	62 814.52	75 037.68	88 862.70	151 995.90	165 640.32	153 374.52	703 607.43
16	河南	4.14	—	—	—	67 427.28	54 882.60	61 779.78	98 461.14	88 162.94	80 622.35	451 340.22
17	湖北	139.64	7.63	—	—	15 659.76	13 945.14	12 614.46	17 317.05	16 839.66	7 961.15	84 484.49
18	湖南	702.52	—	—	—	6 805.86	16 160.76	18 407.40	28 760.87	18 487.82	12 250.88	101 576.10
19	广东	4 460.74	512.71	—	—	69 908.04	148 549.56	160 940.70	212 683.77	169 868.31	182 717.16	949 640.99
20	广西	1 412.19	—	—	—	2 406.24	3 814.92	7 742.40	10 029.15	8 464.49	9 221.13	43 090.51
21	海南	85.98	—	—	—	2 439.66	1 969.80	2 115.96	4 084.35	4 001.82	5 141.01	19 838.58
22	重庆	363.31	—	—	—	11 861.94	19 034.34	25 591.44	24 637.70	27 728.82	14 645.18	123 862.72
23	四川	625.63	271.47	—	828.00	28 680.19	78 649.50	77 206.14	85 081.38	75 001.61	68 456.06	414 799.97
24	贵州	986.52	—	—	—	14 492.70	25 952.70	23 126.58	31 129.61	23 707.07	21 367.91	140 763.07
25	云南	617.04	—	—	—	99 125.70	148 963.32	99 022.62	101 117.31	92 123.97	93 748.85	634 718.80
26	西藏	—	—	—	—	12 179.88	16 640.10	9 668.70	15 789.57	17 348.49	16 915.86	88 542.60
27	陕西	2 478.69	—	—	—	38 217.18	45 869.76	47 401.26	60 510.27	47 748.09	44 203.80	286 429.05
28	甘肃	539.07	99.22	—	—	34 019.16	18 070.62	21 206.52	25 029.14	33 524.04	32 140.97	164 628.73
29	青海	36.36	—	—	—	12 520.08	13 025.04	11 338.98	12 416.51	9 934.17	9 127.74	68 398.88
30	宁夏	187.74	26.55	—	—	10 305.78	9 316.74	12 625.02	12 848.03	9 513.39	11 124.74	65 947.98
31	新疆	399.82	88.24	—	—	25 262.40	45 407.34	40 106.34	37 305.02	38 007.30	41 266.79	227 843.24
合计 Total		**43 797.83**	**3 864.85**	—	**15 227.39**	**1 028 646.11**	**1 518 008.34**	**1 643 786.58**	**1 995 850.91**	**1 802 066.16**	**1 662 866.91**	**9 714 115.07**

（国家体育总局体育彩票管理中心供稿）

（四）2013 年彩票销售统计资料

Sales Statistics of Lottery Games in 2013

2013 年中国福利彩票全国联网游戏

Monthly Sales Statistics of National Games

双 色 球

地 区 Region	游戏类型 Game Type	1月 Jan.	2月 Feb.	3月 Mar.	4月 Apr.	5月 May	6月 June
北 京	乐透组合	21 650.17	14 165.55	21 771.83	20 926.74	19 614.29	19 419.83
天 津		6 876.17	4 010.08	6 768.21	5 705.58	5 514.86	5 308.26
河 北		17 099.47	10 980.04	17 078.60	16 233.96	14 841.60	14 180.80
山 西		9 491.31	5 716.17	9 422.14	8 616.18	8 099.75	7 803.78
内蒙古		9 911.66	6 107.27	10 518.90	11 396.61	11 310.51	11 128.53
辽 宁		19 202.81	13 059.21	19 478.15	18 451.86	17 431.73	16 823.35
吉 林		6 716.93	4 743.40	7 061.36	6 778.75	6 162.65	5 934.85
黑龙江		14 213.22	9 347.15	13 482.53	12 914.13	11 606.86	10 910.32
上 海		18 104.01	11 226.76	17 624.09	16 927.67	16 240.75	16 059.98
江 苏		29 178.42	18 809.31	28 586.15	27 613.42	26 041.66	25 293.46
浙 江		33 366.01	20 112.77	31 980.46	31 162.31	29 811.25	28 738.55
安 徽		17 713.64	11 609.42	16 933.94	15 604.95	15 128.20	15 199.15
福 建		14 915.31	10 024.72	14 424.56	13 850.44	12 999.36	12 705.48
江 西		17 319.02	12 719.48	18 641.49	17 625.58	17 100.51	17 369.94
山 东		27 900.10	17 877.97	27 344.23	26 153.72	24 736.77	24 269.22
河 南		19 048.43	12 620.70	18 958.59	17 815.66	17 582.71	17 123.11
湖 北		17 593.75	11 506.71	17 162.94	15 838.25	15 303.47	14 626.48
湖 南		15 997.62	10 697.12	16 488.01	15 578.49	14 945.66	14 984.56
广 东		61 702.97	38 116.10	62 094.71	59 452.22	56 408.68	56 049.25
广 西		17 315.91	11 596.20	17 707.00	17 761.35	16 872.64	15 978.60
海 南		3 424.70	2 240.50	3 532.27	3 189.45	3 087.78	3 009.16
重 庆		12 087.68	9 069.56	13 982.05	13 614.20	13 157.39	13 117.03
四 川		20 287.10	13 884.29	19 920.98	18 646.82	18 079.03	17 634.47
贵 州		7 769.95	4 991.37	8 046.78	7 801.21	7 569.52	7 356.11
云 南		15 718.91	9 809.63	15 450.16	14 907.17	14 938.06	14 972.77
西 藏		698.99	319.08	750.24	824.83	795.29	779.45
陕 西		13 431.92	8 230.27	13 253.86	12 648.00	12 389.40	11 822.36
甘 肃		6 530.78	4 025.79	6 463.91	6 189.23	6 049.68	5 866.43
青 海		3 245.29	1 907.64	2 500.83	2 267.10	2 199.34	2 125.14
宁 夏		3 875.23	2 407.24	3 436.72	3 026.65	2 858.77	3 503.19
新 疆		6 143.81	3 969.03	6 238.09	6 078.54	5 826.67	5 643.39
合计 Total		**488 531.29**	**315 900.54**	**487 103.79**	**465 601.07**	**444 704.84**	**435 737.00**

销售统计（分地区按月统计）

of Welfare Lottery in Different Regions in 2013

单位：万元

Unit: Ten Thousand Yuan

7月 July	8月 Aug.	9月 Sept.	10月 Oct.	11月 Nov.	12月 Dec.	合 计 Total
20 063.36	18 772.09	19 255.09	20 475.38	18 959.19	22 333.00	237 406.52
5 222.54	6 033.45	6 789.11	7 421.70	7 068.66	11 175.11	77 893.73
14 111.24	14 114.98	15 073.57	16 375.13	14 963.73	17 394.13	182 447.25
7 900.86	7 727.15	8 092.96	8 740.27	7 980.99	9 365.68	98 957.24
11 789.59	12 019.44	13 239.25	13 800.20	11 972.66	12 750.46	135 945.08
16 734.73	16 452.20	17 387.76	18 899.31	17 422.37	20 113.60	211 457.08
5 960.73	5 976.66	6 291.14	6 533.76	5 878.73	6 927.51	74 966.47
10 882.60	10 946.17	11 671.63	12 433.69	11 755.13	14 715.66	144 879.09
16 061.73	16 742.11	20 133.77	22 299.00	21 801.14	25 597.34	218 818.35
24 612.63	24 893.35	27 307.55	28 982.77	26 504.19	29 686.20	317 509.11
28 494.32	28 623.48	31 830.49	33 856.07	31 096.05	34 648.84	363 720.60
14 550.54	14 076.16	15 596.21	17 079.71	15 812.56	17 962.52	187 267.00
12 916.72	12 815.11	14 227.60	15 355.03	13 725.04	15 467.79	163 427.18
18 024.08	18 425.50	19 211.41	20 260.06	18 192.26	24 560.39	219 449.72
24 089.34	23 825.06	25 359.41	27 831.71	25 008.55	30 099.56	304 495.64
17 073.82	16 857.96	17 859.20	19 559.82	18 107.33	20 940.59	213 547.92
15 090.78	14 687.65	16 209.94	17 617.60	16 068.03	18 024.39	189 729.99
14 800.67	14 752.48	15 711.12	16 833.79	15 443.55	17 216.95	183 450.02
57 909.89	56 064.46	59 661.25	64 775.37	58 007.45	66 326.76	696 569.11
17 840.09	16 648.01	16 052.52	17 153.35	15 246.14	15 034.12	195 205.93
3 039.61	2 959.31	3 055.55	3 407.08	3 054.22	3 602.44	37 602.07
13 565.44	13 763.99	15 831.51	17 757.41	16 518.81	17 576.09	170 041.16
17 805.70	17 329.55	18 883.22	20 596.61	19 264.07	21 516.00	223 847.84
7 570.53	7 612.48	8 028.87	8 607.87	7 860.78	8 630.55	91 846.02
15 342.05	14 612.39	15 217.60	16 240.52	14 886.26	16 502.08	178 597.60
789.21	770.62	874.64	913.58	822.42	852.63	9 190.98
12 092.88	12 124.08	12 905.02	13 757.56	12 800.45	15 356.86	150 812.66
5 842.72	5 744.99	5 894.74	6 274.24	5 659.16	6 660.61	71 202.28
2 148.72	2 083.15	2 202.93	2 326.00	2 135.89	2 449.19	27 591.22
3 310.05	3 247.17	3 270.59	3 372.78	3 338.73	4 095.66	39 742.79
5 861.17	5 870.90	6 347.04	6 721.92	6 288.03	7 251.25	72 239.84
441 498.35	**436 572.10**	**469 472.64**	**506 259.29**	**463 642.57**	**534 833.96**	**5 489 857.43**

3D

地　区 Region	游戏类型 Game Type	1月 Jan.	2月 Feb.	3月 Mar.	4月 Apr.	5月 May	6月 June
北　京	乐透排列	7 259.37	4 247.99	7 299.41	7 088.33	7 073.02	6 518.51
天　津		2 322.35	1 287.44	2 281.55	2 244.62	2 135.96	1 804.86
河　北		8 357.82	4 706.68	7 945.71	7 807.59	6 943.02	6 284.23
山　西		7 693.25	4 159.43	6 820.84	6 391.32	5 991.60	5 397.52
内蒙古		6 438.07	3 727.39	6 793.97	6 965.95	6 274.99	5 931.44
辽　宁		14 005.60	9 035.08	14 116.42	13 351.91	12 460.51	11 266.64
吉　林		4 136.88	2 727.60	4 303.59	3 911.29	3 440.97	3 139.14
黑龙江		5 902.52	3 718.15	5 842.47	5 520.56	4 752.59	4 350.27
上　海		3 490.21	1 571.17	2 473.60	2 458.33	2 461.24	2 267.52
江　苏		5 689.18	3 446.79	5 638.51	5 480.57	5 398.90	5 059.95
浙　江		10 177.62	5 473.67	9 207.59	9 274.19	9 363.40	9 052.50
安　徽		4 388.94	2 740.32	4 125.46	4 105.65	3 748.74	3 391.37
福　建		1 312.39	801.98	1 242.16	1 222.24	1 161.88	1 052.24
江　西		3 768.05	2 373.60	3 963.03	3 949.40	3 876.34	3 715.94
山　东		9 826.38	5 842.19	9 839.46	9 789.59	9 366.26	8 586.40
河　南		5 683.37	3 503.23	5 522.40	5 118.98	5 054.21	4 925.88
湖　北		8 246.43	4 989.83	8 029.35	7 548.42	7 428.75	6 866.29
湖　南		5 704.68	3 640.02	6 245.77	6 224.28	6 115.11	5 870.67
广　东		6 383.96	3 790.68	6 325.79	6 038.15	5 863.56	5 689.38
广　西		2 515.28	1 586.43	2 997.69	2 356.67	2 098.65	1 977.54
海　南		127.03	69.78	112.30	102.77	103.13	89.50
重　庆		2 240.90	1 613.75	2 816.75	2 589.26	2 444.71	2 109.54
四　川		8 999.38	5 322.57	8 514.18	8 056.92	8 046.46	7 600.46
贵　州		3 988.33	2 483.86	3 991.16	3 895.25	3 818.51	3 530.09
云　南		13 664.13	8 346.17	13 138.65	12 870.30	12 562.25	12 085.72
西　藏		835.31	405.48	883.11	1 007.57	1 017.30	921.45
陕　西		9 712.95	5 439.82	9 259.45	8 948.70	8 707.75	8 059.28
甘　肃		6 559.57	3 838.69	6 593.02	6 618.90	6 401.75	6 020.74
青　海		2 012.95	1 175.47	2 077.25	2 206.90	2 213.18	2 024.59
宁　夏		2 666.65	1 636.42	2 574.12	2 204.96	2 043.57	2 001.12
新　疆		2 404.49	1 550.77	2 397.70	2 280.22	2 229.77	2 010.61
合计 Total		**176 514.04**	**105 252.45**	**173 372.45**	**167 629.79**	**160 598.08**	**149 601.39**

单位：万元

Unit：Ten Thousand Yuan

7月 July	8月 Aug.	9月 Sept.	10月 Oct.	11月 Nov.	12月 Dec.	合 计 Total
6 942.53	7 061.13	7 482.66	8 634.77	7 154.83	7 429.65	84 192.20
1 989.80	2 036.10	1 879.93	1 774.53	1 959.88	2 383.55	24 100.57
6 458.99	6 312.80	5 918.22	6 204.63	5 996.04	6 548.49	79 484.22
5 571.50	5 140.89	5 022.88	5 139.51	4 971.49	5 311.00	67 611.23
5 784.05	5 164.71	5 194.92	5 292.48	5 332.00	5 837.16	68 737.13
11 544.36	10 978.16	11 116.54	11 121.39	11 093.52	12 127.93	142 218.06
3 322.12	3 226.01	3 168.91	3 066.06	3 134.29	3 445.71	41 022.57
4 650.99	4 554.95	4 536.11	4 530.71	4 561.13	4 928.36	57 848.81
2 441.11	2 414.45	2 955.08	2 835.74	3 869.95	3 372.43	32 610.83
5 208.39	5 251.47	5 199.68	5 072.48	4 999.84	5 148.57	61 594.33
8 900.29	8 807.94	8 744.04	8 599.88	8 553.69	8 631.45	104 786.26
3 413.05	3 185.38	3 144.46	3 226.74	3 181.61	3 394.01	42 045.73
1 076.69	1 135.43	1 144.92	1 108.82	1 074.94	1 112.93	13 446.62
4 441.58	5 693.50	4 686.17	4 337.93	4 509.31	5 664.46	50 979.31
8 807.68	8 439.23	8 438.87	8 312.15	8 430.83	8 646.78	104 325.82
5 214.34	5 319.27	4 954.37	5 200.56	5 178.58	5 353.94	61 029.13
7 164.43	7 274.62	7 199.09	7 395.04	7 257.89	7 599.90	87 000.04
6 149.81	6 692.76	6 263.31	6 010.52	5 897.37	6 143.20	70 957.50
6 049.30	6 053.37	5 913.42	5 953.58	5 944.93	6 209.49	70 215.61
2 111.78	1 778.77	1 781.44	1 876.64	1 636.05	1 454.85	24 171.79
102.66	115.45	111.11	120.21	117.25	134.96	1 306.15
2 132.30	2 124.94	2 152.66	2 162.45	2 694.96	3 105.35	28 187.57
7 848.12	7 822.38	7 591.96	7 634.80	7 866.43	7 850.30	93 153.96
3 689.85	3 613.01	3 564.09	3 641.88	3 640.59	3 641.99	43 498.61
13 308.37	13 462.44	13 089.64	12 825.94	12 860.04	13 265.47	151 479.12
928.05	824.04	873.24	853.17	837.52	795.64	10 181.88
8 183.13	8 188.25	8 300.97	8 209.46	8 178.39	8 985.51	100 173.66
6 201.49	5 547.87	4 598.49	4 381.49	4 143.99	4 434.26	65 340.26
2 023.31	1 875.12	1 847.74	1 918.72	2 036.02	2 024.84	23 436.09
2 180.06	2 170.84	2 102.63	1 991.07	2 060.22	2 138.58	25 770.24
2 195.67	2 148.34	2 171.87	2 176.34	2 222.90	2 387.70	26 176.38
156 035.80	**154 413.62**	**151 149.41**	**151 609.69**	**151 396.48**	**159 508.46**	**1 857 081.68**

七乐彩

地区 Region	游戏类型 Game Type	1月 Jan.	2月 Feb.	3月 Mar.	4月 Apr.	5月 May	6月 June
北京	乐透组合	256.73	164.46	257.55	252.29	250.37	204.99
天津		184.60	117.32	150.61	118.37	124.55	120.06
河北		571.36	365.19	525.13	535.65	532.31	457.34
山西		233.14	150.61	225.28	198.98	201.23	163.84
内蒙古		250.47	156.22	262.71	314.43	319.67	343.52
辽宁		501.32	361.42	495.63	491.44	499.08	416.91
吉林		170.30	117.21	159.14	162.12	158.80	137.92
黑龙江		310.96	169.32	229.21	235.27	219.93	176.41
上海		323.71	220.61	318.79	324.01	337.60	293.27
江苏		550.67	376.95	517.89	523.78	531.48	463.25
浙江		810.39	502.13	686.85	705.48	712.45	616.05
安徽		411.72	266.05	367.01	364.54	377.04	336.30
福建		880.59	605.21	752.53	828.97	805.67	727.25
江西		598.57	451.09	648.86	674.10	699.01	676.55
山东		3 754.19	2 566.54	3 699.03	3 654.76	3 638.12	3 055.06
河南		394.49	270.54	376.72	384.93	416.07	352.79
湖北		300.42	197.49	281.49	276.28	285.71	247.97
湖南		298.50	197.79	287.35	293.10	299.70	263.85
广东		165.47	103.36	144.92	138.68	146.67	125.71
广西		731.37	515.58	701.66	755.60	748.45	577.63
海南		19.30	12.27	17.89	18.18	18.21	14.55
重庆		125.90	155.01	235.18	227.07	243.86	175.77
四川		245.30	168.98	239.39	233.37	233.01	194.27
贵州		76.81	49.17	78.74	83.52	82.63	68.19
云南		329.26	225.29	319.04	364.66	372.26	334.08
西藏		11.93	6.33	13.08	12.96	12.88	9.88
陕西		341.54	218.17	313.57	326.83	317.41	290.60
甘肃		148.80	97.32	141.69	146.72	160.55	137.22
青海		50.00	30.29	40.38	41.25	40.47	33.37
宁夏		92.94	57.23	79.13	70.81	68.72	62.84
新疆		208.80	135.52	198.50	199.35	197.87	163.84
合计 Total		**13 349.55**	**9 030.67**	**12 764.94**	**12 957.49**	**13 051.78**	**11 241.28**

单位：万元

Unit：Ten Thousand Yuan

7月 July	8月 Aug.	9月 Sept.	10月 Oct.	11月 Nov.	12月 Dec.	合 计 Total
238.43	221.90	207.12	212.70	244.14	243.98	2 754.66
140.85	169.93	170.28	201.24	214.49	333.29	2 045.59
541.44	476.17	451.58	512.59	528.50	521.12	6 018.38
185.43	169.40	164.64	168.75	181.44	193.12	2 235.86
409.80	403.69	324.88	471.75	352.52	368.14	3 977.80
483.25	434.31	410.34	449.89	479.39	463.85	5 486.83
161.56	141.29	128.14	140.38	146.51	139.91	1 763.28
214.07	194.17	177.41	201.68	220.21	230.02	2 578.66
342.34	316.59	362.32	408.27	468.35	493.84	4 209.70
555.06	493.08	449.91	491.38	521.83	495.15	5 970.43
757.85	662.90	605.13	701.26	721.51	636.16	8 118.16
387.76	346.55	320.33	380.77	397.13	367.54	4 322.74
865.31	742.49	665.57	834.77	814.07	736.61	9 259.04
835.94	812.90	749.95	782.49	833.89	840.05	8 603.40
3 463.02	3 125.04	3 089.17	3 286.52	3 362.27	3 390.61	40 084.33
400.03	360.55	320.15	345.59	385.63	383.46	4 390.95
280.55	241.82	244.03	264.18	283.52	270.44	3 173.90
306.50	275.90	251.62	287.29	302.03	282.87	3 346.50
149.82	132.32	128.50	144.45	159.25	130.79	1 669.94
753.71	834.43	877.88	837.37	892.26	665.60	8 891.54
17.36	16.67	15.53	17.44	17.95	20.10	205.45
163.62	153.45	134.64	167.29	164.04	133.40	2 079.23
233.97	221.18	218.85	220.86	235.71	220.00	2 664.89
73.86	69.42	65.78	69.20	77.47	79.95	874.74
415.59	355.30	329.28	364.02	394.93	330.18	4 133.89
11.31	11.40	12.46	12.35	13.01	11.84	139.43
341.13	294.28	272.69	305.84	309.62	308.19	3 639.87
152.37	131.22	119.49	124.16	130.12	128.71	1 618.37
39.26	34.33	35.57	39.42	42.10	42.36	468.80
82.84	99.39	72.90	75.59	80.45	77.86	920.69
187.68	166.11	164.20	172.92	178.35	173.36	2 146.50
13 191.71	**12 108.18**	**11 540.33**	**12 692.41**	**13 152.69**	**12 712.50**	**147 793.59**

开 乐 彩

单位：万元

Unit：Ten Thousand Yuan

地 区 Region	游戏类型 Game Type	1月 Jan.	2月 Feb.	3月 Mar.	4月 Apr.	5月 May	6月 June	7月 July	8月 Aug.	9月 Sept.	10月 Oct.	11月 Nov.	12月 Dec.	合 计 Total
天 津	基诺	—	—	—	—	—	—	—	—	—	—	—	—	—
河 北		1 096.44	659.07	872.42	728.14	655.29	525.94	468.05	484.50	405.13	375.86	343.91	431.17	7 045.93
山 西		153.71	76.21	151.49	122.64	96.42	67.59	51.10	49.78	56.86	33.30	39.93	73.92	972.94
辽 宁		236.11	164.90	208.75	168.22	136.00	98.47	98.34	72.10	75.50	99.01	90.65	91.65	1 539.71
吉 林		78.09	54.28	92.17	44.45	37.42	22.38	19.84	21.08	24.30	30.59	31.38	18.46	474.44
山 东		19.32	16.83	30.58	20.92	22.32	47.41	18.63	16.01	17.58	22.86	22.62	22.09	277.18
河 南		—	—	—	—	—	—	—	—	—	—	—	—	—
湖 南		17.88	11.34	20.97	10.42	4.14	3.51	8.22	5.05	2.06	1.81	1.84	2.76	89.99
广 东		0.52	0.00	0.03	0.00	0.18	0.10	0.00	0.00	0.00	0.00	0.00	0.00	0.83
四 川		3.76	3.17	5.23	3.37	6.36	3.17	1.95	1.89	2.79	2.78	1.43	1.96	37.86
云 南		—	—	—	—	—	—	—	—	—	—	—	—	—
陕 西		8.30	2.20	3.71	12.62	4.23	1.60	3.61	2.27	2.34	6.88	5.63	3.51	56.90
甘 肃		392.23	221.69	347.31	375.30	376.66	413.61	324.70	387.14	383.36	396.25	376.18	491.57	4 486.00
合计 Total		**2 006.37**	**1 209.69**	**1 732.66**	**1 486.09**	**1 339.02**	**1 183.77**	**994.43**	**1 039.81**	**969.94**	**969.34**	**913.57**	**1 137.08**	**14 981.77**

2013 年中国福利彩票区域联网游戏销售统计（分地区按月统计）

Monthly Sales Statistics of Inter – Regional Games of Welfare Lottery in Different Regions in 2013

15 选 5

单位：万元
Unit：Ten Thousand Yuan

地 区 Region	游戏类型 Game Type	1 月 Jan.	2 月 Feb.	3 月 Mar.	4 月 Apr.	5 月 May	6 月 June	7 月 July	8 月 Aug.	9 月 Sept.	10 月 Oct.	11 月 Nov.	12 月 Dec.	合 计 Total
上 海	乐透组合	222. 50	135. 19	464. 20	244. 96	243. 30	337. 32	498. 73	397. 30	414. 19	458. 62	397. 15	481. 29	4 294. 76
江 苏		690. 24	430. 60	1 301. 59	638. 22	625. 44	756. 02	1 024. 46	791. 26	686. 28	684. 03	644. 30	670. 18	8 942. 62
浙 江		682. 63	387. 74	1 112. 57	617. 05	640. 03	998. 12	1 384. 52	689. 98	520. 36	569. 14	506. 29	526. 35	8 634. 76
安 徽		791. 70	490. 89	1 653. 20	779. 65	785. 74	966. 35	1 261. 41	1 025. 46	813. 13	813. 21	772. 77	757. 25	10 910. 74
福 建		347. 29	214. 89	563. 12	330. 69	342. 18	599. 60	844. 85	396. 74	296. 80	343. 70	277. 05	301. 30	4 858. 22
江 西		161. 75	130. 49	423. 48	252. 80	221. 38	353. 40	437. 92	325. 53	191. 27	181. 44	159. 87	180. 72	3 020. 05
合计 Total		**2 896. 10**	**1 789. 80**	**5 518. 17**	**2 863. 37**	**2 858. 07**	**4 010. 81**	**5 451. 89**	**3 626. 27**	**2 922. 03**	**3 050. 14**	**2 757. 42**	**2 917. 09**	**40 661. 15**

22 选 5

单位：万元
Unit：Ten Thousand Yuan

地 区 Region	游戏类型 Game Type	1 月 Jan.	2 月 Feb.	3 月 Mar.	4 月 Apr.	5 月 May	6 月 June	7 月 July	8 月 Aug.	9 月 Sept.	10 月 Oct.	11 月 Nov.	12 月 Dec.	合 计 Total
四 川	乐透组合	52. 26	33. 48	52. 69	42. 15	44. 82	40. 46	42. 20	39. 72	44. 79	46. 23	40. 75	43. 45	523. 01
贵 州		38. 79	25. 07	40. 43	33. 10	35. 40	34. 12	33. 43	34. 03	33. 42	33. 87	30. 78	31. 36	403. 80
云 南		206. 05	126. 95	211. 82	173. 80	185. 75	178. 88	166. 82	162. 79	163. 56	168. 16	155. 97	154. 39	2 054. 93
合计 Total		**297. 11**	**185. 50**	**304. 94**	**249. 05**	**265. 97**	**253. 45**	**242. 45**	**236. 54**	**241. 77**	**248. 27**	**227. 50**	**229. 20**	**2 981. 74**

东　方　6+1

单位：万元

Unit：Ten Thousand Yuan

地　区 Region	游戏类型 Game Type	1月 Jan.	2月 Feb.	3月 Mar.	4月 Apr.	5月 May	6月 June	7月 July	8月 Aug.	9月 Sept.	10月 Oct.	11月 Nov.	12月 Dec.	合　计 Total
辽　宁	乐透排列	45.30	32.47	46.27	42.76	41.43	41.00	43.37	43.25	43.26	42.06	42.83	43.36	507.36
上　海		173.57	121.62	178.64	169.76	168.23	166.47	170.61	174.67	177.56	170.08	169.79	169.30	2 010.29
江　苏		366.20	257.14	364.17	347.47	331.70	322.84	330.34	352.20	363.01	350.92	354.01	351.24	4 091.24
浙　江		522.27	359.73	536.64	512.12	485.50	473.26	473.90	480.16	504.62	498.56	513.22	500.09	5 860.07
安　徽		123.32	89.04	125.40	115.62	111.96	117.82	113.15	119.89	119.79	121.50	119.70	121.44	1 398.62
福　建		120.57	87.91	122.82	114.39	107.49	105.93	107.68	114.19	115.53	116.15	117.98	116.80	1 347.43
江　西		25.40	19.94	30.35	28.11	27.75	26.69	32.30	35.53	33.66	35.06	31.73	38.12	364.65
合计 Total		**1 376.63**	**967.85**	**1 404.27**	**1 330.22**	**1 274.06**	**1 254.01**	**1 271.35**	**1 319.91**	**1 357.43**	**1 334.33**	**1 349.27**	**1 340.33**	**15 579.66**

2013 年中国福利彩票地方游戏销售情况表（分地区按月统计）

Monthly Sales Statistics of Regional Games of Welfare Lottery in 2013

单位：万元

Unit：Ten Thousand Yuan

地　区 Region	游戏类型 Game Type	游戏名称 Game Name	1 月 Jan.	2 月 Feb.	3 月 Mar.	4 月 Apr.	5 月 May	6 月 June	7 月 July	8 月 Aug.	9 月 Sept.	10 月 Oct.	11 月 Nov.	12 月 Dec.	合计 Total
北　京	乐透组合	北京快乐 8	8 662. 83	4 826. 58	7 515. 59	7 222. 66	6 545. 49	5 337. 64	5 354. 05	5 086. 57	4 939. 96	5 308. 99	5 434. 76	5 661. 59	71 896. 71
		北京两步彩	23. 74	14. 29	21. 01	16. 46	—	—	—	—	—	—	—	—	75. 50
	乐透排列	北京 PK 拾	849. 71	409. 89	922. 42	928. 67	852. 35	829. 32	760. 98	730. 82	778. 64	918. 10	1 080. 22	1 007. 61	10 068. 72
天　津	乐透组合	天津快乐十分	10 384. 40	6 308. 94	11 530. 75	12 641. 18	13 493. 58	12 133. 96	11 194. 82	11 449. 18	10 889. 47	12 063. 49	12 985. 77	14 477. 87	139 553. 40
	乐透排列	天津时时彩	433. 90	33. 67	53. 23	51. 70	46. 10	30. 24	32. 44	23. 05	394. 49	15. 51	19. 68	23. 25	1 157. 27
河　北	乐透组合	河北 20 选 5	670. 89	397. 41	623. 70	570. 22	512. 10	447. 49	489. 14	478. 39	482. 90	518. 74	527. 96	612. 06	6 331. 00
		河北 20 选 5 好运 2	4. 88	3. 02	5. 79	6. 70	3. 94	2. 44	3. 99	2. 59	4. 49	3. 95	3. 14	4. 13	49. 05
		河北 20 选 5 好运 3	22. 87	13. 20	19. 09	18. 60	20. 64	19. 52	29. 77	24. 76	17. 07	27. 07	16. 80	17. 64	247. 03
		河北快 3	33 809. 32	18 605. 73	28 643. 15	33 201. 80	27 053. 02	23 290. 41	18 976. 79	17 743. 25	16 147. 20	16 781. 14	19 014. 85	21 060. 14	274 326. 79
	乐透排列	河北数字 5	18. 56	14. 54	18. 82	18. 36	16. 64	14. 29	13. 34	13. 12	13. 44	17. 05	16. 32	15. 33	189. 79
		河北数字 7	101. 48	71. 07	103. 22	100. 18	99. 73	82. 60	94. 73	89. 04	91. 91	91. 81	93. 26	95. 84	1 114. 88
山　西	乐透组合	山西 21 选 5	112. 36	50. 58	104. 54	114. 08	77. 70	61. 01	62. 72	66. 47	71. 51	73. 00	66. 13	91. 84	951. 93
		山西 21 选 5 好运 2	6. 54	3. 74	6. 42	5. 63	5. 27	4. 60	4. 06	4. 04	4. 12	4. 07	4. 06	4. 09	56. 66
		山西 21 选 5 好运 3	31. 88	18. 34	32. 28	29. 40	27. 75	22. 46	21. 41	21. 01	20. 74	21. 23	20. 79	23. 41	290. 72
		山西 21 选 5 好运 4	10. 05	5. 91	10. 69	9. 47	8. 46	7. 23	7. 13	7. 07	6. 54	7. 15	6. 81	7. 18	93. 68
		山西快乐十分	—	—	—	—	—	—	—	152. 18	2 350. 61	4 437. 64	5 603. 41	6 968. 87	19 512. 71
	乐透排列	山西时时彩	231. 61	77. 37	154. 94	2 115. 79	2 192. 24	1 891. 95	1 591. 30	1 308. 20	966. 93	822. 40	1 283. 12	1 401. 52	14 037. 34

续表

地　区 Region	游戏类型 Game Type	游戏名称 Game Name	1 月 Jan.	2 月 Feb.	3 月 Mar.	4 月 Apr.	5 月 May	6 月 June	7 月 July	8 月 Aug.	9 月 Sept.	10 月 Oct.	11 月 Nov.	12 月 Dec.	合计 Total
内蒙古	乐透组合	内蒙古快 3	1 429. 78	2 423. 39	5 089. 10	7 095. 24	8 837. 04	7 998. 26	7 061. 94	6 829. 54	6 611. 12	7 256. 66	7 634. 73	7 976. 26	76 243. 07
	乐透排列	内蒙古时时彩	2 168. 46	1 212. 92	2 438. 85	2 612. 89	2 479. 35	1 902. 60	1 827. 44	1 637. 69	1 611. 88	1 676. 57	1 764. 92	1 897. 07	23 230. 63
辽　宁	乐透组合	辽宁 35 选 7	200. 75	145. 40	206. 72	190. 81	179. 76	173. 58	176. 79	169. 06	169. 66	168. 08	177. 19	172. 91	2 130. 71
		辽宁 35 选 7 好运 1	2. 55	1. 68	2. 20	2. 06	1. 80	1. 69	1. 77	1. 72	1. 68	1. 65	1. 74	1. 73	22. 28
		辽宁 35 选 7 好运 2	6. 31	4. 08	5. 75	5. 77	4. 91	4. 79	5. 03	4. 65	4. 93	5. 27	5. 61	6. 27	63. 39
		辽宁 35 选 7 好运 3	25. 10	16. 36	23. 96	22. 68	20. 50	19. 39	20. 48	18. 05	17. 83	17. 91	19. 43	19. 17	240. 86
		辽宁 35 选 7 好运 4	69. 87	44. 53	64. 28	59. 31	51. 43	48. 56	53. 46	48. 61	48. 41	47. 94	51. 65	49. 80	637. 84
		辽宁快乐十二	24 410. 44	16 488. 87	28 427. 67	38 304. 72	34 814. 01	29 888. 31	27 343. 58	27 514. 17	27 959. 56	28 703. 06	36 838. 04	42 115. 68	362 808. 11
吉　林	乐透组合	吉林快 3	19 768. 98	11 661. 45	20 149. 46	19 575. 83	19 375. 12	18 832. 72	19 394. 90	16 078. 30	15 889. 26	14 948. 11	16 098. 35	17 900. 74	209 673. 23
	乐透排列	吉林时时彩	66. 38	47. 95	64. 95	56. 50	47. 27	35. 76	33. 94	29. 07	27. 49	27. 07	25. 94	26. 99	489. 30
黑龙江	乐透组合	黑龙江 22 选 5	179. 71	105. 88	160. 23	150. 96	142. 05	117. 42	126. 99	137. 38	168. 47	143. 50	149. 84	158. 69	1 741. 12
		黑龙江 36 选 7	147. 74	103. 19	125. 18	103. 07	86. 87	71. 68	73. 20	67. 65	68. 40	69. 43	72. 78	75. 55	1 064. 75
		黑龙江快乐十分	12 007. 80	8 421. 11	14 504. 49	15 573. 24	14 441. 70	13 234. 15	15 011. 67	14 749. 47	14 031. 03	14 340. 32	14 978. 42	17 468. 29	168 761. 70
	乐透排列	黑龙江数字 6	343. 15	431. 70	717. 21	688. 78	465. 99	548. 92	447. 61	394. 98	334. 87	287. 23	438. 30	517. 28	5 616. 03
		黑龙江时时彩	64. 61	49. 34	97. 61	105. 32	98. 93	69. 51	66. 46	77. 45	90. 16	141. 32	126. 42	100. 04	1 087. 17
上　海	乐透组合	上海基诺	335. 18	202. 54	291. 49	293. 43	358. 34	369. 80	301. 36	255. 03	239. 41	229. 48	231. 01	228. 27	3 335. 34
		上海快 3	1 527. 17	863. 95	1 535. 69	1 784. 19	1 880. 17	1 636. 54	1 541. 75	1 681. 80	1 663. 80	1 410. 34	1 708. 39	1 878. 50	19 112. 27
	乐透排列	上海选 4	474. 90	314. 95	482. 94	455. 75	504. 52	472. 82	466. 51	469. 17	451. 13	470. 40	476. 71	485. 52	5 525. 34
		上海时时乐	456. 44	338. 71	522. 42	513. 83	433. 83	355. 79	326. 72	327. 47	303. 76	298. 43	300. 51	287. 79	4 465. 72
江　苏	乐透组合	江苏快 3	48 678. 98	29 446. 14	46 967. 06	44 097. 39	44 708. 01	44 295. 17	37 785. 96	32 978. 26	38 742. 01	49 968. 37	43 158. 51	49 171. 98	509 997. 83
浙　江	乐透组合	浙江快乐十二	31 790. 01	19 311. 07	28 656. 56	28 790. 55	26 978. 73	23 121. 48	19 342. 60	18 433. 51	21 676. 98	24 938. 68	26 111. 66	28 804. 69	297 956. 50

续表

地区 Region	游戏类型 Game Type	游戏名称 Game Name	1月 Jan.	2月 Feb.	3月 Mar.	4月 Apr.	5月 May	6月 June	7月 July	8月 Aug.	9月 Sept.	10月 Oct.	11月 Nov.	12月 Dec.	合计 Total
安徽	乐透组合	安徽25选5	135.41	38.14	75.59	53.91	41.54	37.99	50.31	70.63	90.66	67.11	59.95	62.69	783.92
		安徽快3	90.04	1 445.35	10 982.57	13 794.71	17 360.10	15 099.45	12 523.74	10 551.69	9 560.74	11 965.56	9 995.29	11 409.24	124 778.48
福建	乐透组合	福建快3	—	—	14 368.83	17 117.35	14 017.43	14 190.77	12 144.03	10 751.02	11 152.84	16 364.98	9 326.45	8 981.87	128 415.57
	乐透排列	福建时时彩	2 180.26	1 261.24	1 561.55	1 464.83	1 336.49	—	—	—	—	—	—	—	7 804.37
江西	乐透排列	江西时时彩	7 048.88	5 453.82	9 975.84	12 249.67	10 088.42	10 365.44	11 675.97	14 190.04	11 266.39	11 553.63	11 470.23	12 917.17	128 255.51
山东	乐透组合	山东23选5	740.43	485.37	734.08	704.11	665.80	612.88	608.01	605.19	587.44	610.32	590.22	589.29	7 533.14
		山东群英会	33 584.96	20 737.35	32 600.63	32 265.56	32 917.85	35 750.54	34 037.94	33 530.62	32 318.96	35 811.50	35 072.95	69 511.21	428 140.07
河南	乐透组合	河南22选5	1 304.85	816.67	1 260.45	1 143.93	1 109.87	1 026.78	1 010.27	1 144.76	1 657.61	1 263.46	1 135.84	1 192.31	14 066.80
		河南22选5好运2	58.97	36.51	54.79	49.57	50.04	52.60	51.97	63.92	169.74	85.42	59.20	59.77	792.51
		河南22选5好运3	370.47	229.12	359.05	314.86	312.71	313.71	305.95	367.34	705.17	434.15	332.69	360.50	4 405.72
		河南22选5好运4	203.44	126.87	189.78	170.81	175.08	170.79	173.56	233.28	408.84	248.70	190.86	206.60	2 498.63
	乐透排列	河南幸运彩	9 809.10	5 383.49	9 307.78	9 045.25	8 686.65	6 505.61	7 119.39	7 680.93	7 050.09	6 647.86	9 151.55	10 352.53	96 740.22
湖北	乐透组合	湖北22选5	480.17	278.78	430.92	437.90	411.48	353.96	601.85	962.05	481.84	394.52	378.87	459.87	5 672.21
		湖北22选5好运1	1.28	0.99	1.45	1.28	1.37	1.31	1.43	1.34	1.25	1.39	1.35	1.43	15.87
		湖北22选5好运2	9.76	6.77	10.74	9.76	10.52	8.98	9.45	10.11	9.07	9.73	9.20	9.98	114.07
		湖北22选5好运3	148.92	91.79	142.00	135.46	134.63	120.80	126.07	136.16	130.69	135.05	132.29	141.74	1 575.60
		湖北22选5好运4	101.52	60.38	91.66	89.65	88.22	78.64	88.22	96.20	91.79	90.78	87.72	97.12	1 061.89
		湖北快3	30 651.12	15 700.26	24 359.61	24 663.51	21 080.03	15 805.97	22 723.88	18 622.82	15 847.69	16 018.84	16 059.91	17 049.24	238 582.87
	乐透排列	湖北时时彩	82.13	51.11	105.59	124.77	114.07	114.26	106.90	122.05	134.18	152.14	174.41	194.26	1 475.86
湖南	乐透组合	湖南快乐十分	7 289.14	4 955.64	9 425.67	10 302.99	13 411.11	11 556.39	10 236.60	10 003.18	10 171.59	10 817.85	11 316.10	12 916.94	122 403.19

续表

地区 Region	游戏类型 Game Type	游戏名称 Game Name	1月 Jan.	2月 Feb.	3月 Mar.	4月 Apr.	5月 May	6月 June	7月 July	8月 Aug.	9月 Sept.	10月 Oct.	11月 Nov.	12月 Dec.	合计 Total
广东	乐透组合	广东26选5	126.64	84.49	154.99	138.77	132.63	122.79	149.05	121.31	116.12	122.08	120.48	132.82	1 522.15
		广东26选5好运2	16.38	10.68	15.48	14.72	15.00	15.22	15.19	14.54	15.23	15.41	13.06	15.72	176.63
		广东26选5好运3	129.17	86.05	126.23	119.15	122.54	120.75	120.40	115.65	120.62	127.70	110.72	130.00	1 428.99
		广东36选7	2 762.02	1 961.42	3 152.08	3 200.98	3 329.29	2 687.57	2 069.71	2 136.59	1 951.00	1 910.02	2 063.66	2 180.03	29 404.37
		广东36选7好运1	2 956.43	2 280.28	3 342.39	3 996.34	4 166.69	3 897.14	4 093.35	3 016.82	2 381.10	2 731.41	2 837.43	2 509.88	38 209.26
		广东36选7好运2	133.01	91.63	130.25	126.35	125.52	111.97	122.43	122.55	112.42	113.40	111.90	115.89	1 417.33
		广东36选7好运3	1 930.94	1 335.80	1 919.75	1 829.56	1 834.97	1 718.27	1 766.95	1 776.46	1 671.61	1 732.51	1 752.36	1 818.28	21 087.46
		广东快乐十分	42 564.40	25 475.88	39 176.74	39 958.14	40 773.22	41 064.02	42 531.78	42 025.05	43 177.43	47 306.87	48 481.77	50 503.58	503 038.86
广西	乐透组合	广西24选7	345.75	157.59	198.23	140.78	164.10	349.40	390.07	218.92	176.21	185.39	131.59	162.60	2 620.63
		广西24选7好运1	2.28	1.52	2.15	2.06	2.01	2.06	2.34	2.13	1.96	1.94	1.89	1.85	24.18
		广西24选7好运2	9.27	6.66	10.58	9.43	8.81	8.00	9.00	8.83	8.54	8.80	8.57	8.89	105.37
		广西24选7好运3	79.07	54.33	82.96	74.91	69.99	64.60	70.66	67.93	65.85	69.52	68.26	71.35	839.42
		广西24选7好运4	113.14	75.89	115.94	102.65	97.55	93.28	97.75	97.30	92.86	98.10	97.72	105.15	1 187.33
		广西24选7好运5	18.03	6.99	13.67	12.16	9.51	11.94	14.18	10.52	12.80	12.39	16.86	12.10	151.14
		广西快乐十分	4 354.48	2 900.69	4 657.50	4 214.28	3 616.04	3 271.42	3 245.29	3 019.58	3 037.78	3 172.59	3 068.08	3 258.42	41 816.13
		广西跑跑彩	66.29	22.87	30.31	15.81	4.94	2.09	1.19	1.11	0.44	—	—	—	145.06
		广西快3	—	—	—	164.09	6 227.11	5 210.70	5 406.72	7 828.36	10 380.70	10 399.02	10 798.88	13 570.09	69 985.67
海南	乐透组合	海南快2	9 731.13	6 652.42	8 684.01	8 200.99	7 963.76	7 323.99	8 834.51	9 013.55	7 970.60	6 966.58	7 837.24	9 863.26	99 042.04
重庆	乐透组合	重庆快乐十分	8 353.95	5 537.95	8 648.57	8 193.01	8 352.78	8 050.55	7 869.23	7 977.90	9 788.62	9 654.88	9 729.05	11 005.33	103 161.81
	乐透排列	重庆时时乐	3 124.18	2 217.26	2 840.75	3 357.50	3 108.79	2 682.82	2 307.35	2 227.57	2 392.67	2 415.67	2 929.35	2 942.03	32 545.94
四川	乐透组合	四川快乐十二	11 841.19	8 532.46	14 160.02	13 953.84	15 036.05	13 991.85	13 068.21	19 307.19	15 216.43	16 426.34	16 243.42	17 596.76	175 373.77

续表

地区 Region	游戏类型 Game Type	游戏名称 Game Name	1月 Jan.	2月 Feb.	3月 Mar.	4月 Apr.	5月 May	6月 June	7月 July	8月 Aug.	9月 Sept.	10月 Oct.	11月 Nov.	12月 Dec.	合计 Total
贵州	乐透组合	贵州十二生肖	31.13	19.91	28.90	19.11	16.75	12.52	11.87	9.80	10.59	18.46	13.80	12.59	205.42
		贵州快3	5 455.71	3 044.04	5 222.73	5 354.37	5 350.50	3 865.59	3 200.83	3 341.02	3 392.25	5 401.82	3 540.75	3 474.39	50 643.99
云南	乐透组合	云南快乐十分	2 772.16	1 980.68	3 402.21	4 952.83	6 575.78	6 539.58	6 256.88	5 558.40	5 578.60	6 218.72	6 077.65	7 283.22	63 196.70
	乐透排列	云南时时彩	27.33	7.72	24.03	55.82	31.15	20.04	16.59	17.42	16.47	18.02	14.75	31.75	281.10
西藏	乐透组合	西藏生肖时时彩	116.23	68.41	104.59	135.98	137.30	109.56	66.39	30.02	21.18	20.90	13.59	93.82	917.99
		西藏快3	—	—	—	—	—	308.49	1 590.20	2 060.57	2 578.95	3 394.15	2 957.52	2 417.31	15 307.18
陕西	乐透组合	陕西快乐十分	19 172.82	10 340.30	18 657.68	21 885.97	22 608.17	20 558.43	19 946.69	19 279.66	19 790.11	21 388.29	21 811.77	25 338.65	240 778.55
甘肃	乐透组合	甘肃快3	—	—	—	—	—	—	—	3 154.61	15 600.20	20 133.33	21 751.99	22 863.90	83 504.03
青海	乐透组合	青海快3	—	—	—	—	—	997.93	2 554.22	2 866.81	2 983.21	3 489.66	2 834.68	2 738.39	18 464.90
	乐透排列	青海时时彩	231.03	117.11	215.03	267.26	262.84	94.94	—	—	—	—	—	—	1 188.21
宁夏	乐透组合	宁夏快3	—	—	—	—	—	—	—	—	13.99	2 074.50	3 506.47	3 410.77	9 005.73
	乐透排列	宁夏时时彩	11.93	7.08	10.20	9.44	16.63	19.18	8.64	7.24	0.93	—	—	—	91.28
新疆	乐透组合	新疆18选7	18.81	22.01	23.66	21.81	21.44	22.75	21.47	21.42	19.31	15.81	24.42	33.20	266.11
		新疆25选7	79.65	69.84	134.32	133.44	174.48	107.45	37.28	44.07	54.57	63.80	72.86	87.00	1 058.76
		新疆35选7	589.12	442.86	688.58	591.48	635.71	534.18	594.91	633.79	655.76	563.65	673.74	669.98	7 273.76
		新疆喜乐彩	122.37	66.56	78.86	66.56	58.51	51.13	52.26	50.49	48.09	46.70	44.87	51.85	738.25
	乐透排列	新疆时时彩	20 509.96	11 784.80	14 921.88	14 217.35	13 092.44	11 628.98	11 497.57	11 797.02	12 313.25	12 828.99	12 853.05	15 509.46	162 954.73
深圳	乐透组合	深圳35选7	147.51	93.90	137.42	125.58	127.49	112.97	129.55	124.41	111.54	126.35	129.18	128.07	1 493.97
		深圳快乐8	351.64	170.85	357.30	351.48	309.24	291.27	303.42	281.12	317.37	289.51	269.95	270.65	3 563.81
		深圳快乐彩	73.73	31.26	54.60	64.94	66.81	58.20	57.13	42.59	50.67	47.09	46.22	111.92	705.16
合计 Total			**432 189.02**	**265 409.33**	**447 862.63**	**477 752.00**	**473 525.28**	**435 674.61**	**422 173.61**	**416 676.40**	**431 376.42**	**478 544.52**	**485 151.91**	**567 860.31**	**5 334 196.03**

2013 年中国福利彩票即开

Sales Statistics of Terminal－Sale Instant Win Tickets of Welfare Lottery

序号	地区	勇士闯关 4	开心宾果	即开 3D	棒球小子	趣味麻将一	喜庆吉祥 2	比大小	66 顺
1	北　京	—	—	—	—	—	—	—	—
2	天　津	—	—	—	—	—	—	—	—
3	河　北	—	—	—	—	24. 00	4. 00	—	—
4	山　西	—	—	—	—	—	—	—	—
5	内蒙古	—	—	—	—	63. 84	—	—	—
6	辽　宁	—	—	—	—	—	0. 01	—	—
7	吉　林	—	—	—	—	—	—	—	—
8	黑龙江	—	—	—	—	—	—	—	—
9	上　海	—	—	—	—	—	—	—	—
10	江　苏	—	—	—	—	—	—	—	—
11	浙　江	—	—	—	—	—	—	—	—
12	安　徽	—	—	—	—	—	—	—	—
13	福　建	—	—	—	—	—	—	—	—
14	江　西	—	—	—	—	10. 76	1. 86	—	—
15	山　东	—	—	—	—	—	—	—	—
16	河　南	—	—	—	—	—	—	—	—
17	湖　北	—	—	—	—	—	0. 07	—	—
18	湖　南	—	—	0. 10	—	—	4. 48	0. 01	—
19	广　东	—	—	—	—	—	—	—	—
20	广　西	0. 01	2. 35	—	—	—	—	—	—
21	海　南	—	—	—	—	—	—	—	—
22	重　庆	—	—	—	—	—	—	—	—
23	四　川	—	—	—	—	—	—	—	—
24	贵　州	0. 63	—	0. 14	—	0. 06	1. 41	12. 31	0. 12
25	云　南	—	—	—	—	2. 00	—	2. 44	—
26	西　藏	—	—	—	—	—	—	—	—
27	陕　西	—	—	—	—	—	—	—	—
28	甘　肃	—	—	—	—	0. 50	—	2. 97	—
29	青　海	—	—	—	—	—	—	—	—
30	宁　夏	—	—	—	—	—	—	—	—
31	新　疆	—	—	—	—	—	—	—	—
合计 Total		**0. 64**	**2. 35**	**0. 24**	**—**	**101. 16**	**11. 84**	**17. 73**	**0. 12**

型彩票销售情况表（分地区分品种）

in Different Regions and in Different Games in China in 2013

单位：万元

Unit: Ten Thousand Yuan

幸运宝贝	吉星高照	鉴宝	清一色	游乐场	快乐生肖	和气生财	发奖金
—	—	—	—	—	—	—	—
—	—	—	—	—	—	—	926. 92
—	—	—	0. 02	—	—	—	1 382. 08
—	—	—	—	—	—	—	—
—	—	—	—	—	—	—	1 381. 32
—	—	—	—	—	—	—	8 457. 32
—	—	—	—	—	—	—	730. 36
—	—	—	—	—	—	—	2 385. 80
—	—	—	—	—	—	—	1 298. 00
—	—	—	—	—	—	—	5 425. 40
—	—	—	—	—	—	—	546. 00
—	—	—	—	—	—	—	0. 03
—	—	—	—	—	—	—	—
—	1. 32	—	—	—	—	—	26. 33
—	—	—	—	—	—	—	20 989. 62
—	—	—	—	—	—	—	169. 90
—	—	—	—	—	—	—	-0. 47
—	—	0. 68	—	0. 23	—	—	200. 71
—	—	—	—	—	—	—	—
—	—	-1. 99	1. 62	—	—	—	-1. 98
—	-6. 50	—	—	—	—	—	173. 55
—	—	—	—	—	—	—	—
—	—	—	—	—	—	—	—
0. 02	0. 11	0. 21	0. 24	2. 87	0. 06	0. 38	1. 30
—	—	—	1. 00	—	—	—	99. 23
—	—	—	—	—	—	—	—
—	—	—	—	—	—	—	3 953. 24
—	—	—	2. 54	—	—	—	17. 58
—	—	—	—	—	—	—	—
—	—	—	—	—	—	—	—
—	—	—	—	—	—	—	0. 08
0. 02	**-5. 07**	**-1. 11**	**5. 42**	**3. 10**	**0. 06**	**0. 38**	**48 356. 84**

续表

序号	地区	生肖	硕果累累	多彩扑克	幸运宝藏	勇士闯关 5	大富翁 2	幸运宝贝 2	和气生财 2
1	北 京	—	—	—	—	0.02	—	—	—
2	天 津	—	—	—	—	—	—	—	—
3	河 北	—	—	—	0.02	505.54	0.03	—	—
4	山 西	—	—	—	—	57.80	64.24	—	—
5	内蒙古	—	—	—	—	504.62	—	—	—
6	辽 宁	—	—	—	1.35	2 836.15	0.09	—	—
7	吉 林	—	—	—	—	1 162.70	—	—	—
8	黑龙江	—	—	—	—	1 254.10	—	—	4.59
9	上 海	—	—	—	—	—	—	—	—
10	江 苏	—	—	—	—	271.82	—	—	—
11	浙 江	—	—	—	—	650.50	—	—	—
12	安 徽	—	—	—	—	626.14	—	—	—
13	福 建	—	—	—	—	173.18	—	—	—
14	江 西	—	—	—	—	52.31	28.52	—	2.55
15	山 东	—	—	—	—	2 931.54	—	—	—
16	河 南	—	—	—	—	32.18	—	—	—
17	湖 北	—	—	—	0.09	738.74	0.23	—	—
18	湖 南	—	—	—	8.41	333.86	1.06	—	—
19	广 东	—	—	—	—	8 981.70	1.30	—	78.00
20	广 西	0.08	2.26	—	28.44	1 156.07	-3.97	—	0.59
21	海 南	—	—	—	—	-0.92	—	—	—
22	重 庆	—	—	—	—	48.14	—	—	—
23	四 川	—	—	—	—	1 087.79	—	—	—
24	贵 州	—	0.16	0.25	1.79	496.86	5.08	0.01	—
25	云 南	—	—	—	—	1.12	—	—	—
26	西 藏	—	—	—	—	—	—	—	—
27	陕 西	—	—	—	—	107.42	—	—	7.30
28	甘 肃	—	—	—	—	2.54	4.16	—	4.97
29	青 海	—	—	—	—	—	7.90	—	—
30	宁 夏	—	—	—	—	40.96	—	—	—
31	新 疆	—	—	—	—	509.38	—	—	—
合计 Total		**0.08**	**2.42**	**0.25**	**40.10**	**24 562.27**	**108.64**	**0.01**	**98.00**

四季发	农家乐	富贵有余2	对对和	金花	扑克比大小	对对碰	见缝插金
—	—	888. 10	—	—	—	—	—
—	—	240. 84	—	—	—	—	—
—	0. 04	573. 31	—	—	—	—	—
—	—	606. 68	—	—	—	—	—
—	—	1 875. 38	—	5. 20	13. 55	—	—
—	—	3 562. 18	—	—	—	—	0. 02
—	—	759. 64	—	—	—	—	—
—	—	1 350. 90	—	—	—	—	—
—	—	344. 00	—	—	—	—	—
—	—	48. 40	—	—	—	—	—
—	—	971. 48	—	—	—	—	—
—	—	759. 17	—	—	—	—	—
—	—	427. 96	—	—	—	—	—
3. 30	—	96. 88	—	—	—	—	1. 40
—	—	—	10. 00	4. 00	—	—	—
—	—	2 462. 16	—	—	—	—	—
—	—	1 155. 71	—	—	—	—	—
—	—	1 492. 78	—	0. 08	—	—	—
—	—	—	—	—	—	—	4. 60
9. 01	—	153. 79	—	—	—	—	4. 96
-2. 58	—	35. 50	—	—	—	—	-0. 06
—	—	530. 26	—	—	—	—	—
—	—	2 297. 66	—	28. 48	—	—	—
0. 18	0. 11	15. 30	0. 03	0. 32	—	0. 05	0. 15
—	—	2 376. 40	—	—	—	—	—
—	—	0. 60	—	—	—	—	—
—	—	1 892. 10	—	3. 10	—	—	—
3. 30	—	401. 40	0. 04	—	—	—	—
—	—	6. 52	—	—	—	—	—
—	—	—	—	—	—	—	—
—	—	2 577. 46	—	—	—	—	—
13. 21	**0. 15**	**27 902. 56**	**10. 07**	**41. 19**	**13. 55**	**0. 05**	**11. 07**

续表

序号	地区	66 顺 2	幸运宝贝 3	数字魔方	海底寻宝	红楼十二钗	点石成金 2	幸运宝藏 2	赛车
1	北　京	—	—	—	—	—	—	—	—
2	天　津	—	—	—	—	—	—	—	—
3	河　北	—	0.04	0.02	0.03	0.02	—	—	—
4	山　西	—	—	—	—	—	—	—	—
5	内蒙古	—	—	4.44	—	—	—	—	—
6	辽　宁	—	—	—	1.68	—	—	—	—
7	吉　林	—	—	—	—	—	—	—	—
8	黑龙江	—	—	—	—	—	—	—	10.60
9	上　海	—	—	—	—	—	—	—	—
10	江　苏	—	—	—	—	—	—	—	—
11	浙　江	—	—	—	—	—	—	—	—
12	安　徽	—	—	—	0.02	—	—	—	—
13	福　建	—	—	—	—	—	—	—	—
14	江　西	8.03	0.02	—	0.96	—	—	25.04	—
15	山　东	—	—	—	—	—	—	—	—
16	河　南	—	—	—	—	—	—	—	—
17	湖　北	—	0.10	—	—	0.19	—	—	—
18	湖　南	—	—	—	—	0.04	—	11.02	—
19	广　东	—	—	—	—	—	—	—	—
20	广　西	6.74	—	—	-3.98	11.09	—	1.97	—
21	海　南	—	—	—	—	-1.55	—	—	—
22	重　庆	—	—	—	—	—	—	—	—
23	四　川	—	—	—	—	—	—	—	—
24	贵　州	10.38	0.03	—	—	—	—	—	—
25	云　南	—	0.34	—	—	—	—	—	—
26	西　藏	—	—	—	—	—	—	—	—
27	陕　西	—	—	6.96	—	—	—	—	—
28	甘　肃	—	5.94	—	—	0.02	—	2.00	—
29	青　海	—	—	—	—	—	—	—	—
30	宁　夏	—	—	—	—	—	—	—	1.10
31	新　疆	—	—	—	—	—	—	—	—
合计 Total		**25.15**	**6.48**	**11.42**	**-1.28**	**9.81**	**—**	**40.03**	**11.70**

宁夏票2元	西游探宝	游乐场	节大欢喜	硕果累累2	金花2	重建家园	同舟共济
—	—	—	—	—	—	—	—
—	—	—	—	—	—	—	—
—	0.83	0.07	—	—	—	—	1.60
—	—	—	—	—	—	—	—
—	—	—	—	—	—	—	—
—	—	—	—	—	—	—	—
—	—	—	—	—	—	—	—
—	24.68	—	—	—	—	—	—
—	—	—	—	—	—	—	—
—	—	—	—	—	—	—	—
—	—	—	—	—	—	—	—
—	—	—	—	—	—	—	—
—	—	—	—	—	—	—	—
—	2.45	—	—	—	—	—	—
—	—	—	—	—	—	—	—
—	—	—	—	—	—	—	—
—	0.08	0.02	—	—	—	0.21	0.04
—	0.25	—	—	—	2.02	13.70	2.02
—	1.10	—	—	—	—	0.08	0.20
—	0.15	—	—	—	—	—	—
—	—	—	—	—	—	—	—
—	—	—	—	—	—	—	—
—	—	—	—	—	—	—	—
—	17.73	—	—	—	—	1.15	0.05
—	—	—	—	—	—	—	5.00
—	—	—	—	—	—	—	—
—	—	—	—	—	—	—	—
—	3.15	—	—	10.02	0.02	—	—
—	—	—	60.10	—	—	—	1.70
0.80	1.80	—	—	—	—	—	0.10
—	—	—	—	—	—	—	—
0.80	**52.21**	**0.09**	**60.10**	**10.02**	**2.04**	**15.13**	**10.70**

续表

序号	地区	众志成城	扶危济困	阖家欢乐	福牛乐乐	超越自我	欢聚北京	节大欢喜2	牛年2元
1	北 京	—	—	—	—	—	—	—	—
2	天 津	—	—	—	—	—	—	—	—
3	河 北	—	0.03	—	—	—	—	3.10	0.08
4	山 西	—	—	—	—	—	—	—	—
5	内蒙古	1.88	—	—	—	—	—	—	—
6	辽 宁	—	—	—	—	—	—	—	0.04
7	吉 林	—	—	—	—	—	—	—	—
8	黑龙江	—	—	0.65	—	—	—	2.95	—
9	上 海	—	—	—	—	—	—	—	—
10	江 苏	—	—	—	—	—	—	—	—
11	浙 江	—	—	—	—	—	—	—	—
12	安 徽	—	—	—	—	—	—	—	—
13	福 建	—	—	—	—	—	—	—	—
14	江 西	0.10	—	—	—	—	—	—	—
15	山 东	—	—	—	—	—	—	—	—
16	河 南	—	2.55	—	—	—	—	—	—
17	湖 北	0.07	—	15.00	—	—	—	—	0.26
18	湖 南	—	23.53	—	—	—	—	—	—
19	广 东	2.95	—	—	—	—	—	—	—
20	广 西	—	—	—	—	—	—	—	—
21	海 南	—	—	—	-3.75	—	—	—	—
22	重 庆	—	—	—	—	—	—	—	—
23	四 川	—	—	—	—	—	0.20	—	—
24	贵 州	0.75	1.74	—	7.33	0.30	1.89	35.87	—
25	云 南	—	—	0.85	—	—	—	10.65	—
26	西 藏	—	1.25	—	—	—	—	0.05	—
27	陕 西	—	5.33	—	—	—	—	—	—
28	甘 肃	0.78	0.80	4.35	—	—	1.20	—	—
29	青 海	—	—	—	—	—	—	—	—
30	宁 夏	—	—	—	—	—	—	—	—
31	新 疆	—	—	—	—	—	—	—	—
合计 Total		**6.52**	**35.21**	**20.85**	**3.58**	**0.30**	**3.29**	**52.62**	**0.38**

牛年5元	喜庆吉祥3	阖家欢乐3	阖家欢乐2	富贵有余5	争分夺秒	星座	万事如意
—	—	—	—	—	5 901.58	—	—
—	—	—	—	—	1 181.20	—	—
—	—	1.38	0.03	—	4 074.75	0.05	—
3.30	—	—	—	—	1 765.82	—	—
—	—	—	—	—	899.18	1.17	—
—	—	—	—	—	3 854.52	—	—
—	—	—	—	—	2 264.91	—	—
—	—	—	1.20	—	2 734.86	0.98	—
—	—	—	—	—	980.00	—	—
—	—	—	—	—	3 095.00	—	—
—	—	—	—	—	2 961.78	—	—
—	—	—	—	—	752.98	—	—
—	—	—	—	—	3 028.76	—	—
—	9.70	—	—	1.45	891.72	—	2.30
—	—	—	—	—	11 039.00	—	3.07
—	—	—	—	—	4 771.52	—	—
—	—	—	—	—	1 694.84	—	—
1.55	1.26	—	10.68	—	3 893.34	0.41	—
—	5.04	—	—	—	15 331.13	—	—
—	3.81	—	2.53	—	2 130.72	—	—
—	-4.80	—	—	—	47.54	—	—
—	—	—	—	—	704.20	—	—
3.80	0.78	4.00	—	—	8 399.25	—	—
—	—	—	2.38	—	693.00	13.19	—
5.35	3.00	0.12	—	—	98.08	0.98	—
49.95	12.94	—	—	—	52.96	—	—
—	—	—	—	—	3 339.84	—	—
—	2.34	0.18	0.03	20.20	447.77	—	—
—	—	—	—	—	3.84	—	—
—	—	—	—	—	421.84	—	—
—	—	—	—	—	1 443.02	—	—
64.40	**34.07**	**5.68**	**16.83**	**21.65**	**88 898.94**	**16.78**	**5.37**

续表

序号	地区	美丽辽宁	和谐辽宁	好运辽宁	欢乐碰碰碰	开心时刻	淘宝商城	节大欢喜3	美梦成真
1	北　京	—	—	—	—	—	—	—	—
2	天　津	—	—	—	—	—	—	—	201.94
3	河　北	—	—	—	—	0.92	—	—	1 573.97
4	山　西	—	—	—	—	—	—	—	208.92
5	内蒙古	—	—	—	—	—	—	—	864.22
6	辽　宁	0.94	28.80	113.22	—	0.02	—	—	1 026.98
7	吉　林	—	—	—	—	—	—	—	844.58
8	黑龙江	—	—	—	—	2.90	—	—	1 118.52
9	上　海	—	—	—	—	—	—	—	478.00
10	江　苏	—	—	—	—	—	—	—	1 949.26
11	浙　江	—	—	—	—	—	—	—	3 273.88
12	安　徽	—	—	—	—	—	—	—	743.06
13	福　建	—	—	—	—	—	—	—	3 680.10
14	江　西	—	—	—	—	4.49	2.35	—	360.32
15	山　东	—	—	—	—	—	—	—	—
16	河　南	—	—	—	—	—	—	—	3 280.60
17	湖　北	—	—	—	—	—	—	—	1 458.31
18	湖　南	—	—	—	0.58	1.46	—	42.50	2 290.82
19	广　东	—	—	—	—	—	10.80	996.75	18 066.81
20	广　西	—	—	—	-1.70	—	0.60	—	2 431.30
21	海　南	—	—	—	—	-4.66	—	6.71	—
22	重　庆	—	—	—	—	—	—	—	673.62
23	四　川	—	—	—	—	—	0.15	—	3 379.24
24	贵　州	—	—	—	—	—	46.74	—	451.98
25	云　南	—	—	—	—	—	—	—	129.54
26	西　藏	—	—	—	—	—	0.50	—	—
27	陕　西	—	—	—	—	—	—	—	942.00
28	甘　肃	—	—	—	0.82	4.06	1.15	—	163.88
29	青　海	—	—	—	—	—	—	—	3.14
30	宁　夏	—	—	—	—	—	—	—	283.56
31	新　疆	—	—	—	—	—	—	—	570.20
合计 Total		**0.94**	**28.80**	**113.22**	**-0.30**	**9.19**	**62.29**	**1 045.97**	**50 448.75**

水浒108将	一刮一乐	财源滚滚	梁祝	节大欢喜4	五福临门	游乐场2	祝福
—	—	—	—	3 937.85	2 958.20	—	—
—	—	—	—	876.20	600.00	—	—
1.85	0.02	—	—	1 716.00	682.30	—	—
—	—	—	—	—	—	—	—
—	—	—	—	—	735.55	—	—
—	0.06	—	—	—	2 881.64	—	—
—	—	—	—	—	623.35	—	—
—	6.90	—	—	4.70	1 030.15	—	—
—	—	—	—	—	—	—	—
—	—	—	—	955.45	757.35	—	—
—	—	—	—	—	—	—	—
—	—	—	—	—	5.03	—	—
—	—	—	—	1 468.75	612.75	—	—
9.55	19.65	—	—	—	300.11	—	—
—	—	—	—	3 911.75	5 950.30	—	—
—	—	—	3.80	1 216.20	2 442.00	—	—
—	—	—	—	154.09	1 203.00	—	—
33.42	0.51	0.70	—	539.96	401.95	—	—
—	—	—	—	4 000.00	600.40	—	—
—	1.11	3.28	—	—	1.80	—	—
—	—	—	—	—	61.40	—	—
—	—	—	—	—	598.50	—	—
—	—	—	3.68	—	—	—	—
36.69	—	—	—	18.30	7.29	—	32.85
—	2.00	—	8.80	—	0.05	—	—
—	—	—	—	1.65	0.45	—	—
—	9.46	—	—	—	—	—	—
—	15.84	18.08	—	—	55.80	—	—
—	—	—	—	—	—	17.35	—
—	—	—	—	—	—	—	—
—	—	—	—	—	616.80	—	—
81.50	**55.55**	**22.06**	**16.28**	**18 800.95**	**23 126.18**	**17.35**	**32.85**

续表

序号	地区	锦绣中华	缤纷世博	奇妙世博	海宝风情	吉祥海宝	美丽辽宁2	和谐辽宁2	水浒108将2
1	北　京	—	—	—	—	—	—	—	—
2	天　津	—	—	—	—	—	—	—	—
3	河　北	1.05	0.05	0.10	0.20	1.60	—	—	—
4	山　西	—	—	—	—	—	—	—	—
5	内蒙古	—	—	—	—	—	—	—	—
6	辽　宁	—	0.10	—	0.05	—	0.25	0.25	—
7	吉　林	—	—	—	—	—	—	—	—
8	黑龙江	—	—	—	—	—	—	—	—
9	上　海	—	3.25	—	—	—	—	—	—
10	江　苏	—	—	—	—	—	—	—	—
11	浙　江	—	—	—	—	—	—	—	—
12	安　徽	36.85	—	—	—	—	—	—	—
13	福　建	—	—	—	—	—	—	—	—
14	江　西	—	0.55	0.10	—	—	—	—	—
15	山　东	—	—	—	—	—	—	—	—
16	河　南	—	—	—	—	—	—	—	—
17	湖　北	—	—	—	—	—	—	—	—
18	湖　南	1.73	—	0.15	—	8.80	—	—	—
19	广　东	—	—	—	—	—	—	—	—
20	广　西	—	—	—	—	—	—	—	—
21	海　南	—	—	—	—	—	—	—	—
22	重　庆	—	—	—	—	—	—	—	—
23	四　川	—	—	—	—	—	—	—	—
24	贵　州	40.41	1.35	0.05	1.29	8.12	—	—	—
25	云　南	—	—	—	—	20.30	—	—	—
26	西　藏	—	—	—	—	—	—	—	—
27	陕　西	—	—	—	—	141.30	—	—	—
28	甘　肃	—	—	—	0.05	31.00	—	—	1.75
29	青　海	—	—	—	—	—	—	—	—
30	宁　夏	—	—	—	—	—	—	—	—
31	新　疆	—	—	—	—	—	—	—	—
合计 Total		**80.04**	**5.30**	**0.40**	**1.59**	**211.12**	**0.25**	**0.25**	**1.75**

圣诞快乐	爱情密码	奇妙世博 2	游乐场 3	彩运天天有	指动金来	欢天喜地	阖家欢乐 4
—	—	—	—	—	—	—	—
—	—	—	—	—	2. 25	—	—
—	—	5. 00	—	0. 04	965. 05	0. 04	1. 95
—	—	—	—	—	—	—	—
5. 60	—	—	—	—	149. 25	—	—
4. 80	—	—	—	—	—	0. 06	—
5. 80	—	—	—	—	257. 25	—	—
54. 65	—	—	—	—	425. 00	—	—
—	—	—	—	—	162. 00	—	—
10. 70	—	—	17. 35	—	1 254. 05	—	—
—	—	—	947. 50	—	3 287. 15	—	—
184. 10	—	—	—	—	431. 92	—	—
—	—	—	—	—	508. 40	—	—
—	—	—	1. 65	3. 92	5. 05	2. 40	1. 35
16. 85	—	—	—	—	559. 10	—	—
2. 60	—	—	—	—	73. 15	—	0. 25
7. 81	0. 07	—	—	—	4. 49	—	—
0. 05	—	—	—	0. 23	263. 13	0. 04	—
—	—	—	—	—	414. 92	—	0. 90
—	—	—	—	0. 44	251. 00	—	—
—	—	—	—	—	—	—	—
—	—	—	—	—	93. 80	—	—
8. 65	—	—	—	—	—	—	—
20. 50	—	—	—	—	250. 28	0. 16	—
0. 60	—	—	—	—	212. 55	—	—
—	—	—	—	—	—	—	—
—	—	—	—	—	34. 10	—	—
0. 25	—	6. 45	—	10. 88	139. 35	0. 44	—
—	—	—	—	—	223. 65	—	—
—	—	—	—	—	0. 05	—	—
—	—	—	—	—	1. 50	—	—
322. 96	**0. 07**	**11. 45**	**966. 50**	**15. 51**	**9 968. 43**	**3. 14**	**4. 45**

续表

序号	地区	中华名人	中华泰山	楚天 2 元	楚天 5 元	节大欢喜 5	畅游天下	苏州 5 元	苏州 10 元
1	北　京	—	—	—	—	—	—	—	—
2	天　津	—	—	—	—	—	—	—	—
3	河　北	—	—	—	—	94.10	—	—	—
4	山　西	—	—	—	—	1 351.90	—	—	—
5	内蒙古	—	—	—	—	—	—	—	—
6	辽　宁	—	—	—	—	5.85	—	—	—
7	吉　林	—	—	—	—	—	—	—	—
8	黑龙江	—	—	—	—	—	—	—	—
9	上　海	—	—	—	—	—	—	—	—
10	江　苏	—	—	—	—	668.45	—	236.35	206.75
11	浙　江	—	—	—	—	2 118.75	—	—	—
12	安　徽	—	—	—	—	4.35	—	—	—
13	福　建	—	—	—	—	5.05	—	—	—
14	江　西	—	—	—	—	—	—	—	—
15	山　东	1.25	71.40	—	—	1 991.75	125.20	—	—
16	河　南	—	—	—	—	1 957.65	—	—	—
17	湖　北	—	—	6.46	3.75	1.85	—	—	—
18	湖　南	—	—	—	—	—	—	—	—
19	广　东	—	—	—	—	636.79	—	—	—
20	广　西	—	—	—	—	59.05	—	—	—
21	海　南	—	—	—	—	—	—	—	—
22	重　庆	—	—	—	—	—	—	—	—
23	四　川	—	—	—	—	—	—	—	—
24	贵　州	—	—	—	—	—	—	—	—
25	云　南	—	—	—	—	1 169.80	—	—	—
26	西　藏	—	—	—	—	—	—	—	—
27	陕　西	—	—	—	—	1 466.95	—	—	—
28	甘　肃	—	—	—	—	—	—	—	—
29	青　海	—	—	—	—	—	—	—	—
30	宁　夏	—	—	—	—	—	—	—	—
31	新　疆	—	—	—	—	—	—	—	—
合计 Total		**1.25**	**71.40**	**6.46**	**3.75**	**11 532.29**	**125.20**	**236.35**	**206.75**

寻宝乐	海宝赛车	海宝魔术师	海底大寻宝	红楼探秘	虎门销烟	羊城八景	桂林山水
—	—	—	—	—	—	—	—
—	—	—	—	—	—	—	—
—	—	—	1.20	2.50	—	—	—
—	—	—	—	—	—	—	—
—	—	—	3.30	—	—	—	—
—	—	—	—	5.00	—	—	—
—	—	—	—	—	—	—	—
—	—	—	—	—	—	—	—
—	—	—	68.30	—	—	—	—
—	—	6.40	29.00	17.10	—	—	—
—	—	—	—	—	—	—	—
1.25	—	20.50	68.20	—	—	—	—
—	—	—	—	—	—	—	—
—	—	11.80	33.97	—	—	—	—
—	—	35.00	—	—	—	—	—
—	—	—	—	—	—	—	—
—	0.04	—	—	—	—	—	—
—	—	—	0.50	0.18	—	—	—
—	—	—	—	—	5 667.64	15.85	—
—	—	—	—	—	—	—	27.88
—	—	—	—	—	—	—	—
—	—	—	—	—	—	—	—
—	—	0.50	—	—	—	—	—
—	—	—	—	—	—	—	—
—	—	—	—	—	—	—	—
—	—	—	—	—	—	—	—
—	—	—	—	—	—	—	—
—	—	6.75	—	—	—	—	—
—	—	—	—	—	—	—	—
—	—	—	—	—	—	—	—
—	—	—	—	—	—	—	—
1.25	**0.04**	**80.95**	**204.47**	**24.78**	**5 667.64**	**15.85**	**27.88**

续表

序号	地区	岩洞寻宝	长春雕塑	秀美吉林	足球之源	星耀世博	欢乐彩	羊城新八景	吉星高照2
1	北　京	—	—	—	—	—	—	—	—
2	天　津	—	—	—	—	—	—	—	—
3	河　北	—	—	—	—	—	6.40	—	—
4	山　西	—	—	—	—	—	—	—	—
5	内蒙古	—	—	—	—	—	—	—	—
6	辽　宁	—	—	—	—	—	—	—	—
7	吉　林	—	83.13	10.65	2.70	—	31.95	—	—
8	黑龙江	—	—	—	—	—	—	—	—
9	上　海	—	—	—	—	—	—	—	—
10	江　苏	—	—	—	11.00	—	266.45	—	0.06
11	浙　江	—	—	—	—	—	—	—	—
12	安　徽	—	—	—	—	3.09	110.80	—	3.24
13	福　建	—	—	—	—	—	—	—	—
14	江　西	—	—	—	—	—	—	—	6.08
15	山　东	—	—	—	5.00	—	—	—	—
16	河　南	—	—	—	—	—	—	—	—
17	湖　北	—	—	—	—	—	0.04	—	—
18	湖　南	—	—	—	10.78	—	2.98	—	—
19	广　东	—	—	—	—	—	—	65.55	—
20	广　西	9.31	—	—	—	—	—	—	—
21	海　南	—	—	—	—	—	—	—	—
22	重　庆	—	—	—	—	—	—	—	—
23	四　川	—	—	—	—	—	5.00	—	—
24	贵　州	—	—	—	—	—	—	—	17.47
25	云　南	—	—	—	—	—	69.70	—	0.02
26	西　藏	—	—	—	—	—	—	—	—
27	陕　西	—	—	—	—	—	1.15	—	—
28	甘　肃	—	—	—	—	—	—	—	4.26
29	青　海	—	—	—	—	—	—	—	—
30	宁　夏	—	—	—	—	—	—	—	—
31	新　疆	—	—	—	—	—	—	—	—
合计 Total		**9.31**	**83.13**	**10.65**	**29.48**	**3.09**	**494.47**	**65.55**	**31.13**

开奖啦	福寿有余	乐翻天	中华名人2	淘金者	畅游天下2	我爱电影	大熊猫2元
—	0.35	4.60	—	—	—	—	—
—	0.40	23.05	—	—	—	—	—
—	310.40	143.70	—	—	—	0.05	—
—	—	1.55	—	—	—	—	—
—	335.55	24.70	—	—	—	—	—
—	1.40	93.97	—	38.30	—	—	—
—	1.10	—	6.55	—	—	—	—
—	51.70	98.85	—	31.10	—	—	—
22.56	—	—	—	—	—	—	—
0.82	75.70	314.70	—	339.30	—	—	—
—	—	55.00	—	—	—	—	—
—	273.18	8.55	—	337.60	—	—	—
—	—	—	—	—	—	—	—
—	0.20	—	—	—	—	—	—
—	—	—	—	—	24.55	—	—
—	—	—	—	—	—	—	—
—	0.03	44.16	—	0.05	—	—	—
—	81.94	—	0.74	8.85	—	—	—
—	0.60	—	—	—	—	—	—
—	—	—	—	—	—	—	—
—	—	—	—	—	—	—	—
—	—	18.55	—	—	—	—	—
—	189.31	54.17	—	—	—	—	0.01
0.74	2.37	—	—	—	—	—	—
—	—	—	—	8.80	—	—	—
—	—	—	—	282.30	—	—	—
—	—	18.30	—	—	—	—	—
—	0.20	—	—	—	—	—	—
—	—	—	—	12.80	—	—	—
—	—	—	—	—	—	—	—
—	—	—	—	—	—	—	—
24.12	**1 324.42**	**903.85**	**7.29**	**1 065.30**	**24.55**	**0.05**	**0.01**

续表

序号	地区	大熊猫20元	缘定金生	王牌高手	好运气	世博熊猫	百发百中	和谐中华	高山流水
1	北 京	—	—	—	—	—	2 889.75	—	—
2	天 津	—	—	—	—	—	1 907.80	—	—
3	河 北	—	—	—	—	—	6 506.85	—	—
4	山 西	—	—	—	—	—	3 110.15	—	—
5	内蒙古	—	—	—	—	—	2 300.25	—	—
6	辽 宁	—	—	—	—	2.00	4 751.65	—	—
7	吉 林	—	—	4.35	—	—	1 527.15	—	49.90
8	黑龙江	—	—	—	—	—	2 673.95	—	—
9	上 海	—	—	—	—	—	3 357.50	—	—
10	江 苏	1.20	0.18	42.85	—	5.00	8 303.10	86.10	—
11	浙 江	—	—	—	757.50	—	12 104.15	—	—
12	安 徽	—	—	—	—	96.05	4 346.93	—	—
13	福 建	—	—	—	—	—	5 094.90	—	—
14	江 西	—	6.08	23.04	—	—	1 774.64	—	—
15	山 东	—	—	—	—	—	13 954.85	—	—
16	河 南	0.10	—	—	—	0.95	14 496.50	—	—
17	湖 北	—	1.02	6.93	—	—	4 749.02	—	—
18	湖 南	—	—	0.10	—	—	11 005.96	—	—
19	广 东	—	—	1.57	—	—	33 052.57	0.30	—
20	广 西	—	—	—	—	—	5 123.65	—	—
21	海 南	—	—	—	—	—	502.90	—	—
22	重 庆	—	—	—	—	—	2 161.90	—	—
23	四 川	—	—	0.05	—	—	10 456.42	—	—
24	贵 州	—	10.16	0.47	—	—	1 716.61	—	—
25	云 南	—	—	2.65	—	—	2 444.35	—	—
26	西 藏	—	—	—	—	—	1 977.10	—	—
27	陕 西	—	—	—	—	—	3 930.35	—	—
28	甘 肃	—	0.01	—	—	—	1 491.60	—	—
29	青 海	—	0.44	—	—	—	90.75	—	—
30	宁 夏	—	—	—	—	—	1 337.80	—	—
31	新 疆	—	—	—	—	—	7 179.50	—	—
合计 Total		**1.30**	**17.89**	**82.00**	**757.50**	**104.00**	**176 320.60**	**86.40**	**49.90**

荷包满满	紫荆花开	宝岛风情	畅游天下3	东方之冠1	东方之冠2	漫游世博	中华名人3
—	—	—	—	—	—	—	—
—	—	—	—	—	—	—	500.00
—	—	—	—	1.25	—	—	165.05
—	—	—	—	—	—	—	—
—	—	—	—	—	—	—	—
—	5.65	6.05	—	24.40	—	—	—
—	—	—	—	—	—	—	—
—	—	1.30	—	—	—	—	610.85
—	15.05	0.95	—	14.00	—	—	—
0.40	3.00	0.85	—	—	0.85	1.85	225.70
—	—	—	—	—	—	—	6.30
—	0.10	4.35	—	—	1.15	24.60	—
—	—	—	—	—	—	—	16.90
—	—	—	—	—	—	—	367.55
0.00	—	—	15.00	—	—	—	2 439.30
—	—	—	—	—	—	—	2 131.55
0.00	—	—	—	—	—	—	—
—	—	—	—	—	—	—	—
—	—	—	—	—	—	2.00	—
—	—	—	—	—	—	—	—
—	—	—	—	—	—	—	—
—	—	—	—	—	—	—	—
—	—	—	—	—	143.85	—	—
0.30	1.55	3.53	—	—	—	—	7.34
—	—	—	—	—	—	—	—
—	—	—	—	—	—	—	951.70
—	—	—	—	—	—	—	—
—	—	6.70	—	—	—	—	66.20
—	—	—	—	—	—	—	623.90
—	—	—	—	—	—	—	—
—	—	—	—	—	—	—	—
0.70	**25.35**	**23.73**	**15.00**	**39.65**	**145.85**	**28.45**	**8 112.34**

续表

序号	地区	锦绣中华2	红楼探秘2	筑美世博	筑美（套票）	水浒108将3	灌篮高手	超越梦想	惊喜夺金
1	北　京	—	24.40	—	—	—	—	—	126.05
2	天　津	—	1 070.30	—	—	—	—	—	166.15
3	河　北	0.60	681.90	—	—	—	—	—	229.85
4	山　西	—	—	—	—	—	—	—	74.75
5	内蒙古	—	1 989.50	—	—	—	—	—	417.30
6	辽　宁	—	—	0.05	—	0.55	—	—	214.20
7	吉　林	—	—	—	—	—	—	—	410.90
8	黑龙江	—	45.70	—	—	—	—	—	91.35
9	上　海	—	—	—	1.50	—	—	—	216.35
10	江　苏	—	2 975.10	0.10	—	5.00	9.50	—	20.70
11	浙　江	—	8 347.00	—	—	—	—	—	106.55
12	安　徽	—	1 119.40	—	—	2.50	2.53	—	69.45
13	福　建	—	1 615.10	—	—	—	—	—	—
14	江　西	—	1 491.23	—	—	—	—	—	153.03
15	山　东	—	4 982.20	—	—	—	—	—	615.90
16	河　南	—	2.00	—	—	—	—	—	—
17	湖　北	—	-0.76	—	—	—	—	—	269.39
18	湖　南	—	3 756.08	—	—	2.41	0.53	—	—
19	广　东	—	4 002.20	—	1.98	—	19.59	—	—
20	广　西	—	8.40	—	—	—	—	—	—
21	海　南	—	—	—	—	—	—	—	—
22	重　庆	—	—	—	—	—	—	—	313.20
23	四　川	—	6 146.50	—	—	—	—	—	—
24	贵　州	—	—	—	—	—	—	2.95	—
25	云　南	—	—	—	—	—	—	—	651.60
26	西　藏	—	—	—	—	—	—	—	—
27	陕　西	—	4 104.50	—	—	—	—	—	721.40
28	甘　肃	—	—	—	—	—	—	—	322.20
29	青　海	—	—	—	—	—	—	—	262.60
30	宁　夏	—	—	—	—	—	0.30	—	236.00
31	新　疆	—	—	—	—	—	—	—	311.80
合计 Total		**0.60**	**42 360.76**	**0.15**	**3.48**	**10.46**	**32.45**	**2.95**	**6 000.71**

领奖台	大满贯	欢乐嘉年华	恭贺新春	玉兔迎春	爱情密码 2	淘金者 2	吉祥如意
—	—	1 292. 50	—	—	—	4 297. 10	—
—	—	749. 65	—	—	—	—	—
—	—	586. 00	—	—	—	—	—
—	—	0. 45	—	—	—	—	—
—	—	50. 55	—	—	—	—	—
—	—	0. 50	0. 70	—	—	—	—
—	—	1 292. 30	—	0. 15	—	—	—
—	—	237. 55	—	—	—	—	—
—	—	478. 00	—	—	—	—	—
343. 40	—	1 617. 70	7. 75	10. 10	6. 05	310. 80	2. 54
—	—	1 393. 10	—	—	—	—	—
88. 06	2. 50	407. 15	—	3. 45	0. 05	—	—
—	—	1 137. 10	—	—	—	—	—
—	—	141. 33	—	12. 15	—	—	1. 54
—	—	2 623. 95	—	—	—	—	—
—	—	857. 45	—	—	—	—	—
—	—	—	0. 04	2. 54	0. 04	—	—
—	—	1 290. 83	—	0. 34	—	—	0. 05
16. 30	—	1 329. 85	—	—	2. 10	—	—
—	—	159. 30	—	—	—	—	—
—	—	—	—	—	—	—	—
—	—	745. 40	—	—	—	—	—
0. 20	—	1 609. 70	—	—	—	—	—
—	—	—	—	5. 70	—	—	0. 32
10. 40	—	313. 90	—	0. 05	—	—	—
—	—	12. 00	—	—	—	—	—
—	—	893. 50	—	—	—	—	—
—	—	—	—	—	—	—	8. 90
—	—	807. 65	—	—	—	—	—
—	—	—	—	0. 05	—	—	—
—	—	—	—	—	—	—	0. 18
458. 36	**2. 50**	**20 027. 40**	**8. 49**	**34. 53**	**8. 24**	**4 607. 90**	**13. 53**

续表

序号	地区	发奖金5元	年年有余	欢乐园	中华故事5元	中华故事5元-2	中华故事10元	环游世界	连连看
1	北京	1 706.40	1.00	—	—	—	—	282.90	—
2	天津	400.00	—	—	—	—	—	—	—
3	河北	615.45	—	0.05	—	—	—	0.25	—
4	山西	767.05	—	—	—	—	—	—	—
5	内蒙古	1 008.70	—	—	—	—	—	67.85	—
6	辽宁	—	2.50	0.05	—	—	—	—	—
7	吉林	986.35	—	—	—	—	—	1.75	—
8	黑龙江	—	—	—	—	—	—	335.05	—
9	上海	2 450.00	—	—	—	—	—	—	—
10	江苏	3 410.80	47.60	—	—	—	—	29.60	3.12
11	浙江	771.55	—	—	—	—	—	—	—
12	安徽	553.00	875.60	0.65	—	—	—	10.00	—
13	福建	479.95	—	—	—	—	—	—	—
14	江西	10.69	—	—	—	—	—	24.58	4.28
15	山东	6 461.05	25.00	—	—	—	—	—	—
16	河南	1 939.70	—	—	154.55	1.70	296.40	204.75	—
17	湖北	1 261.21	1.57	—	—	—	—	4.26	—
18	湖南	410.99	—	0.09	—	—	—	2.69	0.12
19	广东	2 000.00	0.10	—	—	—	—	1.00	—
20	广西	—	—	—	—	—	—	17.80	4.86
21	海南	141.71	—	—	—	—	—	—	—
22	重庆	—	—	—	—	—	—	—	—
23	四川	4 588.37	17.50	—	—	—	—	0.05	—
24	贵州	388.73	—	0.44	—	—	—	24.10	0.01
25	云南	609.95	—	0.10	—	—	—	158.85	—
26	西藏	—	—	4.05	—	—	—	5.00	—
27	陕西	928.10	0.70	—	—	—	—	355.50	—
28	甘肃	691.40	—	—	—	—	—	—	—
29	青海	126.85	—	—	—	—	—	0.05	—
30	宁夏	—	—	—	—	—	—	—	—
31	新疆	—	—	0.09	—	—	—	0.05	—
合计 Total		**32 884.63**	**971.57**	**5.51**	**154.55**	**1.70**	**296.40**	**1 526.07**	**12.39**

神笔马良	上海风采	富贵有余6	富贵有余8	好运十倍	普天同庆	金色土地	美好生活-5元
—	—	—	—	17 462. 90	—	—	314. 40
—	—	—	—	1 667. 90	—	—	—
—	—	—	—	3 247. 00	—	15. 00	—
—	—	—	—	1 813. 95	—	—	380. 80
1. 10	—	—	—	2 215. 80	—	—	—
—	—	—	—	7 148. 05	11. 35	—	—
0. 10	—	—	—	3 820. 20	—	23. 90	381. 27
—	—	—	—	3 589. 70	—	11. 80	24. 80
—	805. 00	—	—	5 757. 50	—	—	—
25. 14	—	—	—	14 077. 30	—	54. 60	611. 15
—	—	—	—	14 702. 75	—	—	155. 00
4. 16	—	—	—	4 852. 25	—	7. 78	—
—	—	—	—	9 644. 10	—	—	46. 85
23. 30	—	—	—	1 197. 40	—	63. 92	122. 40
—	—	—	—	16 029. 25	—	—	1 085. 45
—	—	219. 14	255. 70	12 947. 10	—	7. 15	15. 90
—	—	—	—	4 101. 16	—	67. 76	0. 07
2. 87	—	—	—	8 861. 13	—	53. 79	231. 04
—	—	—	—	75 039. 85	—	47. 75	693. 92
—	—	—	—	7 648. 42	—	54. 55	75. 70
—	—	—	—	1 220. 04	—	—	—
—	—	—	—	3 702. 45	—	—	—
—	—	—	—	12 897. 17	—	—	—
6. 88	—	—	—	629. 07	—	4. 97	4. 11
0. 52	—	—	—	3 505. 15	—	3. 05	404. 90
—	—	—	—	1 888. 70	—	—	6. 05
—	—	—	—	3 724. 65	—	—	793. 45
2. 04	—	—	—	1 708. 90	—	1. 65	2. 55
—	—	—	—	150. 75	—	—	—
—	—	—	—	1 573. 25	—	—	0. 10
—	—	—	—	10 359. 95	—	0. 95	—
66. 11	**805. 00**	**219. 14**	**255. 70**	**257 183. 78**	**11. 35**	**418. 63**	**5 349. 90**

续表

序号	地区	财富之旅	中状元	数字达人 2	奇兵夺宝	中秋送福	九九重阳	灌篮高手 20	中华故事 10
1	北　京	—	—	—	—	1.40	—	1 816.30	—
2	天　津	30.10	—	—	—	—	—	—	—
3	河　北	5.40	—	—	30.05	4.00	—	—	20.35
4	山　西	—	7.50	—	1.56	—	—	702.00	—
5	内蒙古	194.70	—	—	31.25	—	—	—	—
6	辽　宁	—	48.30	10.54	-18.76	133.94	8.90	825.63	—
7	吉　林	474.75	70.40	—	-8.21	48.25	46.25	—	—
8	黑龙江	812.45	68.10	—	-3.50	—	12.40	—	—
9	上　海	—	—	106.00	-0.05	94.05	—	487.90	—
10	江　苏	35.20	641.30	2.22	-77.28	34.90	45.45	21.90	—
11	浙　江	16.25	—	—	-63.55	—	—	—	—
12	安　徽	4.95	38.30	0.58	—	82.15	2.50	—	—
13	福　建	2.50	—	—	-7.54	119.70	—	40.20	—
14	江　西	—	429.42	16.97	—	134.17	—	—	—
15	山　东	30.00	284.00	—	-5.05	94.95	30.00	1 123.80	—
16	河　南	7.10	—	—	—	42.10	—	34.60	—
17	湖　北	—	-1.20	—	-136.94	2.53	—	—	—
18	湖　南	568.78	29.35	0.26	-13.32	33.68	—	169.79	—
19	广　东	937.50	77.17	1.94	-45.36	9.05	10.05	—	—
20	广　西	553.89	14.40	—	-4.60	74.60	—	—	—
21	海　南	—	—	—	—	—	—	—	—
22	重　庆	1.70	—	—	7.25	1.75	—	—	—
23	四　川	—	12.84	—	-1.31	631.33	12.50	159.62	—
24	贵　州	19.52	211.80	—	-5.81	64.57	—	—	—
25	云　南	520.65	—	0.10	17.45	104.20	6.25	477.30	—
26	西　藏	—	—	—	—	116.65	—	—	—
27	陕　西	230.10	6.60	—	-1.90	7.60	—	486.90	—
28	甘　肃	18.20	—	2.56	0.95	30.30	0.55	—	—
29	青　海	—	—	—	—	137.75	—	—	—
30	宁　夏	254.15	5.90	—	37.20	94.10	—	—	—
31	新　疆	—	—	—	38.45	—	0.05	0.80	—
合计 Total		**4 717.89**	**1 944.18**	**141.17**	**-229.01**	**2 099.18**	**174.90**	**6 346.74**	**20.35**

富贵有余20	国泰民安	马到功成	对对碰5元	我爱电影－龙门飞甲10元	生态鄱阳2	大吉大利	企鹅探宝
—	0.35	641.05	2 342.60	4.80	—	2 190.25	697.60
—	—	—	—	—	—	601.25	21.80
87.30	1 976.40	15.15	131.65	—	—	767.25	1 034.55
—	—	22.95	—	—	—	963.05	1 041.45
—	8.75	—	—	—	—	787.18	712.00
—	—	117.30	—	—	—	199.66	77.37
—	11.75	65.10	—	—	—	864.15	407.95
—	458.80	—	0.05	—	—	1 280.45	—
—	1 947.50	—	—	—	—	1 895.00	540.00
—	2 328.35	153.70	9.50	—	—	3 255.90	1 501.60
—	4 062.90	—	—	—	—	2 080.30	20.70
—	—	128.15	—	—	—	1 295.05	397.05
—	1 273.40	—	—	—	—	598.45	1 074.45
—	46.18	79.68	—	—	139.66	127.34	280.89
—	5.15	—	—	—	—	3 113.90	0.05
—	1 727.90	—	—	—	—	1 154.55	1 325.50
—	116.14	7.81	—	—	—	448.52	353.44
—	978.28	25.85	—	—	—	1 163.16	74.14
—	6 681.56	14.05	—	—	—	6 740.22	6 344.54
—	53.85	—	31.45	—	—	148.20	58.05
—	—	—	—	—	—	—	229.56
—	1 422.50	31.40	—	—	—	215.55	215.40
—	5 277.89	25.40	0.70	—	—	3 167.14	2 417.69
—	—	—	—	—	—	40.47	40.63
—	2 545.00	72.50	0.35	—	—	550.85	788.05
—	270.50	—	51.05	—	—	—	—
—	512.05	54.25	—	—	—	3 219.60	1 778.10
—	479.25	—	—	—	—	369.50	54.90
—	391.25	—	432.85	—	—	—	13.85
—	—	83.65	207.40	—	—	210.55	0.10
—	334.30	247.35	6.15	—	—	10.35	74.30
87.30	**32 909.99**	**1 785.34**	**3 214.00**	**4.80**	**139.66**	**37 457.84**	**21 575.70**

续表

序号	地区	金龙贺岁	三国争雄	金钥匙	2012 龙	江门风光	2012 龙	2012 龙四联	2012 龙小本
1	北　京	29.85	1.30	51.90	1.65	—	—	—	6.90
2	天　津	—	—	—	4.70	—	—	60.35	—
3	河　北	39.60	1.05	—	5.00	—	—	84.90	211.15
4	山　西	47.20	—	—	—	—	188.20	58.80	64.00
5	内蒙古	303.60	—	703.70	201.85	—	—	—	—
6	辽　宁	115.39	-40.53	—	56.95	—	—	189.25	—
7	吉　林	70.10	-8.36	738.00	5.20	—	—	28.25	29.30
8	黑龙江	94.15	—	—	—	—	—	166.55	207.45
9	上　海	195.00	—	783.96	—	—	—	—	—
10	江　苏	788.85	—	1 232.40	222.35	—	—	493.60	—
11	浙　江	—	-98.30	1 177.70	—	—	—	—	—
12	安　徽	73.87	—	37.20	21.00	—	—	62.35	—
13	福　建	122.00	—	212.50	12.15	—	—	—	31.65
14	江　西	105.79	—	—	—	—	—	—	34.57
15	山　东	276.55	—	594.70	12.80	—	—	28.60	18.70
16	河　南	5.25	—	22.40	41.55	—	69.05	21.25	—
17	湖　北	0.14	—	265.77	—	—	21.90	2.30	—
18	湖　南	85.07	—	—	—	—	—	—	20.25
19	广　东	107.66	—	690.98	45.45	5 100.71	—	208.59	240.95
20	广　西	299.15	-2.97	830.80	4.15	—	—	8.95	—
21	海　南	—	—	—	—	—	—	—	—
22	重　庆	—	—	846.00	46.00	—	—	237.90	—
23	四　川	307.72	-0.03	203.74	28.30	—	—	—	107.26
24	贵　州	—	—	—	—	—	73.85	—	49.13
25	云　南	21.00	—	919.30	26.25	—	—	121.10	—
26	西　藏	—	—	—	—	—	—	—	—
27	陕　西	18.95	—	746.40	28.40	—	—	201.25	293.85
28	甘　肃	37.20	—	—	62.35	—	—	103.45	—
29	青　海	3.65	—	—	166.10	—	—	—	—
30	宁　夏	0.05	—	—	—	—	71.30	60.70	—
31	新　疆	0.85	—	61.50	—	—	667.30	—	—
合计 Total		**3 148.63**	**-147.84**	**10 118.95**	**992.20**	**5 100.71**	**1 091.60**	**2 138.14**	**1 315.17**

魅力丹霞	张家界风光 5元	张家界风光 10元	心连心	招财猫	美好生活	大赢家	夺宝嘉年华
—	—	—	546.36	177.60	87.10	91.75	15.15
—	—	—	—	35.30	933.20	499.80	390.40
—	—	—	796.70	495.95	—	419.70	148.75
—	—	—	—	105.65	740.60	106.10	198.75
—	—	—	577.02	192.80	999.20	638.60	351.70
—	—	—	1 903.88	748.70	263.61	434.50	573.02
—	—	—	632.98	247.15	—	186.15	298.70
—	—	—	—	370.55	846.40	—	472.35
—	—	—	230.00	20.00	88.80	—	32.50
—	—	—	298.85	643.85	1 706.47	825.15	192.20
—	—	—	1.24	23.60	82.30	237.35	20.50
—	—	—	259.44	313.85	—	368.00	216.10
—	—	—	5.90	95.25	—	604.05	68.10
—	—	—	333.58	189.27	227.29	188.04	—
—	—	—	3 131.24	898.70	230.40	885.50	529.85
—	—	—	1.68	2.40	154.30	908.30	15.60
—	—	—	—	42.70	—	528.35	-78.40
—	5.69	79.68	572.97	196.88	323.94	791.39	174.44
189.24	—	—	128.86	801.20	143.03	1 961.56	795.32
—	—	—	40.18	104.20	455.10	215.20	90.65
—	—	—	25.30	—	—	—	—
—	—	—	—	388.00	517.90	303.50	673.60
—	—	—	—	501.82	320.32	—	115.35
—	—	—	169.10	109.33	—	—	—
—	—	—	238.82	263.00	772.20	—	106.00
—	—	—	—	162.35	—	—	265.55
—	—	—	677.72	1 034.80	573.20	—	923.00
—	—	—	13.10	250.75	526.90	173.00	306.20
—	—	—	3.58	17.80	—	—	—
—	—	—	—	552.35	—	—	509.05
—	—	—	146.74	284.25	1 084.10	1 427.15	522.95
189.24	**5.69**	**79.68**	**10 735.24**	**9 270.05**	**11 076.36**	**11 793.14**	**7 927.37**

续表

序号	地区	倍给力	存钱罐	欢乐嘉年华	荷塘月色	蚂蚁搬家	七彩盛世	黄河魂	敦煌韵
1	北　京	11.35	2 401.00	1 349.45	1 005.00	27.50	—	—	—
2	天　津	740.00	319.95	—	—	199.66	—	—	—
3	河　北	269.95	507.80	—	999.90	460.02	—	99.80	417.30
4	山　西	355.30	1 209.70	1 402.60	996.20	599.32	—	131.70	973.05
5	内蒙古	557.00	795.40	—	998.55	598.88	—	226.45	—
6	辽　宁	139.36	1 985.60	—	1 697.25	1 190.94	—	424.60	430.70
7	吉　林	551.35	398.30	—	930.05	178.50	869.80	—	—
8	黑龙江	724.80	782.65	771.10	963.10	200.00	—	241.80	—
9	上　海	397.50	937.50	—	1 180.00	—	—	—	—
10	江　苏	2 154.25	400.00	1 240.95	1 022.15	1 540.68	—	303.81	319.55
11	浙　江	46.05	337.30	—	657.20	—	—	—	—
12	安　徽	288.40	837.20	538.10	970.35	731.58	—	—	—
13	福　建	37.15	1 118.50	—	997.30	158.38	—	—	—
14	江　西	—	280.81	—	352.09	186.35	—	—	—
15	山　东	3 007.75	1 977.70	416.05	2 975.00	625.72	—	226.05	280.85
16	河　南	949.65	1 247.60	527.00	—	962.70	—	8.85	79.15
17	湖　北	112.91	—	970.34	745.20	—	—	—	—
18	湖　南	358.23	1 434.99	—	1 652.01	660.87	—	153.83	—
19	广　东	2 128.27	400.00	1 682.08	4 650.81	—	—	—	—
20	广　西	107.25	792.40	455.70	1 860.85	166.42	—	—	—
21	海　南	—	—	—	—	—	—	—	—
22	重　庆	626.25	344.75	—	136.80	586.50	—	188.20	—
23	四　川	1 492.09	1 592.95	1 268.92	1 913.25	—	—	—	—
24	贵　州	—	144.13	—	339.19	78.82	—	—	—
25	云　南	127.15	—	—	1 920.00	614.68	—	—	—
26	西　藏	—	407.80	—	—	—	—	—	—
27	陕　西	375.60	—	—	2 290.45	—	—	—	—
28	甘　肃	—	430.65	—	952.35	—	—	156.20	303.35
29	青　海	—	—	708.31	740.20	197.84	—	—	—
30	宁　夏	—	—	—	—	199.92	—	275.15	—
31	新　疆	1 285.40	1 170.65	639.85	1 794.85	517.62	—	382.35	—
合计 Total		**16 842.99**	**22 255.33**	**11 970.45**	**34 740.10**	**10 682.90**	**869.80**	**2 818.79**	**2 803.95**

花好月圆	巍巍井冈	跷跷板	幸运扑克	喜从天降	龙腾盛世	打地鼠	招财纳福
21.20	—	17.40	1 095.10	4 484.00	—	1 194.90	450.75
439.80	—	71.04	—	—	—	300.00	922.50
187.45	—	530.56	295.95	—	1 659.40	1 379.60	1 411.75
104.00	—	599.74	586.35	—	1 108.35	1 292.35	999.80
459.95	—	467.70	—	—	997.50	896.00	997.60
864.30	—	859.18	891.40	—	1 819.60	1 716.35	2 716.75
408.95	—	482.24	537.70	—	—	723.20	474.50
476.05	—	369.14	888.40	—	—	1 038.40	1 508.50
2.50	—	122.00	260.00	—	710.00	515.00	1 242.50
839.10	—	458.62	346.15	1 389.35	3 613.05	2 829.30	1 534.00
—	—	158.00	120.50	—	3 702.75	782.25	1 319.00
88.05	—	167.14	171.05	—	—	843.15	735.35
657.70	—	88.34	165.25	—	—	596.25	959.45
—	8 738.32	271.18	—	—	—	243.17	312.95
459.95	—	68.76	—	—	3 091.95	2 380.00	1 174.75
13.60	—	684.56	120.95	—	3 849.60	1 163.75	1 623.80
52.77	—	634.60	284.03	—	1 361.68	—	414.70
433.64	—	614.02	372.30	—	4 251.45	808.86	1 134.06
1 780.27	—	—	—	8 102.66	—	2 146.76	5 935.36
—	—	583.14	193.00	—	—	547.55	1 128.15
—	—	—	—	—	—	—	—
—	—	38.08	565.85	—	1 821.45	580.55	496.80
43.70	—	1 148.08	1 189.95	3 778.92	—	—	3 303.55
239.55	—	27.89	271.95	—	—	—	200.60
88.95	—	601.96	976.00	—	—	609.85	1 008.60
—	—	—	—	—	—	204.45	—
58.40	—	861.24	—	2 428.85	—	1 308.15	1 497.45
—	—	127.58	398.75	—	—	437.25	494.20
—	—	302.28	—	—	398.85	258.70	—
—	—	270.24	—	—	600.00	599.00	500.00
705.40	—	1 144.00	164.00	4 796.80	3 925.15	1 298.35	1 492.15
8 425.28	**8 738.32**	**11 768.71**	**9 894.63**	**24 980.58**	**32 910.79**	**26 693.15**	**35 989.57**

续表

序号	地区	网鱼高手	圣诞快乐2	生肖-蛇	群岛之彩	伏羲定姓氏	中国节	闹新春	跳房子
1	北　京	1 592.10	474.05	—	—	—	1 965.15	997.00	800.00
2	天　津	1 000.00	—	—	—	—	—	500.00	400.00
3	河　北	1 497.05	498.65	—	—	—	930.00	1 000.00	727.50
4	山　西	1 999.00	—	—	—	—	977.25	—	—
5	内蒙古	1 521.05	—	—	—	—	993.80	934.60	—
6	辽　宁	—	477.75	—	—	—	950.00	1 730.60	—
7	吉　林	1 063.55	—	—	—	—	319.80	317.00	—
8	黑龙江	2 006.75	—	—	—	—	637.45	489.45	—
9	上　海	952.50	164.05	316.00	—	—	432.50	307.50	—
10	江　苏	5 585.50	429.45	—	—	—	2 595.37	1 659.85	400.00
11	浙　江	2 307.15	—	—	1 471.75	—	966.25	886.95	—
12	安　徽	1 328.75	—	—	—	—	810.70	643.55	144.80
13	福　建	1 372.55	—	—	—	—	1 502.85	475.80	—
14	江　西	770.70	—	—	—	—	—	471.27	165.92
15	山　东	5 625.10	219.28	—	—	—	2 773.70	1 934.15	2 417.90
16	河　南	3 702.65	315.90	—	—	615.75	957.15	—	—
17	湖　北	1 942.66	307.75	—	—	—	814.50	439.90	—
18	湖　南	2 435.92	361.60	—	—	—	—	465.48	230.25
19	广　东	4 622.81	624.87	—	—	—	3 369.91	1 494.30	913.22
20	广　西	1 901.60	—	—	—	—	896.65	—	1 012.90
21	海　南	76.65	—	—	—	—	—	—	—
22	重　庆	750.75	—	—	—	—	811.30	448.45	379.95
23	四　川	4 127.32	233.82	—	—	—	1 548.67	1 376.75	—
24	贵　州	402.80	—	—	—	—	225.43	233.97	—
25	云　南	1 909.40	—	—	—	—	857.35	853.45	—
26	西　藏	—	—	—	—	—	—	—	—
27	陕　西	—	844.80	—	—	—	1 495.60	1 316.35	—
28	甘　肃	859.20	—	—	—	—	578.25	—	—
29	青　海	199.20	—	—	—	—	—	489.30	399.15
30	宁　夏	299.35	—	—	—	—	493.65	499.50	—
31	新　疆	2 911.80	1 373.75	—	—	—	1 513.55	1 410.55	—
合计 Total		**54 763.85**	**6 325.72**	**316.00**	**1 471.75**	**615.75**	**29 416.83**	**21 375.72**	**7 991.59**

博爱中山	中华名人-孟子	昆曲	民俗文化	快乐生肖10	金鹊报喜	幸运殿堂	黄山风光
—	993.50	2 985.05	—	996.75	798.50	1 890.15	—
—	497.45	—	—	748.60	393.00	—	—
—	495.00	—	2 143.90	1 000.00	599.96	—	—
—	—	871.35	—	981.95	591.78	—	—
—	—	997.35	—	996.20	197.08	—	—
—	725.40	518.85	—	1 338.45	1 156.46	1 456.55	—
—	—	—	—	650.15	385.02	—	—
—	434.05	402.70	—	960.55	381.86	—	—
—	465.00	—	—	—	200.00	—	—
—	1 047.70	1 572.70	—	3 428.72	840.64	2 465.30	2 619.48
—	870.00	575.45	—	992.50	187.22	2 134.00	—
—	449.85	421.65	—	944.85	—	—	2 862.95
—	926.70	—	—	980.00	574.80	2 561.80	—
—	—	—	—	—	—	—	—
—	4 365.30	—	—	3 887.00	2 304.14	2 599.00	—
—	—	—	—	1 843.20	1 125.16	2 827.95	—
—	—	—	—	901.15	—	—	—
—	—	527.41	—	915.05	—	2 054.11	—
3 587.93	—	—	—	3 762.07	2 136.10	2 244.95	—
—	802.85	—	—	—	523.32	1 175.55	—
—	—	—	—	—	—	—	—
—	—	—	—	926.80	286.44	960.75	—
—	—	—	—	1 759.80	1 441.30	—	—
—	—	—	—	—	98.57	—	—
—	—	—	—	968.70	—	1 424.60	—
—	51.30	—	—	—	—	—	—
—	—	—	—	1 627.35	—	1 134.25	—
—	394.90	—	—	746.90	330.78	—	—
—	388.40	—	—	532.65	257.36	—	—
—	401.50	—	—	990.25	199.86	—	—
—	862.50	627.05	—	1 875.40	—	—	—
3 587.93	**14 171.40**	**9 499.56**	**2 143.90**	**34 755.03**	**15 009.34**	**24 928.96**	**5 482.43**

续表

序号	地区	巅峰对决	7乐无穷	好彩头	小鸡快跑	花神	幸运双色球
1	北　京	1 176.70	4 408.25	959.84	990.10	2 413.80	—
2	天　津	457.90	720.55	—	495.35	—	—
3	河　北	565.00	1 991.90	480.00	930.00	1 202.70	1 532.40
4	山　西	—	1 439.20	556.88	746.15	701.55	—
5	内蒙古	598.75	39.65	237.28	859.00	747.40	—
6	辽　宁	1 017.45	2 437.90	—	961.35	1 172.55	—
7	吉　林	424.50	1 838.24	351.62	480.65	—	—
8	黑龙江	—	1 812.50	409.04	457.45	—	1 004.80
9	上　海	512.50	1 570.00	—	500.00	770.00	—
10	江　苏	1 466.30	3 970.55	225.18	1 231.00	1 250.50	5 951.95
11	浙　江	588.10	3 756.40	—	500.00	1 244.20	—
12	安　徽	853.65	826.15	566.52	951.60	1 034.90	1 867.80
13	福　建	1 075.40	2 702.05	376.00	913.45	1 424.30	2 639.60
14	江　西	177.50	83.01	—	—	—	—
15	山　东	2 398.20	6 451.70	—	3 460.95	—	4 824.10
16	河　南	1 076.25	3 359.20	739.86	1 851.10	2 064.45	—
17	湖　北	—	516.32	—	—	—	—
18	湖　南	742.85	1 607.61	306.60	623.99	928.62	—
19	广　东	1 984.28	8 335.56	758.67	2 097.67	2 848.05	3 900.04
20	广　西	871.45	1 901.95	400.28	—	1 179.80	—
21	海　南	—	233.12	—	—	—	—
22	重　庆	560.85	—	—	418.70	—	—
23	四　川	1 046.58	717.11	—	901.71	1 377.39	2 444.64
24	贵　州	—	—	90.47	—	—	—
25	云　南	579.25	1 699.50	153.08	449.85	1 002.95	—
26	西　藏	171.15	—	—	—	—	—
27	陕　西	1 484.80	—	—	—	—	—
28	甘　肃	454.25	1 252.70	198.66	463.25	—	—
29	青　海	347.65	681.00	98.34	—	299.95	—
30	宁　夏	300.65	203.15	239.90	286.45	410.25	—
31	新　疆	1 173.70	—	223.20	—	1 183.80	—
合计 Total		**22 105.65**	**54 555.28**	**7 371.42**	**20 569.78**	**23 257.16**	**24 165.33**

幸福来电	爱我家园	探险家	柿柿如意	甜蜜连连	福运连连	金蜂巢
1 970.35	1 116.05	1 285.40	796.38	782.94	971.70	950.30
479.65	401.25	428.75	317.74	186.82	230.80	392.75
562.25	773.35	783.35	—	—	—	—
942.15	—	441.50	—	—	306.40	—
35.65	34.00	31.05	—	—	—	—
—	—	—	207.48	—	1 134.05	—
460.90	223.05	336.75	202.46	154.00	353.75	319.85
—	—	532.45	—	229.20	—	181.00
—	567.50	—	—	—	292.50	—
1 571.40	812.00	1 088.40	533.42	544.44	534.85	1 265.75
1 559.50	600.00	893.65	—	—	—	534.75
959.95	544.80	665.25	247.76	330.72	455.90	550.05
1 367.15	—	802.75	—	249.12	—	804.75
—	—	127.52	46.48	—	—	23.25
3 917.50	—	—	—	—	—	2 793.05
1 901.85	1 097.35	1 246.85	1 285.36	343.10	460.95	2 076.10
482.62	283.15	—	—	—	—	—
1 090.61	—	573.46	256.84	—	209.90	744.35
1 818.81	600.00	1 240.69	600.00	200.00	500.00	500.00
942.20	503.35	728.70	340.36	298.80	272.45	653.25
—	64.40	—	—	—	—	—
661.65	—	257.70	—	—	—	—
1 371.90	—	756.88	—	14.01	1 071.37	—
157.73	—	148.98	11.58	10.59	28.41	35.51
784.95	528.65	437.45	—	—	212.15	227.05
—	—	—	—	—	—	—
1 029.40	345.70	1 162.75	—	—	—	—
496.25	425.05	374.85	67.08	50.24	247.95	—
160.55	—	—	—	—	—	—
232.95	—	—	49.60	44.10	—	—
1 745.55	—	1 019.80	—	—	—	—
26 703.47	**8 919.65**	**15 364.92**	**4 962.54**	**3 438.07**	**7 283.13**	**12 051.76**

续表

序号	地区	7喜	欢乐马戏团	好日子	冰激凌	福气8	百万财富
1	北　京	2 353.15	438.35	—	—	—	3 181.90
2	天　津	—	389.80	—	—	—	—
3	河　北	—	—	—	—	—	—
4	山　西	—	—	—	—	—	—
5	内蒙古	—	—	—	—	48.45	—
6	辽　宁	—	1 049.40	—	—	—	—
7	吉　林	—	97.65	—	—	—	—
8	黑龙江	—	—	—	—	—	—
9	上　海	—	—	—	—	—	—
10	江　苏	844.55	1 662.35	2 548.80	1 037.50	1 377.00	3 720.90
11	浙　江	—	1 196.00	—	—	248.20	—
12	安　徽	—	540.40	—	—	—	—
13	福　建	—	392.70	730.85	—	326.25	—
14	江　西	—	—	—	—	—	—
15	山　东	—	2 495.45	—	—	3 121.40	—
16	河　南	—	125.00	1 885.80	—	160.00	—
17	湖　北	—	—	—	—	—	—
18	湖　南	—	1 010.60	—	—	539.28	—
19	广　东	1 232.38	—	1 000.00	1 566.92	—	—
20	广　西	—	587.60	—	—	—	—
21	海　南	—	—	—	—	—	—
22	重　庆	—	—	—	—	—	—
23	四　川	—	—	—	1 296.16	—	—
24	贵　州	—	—	—	—	—	—
25	云　南	—	359.10	—	—	—	—
26	西　藏	—	—	—	—	—	—
27	陕　西	—	165.65	—	—	—	—
28	甘　肃	—	194.10	—	—	—	—
29	青　海	—	—	—	—	384.10	—
30	宁　夏	—	—	—	—	468.99	—
31	新　疆	—	—	1 172.95	—	1 779.95	—
合计 Total		**4 430.08**	**10 704.15**	**7 338.40**	**3 900.58**	**8 453.62**	**6 902.80**

放飞梦想5	财神到	欢乐购	印象中国	时空瑰宝	沪塔	幸福汕头－宜居之城
—	—	—	—	—	—	—
—	—	—	—	—	—	—
—	—	—	—	—	—	—
—	—	—	—	—	—	—
—	—	—	—	—	—	—
—	1 376.74	1 321.15	744.45	983.80	—	—
—	—	—	—	—	—	—
—	—	—	—	—	—	—
—	—	—	—	—	4.00	—
—	—	—	—	—	—	—
—	—	—	—	—	—	—
—	—	—	—	—	—	—
—	—	—	—	—	—	—
—	—	—	—	—	—	—
2 087.40	—	—	—	—	—	—
—	—	—	—	—	—	—
—	—	—	—	—	—	—
—	—	—	—	—	—	—
—	—	—	—	—	—	615.16
—	—	—	—	—	—	—
—	—	—	—	—	—	—
—	—	—	—	—	—	—
—	—	—	—	—	—	—
—	—	—	—	—	—	—
—	—	—	—	—	—	—
—	—	—	—	—	—	—
—	—	—	—	—	—	—
—	—	—	—	—	—	—
—	—	—	—	—	—	—
—	—	—	—	—	—	—
—	—	—	—	—	—	—
2 087.40	**1 376.74**	**1 321.15**	**744.45**	**983.80**	**4.00**	**615.16**

续表

序号	地区	幸福汕头－百载商埠	幸福汕头－潮人之都	幸福汕头－潮菜之乡	春夏秋冬	蝌蚪找妈妈	水果连连看
1	北　京	—	—	—	554.00	637.75	—
2	天　津	—	—	—	—	89.25	—
3	河　北	—	—	—	—	—	—
4	山　西	—	—	—	—	—	—
5	内蒙古	—	—	—	—	—	—
6	辽　宁	—	—	—	—	—	—
7	吉　林	—	—	—	—	—	—
8	黑龙江	—	—	—	—	—	—
9	上　海	—	—	—	—	—	—
10	江　苏	—	—	—	822.50	416.60	—
11	浙　江	—	—	—	672.50	—	—
12	安　徽	—	—	—	—	469.45	—
13	福　建	—	—	—	—	—	—
14	江　西	—	—	—	—	—	—
15	山　东	—	—	—	—	—	—
16	河　南	—	—	—	—	—	614.50
17	湖　北	—	—	—	—	—	—
18	湖　南	—	—	—	—	—	—
19	广　东	785.12	511.92	356.03	—	—	—
20	广　西	—	—	—	—	359.30	257.75
21	海　南	—	—	—	—	—	—
22	重　庆	—	—	—	—	—	—
23	四　川	—	—	—	—	—	—
24	贵　州	—	—	—	—	—	—
25	云　南	—	—	—	—	—	—
26	西　藏	—	—	—	—	—	—
27	陕　西	—	—	—	—	—	—
28	甘　肃	—	—	—	—	—	—
29	青　海	—	—	—	—	—	—
30	宁　夏	—	—	—	—	—	—
31	新　疆	—	—	—	—	—	—
合计 Total		**785.12**	**511.92**	**356.03**	**2 049.00**	**1 972.35**	**872.25**

幸运抽奖	淘宝乐	生日快乐	大满贯10元	步步高	日出东方韶山	合计 Total
—	681.95	963.60	—	—	—	102 974.42
205.80	—	—	—	—	—	24 419.91
—	—	—	—	—	—	56 336.19
—	—	—	—	—	—	35 368.79
—	—	—	—	—	—	35 888.49
—	—	—	—	—	—	76 226.81
—	—	—	—	—	—	33 024.38
—	—	—	—	—		40 907.22
—	—	—	—	—	—	35 293.67
190.30	—	—	—	—	—	136 254.36
380.55	—	—	—	—	—	90 405.10
755.25	—	—	167.05	—	—	44 906.98
488.25	—	—	—	—	—	59 658.05
—	—	—	—	—	—	21 931.05
—	—	—	—	—	—	181 545.01
—	—	—	1 453.40	1 133.90	—	100 972.72
—	—	—	—	—	—	28 790.86
—	—	—	38.05	—	357.40	68 487.70
—	—	712.50	—	1 695.00	—	285 719.65
—	—	—	—	—	—	43 800.85
—	—	—	—	—	—	2 793.56
—	—	—	—	—	—	26 347.04
—	—	—	—	961.26	—	102 788.83
—	—	—	—	—	—	8 588.51
—	—	—	—	—	—	38 279.23
—	—	—	—	—	—	6 948.05
—	—	—	—	—	—	57 598.36
—	—	—	—	—	—	18 565.85
—	—	—	—	—	—	10 410.65
—	—	—	—	—	—	13 548.67
—	—	—	—	—	—	66 667.67
2 020.15	**681.95**	**1 676.10**	**1 658.50**	**3 790.16**	**357.40**	**1 855 828.16**

（中国福利彩票发行管理中心供稿）

2013 年中国福利彩票中福在线视频型彩票销售情况表（分地区分游戏）

Sales Statistics of Online Instant Win Games of Welfare Lottery in Different Regions and in Different Games in China in 2013

单位：万元

Unit: Ten Thousand Yuan

序号	地 区	幸运五彩	开心一刻	四花选五	三江风光	连环夺宝	好运射击	趣味高尔夫	合计 Total
1	北 京	—	—	—	—	—	—	—	—
2	天 津	11.95	0.81	19.62	25.23	31 072.98	8.12	96.50	31 235.22
3	河 北	36.44	2.03	32.28	74.01	89 849.75	9.95	181.56	90 186.01
4	山 西	23.00	1.32	15.86	19.46	52 943.82	5.60	98.21	53 107.27
5	内蒙古	21.19	1.51	14.23	19.18	51 472.21	7.02	147.32	51 682.66
6	辽 宁	20.37	1.68	32.73	65.19	125 492.45	12.38	477.49	126 102.29
7	吉 林	19.68	1.03	10.67	23.78	54 461.98	7.57	114.33	54 639.04
8	黑龙江	2.60	0.34	10.28	4.62	15 472.98	1.86	57.79	15 550.48
9	上 海	8.61	8.40	11.77	19.76	45 472.28	6.20	90.43	45 617.45
10	江 苏	38.84	4.20	58.73	123.84	239 986.49	27.78	429.20	240 669.06
11	浙 江	239.16	2.63	31.65	93.01	364 397.61	18.11	588.01	365 370.18
12	安 徽	10.40	1.83	28.16	37.37	173 969.90	11.19	295.88	174 354.73
13	福 建	61.65	2.38	21.81	34.92	91 079.90	7.38	158.49	91 366.52
14	江 西	7.24	1.57	9.43	9.36	54 266.03	5.12	132.40	54 431.16
15	山 东	113.88	4.20	63.98	105.67	276 833.54	27.60	730.23	277 879.09
16	河 南	40.75	3.02	59.50	62.09	119 049.62	17.07	311.59	119 543.63
17	湖 北	54.33	2.40	21.79	36.84	180 680.18	12.94	287.16	181 095.63
18	湖 南	41.99	2.75	21.69	31.13	153 939.44	11.55	270.81	154 319.37
19	广 东	36.64	5.82	43.71	77.85	242 620.46	21.49	390.61	243 196.57
20	广 西	12.34	2.74	15.20	25.33	88 243.16	6.28	186.90	88 491.95
21	海 南	3.50	0.24	9.07	2.30	18 818.84	1.40	20.18	18 855.52
22	重 庆	3.42	1.01	16.67	24.81	72 587.16	14.65	118.99	72 766.72
23	四 川	9.29	1.23	18.46	23.09	79 765.86	6.96	133.25	79 958.14
24	贵 州	0.84	0.24	2.01	1.99	6 389.31	0.59	11.28	6 406.28
25	云 南	6.33	0.81	18.60	23.22	60 942.79	3.69	84.21	61 079.64
26	西 藏	—	—	—	—	—	—	—	—
27	陕 西	49.73	1.72	22.91	52.23	77 973.29	8.56	179.69	78 288.13
28	甘 肃	36.95	1.76	16.77	52.86	84 889.09	9.83	311.34	85 318.60
29	青 海	9.11	0.19	2.24	3.11	14 023.13	0.96	27.33	14 066.06
30	宁 夏	1.54	0.38	3.48	5.77	18 261.04	1.07	34.41	18 307.70
31	新 疆	—	—	—	—	—	—	—	—
合计 Total		**921.76**	**58.23**	**633.29**	**1 078.01**	**2 884 955.30**	**272.92**	**5 965.59**	**2 893 855.10**

（中国福利彩票发行管理中心供稿）

2013 年中国体育彩票全国联网游戏销售统计（分地区按月统计）

Monthly Sales Statistics of National Games of Sports Lottery in Different Regions in 2013

胜平负任选 9 场

单位：万元
Unit: Ten Thousand Yuan

地 区 Region	游戏类型 Game Type	1 月 Jan.	2 月 Feb.	3 月 Mar.	4 月 Apr.	5 月 May	6 月 June	7 月 July	8 月 Aug.	9 月 Sept.	10 月 Oct.	11 月 Nov.	12 月 Dec.	合 计 Total
北 京	竞猜	2 187.20	1 645.48	2 778.68	2 337.15	1 514.07	683.06	1 183.31	2 017.41	2 892.15	3 127.30	3 528.60	3 496.27	27 390.66
天 津		1 726.08	1 294.03	1 722.64	1 734.80	1 026.86	212.23	764.38	1 540.59	1 840.17	1 948.95	1 296.98	1 048.64	16 156.36
河 北		380.42	311.92	414.93	440.56	289.08	124.75	181.13	340.52	453.70	468.85	507.77	552.56	4 466.20
山 西		240.52	196.42	253.45	219.76	137.64	61.68	109.63	213.77	240.80	233.99	262.22	271.53	2 441.41
内蒙古		193.86	156.95	206.86	226.58	136.35	62.93	84.10	189.45	247.00	270.28	282.87	290.53	2 347.75
辽 宁		979.19	802.74	1 025.53	1 092.64	708.76	344.38	482.27	921.83	1 207.40	1 229.82	1 322.77	1 348.31	11 465.65
吉 林		272.11	223.37	282.54	311.13	197.36	76.27	120.62	245.51	319.42	331.34	354.83	355.42	3 089.91
黑龙江		254.80	191.85	231.67	265.33	167.31	69.26	100.22	257.74	477.44	481.64	457.49	466.35	3 421.09
上 海		1 147.38	932.53	1 264.57	1 487.03	980.95	453.80	720.77	1 442.99	2 285.43	2 025.11	2 670.87	3 723.94	19 135.38
江 苏		897.00	786.18	898.47	968.33	638.07	279.74	450.53	851.77	1 146.31	1 151.34	2 345.24	3 907.26	14 320.24
浙 江		1 093.34	908.02	1 137.75	1 277.03	872.97	368.27	609.63	1 171.69	1 357.81	1 404.57	1 510.59	1 592.18	13 303.85
安 徽		1 198.07	904.44	910.92	786.24	511.21	253.17	403.18	1 101.73	1 050.83	1 679.78	2 263.39	1 004.97	12 067.93
福 建		523.23	447.10	559.69	603.35	420.03	184.11	284.46	565.44	641.52	636.32	663.01	695.95	6 224.20
江 西		2 357.43	2 076.17	2 727.87	2 698.40	1 775.30	866.40	1 255.31	2 762.67	3 901.31	4 341.34	3 445.43	2 769.03	30 976.66
山 东		1 185.54	868.36	1 205.39	1 413.71	770.79	258.91	458.77	810.03	1 331.09	897.17	871.44	924.49	10 995.72
河 南		358.78	303.55	359.09	400.91	247.67	111.84	195.36	383.79	440.47	453.77	456.22	492.20	4 203.63
湖 北		926.83	772.51	956.21	1 041.54	689.78	304.30	472.55	946.89	1 123.79	1 171.37	1 246.35	1 261.43	10 913.54
湖 南		1 641.88	965.42	879.94	1 295.17	879.58	431.89	702.68	1 487.39	1 928.53	2 912.90	2 982.12	3 028.04	19 135.54
广 东		3 629.24	2 791.02	3 739.66	4 006.08	2 646.52	1 151.30	1 699.48	3 497.27	4 221.79	4 489.55	4 737.97	4 913.37	41 523.25
广 西		763.82	618.12	740.50	781.18	539.21	250.01	380.89	738.03	860.57	920.75	965.82	987.87	8 546.76
海 南		83.11	71.64	86.67	90.46	51.90	20.92	31.27	74.56	98.29	95.43	104.09	102.99	911.33
重 庆		858.14	606.61	999.94	1 206.00	872.69	457.47	745.20	973.52	1 002.94	964.90	711.22	727.71	10 126.34
四 川		897.27	729.69	1 178.27	1 301.31	808.15	323.80	521.82	963.36	1 255.64	1 210.76	1 201.07	1 242.42	11 633.56
贵 州		270.12	212.46	276.35	307.82	203.48	89.04	134.97	258.46	307.84	331.54	352.78	387.14	3 132.00
云 南		362.55	284.20	395.33	441.74	292.58	125.91	195.86	360.95	468.86	496.71	537.81	559.51	4 522.01
西 藏		11.46	7.57	11.93	17.39	13.88	5.04	10.63	20.61	18.81	20.14	22.00	17.54	177.00
陕 西		337.41	260.95	341.41	392.29	261.02	102.64	152.84	325.94	416.63	418.95	458.96	500.29	3 969.32
甘 肃		121.13	92.81	124.96	137.71	88.12	43.04	60.34	114.27	155.42	147.54	152.42	150.10	1 387.86
青 海		21.96	18.63	25.04	36.66	29.87	7.93	13.50	21.49	24.37	27.71	36.34	31.71	295.21
宁 夏		57.18	42.36	51.26	55.13	33.46	13.58	20.39	42.02	60.91	67.34	66.30	68.61	578.54
新 疆		391.58	302.32	305.22	371.69	223.16	84.72	141.63	295.87	370.63	381.24	584.06	759.61	4 211.72
合计 Total		**25 368.63**	**19 825.42**	**26 092.72**	**27 745.12**	**18 027.83**	**7 822.37**	**12 687.70**	**24 937.55**	**32 147.88**	**34 338.39**	**36 399.00**	**37 678.00**	**303 070.62**

足球4场进球

单位：万元

Unit：Ten Thousand Yuan

地　区 Region	游戏类型 Game Type	1月 Jan.	2月 Feb.	3月 Mar.	4月 Apr.	5月 May	6月 June	7月 July	8月 Aug.	9月 Sept.	10月 Oct.	11月 Nov.	12月 Dec.	合计 Total
北　京	竞猜	80.76	43.86	104.64	119.86	63.96	34.60	44.76	65.58	82.67	118.05	102.39	98.75	959.88
天　津		115.16	75.91	129.47	148.69	81.55	21.48	50.51	58.67	79.92	102.86	52.80	45.47	962.49
河　北		20.34	12.38	27.95	38.56	25.15	7.25	18.40	18.52	20.92	27.17	29.27	31.32	277.25
山　西		7.99	5.79	22.74	12.23	6.56	3.69	7.87	7.58	13.05	19.75	12.20	9.80	129.23
内蒙古		8.56	3.14	8.40	10.31	5.06	3.55	4.20	6.71	11.85	15.53	20.26	17.97	115.54
辽　宁		35.31	21.41	44.19	44.75	40.60	20.42	20.38	23.27	27.65	37.31	38.52	32.33	386.14
吉　林		8.29	3.78	14.42	16.26	14.48	4.87	6.93	12.11	11.34	19.42	12.97	9.20	134.09
黑龙江		27.62	21.55	26.22	43.71	27.22	9.89	7.39	11.79	30.77	29.56	31.47	28.54	295.72
上　海		74.49	56.89	84.62	87.44	50.99	25.24	49.64	60.48	78.03	101.68	139.72	105.61	914.81
江　苏		36.33	22.40	42.22	52.93	27.28	16.31	23.59	36.72	41.72	56.04	135.77	235.13	726.44
浙　江		60.14	37.24	70.53	89.90	55.79	20.54	44.77	44.34	59.08	64.34	59.52	53.24	659.44
安　徽		79.50	58.20	63.62	69.70	24.00	5.00	18.13	20.73	37.48	89.11	110.30	87.98	663.75
福　建		25.55	14.84	29.59	41.38	22.83	11.50	19.63	16.36	21.20	31.30	28.08	21.10	283.36
江　西		159.80	121.74	261.90	322.19	182.68	75.34	130.61	182.29	213.60	234.37	133.62	57.94	2 076.06
山　东		68.88	37.11	85.27	88.55	74.42	20.62	34.18	51.27	74.94	50.55	35.81	38.22	659.81
河　南		22.92	14.16	24.71	24.51	14.49	9.24	18.94	21.95	30.88	25.41	24.30	17.99	249.49
湖　北		46.19	25.67	56.04	64.82	42.04	17.80	35.47	32.19	40.16	68.59	48.22	43.15	520.35
湖　南		172.40	104.49	178.74	301.27	205.42	73.83	182.74	131.42	195.60	241.34	165.85	194.22	2 147.32
广　东		214.72	117.02	220.49	260.59	172.65	74.97	122.80	154.23	191.91	251.05	220.10	197.45	2 197.98
广　西		33.25	31.14	48.01	53.64	43.02	23.68	28.53	32.34	39.60	53.44	52.67	55.47	494.77
海　南		3.34	1.74	5.46	7.23	5.01	2.33	1.76	2.86	4.92	6.95	4.14	7.11	52.86
重　庆		80.25	27.44	125.67	186.81	141.34	61.54	89.21	90.85	60.00	65.50	39.86	42.04	1 010.49
四　川		41.18	26.62	54.16	61.05	49.32	27.97	42.34	35.85	36.02	60.00	58.60	47.48	540.58
贵　州		12.46	14.00	20.51	22.73	26.41	4.07	7.22	8.36	12.63	14.98	14.14	12.66	170.16
云　南		18.53	13.82	28.12	21.98	16.58	7.27	13.74	17.20	28.92	41.12	25.24	23.86	256.39
西　藏		1.32	0.12	0.17	0.67	0.10	0.05	0.10	0.30	0.57	0.32	0.34	1.20	5.25
陕　西		22.47	18.61	27.09	32.47	16.21	6.92	11.63	13.40	19.34	28.98	27.04	23.14	247.31
甘　肃		6.24	2.64	20.20	16.33	7.94	4.43	5.26	8.09	8.18	11.48	9.05	5.05	104.88
青　海		0.26	0.18	1.44	0.84	2.94	0.59	0.48	0.12	0.47	0.70	1.29	1.79	11.10
宁　夏		2.77	1.95	3.09	3.68	1.55	0.70	0.89	1.46	1.32	2.12	1.64	1.31	22.48
新　疆		16.56	7.16	12.72	12.46	8.65	3.47	6.53	10.13	14.74	21.78	27.76	32.95	174.91
合计 Total		**1 503.57**	**942.99**	**1 842.38**	**2 257.53**	**1 456.24**	**599.17**	**1 048.63**	**1 177.15**	**1 489.48**	**1 890.80**	**1 662.95**	**1 579.44**	**17 450.35**

足球6场半全场胜平负

单位：万元

Unit：Ten Thousand Yuan

地　区 Region	游戏类型 Game Type	1月 Jan.	2月 Feb.	3月 Mar.	4月 Apr.	5月 May	6月 June	7月 July	8月 Aug.	9月 Sept.	10月 Oct.	11月 Nov.	12月 Dec.	合计 Total
北　京	竞猜	19.89	6.08	16.13	15.71	9.53	33.60	7.26	9.80	20.18	18.01	26.60	14.34	197.14
天　津		24.45	8.96	25.78	20.58	14.03	11.23	12.42	13.88	30.58	27.28	21.59	9.74	220.50
河　北		9.32	3.57	9.34	8.31	3.49	2.90	3.10	2.70	10.10	8.76	10.55	3.55	75.70
山　西		1.55	0.78	3.19	1.46	1.34	1.38	1.62	1.68	4.12	3.34	3.51	1.88	25.85
内蒙古		1.78	0.51	3.55	2.33	1.15	1.82	1.55	1.42	2.73	2.48	5.54	2.03	26.90
辽　宁		8.81	3.88	9.50	9.47	6.43	12.09	5.64	6.58	15.88	11.16	14.44	6.73	110.64
吉　林		1.83	0.92	4.45	2.19	1.11	2.02	1.16	1.42	2.33	1.99	3.55	1.29	24.24
黑龙江		4.41	0.87	4.54	3.28	3.97	4.28	2.22	2.29	6.49	5.07	8.39	4.54	50.36
上　海		10.75	6.19	15.46	13.46	10.45	13.40	8.53	12.26	57.25	19.93	57.13	32.48	257.27
江　苏		11.20	6.22	11.72	9.11	8.13	10.87	6.00	6.53	16.25	13.90	39.07	57.64	196.62
浙　江		10.73	3.34	12.64	11.35	11.02	12.50	8.73	11.25	24.28	17.15	23.65	9.71	156.35
安　徽		21.74	7.94	19.23	15.70	7.27	10.40	6.68	8.14	20.72	16.64	52.01	16.08	202.55
福　建		12.60	3.35	14.67	19.49	9.94	12.43	6.74	8.07	15.00	9.68	15.32	7.27	134.56
江　西		68.64	21.67	54.86	70.48	35.40	63.96	38.81	49.29	105.39	75.14	76.07	15.55	675.26
山　东		19.57	7.68	19.84	14.96	10.47	6.51	9.42	10.29	25.60	11.06	15.64	6.29	157.35
河　南		4.12	2.09	4.70	4.24	3.11	3.20	2.85	6.77	8.04	4.64	7.19	5.17	56.13
湖　北		11.98	1.64	7.12	4.03	5.20	8.62	5.66	5.25	10.68	9.56	14.32	4.43	88.48
湖　南		80.12	24.17	35.04	93.47	38.52	41.28	24.40	34.20	182.58	66.27	81.83	47.46	749.35
广　东		56.87	21.36	56.05	47.94	39.02	46.26	35.34	41.71	73.72	64.99	97.47	49.84	630.58
广　西		9.38	3.95	10.55	7.38	7.80	8.03	7.66	8.18	11.57	13.44	21.43	9.25	118.62
海　南		1.48	0.65	2.04	1.34	1.80	2.05	2.45	2.00	3.30	3.16	4.81	2.98	28.06
重　庆		6.52	2.28	19.28	36.28	15.63	34.97	17.63	10.10	22.57	13.98	9.02	4.60	192.84
四　川		12.63	5.73	11.85	11.71	6.90	10.14	7.72	8.27	15.76	14.41	19.60	9.14	133.88
贵　州		3.23	0.82	3.07	2.46	2.20	4.32	2.27	2.14	3.48	3.64	5.67	2.67	35.98
云　南		5.57	3.00	6.66	5.81	5.19	4.82	4.93	5.69	9.77	10.07	12.38	7.91	81.80
西　藏		0.08	0.01	0.10	0.03	0.03	0.05	0.03	0.03	0.09	0.12	0.34	0.11	1.01
陕　西		3.59	1.45	3.66	3.13	2.46	3.84	1.85	1.58	4.42	5.71	10.66	3.01	45.35
甘　肃		1.78	0.62	2.56	4.36	0.82	4.04	0.60	1.14	5.43	2.59	3.48	1.29	28.71
青　海		0.20	0.08	0.22	0.16	0.31	0.08	0.04	0.04	0.12	0.28	0.38	0.38	2.29
宁　夏		0.50	0.26	0.56	0.72	0.54	0.51	0.50	0.66	1.21	0.81	2.02	0.53	8.81
新　疆		3.65	1.88	4.20	3.53	1.87	1.94	2.87	2.44	5.96	4.11	8.54	7.21	48.19
合计 Total		**428.99**	**151.97**	**392.56**	**444.47**	**265.13**	**373.53**	**236.69**	**275.78**	**715.61**	**459.33**	**672.17**	**345.12**	**4 761.35**

足球胜平负

单位：万元

Unit：Ten Thousand Yuan

地 区 Region	游戏类型 Game Type	1月 Jan.	2月 Feb.	3月 Mar.	4月 Apr.	5月 May	6月 June	7月 July	8月 Aug.	9月 Sept.	10月 Oct.	11月 Nov.	12月 Dec.	合计 Total
北 京	竞猜	2 807.32	2 653.36	5 308.45	6 069.52	3 237.63	1 600.53	2 071.14	3 402.87	5 001.37	5 125.04	5 948.66	4 511.32	47 737.22
天 津		1 586.28	1 300.72	1 913.44	1 915.33	1 090.48	225.07	781.85	1 388.92	1 863.68	1 930.02	1 565.99	1 254.43	16 816.20
河 北		458.28	392.59	532.67	524.21	372.52	170.17	277.34	448.70	604.11	657.20	744.50	739.85	5 922.14
山 西		275.58	164.91	272.71	308.53	220.08	102.11	113.79	195.34	279.84	334.39	366.11	343.85	2 977.24
内蒙古		275.02	188.67	294.46	363.50	269.32	121.28	142.74	310.23	375.07	432.91	460.07	515.67	3 748.95
辽 宁		1 025.36	807.52	1 199.77	1 158.34	881.46	477.20	565.90	955.91	1 483.89	1 599.84	1 793.47	1 797.87	13 746.55
吉 林		318.54	302.34	444.38	423.34	261.13	113.58	156.38	258.13	374.80	421.67	440.68	436.28	3 951.23
黑龙江		272.41	203.22	308.73	329.44	245.55	121.02	119.73	285.90	601.35	714.54	712.79	659.24	4 573.93
上 海		1 118.62	827.59	1 399.90	1 537.46	1 193.24	599.96	817.34	1 633.17	4 663.14	4 509.25	6 254.18	7 765.14	32 318.98
江 苏		1 016.04	750.20	1 117.65	1 094.20	792.19	390.00	498.61	864.16	1 424.90	1 661.81	4 032.58	6 180.06	19 822.41
浙 江		1 504.22	1 027.87	1 536.62	1 676.53	1 366.80	685.44	937.89	1 626.08	1 936.87	2 118.38	2 345.91	2 198.88	18 961.48
安 徽		1 527.84	1 105.66	1 259.03	1 078.36	677.44	457.28	509.04	1 209.98	1 266.97	1 867.32	3 162.94	1 619.88	15 741.71
福 建		761.76	621.40	808.31	874.92	637.36	338.50	451.56	793.41	1 005.07	1 038.50	1 220.74	1 185.20	9 736.71
江 西		3 229.80	2 980.65	4 305.50	3 933.16	2 834.30	1 460.12	1 740.64	3 600.40	4 317.17	5 278.12	4 632.44	4 205.87	42 518.17
山 东		1 373.87	1 053.68	1 740.05	1 771.69	1 177.69	397.15	652.59	908.65	1 622.68	1 416.89	1 423.59	1 415.06	14 953.58
河 南		489.82	349.65	472.83	524.63	396.18	195.76	226.87	501.68	736.52	742.35	756.50	766.66	6 159.46
湖 北		822.51	663.18	990.71	1 022.17	752.12	411.76	528.36	864.35	1 209.61	1 348.94	1 539.73	1 517.00	11 670.46
湖 南		2 033.20	1 392.79	1 277.93	2 120.91	1 241.41	650.04	859.62	2 097.94	2 101.72	3 595.54	5 059.29	5 024.84	27 455.23
广 东		3 746.29	3 012.07	4 591.05	4 491.53	3 408.72	1 658.76	2 174.81	4 001.58	5 339.48	6 065.81	6 724.60	6 808.73	52 023.44
广 西		801.27	639.49	853.78	794.52	672.26	362.93	495.51	726.10	1 014.34	1 128.98	1 245.76	1 250.81	9 985.73
海 南		88.25	74.02	109.72	100.17	78.61	36.92	49.22	82.59	130.75	148.02	162.22	195.51	1 256.01
重 庆		843.82	579.23	1 271.45	1 529.93	961.00	682.35	757.11	854.25	914.89	981.00	764.22	846.80	10 986.04
四 川		1 018.42	834.21	1 271.58	1 290.23	972.71	487.57	633.62	1 122.83	1 432.74	1 561.64	1 806.96	1 849.45	14 281.95
贵 州		324.23	224.11	355.25	372.24	281.72	135.40	167.82	330.59	492.68	613.20	558.47	599.73	4 455.43
云 南		491.79	357.40	563.88	556.58	471.38	233.01	278.69	536.00	810.72	890.15	969.27	960.29	7 119.16
西 藏		12.81	5.89	14.69	19.58	15.80	9.90	11.15	13.99	31.98	37.49	46.24	35.34	254.86
陕 西		576.08	450.84	604.80	657.00	458.27	220.11	272.66	545.71	712.40	751.62	883.93	888.79	7 022.20
甘 肃		169.37	112.87	175.78	168.13	133.46	93.76	117.45	157.35	273.18	281.74	319.81	255.84	2 258.76
青 海		53.30	72.70	55.16	32.47	31.35	11.06	18.10	23.19	41.90	50.79	59.89	44.87	494.78
宁 夏		78.72	55.43	81.65	84.42	62.97	24.65	28.68	51.68	115.82	177.91	227.71	234.10	1 223.74
新 疆		429.61	268.71	334.54	396.85	273.14	126.01	151.21	327.15	456.29	432.74	681.32	868.39	4 745.96
合计 Total		**29 530.40**	**23 472.97**	**35 466.45**	**37 219.86**	**25 468.30**	**12 599.41**	**16 607.41**	**30 118.84**	**42 635.93**	**47 913.78**	**56 910.60**	**56 975.76**	**414 919.71**

竞彩玩法

单位：万元

Unit: Ten Thousand Yuan

地区 Region	游戏类型 Game Type	1月 Jan.	2月 Feb.	3月 Mar.	4月 Apr.	5月 May	6月 June	7月 July	8月 Aug.	9月 Sept.	10月 Oct.	11月 Nov.	12月 Dec.	合计 Total
北京	竞猜	2 925.10	1 800.78	7 357.92	27 613.19	25 487.18	7 914.01	4 504.02	3 577.80	1 850.68	1 276.74	503.08	343.93	85 154.41
天津		12 354.53	8 094.79	16 267.03	21 012.91	18 674.93	9 863.74	9 357.53	12 471.83	12 405.90	4 165.35	3 648.61	2 635.15	130 952.30
河北		1 149.27	970.85	2 004.77	2 234.90	2 133.68	1 463.12	1 293.97	2 049.87	2 129.52	2 254.58	1 855.81	1 912.11	21 452.45
山西		889.70	646.88	1 302.61	1 205.32	1 194.80	729.59	632.50	969.26	1 086.73	1 057.95	886.92	742.14	11 344.40
内蒙古		570.56	389.63	708.84	963.90	929.82	661.68	503.50	592.43	582.79	625.82	537.50	688.27	7 754.74
辽宁		3 884.61	2 854.29	4 937.44	5 982.07	5 370.23	3 960.99	3 310.80	4 340.46	4 907.78	4 684.05	4 172.12	3 699.73	52 104.57
吉林		1 494.28	1 050.88	1 841.76	2 363.32	2 148.89	1 495.43	1 484.30	1 746.64	1 818.24	1 792.77	1 825.48	1 705.57	20 767.57
黑龙江		1 175.58	751.99	1 508.82	1 737.53	1 888.26	1 724.24	1 738.73	2 779.91	3 936.56	4 469.79	3 277.48	3 233.21	28 222.10
上海		5 956.20	6 537.59	15 812.71	20 202.78	16 764.09	17 327.29	22 078.07	24 839.26	31 514.71	27 235.19	28 121.67	22 018.73	238 408.27
江苏		13 182.26	9 770.79	28 238.64	48 015.68	32 629.63	16 049.76	11 742.96	14 674.91	15 933.98	22 902.90	38 398.36	53 107.59	304 647.44
浙江		5 002.45	4 054.54	7 653.29	10 703.33	7 617.53	5 334.50	4 452.59	5 906.95	5 823.56	5 801.09	5 303.58	6 092.69	73 746.11
安徽		5 494.14	3 244.49	8 672.36	6 794.12	6 316.40	4 723.79	4 361.39	10 139.19	16 859.81	9 539.31	14 440.39	14 443.45	105 028.84
福建		2 585.36	1 991.34	3 364.60	3 475.50	3 164.82	2 278.00	1 957.19	2 510.00	2 617.56	2 459.73	2 551.90	2 242.59	31 198.60
江西		14 084.46	10 209.45	19 579.24	26 903.21	19 348.25	14 524.78	13 812.23	16 546.85	15 496.61	15 286.98	10 169.99	4 836.95	180 798.99
山东		15 855.65	10 579.46	19 043.10	22 354.03	19 250.01	11 340.79	11 056.71	27 043.39	16 279.23	15 705.41	16 448.06	15 536.68	200 492.52
河南		3 161.12	1 858.12	4 175.77	4 761.02	4 847.72	3 805.17	3 909.06	5 158.93	5 898.63	18 937.31	5 548.08	3 852.79	65 913.73
湖北		1 678.75	1 444.20	3 978.58	3 238.86	7 182.32	3 769.49	4 425.80	12 782.11	19 486.50	16 420.55	4 218.02	2 578.91	81 204.09
湖南		5 917.75	4 847.37	7 330.05	7 626.95	6 330.70	5 227.84	4 351.29	6 045.74	9 288.07	18 988.66	18 169.81	27 158.65	121 282.89
广东		14 330.87	9 902.71	16 151.99	19 791.63	19 762.14	15 071.27	13 253.16	16 299.59	17 539.23	17 311.38	15 718.33	11 337.81	186 470.11
广西		2 220.41	3 197.32	3 017.22	3 513.46	3 064.05	2 119.10	1 980.15	2 559.16	2 865.41	2 909.85	2 642.54	2 384.92	32 473.59
海南		256.73	134.17	240.18	239.52	202.06	138.06	111.02	143.44	141.65	1 259.42	1 601.57	1 459.30	5 927.10
重庆		4 589.94	3 732.20	5 903.91	6 912.55	7 401.74	5 640.22	6 227.47	7 408.35	7 217.41	9 565.06	8 038.92	5 150.95	77 788.72
四川		2 363.97	1 907.30	3 586.66	3 782.39	3 310.71	2 226.74	2 062.70	2 702.45	2 713.29	2 926.67	2 555.19	2 142.18	32 280.24
贵州		1 090.88	910.15	1 554.68	2 301.88	2 132.16	1 781.27	1 396.79	2 109.83	1 958.92	1 889.76	1 394.60	1 053.12	19 574.03
云南		2 394.49	1 884.95	3 670.41	4 007.15	3 847.31	3 024.54	2 361.89	3 026.63	3 535.13	3 614.64	3 061.56	2 786.29	37 214.99
西藏		67.04	33.91	67.42	89.03	90.03	73.90	57.69	169.82	158.13	86.61	66.08	60.87	1 020.52
陕西		1 106.53	790.83	1 788.96	2 001.33	1 733.39	1 191.61	1 049.50	1 411.93	1 459.55	1 379.30	1 199.84	1 180.59	16 293.38
甘肃		811.90	1 367.49	4 015.32	4 269.08	3 343.60	4 235.38	2 738.89	4 287.84	6 390.03	2 774.59	3 360.51	2 787.94	40 382.58
青海		2 014.18	1 636.00	3 111.11	2 681.61	3 055.72	3 438.27	2 627.81	3 141.45	3 197.15	2 495.23	2 937.60	2 833.20	33 169.32
宁夏		95.18	72.48	173.25	202.86	171.02	136.78	111.22	229.18	1 149.67	1 134.85	5 350.51	3 244.45	12 071.44
新疆		2 267.89	1 717.52	3 504.84	5 172.45	4 250.35	1 252.73	2 232.68	3 376.49	2 829.21	2 107.06	1 662.88	2 451.51	32 825.61
合计 Total		**130 971.78**	**98 384.45**	**200 563.51**	**272 153.57**	**233 643.53**	**152 524.07**	**141 183.61**	**201 041.69**	**219 071.65**	**223 058.60**	**209 666.96**	**205 702.26**	**2 287 965.67**

排列3

单位：万元

Unit: Ten Thousand Yuan

地区 Region	游戏类型 Game Type	1月 Jan.	2月 Feb.	3月 Mar.	4月 Apr.	5月 May	6月 June	7月 July	8月 Aug.	9月 Sept.	10月 Oct.	11月 Nov.	12月 Dec.	合计 Total
北京	乐透排列	2 761.78	1 718.53	3 071.67	2 834.42	2 822.32	2 930.11	2 924.94	2 851.97	2 877.60	2 965.23	3 170.71	3 414.69	34 343.96
天津		1 946.13	1 234.01	1 906.34	1 823.05	1 782.41	1 641.22	1 696.85	1 615.34	1 649.89	1 771.96	1 930.00	2 008.80	21 006.01
河北		3 137.46	1 814.60	2 894.77	2 634.75	2 587.16	2 490.80	2 614.42	2 392.33	2 258.96	2 311.08	2 335.45	2 534.09	30 005.89
山西		851.56	496.68	804.42	685.29	650.63	573.98	625.30	522.73	543.18	602.10	568.68	619.33	7 543.86
内蒙古		2 637.12	1 536.25	2 534.45	2 344.71	2 223.44	2 237.82	1 956.44	1 850.01	1 889.81	2 048.56	2 131.50	2 344.44	25 734.56
辽宁		2 340.45	1 465.87	2 299.28	2 235.08	2 147.48	2 031.10	2 000.08	1 866.48	1 863.64	2 032.39	2 113.96	3 671.29	26 067.11
吉林		1 420.00	903.30	1 376.97	1 282.38	1 255.22	1 128.73	1 145.68	1 051.06	1 098.71	1 226.14	1 237.81	1 296.82	14 422.82
黑龙江		1 332.78	862.10	1 358.29	1 242.85	1 120.86	1 052.87	1 146.55	1 182.35	1 180.50	1 526.63	1 336.60	1 345.44	14 687.82
上海		1 070.94	648.65	1 063.55	1 022.95	1 044.35	1 013.27	1 018.53	981.40	958.52	1 103.04	1 113.39	1 475.40	12 514.00
江苏		6 673.96	4 030.45	6 191.38	6 052.42	5 914.45	5 509.51	5 499.88	5 402.55	5 332.05	5 719.02	5 887.90	6 182.13	68 395.69
浙江		5 330.59	3 060.49	4 849.57	4 647.30	4 518.48	4 283.36	4 378.71	4 768.71	4 719.49	4 607.41	4 622.43	4 845.44	54 631.99
安徽		1 657.76	985.46	1 537.21	1 475.66	1 428.44	1 352.31	1 268.24	1 280.17	1 281.64	1 401.69	1 448.17	1 550.32	16 667.07
福建		662.14	439.87	714.84	683.06	782.83	701.57	608.88	637.69	584.38	634.86	640.75	680.75	7 771.61
江西		1 205.90	753.52	1 268.74	975.51	989.09	1 018.31	1 004.40	959.35	1 066.15	1 199.22	1 049.93	1 014.17	12 504.29
山东		1 518.47	938.23	1 546.47	1 446.35	1 446.39	1 304.88	1 279.07	1 258.91	1 314.02	1 300.87	1 449.21	1 549.70	16 352.58
河南		3 319.71	2 033.41	3 179.47	3 090.53	2 928.03	2 826.99	2 872.16	2 839.54	3 188.12	3 501.90	3 572.61	3 643.74	36 996.19
湖北		2 843.14	1 775.81	2 863.34	2 757.66	2 792.70	2 674.38	2 798.47	2 724.22	2 734.10	2 847.38	2 702.07	2 758.52	32 271.79
湖南		1 866.31	1 129.08	1 888.34	2 004.84	2 064.69	1 981.96	1 866.07	1 598.79	1 593.37	1 679.48	1 748.56	1 870.25	21 291.74
广东		1 670.68	982.78	1 573.39	1 557.99	1 503.96	1 496.09	1 592.95	1 500.99	1 539.84	1 619.04	1 608.09	1 807.98	18 453.78
广西		199.51	150.25	235.32	221.21	193.74	172.91	205.64	184.05	174.04	193.95	176.78	183.91	2 291.31
海南		39.18	25.92	36.08	31.64	23.47	20.37	23.61	24.74	24.63	29.34	30.90	33.82	343.71
重庆		607.65	380.09	663.13	528.53	523.30	576.35	604.54	546.19	633.42	651.79	678.49	533.89	6 927.38
四川		3 469.10	2 134.40	3 325.82	3 114.62	3 134.60	3 079.89	3 088.03	2 999.26	3 079.62	3 274.63	3 331.20	3 425.08	37 456.23
贵州		1 142.24	706.26	1 110.23	1 048.94	1 038.38	962.58	950.82	915.90	904.20	981.31	995.62	1 037.21	11 793.69
云南		3 282.34	2 004.17	3 236.79	3 072.94	3 086.94	2 963.67	3 027.03	2 876.67	2 865.81	2 977.88	2 949.10	3 139.57	35 482.91
西藏		100.71	48.82	104.83	106.48	113.41	106.23	93.68	118.39	121.53	108.36	112.97	130.05	1 265.46
陕西		1 443.75	880.92	1 436.83	1 436.39	1 279.12	1 116.65	1 108.59	1 087.10	1 062.06	1 156.64	1 194.54	1 304.58	14 507.15
甘肃		1 767.26	997.76	1 681.66	1 691.28	1 427.86	1 301.14	1 196.06	1 081.17	1 026.90	1 024.58	1 057.78	1 150.03	15 403.48
青海		253.93	150.11	253.32	238.67	254.67	233.45	216.78	209.69	209.94	207.85	218.73	260.30	2 707.43
宁夏		1 045.54	713.31	1 006.67	866.58	837.27	745.51	788.33	711.93	709.37	720.92	863.71	856.55	9 865.67
新疆		982.91	608.68	946.85	848.49	824.64	776.51	823.29	818.98	800.44	867.06	867.43	967.36	10 132.63
合计 Total		**58 581.00**	**35 609.77**	**56 960.01**	**54 002.58**	**52 740.32**	**50 304.52**	**50 424.03**	**48 858.64**	**49 285.92**	**52 292.29**	**53 145.08**	**57 635.65**	**619 839.81**

排　列　5

单位：万元

Unit: Ten Thousand Yuan

地　区 Region	游戏类型 Game Type	1月 Jan.	2月 Feb.	3月 Mar.	4月 Apr.	5月 May	6月 June	7月 July	8月 Aug.	9月 Sept.	10月 Oct.	11月 Nov.	12月 Dec.	合计 Total
北　京	乐透排列	877. 86	528. 70	913. 65	862. 88	885. 39	844. 12	899. 94	994. 39	994. 75	977. 56	1 096. 64	1 221. 48	11 097. 37
天　津		770. 44	522. 41	808. 16	790. 66	790. 37	738. 79	824. 36	851. 67	847. 63	892. 39	846. 96	1 013. 84	9 697. 67
河　北		1 179. 01	736. 80	1 127. 56	1 048. 23	987. 69	930. 13	916. 68	967. 12	960. 78	1 008. 44	1 012. 91	1 107. 21	11 982. 56
山　西		419. 03	258. 07	400. 44	337. 79	324. 19	303. 52	301. 70	309. 16	300. 66	303. 40	304. 50	341. 14	3 903. 59
内蒙古		1 107. 36	692. 09	1 126. 09	1 038. 52	990. 94	922. 22	909. 56	943. 14	971. 89	1 035. 84	1 071. 89	1 199. 98	12 009. 52
辽　宁		1 072. 59	702. 32	1 056. 35	999. 70	965. 41	907. 71	934. 63	946. 48	967. 84	1 002. 23	1 036. 25	1 122. 95	11 714. 44
吉　林		601. 70	406. 69	617. 51	578. 47	543. 30	502. 39	519. 25	554. 13	547. 08	580. 43	570. 91	634. 17	6 656. 02
黑龙江		609. 49	407. 81	643. 22	597. 04	549. 93	487. 50	537. 67	579. 31	600. 82	619. 14	591. 67	670. 75	6 894. 35
上　海		443. 76	284. 61	452. 14	434. 90	443. 26	436. 81	435. 97	463. 43	462. 50	466. 11	489. 33	572. 92	5 385. 74
江　苏		2 579. 52	1 676. 59	2 443. 97	2 310. 74	2 278. 68	2 151. 80	2 217. 05	2 368. 66	2 322. 69	2 345. 06	2 439. 09	2 666. 66	27 800. 52
浙　江		2 236. 36	1 407. 49	2 145. 79	2 096. 08	2 088. 20	1 945. 85	1 958. 14	2 083. 77	2 085. 80	2 075. 08	2 048. 20	2 206. 88	24 377. 64
安　徽		979. 72	632. 27	922. 60	894. 45	877. 10	835. 48	821. 12	848. 65	812. 16	851. 57	845. 85	884. 01	10 204. 98
福　建		365. 30	248. 01	363. 61	359. 91	360. 08	320. 11	300. 64	333. 82	333. 31	336. 45	338. 13	370. 82	4 030. 19
江　西		367. 77	255. 26	423. 92	410. 51	502. 23	516. 61	453. 62	422. 96	407. 03	415. 04	383. 52	393. 34	4 951. 82
山　东		736. 78	476. 77	733. 21	717. 27	693. 35	646. 47	681. 16	763. 18	742. 50	810. 44	774. 32	807. 81	8 583. 26
河　南		1 931. 08	1 242. 67	1 860. 51	1 777. 78	1 797. 40	1 703. 97	1 759. 01	1 841. 95	1 820. 38	1 892. 55	1 836. 21	2 062. 85	21 526. 35
湖　北		1 897. 14	1 204. 56	1 842. 74	1 704. 65	1 709. 98	1 665. 59	1 751. 21	1 880. 78	1 828. 82	1 844. 99	1 785. 45	1 897. 77	21 013. 68
湖　南		1 052. 31	679. 20	987. 13	958. 66	918. 44	900. 40	908. 65	1 014. 60	1 002. 15	1 052. 76	985. 23	1 034. 32	11 493. 85
广　东		1 198. 24	735. 03	1 169. 10	1 109. 55	1 110. 30	1 079. 14	1 115. 63	1 194. 98	1 157. 78	1 191. 97	1 190. 74	1 295. 68	13 548. 15
广　西		145. 79	117. 13	159. 53	144. 19	168. 27	162. 91	172. 57	167. 91	165. 98	148. 14	149. 53	193. 15	1 895. 11
海　南		45. 47	31. 71	47. 40	40. 76	40. 91	40. 27	41. 14	47. 45	49. 12	50. 01	46. 53	49. 23	530. 00
重　庆		326. 54	202. 22	288. 05	251. 95	254. 98	260. 80	282. 64	266. 21	294. 80	310. 60	302. 54	329. 01	3 370. 33
四　川		1 829. 25	1 208. 28	1 800. 71	1 697. 21	1 662. 70	1 573. 58	1 599. 12	1 668. 62	1 632. 54	1 695. 44	1 681. 25	1 823. 85	19 872. 54
贵　州		863. 63	555. 63	894. 45	859. 21	864. 46	791. 96	825. 60	847. 11	836. 31	877. 17	875. 13	941. 24	10 031. 90
云　南		2 334. 36	1 481. 48	2 513. 54	2 403. 88	2 515. 01	2 193. 43	2 411. 70	2 432. 48	2 489. 39	2 503. 26	2 376. 87	2 701. 55	28 356. 95
西　藏		104. 68	51. 16	102. 71	106. 99	106. 58	96. 07	95. 76	100. 76	100. 31	101. 27	102. 16	110. 34	1 178. 79
陕　西		649. 38	400. 74	634. 83	596. 77	605. 79	542. 34	560. 94	600. 63	579. 45	603. 88	595. 50	687. 09	7 057. 33
甘　肃		849. 44	515. 62	846. 78	800. 18	724. 81	669. 83	676. 99	706. 65	673. 92	684. 87	710. 31	817. 94	8 677. 33
青　海		261. 16	147. 43	199. 15	167. 82	161. 21	148. 96	155. 99	163. 21	170. 37	166. 50	166. 73	192. 93	2 101. 45
宁　夏		418. 37	285. 23	421. 37	378. 64	354. 99	329. 01	351. 53	363. 23	344. 60	343. 31	365. 16	420. 86	4 376. 29
新　疆		413. 39	260. 91	410. 87	383. 67	378. 37	360. 88	374. 88	394. 60	376. 82	392. 26	399. 38	478. 91	4 624. 95
合计 Total		**28 666. 93**	**18 354. 89**	**28 357. 08**	**26 859. 04**	**26 654. 33**	**25 008. 68**	**25 794. 83**	**27 121. 02**	**26 880. 15**	**27 578. 13**	**27 418. 88**	**30 250. 68**	**318 944. 65**

七 星 彩

单位：万元

Unit：Ten Thousand Yuan

地 区 Region	游戏类型 Game Type	1月 Jan.	2月 Feb.	3月 Mar.	4月 Apr.	5月 May	6月 June	7月 July	8月 Aug.	9月 Sept.	10月 Oct.	11月 Nov.	12月 Dec.	合计 Total
北 京	乐透排列	689.09	473.10	786.12	758.34	816.87	804.65	930.81	1 200.03	1 079.34	871.19	1 018.73	1 045.40	10 473.67
天 津		1 254.02	818.83	1 186.27	1 110.25	1 086.02	1 045.73	1 120.65	1 053.52	1 076.45	955.72	976.91	1 091.45	12 775.81
河 北		1 610.43	1 066.86	1 701.82	1 575.03	1 541.16	1 460.72	1 528.40	1 624.70	1 594.05	1 450.79	1 531.15	1 622.88	18 307.98
山 西		175.61	105.77	169.81	152.82	154.52	146.05	152.14	166.53	159.94	142.78	151.61	160.36	1 837.93
内蒙古		217.04	142.91	232.71	217.78	222.57	215.09	223.54	242.96	236.09	221.41	239.09	242.79	2 653.98
辽 宁		311.00	216.56	317.17	287.55	294.67	282.98	301.12	332.66	320.75	277.74	293.59	300.85	3 536.65
吉 林		749.30	546.56	803.56	745.18	733.59	697.39	720.78	771.73	739.02	672.58	699.31	729.94	8 608.94
黑龙江		565.46	394.21	542.92	492.46	488.78	474.60	538.49	598.16	565.07	481.57	525.62	547.59	6 214.93
上 海		514.99	319.41	505.08	477.80	486.96	467.37	511.76	593.65	569.21	475.60	511.20	575.05	6 008.06
安 徽		1 066.68	729.37	1 045.29	980.76	992.82	941.12	961.09	1 043.26	994.30	891.54	926.45	951.06	11 523.73
福 建		489.80	330.38	475.25	457.32	473.95	453.91	492.04	579.79	592.39	451.77	470.28	487.95	5 754.82
江 西		428.96	310.32	475.44	452.96	509.89	504.76	488.86	572.49	553.01	486.63	530.39	556.85	5 870.55
山 东		753.92	520.01	793.94	777.17	760.40	703.76	812.82	987.93	918.80	737.19	769.98	807.63	9 343.54
河 南		3 207.35	2 174.93	3 362.36	3 028.95	3 057.61	2 916.98	3 055.71	3 224.50	3 116.98	2 914.45	3 039.43	3 177.09	36 276.35
湖 北		1 787.15	1 184.43	1 790.21	1 618.20	1 653.61	1 595.92	1 698.49	1 844.99	1 785.51	1 570.80	1 679.88	1 716.34	19 925.53
湖 南		481.78	329.90	486.97	447.13	435.62	408.57	446.05	487.43	449.04	380.23	348.85	346.24	5 047.80
广 东		2 303.40	1 475.58	2 254.65	2 066.77	2 048.35	1 983.70	2 204.35	2 457.94	2 278.95	1 942.70	2 026.53	2 102.55	25 145.45
广 西		148.25	99.01	142.98	135.89	141.74	136.01	149.31	172.02	155.45	127.43	136.75	139.84	1 684.67
海 南		627.54	434.28	629.32	584.47	578.18	566.94	579.81	593.37	608.62	604.48	594.66	662.43	7 064.10
重 庆		273.43	192.50	309.59	251.58	261.90	267.04	317.97	340.95	343.15	299.70	320.70	323.51	3 502.01
四 川		3 377.72	2 314.41	3 470.83	3 105.48	3 167.67	3 033.00	3 163.01	3 401.08	3 327.02	2 964.32	3 111.71	3 196.33	37 632.60
贵 州		400.28	260.03	412.62	382.80	416.15	391.80	423.22	472.55	436.51	379.34	423.42	413.65	4 812.37
云 南		1 954.69	1 288.52	1 973.17	1 842.50	1 963.46	1 936.80	2 061.81	2 174.02	2 048.58	1 794.88	1 946.28	1 987.19	22 971.89
西 藏		36.37	15.56	36.65	41.64	42.88	41.14	41.99	47.75	48.86	42.85	43.21	41.84	480.73
陕 西		235.60	149.52	235.77	218.87	226.52	230.53	254.25	276.88	260.49	220.84	231.63	246.50	2 787.41
甘 肃		177.19	123.23	196.43	188.43	190.83	189.54	242.29	307.44	287.89	261.80	285.29	306.54	2 756.89
青 海		162.65	63.52	75.13	65.30	66.15	64.68	70.51	73.12	70.62	61.93	66.87	69.09	909.57
宁 夏		78.36	53.87	85.09	76.09	77.19	71.54	74.34	81.10	79.01	71.87	79.50	82.62	910.58
新 疆		318.59	214.32	345.06	316.60	319.24	311.27	326.32	362.76	349.32	308.92	322.65	348.90	3 843.95
合计 Total		**24 396.65**	**16 347.88**	**24 842.20**	**22 856.11**	**23 209.27**	**22 343.59**	**23 891.93**	**26 085.32**	**25 044.42**	**22 063.04**	**23 301.65**	**24 280.45**	**278 662.51**

22 选 5

单位：万元

Unit：Ten Thousand Yuan

地 区 Region	游戏类型 Game Type	1月 Jan.	2月 Feb.	3月 Mar.	4月 Apr.	5月 May	6月 June	7月 July	8月 Aug.	9月 Sept.	10月 Oct.	11月 Nov.	12月 Dec.	合计 Total
天 津	乐透组合	172.00	115.00	179.45	170.95	165.51	135.29	—	—	—	—	—	—	938.19
河 北		432.16	264.23	409.87	393.08	345.51	240.53	—	—	—	—	—	—	2 085.37
山 西		98.78	63.10	95.86	87.18	71.51	55.52	—	—	—	—	—	—	471.94
内蒙古		261.31	157.38	255.41	260.42	227.72	167.79	—	—	—	—	—	—	1 330.02
辽 宁		158.20	103.41	151.51	145.19	128.43	97.55	—	—	—	—	—	—	784.29
吉 林		226.90	151.76	220.48	211.28	175.65	135.23	—	—	—	—	—	—	1 121.30
黑龙江		190.66	124.53	184.27	183.87	159.25	118.06	—	—	—	—	—	—	960.65
上 海		251.72	162.56	245.63	255.62	247.89	211.66	—	—	—	—	—	—	1 375.08
江 苏		774.80	515.61	769.80	736.87	689.14	477.76	—	—	—	—	—	—	3 963.98
安 徽		462.49	296.92	439.80	412.79	361.18	283.74	—	—	—	—	—	—	2 256.93
江 西		356.85	242.34	360.55	366.16	340.88	275.12	—	—	—	—	—	—	1 941.91
山 东		229.51	141.09	208.10	219.74	177.35	137.19	—	—	—	—	—	—	1 112.98
湖 北		105.20	68.75	103.42	97.56	93.35	72.61	—	—	—	—	—	—	540.89
湖 南		207.50	132.05	199.58	196.45	186.51	139.70	—	—	—	—	—	—	1 061.79
广 东		616.39	399.06	606.85	575.67	553.05	446.13	—	—	—	—	—	—	3 197.15
广 西		78.23	57.73	74.44	75.63	76.00	54.54	—	—	—	—	—	—	416.56
海 南		10.87	7.43	9.97	9.99	9.14	7.48	—	—	—	—	—	—	54.88
重 庆		104.06	68.92	98.33	82.93	99.84	80.76	—	—	—	—	—	—	534.84
四 川		110.18	72.06	100.31	101.59	97.11	73.51	—	—	—	—	—	—	554.76
西 藏		5.06	2.76	4.58	5.91	4.75	3.91	—	—	—	—	—	—	26.97
陕 西		201.38	123.04	180.02	171.48	170.35	127.65	—	—	—	—	—	—	973.92
甘 肃		144.72	88.94	134.34	137.44	126.34	93.23	—	—	—	—	—	—	725.00
青 海		52.41	26.87	45.52	51.80	43.55	33.44	—	—	—	—	—	—	253.59
宁 夏		104.86	68.12	102.37	100.34	91.59	62.40	—	—	—	—	—	—	529.68
新 疆		91.43	58.07	89.25	84.32	72.65	58.70	—	—	—	—	—	—	454.42
合计 Total		**5 447.68**	**3 511.75**	**5 269.69**	**5 134.24**	**4 714.23**	**3 589.49**	**—**	**—**	**—**	**—**	**—**	**—**	**27 667.08**

超级大乐透

单位：万元

Unit: Ten Thousand Yuan

地区 Region	游戏类型 Game Type	1月 Jan.	2月 Feb.	3月 Mar.	4月 Apr.	5月 May	6月 June	7月 July	8月 Aug.	9月 Sept.	10月 Oct.	11月 Nov.	12月 Dec.	合计 Total
北京	乐透组合	4 540.31	2 964.46	4 855.81	5 360.95	5 788.50	7 085.06	7 755.91	6 626.84	7 212.42	7 664.73	5 559.17	5 272.90	70 687.06
天津		4 179.52	2 922.83	4 250.41	4 363.15	4 360.95	4 118.87	5 363.56	3 859.14	4 137.13	4 058.18	3 510.75	4 500.46	49 624.95
河北		3 591.75	2 270.16	3 553.45	3 753.81	3 690.87	4 330.56	4 577.02	3 561.66	3 742.15	4 010.17	4 352.26	4 541.56	45 975.41
山西		1 098.59	685.47	1 089.05	1 105.05	1 097.31	1 283.01	1 371.20	1 055.19	1 078.61	1 140.83	1 407.10	1 413.45	13 824.88
内蒙古		1 847.29	1 149.34	1 869.05	1 916.86	1 908.34	2 270.23	2 393.74	1 937.08	2 004.95	2 133.83	2 360.97	2 345.33	24 137.00
辽宁		2 684.06	1 785.61	2 703.76	2 819.98	2 779.15	3 279.08	3 410.18	2 556.73	2 747.74	2 977.99	3 044.71	3 146.55	33 935.54
吉林		2 383.83	1 671.62	2 489.93	2 604.12	2 523.25	2 857.40	2 889.39	2 321.00	2 434.70	2 523.54	2 600.67	2 693.91	29 993.36
黑龙江		3 203.72	2 183.27	3 428.80	3 427.57	3 205.68	3 775.98	4 197.90	3 334.66	3 491.96	3 661.87	3 913.58	4 207.45	42 032.44
上海		3 892.78	2 459.15	3 979.88	4 380.05	4 466.39	4 964.87	4 974.14	3 849.43	4 287.13	4 616.93	4 547.12	4 489.37	50 907.26
江苏		15 069.81	9 731.98	14 669.30	15 389.28	15 409.53	17 305.31	17 594.70	13 208.68	14 486.06	14 968.57	16 836.77	17 205.79	181 875.77
浙江		9 544.33	5 964.03	9 340.66	9 925.77	10 074.68	11 441.41	11 736.46	8 859.83	9 757.07	10 433.27	10 826.57	10 938.00	118 842.08
安徽		4 065.93	2 647.93	3 832.13	4 159.96	4 121.76	4 825.55	4 882.36	3 611.02	3 864.03	4 095.18	4 546.46	4 264.87	48 917.19
福建		6 941.19	4 699.48	7 306.94	7 853.26	7 780.48	8 616.29	9 092.60	6 373.99	7 337.31	8 117.48	8 606.86	8 638.70	91 364.59
江西		4 381.03	2 893.74	3 871.66	3 617.46	4 266.06	5 424.96	4 644.93	4 249.34	4 605.85	4 810.77	4 412.38	4 305.66	51 483.85
山东		5 679.61	3 649.46	5 694.32	6 158.53	6 025.18	7 208.53	7 363.74	6 038.59	6 718.97	7 469.22	7 852.21	8 263.96	78 122.33
河南		6 630.81	4 335.41	6 520.99	6 958.21	6 940.77	8 289.52	8 548.39	6 767.64	7 622.64	7 655.27	7 878.43	8 079.35	86 227.42
湖北		3 228.57	2 078.47	3 291.87	3 479.33	3 696.81	4 441.38	4 594.69	3 476.89	3 871.39	4 109.50	4 488.19	3 768.90	44 526.00
湖南		3 135.84	2 053.78	3 145.10	3 785.79	3 573.92	4 627.20	4 609.08	3 095.54	3 215.64	3 515.96	7 787.02	8 793.27	51 338.13
广东		11 108.15	7 091.64	11 668.71	12 485.49	12 297.99	13 605.43	14 517.93	10 787.90	11 796.47	12 604.85	12 563.49	12 908.31	143 436.34
广西		1 069.84	706.81	1 089.67	1 179.42	1 179.48	1 344.72	1 403.15	981.73	1 080.44	1 154.03	1 220.23	1 328.83	13 738.35
海南		525.32	337.60	530.56	546.54	570.81	650.76	679.37	511.78	518.84	571.79	601.55	733.20	6 778.11
重庆		3 102.82	2 103.78	3 502.43	3 430.87	3 523.66	4 170.94	4 258.04	2 917.65	3 511.58	4 004.96	3 472.86	3 243.01	41 242.59
四川		5 562.18	3 736.06	5 572.95	5 688.82	5 772.49	6 719.45	6 754.61	4 968.96	5 554.74	6 052.93	6 631.13	6 388.05	69 402.37
贵州		2 416.50	1 544.63	2 506.06	2 657.58	2 629.70	2 914.48	3 277.19	2 587.03	2 741.40	2 873.76	3 064.58	3 165.00	32 377.92
云南		5 063.07	3 170.39	5 079.48	5 273.10	5 435.53	6 262.70	6 786.32	4 968.88	5 298.02	5 438.40	5 668.98	5 733.15	64 178.01
西藏		126.41	56.81	119.84	162.81	166.13	175.64	188.26	157.24	165.40	166.10	167.73	162.46	1 814.84
陕西		2 379.42	1 467.45	2 349.73	2 425.54	2 515.10	2 873.82	3 134.15	2 608.57	2 734.63	2 848.30	3 005.95	3 284.10	31 626.76
甘肃		1 313.77	860.45	2 161.07	2 613.87	2 689.59	3 231.55	3 589.12	2 684.82	2 486.88	2 629.88	2 627.61	2 588.90	29 477.53
青海		1 825.79	635.93	598.91	412.63	412.26	492.19	540.56	401.80	431.98	443.18	477.85	486.65	7 159.72
宁夏		730.81	482.41	748.38	756.80	739.12	800.13	829.62	669.39	712.94	730.60	862.55	885.42	8 948.18
新疆		1 418.85	904.69	1 464.13	1 543.85	1 547.19	1 781.59	1 948.81	1 451.32	1 573.33	1 611.89	1 685.04	1 743.45	18 674.13
合计 Total		**122 741.91**	**79 244.83**	**123 285.04**	**130 236.45**	**131 188.68**	**151 168.59**	**157 907.16**	**120 480.36**	**131 222.40**	**139 093.94**	**146 580.76**	**149 519.99**	**1 582 670.12**

大乐透·幸运彩

单位：万元

Unit：Ten Thousand Yuan

地　区 Region	游戏类型 Game Type	1月 Jan.	2月 Feb.	3月 Mar.	4月 Apr.	5月 May	6月 June	7月 July	8月 Aug.	9月 Sept.	10月 Oct.	11月 Nov.	12月 Dec.	合计 Total
北　京	乐透组合	123.26	47.27	77.87	63.16	22.30	—	—	—	—	—	—	—	333.86
天　津		71.05	34.78	53.34	28.65	8.66	—	—	—	—	—	—	—	196.47
河　北		69.03	35.37	52.15	64.62	21.95	—	—	—	—	—	—	—	243.11
山　西		14.69	8.79	15.58	18.87	5.98	—	—	—	—	—	—	—	63.92
内蒙古		24.61	12.76	20.89	18.02	5.45	—	—	—	—	—	—	—	81.72
辽　宁		43.39	22.07	33.67	34.32	11.01	—	—	—	—	—	—	—	144.46
吉　林		32.24	26.58	36.69	24.56	8.93	—	—	—	—	—	—	—	129.00
黑龙江		39.35	27.59	45.15	44.93	14.17	—	—	—	—	—	—	—	171.20
上　海		108.20	54.15	85.58	87.73	32.75	—	—	—	—	—	—	—	368.41
江　苏		127.26	72.98	109.45	101.14	35.73	—	—	—	—	—	—	—	446.55
浙　江		102.20	50.93	91.14	114.87	49.67	—	—	—	—	—	—	—	408.82
安　徽		48.39	28.42	33.38	34.58	11.78	—	—	—	—	—	—	—	156.54
福　建		165.12	86.21	150.25	180.56	64.03	—	—	—	—	—	—	—	646.17
江　西		90.15	50.57	74.58	104.26	40.62	—	—	—	—	—	—	—	360.18
山　东		90.97	49.76	84.79	74.40	24.95	—	—	—	—	—	—	—	324.87
河　南		88.04	49.45	82.41	84.07	31.26	—	—	—	—	—	—	—	335.23
湖　北		27.62	16.41	28.34	23.64	7.32	—	—	—	—	—	—	—	103.33
湖　南		45.59	27.94	52.89	41.65	11.61	—	—	—	—	—	—	—	179.68
广　东		135.85	75.04	139.65	135.09	46.34	—	—	—	—	—	—	—	531.98
广　西		20.80	13.85	19.62	27.27	6.43	—	—	—	—	—	—	—	87.97
海　南		4.61	1.17	2.53	1.56	0.55	—	—	—	—	—	—	—	10.42
重　庆		33.83	20.68	45.80	32.15	10.06	—	—	—	—	—	—	—	142.52
四　川		47.19	24.49	43.24	29.42	9.79	—	—	—	—	—	—	—	154.12
贵　州		26.96	13.18	23.93	23.34	7.11	—	—	—	—	—	—	—	94.51
云　南		81.62	42.13	62.80	58.99	18.31	—	—	—	—	—	—	—	263.86
西　藏		0.99	0.26	0.69	0.60	0.29	—	—	—	—	—	—	—	2.83
陕　西		37.80	17.98	35.78	38.26	11.54	—	—	—	—	—	—	—	141.37
甘　肃		20.81	10.24	26.55	20.10	5.17	—	—	—	—	—	—	—	82.87
青　海		4.13	2.16	2.87	3.51	1.31	—	—	—	—	—	—	—	13.98
宁　夏		11.93	7.11	11.52	9.93	3.32	—	—	—	—	—	—	—	43.81
新　疆		18.50	10.55	19.21	23.51	5.07	—	—	—	—	—	—	—	76.84
合计 Total		**1 756.16**	**940.88**	**1 562.34**	**1 547.78**	**533.43**	**—**	**—**	**—**	**—**	**—**	**—**	**—**	**6 340.59**

2013 年中国体育彩票地方游戏销售情况表（分地区按月统计）

Monthly Sales Statistics of Regional Games of Sports Lottery in Different Regions in 2013

单位：万元
Unit: Ten Thousand Yuan

地区 Region	游戏类型 Game Type	游戏名称 Game Name	1月 Jan.	2月 Feb.	3月 Mar.	4月 Apr.	5月 May	6月 June	7月 July	8月 Aug.	9月 Sept.	10月 Oct.	11月 Nov.	12月 Dec.	合计 Total
北京	乐透组合	北京 33 选 7	109.64	76.75	111.24	102.97	110.09	111.04	114.32	118.35	114.84	121.14	122.32	133.68	1 346.38
天津	乐透组合	天津 11 选 5	41.34	20.85	35.04	23.21	26.75	20.88	21.41	19.18	21.44	14.31	13.11	11.62	269.13
		天津泳坛夺金	1 589.83	918.99	1 572.91	1 555.22	1 502.42	1 330.69	1 201.17	1 018.91	886.22	946.05	962.85	857.68	14 342.95
河北	乐透组合	河北快乐扑克	32 635.16	18 640.34	34 215.54	33 482.36	29 727.08	26 921.51	26 930.30	25 474.94	26 869.23	28 014.31	28 737.09	33 842.22	345 490.08
		河北运动生肖	65.16	41.95	67.04	58.25	48.41	48.38	43.26	42.17	41.91	43.01	48.52	52.85	600.90
山西	乐透组合	山西 11 选 5	977.77	437.33	3 694.25	8 367.85	10 039.46	9 811.14	8 992.61	7 817.21	7 719.94	7 878.82	8 117.40	8 505.08	82 358.83
		山西泳坛夺金	832.69	393.67	598.50	496.06	386.05	244.10	225.49	197.80	179.07	176.88	185.92	185.29	4 101.52
内蒙古	乐透组合	内蒙 11 选 5	726.41	415.14	2 034.31	6 814.39	8 015.91	7 454.96	7 064.07	7 109.24	7 240.10	7 052.14	7 975.65	8 809.05	70 711.36
		内蒙古泳坛夺金	380.81	243.96	426.01	283.67	193.78	142.43	121.34	113.80	106.93	125.32	145.02	151.87	2 434.93
辽宁	乐透组合	辽宁 11 选 5	23 795.77	14 699.23	24 586.81	24 811.74	23 880.15	21 339.15	26 497.21	22 991.43	21 228.82	29 174.53	21 491.94	21 713.15	276 209.94
		辽宁快乐扑克	2.14	1.30	1.79	1.34	1.53	0.87	0.69	0.70	1.29	1.03	0.77	1.49	14.94
吉林	乐透组合	吉林 11 选 5	17 091.36	9 945.07	16 733.05	18 892.36	18 168.90	15 991.58	15 290.58	14 133.90	14 952.42	15 250.27	16 224.38	17 491.83	190 165.73
黑龙江	乐透排列	黑龙江 11 选 5	20 284.77	13 907.59	23 088.70	24 253.15	22 909.44	21 607.09	21 507.11	20 227.14	20 267.37	20 799.85	22 955.48	24 867.28	256 674.97
	乐透组合	黑龙江快乐扑克	36.82	25.85	37.89	36.35	34.11	22.80	18.83	18.71	16.60	15.25	20.49	24.38	308.07
		黑龙江六位数	229.59	164.18	238.67	229.20	217.97	183.26	201.04	197.20	178.38	196.00	203.44	207.88	2 446.80
上海	乐透组合	上海 11 选 5	4 069.62	2 351.14	4 397.66	4 799.63	4 972.41	4 696.80	4 967.50	5 112.25	4 875.05	5 156.43	5 530.06	5 425.31	56 353.86
江苏	乐透排列	江苏 11 选 5	60 515.47	34 271.87	64 324.23	71 446.69	67 781.90	51 602.15	47 821.09	47 464.59	43 433.86	55 386.34	61 171.21	57 582.28	662 801.69
	乐透组合	江苏体彩 7 位数	9 041.62	6 252.82	9 481.41	9 140.13	9 923.46	9 257.17	8 881.16	9 435.63	8 968.17	9 338.78	6 563.09	7 948.41	104 231.84

续表

地区 Region	游戏类型 Game Type	游戏名称 Game Name	1月 Jan.	2月 Feb.	3月 Mar.	4月 Apr.	5月 May	6月 June	7月 July	8月 Aug.	9月 Sept.	10月 Oct.	11月 Nov.	12月 Dec.	合计 Total
浙江	乐透组合	浙江11选5	40 919.87	22 394.50	33 872.54	33 465.51	36 948.04	38 517.99	29 240.50	27 126.90	25 444.34	25 044.53	34 815.00	35 411.26	383 200.98
		浙江20选5	1 351.44	692.19	942.52	869.84	874.52	757.05	780.12	767.47	763.96	772.79	781.62	813.34	10 166.86
		浙江泳坛夺金	49.44	19.80	31.75	26.79	24.04	18.73	26.21	20.34	21.52	20.52	21.61	24.47	305.23
	乐透排列	浙江6加1	6 441.85	4 342.27	7 006.68	6 262.10	6 218.74	5 948.73	5 710.85	6 075.77	5 825.62	5 171.29	5 460.73	5 754.68	70 219.29
安徽	乐透组合	安徽11选5	9 447.23	5 510.93	9 393.01	11 645.06	14 876.73	10 431.74	9 416.23	8 679.60	7 560.49	7 879.20	9 227.98	10 138.49	114 206.68
福建	乐透组合	福建11选5	20 738.59	13 005.07	23 215.69	24 948.64	24 374.02	20 941.10	20 215.72	20 994.56	20 194.64	20 747.51	20 231.66	22 414.19	252 021.38
		福建22选5	658.44	452.92	683.81	641.87	671.80	570.11	597.03	584.44	564.56	596.64	591.98	589.99	7 203.60
		福建31选7	4 666.86	2 616.11	4 159.45	4 066.84	3 398.91	3 233.62	4 317.79	2 977.88	3 434.78	3 349.17	3 565.20	4 287.94	44 074.54
		福建36选7	4 317.71	2 671.07	3 821.46	3 742.82	3 742.01	3 461.26	3 377.01	3 923.73	3 418.38	3 846.34	3 537.63	3 642.86	43 502.27
江西	乐透组合	江西多乐彩	11 187.64	8 093.11	12 299.77	22 782.11	17 057.71	13 887.76	12 709.29	12 299.61	12 062.53	12 296.53	13 986.60	12 405.84	161 068.52
山东	乐透组合	山东快乐扑克	2.32	1.04	1.53	0.95	1.94	0.79	1.75	1.53	0.74	1.29	1.02	1.41	16.30
		山东十一运夺金	67 162.40	37 641.49	64 203.82	67 949.60	64 968.06	58 121.44	57 001.66	54 735.06	51 199.02	55 048.85	66 058.74	85 629.44	729 719.58
河南	乐透组合	河南11选5	72.59	48.95	71.81	67.90	73.87	70.50	81.17	59.91	66.16	69.38	102.41	95.46	880.12
		河南泳坛夺金	20 971.35	12 397.95	22 067.18	23 542.41	23 865.76	21 590.86	21 771.75	22 241.93	22 135.54	29 445.60	29 381.57	27 966.42	277 378.31
湖北	乐透组合	湖北11选5	13 580.32	7 414.25	13 212.09	15 152.05	12 028.45	9 834.45	8 510.82	7 569.21	7 171.12	8 108.52	10 876.49	9 761.76	123 219.53
湖南	乐透组合	湖南即乐彩	0.80	0.09	0.17	1.06	0.67	0.13	0.11	0.19	0.03	0.02	0.02	0.15	3.43
		幸运赛车	7 754.89	4 436.58	7 886.72	7 604.91	8 154.62	7 054.68	8 222.09	7 291.22	7 958.90	9 898.75	9 306.62	9 841.36	95 411.34
广东	乐透组合	广东11选5	33 026.90	17 129.67	29 622.38	38 322.33	42 103.57	34 453.59	33 324.75	32 646.30	33 888.71	33 206.20	33 801.43	35 907.32	397 433.14
广西	乐透组合	广西11选5	119.56	83.45	143.54	250.72	1 121.14	919.73	737.28	605.22	518.85	511.04	646.81	703.52	6 360.86
海南	乐透组合	飞鱼	1 603.57	1 062.44	1 855.39	1 493.30	1 367.69	1 497.41	1 931.84	2 180.81	1 594.74	1 808.51	1 986.96	2 857.02	21 239.70
		环岛赛	—	—	—	—	—	—	—	—	—	51.63	246.79	225.72	524.14
	乐透排列	海南4+1	112.10	80.92	116.73	105.55	100.18	97.69	98.39	102.50	113.42	138.02	128.60	130.53	1 324.63
重庆	乐透组合	重庆11选5	3 124.20	1 540.75	1 932.13	1 680.65	1 571.02	1 440.58	1 680.30	1 612.81	1 334.17	1 435.78	1 566.36	1 569.68	20 488.44

续表

地区 Region	游戏类型 Game Type	游戏名称 Game Name	1月 Jan.	2月 Feb.	3月 Mar.	4月 Apr.	5月 May	6月 June	7月 July	8月 Aug.	9月 Sept.	10月 Oct.	11月 Nov.	12月 Dec.	合计 Total
四川	乐透组合	四川11选5	5 948.61	3 627.73	5 733.19	5 913.91	5 886.02	5 207.09	4 809.70	4 442.78	7 307.37	5 425.16	7 699.75	6 455.55	68 456.86
贵州	乐透组合	贵州11选5	7 577.98	4 145.22	6 618.99	6 608.17	6 388.19	5 890.98	5 360.16	5 341.99	5 421.20	5 638.25	5 370.68	8 029.11	72 390.93
云南	乐透组合	云南11选5	12 486.24	8 502.79	14 381.43	15 383.26	15 663.34	15 497.26	15 928.32	19 546.68	20 156.54	17 727.42	15 828.65	15 863.32	186 965.25
		云南快乐123	53.03	37.17	49.88	45.89	39.28	39.88	41.10	30.69	30.06	39.57	37.39	37.93	481.86
西藏	乐透组合	西藏11选5	275.76	127.34	276.66	342.31	314.91	479.11	571.79	689.68	738.41	794.19	897.53	887.36	6 395.07
陕西	乐透组合	陕西即乐彩	8 245.24	4 032.30	7 487.67	8 366.03	8 741.78	7 768.63	7 890.01	7 182.47	7 064.73	9 502.50	8 839.25	9 581.49	94 702.09
		陕西泳坛夺金	34.02	14.58	22.48	20.57	23.05	21.07	22.36	17.57	17.01	13.95	17.98	19.17	243.82
甘肃	乐透组合	甘肃11选5	604.38	285.76	550.24	1 351.41	7 670.32	9 642.08	10 114.93	10 789.76	10 395.15	10 748.44	11 250.70	12 093.78	85 496.94
		甘肃泳坛夺金	53.66	34.20	60.63	61.80	65.00	43.95	50.76	44.12	36.57	42.72	34.58	38.11	566.08
青海	乐透组合	青海11选5	113.34	57.07	102.26	195.20	581.47	684.57	804.51	921.10	821.96	868.23	874.13	841.59	6 865.42
		青海快乐扑克	0.42	0.19	0.61	0.82	0.27	0.21	0.06	0.38	0.17	0.12	0.19	0.08	3.51
宁夏	乐透组合	宁夏11选5	555.08	289.59	455.20	451.80	635.98	1 305.29	1 681.17	1 614.11	1 598.70	1 558.36	1 626.62	2 058.78	13 830.69
新疆	乐透组合	新疆11选5	2 728.27	1 751.57	2 955.33	2 762.16	2 516.26	1 953.47	2 118.46	2 009.28	1 843.15	2 404.77	3 886.64	2 893.31	29 822.68
合计 Total			**458 412.04**	**267 349.07**	**460 879.79**	**510 920.89**	**510 009.16**	**452 169.56**	**439 045.18**	**426 620.75**	**417 804.86**	**453 902.26**	**483 156.66**	**516 783.77**	**5 397 053.98**

2013 年中国体育彩票即开型彩票销售情况表（分地区分游戏）

Sales Statistics of Terminal – Sale Instant Win Tickets of Sports Lottery in Different Regions and in Different Games in China in 2013

单位：万元
Unit: Ten Thousand Yuan

序号	地区	勇争第一	好运中国	奥运金牌	激情与梦想	加油中国	奥运之城	奥运场馆	幸运 66	三重钻石	勇争第一	射门得奖	平安中国
1	北京	—	—	—	—	—	—	—	—	—	—	—	—
2	天津	—	—	—	—	—	—	—	—	—	—	—	—
3	河北	—	—	—	—	—	—	—	—	—	—	—	—
4	山西	—	—	—	—	—	—	—	—	0.06	—	—	—
5	内蒙古	—	—	—	—	—	—	—	0.06	—	—	—	—
6	辽宁	—	—	—	—	—	—	—	3.00	—	—	12.00	4.32
7	吉林	—	—	—	—	—	—	—	—	—	—	—	—
8	黑龙江	—	—	—	—	—	—	—	—	—	—	—	—
9	上海	—	—	—	—	—	—	—	—	0.06	—	—	—
10	江苏	—	—	—	—	—	—	—	0.60	0.30	—	0.78	4.08
11	浙江	—	—	—	—	—	—	—	—	0.24	—	0.24	1.32
12	安徽	—	—	—	—	—	—	—	0.06	0.12	—	—	1.44
13	福建	—	—	—	—	—	—	—	—	—	—	—	—
14	江西	—	—	—	—	—	—	—	—	—	—	0.06	—
15	山东	—	—	—	—	—	—	—	—	—	—	—	0.30
16	河南	—	—	—	—	—	—	—	—	−0.06	—	0.06	0.06
17	湖北	—	—	—	—	—	—	—	—	0.06	—	—	0.24
18	湖南	—	—	—	—	—	—	—	—	—	—	—	0.48
19	广东	—	—	—	—	—	—	—	—	—	—	—	—
20	广西	—	—	—	—	—	—	—	—	—	—	—	0.12
21	海南	—	—	—	—	—	—	—	—	—	—	—	—
22	重庆	—	—	—	—	—	—	—	—	—	—	—	—
23	四川	—	—	—	—	—	—	—	0.18	—	—	—	0.12
24	贵州	—	—	—	—	—	—	—	0.06	—	—	—	0.12
25	云南	—	—	—	—	—	—	—	0.18	0.66	—	0.72	0.78
26	西藏	—	—	—	—	—	—	—	—	—	—	—	—
27	陕西	—	—	—	—	—	—	—	—	—	—	—	—
28	甘肃	—	—	—	—	—	—	—	4.92	0.90	—	3.00	0.06
29	青海	—	—	—	—	—	—	—	—	—	—	—	0.90
30	宁夏	—	—	—	—	—	—	—	—	—	—	—	—
31	新疆	—	—	—	—	—	—	—	—	—	—	—	—
合计 Total		**—**	**—**	**—**	**—**	**—**	**—**	**—**	**9.06**	**2.34**	**—**	**16.86**	**14.34**

续表

序号	地　　区	红樱桃	五倍幸运	拜年啦	获奖喜庆	百宝箱	金牛报春	红宝石8	三重钻石	绿翡翠9	11届全运会3元	全民健身日5元	11届全运会10元
1	北　京	—	—	—	—	—	—	—	—	—	—	—	—
2	天　津	—	—	—	—	—	—	—	—	—	—	—	—
3	河　北	—	—	—	—	—	—	—	—	—	—	—	—
4	山　西	—	—	—	—	0.06	—	—	—	—	—	—	—
5	内蒙古	4.56	0.12	—	—	—	—	—	—	—	—	—	0.06
6	辽　宁	5.40	—	—	12.00	—	8.16	13.98	3.00	7.26	—	—	—
7	吉　林	—	—	—	—	0.06	—	—	—	—	—	—	—
8	黑龙江	—	—	—	—	—	—	—	—	—	—	—	—
9	上　海	4.32	—	-1.92	—	—	—	—	—	—	—	1.32	—
10	江　苏	3.78	1.02	—	0.54	0.78	0.06	0.48	-0.60	0.42	0.66	—	—
11	浙　江	0.96	0.06	0.18	0.12	—	0.18	0.54	—	0.60	—	—	—
12	安　徽	0.12	3.36	—	—	—	—	—	—	—	—	—	—
13	福　建	0.06	0.90	—	0.06	0.06	—	0.06	0.06	—	—	—	—
14	江　西	—	—	—	—	-0.06	—	—	—	—	—	-0.12	—
15	山　东	0.06	0.06	—	—	0.06	—	—	—	—	—	—	0.06
16	河　南	0.06	0.18	-0.18	-0.30	-1.32	—	0.18	-0.30	0.24	0.12	—	-0.06
17	湖　北	0.18	1.86	—	—	—	—	0.06	2.70	—	—	0.06	—
18	湖　南	6.42	4.62	—	—	—	—	—	—	—	—	—	—
19	广　东	0.06	0.06	-0.24	—	—	—	0.06	—	0.06	—	—	—
20	广　西	0.06	3.18	—	—	—	—	0.12	—	—	—	—	—
21	海　南	—	—	—	—	—	—	—	—	—	—	-0.06	—
22	重　庆	—	—	—	—	—	—	—	—	—	—	—	—
23	四　川	—	159.66	0.06	—	-2.16	—	—	—	—	—	—	—
24	贵　州	0.06	—	—	—	-0.06	—	—	—	—	—	0.06	—
25	云　南	0.54	25.02	—	14.58	-0.36	0.18	0.96	0.06	0.30	0.12	—	0.06
26	西　藏	—	—	—	—	0.12	—	—	—	—	—	0.12	—
27	陕　西	—	—	—	—	—	—	—	—	—	—	—	—
28	甘　肃	0.48	0.36	-0.06	—	0.06	0.48	—	—	—	—	0.48	—
29	青　海	—	—	—	—	—	—	—	—	—	—	—	—
30	宁　夏	—	—	—	—	—	—	—	—	—	—	—	—
31	新　疆	—	—	—	—	0.06	0.06	0.06	—	—	—	—	—
合计 Total		**27.12**	**200.46**	**-2.16**	**27.00**	**-2.70**	**9.12**	**16.50**	**4.92**	**8.88**	**0.90**	**1.86**	**0.12**

续表

序号	地区	青海风光	金字塔	甜蜜蜜	点石成金	双响炮	心手相连	青海湖环湖赛	撞好运	钓大鱼	大熊猫	发薪日	皇牌多多
1	北京	—	—	—	—	—	—	—	—	—	—	—	—
2	天津	—	—	—	—	—	—	—	—	—	—	—	—
3	河北	—	—	—	—	—	—	—	—	—	—	—	—
4	山西	—	—	0.06	0.06	—	—	—	—	—	—	—	—
5	内蒙古	—	—	6.66	3.00	—	—	—	—	—	—	—	—
6	辽宁	—	—	—	3.00	—	—	—	—	—	—	—	—
7	吉林	—	—	0.30	—	—	—	—	—	—	—	—	0.06
8	黑龙江	—	—	—	—	—	—	—	—	—	—	—	0.06
9	上海	—	—	68.58	26.16	2.10	—	—	—	—	—	—	—
10	江苏	0.54	0.06	230.04	46.08	0.72	0.24	-0.42	0.18	—	0.24	—	0.36
11	浙江	—	—	0.06	0.48	0.06	—	0.06	0.18	0.06	—	—	0.60
12	安徽	—	—	—	14.40	—	—	—	—	—	—	—	—
13	福建	—	—	2.34	0.06	—	-0.06	—	—	—	—	—	—
14	江西	—	-0.24	14.58	0.66	—	—	—	—	—	—	—	-0.06
15	山东	—	—	—	0.06	—	—	0.06	—	—	—	—	0.06
16	河南	—	-0.36	0.12	9.18	-0.42	-0.12	—	-0.12	—	-0.18	—	-1.02
17	湖北	—	—	0.24	4.38	—	-0.06	-0.06	-0.60	—	-0.18	—	-0.36
18	湖南	—	0.06	3.06	2.82	—	—	-0.36	—	—	—	0.84	-0.06
19	广东	—	—	0.06	0.36	—	—	-0.48	—	—	—	—	-0.24
20	广西	—	—	—	—	—	—	—	—	—	—	—	—
21	海南	—	—	—	—	—	—	—	—	—	—	—	—
22	重庆	—	-0.18	-0.12	—	—	—	—	—	—	—	—	—
23	四川	0.06	0.12	1.26	1.56	—	-0.24	0.06	—	—	—	—	—
24	贵州	—	—	0.18	—	—	—	—	—	0.06	—	—	—
25	云南	—	—	-2.40	33.90	0.24	0.06	-0.24	0.06	—	—	0.48	0.06
26	西藏	—	0.06	—	63.00	0.12	—	—	—	—	—	—	—
27	陕西	—	—	19.44	0.18	—	—	—	—	—	—	—	—
28	甘肃	—	0.36	3.00	—	0.06	—	0.42	—	—	—	0.30	—
29	青海	15.90	—	4.02	0.06	—	—	9.78	—	—	—	1.62	—
30	宁夏	—	—	—	—	—	—	—	—	—	—	—	—
31	新疆	—	—	0.06	—	—	—	—	—	—	—	—	—
合计 Total		**16.50**	**-0.12**	**351.54**	**209.40**	**2.88**	**-0.18**	**8.82**	**-0.30**	**0.12**	**-0.12**	**3.24**	**-0.54**

续表

序号	地区	大丰收	冲向顶峰	百发百中	黑桃 A	群星璀璨	黄金时代	全民健身日 10 元	十倍幸运	步步高升	惊喜 8	和谐亚洲	写意岭南
1	北京	—	—	—	—	—	—	—	3 493.38	—	—	—	—
2	天津	—	—	—	—	—	—	—	574.26	—	—	—	—
3	河北	—	—	—	—	—	—	—	5 059.86	—	72.00	—	—
4	山西	—	—	—	—	—	—	—	1 029.72	—	—	—	—
5	内蒙古	—	—	—	—	—	—	—	4 090.80	—	—	—	—
6	辽宁	—	—	—	—	—	—	—	5 706.42	—	—	—	—
7	吉林	—	—	—	—	—	—	—	4 020.60	—	—	—	—
8	黑龙江	0.06	—	—	—	—	—	—	4 584.48	—	—	—	—
9	上海	—	114.18	—	0.48	3.00	—	—	2 999.58	—	33.60	2.34	—
10	江苏	0.12	1.32	1.20	0.54	0.90	0.30	0.06	9 464.64	0.36	50.40	0.06	—
11	浙江	0.06	0.42	—	0.12	—	0.18	—	6 580.44	0.06	87.96	0.06	—
12	安徽	—	-0.30	—	—	—	—	—	961.50	—	—	—	—
13	福建	0.12	0.06	—	—	—	—	—	5 216.10	—	—	—	—
14	江西	—	—	—	—	—	—	—	—	—	-0.72	—	—
15	山东	0.06	—	—	0.18	—	—	—	7 123.26	—	—	—	—
16	河南	—	-0.90	—	-0.30	—	—	0.06	6 768.30	—	—	-1.14	-0.30
17	湖北	0.06	—	—	-0.12	—	-1.62	-0.06	—	—	-0.48	-0.90	—
18	湖南	—	0.12	—	0.06	—	—	—	634.50	—	—	—	-0.24
19	广东	—	—	—	—	—	—	—	14 782.02	—	—	-0.24	-0.30
20	广西	—	—	—	—	—	—	0.60	553.92	—	—	—	—
21	海南	—	—	—	—	—	—	—	—	—	—	—	—
22	重庆	—	—	—	—	—	—	—	943.26	-1.32	—	—	—
23	四川	—	—	—	—	—	—	—	4 180.32	—	0.72	—	—
24	贵州	—	0.06	—	—	—	—	—	868.14	—	0.06	—	—
25	云南	0.06	—	—	0.06	—	0.30	—	3 390.00	0.06	1.20	—	—
26	西藏	—	—	—	—	—	—	—	1 231.74	—	—	—	—
27	陕西	—	—	—	—	—	—	—	2 924.34	—	—	—	—
28	甘肃	—	—	0.90	—	—	-12.54	0.30	1 318.98	—	0.24	0.12	—
29	青海	—	—	—	—	—	—	—	324.66	—	—	—	—
30	宁夏	—	—	—	—	—	—	—	894.48	—	—	—	—
31	新疆	—	—	—	—	—	—	—	4 270.02	—	—	—	—
合计 Total		**0.54**	**114.96**	**2.10**	**1.02**	**3.90**	**-13.38**	**0.96**	**103 989.72**	**-0.84**	**244.98**	**0.30**	**-0.84**

续表

序号	地区	金币	年年有鱼	A和8	锦虎送福	财神到	椰风海韵	绿翡翠9	三重钻石	麻辣6	24K金	红红火火	3D魔方游戏
1	北京	—	—	—	—	0.18	—	5 268.78	1.26	0.30	—	—	—
2	天津	—	—	—	—	—	—	426.18	—	—	—	—	—
3	河北	—	—	—	—	—	—	5 232.36	4.08	14.22	—	—	—
4	山西	—	—	—	—	0.06	—	1 118.34	340.86	—	—	—	—
5	内蒙古	—	—	—	—	0.06	—	5 672.94	738.36	1.92	—	—	—
6	辽宁	—	—	—	—	—	—	3 702.24	362.64	363.00	—	—	—
7	吉林	—	—	—	—	—	—	3 904.32	126.54	87.06	—	—	—
8	黑龙江	—	—	0.06	—	—	—	3 364.98	765.60	306.48	—	—	0.12
9	上海	9.60	—	—	17.94	18.36	—	2 288.52	378.66	0.06	—	—	0.06
10	江苏	3.42	—	0.24	-0.24	-6.12	—	2 714.22	543.18	930.54	—	0.18	-0.12
11	浙江	—	—	—	0.18	0.30	—	6 505.32	449.28	9.06	—	0.06	0.12
12	安徽	—	—	—	—	—	—	1 418.58	28.44	—	—	—	—
13	福建	—	—	—	—	0.30	—	7 377.18	475.50	0.60	—	—	—
14	江西	—	—	—	—	0.06	—	56.52	31.08	1.86	—	—	-0.36
15	山东	—	—	0.06	—	0.06	—	3 113.76	13.14	0.78	—	—	—
16	河南	-0.18	—	-0.96	—	-0.24	—	5 116.38	0.54	0.60	-0.24	-0.30	-0.12
17	湖北	—	—	-0.12	-0.06	-0.06	—	2.52	—	0.24	—	-2.46	-0.12
18	湖南	—	—	—	—	—	—	890.70	215.52	43.38	—	—	-0.12
19	广东	—	—	—	—	—	—	17 705.64	118.44	629.64	—	0.42	-0.72
20	广西	—	—	—	0.06	—	—	158.88	—	7.32	—	—	—
21	海南	—	—	—	—	—	—	—	—	—	—	—	—
22	重庆	—	—	—	—	-0.06	—	716.88	172.08	0.36	—	-1.74	—
23	四川	—	—	—	—	0.06	—	3 373.98	244.08	48.72	0.06	-1.56	-0.06
24	贵州	—	—	—	—	0.06	—	1 348.98	301.68	112.32	—	—	-0.18
25	云南	—	—	0.72	—	0.12	—	7 716.60	2 975.70	73.32	—	0.06	—
26	西藏	—	—	—	—	—	—	1 665.66	1 693.08	68.22	—	—	—
27	陕西	—	—	—	—	—	—	3 441.96	—	345.78	—	—	—
28	甘肃	—	—	—	—	—	—	1 607.40	98.22	32.46	—	—	—
29	青海	—	—	—	—	—	—	—	—	—	—	—	—
30	宁夏	—	—	—	—	—	—	74.58	—	—	—	—	—
31	新疆	—	—	—	—	0.12	—	1 450.98	295.32	—	—	0.06	—
合计 Total		**12.84**	**—**	**—**	**17.88**	**13.26**	**—**	**97 435.38**	**10 373.28**	**3 078.24**	**-0.18**	**-5.28**	**-1.50**

续表

序号	地区	心心相印	招财猫	俱乐部	乐翻番	亚运情怀	超值现金	精彩奇妙5	新新亚运	2010塔克拉玛干拉力赛	大爱无疆	神射手（足球）	世界博览
1	北京	—	—	—	—	—	302.46	—	—	—	—	—	—
2	天津	—	—	—	—	—	25.08	—	—	—	—	—	—
3	河北	—	—	—	—	—	45.78	—	—	—	—	—	—
4	山西	—	20.82	—	—	—	84.54	—	—	—	—	—	—
5	内蒙古	—	—	—	—	—	738.12	0.06	—	—	—	—	—
6	辽宁	—	1.26	—	—	—	538.98	7.02	—	—	—	—	—
7	吉林	—	1.62	—	—	—	89.16	—	—	—	—	—	—
8	黑龙江	—	3.48	—	—	—	558.96	0.06	—	—	—	—	0.24
9	上海	—	—	—	—	—	881.94	2.04	—	—	—	—	—
10	江苏	0.06	—	—	0.42	—	2 515.32	781.38	—	—	0.06	-0.18	0.48
11	浙江	—	—	0.06	—	—	231.78	51.66	—	—	—	—	—
12	安徽	—	0.42	—	—	—	145.02	—	—	—	—	—	—
13	福建	—	—	—	—	—	1 316.70	3.24	—	—	—	—	—
14	江西	—	0.24	—	—	—	71.70	0.18	—	—	—	—	—
15	山东	—	0.12	-0.06	—	—	290.10	—	—	—	—	—	—
16	河南	—	0.48	-0.18	—	-0.18	215.16	—	—	—	—	-0.06	—
17	湖北	-0.18	0.06	-0.24	—	—	56.34	—	—	—	-0.12	—	—
18	湖南	—	—	—	—	—	22.02	24.24	—	—	-0.24	—	—
19	广东	—	38.52	—	0.12	-0.12	464.58	44.46	—	—	-0.60	—	—
20	广西	—	124.92	—	—	—	—	—	—	—	—	—	—
21	海南	—	—	—	—	—	9.78	—	—	—	—	—	—
22	重庆	—	-0.06	—	—	—	43.62	—	—	—	—	—	—
23	四川	0.06	259.56	—	0.06	—	470.52	—	—	—	-1.62	—	-0.36
24	贵州	—	—	—	—	—	256.14	—	—	—	—	—	—
25	云南	—	21.48	—	—	—	678.72	0.78	—	—	—	0.06	—
26	西藏	—	—	—	—	—	370.62	—	—	—	0.18	—	—
27	陕西	—	0.12	—	—	—	646.26	—	—	—	—	—	—
28	甘肃	-0.06	1.80	—	—	—	127.98	11.58	—	-0.18	-0.12	—	—
29	青海	—	—	—	—	—	10.80	—	—	—	—	—	—
30	宁夏	—	—	—	—	—	79.80	—	—	—	—	—	—
31	新疆	—	1.20	—	—	—	211.74	5.34	—	0.06	0.06	—	—
合计 Total		**-0.12**	**476.04**	**-0.42**	**0.60**	**-0.30**	**11 499.72**	**932.04**	**—**	**-0.12**	**-2.40**	**-0.18**	**0.36**

续表

序号	地区	冰火连赢	前进·钱进	青海风情	足球盛宴	金银岛	接二连三	碰碰和	双倍奖金	摇钱树	太空寻宝	金鹅	打扑克
1	北京	—	—	—	—	—	—	—	—	—	2.52	—	—
2	天津	—	—	—	—	—	—	—	—	—	—	—	—
3	河北	—	0.06	0.06	0.12	—	0.60	—	—	—	13.14	—	—
4	山西	—	—	—	—	—	—	—	—	—	268.56	—	—
5	内蒙古	—	—	—	—	—	0.24	—	—	0.30	0.12	0.06	—
6	辽宁	—	—	—	—	—	—	—	—	—	251.88	—	—
7	吉林	—	—	—	—	—	—	—	—	—	202.08	—	—
8	黑龙江	—	—	—	—	—	—	—	—	—	331.08	—	—
9	上海	—	—	—	—	—	8.70	—	—	3.12	—	—	—
10	江苏	-1.38	-0.12	—	-0.06	0.06	3.24	0.12	—	8.76	—	0.06	0.12
11	浙江	0.18	0.12	—	—	—	—	—	0.06	—	—	—	0.06
12	安徽	8.58	—	—	—	—	—	—	—	—	—	—	—
13	福建	0.06	—	—	-0.24	—	6.60	—	—	—	128.64	—	—
14	江西	—	—	—	-0.12	—	—	—	—	0.06	0.90	0.06	—
15	山东	—	—	—	—	—	—	—	—	0.12	0.36	—	—
16	河南	-0.12	-0.24	-0.24	-0.18	—	-0.18	—	-0.48	—	10.08	0.06	-0.30
17	湖北	—	-0.48	—	-2.76	-0.12	2.46	-0.30	-0.36	0.30	0.24	—	—
18	湖南	0.12	—	—	-0.06	—	—	—	—	—	0.48	—	—
19	广东	-1.56	0.06	—	—	—	0.30	—	—	22.26	313.92	—	—
20	广西	—	—	—	—	—	—	—	—	—	—	—	—
21	海南	—	—	—	—	—	—	—	—	—	—	-0.12	—
22	重庆	-0.42	—	—	-0.24	-0.06	—	—	—	—	186.54	—	—
23	四川	-0.06	—	—	—	—	—	0.42	0.06	—	1 043.46	—	—
24	贵州	-0.06	-0.06	—	-0.06	—	—	—	—	—	106.62	—	-0.06
25	云南	—	0.66	—	0.30	0.36	1.02	0.12	—	12.54	5.10	—	—
26	西藏	—	—	—	—	—	—	—	—	0.30	—	—	—
27	陕西	—	—	—	—	—	—	—	—	—	202.98	—	—
28	甘肃	—	—	—	-0.06	—	-0.30	-0.30	—	10.80	0.30	—	—
29	青海	—	—	6.84	—	—	7.08	—	—	—	1.56	—	—
30	宁夏	—	—	—	—	—	—	—	—	—	8.46	—	—
31	新疆	0.06	0.06	—	—	—	6.24	—	—	—	0.12	—	—
合计 Total		**5.40**	**0.06**	**6.66**	**-3.36**	**0.24**	**36.00**	**0.06**	**-0.72**	**58.56**	**3 079.14**	**0.12**	**-0.18**

续表

序号	地区	大满贯	疯狂8	连连看	7-11-21	全垒打	黑珍珠	红宝石8	转就赢	好运掷	快乐音符	恭喜发财	玉兔送财
1	北京	—	—	—	—	—	—	602.82	—	—	—	—	—
2	天津	—	—	—	—	—	—	—	—	—	—	—	—
3	河北	0.48	—	—	35.64	—	—	79.14	—	—	18.84	—	—
4	山西	0.18	—	—	17.34	—	—	—	—	—	—	—	—
5	内蒙古	—	—	—	0.36	—	—	1 852.62	—	0.24	1.50	0.24	1.38
6	辽宁	0.06	—	—	1.68	—	—	553.02	—	0.30	3.36	—	3.48
7	吉林	—	—	—	—	—	—	413.64	—	—	1.80	—	—
8	黑龙江	0.12	—	—	5.76	—	—	1 451.40	—	—	—	—	—
9	上海	—	—	—	0.12	—	—	387.96	—	—	2.28	—	—
10	江苏	-24.12	-0.06	1.08	129.24	-0.06	0.30	580.26	0.42	5.28	55.98	0.30	2.88
11	浙江	0.12	—	—	0.06	0.24	-0.06	3 351.48	—	—	0.18	0.06	0.12
12	安徽	—	—	—	—	—	—	224.16	—	—	—	0.90	—
13	福建	—	—	—	—	—	—	3 565.92	—	—	2.40	—	—
14	江西	-0.06	—	—	—	—	—	—	—	0.06	-0.06	—	—
15	山东	0.18	—	—	—	—	—	747.60	—	—	—	—	—
16	河南	-0.36	—	—	—	-0.06	0.06	32.94	—	0.30	—	0.12	—
17	湖北	-0.06	—	—	22.32	—	—	—	—	—	—	—	1.80
18	湖南	-0.06	—	—	0.06	—	—	—	—	—	2.10	—	—
19	广东	-1.50	—	—	—	—	—	2 759.58	-0.06	-0.12	—	—	0.12
20	广西	—	—	—	8.40	—	—	—	—	—	1.74	—	—
21	海南	—	—	—	—	—	—	—	—	—	—	—	—
22	重庆	—	—	—	2.16	—	—	274.74	—	—	5.76	—	3.84
23	四川	-1.32	—	0.06	21.90	—	—	2 312.64	—	—	0.06	—	—
24	贵州	-0.30	—	-0.06	—	—	—	951.06	—	—	5.58	—	—
25	云南	0.48	0.06	0.12	24.42	—	0.12	4 062.06	—	0.72	29.70	0.06	1.80
26	西藏	—	—	—	—	—	—	1 107.60	—	—	—	—	—
27	陕西	—	—	—	—	—	—	398.16	—	—	—	—	0.30
28	甘肃	—	—	—	76.74	—	—	673.98	—	—	17.94	—	0.30
29	青海	—	—	—	—	—	—	—	—	—	—	—	—
30	宁夏	—	—	—	—	—	—	—	—	—	4.62	—	—
31	新疆	0.18	—	0.12	10.62	—	—	362.76	—	—	52.74	0.84	0.60
合计 Total		**-25.98**	**—**	**1.32**	**356.82**	**0.12**	**0.42**	**26 745.54**	**0.36**	**6.78**	**206.52**	**2.52**	**16.62**

续表

序号	地区	海南体博	红樱桃	金算盘	幸运小精灵	金银生辉	情谊两心知	金色的祝福	NBA	NBA	分花红	喜上梅梢	闪耀宝石9
1	北京	—	117.78	—	—	—	—	—	—	—	—	—	—
2	天津	—	77.28	—	—	—	—	—	—	—	—	—	—
3	河北	—	—	—	—	—	0.18	—	15.72	3.30	—	—	0.24
4	山西	—	183.12	—	—	—	2.10	—	—	3.00	—	—	—
5	内蒙古	—	6.60	—	—	—	7.02	—	1.86	5.94	0.72	0.84	1.62
6	辽宁	—	149.28	—	—	12.54	—	—	36.84	15.66	—	—	1.68
7	吉林	—	98.46	—	—	—	—	—	12.84	0.54	—	—	1.02
8	黑龙江	—	885.12	—	—	—	—	—	6.90	—	—	—	0.12
9	上海	—	99.12	2.40	1.38	27.12	—	2.40	11.28	23.82	—	—	8.82
10	江苏	—	1 977.00	14.34	11.64	18.42	—	201.90	69.60	12.96	—	41.40	97.98
11	浙江	—	749.76	—	—	0.12	0.06	—	0.30	0.06	—	0.18	0.36
12	安徽	—	216.24	—	—	5.88	10.92	—	8.94	7.38	7.62	—	50.16
13	福建	—	536.70	—	—	0.06	—	—	106.98	18.24	—	0.06	—
14	江西	—	—	—	—	2.04	—	7.92	20.34	7.50	—	—	5.58
15	山东	—	1 502.16	—	—	0.06	0.06	—	0.48	0.66	—	—	0.06
16	河南	—	37.80	0.06	—	—	0.18	—	—	—	0.06	—	0.06
17	湖北	—	—	—	—	0.96	2.46	—	0.54	31.80	0.66	2.70	—
18	湖南	—	—	—	—	3.90	1.38	—	—	0.48	1.98	—	—
19	广东	—	389.40	—	1.44	4.62	—	80.22	13.56	10.08	—	3.54	35.64
20	广西	—	16.20	0.06	—	0.54	2.34	—	7.14	9.72	3.06	—	107.16
21	海南	—	—	—	—	—	—	—	—	—	—	—	76.68
22	重庆	—	0.54	—	—	—	—	—	40.92	0.78	—	—	—
23	四川	—	672.00	—	314.04	—	0.12	—	24.18	0.06	115.26	—	0.06
24	贵州	—	328.98	—	—	—	—	—	—	—	—	3.00	1.62
25	云南	—	1 835.64	0.18	20.76	0.24	14.28	56.10	203.16	59.64	0.72	26.64	6.84
26	西藏	—	—	—	—	—	—	—	12.66	—	—	—	—
27	陕西	—	—	—	—	—	37.26	—	15.24	1.62	—	—	39.06
28	甘肃	—	4.26	2.82	4.32	3.42	16.38	—	0.96	3.96	—	—	5.76
29	青海	—	4.86	1.26	—	—	—	—	0.06	2.16	—	—	—
30	宁夏	—	—	—	—	—	—	—	—	13.56	—	—	2.88
31	新疆	—	462.78	1.38	—	0.66	1.80	0.60	0.96	4.38	0.06	0.06	10.14
合计 Total		**—**	**10 351.08**	**22.50**	**353.58**	**80.58**	**96.54**	**349.14**	**611.46**	**237.30**	**130.14**	**78.42**	**453.54**

续表

序号	地区	好运马上来	星座奇缘	越野赛	步步为赢	生日快乐	大家乐	魅力海阳喜迎亚沙会	碧水生金	环青海湖大赛	秀甲天下	深圳第26届世界大学生夏季运动会	南阳淘宝
1	北京	—	—	129.12	—	—	—	—	0.18	—	—	—	—
2	天津	—	68.76	—	—	—	—	—	—	—	—	—	—
3	河北	—	21.78	387.06	—	50.16	3.89	11.28	—	—	—	75.78	—
4	山西	—	19.98	7.26	3.06	9.90	0.03	—	—	—	—	—	—
5	内蒙古	0.06	0.36	349.32	1.50	19.86	0.06	—	—	—	—	—	—
6	辽宁	14.34	10.74	1.02	—	—	1.68	—	—	—	—	—	—
7	吉林	—	0.18	104.64	—	24.72	1.98	—	—	—	—	—	—
8	黑龙江	—	0.06	0.06	—	5.64	6.05	—	—	—	—	—	—
9	上海	65.52	—	28.38	2.16	—	12.33	—	—	611.16	—	—	—
10	江苏	380.94	104.22	448.74	18.12	—	176.27	—	4.44	—	—	1.32	—
11	浙江	—	0.12	421.20	0.12	7.32	0.02	—	—	—	—	0.12	—
12	安徽	1.68	—	37.68	—	—	2.24	1.92	—	—	—	—	—
13	福建	0.12	60.06	264.78	—	83.88	—	—	—	—	—	1.80	—
14	江西	16.32	38.40	91.44	—	11.16	0.35	11.64	—	—	—	—	—
15	山东	2.94	17.52	1 153.20	0.12	5.64	—	0.06	11.64	—	—	2.76	—
16	河南	0.06	—	—	—	7.50	2.09	—	—	—	—	—	—
17	湖北	55.56	—	—	—	36.48	21.86	—	—	—	—	—	—
18	湖南	46.98	38.40	24.24	7.62	—	42.74	1.26	—	—	—	—	—
19	广东	5.94	74.10	270.42	21.42	80.10	31.92	—	2.52	—	3.42	—	54.12
20	广西	0.78	—	—	5.16	11.04	—	—	—	—	—	—	—
21	海南	—	—	—	—	—	—	—	—	—	—	—	—
22	重庆	—	—	—	—	35.58	35.48	—	—	—	—	1.38	—
23	四川	—	96.00	8.94	—	—	100.52	—	—	—	—	—	—
24	贵州	—	42.42	5.10	99.72	12.66	2.90	—	—	—	—	15.06	—
25	云南	8.58	38.58	65.28	7.86	10.62	79.55	10.98	—	—	—	2.94	—
26	西藏	3.00	0.06	—	21.72	—	—	—	—	—	—	—	—
27	陕西	0.30	42.78	24.78	—	69.42	—	—	—	—	—	28.92	—
28	甘肃	0.12	17.22	97.50	3.54	—	8.63	—	—	—	—	—	—
29	青海	7.98	—	3.54	0.90	—	3.93	—	—	—	4.98	—	—
30	宁夏	—	—	5.58	—	1.80	7.16	—	—	—	—	—	—
31	新疆	0.12	1.98	276.84	10.56	21.36	0.11	—	—	—	—	—	—
合计 Total		**611.34**	**693.72**	**4 206.12**	**203.58**	**504.84**	**541.71**	**37.14**	**18.78**	**611.16**	**8.40**	**130.08**	**54.12**

续表

序号	地区	争金夺银－第7届全国农民运动会	多彩贵州	铁人夺金	20倍幸运	十倍幸运II	龟兔赛跑	股神	即现彩虹	三倍幸运草	超级赢家	好运8	宝石之王
1	北京	—	—	—	—	0.06	—	—	577.26	—	—	—	—
2	天津	—	—	34.50	66.12	—	—	—	2.58	85.20	—	22.68	—
3	河北	—	—	—	129.78	—	—	—	9.78	237.66	—	11.82	—
4	山西	—	—	—	0.60	—	—	—	1.92	5.40	—	20.52	0.06
5	内蒙古	—	—	—	8.94	—	—	5.10	1.80	85.32	—	756.54	4.92
6	辽宁	—	—	—	2.34	9.84	—	2.58	132.96	48.18	0.24	188.28	20.16
7	吉林	—	—	—	—	—	—	—	1.32	9.24	—	49.14	—
8	黑龙江	—	—	—	—	—	—	—	—	0.60	—	—	1.32
9	上海	—	—	14.28	6.48	—	—	44.46	11.40	—	1.02	40.50	10.20
10	江苏	—	—	—	—	1 472.88	22.32	689.70	331.98	—	132.66	747.48	1 115.58
11	浙江	—	—	—	—	0.30	0.18	0.24	—	139.68	0.06	97.92	3.24
12	安徽	—	—	—	—	0.06	—	—	1.86	17.94	0.06	62.34	—
13	福建	—	—	—	—	0.48	0.18	—	190.80	—	—	858.72	—
14	江西	—	—	—	—	10.14	—	8.34	21.66	24.06	—	4.62	—
15	山东	—	—	—	1.98	0.18	3.00	—	—	2.16	—	47.46	5.52
16	河南	426.78	0.54	—	—	0.96	—	—	0.06	—	0.06	21.90	—
17	湖北	—	—	—	—	4.20	—	5.16	—	—	—	36.30	4.50
18	湖南	—	—	—	—	—	—	9.36	—	3.00	—	187.80	0.06
19	广东	—	—	—	11.28	7.44	—	118.86	57.90	60.12	—	152.22	11.40
20	广西	—	—	—	—	29.70	—	—	—	—	—	196.98	—
21	海南	—	—	—	—	—	—	—	—	—	—	4.98	—
22	重庆	—	—	—	—	—	—	—	61.20	—	—	161.94	0.84
23	四川	—	—	—	9.00	0.18	—	21.24	129.90	12.06	—	335.88	2.28
24	贵州	—	—	15.00	3.54	—	—	2.04	—	5.04	—	170.28	210.06
25	云南	—	—	9.48	80.76	0.54	0.24	26.58	44.22	23.22	0.18	210.00	153.60
26	西藏	—	—	—	—	—	—	—	—	—	—	5.10	22.38
27	陕西	—	—	8.46	—	—	—	0.72	—	28.02	—	2.04	47.94
28	甘肃	—	—	—	21.54	6.12	6.18	27.12	11.52	12.36	—	1.44	13.38
29	青海	—	—	—	—	12.66	2.04	11.88	—	—	—	60.72	—
30	宁夏	—	—	—	—	—	7.44	16.68	131.10	—	—	37.98	—
31	新疆	—	—	—	—	1.98	—	—	—	108.06	0.12	373.44	—
合计 Total		**426.78**	**0.54**	**81.72**	**342.36**	**1 557.72**	**41.58**	**990.06**	**1 721.22**	**907.32**	**134.40**	**4 867.02**	**1 627.44**

续表

序号	地区	10全10美	5倍幸运	超级王牌	快乐雪人	快乐赢	赛事之都	好运翻6番	黄金8	幸运金鱼	满载而归	团龙献瑞	金荷包
1	北京	2 157.06	—	—	—	2.13	—	21.30	—	—	—	—	—
2	天津	406.74	—	—	—	147.66	-0.06	—	—	—	—	—	45.36
3	河北	2 946.42	2.28	—	—	105.84	50.10	5.22	—	14.61	0.12	—	47.40
4	山西	1 118.16	—	—	4.98	77.01	11.04	—	0.60	18.06	6.00	0.96	16.56
5	内蒙古	3 328.20	9.78	1.44	7.86	172.68	83.64	—	223.92	—	10.08	59.70	38.64
6	辽宁	1 525.74	—	11.88	—	—	12.48	—	—	9.99	24.96	3.60	81.90
7	吉林	1 959.96	—	—	—	9.15	19.68	—	—	36.54	—	—	0.24
8	黑龙江	1 493.34	0.18	—	2.94	—	—	—	—	0.39	0.66	—	325.20
9	上海	1 098.12	—	1.56	—	19.41	37.38	—	5.52	—	37.98	—	14.88
10	江苏	3 614.70	—	49.38	62.58	156.00	—	—	244.68	—	499.26	131.10	118.74
11	浙江	2 338.80	2.88	126.30	2.10	110.37	74.16	—	67.92	2.76	269.76	0.66	54.72
12	安徽	309.06	—	3.66	—	0.03	87.96	—	0.12	28.50	2.46	3.72	2.82
13	福建	3 033.96	—	—	—	—	48.00	—	—	—	—	0.42	390.60
14	江西	269.70	—	—	—	18.93	77.16	—	—	—	—	58.32	53.58
15	山东	5 196.72	0.06	0.06	—	0.06	53.16	13.56	4.14	0.03	0.42	0.06	0.36
16	河南	5 541.24	—	—	0.12	—	3.48	—	—	—	—	—	1.68
17	湖北	234.00	1.56	—	—	0.09	—	—	2.28	41.52	133.14	—	5.52
18	湖南	500.82	49.44	—	—	23.31	42.30	—	—	—	21.84	24.78	—
19	广东	4 709.46	109.32	63.84	—	—	84.06	—	412.38	111.75	12.24	26.88	36.54
20	广西	393.48	5.04	—	—	—	—	—	—	8.07	—	—	77.82
21	海南	166.32	—	—	—	43.95	—	—	—	—	—	—	—
22	重庆	757.44	—	—	—	—	0.06	—	1.38	0.03	—	—	—
23	四川	2 563.56	88.68	—	1.56	172.47	66.54	—	123.36	213.42	—	—	56.76
24	贵州	746.88	47.28	—	15.24	20.67	33.48	—	96.48	46.56	50.52	4.74	38.82
25	云南	2 947.08	0.54	0.18	42.24	40.89	—	—	30.96	—	46.50	86.64	140.40
26	西藏	611.52	—	—	—	—	—	—	0.24	—	49.14	—	—
27	陕西	2 037.60	5.28	—	18.12	—	245.34	—	—	78.90	81.30	—	—
28	甘肃	1 284.72	7.74	18.54	—	3.75	8.46	—	—	19.20	0.90	6.42	0.24
29	青海	252.12	—	—	46.50	6.03	—	—	2.76	—	—	—	—
30	宁夏	548.58	1.50	—	—	—	—	—	14.34	126.96	25.62	—	—
31	新疆	2 782.68	—	33.06	—	—	210.30	—	9.12	78.75	—	—	0.30
合计 Total		**56 874.18**	**331.56**	**309.90**	**204.24**	**1 130.43**	**1 248.72**	**40.08**	**1 240.20**	**836.04**	**1 272.90**	**408.00**	**1 549.08**

续表

序号	地区	点石成金	神秘礼物	龙年吉祥	金镶玉	甜蜜约会	三倍甜蜜	情比金坚	聚宝盆	金光闪烁 7	NBA	黄金瓜	淘金乐
1	北京	—	9 308.52	—	—	0.42	0.60	—	—	112.92	—	4.98	—
2	天津	-0.06	748.74	—	—	—	46.32	—	—	—	—	—	—
3	河北	0.12	5 622.12	29.64	—	6.24	89.46	0.06	0.06	228.90	0.42	557.28	7.20
4	山西	0.12	1 341.96	13.50	—	—	—	6.12	101.40	91.68	2.46	43.02	0.12
5	内蒙古	1.62	6 706.98	119.04	—	26.34	134.70	—	103.20	698.82	1.50	717.18	19.62
6	辽宁	16.68	4 472.52	18.00	8.88	1.68	3.48	5.34	7.56	5.34	7.98	84.60	4.26
7	吉林	0.12	3 369.90	8.46	—	0.90	1.20	0.30	—	11.76	9.78	199.50	1.56
8	黑龙江	2.52	3 864.84	—	0.06	0.24	—	—	1.08	—	0.42	14.64	—
9	上海	29.04	3 821.22	—	—	13.14	8.40	—	11.64	—	19.86	118.92	—
10	江苏	234.90	5 309.40	782.40	35.10	447.00	477.36	—	79.86	793.74	500.76	1 232.04	369.60
11	浙江	0.42	9 427.26	20.34	19.14	252.42	60.24	—	9.24	299.34	7.56	996.96	0.30
12	安徽	—	1 271.52	113.22	—	75.66	11.04	3.24	—	—	58.38	89.88	1.50
13	福建	0.24	4 851.60	—	0.18	31.02	211.50	—	12.06	368.82	73.08	406.20	—
14	江西	—	77.16	—	2.34	—	33.00	1.14	—	13.56	21.84	38.22	1.98
15	山东	0.18	5 734.44	44.46	0.06	0.30	15.00	2.34	1.92	—	5.58	648.72	0.06
16	河南	0.12	6 773.46	—	—	—	0.06	0.72	0.06	—	0.12	697.62	—
17	湖北	—	21.36	37.56	—	67.02	2.16	94.86	25.02	—	—	71.22	49.50
18	湖南	38.40	1 330.02	28.08	16.86	55.02	63.84	—	—	—	35.16	77.28	28.68
19	广东	86.82	16 212.66	64.26	3.18	46.98	193.02	50.46	25.02	55.92	101.82	194.70	49.74
20	广西	71.82	193.50	10.14	0.42	—	—	3.78	—	—	36.60	136.68	—
21	海南	—	158.16	58.26	—	—	—	—	50.28	—	—	232.68	—
22	重庆	49.20	1 284.42	—	—	63.54	149.40	—	52.56	0.06	0.12	3.30	—
23	四川	0.18	5 039.22	45.36	0.60	—	171.30	—	0.12	3.66	0.36	102.60	128.04
24	贵州	114.60	2 177.34	20.70	—	—	189.66	82.38	102.42	61.50	62.52	36.42	98.88
25	云南	8.04	6 479.10	—	5.88	239.46	118.80	30.60	136.02	584.10	17.46	719.82	63.18
26	西藏	—	1 669.80	—	—	—	—	—	369.18	—	7.74	253.32	—
27	陕西	—	3 299.22	—	—	0.06	—	11.58	0.06	19.56	62.04	105.66	—
28	甘肃	2.94	2 181.24	18.54	—	0.30	129.36	9.48	—	5.88	15.84	26.76	2.10
29	青海	—	992.22	—	—	11.58	8.82	0.12	—	—	5.70	116.64	—
30	宁夏	—	238.80	10.62	—	4.38	—	78.84	—	—	—	100.32	—
31	新疆	9.54	—	—	21.96	—	—	0.06	—	—	73.80	704.70	34.08
合计 Total		**667.56**	**113 978.70**	**1 442.58**	**114.66**	**1 343.70**	**2 118.72**	**381.42**	**1 088.76**	**3 355.56**	**1 128.90**	**8 731.86**	**860.40**

续表

序号	地区	甜蜜蜜	感恩母亲节	开心麻将	NBA 总冠军	十倍奖金	幸运彩虹	英雄会	吉祥金桔	幸运星	熊猫宝宝	激情亚沙会，快乐在一起	点石成金 II
1	北京	—	4，721.40	—	—	—	—	0.06	190.32	0.96	1 599.18	—	0.63
2	天津	-0.06	837.78	—	—	—	—	—	-0.06	—	392.94	—	—
3	河北	0.96	4 396.56	65.88	23.10	235.62	—	0.06	305.46	242.76	1 388.88	18.24	—
4	山西	4.80	1 395.90	—	303.96	4.32	—	19.02	119.76	44.04	466.56	75.12	—
5	内蒙古	10.98	3 116.34	7.68	83.34	114.66	1.80	11.82	257.10	103.86	1 150.62	91.74	—
6	辽宁	27.48	5 800.44	3.60	1.26	1.14	2.04	11.46	28.02	44.76	1 395.00	33.60	—
7	吉林	22.14	4 193.94	3.42	0.90	142.80	0.12	3.24	94.44	21.96	926.88	69.06	—
8	黑龙江	15.06	4 234.44	0.24	—	27.00	—	0.48	56.94	10.80	22.44	5.64	—
9	上海	32.22	2 955.96	11.76	—	29.76	2.16	11.40	28.02	54.36	188.34	—	9.99
10	江苏	556.38	7 875.72	—	389.46	278.40	269.52	1 949.76	—	—	1 867.02	—	—
11	浙江	94.38	5 283.96	134.82	—	22.14	0.90	1.26	—	137.88	1 324.80	23.94	26.97
12	安徽	55.62	1 813.86	35.46	28.50	13.68	23.46	13.26	34.38	32.28	118.62	—	15.63
13	福建	1.26	4 028.64	—	21.42	186.30	0.54	50.76	327.72	291.96	2 033.04	—	86.76
14	江西	4.80	628.08	—	—	22.62	16.02	5.10	—	—	223.14	5.82	—
15	山东	3.42	6 945.84	10.50	0.12	6.60	0.06	5.82	48.78	24.24	3 142.56	133.56	7.05
16	河南	10.68	5 080.98	1.68	—	121.50	—	0.12	4.08	0.06	17.88	—	—
17	湖北	6.42	215.10	8.64	—	32.16	—	—	—	24.72	133.08	10.08	—
18	湖南	99.72	985.44	29.70	—	122.16	31.08	41.58	126.78	—	107.64	—	—
19	广东	157.92	13 558.56	61.62	187.38	197.16	29.28	89.34	307.80	72.60	851.46	127.92	45.90
20	广西	12.72	338.28	—	—	220.08	14.04	—	382.98	—	60.60	—	—
21	海南	0.48	296.88	—	—	413.40	84.36	—	—	83.28	139.20	—	—
22	重庆	0.12	1 002.54	85.02	0.54	5.40	0.06	—	11.52	0.18	—	—	—
23	四川	0.90	4 487.70	6.30	665.70	40.38	—	—	69.60	0.90	561.12	122.46	—
24	贵州	20.22	1 298.70	—	7.74	46.92	0.06	16.20	46.56	28.02	191.10	—	—
25	云南	128.10	3 938.40	81.42	0.30	197.22	8.88	6.66	229.02	32.70	1 774.74	55.38	—
26	西藏	37.80	61.08	—	—	101.16	45.18	—	—	—	76.26	—	—
27	陕西	0.06	3 268.44	2.88	—	141.90	—	43.68	57.12	48.36	774.00	168.60	—
28	甘肃	4.80	1 657.44	10.62	—	0.36	2.04	0.12	66.00	8.22	1 106.46	11.76	—
29	青海	15.24	359.70	—	—	5.76	7.26	33.54	43.02	53.58	184.20	10.80	—
30	宁夏	2.10	559.38	—	—	16.74	—	12.66	103.26	61.20	74.40	—	—
31	新疆	153.84	1 909.92	116.94	—	93.06	0.06	11.64	304.80	—	1 721.34	109.38	—
合计 Total		**1 480.56**	**97 247.40**	**678.18**	**1 713.72**	**2 840.40**	**538.92**	**2 339.04**	**3 243.42**	**1 423.68**	**24 013.50**	**1 073.10**	**192.93**

续表

序号	地区	神奇的宝葫芦	快乐J	大富豪	可爱小樱桃	金石奇缘	携手奥运	中国奥运军团	草原那达慕	铁人夺金II	东海明珠	三只猴子	浪漫水晶球
1	北京	300.00	1 126.98	0.06	13.14	1 353.18	3 041.94	0.66	—	—	—	—	—
2	天津	138.12	182.34	-0.12	115.74	240.18	765.90	0.42	102.54	-0.06	-0.12	—	—
3	河北	—	1 353.96	6.48	149.46	942.12	2 515.56	33.60	42.78	0.36	181.62	—	—
4	山西	—	517.80	18.00	89.79	515.16	892.68	3.72	67.32	7.62	2.04	—	96.54
5	内蒙古	—	1 931.64	11.22	622.98	1 854.66	2 635.62	221.64	130.38	8.34	5.46	653.70	—
6	辽宁	599.88	1 239.54	42.90	65.46	881.34	2 272.14	11.88	33.54	5.34	8.70	—	—
7	吉林	586.02	911.64	81.48	77.04	524.94	2 190.96	11.70	48.96	18.12	26.64	—	—
8	黑龙江	898.68	1 269.48	59.52	16.68	291.30	2 453.28	12.00	20.22	0.30	7.20	—	—
9	上海	182.64	816.96	48.48	72.51	802.68	560.22	—	2.40	16.26	3.18	—	—
10	江苏	—	2 477.22	—	914.73	4 824.66	5 760.36	463.20	576.18	263.10	157.44	—	—
11	浙江	—	2 396.64	474.12	252.00	1 108.56	2 764.50	92.94	120.18	3.66	94.26	—	—
12	安徽	—	506.34	30.84	—	179.10	765.00	182.64	—	1.32	10.62	—	—
13	福建	863.16	2 307.12	99.78	834.48	2 162.94	3 485.34	930.66	—	3.30	40.62	—	—
14	江西	—	452.94	12.00	—	213.54	1 167.48	—	—	0.36	33.12	—	—
15	山东	1 199.58	2 584.86	14.22	89.37	1 526.64	5 270.34	93.30	19.50	6.18	551.52	—	—
16	河南	600.00	1 248.00	0.36	3.42	677.70	5 339.88	0.06	0.30	0.12	0.54	—	—
17	湖北	—	133.86	—	177.18	—	408.24	—	33.30	0.30	6.54	—	—
18	湖南	—	233.76	92.70	91.50	301.68	354.96	—	—	5.82	16.32	—	—
19	广东	1 247.52	3 950.16	341.46	784.23	2 096.16	8 999.82	303.66	213.24	11.16	30.24	—	—
20	广西	—	—	132.30	219.21	359.88	301.14	—	—	0.90	93.06	—	—
21	海南	—	271.68	—	—	200.88	531.72	—	—	5.88	83.70	—	—
22	重庆	—	851.70	129.72	78.78	—	468.84	290.04	28.02	—	1.74	—	—
23	四川	816.60	1 160.40	28.92	222.12	1 333.74	2 548.98	187.80	—	154.68	30.06	—	—
24	贵州	279.06	544.98	47.46	127.05	141.42	834.00	—	84.78	55.20	15.24	—	—
25	云南	934.50	2 993.10	72.06	49.89	1 726.38	4 986.06	161.22	31.86	5.76	100.86	—	—
26	西藏	187.38	447.18	141.66	—	357.18	755.88	—	—	27.24	—	—	75.60
27	陕西	—	125.52	55.08	158.91	480.66	1 799.16	304.56	—	25.26	68.16	—	—
28	甘肃	296.04	636.90	14.10	30.15	594.96	990.12	18.60	29.88	1.56	23.52	—	22.08
29	青海	—	210.78	—	—	236.22	499.80	—	92.82	14.46	—	—	98.58
30	宁夏	—	308.46	156.30	—	300.00	523.26	—	—	4.02	80.46	—	58.38
31	新疆	296.58	1 145.34	72.00	340.32	852.90	1 978.50	—	—	0.36	8.22	—	—
合计 Total		**9 425.76**	**34 337.28**	**2 183.10**	**5 596.14**	**27 080.76**	**67 861.68**	**3 324.30**	**1 678.20**	**646.92**	**1 680.96**	**653.70**	**351.18**

续表

序号	地区	跳跃音符	至尊钻石7	小财神	宠物乐	存钱罐	童年记忆	三国故事	紫水晶	麻辣6	金蛇添财	剪子，包袱，锤	过大年
1	北京	13.92	—	0.27	7.14	15.96	—	162.21	50.22	37.38	18.06	—	754.80
2	天津	—	—	—	100.32	147.48	—	300.00	120.00	—	—	—	431.40
3	河北	423.54	—	31.38	305.22	335.34	—	532.29	342.06	—	—	226.26	601.68
4	山西	—	—	103.80	57.96	104.34	—	165.21	239.82	—	—	—	401.94
5	内蒙古	183.00	—	—	678.96	742.92	—	594.72	467.94	—	—	—	1 438.02
6	辽宁	—	—	70.11	153.84	495.72	—	819.75	395.70	—	—	—	429.30
7	吉林	156.72	—	60.09	355.92	373.74	—	168.96	197.46	—	—	—	—
8	黑龙江	347.94	—	17.46	234.42	219.96	—	935.82	281.40	—	—	—	517.32
9	上海	—	—	—	280.32	62.22	—	307.68	—	—	—	—	760.38
10	江苏	—	—	—	1 108.68	706.02	2 246.82	1 283.10	—	—	—	—	—
11	浙江	—	1 035.96	116.43	106.26	1 278.12	—	779.88	474.06	—	—	—	672.54
12	安徽	—	—	240.60	152.64	144.78	—	161.10	—	—	—	93.72	204.84
13	福建	—	—	—	848.16	762.72	—	932.88	359.70	—	—	—	891.84
14	江西	—	—	22.65	—	51.48	—	279.36	111.18	—	—	—	20.10
15	山东	—	—	31.95	118.92	296.40	—	1 731.03	1 199.34	88.32	—	—	687.66
16	河南	—	—	3.78	8.94	64.86	—	600.00	240.00	—	—	—	47.88
17	湖北	—	—	77.22	98.28	161.94	—	—	—	—	—	—	—
18	湖南	—	—	44.16	264.00	105.24	—	—	89.94	—	—	—	439.02
19	广东	—	—	186.87	1 038.54	396.78	—	1 339.17	598.26	—	518.34	—	1 060.02
20	广西	355.68	—	182.16	—	—	—	594.48	345.18	—	—	—	—
21	海南	—	—	—	—	—	—	249.60	—	—	—	—	—
22	重庆	—	—	76.23	168.12	—	—	272.46	113.16	—	—	—	—
23	四川	—	—	65.52	1 041.90	376.32	—	599.76	—	—	—	518.28	182.94
24	贵州	—	—	62.46	320.46	112.80	—	242.97	—	—	—	—	494.58
25	云南	66.90	—	—	623.58	417.84	—	803.46	308.94	—	231.00	231.60	1 419.96
26	西藏	—	—	—	465.72	193.44	—	—	—	—	—	—	—
27	陕西	—	—	248.52	155.16	227.34	—	815.85	366.00	—	—	—	515.16
28	甘肃	—	—	26.16	261.90	64.26	—	292.02	235.32	—	295.26	—	600.00
29	青海	—	—	73.71	—	—	—	—	119.94	—	—	—	—
30	宁夏	—	—	—	—	181.50	—	267.90	110.04	—	—	—	—
31	新疆	—	—	—	320.04	340.32	—	—	—	—	—	—	1 099.50
合计 Total		**1 547.70**	**1 035.96**	**1 741.53**	**9 275.40**	**8 379.84**	**2 246.82**	**15 231.66**	**6 765.66**	**125.70**	**1 062.66**	**1 069.86**	**13 670.88**

续表

序号	地区	过大年	过大年	太空寻宝 RO	金蛇添财	剪刀包袱锤	棋	砸金蛋	魔法师	过大年（5 元）	过大年（10 元）	过大年（20 元）	富贵鱼
1	北京	1 499. 10	7 449. 84	1 263. 96	144. 54	—	600. 00	—	—	343. 74	503. 55	1 299. 30	360. 00
2	天津	—	679. 26	342. 06	184. 74	—	229. 14	—	—	150. 00	222. 33	—	—
3	河北	—	6 445. 14	1 859. 94	999. 18	—	—	—	—	599. 94	588. 18	1 068. 84	359. 82
4	山西	—	1 619. 22	1 411. 50	288. 42	—	—	—	—	149. 04	288. 84	358. 02	239. 94
5	内蒙古	—	3 204. 12	231. 06	916. 86	—	—	—	—	298. 98	299. 13	936. 96	333. 06
6	辽宁	300. 00	5 497. 56	4 138. 56	576. 42	—	300. 00	—	—	449. 01	296. 52	477. 78	600. 00
7	吉林	—	7 030. 26	3 189. 54	471. 42	—	—	—	—	295. 65	297. 42	595. 56	355. 56
8	黑龙江	—	4 963. 14	4 210. 44	—	—	—	—	—	449. 97	299. 97	479. 82	599. 94
9	上海	413. 58	1 753. 38	—	228. 12	—	—	—	—	135. 00	224. 22	283. 20	—
10	江苏	—	2 850. 66	864. 12	1 438. 98	—	—	6 793. 44	2 841. 12	883. 56	1 722. 24	3 216. 42	—
11	浙江	—	6 842. 70	1 107. 42	599. 88	—	—	—	—	546. 60	599. 94	783. 60	239. 94
12	安徽	270. 90	1 310. 76	271. 62	72. 84	—	—	—	—	238. 83	226. 98	268. 68	—
13	福建	—	4 328. 82	283. 80	1 091. 94	—	—	—	—	721. 65	596. 88	1 380. 06	—
14	江西	—	25. 20	112. 08	167. 94	—	—	—	—	146. 46	261. 24	—	120. 00
15	山东	—	8 505. 48	5 152. 02	1 769. 46	2 969. 97	—	3 289. 02	—	1 198. 92	1 170. 99	2 107. 32	599. 34
16	河南	—	5 563. 92	2 587. 20	599. 94	—	—	—	—	299. 67	600. 00	1 189. 74	479. 82
17	湖北	—	—	175. 20	454. 74	—	—	—	—	—	—	—	427. 92
18	湖南	—	418. 02	454. 44	—	—	—	—	—	144. 18	216. 33	237. 36	—
19	广东	—	13 639. 08	8 700. 18	1 137. 18	—	—	6 396. 96	—	749. 91	599. 85	1 122. 84	599. 40
20	广西	—	836. 10	330. 06	—	—	—	—	—	—	—	170. 16	239. 22
21	海南	—	—	70. 02	—	—	—	—	—	—	—	121. 26	—
22	重庆	—	712. 68	935. 82	125. 94	—	—	—	—	149. 94	116. 28	200. 46	—
23	四川	300. 00	4 058. 40	4 996. 44	—	—	—	—	—	450. 00	600. 00	959. 40	635. 88
24	贵州	—	1 332. 48	308. 04	221. 22	—	—	—	—	142. 95	—	207. 72	—
25	云南	—	4 277. 64	466. 74	1 155. 96	—	289. 44	—	—	439. 59	596. 52	1 515. 48	331. 86
26	西藏	—	2 097. 12	—	—	—	—	—	—	—	—	327. 66	—
27	陕西	—	3 012. 18	3 316. 32	590. 34	—	—	—	—	300. 00	292. 08	581. 64	359. 88
28	甘肃	290. 88	2 501. 88	847. 86	520. 38	—	—	—	—	276. 12	284. 49	471. 06	—
29	青海	200. 88	556. 32	132. 90	—	—	—	—	—	147. 57	—	113. 64	120. 00
30	宁夏	—	348. 72	419. 34	—	—	—	—	—	147. 09	—	278. 40	—
31	新疆	—	2 582. 34	941. 64	589. 08	—	—	—	—	293. 04	295. 65	665. 88	351. 06
合计 Total		**3 275. 34**	**104 442. 42**	**49 120. 32**	**14 345. 52**	**2 969. 97**	**1 418. 58**	**16 479. 42**	**2 841. 12**	**10 147. 41**	**11 199. 63**	**21 418. 26**	**7 352. 64**

续表

序号	地　　区	勇闯金银岛	羽坛拼搏	超级赛车	爱心永存	甜蜜蜜	幸福99	采蘑菇	打黑8	黑旋风	掼蛋	钻石王朝	剪子包袱锤2RMB
1	北　京	—	—	—	—	1 199.70	899.91	900.00	1 942.68	4 795.56	—	—	—
2	天　津	—	—	—	—	—	300.00	—	—	840.00	—	—	—
3	河　北	—	—	—	—	915.12	600.00	899.82	1 198.86	7 360.08	—	—	—
4	山　西	—	299.82	258.72	—	331.26	299.16	297.78	550.62	1 193.64	—	—	—
5	内蒙古	—	—	—	—	475.92	299.94	898.26	1 589.76	2 860.02	—	—	—
6	辽　宁	—	—	—	—	556.08	300.00	1 199.94	1 185.00	2 147.58	—	—	—
7	吉　林	—	—	—	—	576.54	299.94	900.00	—	2 374.26	—	—	—
8	黑龙江	—	—	—	179.88	594.90	599.85	1 199.76	1 063.02	2 422.86	—	—	—
9	上　海	—	—	—	—	443.64	270.87	542.52	—	4 276.20	—	—	—
10	江　苏	—	—	—	—	2 588.04	—	1 083.24	2 010.54	27 757.74	5 511.54	2 062.14	—
11	浙　江	—	—	—	—	1 537.74	592.62	1 199.52	1 166.70	8 231.58	—	—	—
12	安　徽	—	—	—	—	462.48	282.93	559.98	—	4 027.68	—	—	—
13	福　建	—	—	—	—	1 455.18	899.67	1 492.44	2 116.56	5 334.66	—	—	—
14	江　西	—	—	—	—	—	—	283.44	226.86	887.04	—	—	—
15	山　东	—	—	—	—	1 787.82	1 199.79	2 099.70	2 982.18	14 168.58	—	—	1 793.55
16	河　南	—	—	—	—	600.00	900.00	1 199.70	1 199.04	4 768.38	—	—	—
17	湖　北	—	—	—	—	—	—	510.18	—	662.88	—	—	—
18	湖　南	—	—	—	—	182.94	—	—	—	233.64	—	—	—
19	广　东	119.85	—	—	—	2 354.34	1 196.94	1 469.04	1 666.02	8 031.90	—	—	—
20	广　西	—	—	—	—	—	—	—	—	375.42	—	—	—
21	海　南	—	—	—	—	—	296.52	—	—	423.78	—	—	—
22	重　庆	—	—	—	—	156.48	—	299.88	—	904.02	—	—	—
23	四　川	—	—	—	—	685.62	600.00	898.62	732.90	3 829.02	—	—	—
24	贵　州	—	—	—	—	218.04	287.97	292.68	—	1 136.94	—	—	—
25	云　南	—	—	—	—	1 067.16	599.46	1 196.22	1 135.02	6 764.64	—	—	—
26	西　藏	—	—	—	—	—	—	—	—	851.76	—	—	—
27	陕　西	—	—	—	—	522.90	—	599.94	—	1 885.26	—	—	—
28	甘　肃	—	—	—	—	445.14	300.00	600.00	598.26	2 238.36	—	—	—
29	青　海	—	—	—	—	174.60	290.04	—	—	1 000.74	—	—	—
30	宁　夏	—	—	—	—	122.58	299.76	—	—	1 742.34	—	—	—
31	新　疆	—	—	—	—	554.10	300.00	—	—	3 801.48	—	—	—
合计 Total		**119.85**	**299.82**	**258.72**	**179.88**	**20 008.32**	**11 915.37**	**20 622.66**	**21 364.02**	**127 328.04**	**5 511.54**	**2 062.14**	**1 793.55**

续表

序号	地区	挖地雷	剪子包袱锤 5RMB	三江源	丝绸之路·奇观	大美龙江	魅力龙江	加油	强力金球	基乐彩	金满罐	金满堂	顶呱刮 10RMB
1	北京	—	—	—	—	—	—	—	—	299.94	480.00	1 199.28	818.04
2	天津	—	—	—	—	—	—	—	—	—	240.00	513.12	281.22
3	河北	—	—	—	—	—	—	497.10	—	439.26	479.76	1 768.86	1 295.40
4	山西	—	—	—	—	—	—	—	—	170.76	239.64	500.28	385.38
5	内蒙古	—	580.86	277.32	—	—	—	—	—	243.48	225.12	1 098.18	718.62
6	辽宁	—	—	—	—	—	—	—	—	542.94	597.00	1 191.36	786.42
7	吉林	—	—	—	—	—	—	—	—	261.48	238.14	599.64	534.78
8	黑龙江	—	—	—	—	1 149.27	1 199.40	—	—	299.40	478.86	599.82	590.88
9	上海	—	—	—	—	—	—	—	—	87.42	45.90	386.58	325.98
10	江苏	—	—	—	—	—	—	—	28.68	—	450.06	1 550.88	1 633.14
11	浙江	—	—	—	—	—	—	—	—	474.54	959.10	1 199.52	1 184.94
12	安徽	—	—	—	93.78	—	—	—	—	142.50	244.20	539.04	866.70
13	福建	—	—	—	—	—	—	—	—	517.38	358.68	1 199.28	1 080.42
14	江西	—	—	—	—	—	—	—	—	87.00	114.66	419.22	223.32
15	山东	1 780.14	1 758.06	—	—	—	—	—	—	1 140.24	1 199.88	2 389.86	1 145.22
16	河南	—	—	—	—	—	—	—	—	362.28	480.00	1 799.46	1 646.22
17	湖北	—	—	—	—	—	—	—	—	—	—	509.76	392.04
18	湖南	—	—	—	—	—	—	—	—	—	—	—	193.86
19	广东	—	—	—	—	—	—	—	—	457.92	798.84	2 231.10	1 384.56
20	广西	—	—	—	—	—	—	—	—	—	—	—	—
21	海南	—	—	—	—	—	—	—	—	—	—	—	—
22	重庆	—	—	—	—	—	—	—	—	—	119.88	249.30	139.08
23	四川	—	—	—	—	—	—	—	—	366.00	563.82	600.00	600.00
24	贵州	—	—	—	—	—	—	—	—	113.46	110.58	358.56	271.20
25	云南	—	—	—	—	—	—	—	—	242.22	300.60	1 477.20	1 139.28
26	西藏	—	—	63.90	—	—	—	—	—	71.46	—	—	189.84
27	陕西	—	—	—	—	—	—	—	—	247.38	359.94	599.34	591.54
28	甘肃	—	—	—	860.61	—	—	—	—	85.14	117.00	586.68	587.22
29	青海	—	—	198.96	—	—	—	—	—	108.60	113.16	296.40	190.98
30	宁夏	—	—	—	—	—	—	—	—	—	106.38	274.92	187.98
31	新疆	—	—	—	—	—	—	—	—	178.14	355.68	598.62	591.24
合计 Total		**1 780.14**	**2 338.92**	**540.18**	**954.39**	**1 149.27**	**1 199.40**	**497.10**	**28.68**	**6 938.94**	**9 776.88**	**24 736.26**	**19 975.50**

续表

序号	地区	魅力新兰州·激情马拉松	热力500	热力100	热力50	剪子包袱锤 10RMB	顶呱刮 5RMB	超级大乐透	保龄球俱乐部	灌篮王	步步高	金铃铛	甜蜜蜜 20RMB
1	北京	—	423.06	308.46	113.64	—	892.44	1 200.00	274.32	—	300.00	240.00	1 079.52
2	天津	—	179.70	128.70	—	—	295.98	415.26	—	—	275.40	119.88	—
3	河北	—	607.20	563.46	300.96	—	1 189.50	1 656.12	806.46	—	599.76	353.34	680.94
4	山西	—	158.52	158.22	97.53	—	294.06	519.12	111.66	—	299.82	—	318.24
5	内蒙古	—	474.18	250.02	186.42	—	538.80	1 280.94	—	—	840.30	428.04	707.04
6	辽宁	—	494.52	310.14	252.66	—	1 028.70	1 138.68	—	119.94	899.46	595.20	651.12
7	吉林	—	448.02	424.62	329.13	—	537.30	705.18	—	—	599.64	436.38	478.26
8	黑龙江	—	459.54	463.02	453.30	—	884.58	931.92	321.90	—	599.88	476.28	430.38
9	上海	—	151.20	91.20	—	—	234.00	459.36	—	—	291.12	—	381.48
10	江苏	—	—	—	—	—	1 091.94	4 736.40	—	—	785.10	—	2 603.94
11	浙江	—	799.50	547.38	347.40	—	1 367.34	2 204.58	—	—	299.70	346.08	302.76
12	安徽	—	148.62	143.04	52.92	—	294.84	1 165.20	—	—	546.36	119.58	432.48
13	福建	—	606.66	427.92	346.71	—	810.78	1 929.12	—	—	898.92	109.68	1 005.60
14	江西	—	—	—	—	—	276.18	314.16	—	—	—	98.28	546.12
15	山东	—	1 360.26	1 201.20	779.10	1 653.24	868.50	5 338.02	—	—	1 199.16	1 196.82	2 478.36
16	河南	—	858.18	572.94	261.87	—	898.26	2 170.80	—	—	599.88	238.26	1 149.84
17	湖北	—	—	0.30	0.36	—	293.46	438.66	—	—	418.14	303.66	—
18	湖南	—	116.28	81.84	51.12	—	192.00	267.12	—	—	213.66	—	150.78
19	广东	—	1 315.98	1 059.36	935.64	822.00	1 260.12	2 956.74	—	—	1 760.22	842.40	1 898.16
20	广西	—	—	—	—	—	—	311.04	—	—	293.34	237.36	—
21	海南	—	—	—	—	—	—	175.02	—	—	217.86	—	59.58
22	重庆	—	115.44	83.64	58.92	—	147.66	237.54	—	—	—	—	144.24
23	四川	—	537.96	392.94	260.64	—	599.88	1 137.90	—	—	300.00	239.88	496.08
24	贵州	—	—	—	—	—	297.78	379.98	—	—	291.06	95.22	181.32
25	云南	—	873.36	589.56	370.32	—	914.64	1 919.52	—	—	857.34	106.26	1 023.96
26	西藏	—	—	—	—	—	132.12	375.96	—	—	—	—	171.48
27	陕西	—	340.14	204.36	194.25	—	598.86	860.64	—	—	596.34	239.82	391.14
28	甘肃	871.20	—	132.00	—	—	494.52	897.78	—	—	300.00	107.34	221.64
29	青海	—	—	—	—	—	255.48	255.24	—	—	282.72	—	128.52
30	宁夏	—	—	43.20	30.15	—	194.22	277.62	—	—	258.54	—	118.98
31	新疆	—	487.98	259.26	193.50	—	593.28	1 075.32	—	—	590.70	184.86	448.98
合计 Total		**871.20**	**10 956.30**	**8 436.78**	**5 616.54**	**2 475.24**	**17 477.22**	**37 730.94**	**1 514.34**	**119.94**	**15 414.42**	**7 114.62**	**18 680.94**

续表

序号	地区	富贵多多	好事成双	盛世十二运	NBA 10RMB	NBA 20RMB	中奖达人	环太湖赛	八方来财	够级	11 选 5	红色印迹	马到成功
1	北京	1 414.32	639.90	—	1 130.82	1 291.86	—	—	—	—	—	—	266.82
2	天津	144.66	140.70	—	414.84	356.82	—	—	—	—	—	—	31.86
3	河北	815.52	913.98	—	1 857.00	1 861.74	—	—	—	—	—	—	164.34
4	山西	324.06	309.66	—	470.70	439.62	—	—	—	—	—	—	12.78
5	内蒙古	—	465.30	—	430.38	475.14	—	—	—	—	—	—	31.44
6	辽宁	1 055.58	1 230.72	655.92	550.68	713.10	—	—	—	—	—	—	47.76
7	吉林	623.04	508.08	—	553.44	580.50	—	—	—	—	—	—	235.98
8	黑龙江	777.24	552.78	—	591.90	469.14	—	—	—	—	—	—	—
9	上海	233.58	219.24	—	402.42	410.10	—	—	—	—	—	—	—
10	江苏	1 470.06	—	—	2 948.52	5 274.00	—	813.18	—	—	—	—	15.54
11	浙江	440.22	829.74	—	2 109.84	2 598.90	—	237.66	—	—	—	—	—
12	安徽	326.28	361.02	—	565.50	758.04	—	—	—	—	—	—	80.52
13	福建	1 113.18	835.62	—	5 961.06	903.12	—	—	2 487.00	—	—	—	3.24
14	江西	256.62	—	—	407.16	288.36	—	—	—	—	—	1 538.40	18.12
15	山东	2 419.68	1 749.96	—	3 554.16	2 955.00	—	—	—	2 795.64	4 758.84	—	—
16	河南	1 779.96	599.76	—	1 198.98	2 192.58	—	—	—	—	—	—	370.56
17	湖北	—	—	—	370.68	400.86	—	—	—	—	—	—	0.48
18	湖南	106.32	144.06	—	252.18	281.70	—	—	—	—	—	26.34	—
19	广东	2 234.70	1 640.40	—	2 312.52	2 130.06	4 993.56	—	—	—	—	—	579.96
20	广西	81.12	187.02	—	—	198.84	—	—	—	—	—	—	14.22
21	海南	—	77.94	—	409.26	116.76	—	—	—	—	—	—	11.04
22	重庆	212.52	150.96	—	178.02	158.76	—	—	—	—	—	—	62.52
23	四川	712.44	625.08	—	892.26	935.40	—	—	—	—	—	—	491.76
24	贵州	201.24	75.06	—	377.52	387.72	—	—	—	—	—	—	—
25	云南	1 893.78	827.88	—	1 449.00	1 509.72	—	—	—	—	—	—	30.30
26	西藏	124.20	45.60	—	121.74	143.58	—	—	—	—	—	—	—
27	陕西	639.42	299.82	—	551.58	572.88	—	—	—	—	—	—	184.68
28	甘肃	287.52	424.14	—	531.96	457.44	—	—	—	—	—	—	3.30
29	青海	90.36	—	—	168.60	167.40	—	—	—	—	—	—	—
30	宁夏	174.06	—	—	281.58	400.62	—	—	—	—	—	—	—
31	新疆	529.20	309.30	—	551.46	586.80	—	—	—	—	—	—	—
合计 Total		**20 480.88**	**14 163.72**	**655.92**	**31 595.76**	**30 016.56**	**4 993.56**	**1 050.84**	**2 487.00**	**2 795.64**	**4 758.84**	**1 564.74**	**2 657.22**

续表

序号	地区	竹报平安	四叶草	神秘贝壳	金元宝	宝罐	开门8件事	黄金万两	美好安徽，活力体博	F1赛车	中国结	蝶舞	“十二运”主题	合计
1	北京	19.95	212.64	337.65	461.46	365.10	—	654.36	—	—	—	—	—	73 137.96
2	天津	—	105.12	179.16	185.58	221.76	—	149.52	—	—	—	—	—	13 978.89
3	河北	139.68	193.68	480.00	509.28	451.08	—	585.36	—	—	—	—	—	78 054.23
4	山西	8.55	113.22	216.96	206.04	192.48	—	305.04	—	—	—	—	—	25 146.90
5	内蒙古	19.26	5.82	—	—	49.86	—	—	—	—	—	—	—	65 638.83
6	辽宁	52.32	214.86	477.75	294.45	223.44	—	581.64	—	—	—	—	300.00	66 427.44
7	吉林	177.57	172.08	290.16	243.45	283.26	—	526.50	—	—	—	—	—	52 222.44
8	黑龙江	7.02	235.38	379.05	142.83	162.78	—	415.02	—	—	—	—	—	60 076.46
9	上海	—	—	78.00	91.47	118.68	—	276.30	—	71.93	70.36	42.16		33 793.57
10	江苏	9.12	1.86	4.56	6.63	3 921.06	—	—	—	—	—	—	—	164 222.69
11	浙江	—	138.78	394.41	556.98	684.18	—	574.98	—	—	—	—	—	93 708.62
12	安徽	78.27	58.80	105.24	144.81	199.74	—	275.70	610.38	—	—	—	—	26 508.02
13	福建	0.18	29.64	293.58	666.27	469.62	—	1 731.72	—	—	—	—	—	94 685.40
14	江西	21.45	27.30	66.63	58.50	77.70	—	—	—	—	—	—	—	11 463.89
15	山东	—	750.84	1 675.83	1 157.76	1 937.10	—	1 730.04	—	—	—	—	—	153 374.52
16	河南	237.48	203.46	580.05	542.85	975.24	—	1 182.84	—	—	—	—	—	80 622.35
17	湖北	0.06	0.48	—	—	—	—	—	—	—	—	—	—	7 961.15
18	湖南	—	44.94	—	103.08	—	—	—	—	—	—	—	—	12 250.88
19	广东	415.26	395.46	355.20	584.43	618.90	—	1 120.32	—	—	—	—	—	182 717.16
20	广西	—	37.20	66.15	—	44.64	—	—	—	—	—	—	—	9 221.13
21	海南	—	—	—	—	—	—	—	—	—	—	—	—	5 141.01
22	重庆	51.75	61.26	32.91	30.36	32.58	—	146.94	—	—	—	—	—	14 645.18
23	四川	216.87	251.40	291.36	375.54	312.24	—	555.30	—	—	—	—	—	68 456.06
24	贵州	—	23.88	57.87	64.53	—	—	—	—	—	—	—	—	21 367.91
25	云南	19.38	145.80	422.07	562.02	681.90	—	1 129.08	—	—	—	—	—	93 748.85
26	西藏	—	—	—	—	—	—	—	—	—	—	—	—	16 915.86
27	陕西	166.89	—	—	—	389.64	—	573.42	—	—	—	—	—	44 203.80
28	甘肃	2.82	—	—	—	147.36	—	357.96	—	—	—	—	—	32 140.97
29	青海	—	—	43.92	—	—	—	88.62	—	—	—	—	—	9 127.74
30	宁夏	8.10	—	—	—	—	—	154.02	—	—	—	—	—	11 124.74
31	新疆	—	40.08	129.66	174.48	233.70	—	—	—	—	—	—	—	41 266.79
合计 Total		**1 651.98**	**3 463.98**	**6 958.17**	**7 162.80**	**12 794.04**	**—**	**13 114.68**	**610.38**	**71.93**	**70.36**	**42.16**	**300.00**	**1 663 351.36**

（国家体育总局体育彩票管理中心供稿）

（五）其他统计资料

Other Statistical Data

2002—2013 年全国彩票机构代扣代缴中奖奖金个人所得税情况一览表

Table of Individual Income Tax from Lottery Winners Withheld by Lottery Organizations in China from 2002 to 2013

所得税额

Individual Income Tax

单位：万元

Unit：Ten Thousand Yuan

年份 year	福利彩票机构 Welfare Lottery Organization	体育彩票机构 Sports Lottery Organization	合计 Total
2002	78 606. 53	121 109. 45	199 715. 98
2003	84 221. 75	123 735. 36	207 957. 11
2004	96 053. 50	86 883. 14	182 936. 64
2005	105 357. 07	70 823. 65	176 180. 72
2006	112 917. 80	127 554. 33	240 472. 13
2007	156 994. 13	142 039. 91	299 034. 04
2008	159 522. 18	152 544. 72	312 066. 90
2009	198 950. 60	166 801. 30	365 751. 90
2010	232 340. 43	169 751. 12	402 091. 55
2011	289 156. 99	202 445. 02	491 602. 01
2012	329 532. 92	190 863. 29	520 396. 20
2013	308 398. 23	207 576. 22	515 974. 46
合计 Total	**2 152 052. 13**	**1 762 127. 51**	**3 914 179. 64**

2013 年全国各地区彩票机构代扣代缴中奖奖金个人所得税情况一览表

Table of Individual Income Tax from Lottery Winners Withheld by Lottery Organizations in Different Regions in China in 2013

所得税额

Individual Income Tax

单位：万元

Unit：Ten Thousand Yuan

地 区 Region	福利彩票机构 Welfare Lottery Organization	体育彩票机构 Sports Lottery Organization	合 计 Total
北 京	11 510.87	15 246.53	26 757.40
天 津	4 296.12	7 055.18	11 351.31
河 北	10 009.01	4 534.87	14 543.87
山 西	5 584.28	1 605.47	7 189.74
内蒙古	7 456.58	2 005.47	9 462.06
辽 宁	8 210.82	4 129.91	12 340.73
吉 林	4 505.43	2 842.69	7 348.13
黑龙江	9 350.43	1 356.05	10 706.49
上 海	9 931.51	7 533.77	17 465.28
江 苏	18 486.83	20 757.39	39 244.22
浙 江	21 894.47	15 912.48	37 806.94
安 徽	10 216.72	5 995.76	16 212.48
福 建	7 623.64	11 267.35	18 890.99
江 西	12 488.97	10 948.18	23 437.15
山 东	21 037.01	9 121.28	30 158.28
河 南	16 522.11	10 741.68	27 263.79
湖 北	13 319.95	6 708.72	20 028.67
湖 南	10 872.60	8 754.67	19 627.27
广 东	32 824.00	20 953.93	53 777.94
广 西	11 836.55	1 659.73	13 496.27
海 南	1 761.00	1 215.72	2 976.72
重 庆	8 984.26	4 737.98	13 722.24
四 川	8 864.67	8 734.65	17 599.32
贵 州	5 642.14	3 398.32	9 040.46
云 南	11 096.37	7 352.75	18 449.12
西 藏	397.29	351.10	748.38
陕 西	10 957.11	5 717.45	16 674.57
甘 肃	3 705.83	3 411.46	7 117.30
青 海	2 000.92	393.22	2 394.14
宁 夏	1 996.47	1 056.67	3 053.13
新 疆	5 014.27	2 075.81	7 090.08
合计 Total	**308 398.23**	**207 576.22**	**515 974.46**

（中国福利彩票发行管理中心、国家体育总局体育彩票管理中心供稿）

2002—2013年全国彩票机构中百万元以上大奖情况一览表

Table of Quantity of Millionaire Prize Winners in Lottery Organizations in China from 2002 to 2013

单位：个

Unit：Ge

年 份 year	福利彩票机构 Welfare Lottery Organization	体育彩票机构 Sports Lottery Organization	合 计 Total
2002	874	1 141	2 015
2003	766	774	1 540
2004	1 017	627	1 644
2005	806	606	1 412
2006	873	534	1 407
2007	1 023	533	1 556
2008	873	872	1 745
2009	1 137	1 037	2 174
2010	1 348	1 118	2 466
2011	1 391	1 012	2 403
2012	1 794	939	2 733
2013	1 874	1 120	2 994
合计 Total	**13 776**	**10 313**	**24 089**

2013 年全国各地区福利彩票中百万元以上大奖情况一览表

Table of Quantity of Welfare Lottery Millionaire Prize Winners in Different Regions in 2013

地 区 Region	500 万元以上大奖个数 Five - million Yuan Prize Winners	100 万元以上大奖个数 One - million Yuan Prize Winners
北 京	48	59
天 津	15	25
河 北	50	61
山 西	26	29
内蒙古	37	44
辽 宁	55	70
吉 林	20	28
黑龙江	50	59
上 海	32	37
江 苏	69	105
浙 江	95	109
安 徽	13	35
福 建	31	41
江 西	41	63
山 东	77	199
河 南	56	80
湖 北	49	151
湖 南	43	51
广 东	209	248
广 西	31	48
海 南	9	9
重 庆	41	46
四 川	35	40
贵 州	31	51
云 南	56	61
西 藏	1	3
陕 西	38	46
甘 肃	15	22
青 海	9	14
宁 夏	9	12
新 疆	24	28
合计 Total	**1 315**	**1 874**

注：其中 500 万元以上大奖个数包含在百万元以上大奖个数中。

（中国福利彩票发行管理中心供稿）

2013 年全国各地区体育彩票中百万元以上大奖情况一览表

Table of Quantity of Sports Lottery Millionaire Prize Winners in Different Regions in 2013

地　区 Region	500 万元以上大奖个数 Five - million Yuan Prize Winners	100 万元以上大奖个数 One - million Yuan Prize Winners
北　京	28	92
天　津	14	26
河　北	11	18
山　西	5	6
内蒙古	4	6
辽　宁	6	15
吉　林	6	7
黑龙江	5	12
上　海	12	47
江　苏	101	124
浙　江	72	93
安　徽	11	23
福　建	51	99
江　西	12	45
山　东	30	53
河　南	41	56
湖　北	21	27
湖　南	13	37
广　东	42	129
广　西	0	6
海　南	11	12
重　庆	11	20
四　川	29	41
贵　州	10	14
云　南	24	36
西　藏	0	0
陕　西	25	56
甘　肃	8	9
青　海	0	0
宁　夏	2	3
新　疆	5	8
合计 Total	**610**	**1 120**

注：其中 500 万元以上大奖个数包含在百万元以上大奖个数中。

（国家体育总局体育彩票管理中心供稿）

2005—2013 年全国彩票机构投注终端数量一览表

Table of Quantity of Lottery Sales Terminals in China from 2005 to 2013

投注终端机

Sales Terminal

单位：台

Unit：Tai

年 份 year	福利彩票机构 Welfare Lottery Organization	体育彩票机构 Sports Lottery Organization	合 计 Total
2005	77 969	49 914	127 883
2006	93 138	65 040	158 178
2007	104 526	79 055	183 581
2008	115 487	96 828	212 315
2009	125 415	111 317	236 732
2010	144 250	113 971	258 221
2011	154 520	129 699	284 219
2012	151 994	127 871	279 865
2013	165 629	130 467	296 096

2013年全国各地区彩票机构投注终端数量一览表

Table of Quantity of Lottery Sales Terminals in China in Different Regions in 2013

投注终端机

Sales Terminal

单位：台

Unit：Tai

地　区 Region	福利彩票机构 Welfare Lottery Organization	体育彩票机构 Sports Lottery Organization	合　计 Total
北　京	2 621	2 242	4 863
天　津	2 038	1 420	3 458
河　北	7 606	6 517	14 123
山　西	3 708	2 504	6 212
内蒙古	3 906	3 205	7 111
辽　宁	6 780	5 166	11 946
吉　林	4 103	3 746	7 849
黑龙江	8 283	4 692	12 975
上　海	6 367	2 277	8 644
江　苏	11 946	14 152	26 098
浙　江	5 693	7 478	13 171
安　徽	6 357	5 553	11 910
福　建	4 496	5 418	9 914
江　西	3 660	3 723	7 383
山　东	10 471	9 352	19 823
河　南	11 838	8 010	19 848
湖　北	7 581	4 527	12 108
湖　南	6 735	4 280	11 015
广　东	11 848	9 525	21 373
广　西	4 291	1 814	6 105
海　南	1 006	820	1 826
重　庆	2 856	2 151	5 007
四　川	8 656	5 894	14 550
贵　州	3 898	3 230	7 128
云　南	5 702	3 862	9 564
西　藏	403	370	773
陕　西	4 946	3 360	8 306
甘　肃	3 122	2 085	5 207
青　海	697	352	1 049
宁　夏	940	767	1 707
新　疆	3 075	1 975	5 050
合计 Total	**165 629**	**130 467**	**296 096**

（中国福利彩票发行管理中心、国家体育总局体育彩票管理中心供稿）

2013 年全国电脑福利彩票游戏一览表

Table of Computerized National Welfare Lottery Games in 2013

地区	玩法	停止销售时间	开奖日（星期）一	二	三	四	五	六	日	开奖方式	开奖时间	媒体
北京	双色球联销	20:00		1		1			1	直播	21:30	中国教育电视台 1 套
	七乐彩联销		1		1		1					
	3D 联销	20:15	1	1	1	1	1	1	1		20:30	中央人民广播电台
	基诺：80 开 20 选 1～8	00:00	1	1	1	1	1	1	1	计算机自动开奖	每 5 分钟开奖一次	
	PK10		1	1	1	1	1	1	1			
天津	双色球联销	20:00		1		1			1	直播	21:30	中国教育电视台 1 套
	七乐彩联销		1		1		1					
	3D 联销		1	1	1	1	1	1	1		20:30	中央人民广播电台
	数字：00000～99999 排列（时时彩）	23:05	1	1	1	1	1	1	1	计算机自动开奖	每 10 分钟开奖一次	天津福彩网
	乐透：组合 20 选 5（快乐十分）	23:00	1	1	1	1	1	1	1	计算机自动开奖	每 10 分钟开奖一次	天津福彩网
河北	双色球联销	19:40		1		1			1	直播	21:30	中国教育电视台 1 套
	七乐彩联销		1		1		1					
	3D 联销		1	1	1	1	1	1	1		20:30	中央人民广播电台
	乐透：组合 20 选 5	18:30	1	1	1	1	1	1	1	录播	22:15	河北少儿科技频道
	乐透：组合 20 选 5 好运 2		1	1	1	1	1	1	1			
	乐透：组合 20 选 5 好运 3		1	1	1	1	1	1	1			
	数字：排列 00000～99999 全组合				1		1		1			
	数字：排列 0000000～9999999 全组合		1		1		1					
	乐透：111～666 组合（快 3）	22：00	1	1	1	1	1	1	1	计算机自动开奖	每 10 分钟开奖一次	

续表

地区	玩法	停止销售时间	开奖日（星期）一	二	三	四	五	六	日	开奖方式	开奖时间	媒体
山西	双色球联销	19:45		1		1			1	直播	21:30	中国教育电视台1套
	七乐彩联销		1		1		1					
	3D联销	20:00	1	1	1	1	1	1	1		20:30	中央人民广播电台
	乐透：组合21选5	19:10	1	1	1	1	1	1	1	录播	22:15	山西影视频道
	乐透：组合21选5好运2		1	1	1	1	1	1	1			
	乐透：组合21选5好运3		1	1	1	1	1	1	1			
	乐透：组合21选5好运4		1	1	1	1	1	1	1			
	数字：00000~99999排列（时时彩）	22:00	1	1	1	1	1	1	1	计算机自动开奖	每10分钟开奖一次	山西福彩网
	乐透：组合20选5（快乐十分）	0:00	1	1	1	1	1	1	1	计算机自动开奖	每10分钟开奖一次	山西福彩网
内蒙古	双色球联销	20:00		1		1			1	直播	21:30	中国教育电视台1套
	七乐彩联销		1		1		1					
	3D联销		1	1	1	1	1	1	1		20:30	中央人民广播电台
	乐透：111~666组合（快3）	22:00	1	1	1	1	1	1	1	计算机自动开奖	每10分钟开奖一次	
	数字：00000~99999排列（时时彩）	22:00	1	1	1	1	1	1	1	计算机自动开奖	每10分钟开奖一次	
辽宁	双色球联销	20:00		1		1			1	直播	21:30	中国教育电视台1套
	七乐彩联销		1		1		1					
	3D联销		1	1	1	1	1	1	1		20:30	中央人民广播电台
	乐透：组合35选7	19:00	1		1			1		录播	22:00	辽宁福彩网
	乐透：组合35选7好运彩1		1		1			1				
	乐透：组合35选7好运彩2		1		1			1				
	乐透：组合35选7好运彩3		1		1			1				
	乐透：组合35选7好运彩4		1		1			1				
	数字：6位数+1生肖码		1		1			1				
	乐透：组合12选5（快乐12）	22：30	1	1	1	1	1	1	1	计算机自动开奖	每10分钟开奖一次	

续表

地区	玩法	停止销售时间	开奖日（星期）							开奖方式	开奖时间	媒体
			一	二	三	四	五	六	日			
吉林	双色球联销	19:30		1		1			1	直播	21:30	中国教育电视台1套
	七乐彩联销		1		1		1					
	3D联销	20:00	1	1	1	1	1	1	1		20:30	中央人民广播电台
	数字：00000～99999排列（时时彩）	22:00	1	1	1	1	1	1	1	计算机自动开奖	每10分钟开奖一次	
	乐透：111～666组合（央3）	21：30	1	1	1	1	1	1	1	计算机自动开奖	每10分钟开奖一次	
黑龙江	双色球联销	20:00		1		1			1	直播	21:30	中国教育电视台1套
	七乐彩联销		1		1		1					
	3D联销		1	1	1	1	1	1	1		20:30	中央人民广播电台
	乐透：组合22选5	18:15	1	1	1	1	1	1	1	录播	22:30	哈尔滨生活频道
	乐透：组合36选7		1		1			1				
	数字：000000～999999排列		1	1	1	1	1	1	1			
	数字：00000～99999排列（时时彩）	0:00	1	1	1	1	1	1	1	计算机自动开奖	每10分钟开奖一次	
	乐透：组合20选5（快乐十分）	22:00	1	1	1	1	1	1	1	计算机自动开奖	每10分钟开奖一次	
上海	双色球联销	19:30		1		1			1	直播	21:30	中国教育电视台1套
	七乐彩联销		1		1		1					
	3D联销	20:00	1	1	1	1	1	1	1		20:30	中央人民广播电台
	乐透：组合15选5	19:00	1	1	1	1	1	1	1	公告	21:00	数字电视一幸福彩频道、“安康听”专用广播、上海福彩网及各主流报纸
	数字：6位数+1生肖码	18:45	1		1			1				
	数字：0000～9999全排列	20:00	1	1	1	1	1	1	1			
	基诺：80开20选1～10	23:45	1	1	1	1	1	1	1	计算机自动开奖	每5分钟开奖一次	
	数字：000～999全排列（时时乐）	22:00	1	1	1	1	1	1	1		每半小时开奖一次	
	乐透：111～666组合（快3）	22:30	1	1	1	1	1	1	1		每10分钟开奖一次	上海福彩网

续表

地区	玩法	停止销售时间	开奖日（星期）							开奖方式	开奖时间	媒体
			一	二	三	四	五	六	日			
江苏	双色球联销	20:00		1		1			1	直播	21:30	中国教育电视台1套
	七乐彩联销		1		1		1					
	3D联销		1	1	1	1	1	1	1		20:30	中央人民广播电台
	乐透：组合15选5	19:00	1	1	1	1	1	1	1	公告	19:35	江苏省福彩网、开奖次日江苏省主流报纸刊登
	数字：6位数+1生肖码		1		1			1				
	乐透：111～666组合（快3）	22:00	1	1	1	1	1	1	1	计算机自动开奖	每10分钟开奖一次	
浙江	双色球联销	20:00		1		1			1	直播	21:30	中国教育电视台1套
	七乐彩联销		1		1		1					
	3D联销		1	1	1	1	1	1	1		22:25	浙江钱江都市频道
	乐透：组合15选5	19:00	1	1	1	1	1	1	1	录播		
	数字：6位数+1生肖码		1		1			1				
	乐透：组合12选5（快乐12）	22:20	1	1	1	1	1	1	1	计算机自动开奖	每10分钟开奖一次	
安徽	双色球联销	20:00		1		1			1	直播	21:30	中国教育电视台1套
	七乐彩联销		1		1		1					
	3D联销		1	1	1	1	1	1	1		20:30	中央人民广播电台
	乐透：组合25选5	18:40	1	1	1	1	1	1	1	录播	19:00	中安在线
	乐透：组合15选5	19:00	1	1	1	1	1	1	1		19:35	安徽省福彩网、开奖次日安徽省主流报纸刊登
	数字：6位数+1生肖码		1		1			1				
	乐透：111～666组合（快3）	22:00	1	1	1	1	1	1	1	计算机自动开奖	每10分钟开奖一次	安徽省福彩网
福建	双色球联销	19:50		1		1			1	直播	21:30	中国教育电视台1套
	七乐彩联销	19:30	1		1		1					
	3D联销		1	1	1	1	1	1	1		20:30	中央人民广播电台
	乐透：组合15选5	19:00	1	1	1	1	1	1	1	公告		福建省福彩网、《海峡都市报》
	数字：6位数+1生肖码		1		1			1				
	乐透：111～666组合（快3）	22:00	1	1	1	1	1	1	1	计算机自动开奖	每10分钟开奖一次	福建省福彩网
	数字：00000～99999排列（时时彩）	0:00	1	1	1	1	1	1	1	计算机自动开奖	每10分钟开奖一次	福建省福彩网

续表

地区	玩法	停止销售时间	开奖日（星期）一	二	三	四	五	六	日	开奖方式	开奖时间	媒体
江西	双色球联销	20:00		1		1			1	直播	21:30	中国教育电视台 1 套
	七乐彩联销		1		1		1					
	3D 联销		1	1	1	1	1	1	1		20:30	中央人民广播电台
	乐透：组合 15 选 5	19:00	1	1	1	1	1	1	1	录播	22:05	江西教育电视台
	数字：6 位数 +1 生肖码		1		1			1				
	数字：00000 ~ 99999 排列（时时彩）	23:20	1	1	1	1	1	1	1	计算机自动开奖	每 10 分钟开奖一次	江西省福彩网、江西福彩资讯网
山东	双色球联销	20:00		1		1			1	直播	21:30	中国教育电视台 1 套
	七乐彩联销		1		1		1					
	3D 联销		1	1	1	1	1	1	1		20:30	中央人民广播电台
	乐透：组合 23 选 5		1	1	1	1	1	1	1		20:30	山东经济广播电台
	开乐彩：80 开 20 选 1 ~ 10	24:00	1	1	1	1	1	1	1	计算机自动开奖	每 5 分钟开奖一次	
	乐透：组合 23 选 5（群英会）	22:00	1	1	1	1	1	1	1		每 15 分钟开奖一次	山东彩票网
河南	双色球联销	20:00		1		1			1	直播	21:30	中国教育电视台 1 套
	七乐彩联销		1		1		1					
	3D 联销		1	1	1	1	1	1	1		20:30	中央人民广播电台
	乐透：组合 22 选 5		1	1	1	1	1	1	1	录播	22:50	河南都市频道
	乐透：组合 22 选 5 好运 2		1	1	1	1	1	1	1			
	乐透：组合 22 选 5 好运 3		1	1	1	1	1	1	1			
	乐透：组合 22 选 5 好运 4		1	1	1	1	1	1	1			
	幸运武林	22:00	1	1	1	1	1	1	1	计算机自动开奖	每 12 分钟开奖一次	

续表

地区	玩法	停止销售时间	开奖日（星期）							开奖方式	开奖时间	媒体
			一	二	三	四	五	六	日			
湖北	双色球联销	20:00		1		1			1	直播	21:30	中国教育电视台1套
湖北	七乐彩联销	20:00	1		1		1			直播	21:30	中国教育电视台1套
湖北	3D 联销	20:00	1	1	1	1	1	1	1	直播	20:30	中央人民广播电台
湖北	乐透：组合22选5	20:00	1	1	1	1	1	1	1	录播	23:15	湖北综合频道
湖北	乐透：组合22选5好运1	20:00	1	1	1	1	1	1	1	录播	23:15	湖北综合频道
湖北	乐透：组合22选5好运2	20:00	1	1	1	1	1	1	1	录播	23:15	湖北综合频道
湖北	乐透：组合22选5好运3	20:00	1	1	1	1	1	1	1	录播	23:15	湖北综合频道
湖北	乐透：组合22选5好运4	20:00	1	1	1	1	1	1	1	录播	23:15	湖北综合频道
湖北	数字：00000～99999排列（时时彩）	22:00	1	1	1	1	1	1	1	计算机自动开奖	每10分钟开奖一次	
湖北	乐透：111～666组合（快3）	22:00	1	1	1	1	1	1	1	计算机自动开奖	每10分钟开奖一次	
湖南	双色球联销	20:00		1		1			1	直播	21:30	中国教育电视台1套
湖南	七乐彩联销	20:00	1		1		1			直播	21:30	中国教育电视台1套
湖南	3D 联销	20:00	1	1	1	1	1	1	1	直播	20:30	中央人民广播电台
湖南	乐透：组合20选5（快乐十分）	23:00	1	1	1	1	1	1	1	计算机自动开奖	每10分钟开奖一次	湖南福彩网
广东	双色球联销	20:00		1		1			1	直播	21:30	中国教育电视台
广东	3D 联销	19:50	1	1	1	1	1	1	1	直播	20:30	中央人民广播电台
广东	乐透：组合26选5	19:00		1		1			1	录播	21:55	广东电视台新闻频道
广东	乐透：组合26选5好彩2	19:00		1		1			1	录播	21:55	广东电视台新闻频道
广东	乐透：组合26选5好彩3	19:00		1		1			1	录播	21:55	广东电视台新闻频道
广东	乐透：组合36选7	19:00	1	1	1	1	1	1	1	录播	21:55	广东电视台新闻频道
广东	乐透：组合36选7好彩1	19:00	1	1	1	1	1	1	1	录播	21:55	广东电视台新闻频道
广东	乐透：组合36选7好彩2	19:00	1	1	1	1	1	1	1	录播	21:55	广东电视台新闻频道
广东	乐透：组合36选7好彩3	19:00	1	1	1	1	1	1	1	录播	21:55	广东电视台新闻频道
广东	乐透：组合20选5（快乐十分）	22:30（11月1日至次年的4月30日）	1	1	1	1	1	1	1	计算机自动开奖	每10分钟开奖一次	广东省福彩网
广东	乐透：组合20选5（快乐十分）	23:00（5月1日至10月31日）	1	1	1	1	1	1	1	计算机自动开奖	每10分钟开奖一次	广东省福彩网

续表

地区	玩法	停止销售时间	开奖日（星期）							开奖方式	开奖时间	媒体
			一	二	三	四	五	六	日			
深圳	双色球联销	19:50		1		1			1	直播	21:30	中国教育电视台1套
	七乐彩联销		1		1		1					
	3D联销		1	1	1	1	1	1	1		20:30	中央人民广播电台
	基诺：80开20选1~8	22:55	1	1	1	1	1	1	1	计算机自动开奖	每5分钟开奖一次	
	乐透：组合20选2（快乐彩）	23:57	1	1	1	1	1	1	1	计算机自动开奖	每5分钟开奖一次	
	乐透：组合35选7	19:50		1			1			官网视频	20:15	深圳特区报、深圳福彩网
广西	双色球联销	20:00		1		1			1	直播	21:30	中国教育电视台1套
	七乐彩联销		1		1		1					
	3D联销	19:50	1	1	1	1	1	1	1		20:30	中央人民广播电台
	乐透：组合24选7及好运彩（快乐双彩）	21:00	1	1	1	1	1	1	1	计算机自动开奖	21:30	广西福彩网和有关合作媒体
	乐透：组合21选5（快乐十分）	21:30	1	1	1	1	1	1	1		每15分钟开奖一次	
	乐透：111~666组合（快3）	22:08	1	1	1	1	1	1	1	计算机自动开奖	每10分钟开奖一次	
	乐透：9选1~4（跑跑彩）	22：03	1	1	1	1	1	1	1	计算机自动开奖	每10分钟开奖一次	
海南	双色球联销	20:03		1		1			1	直播	21:30	中国教育电视台1套
	七乐彩联销		1		1		1					
	3D联销	19:45	1	1	1	1	1	1	1		20:30	中央人民广播电台
	快2	凌晨02:00	1	1	1	1	1	1	1	计算机自动开奖	每5分钟开奖一次	
重庆	双色球联销	20:00		1		1			1	直播	21:30	中国教育电视台1套
	七乐彩联销		1		1		1					
	3D联销		1	1	1	1	1	1	1		20:30	中央人民广播电台
	数字：00000~99999排列（时时彩）	0:00	1	1	1	1	1	1	1	计算机自动开奖	每10分钟开奖一次	重庆彩票网
	乐透：组合20选5（快乐十分）	23:53	1	1	1	1	1	1	1		每10分钟开奖一次	

续表

地区	玩法	停止销售时间	开奖日（星期）							开奖方式	开奖时间	媒体
			一	二	三	四	五	六	日			
四川	双色球联销	19:45		1		1			1	直播	21:30	中国教育电视台1套
	七乐彩联销		1		1		1					
	3D联销	20:00	1	1	1	1	1	1	1		20:30	中央人民广播电台
	乐透：组合22选5（云贵川天天乐）	18:35	1	1	1	1	1	1	1	公告		四川省福彩网、《华西都市报》、《晚霞报》等主流报纸刊登
	乐透：组合12选5（快乐12）	22:00	1	1	1	1	1	1	1	计算机自动开奖	每10分钟开奖一次	
贵州	双色球联销	20:00		1		1			1	直播	21:30	中国教育电视台1套
	七乐彩联销		1		1		1					
	3D联销		1	1	1	1	1	1	1		20:30	中央人民广播电台
	乐透：组合22选5（云贵川天天乐）	19:00	1	1	1	1	1	1	1	录播	23:40	贵州卫视
	乐透：组合12选4（生肖时时彩）	22:00左右	1	1	1	1	1	1	1	计算机自动开奖	每10分钟开奖一次	
	乐透：111～666组合（快3）	22：00	1	1	1	1	1	1	1	计算机自动开奖	每10分钟开奖一次	
云南	双色球联销	20:00		1		1			1	直播	21:30	中国教育电视台1套
	七乐彩联销	19:30	1		1		1					
	3D联销	20:00	1	1	1	1	1	1	1		20:30	中央人民广播电台
	乐透：组合22选5（云贵川天天乐）	19:00	1	1	1	1	1	1	1	录播	22:05	昆明电视台四套
	数字：00000～99999排列（时时彩）	22:00	1	1	1	1	1	1	1	计算机自动开奖	每10分钟开奖一次	
	乐透：组合20选5（快乐十分）	21:35	1	1	1	1	1	1	1	计算机自动开奖	每10分钟开奖一次	

续表

地区	玩法	停止销售时间	开奖日（星期）							开奖方式	开奖时间	媒体
			一	二	三	四	五	六	日			
西藏	双色球联销	19:00		1		1			1	直播	21:30	中国教育电视台 1 套
	七乐彩联销		1		1		1					
	3D 联销	19:30	1	1	1	1	1	1	1		20:30	中央人民广播电台
	乐透：组合 12 选 4（生肖时时彩）	22:00	1	1	1	1	1	1	1	计算机自动开奖	每 10 分钟开奖一次	
	乐透：111～666 组合（快 3）	22:10	1	1	1	1	1	1	1	计算机自动开奖	每 10 分钟开奖一次	
陕西	双色球联销	19:30		1		1			1	直播	21:30	中国教育电视台 1 套
	七乐彩联销		1		1		1					
	3D 联销	20:00	1	1	1	1	1	1	1		20:30	中央人民广播电台
	乐透：组合 20 选 5（快乐十分）	22:00	1	1	1	1	1	1	1	计算机自动开奖	每 10 分钟开奖一次	
甘肃	双色球联销	20:00		1		1			1	直播	21:30	中国教育电视台 1 套
	七乐彩联销		1		1		1					
	3D 联销	19:50	1	1	1	1	1	1	1		20:30	中央人民广播电台
	乐透：111～666 组合（快 3）	22:00	1	1	1	1	1	1	1	计算机自动开奖	每 10 分钟开奖一次	
青海	双色球联销	19:45		1		1			1	直播	21:30	中国教育电视台 1 套
	七乐彩联销		1		1		1					
	3D 联销	20:00	1	1	1	1	1	1	1		20:30	中央人民广播电台
	数字：111～666 排列（快三）	22:00	1	1	1	1	1	1	1	计算机自动开奖	每 10 分钟开奖一次	
宁夏	双色球联销	20:00		1		1			1	直播	21:30	中国教育电视台 1 套
	七乐彩联销		1		1		1					
	3D 联销		1	1	1	1	1	1	1		20:30	中央人民广播电台
	数字：快 3	19:30	1	1	1	1	1	1	1	计算机自动开奖	每 10 分钟开奖一次	

续表

地区	玩法	停止销售时间	开奖日（星期）							开奖方式	开奖时间	媒体
			一	二	三	四	五	六	日			
新疆	双色球联销	20:00		1		1			1	直播	21:30	中国教育电视台1套
	七乐彩联销		1		1		1					
	3D联销		1	1	1	1	1	1	1		20:30	中央人民广播电台
	乐透：组合18选7	19:30	1				1			录播	0:25	新疆电视台4套
	乐透：组合35选7		1				1					
	乐透：组合25选7	20:20			1			1		直播	21:00	新疆人民广播电台
	数字：00000～99999排列（时时彩）	凌晨02:00	1	1	1	1	1	1	1	计算机自动开奖	每10分钟开奖一次	新疆福利彩票网
	乐透：27选8～23（喜乐彩）	凌晨02:00	1	1	1	1	1	1	1	计算机自动开奖	每10分钟开奖一次	新疆福利彩票网

（中国福利彩票发行管理中心供稿）

2013 年全国电脑体育彩票游戏一览表

Table of Computerized National Sports Lottery Games in 2013

地区	玩法	停止销售时间	开奖日 一	二	三	四	五	六	日	开奖方式	开奖时间	媒体
北京	33 选 7	20:00		1			1			摇奖、录播	20:30	北京体育频道
北京	排列 3、排列 5	20:00	1	1	1	1	1	1	1	摇奖、录播、互联网直播	20:30	CCTV－5 旅游卫视
北京	七星彩	20:00		1			1		1	摇奖、录播、互联网直播	20:30	CCTV－5 旅游卫视
北京	超级大乐透（5 月 11 日停售附加玩法）	20:00	1		1			1		摇奖、录播、互联网直播	20:30	CCTV－5 旅游卫视
北京	足彩胜负（包括任选九场）	根据比赛时间								比赛结果		中国体彩网
北京	足彩进球	根据比赛时间								比赛结果		中国体彩网
北京	老足彩单场竞猜	根据比赛时间								比赛结果		北京体彩网
天津	排列 3、排列 5	20:00	1	1	1	1	1	1	1	摇奖、录播、互联网直播	20:30	CCTV－5 旅游卫视
天津	七星彩	20:00		1			1		1	摇奖、录播、互联网直播	20:30	CCTV－5 旅游卫视
天津	22 选 5（6 月 28 日停售）	20:00	1	1	1	1	1	1	1	摇奖、录播、互联网直播	20:30	CCTV－5 旅游卫视
天津	超级大乐透（5 月 11 日停售附加玩法）	20:00	1		1			1		摇奖、录播、互联网直播	20:30	CCTV－5 旅游卫视
天津	足彩胜负（包括任选九场）	根据比赛时间								比赛结果		中国体彩网
天津	足彩进球	根据比赛时间								比赛结果		中国体彩网
天津	竞彩	根据比赛时间								比赛结果		中国竞彩网
天津	老足彩单场竞猜	根据比赛时间								比赛结果		天津体彩网
天津	泳坛夺金、11 选 5	22:01	1	1	1	1	1	1	1	计算机自动生成	10 分钟开奖一次	天津体彩网
河北	排列 3、排列 5	20:00	1	1	1	1	1	1	1	摇奖、录播、互联网直播	20:30	CCTV－5 旅游卫视
河北	七星彩	20:00		1			1		1	摇奖、录播、互联网直播	20:30	CCTV－5 旅游卫视
河北	22 选 5（6 月 28 日停售）	20:00	1	1	1	1	1	1	1	摇奖、录播、互联网直播	20:30	CCTV－5 旅游卫视
河北	超级大乐透（5 月 11 日停售附加玩法）	20:00	1		1			1		摇奖、录播、互联网直播	20:30	CCTV－5 旅游卫视

续表

地区	玩法	停止销售时间	开奖日							开奖方式	开奖时间	媒体
			一	二	三	四	五	六	日			
河北	足彩胜负（包括任选九场）	根据比赛时间								比赛结果		中国体彩网
	足彩进球	根据比赛时间										
	竞彩	根据比赛时间								比赛结果		中国竞彩网
	11 选 5	22:15	1	1	1	1	1	1	1	计算机自动生成	10 分钟开奖一次	河北体彩网
山西	排列 3、排列 5	20:00	1	1	1	1	1	1	1	摇奖、录播、互联网直播	20:30	CCTV－5 旅游卫视
	七星彩	20:00		1			1		1	摇奖、录播、互联网直播	20:30	
	22 选 5（6 月 28 日停售）	20:00	1	1	1	1	1	1	1	摇奖、录播、互联网直播	20:30	
	超级大乐透（5 月 11 日停售附加玩法）	20:00	1		1			1		摇奖、录播、互联网直播	20:30	
	足彩胜负（包括任选九场）	根据比赛时间								比赛结果		中国体彩网
	足彩进球	根据比赛时间										
	竞彩	根据比赛时间								比赛结果		中国竞彩网
	泳坛夺金、11 选 5	22：31	1	1	1	1	1	1	1	计算机自动生成	10 分钟开奖一次	山西体彩网
内蒙古	排列 3、排列 5	20:00	1	1	1	1	1	1	1	摇奖、录播、互联网直播	20:30	CCTV－5 旅游卫视
	七星彩	20:00		1			1		1	摇奖、录播、互联网直播	20:30	
	22 选 5（6 月 28 日停售）	20:00	1	1	1	1	1	1	1	摇奖、录播、互联网直播	20:30	
	超级大乐透（5 月 11 日停售附加玩法）	20:00	1		1			1		摇奖、录播、互联网直播	20:30	
	足彩胜负（包括任选九场）	根据比赛时间								比赛结果		中国体彩网
	足彩进球	根据比赛时间										
	竞彩	根据比赛时间								比赛结果		中国竞彩网
	泳坛夺金	22:01	1	1	1	1	1	1	1	计算机自动生成	10 分钟开奖一次	内蒙古体彩网
	11 选 5	22:06	1	1	1	1	1	1	1	计算机自动生成	10 分钟开奖一次	内蒙古体彩网

续表

地区	玩法	停止销售时间	开奖日							开奖方式	开奖时间	媒体
			一	二	三	四	五	六	日			
辽宁	排列 3、排列 5	20:00	1	1	1	1	1	1	1	摇奖、录播、互联网直播	20:30	CCTV-5 旅游卫视
	七星彩	20:00		1			1		1	摇奖、录播、互联网直播	20:30	
	22 选 5（6 月 28 日停售）	20:00	1	1	1	1	1	1	1	摇奖、录播、互联网直播	20:30	
	超级大乐透（5 月 11 日停售附加玩法）	20:00	1		1			1		摇奖、录播、互联网直播	20:30	
	足彩胜负（包括任选九场）	根据比赛时间								比赛结果		中国体彩网
	足彩进球	根据比赛时间										
	竞彩	根据比赛时间								比赛结果		中国竞彩网
	11 选 5	22:28	1	1	1	1	1	1	1	计算机自动生成	10 分钟开奖一次	辽宁体彩网
	快乐扑克	22:24	1	1	1	1	1	1	1	计算机自动生成	10 分钟开奖一次	辽宁体彩网
吉林	排列 3、排列 5	20:00	1	1	1	1	1	1	1	摇奖、录播、互联网直播	20:30	CCTV-5 旅游卫视
	七星彩	20:00		1			1		1	摇奖、录播、互联网直播	20:30	
	22 选 5（6 月 28 日停售）	20:00	1	1	1	1	1	1	1	摇奖、录播、互联网直播	20:30	
	超级大乐透（5 月 11 日停售附加玩法）	20:00	1		1			1		摇奖、录播、互联网直播	20:30	
	足彩胜负（包括任选九场）	根据比赛时间								比赛结果		中国体彩网
	足彩进球	根据比赛时间										
	竞彩	根据比赛时间								比赛结果		中国竞彩网
	11 选 5	21:29	1	1	1	1	1	1	1	计算机自动生成	10 分钟开奖一次	吉林体彩网
黑龙江	6+1 数字型	20:00		1			1			摇奖、录播	20:15	黑龙江交通广播电台
	排列 3、排列 5	20:00	1	1	1	1	1	1	1	摇奖、录播、互联网直播	20:30	CCTV-5 旅游卫视
	七星彩	20:00		1			1		1	摇奖、录播、互联网直播	20:30	
	22 选 5（6 月 28 日停售）	20:00	1	1	1	1	1	1	1	摇奖、录播、互联网直播	20:30	
	超级大乐透（5 月 11 日停售附加玩法）	20:00	1		1			1		摇奖、录播、互联网直播	20:30	

续表

地区	玩法	停止销售时间	开奖日							开奖方式	开奖时间	媒体
			一	二	三	四	五	六	日			
黑龙江	足彩胜负（包括任选九场）	根据比赛时间								比赛结果		中国体彩网
	足彩进球	根据比赛时间										
	竞彩	根据比赛时间								比赛结果		中国竞彩网
	快乐扑克	21:10	1	1	1	1	1	1	1	计算机自动生成	10 分钟开奖一次	黑龙江体彩网
	11 选 5	22:05	1	1	1	1	1	1	1	计算机自动生成	10 分钟开奖一次	黑龙江体彩网
上海	排列 3、排列 5	20:00	1	1	1	1	1	1	1	摇奖、录播、互联网直播	20:30	CCTV－5 旅游卫视
	七星彩	20:00		1			1		1	摇奖、录播、互联网直播	20:30	
	22 选 5（6 月 28 日停售）	20:00	1	1	1	1	1	1	1	摇奖、录播、互联网直播	20:30	
	超级大乐透（5 月 11 日停售附加玩法）	20:00	1		1			1		摇奖、录播、互联网直播	20:30	
	足彩胜负（包括任选九场）	根据比赛时间								比赛结果		中国体彩网
	足彩进球	根据比赛时间										
	竞彩	根据比赛时间								比赛结果		中国竞彩网
	11 选 5	22:59	1	1	1	1	1	1	1	计算机自动生成	10 分钟开奖一次	上海体彩网
江苏	7 位数	20:00		1		1	1		1	摇奖、录播	20:30	江苏教育台
	排列 3、排列 5	20:00	1	1	1	1	1	1	1	摇奖、录播、互联网直播	20:30	CCTV－5 旅游卫视
	22 选 5（6 月 28 日停售）	20:00	1	1	1	1	1	1	1	摇奖、录播、互联网直播	20:30	
	超级大乐透（5 月 11 日停售附加玩法）	20:00	1		1			1		摇奖、录播、互联网直播	20:30	
	足彩胜负（包括任选九场）	根据比赛时间								比赛结果		中国体彩网
	足彩进球	根据比赛时间										
	竞彩	根据比赛时间								比赛结果		中国竞彩网
	虚拟足球 e 球彩（11 月 28 日）	21:30	1	1	1	1	1	1	1	根据虚拟比赛结果	20 分钟开奖一次	江苏体彩网
	11 选 5	22:00	1	1	1	1	1	1	1	计算机自动生成	10 分钟开奖一次	江苏体彩网
浙江	6＋1	19:00		1			1		1	摇奖、录播	19:02	浙江经视
	20 选 5	19:00	1	1	1	1	1	1	1	摇奖、录播	19:02	浙江经视
	排列 3、排列 5	20:00	1	1	1	1	1	1	1	摇奖、录播、互联网直播	20:30	CCTV－5 旅游卫视
	超级大乐透（5 月 11 日停售附加玩法）	20:00	1		1			1		摇奖、录播、互联网直播	20:30	

续表

地区	玩法	停止销售时间	开奖日							开奖方式	开奖时间	媒体
			一	二	三	四	五	六	日			
浙江	足彩胜负（包括任选九场）	根据比赛时间								比赛结果		中国体彩网
	足彩进球	根据比赛时间										
	竞彩	根据比赛时间								比赛结果		中国竞彩网
	11 选 5	22:00	1	1	1	1	1	1	1	计算机自动生成	10 分钟开奖一次	浙江体彩网
	泳坛夺金	22:00	1	1	1	1	1	1	1	计算机自动生成	10 分钟开奖一次	浙江体彩网
安徽	排列 3、排列 5	20:00	1	1	1	1	1	1	1	摇奖、录播、互联网直播	20:30	CCTV－5 旅游卫视
	七星彩	20:00		1			1		1	摇奖、录播、互联网直播	20:30	
	22 选 5（6 月 28 日停售）	20:00	1	1	1	1	1	1	1	摇奖、录播、互联网直播	20:30	
	超级大乐透（5 月 11 日停售附加玩法）	20:00	1		1			1		摇奖、录播、互联网直播	20:30	
	足彩胜负（包括任选九场）	根据比赛时间								比赛结果		中国体彩网
	足彩进球	根据比赛时间										
	竞彩	根据比赛时间								比赛结果		中国竞彩网
	11 选 5	22:00	1	1	1	1	1	1	1	计算机自动生成	10 分钟开奖一次	安徽体彩网
福建	本地 22 选 5	19:00	1	1	1	1	1	1	1	摇奖、录播	19:20	福建体育频道
	36 选 7	19:00		1		1		1		摇奖、录播	19:20	
	本地 31 选 7	19:00	1		1		1		1	摇奖、录播	19:20	
	排列 3、排列 5	20:00	1	1	1	1	1	1	1	摇奖、录播、互联网直播	20:30	CCTV－5 旅游卫视
	七星彩	20:00		1			1		1	摇奖、录播、互联网直播	20:30	
	超级大乐透（5 月 11 日停售附加玩法）	20:00	1		1			1		摇奖、录播、互联网直播	20:30	
	足彩胜负（包括任选九场）	根据比赛时间								比赛结果		中国体彩网
	足彩进球	根据比赛时间										
	竞彩	根据比赛时间								比赛结果		中国竞彩网
	11 选 5	22:00	1	1	1	1	1	1	1	计算机自动生成	10 分钟开奖一次	福建体彩网

续表

地区	玩法	停止销售时间	开奖日							开奖方式	开奖时间	媒体
			一	二	三	四	五	六	日			
江西	排列3、排列5	20:00	1	1	1	1	1	1	1	摇奖、录播、互联网直播	20:30	CCTV－5 旅游卫视
	七星彩	20:00		1			1		1	摇奖、录播、互联网直播	20:30	
	22选5（6月28日停售）	20:00	1	1	1	1	1	1	1	摇奖、录播、互联网直播	20:30	
	超级大乐透（5月11日停售附加玩法）	20:00	1		1			1		摇奖、录播、互联网直播	20:30	
	足彩胜负（包括任选九场）	根据比赛时间								比赛结果		中国体彩网
	足彩进球	根据比赛时间										
	竞彩	根据比赛时间								比赛结果		中国竞彩网
	多乐彩	22:00	1	1	1	1	1	1	1	计算机自动生成	10分钟开奖一次	江西体彩网
山东	排列3、排列5	20:00	1	1	1	1	1	1	1	摇奖、录播、互联网直播	20:30	CCTV－5 旅游卫视
	七星彩	20:00		1			1		1	摇奖、录播、互联网直播	20:30	
	22选5（6月28日停售）	20:00	1	1	1	1	1	1	1	摇奖、录播、互联网直播	20:30	
	超级大乐透（5月11日停售附加玩法）	20:00	1		1			1		摇奖、录播、互联网直播	20:30	
	足彩胜负（包括任选九场）	根据比赛时间								比赛结果		中国体彩网
	足彩进球	根据比赛时间										
	竞彩	根据比赛时间								比赛结果		中国竞彩网
	快乐扑克	22:02	1	1	1	1	1	1	1	计算机自动生成	10分钟开奖一次	山东体彩网
	11选5	21:55	1	1	1	1	1	1	1	计算机自动生成	10分钟开奖一次	山东体彩网
河南	排列3、排列5	20:00	1	1	1	1	1	1	1	摇奖、录播、互联网直播	20:30	CCTV－5 旅游卫视
	七星彩	20:00		1			1		1	摇奖、录播、互联网直播	20:30	
	超级大乐透（5月11日停售附加玩法）	20:00	1		1			1		摇奖、录播、互联网直播	20:30	
	足彩胜负（包括任选九场）	根据比赛时间								比赛结果		中国体彩网
	足彩进球	根据比赛时间										
	泳坛夺金、11选5	22:01	1	1	1	1	1	1	1	计算机自动生成	10分钟开奖一次	河南体彩网

续表

地区	玩法	停止销售时间	开奖日							开奖方式	开奖时间	媒体
			一	二	三	四	五	六	日			
湖北	排列 3、排列 5	20:00	1	1	1	1	1	1	1	摇奖、录播、互联网直播	20:30	CCTV－5 旅游卫视
	七星彩	20:00		1			1		1	摇奖、录播、互联网直播	20:30	
	22 选 5（6 月 28 日停售）	20:00	1	1	1	1	1	1	1	摇奖、录播、互联网直播	20:30	
	超级大乐透（5 月 11 日停售附加玩法）	20:00	1		1			1		摇奖、录播、互联网直播	20:30	
	足彩胜负（包括任选九场）	根据比赛时间								比赛结果		中国体彩网
	足彩进球	根据比赛时间										
	竞彩	根据比赛时间								比赛结果		中国竞彩网
	11 选 5	21:55	1	1	1	1	1	1	1	计算机自动生成	10 分钟开奖一次	湖北体彩网
湖南	排列 3、排列 5	20:00	1	1	1	1	1	1	1	摇奖、录播、互联网直播	20:30	CCTV－5 旅游卫视
	七星彩	20:00		1			1		1	摇奖、录播、互联网直播	20:30	
	22 选 5（6 月 28 日停售）	20:00	1	1	1	1	1	1	1	摇奖、录播、互联网直播	20:30	
	超级大乐透（5 月 11 日停售附加玩法）	20:00	1		1			1		摇奖、录播、互联网直播	20:30	
	足彩胜负（包括任选九场）	根据比赛时间								比赛结果		中国体彩网
	足彩进球	根据比赛时间										
	竞彩	根据比赛时间								比赛结果		中国竞彩网
	幸运赛车	22:01	1	1	1	1	1	1	1	计算机自动生成	10 分钟开奖一次	湖南体彩网
	即乐彩	22:01	1	1	1	1	1	1	1	计算机自动生成	10 分钟开奖一次	湖南体彩网
广东	排列 3、排列 5	20:00	1	1	1	1	1	1	1	摇奖、录播、互联网直播	20:30	CCTV－5 旅游卫视
	七星彩	20:00		1			1		1	摇奖、录播、互联网直播	20:30	
	22 选 5（6 月 28 日停售）	20:00	1	1	1	1	1	1	1	摇奖、录播、互联网直播	20:30	
	超级大乐透（5 月 11 日停售附加玩法）	20:00	1		1			1		摇奖、录播、互联网直播	20:30	
	足彩胜负（包括任选九场）	根据比赛时间								比赛结果		中国体彩网
	足彩进球	根据比赛时间										

续表

地区	玩法	停止销售时间	开奖日							开奖方式	开奖时间	媒体
			一	二	三	四	五	六	日			
广东	竞彩	根据比赛时间								比赛结果		中国竞彩网
	老足彩单场竞猜	根据比赛时间								比赛结果		广东体彩网
	11 选 5	23:00	1	1	1	1	1	1	1	计算机自动生成	10 分钟开奖一次	广东体彩网
广西	排列 3、排列 5	20:00	1	1	1	1	1	1	1	摇奖、录播、互联网直播	20:30	CCTV－5 旅游卫视
	七星彩	20:00		1			1		1	摇奖、录播、互联网直播	20:30	
	22 选 5（6 月 28 日停售）	20:00	1	1	1	1	1	1	1	摇奖、录播、互联网直播	20:30	
	超级大乐透（5 月 11 日停售附加玩法）	20:00	1		1			1		摇奖、录播、互联网直播	20:30	
	足彩胜负（包括任选九场）	根据比赛时间								比赛结果		中国体彩网
	足彩进球	根据比赛时间										
	11 选 5	22:00	1	1	1	1	1	1	1	计算机自动生成	10 分钟开奖一次	
	竞彩	根据比赛时间								比赛结果		中国竞彩网
海南	海南 4＋1	20:00		1			1		1	直播	20:20—20:30（开奖节目起始时间）	海南电视台新闻频道
	排列 3、排列 5	20:00	1	1	1	1	1	1	1	摇奖、录播、互联网直播	20:30	CCTV－5 旅游卫视
	七星彩	20:00		1			1		1	摇奖、录播、互联网直播	20:30	
	22 选 5（6 月 28 日停售）	20:00	1	1	1	1	1	1	1	摇奖、录播、互联网直播	20:30	
	超级大乐透（5 月 11 日停售附加玩法）	20:00	1		1			1		摇奖、录播、互联网直播	20:30	
	足彩胜负（包括任选九场）	根据比赛时间								比赛结果		中国体彩网
	足彩进球	根据比赛时间										
	飞鱼	1:55	1	1	1	1	1	1	1	计算机自动生成	6 分钟开奖一次	海南体彩网
	环岛赛	1:55	1	1	1	1	1	1	1	计算机自动生成	5 分钟开奖一次	海南体彩网
	竞彩	根据比赛时间								比赛结果		中国竞彩网
重庆	排列 3、排列 5	20:00	1	1	1	1	1	1	1	摇奖、录播、互联网直播	20:30	CCTV－5 旅游卫视
	七星彩	20:00		1			1		1	摇奖、录播、互联网直播	20:30	
	22 选 5（6 月 28 日停售）	20:00	1	1	1	1	1	1	1	摇奖、录播、互联网直播	20:30	
	超级大乐透（5 月 11 日停售附加玩法）	20:00	1		1			1		摇奖、录播、互联网直播	20:30	

续表

地区	玩法	停止销售时间	开奖日							开奖方式	开奖时间	媒体
			一	二	三	四	五	六	日			
重庆	足彩胜负（包括任选九场）	根据比赛时间								比赛结果		中国体彩网
	足彩进球	根据比赛时间										
	竞彩	根据比赛时间								比赛结果		中国竞彩网
	11 选 5	23:00	1	1	1	1	1	1	1	计算机自动生成	10 分钟开奖一次	重庆体彩网
四川	排列 3、排列 5	20:00	1	1	1	1	1	1	1	摇奖、录播、互联网直播	20:30	CCTV－5 旅游卫视
	七星彩	20:00		1			1		1	摇奖、录播、互联网直播	20:30	
	22 选 5（6 月 28 日停售）	20:00	1	1	1	1	1	1	1	摇奖、录播、互联网直播	20:30	
	超级大乐透（5 月 11 日停售附加玩法）	20:00	1		1			1		摇奖、录播、互联网直播	20:30	
	足彩胜负（包括任选九场）	根据比赛时间								比赛结果		中国体彩网
	足彩进球	根据比赛时间										
	竞彩	根据比赛时间								比赛结果		中国竞彩网
	11 选 5	22:00	1	1	1	1	1	1	1	计算机自动生成	10 分钟开奖一次	四川体彩网
贵州	排列 3、排列 5	20:00	1	1	1	1	1	1	1	摇奖、录播、互联网直播	20:30	CCTV－5 旅游卫视
	七星彩	20:00		1			1		1	摇奖、录播、互联网直播	20:30	
	超级大乐透（5 月 11 日停售附加玩法）	20:00	1		1			1		摇奖、录播、互联网直播	20:30	
	足彩胜负（包括任选九场）	根据比赛时间								比赛结果		中国体彩网
	足彩进球	根据比赛时间										
	11 选 5	22:10	1	1	1	1	1	1	1	计算机自动生成	10 分钟开奖一次	贵州体彩网
云南	排列 3、排列 5	20:00	1	1	1	1	1	1	1	摇奖、录播、互联网直播	20:30	CCTV－5 旅游卫视
	七星彩	20:00		1			1		1	摇奖、录播、互联网直播	20:30	
	超级大乐透（5 月 11 日停售附加玩法）	20:00	1		1			1		摇奖、录播、互联网直播	20:30	
	足彩胜负（包括任选九场）	根据比赛时间								比赛结果		中国体彩网
	足彩进球	根据比赛时间										
	11 选 5	21:59	1	1	1	1	1	1	1	计算机自动生成	10 分钟开奖一次	云南体彩网
	快乐 123	22:04	1	1	1	1	1	1	1	计算机自动生成	10 分钟开奖一次	云南体彩网

续表

地区	玩法	停止销售时间	开奖日							开奖方式	开奖时间	媒体
			一	二	三	四	五	六	日			
西藏	排列3、排列5	20:00	1	1	1	1	1	1	1	摇奖、录播、互联网直播	20:30	CCTV-5 旅游卫视
	七星彩	20:00		1			1		1	摇奖、录播、互联网直播	20:30	
	22选5（6月28日停售）	20:00	1	1	1	1	1	1	1	摇奖、录播、互联网直播	20:30	
	超级大乐透（5月11日停售附加玩法）	20:00	1		1			1		摇奖、录播、互联网直播	20:30	
	足彩胜负（包括任选九场）	根据比赛时间								比赛结果		中国体彩网
	足彩进球	根据比赛时间										
	11选5	22:00	1	1	1	1	1	1	1	计算机自动生成	10分钟开奖一次	
陕西	排列3、排列5	20:00	1	1	1	1	1	1	1	摇奖、录播、互联网直播	20:30	CCTV-5 旅游卫视
	七星彩	20:00		1			1		1	摇奖、录播、互联网直播	20:30	
	22选5（6月28日停售）	20:00	1	1	1	1	1	1	1	摇奖、录播、互联网直播	20:30	
	超级大乐透（5月11日停售附加玩法）	20:00	1		1			1		摇奖、录播、互联网直播	20:30	
	足彩胜负（包括任选九场）	根据比赛时间								比赛结果		中国体彩网
	足彩进球	根据比赛时间										
	竞彩	根据比赛时间								比赛结果		中国竞彩网
	泳坛夺金	22:03	1	1	1	1	1	1	1	计算机自动生成	10分钟开奖一次	陕西体彩网
	11选5	21:59	1	1	1	1	1	1	1	计算机自动生成	10分钟开奖一次	陕西体彩网
甘肃	排列3、排列5	20:00	1	1	1	1	1	1	1	摇奖、录播、互联网直播	20:30	CCTV-5 旅游卫视
	七星彩	20:00		1			1		1	摇奖、录播、互联网直播	20:30	
	22选5（6月28日停售）	20:00	1	1	1	1	1	1	1	摇奖、录播、互联网直播	20:30	
	超级大乐透（5月11日停售附加玩法）	20:00	1		1			1		摇奖、录播、互联网直播	20:30	
	足彩胜负（包括任选九场）	根据比赛时间								比赛结果		中国体彩网
	足彩进球	根据比赛时间										
	竞彩	根据比赛时间								比赛结果		中国竞彩网
	泳坛夺金	22:05	1	1	1	1	1	1	1	计算机自动生成	10分钟开奖一次	甘肃体彩网
	11选5	22:00	1	1	1	1	1	1	1	计算机自动生成	10分钟开奖一次	甘肃体彩网

续表

地区	玩法	停止销售时间	开奖日							开奖方式	开奖时间	媒体
			一	二	三	四	五	六	日			
青海	排列3、排列5	20:00	1	1	1	1	1	1	1	摇奖、录播、互联网直播	20:30	CCTV－5 旅游卫视
	七星彩	20:00		1			1		1	摇奖、录播、互联网直播	20:30	
	22选5（6月28日停售）	20:00	1	1	1	1	1	1	1	摇奖、录播、互联网直播	20:30	
	超级大乐透（5月11日停售附加玩法）	20:00	1		1			1		摇奖、录播、互联网直播	20:30	
	足彩胜负（包括任选九场）	根据比赛时间								比赛结果		中国体彩网
	足彩进球	根据比赛时间										
	竞彩	根据比赛时间								比赛结果		中国竞彩网
	11选5	22:05	1	1	1	1	1	1	1	计算机自动生成	10分钟开奖一次	
	快乐扑克	21:01	1	1	1	1	1	1	1	计算机自动生成	10分钟开奖一次	
宁夏	排列3、排列5	20:00	1	1	1	1	1	1	1	摇奖、录播、互联网直播	20:30	CCTV－5 旅游卫视
	七星彩	20:00		1			1		1	摇奖、录播、互联网直播	20:30	
	22选5（6月28日停售）	20:00	1	1	1	1	1	1	1	摇奖、录播、互联网直播	20:30	
	超级大乐透（5月11日停售附加玩法）	20:00	1		1			1		摇奖、录播、互联网直播	20:30	
	足彩胜负（包括任选九场）	根据比赛时间								比赛结果		中国体彩网
	足彩进球	根据比赛时间										
	11选5	22:05	1	1	1	1	1	1	1	计算机自动生成	10分钟开奖一次	宁夏体彩网
新疆	排列3、排列5	20:00	1	1	1	1	1	1	1	摇奖、录播、互联网直播	20:30	CCTV－5 旅游卫视
	七星彩	20:00		1			1		1	摇奖、录播、互联网直播	20:30	
	22选5（6月28日停售）	20:00	1	1	1	1	1	1	1	摇奖、录播、互联网直播	20:30	
	超级大乐透（5月11日停售附加玩法）	20:00	1		1			1		摇奖、录播、互联网直播	20:30	
	足彩胜负（包括任选九场）	根据比赛时间								比赛结果		中国体彩网
	足彩进球	根据比赛时间										
	竞彩	根据比赛时间								比赛结果		中国竞彩网
	11选5	2:00	1	1	1	1	1	1	1	计算机自动生成	10分钟开奖一次	新疆体彩网

（国家体育总局体育彩票管理中心供稿）

五、中央专项彩票公益金使用情况

2013年中央专项彩票公益金支持示范性综合实践基地项目组织实施情况

根据《国家中长期教育改革和发展规划纲要（2010—2020年）》中“推进中小学生素质教育，提高动手实践能力”要求，2013年，教育部、财政部继续利用中央专项彩票公益金支持各省（市、区）地级市建设示范性综合实践基地。

4月，教育部、财政部共同印发了《关于开展2013年中央专项彩票公益金支持示范性综合实践基地项目申报工作的通知》（教基一函［2013］2号），各地根据通知要求认真组织项目申报工作。

8月，教育部、财政部召开项目评审会，共同组织专家对各地申报项目进行评审，最终确定了40个项目予以支持。并于8月底印发了《关于公布2013年度中央专项彩票公益金支持示范性综合实践基地项目名单的通知》（教基一函［2013］6号）。

11月，为加强中小学校外活动场所建设和管理，切实有效地建设好、利用好综合实践基地，培养学生的社会责任感、创新精神和实践能力，根据财政部、教育部关于《中央专项彩票公益金支持示范性综合实践基地项目管理办法》（财综［2011］45号）的要求，教育部印发了《示范性综合实践基地实践活动指南（试行）》（教基一司函［2013］56号），供各地参照执行。

11月，为充分发挥优秀综合实践基地的示范带头作用，提升新建示范性综合实践基地的规划建设管理水平，加强基地之间的交流学习，教育部基础教育一司会同财政部综合司于17—21日在江苏省宜兴市举办了两批示范性综合实践基地项目培训班。各省教育厅、财政厅负责人，基地项目所在市（地、州）教育局负责人和基地主任参加了此次培训活动。

截至2013年年底，各地已立项的示范性综合实践基地均在建设过程中，项目进展顺利。部分2011年、2012年立项的示范性综合实践基地已经竣工并投入使用，面向广大中小学生开展了丰富多彩的社会实践活动。

（教育部基础教育一司供稿）

2013 年中央专项彩票公益金支持乡村学校少年宫项目组织实施情况

2013 年中央专项彩票公益金支持建设 2 000 所乡村学校少年宫，比 2012 年度项目增加 200 所。2013 年 4 月 27 日，中央专项彩票公益金支持乡村学校少年宫项目推进会在贵州遵义举办。年度项目建设启动后，各地高度重视，提前谋划，精心部署，项目建设、运行管理进一步完善，建设任务按期完成。

组织实施有序。各地文明办、财政、教育三部门及时行动，各负其责，密切配合，切实做好项目选址规划工作，认真抓好第三批 2 000 所承建学校负责人的培训工作，及时发放《乡村学校少年宫指导手册》、《乡村学校少年宫使用指导及案例汇编》等资料，扎实开展项目建设。同时，加强资金监管，提高资金使用效益，保证项目建设资金使用效果。

运转保障有力。始终坚持公益性、广覆盖、学生自愿参加的原则，加强对乡村学校少年宫的日常管理。各项目承建学校普遍建立和完善财务管理、活动室管理、考勤登记等规章制度。辅导员队伍建设进一步加强，项目学校平均配备辅导员 21 名，其中 80% 为本校教师；积极组织民间艺人、大学生志愿者、退休教师、文艺协会会员、“五老”人员、大学生村官、先进人物、优秀家长等担任校外辅导员，并通过发动文明单位结对共建等方式扩大辅导员来源数量。加强项目实施督查考核，有 24 个省（区、市）制定了项目考核评估标准，20 个省（区、市）实施了年度考核，形成了中央文明办、财政部、教育部调研抽查、督促推进，各地全面检查、考核评估，采用“以奖代补”方式划拨运行经费，从而调动学校积极性的工作格局。

效果日益显著。各地普遍坚持动手动脑、怡情益智、做事做人相结合原则，组织孩子们参加喜闻乐见的艺术体育活动，乡土文化特色活动，易学易会的科技活动及手工制作、劳动实践，培育和践行社会主义核心价值观等道德实践活动，不断将乡村学校少年宫建成“以乐促智”、“以技促能”、“以德育人”的活动平台。孩子们在活动参与中增长了见识、培养了兴趣、激发了潜能。项目的组织实施缩小了农村与城市孩子的差距，推动了公平教育的发展，带动了各地农村未成年人课外活动阵地建设。截至 2013 年年底，在中央专项彩票公益金的带动下，各地因地制宜，自筹资金，建设不同规模的乡村学校少年宫 2 万所，极大地丰富了农村未成年人的课外生活。

（中央文明办三局供稿）

2013年中央专项彩票公益金支持教育助学项目组织实施情况

2013年，财政部安排中央专项彩票公益金，委托中国教育发展基金会开展教育助学项目。按照《中央专项彩票公益金支持教育项目相关管理实施办法》的有关要求，中国教育发展基金会分别组织开展中央专项彩票公益金滋蕙计划，用于奖励普通高中品学兼优的家庭经济困难学生；开展中央专项彩票公益金励耕计划，用于资助小学、初中、普通高中和中职学校家庭经济特别困难教师；开展中央专项彩票公益金润雨计划，用于资助解决学校或相关单位教育发展中遇到的特殊困难或突发紧急事件。

2013年，中国教育发展基金会共安排使用中央专项彩票公益金资金10.12亿元。具体情况如下：

一、中央专项彩票公益金滋蕙计划

2013年，中国教育发展基金会安排使用2亿元资金开展中央专项彩票公益金滋蕙计划，奖励中西部地区10万名品学兼优的普通高中家庭经济困难学生，奖励标准为每生2 000元。

二、中央专项彩票公益金励耕计划

2013年，中国教育发展基金会安排使用4亿元资金开展中央专项彩票公益金励耕计划，资助中西部地区4万名小学、初中、普通高中和中职学校家庭经济特别困难教师，资助标准为每人1万元。受资助教师主要为因遭受重大疾病、自然灾害或突发事故等原因造成家庭经济特别困难的教师。

三、中央专项彩票公益金润雨计划

（一）普通高校家庭经济困难新生入学资助项目

2013年，中国教育发展基金会安排使用1.2亿元，开展普通高校家庭经济困难新生入学资助项目，资助中西部地区22个省（区、市）以及新疆生产建设兵团的18.56万名普通高校家庭经济困难新生，用于补助其到校报到的交通费和短期生活费。资助标准为省（区、市）内院校录取的新生每人500元，省（区、市）外院校录取的新生每人1 000元。

（二）家庭经济特别困难幼儿教师资助项目

2013年，中国教育发展基金会安排使用7 000万元，开展家庭经济特别困难幼儿教师资助项目，资助中西部地区7 000名家庭经济特别困难幼儿教师，资助标准为每人 1 万元。受资助教师主要为因遭受自然灾害、突发事故或重大疾病等原因造成家庭经济特别困难的教师。

（三）资助地方解决教育领域特殊困难或突发紧急事件

2013 年，中国教育发展基金会安排使用资金 2.22 亿元，在云南、西藏等 18 个省（区、市）开展相关项目。主要包括：安排 1.32 亿元，用于资助四川、甘肃、西藏等 10 个省（区）遭受自然灾害的中小学以及边远贫困地区中小学危旧校舍的维修、改造、重建等工作；安排 8 104.73万元，资助云南滇西边境山区县、贵州发展困难县以及青海部分地区农村教学点开展危旧校舍的必要维修和急需设施设备的购置工作，以确保教学点学生和教师的正常学习和生活等。

（中国教育发展基金会供稿）

2013 年中央专项彩票公益金支持红十字事业项目组织实施情况

一、生命健康安全教育项目

救护工作是中国红十字会的传统工作和法定职责。2013 年，为进一步促进群众性救护工作的开展，提高群众的自救、互救能力，保护人的生命与健康，红十字会在中央专项彩票公益金的支持下开展“十二五”时期红十字生命健康安全教育项目。项目主要内容有：救护师资培训并注册管理，采购分配培训教具，学校健康安全辅导员（救护员）培训及救护志愿活动，红十字急救掌上学堂的开发与推广。

（一）救护师资培训与注册管理

在严格执行资金预算的情况下，超额完成救护师资培训工作，救护师资计划培训 50 期，培训师资 1 500 人，实际培训 50 期，培训师资 1 599 人，并将 1 599 名师资的信息全部录入数据库管理。

救护师资培训有力推动了群众性救护普及培训的开展。各级红十字会充分发挥经训师资的作用，积极开展救护员和群众救护知识普及培训，2013 年全国红十字系统共培训救护员 408 万人。经过培训的红十字救护员积极参与救护志愿服务活动，在保障群众健康与安全方面发挥了重要作用。经训师资进社区、进农村、进学校、进企业、进机关，开展救护员培训与群众性救护知识普及工作，受到了广大群众的热烈欢迎。很多经过培训的救护员在突发事件的第一时间出手施救，保护了群众的生命安全与健康。

（二）学校健康安全辅导员（救护员）培训及救护志愿活动

学校安全辅导员计划培训 20 期，培训辅导员 600 人，实际培训 20 期，培训辅导员 658 人。对学校教师开展应急避险、紧急救护知识和技能的培训，使教师既成为学生健康安全的救护员，又是学生健康安全知识教育的辅导员，全面促进了学校健康安全教育工作，保障了校园师生的健康与安全。

学校安全辅导员培训中，接受普及培训的学生总体满意度在 95% 以上。上海红十字会培训合格的健康安全辅导员回学校后充分利用升旗仪式、主题班会、兴趣课、拓展课等机会，对本校至少 100 名师生开展了不少于 1 课时的普及教育，得到了学生的广泛欢迎与肯定。

（三）救护教具的采购

2013 年完成了价值 3 000 万元的成人复苏模拟人、AED 模拟人、急救创伤模拟人、简易复苏模拟人4类救护教具的采购。

随着救护工作的深入发展，各红十字救护培训机构对模拟人等救护教具的需求日趋增加，且模拟人等教具为易耗品，使用损耗很大，需要经常更新、补充。彩票公益金项目通过采购模拟人等教具设备，支持各级、特别是基层红十字会的救护培训工作，有力促进了群众性救护培训工作的开展。

（四）开发红十字急救掌上学堂

利用移动新媒体技术，为应急救护宣传开辟新渠道。为普及应急救护知识，传播人道救护理念，红十字会开发了“红十字急救掌上学堂”——红十字急救手机软件，并配合“急救掌上学堂”制作了《日常急救手册》、折页与海报等宣传品。“急救掌上学堂”包括学习、预防、应急、测试、信息五项功能，涵盖出血、骨折、心脏病发作等21种常见伤病的紧急处置方法，还能指导使用者进行灾害等突发事件的预防和应对。截至2014年8月，“急救掌上学堂”下载量已超过26万次，取得了良好的宣传推广效果。

二、人体器官捐献项目

（一）项目基本情况

项目主要包括：组织制定各项管理制度、技术标准，开展人员培训，开展人体器官捐献的宣传动员、报名登记、缅怀纪念、救助激励及信息网络平台运营、系统维护等工作。

项目的总体目标是：通过广泛社会宣传、教育和动员，普及器官移植知识，传播“人道、博爱、奉献”的红十字精神，宣传相关政策，提高人们对器官捐献重要性、科学性的认识，鼓励公民自愿捐献器官，树立崇尚科学、移风易俗、友爱奉献的新风尚，更好地保护人的生命和健康。

（二）项目实施情况

1. 制度建设。完成了《天津市公民死亡后器官捐献意愿调查报告》、《中国公民心死亡器官捐献评估体系研究》结题报告；起草了《中国人体器官捐献协调员管理办法》、《中国人体器官捐献报名登记管理办法》，制定器官捐献标准程序、运输标准、评估标准及获取标准。

2. 信息化建设。软件开发方面，完成调研总结和系统全流程业务需求分析说明书，完成人体器官捐献信息平台初步设计，人体器官捐献登记管理系统开发完成并通过软件第三方测试；完成人体器官捐献登记管理系统开发并用户测试；完成中国人体器官捐献信息平台安全管理制度，运行规范、数据分类和编码规范，登记系统需求规格说明书和概要设计说明书；完成人体器官捐献协调员管理模块开发；启动信息安全等级保护三级建设及测评工作；完成中国人体器官捐献管理中心网站与中国人体器官捐献登记系统、人体器官捐献协调员管理子模块的对接；申请域名有：china-organdonation. org. cn，china-organdonation. org，china organdonation. cn，中国人体器官捐献管理中心等。

3. 人员培训。完成中国人体器官捐献协调员培训教材编写总体设计、检查监督和管理工作；开展全国人体器官捐献协调员培训班5期，共培训834人，资格认定考试人数758人，通过资格认定考试合格线人数为549人，同时为通过协调员资格认定人员制作并颁发了协调员证书和胸牌。

4. 宣传动员。召开5次2013年人体器官捐献宣传工作会议和研讨会，并制订出科学、完善和可操作性强的宣传策划方案；开展“器官捐献系列宣传校园行”活动、“器官捐献系列宣传医院行”活动、“器官捐献系列宣传社区行”活动；设计出中国人体器官捐献LOGO，器官捐献宣传画册，3类宣传短片，8款宣传海报，2款宣传折页、张贴画及人体器官捐献基金宣传折页，宣传片光盘等；印发器官捐献宣传画册2.2万份，器官捐献宣传片光盘6 200份，8类宣传海报41.6万张，器官捐献新闻汇编1 900册，宣传折页5.5万份、张贴画33.6万张等；设计并制作多种宣传品；拍摄电影《生命的礼物》。

5. 报名登记。截至2013年12月31日，全国累计完成器官捐献1 300余例（其中2013年完成848例），捐献大器官3 600个，器官捐献自愿登记人数19 413人，器官捐献在全社会的知晓率和美誉度明显提升。

6. 救助激励。2013年向12个省拨付人道救助金，救助人数达到655例。

（三）项目的社会效益

第一，提高了人民群众对人体器官捐献重要性、科学性的认识。器官捐献项目通过广泛开展社会宣传活动，普及器官捐献知识，宣传相关政策，鼓励公民自愿捐献器官，树立崇高科学、移风易俗、友爱奉献的新风尚。

第二，缓解了我国人体器官匮乏的严峻现状。截至2013年底，全国全年实现成功捐献848例，缓解了人体器官来源严重匮乏和移植器官需求不断增加之间的巨大矛盾，满足了人民群众医药卫生需求，对挽救和保护群众生命健康起到了良好的促进作用。

第三，推动我国人体器官捐献事业健康发展。器官捐献项目通过开展专项课题研究、编制中国人体器官捐献协调员培训教材、开展器官捐献协调员培训及资质认定，进一步确定了器官宣传战略，建立了供体评估入选标准和供体维护标准，确立了以医院为基本单位的公民心死亡器官捐献流程，打造出一支高素质的协调员队伍，为推动我国人体器官捐献事业健康发展起到良好的促进作用。

三、人道救助救援项目

（一）人道救助部分

1. 采购了价值4 453万元的紧急人道救助物资，并根据物资属性及时发放到灾区或储备在红十字会备灾救灾中心。2013年共采购4 684.53吨大米、64 103件棉衣、67 147件夹克衫、110 801床棉被、1 290顶棉帐篷、3 022顶单帐篷。根据当年各地灾情综合排序，将价值2 400万元的大米全部发放给受灾较重的25个省。按照每人每月15公斤口粮（20公斤面粉）的计算标准，可使32.19万人维持1个月的口粮供应。采购的棉衣、夹克衫、棉被、棉帐篷、单帐篷，总价值合计2 053万元，下拨到红十字会16个备灾中心，可在灾害发生后快速地向灾民提供救助。

2. 完成600万元红十字博爱送万家活动物资的采购并按照要求和计划发放。

2013 年共采购慰问物资 30 000 箱，包括 30 000 床棉被、30 000 件棉衣、300 000 公斤大米、30 000 公斤糖果，有 30 000 个贫困家庭受益。

2013 年该项目重点支持综合改革试点省（贵州、四川、青海、湖南、湖北 5 省）红十字会开展活动，继续支持山西、内蒙古、新疆、兵团等 4 个省（区）开展慰问活动。根据活动重点分配给 9 个省（区）及兵团的 3 万户困难群众。总会分成 5 个慰问组，分别由名誉副会长带队，分赴湖北、贵州、湖南、四川、青海 5 省，深入困难群众家中开展送温暖活动。

（二）人道救援部分

人道救援项目完成了 5 期救援队培训班，培训包括医疗、大众卫生、供水三类，每期 50 人左右，共培训各类救援队员超过 270 名。完成了 5 期救援队演练，参加的救援队演练队员超过 270 名。

救援队培训班和应急演练达到了预期目标。之前使用彩票公益金采购的医疗装备在应急演练中发挥了重要作用。救援队培训效果显著，每期培训班开班前我们都与救援队所在省红会、骨干学员进行沟通，了解他们对培训班的期望和要求，在此基础上进行培训课程设计。师资方面，我们广泛邀请了具有丰富实战经验的香港红十字会救援队成员，中国国际救援队，部队、大专院校知名专家等进行授课。授课方式灵活多样，采取了角色扮演、演练实战、小组讨论等，鼓励学员们互动式参与。同时我们还设计培训评估表，建立了反馈机制。演练贴近实际、注重实战，通过后期总结点评进一步提高了学员的技能和水平。

（三）项目效果及效益

1. 经济效益。按照国家有关规定，2013 年该项目采取公开招标的形式，选择高质量、低价格的商品进行采购；由厂家协商承担将货物运到指定受益县或者备灾救灾中心的运费；积极动员志愿者参与救灾、救助活动。培训班的住宿、往返机票、机场接送等都以节省为主，最大限度节约成本、提高效率。

2. 社会效益。项目的实施，既实现了对弱势群体的救助，又发挥了政府在人道救助领域的助手作用，促进社会良好道德风尚的形成。

3. 生态效益。2013 年项目中有支持红十字会供水和大众卫生救援队发展内容，包括配备救援设备、举办培训班、加强演练等，提高救援队在灾区服务受灾民众的能力。大众卫生救援队在灾难发生后第一时间到灾区为受灾民众提供临时厕所并进行健康卫生宣传教育活动，维护了灾区生态环境，保障了受灾民众的身体健康。供水救援队在灾区提供洁净的生活用水和饮用水，也一定程度上保障了受灾民众的身体健康并维护了灾区生态环境。

四、干细胞事业项目

2013 年国家投入彩票公益金 10 015 万元支持中华骨髓库项目。其中：入库志愿者 16 万人份，支付检测费等 9 070 万元；网络系统运营维护，支付网络维护资料录入分析 150 万元；运输、保管血样样品，支付样品储存费 420 万元；进行入库数据质控，支付质控、采集移植案例统计分析 365 万元；开展绩效评价工作，支付绩效评价费 10 万元。

（一）科学、合理下达任务，保证入库质量

经综合分析，总库对“十二五”规划已确定的每年16万人份数据入库任务进行了科学、合理的分配，下达给除西藏以外的30个省级分库。在各分库、组织配型实验室的通力配合和共同努力下，超额完成16万人份入库任务目标，实际入库16.48万人份，其中入库数据85%以上为高分辨数据。截至2013年年底累计库容达183万人份，高分辨数据的入库，大大缩短再动员时间，提高了工作效率。

（二）维护好软件系统运营，确保网络传输畅通

中华骨髓库数据中心统一储存和管理183万人份的入库数据，总库现拥有覆盖全国的网络管理系统，涉及各分库、组织配型实验室、采集/移植医院等诸多分站点，使用此系统可进行数据传输、检索查询、流程控制、统计分析等。2013年10月30日，中华骨髓库“十二五”网络系统技改项目通过终验，完成了硬件、网络系统及终端设备的升级换代，软件系统根据业务需求进行了创新和大量的优化。

（三）精心运输保管血样，提供珍贵科研资源

各分库在采集志愿者血样时，共采集两份，其中一份交给组织配型实验室做HLA分型检测，另一份邮寄到位于北京的中华骨髓库样品库，由样品库统一收集、保管血液样品。2013年完成了16万人份血样的运输、储存保管和对168万人份血样样品进行储存保管工作。这些样品有序地码放在零下80度的冰箱中，有专人负责管理，定时记录相关数据信息。

（四）严格数据控制，确保数据质量

中华骨髓库对当年入库的16万人份数据按2%的比例抽检，中华骨髓库质量控制实验室按规定进行HLA配型质控标本的发放和抽检质控。全年入库数据质量控制抽检错误率为0.17%，达到世界先进骨髓库的质控水平。高分实验室是保证造血干细胞移植工作顺利进行的重要关口。

（五）开展捐献服务工作，积极救治病患

中华骨髓库坚持“以供者为本，为患者服务”理念，进一步提高为临床服务的水平。2013年完成捐献702例，比上年增长50例，其中向国（境）外提供25例，比上年增长9例。累计捐献3 927例，其中向国（境）外提供133例。截至2013年年底，中华骨髓库向世界骨髓库上传高分数据68万人份。2013年为国（境）外患者进行检索查询1 185人次，占到全部检索量的1/6，比2012年提高了57%。2013年对外捐献量为25例，创历史纪录，比2012年提高了56%，同时创下了多个“首次”的纪录：首次向新西兰、日本、丹麦等国家捐献，首次向国外（韩国）捐献淋巴细胞，首次实现亚洲黄种人向欧洲白种人捐献。

（六）加大宣传力度，扩大社会影响

1. 努力营造有利于造血干细胞捐献的社会氛围，深度挖掘感人故事和典型案例。如：2013年初，湖北恩施准新娘向雪敏推迟婚期捐献造血干细胞，挽救患者生命。许多人知道她的故事后，称赞她是“最美新娘”。10月4日，国家主席习近平公开提及中华骨髓库的外籍志愿捐献者

的捐献事迹，引起全社会对中华骨髓库事业的广泛关注。

2. 举办专题活动，扩大造血干细胞捐献影响。2013 年 9 月 26 日，“大爱‘髓’缘——中外骨髓捐受者相见欢”大型公益活动在苏州举行。共有来自美国、意大利、中国香港、中国台湾以及中国内地的 11 对造血干细胞捐受者相见（捐者均为中华骨髓库的志愿者）。

3. 创新宣传工作机制，重视新媒体的作用。2013 年 2 月 21 日，为了拓展互联网人道传播平台，加强和改进中华骨髓库各项工作，中华骨髓库开通官方微博（新浪微博：@中华骨髓库）。发布微博 700 多条，回复私信 400 多条，及时、有效化解矛盾，处置负面信息，解答相关疑问，传播相关知识。

4. 多种形式传播，推动造血干细胞捐献事业健康发展。2013 年 3 月 8 日，由赵会长亲自指导的电影《血缘关系》新闻发布会成功举办，并上传在门户网站、官微，各地工作人员及志愿者下载观看踊跃，反应热烈，收到很好的效果。

5. 针对舆情重点积极开展宣传日、开放日活动。“5·8”红十字博爱周期间，总库管理中心号召全国各分库举办了形式多样的宣传活动 200 场，总库管理中心也在北京举办了主题为“走进中华骨髓库·消除疑虑”的公众开放日活动。

6. 与百度合作，在“百度百科”创建“中华骨髓库”词条，并制作动画，形象地展示了中华骨髓库工作内容及入库流程等情况，旨在占领网络宣传阵地，用科学、严谨、生动的宣传形式开展工作。

五、贫困白血病、先心病儿童救助项目

2013 年，中国红基会执行彩票公益金贫困白血病、先心病儿童救助项目资金 8 000 万元，为来自全国 30 个省（区、市）和新疆生产建设兵团的 2 965 名贫困白血病、先心病患儿提供医疗资助。

（一）项目执行概况

该项目预算为 8 000 万元（包括 2013 年预算资金 5 000 万元和 2013 年追加资金 3 000 万元）。其中，资助资金 7 840 万元，项目管理成本 160 万元。截至 2013 年年底，项目资助白血病儿童 1 864 名，拨付资助款 5 880 万元；资助先心病儿童 1 101 名，拨付资助款 1 960 万元，项目资助资金全部使用完毕。项目执行费 160 万元已全部支出，对应各项管理工作全部完成。

（二）项目管理情况

1. 实现当年资金投入和救助规模翻番，社会效益和品牌影响力显著增强。针对大病患儿的救助需求，2013 年财政部追加彩票公益金 3 000 万元，当年白血病救助项目资金达 6 000 万元，资金投入和救助规模实现翻番，增加受助白血病患儿近千人，取得了良好的社会效益。在争取政府购买服务的同时，中国红基会继续发挥社会募捐职能，全年配套使用社会捐款 371.68 万元，增加资助 150 名贫困白血病、先心病患儿。2013 年 4 月，“小天使基金”贫困白血病患儿救助项目荣获“中华慈善奖”，成为中国最具影响力的公益品牌之一。

2. 继续加强规范化、标准化建设，质量管理取得新进展。中国红基会严格按

照《小天使基金资助管理暂行办法》及"补充规定"、《天使阳光基金资助管理暂行办法》和《专项基金定点医院管理办法》、《项目实施指南》等制度规范实施救助工作，并向各省红会和定点医院下发《中国红十字基金会关于协助做好2013年度彩票公益金项目实施工作的函》（中红基函［2013］29号），对项目实施提出明确要求。各省红会向下级红会转发红基会相关文件，开展项目培训，为项目顺利实施提供了可靠的保证。

在项目执行中，中国红基会继续强化评审公示、核实告知、核拨资助款、回访监督等重点环节，保证项目执行质量和效率，有效防范资金风险。

在拨付资助款后，中国红基会通过省红会项目人员和社会监督员对受助患儿资助款到账情况和地方红会执行项目情况进行回访监督。

3. 从个案救助向综合性政策干预转型，人道救助行业领军地位日益巩固。自2012年12月起，中国红基会联合中国青年政治学院，在全国范围内启动了为时4个月的贫困白血病患儿生存状况调查，采集样本1 229个，形成了国内第一份《中国贫困白血病患儿生存状况调查报告》，于2013年6月1日前正式对外发布。同时，会同中国公益研究院开展综合调研评估，形成了《中国儿童大病救助与慈善组织参与现状报告》、《小天使基金项目评估与战略咨询报告》。

2013年7月10日，中国红基会联合中国公益研究院、国务院研究室、民政部、卫生与计生委等，举办了"首届中国儿童大病救助论坛"，倡导建立起中国公益组织儿童大病救助协作机制，标志着"红十字天使计划"从个案救助向社会协作、政策倡导的综合性人道干预机制的转型。

（三）项目实施的社会效益和影响

2013年该项目取得良好的社会效益和社会影响，主要体现在以下几个方面：

1. 挽救患儿生命，帮助数千个家庭避免灾难性支出，有效减轻患儿家庭经济和精神压力。该项目投入资助款7 840万元，共资助白血病、先心病患儿2 965名。从医疗救助效果看，患儿康复情况较好，大部分白血病患儿经过治疗后病情得到不同程度的缓解。先心病患儿术后康复，获得新生，绝大部分患儿经医保报销、定点医院减免和彩票公益金资助后，家庭自费部分低于总费用的10%；有的患儿在医保报销和彩票公益金资助后，剩余费用全部由中国红基会定点医院和当地红十字会给予减免，实现了全免费治疗。根据北师大社会发展与公共政策学院社会公益研究中心所做的《"天使阳光基金"项目评估报告》，有八成"天使阳光基金"资助的患儿家庭避免了灾难性医疗支出，有效减轻患儿家庭经济和精神压力，给受助患儿家庭带来了实实在在的帮助。

2. 与医保报销和政府医疗救助相衔接，实现救助人数最大化。医疗救助资源需求量远多于供给，属于社会稀缺资源。该项目定位于政府医疗救助的补充，在受助人充分享受国家医疗保障和救助后使用公益救助资源，实现了社会救助资源的聚合，在救助资金有限的情况下，使救助人数最大化。"小天使基金"已成为我国白血病患儿救助项目中病种最全、覆盖领域最广、救助规模最大的项目。

3. 对社会公益救助资源的合理分布起到引导作用。中国红基会在 2013 年举办“首届儿童大病救助论坛”，发布《人道公益系列报告》，推出《中国儿童大病救助与慈善组织参与现状报告》等系列报告，呼吁建立大病救助平台，共享慈善组织救助信息，使社会公益救助资源合理使用和分布。

4. 项目服务对象对项目实施给予高度评价。项目的受助对象对项目实施给予高度评价。各省红十字会和中国红基会社会监督巡察员及调研督导组在电话回访和实地调研督导中均了解到，受到救助的患儿家属对项目实施给予了高度评价，很多家长寄来感谢信和锦旗，甚至带着孩子专程到地方红会致谢，表达对政府、社会和红十字会的感激之情。

（中国红十字会总会供稿）

2013 年中央专项彩票公益金支持残疾人事业项目组织实施情况

2013 年中央财政安排专项彩票公益金预算 129 304 万元，其中：中央本级 41 012万元、地方专款 88 292 万元。2013 年实际执行 93 367.89 万元。

一、中央本级项目执行情况

（一）安排 3 000 万元为贫困残疾人免费配发辅助器具

本项目由中央实施政府采购，统一配发各地。2013 年 7 月，完成招标采购程序，中标金额 2 837.45 万元，比预算节约近 10%，显示出政府采购的价格优势。

根据合同约定，2013 年采购项目待产品全部验收合格后支付 95% 货款，其余货款于质保期后支付。本项目 2013 年实际支付采购资金 4 716.75 万元（含支付上年度采购资金）。在项目实施过程中，中国残疾人联合会注重加强对辅助器具产品的质量监督，组织对中标的部分产品进行质量检测，杜绝问题产品进入项目。

（二）安排 320 万元用于培训辅助器具适配及假肢矫形器技术人员

2013 年，计划培训 1 280 名技术人员，实际培训 1 326 人，其中培训辅助器具适配人员 1 229 人、培训假肢矫形器技术人员 97 人，2013 年支付培训经费 403.08 万元（其中支付上年度培训费 105 万元）。各地也针对项目要求，开展了各类、各级的培训。中国残疾人联合会同中国残疾人辅助器具中心通过协调各地培训资源、制订和落实培训方案、协助进行课程设计、派专家进行工作指导等多种方式支持各地的培训，有效地提升了各地培训工作的质量。

（三）安排 2 100 万元用于残疾人辅助器具流动服务车项目

该项目由中央实施政府采购，统一配发各地。2013 年 8 月和 11 月，分批次完成车辆和车载设备的招标采购程序，服务车中标金额 876.96 万元、车载设备中标金额 856.64 万元，分别比预算节约 16.5% 和 18.4%。本项目 2013 年支付采购资金 2 293.4 万元（含支付上年度采购资金）。

2013 年全年 179 辆辅助器具流动服务车共运行超过 140 万公里，服务超过 45 万人次，配置辅具近 38 万件。残疾人辅助器具流动服务车将辅助器具服务送到边远地区，送到田间地头，送到残疾人家中，进一步扩大了服务的覆盖面，也拉近了辅助器具工作者和残疾人间的距离，使残疾人不出家门就能得到辅助器具服务，极大地节约了残疾人的往返交通费等成本。

流动服务车在为残疾人送去专业化辅助器具服务的同时，也送去了党和政府的关爱，彰显了“彩票公益金”的公益性，同时，进一步带动和促进了各级政府和社会各界对残疾人辅助器具工作的关注和支持。

（四）安排 1 200 万元用于贫困成年听力残疾人（助听器）康复项目

2013 年 3 月，完成助听器招标采购程序，中标金额 890.4 万元，比预算的 1 100万元节约 19%；2013 年 3 月，完成助听器电池采购程序，合同金额 62.5 万元，比预算的 100 万元节约 37.5%。2013 年度助听器中标价约为市场价格的 5%；电池采购价格约为市场价格的 1/3。该项目 2013 年实际支付采购资金 898.38 万元。

2013 年计划为 1 万名成年听力残疾人实施助听器验配，实际完成验配任务 9 923人，任务完成率 99%，仅贵州省当年未完成验配任务。

（五）安排 2 300 万元用于盲文教材、图书出版补贴项目

按照“十二五”盲人读物出版补贴项目要求，中国盲文出版社制订了 2013 年盲人读物出版补贴实施方案，中国残联根据盲文出版社申请，拨付该社盲人读物出版补贴 2 300 万元。中国盲文出版社 2013 年实际支出亏损补贴 2 097.6 万元。

（六）安排 600 万元用于盲文印刷设备补贴项目

盲文印刷设备的进口审批已于 2013 年上报财政部，但当年未获批准，故未启动采购程序。

（七）安排 4 902 万元用于残疾人体育项目

该项目 2013 年实际支出 3 487.26 万元。

在财政部的大力支持下，2013 年残疾人体育取得了长足发展：一是实施“自强健身工程”，二是推动竞技体育工作，三是加强对外交流合作。

（八）安排 7 500 万元用于残疾人康复托养机构设备补助项目

2013 年实际支出 160 万元（上年度项目），2013 年度项目经费未支出，主要原因：一是自 2013 年 5 月起，中国残联和地方残联陆续换届，对机构建设和设备需求将重新考虑；二是自 2014 年起，中央财政加大对地方康复托养机构设备补助的投入，对资金分配方案和资助范围及条件等将统筹考虑。

（九）安排 1 540 万元用于孤独症儿童康复教育

该项目 2013 年至 2015 年，连续 3 年，资助北京、山西、内蒙古、吉林、福建、江西、河南、湖北、广东、重庆、陕西、甘肃等 12 个省（市、区）的 50 个孤独症儿童康复教育机构。接受资助的机构原则上是承担“七彩梦行动计划”贫困孤独症儿童康复项目或地方孤独症儿童康复项目的定点机构。资助标准为每个机构每年平均资助 30 万元，资金主要使用方向为机构建设、人员培训等方面。本项目 2013 年实际支出 1 488.1 万元。

（十）安排 1 050 万元用于盲人文化建设项目

盲人文化建设项目主要用于盲人文化

活动与社会教育、盲人信息化阅读推广和盲人有声教材出版等方面。该项目由中国盲文出版社实施，中国残联 2013 年拨付该社 650 万元。实际支出盲人文化活动与社会教育 83.95 万元，盲人信息化阅读推广 294.68 万元。

（十一）安排 16 500 万元用于县级残联流动服务车项目

为提高基层残联服务能力，2013 年中央财政安排专项彩票公益金，为全国符合资助条件的 500 个县级残联配置县流动服务车，用于开展残疾筛查、康复服务、残疾人入户调查和回访，进行残疾人相关信息采集等工作，逐步实现残疾人基本服务入户，切实解决贫困偏远地区残疾人服务难等问题。

该项目由中央实施政府采购，统一配发各地。2013 年 7 月和 11 月，分别完成车辆和车载设备招标采购，其中：车辆中标金额 9 310.37 万元，车载设备中标金额 2 163 万元，分别比预算节约 1 189.63 万元和 1 247 万元，显示出政府采购的价格优势。该项目 2013 年实际支出采购资金 5 417.69 万元。

二、地方专款项目执行情况

（一）下达地方专款 46 326 万元用于残疾人康复项目

1. 下达地方专款 15 000 万元用于贫困精神病患者医疗救助项目。对贫困精神病患者的医疗救助分为服药救助和住院救助两部分。服药救助是在开展精神病防治康复工作的省（市、区）中（除北京、天津、上海 3 个直辖市及西藏自治区外）的县（市、区），采取“医疗救助卡”的方式，连续 5 年，为 5 万名不能进行城乡医保报销的贫困精神病患者提供购买基本治疗药品补贴，每人每年补贴 900 元，为 5 万名能够进行城乡医保报销的贫困精神病患者提供购买基本治疗药品补贴，每人每年补贴 500 元。

住院救助是在开展精神病防治康复工作的省（市、区）中（除北京、天津、上海 3 个直辖市及西藏自治区外）的县（市、区），2011—2015 年，每年为 2 万名贫困精神病患者提供一次性住院医疗救助。救助标准为 4 000 元/人 · 次，住院周期为 3 个月。

彩票公益金贫困精神病患者医疗救助项目的实施，产生了良好的社会反响：一是通过项目救助，解决了长期以来贫困患者无药治病的突出问题，提高了政府和社会对精神病患者的关注程度，消除社会歧视和偏见。二是推动了精神残疾康复长效保障机制的出台。由于项目的带动，精神残疾人的康复需求受到党和政府的高度重视，推动了精神疾病纳入医疗保障工作。三是部分省份加强了相关保障措施，出台了具体的保障政策。

2. 下达地方专款 19 800 万元用于残疾人辅助器具服务项目。根据初步统计，2013 年，各级辅助器具机构共组织供应辅助器具 1 283 422 件，其中国家彩票公益金项目免费发放共 328 984 件。

项目为残疾人配置辅助器具，不同程度地改善了他们的生理机能，提高了其生活自理、就学、就业、娱乐等能力，极大地降低了残疾人的护理成本，减轻了残疾人亲属的身心负担和家庭的经济负担；同时，很多残疾人借助辅助器具，走上了工作岗位，成为社会财富的创造者。

3. 下达地方专款 11 226 万元用于贫困智力残疾儿童康复救助项目。根据数据库信息和各省报来的年度执行情况统计，2013 年全国共有 23 859 名智力残疾儿童得到救助，进行了康复训练，圆满完成了中央9 355名的年度项目任务。与此同时，全国大部分地区在中央项目的带动下开展了本地区救助项目，使更多的智力残疾儿童受益。在 23 859 名受助儿童中，有 14 504名儿童得到地方救助，占年度救助人数的 60.79%，比 2012 年增长了 7.7 个百分点。各地康复机构紧抓抢救性康复项目实施的契机，开展课题研究，强化机构的研究职能，其研究结果将对我国残疾儿童早期康复工作的进一步发展起到重要的指导性作用。

4. 下达助听器验配地方专款 300 万元用于贫困成年听力残疾人（助听器）康复项目。2013 年共完成助听器验配 9 923人，任务完成率达 99%，仅贵州省当年未完成验配任务。

（二）下达地方专款 5 367 万元用于助学项目

2013 年，各省、自治区、直辖市残联会同教育部门、有关中高等学校（院）按照《“十二五”残疾人事业专项彩票公益金助学项目（学前教育）实施方案》和《残疾人事业专项彩票公益金助学项目（中高等特殊教育）实施方案》要求，在中央财政下拨后，立即启动年度项目工作。一是为全国家庭经济困难的残疾儿童享受普惠性学前教育提供资助 1 万余人次。各地也积极多渠道争取资金支持，又对 3 489 名残疾儿童给予了学前教育资助。二是为全国 23 所中高等特教学校（院）改善了办学条件，加强了残疾学生实习训练基地建设。

（三）下达地方专款 5 599 万元用于贫困残疾人家庭无障碍改造项目

2013 年中央财政安排专项彩票公益金，支持 1.6 万户贫困残疾人家庭无障碍改造。各地根据财政部、中国残联要求，积极推进贫困残疾人家庭无障碍改造工作，按计划完成项目任务。部分省将贫困残疾人家庭无障碍改造工作纳入政府民生工程，加大了资金投入，在完成中央任务的基础上，部署开展本地贫困残疾人家庭无障碍改造工作。通过实施项目，进一步改善残疾人居家环境，提高残疾人生活质量。项目受到残疾人的广泛欢迎和地方政府的充分认可，取得了良好的社会效果。

（四）下达地方专款 15 000 万元用于农村贫困残疾人危房改造项目

2013 年危房改造项目中央补贴资金 1.5 亿元，按照每户 6 000 元的补贴标准，中央补贴户数为 2.5 万户。在分配 2013 年危房改造任务时，中国残联参考各省上一年度完成情况与各地贫困残疾人口总量，对部分贫困残疾人数量大、扶贫开发任务重、老少边穷等中西部省份，如甘肃、新疆，继续给予适度倾斜。

据中国残联统计，2013 年各地实际完成 122 280 户危房改造（其中中央彩票公益金资助 2.5 万户），受益贫困残疾人 144 359 人。危房改造资金由于下达较晚，影响了部分省份实际施工和数据的报送。目前，仍有部分基层单位在利用 2013 年下达的危房改造资金加紧施工建房。中央补助资金 1.5 亿元全部足额下达，地方配套实施资金约11.5亿元。

三、加强项目管理，完成项目审计和公告

（一）加强项目资金管理，提高资金使用效益

规范和加强专项资金的使用是保证项目顺利实施的关键环节，中国残疾人联合会严格按照国家有关专项资金管理规定和《中央专项彩票公益金支持残疾人事业项目资金管理办法》（财社［2011］228号），做好经费管理，规范使用项目资金，提高资金的使用效益。

中国残疾人联合会在项目申报、评审、招标、验收、监督检查、工作流程和工作要求等方面制订了完善的管理制度和实施方案，按照“科学评估、专款专用、公开招标、追踪问效”的原则进行项目资金的管理使用。

大部分项目经费是地方专款，由财政部直接下达省级财政。各年度项目经费下达后，中国残疾人联合会及时通知各省级残联，对项目补贴标准、经费的使用进行说明，提出相应的要求。

（二）顺利完成项目审计和公告

2014年6月，中国残联委托安信联合会计师事务所，对中国残联2013年度中央专项彩票公益金支持残疾人事业项目执行情况进行审计。审计认为：中央专项彩票公益金项目资金使用范围符合财政部《中国残联关于印发〈中央专项彩票公益金支持残疾人事业项目资金管理办法〉的通知》要求；政府采购物品采购符合政府采购的有关规定，物品配发流程、地方补助拨款管理完善，受助回馈信息完备，被审计单位数据库信息中心受助个人信息统计完整。

2014年6月，中国残疾人联合会将专项审计报告在中国残联网站进行公告，接受社会监督。

（三）加强监督，注重宣传

在项目实施过程中，中国残疾人联合会适时深入基层进行督导检查，了解和掌握项目进展情况，推进各地制定项目监管机制，加强项目管理，确保项目执行到位。

在彩票公益金项目的实施过程中，中国残疾人联合会注重项目宣传工作，项目资金资助的实物和印发的宣传资料，在显著位置标明“彩票公益金资助——中国福利彩票和中国体育彩票”标识。

各地通过广播、电视、报纸、网络等媒体，对项目的内容、意义和执行情况进行广泛宣传，提升了彩票公益金项目的知晓度，进一步增强了有关部门和社会公众对残疾人事业的关注程度，倡导了以人为本的理念，营造了尊重、理解、关心、帮助残疾人的良好社会氛围。

（中国残疾人联合会供稿）

2013 年中央专项彩票公益金支持革命老区扶贫项目组织实施情况

经财政部核准，2013 年中央专项彩票公益金扶贫项目资金为 12 亿元。其中：3 亿元在 7 个省 24 个县实施了革命老区小型公益设施项目，3.75 亿元在 7 个省 62 个县实施了革命老区扶贫开发创新试点项目，5.25 亿元在 11 个省 42 个县 390 个村实施了贫困革命老区整村推进项目。项目的实施，对改善贫困革命老区生产生活条件、人居环境、发展产业、增加收入等发挥了积极作用。

一、革命老区小型公益设施项目

1. 交通设施建设。投入资金25 606.97 万元。新建或整治村组道路 740.2 公里，生产路或机耕道 57.64 公里，联户路 181.08 公里。

2. 水利设施建设。投入资金 3 895.35 万元。建设集中供水点 51 819 处，灌溉渠 35.22 公里。

3. 环境改善项目建设。投入资金 497.68 万元。建设垃圾收集点 229 处，污水处理点 1 处，村内公共厕所 127 处。

二、革命老区创新试点项目

（一）小型生产设施建设

投入资金 34 922.6 万元。修建和整治村组道路等 2 108.5 公里，建桥 194 座，打机井 16 口，新建供水点 12 处，铺设供水管道 27.9 公里，整治山坪塘 150 口，新建灌溉蓄水池 269 口，新建和整治灌溉渠 305 公里，新建提灌站 21 个，建石河堰/水闸 147 条、滴灌设施 1 618.6 公里、村内排洪渠 187 公里，修整石坎梯地 45.9 亩，改良旱地水田 2 190 亩，建高低压线路 5.2 公里等。

（二）产业发展

投入资金 2 577.4 万元。发展蔬菜、烟叶、花卉等经济作物 4 002 亩。

三、贫困革命老区整村推进项目

（一）基础设施建设

投入资金 25 978.24 万元。修建和整治村组道路等 676 公里，建桥 25 座，打机井 195 口，铺设供水管道 199 公里，人畜饮水项目 178 口，整治山坪塘 38 口，新建灌溉蓄水池 34 口，新建和整治灌溉渠 124 公里，滴灌设施 3 302 公里、村内排洪渠 92 公里，修整石坎梯地 413 亩，改良旱地水田 4 135 亩，建沼气池 114 口，建高低压线路 48 公里等。

（二）环境和公共服务设施建设

投入资金 8 123.03 万元。改厕、改厨、改圈、建院坝和庭院治理等 5 453 户，村小改建 7 所，建文化活动室、卫生室和农村书屋共 47 个，建文化广场 2 051 处，配健身设施 113 套，建垃圾收集点 645 个，污水处理 13 处，建公共厕所 89 个，安装路灯 3 585 盏，建绿化设施2 558 处等。

（三）产业发展

投入资金 18 398. 73 万元。种植水稻等粮食作物 9 126 亩，蔬菜、中药材等经济作物 12 335 亩，林果业 15 664 亩，建养殖小区 126 个，农副产品加工 293 个，实用技术培训 47 160 人次，建立 74 个村级互助资金组织等。

（国务院扶贫办供稿）

2013年中央专项彩票公益金支持农村养老服务项目组织实施情况

根据《财政部、民政部中央专项彩票公益金支持农村幸福院项目管理办法》（财综［2013］56号，以下简称《管理办法》）要求，各地认真做好2013年度项目执行工作，超额完成了建设任务，圆满实现了预期目标。项目执行情况：

一、总体执行情况

2013年共安排中央专项彩票公益金10亿元，支持建设3.33万个幸福院。根据汇总情况，2013年度共安排建设项目33 333个，实际建设38 613个，多完成3 856个，超额15.8%，省级财政（含福利彩票公益金）共投入5.53亿元，地市以下财政共投入6.59亿元，接受社会捐赠2.53亿元，合计14.65亿元。截至2013年底，各地共建成农村幸福院79 521个，拥有床位70.02万张，年服务农村老年人数达4 732.9万人次，基本实现了建设目标。

二、积极推进项目组织实施

1. 加强业务指导。一是加强政策指引。将建设农村幸福院作为切实加强农村养老服务的重要措施，纳入《国务院关于加快发展养老服务业的若干意见》，并明确了重点任务分工。二是做好业务指导。2013年8月民政部组织召开的全国社会养老服务体系建设工作会议，把推进项目实施作为加快发展养老服务业的优先内容，民政部窦玉沛副部长到会讲话，积极推广化德县农村幸福院建设经验。三是注重调查研究。民政部先后到山西省运城市盐湖区、陕西省彬县、山东省东平县调研，实地了解农村幸福院建设和管理情况。以部发参阅文件等多种形式，及时将山西、江苏、湖南、广西、贵州等地经验和做法发各地学习借鉴。

2. 抓好项目实施。一是注重发挥政策创制规范作用。各地先后制定了农村幸福院建设实施意见或管理办法，明确了项目申报条件、程序和管理规定。二是明确目标任务和责任分工。河北省民政厅和省财政厅要求将建设任务逐级分解到县、乡，与各市签订目标责任书。山东省民政厅、省公安厅等16个部门制定《关于支持农村幸福院建设的实施意见》（鲁民［2013］31号），整合各部门资源推进项目建设。辽宁、贵州、宁夏等地成立农村幸福院建设领导小组，明确了工作职责。三是争取资金支持。天津市市级财政共配套5 969万元；山西省规定按照中央补3

万元，省福彩公益金补1万元、省发改委补3万元、市财政补3万元的筹资方式，补助每个项目10万元；吉林、山东、重庆、陕西、新疆等地按照1∶1的比例安排省级配套资金。江苏省财政通过以奖代补形式配套4 000万元。福建省接收社会捐助9 526万元，其中福州市建成慈善幸福院11个。四是细化建设标准。各地均按照要求在显著位置设置“农村幸福院——彩票公益金资助”标识。湖南省规定农村幸福院日间照料床位数不少于5张，室内建筑面积一般以低于100平方米，室外占地面积不低于150平方米，重庆市制定《示范农村幸福院评定标准》，并对评定为市级示范的给予重点资助。五是提升管理服务水平。各地通过完善管理规定、配备专职人员、发挥老年协会作用等多种方式加强管理。广东省还实行政府购买服务、引入社工机构负责文化活动策划和精神慰藉等专业服务。

三、存在的问题

一是个别地区重视程度不够，投入不足，项目建设迟缓。二是一些地区存在偏新建轻改造、重建设轻运营等问题。

（民政部社会福利和慈善事业促进司供稿）

2013 年中央专项彩票公益金支持文化事业项目组织实施情况

“十二五”期间，财政部从中央专项彩票公益金中支持文化部城市社区文化中心（文化活动室）设备购置和国家艺术基金 2 个项目，2013 年分别安排 2.5 亿元和 3 亿元。项目实施情况如下：

一、城市社区文化中心（文化活动室）设备购置项目

为保障城市社区文化活动的正常开展，加强城市社区文化建设，中央财政从 2009 年开始设立全国城市社区文化中心（文化活动室）设备购置专项资金，主要对中西部地区已建成且具有一定规模、配有专人管理、常年开展文化活动的城市社区文化中心（文化活动室）开展业务活动所需设备购置经费予以定额补助；对东部地区在社区文化中心（文化活动室）建设工作中取得突出成绩的省份予以奖励。专项资金从中央专项彩票公益金中安排。

（一）资金使用情况

为切实发挥资金使用效益，2009 年财政部和文化部按照国家有关法律法规和国家彩票公益金管理办法，结合我国城市社区文化中心和文化活动室建设的实际情况，制定并印发了《城市社区文化中心（文化活动室）设备购置专项资金管理办法》（财教［2009］447 号），以加强全国城市社区文化中心（文化活动室）设备购置专项资金的管理和使用。2009—2013 年，中央财政共安排专项资金 12.09 亿元，对中西部地区 2 802 个社区文化中心、16 058 个社区文化活动室设备购置进行了补助（其中 2013 年对中西部地区 520 个社区文化中心、3 392 个社区文化活动室设备购置进行了补助），对东部地区通过“以奖代补”方式予以一定支持。截至目前，各省（区、市）已基本按要求将所购设备全部配送到位。

（二）项目社会效益

随着项目的实施，我国城市社区文化中心和文化活动室的基本设备条件得到较大地改善，社区文化建设得到加强。文化设备配发后，群众反响强烈，交口称誉。社区居民反映，政府为社区配送文化设备，把功能丰富、先进实用的文化设备送到了居民的身边，为百姓文化生活提供了极大方便，长期扎根社区的文化团队也获得了开展活动急需的设施设备。目前这些社区的文化场所均已成为该地区群众文化活动的主阵地，群众文化活动开展的红红火火。该项目对于切实保障广大人民群众的基本文化权益，构建覆盖城乡的公共文化服务体系，推进城市文化建设与发展，具有十分重要的意义。比如，山西省

2013年利用城市社区所购文化设备共开展社区文化活动6 448次，参与人次达65.09万人，有力地促进了城市社区公共文化服务活动的开展，对活跃城市社区居民文化活动起到了积极的促进作用。

二、国家艺术基金

为引导和推动我国艺术事业的繁荣发展，不断改进和创新艺术管理模式和财政资金投入方式，在财政部的大力支持下，2012年11月，经国务院批准，正式设立了国家艺术基金。2014年4月中编办正式批复成立了国家艺术基金管理中心，目前管理中心工作已步入正轨，4月份向社会发布了4个申报指南，截至目前，已完成项目初评工作，共计745项目，计划2014年9月底前组织开展复评工作。

（一）资金使用情况

2013年国家艺术基金工作主要放在机构设立和规章制度制定上，管理中心尚未进入正式运行阶段，同时，项目评审工作也未进行，因此，2013年财政部安排国家艺术基金专项资金3亿元暂未支出，加上2014年度安排国家艺术基金专项资金5亿元，2014年可动用资金共计8亿元，其中，按照《国家艺术基金财务管理办法》，组织管理支出预算不超过艺术基金年度收入预算3%的规定，管理费0.24亿元，项目资助经费7.76亿元。

管理费用0.24亿元，将主要用于国家艺术基金资助项目系统的建设、国家艺术基金网站的建设以及为项目正常开展发生的办公费等方面。

资助经费7.76亿元，将主要资助舞台艺术创作、美术书法摄影创作人才、传播交流推广以及人才培养四个方面的项目。

1. 舞台艺术创作项目。计划资助大型舞台剧60项，需资金1.6亿元；小型剧目300项，需资金0.6亿元，共计2.2亿元。

2. 美术书法摄影创作人才资助。计划资助美术书法摄影创作人才500名，需资金0.5亿元；美术、书法摄影创作人才资助项目成果征集、汇编、展览等，需资金0.06亿元，共计0.56亿元。

3. 传播交流推广资助项目。计划资助传播交流推广资助项目90个，共计4亿元。

4. 人才培养资助项目。计划资助100个班次的培训项目，共计1亿元。

（二）项目社会效益

国家艺术基金的成立，推动文化行政部门转变职能，创新艺术创作生产引导方式，推进艺术治理管办分离，激发全社会的文化创造力，将大力促进国家文艺创作持续繁荣发展。国家艺术基金项目的实施：一方面，将充分发挥引领和示范作用，为人民群众推出更多优秀作品和人才；另一方面，将发挥孵化助推作用，使艺术创造的活力源泉充分释放。国家艺术基金打破了体制、系统、行业的局限，具有开放性和广泛性的特点。国家艺术基金的成立将充分发挥社会扶持和参与艺术生产的积极性，形成良好的艺术发展机制。项目的工作导向和着眼点将放在扶持优秀作品、培养优秀人才上，重点支持艺术创作、艺术创新，努力推出主题好、思想新、传得开、留得住、艺术感染力强、深受人民喜爱、经得起历史检验的优秀艺术成果。

（文化部财务司供稿）

2013 年中央专项彩票公益金支持法律援助项目组织实施情况

一、项目实施基本情况

2013 年，共有 531 家实施单位参与中央专项彩票公益金法律援助项目，其中政府法援机构有 428 家，全国律协组织 34 家，全国妇联组织 48 家，民办非企业单位 10 家，高等法学院校社团 12 家。2013 年度，中央项目办共接受项目实施单位报送案件 60 880 件。其中：有60 536 件通过审核，并发放办案补贴；有 344 件未能通过审核，未通过率为 0. 57%。

（一）项目案件类型以民事、刑事、行政、刑事附带民事案件以及民事执行案件为主

本期拨付项目资金 1 亿元，共资助案件 60 536 件，比上一年增加 2 513 件。其中，民事案件 55 299 件，刑事案件 2 665 件，行政案件 295 件，刑事附带民事案件 1 587 件，民事执行案件 690 件。与 2012 年同期相比，民事案件的数量比重最大，也是项目主要补贴的对象。对民事执行案件的法律援助，是在近几年出现执行难的情况下，项目资助的特色类案件之一。2013 年执行案件较上年增加了 177 件，同比增长 34. 5%，为受援群众挽回损失近 2 500 万元。

（二）项目案件承办人办案专业水平较上一年有所提高

2013 年，法援机构工作人员承办的案件数为 10 563 件，较上年减少 274 件。社会律师办理的案件数则提高至 26 606 件，相比上年的 23 218 件，涨幅为 14. 6%。基层法律服务工作者参与办理的案件数较上一年也有所提升，为 1 187 件。社会组织和注册法律援助志愿者办案的数量减少 1 788 件。总体来看，社会律师已经在项目运行中逐渐占据主导地位，这意味着法律援助的专业水平也有了大幅度的提升。

（三）项目社会参与度进一步提高，多元发展

2013 年，项目实施单位中，法律援助机构 428 家，占实施单位总数的 81%；全国妇联次之，共 48 家，占 9%；律师事务所有 34 家，占 6%；民办非企业单位 9 家，占 2%；高校社团 12 家，占 2%。社会组织的参与数量呈现逐年递增的趋势。

另外，由于民事诉讼法的修改，高校社团受理承办案件本应受到一些影响，但在 2013 年，其完成了 184 件案件的申报，相比 2012 年的 69 件，增幅达到了近

300%。作为中国法律援助事业的新兴力量，其参与项目的活力不可低估。

（四）项目地区资金配比更注重对西部地区的支持

2013年，项目补贴西部资金数为3 842.72万元，较上年增加5.5%。主要有以下两方面的原因：一是2013年的资金总额全部为办案补贴，2012年则有相应的管理、培训、宣传等相关经费的支出；二是西部仍然是弱势群体相对集中的地区，他们期待相关法律援助服务的发展，同时中国法律援助基金会对于西部地区法援服务的进步也给予了较大的关注。2013年，东部的资金数也有所增加，这是由于东部地区的法援民非组织更多地参与到项目中来了。

二、贯彻落实“合肥会议”精神，确保项目实施安全、高效

2012年12月18日，中国法律援助基金会在安徽合肥召开中央专项彩票公益金法律援助项目总结部署工作会议。岳宣义理事长在会上作了重要讲话。在“合肥会议”精神的指导下，我们严格按照岳宣义理事长关于“中彩金项目，一要管好，不出问题；二要用好，发挥效益”的讲话要求，强化项目监督，保障实施安全，创新管理，提高项目效益。

（一）加强监督，保障项目安全实施

项目运作安全是项目实施的核心要求之一，也是2013年项目工作的重点之一。项目实施安全主要体现在两个方面：一是申报案件真实，无虚报现象；二是项目补贴资金发到承办人手中，无截留等现象。在“合肥会议”精神的指导下，各地对项目的安全运行更为重视，积极开展相关工作。四川广元、泸州等地要求上报县（区）司法局法人代表签字并加盖公章的承诺书，书面承诺申报案件材料真实、合法，办案补贴及时足额发放给承办人。贵州在2013年3月下发的《贵州省司法厅关于做好2013年“法律援助大回访”的通知》中要求各项目实施单位对项目案件的50%以上进行回访。陕西省在2013年11月，抽调部分市级主管局长、中心主任、业务骨干采取交叉形式，组成5个组，通过查阅案卷、查看账目、回访受援人等形式对全省项目单位实施情况进行集中检查，确保项目管理工作的规范运行。2013年，中央项目管理办公室也加大了对案件及补贴发放的抽查力度。

（二）规范管理，保障项目高效实施

1. 狠抓突出问题，降低申报案件退补率。为了进一步提高项目执行效率和办案质量，“合肥会议”重点抓了案件信息上报“退补率”偏高的问题。案件信息“退补率”直接影响项目效率和案件质量，必须严格控制，狠抓不放。2013年，项目年度报送案件信息退补率由上一年度的19.9%降至1.98%。河南、山东、辽宁、陕西、安徽、黑龙江、福建、湖南、海南、河北、江西、湖北等12省的退补率都在1%以下，其中，河南、山东以0.39%的退补率居于首位。未在前列的一些单位的进步也是有目共睹。宁夏退补率由2012年29.45%降至1.71%，吉林由2012年的21.97%降至1.15%，北京法律援助基金会由2012年的17.03%降至1.06%，西藏自治区由2012年的44.09%降至4.41%，中华全国妇女联合会权益

部由2012年的34.69%降至4.9%等，降低幅度十分明显。

2. 完善管理制度，保障项目实施工作高效开展。2013年，各管理单位根据自身实际以及项目特征，不断完善相关管理制度。2013年2月，安徽省制定了《2013年中央专项彩票公益金法律援助项目实施工作意见》，明确规定2013年项目实施工作的指导思想、目标任务、实施步骤和具体要求，特别是就刑事法律援助、律师参与法律援助、案件补贴标准、群体性案件办理等方面做了新的规定和要求。天津市进一步规范工作流程，在落实《天津市关于中央专项彩票公益金法律援助项目的实施方案》和《办理法律援助案件程序规定》的基础上，制定了多项内部的规章制度，同时将各区（县）承办中央专项彩票公益金法律援助项目案件数纳入年度工作考核。广西桂林与各县（区）签订责任状，明确项目责任人和具体业务责任人，将公益金年度计划任务数分解到各基层法律援助中心。辽宁省项目办制定了《辽宁省法律援助中心关于中央专项彩票公益金法律援助项目实施工作指导意见（试行）》，对项目的目标任务、实施步骤、工作措施、监督考核等提出了明确的要求。北京航空航天大学法学院公益法律服务中心建立管理层成员例会制度，每月召集管理层成员开会，对中心管理中存在的问题以及项目实施中存在的问题进行商讨，以使这些问题能够得到及时解决。

3. 做好培训工作，夯实项目执行基础。2013年的项目培训工作以地方自发开展为主。2013年5月份，海南省法援中心在海口市举办了项目培训班，重点培训项目实施工作的政策要求、项目管理系统软件使用方法、案件受理审核与结案信息表的填写要求、案件信息数据统计与报送工作要求等方面的内容。云南省在2013年6月制作了《项目工作操作流程指南》光盘并下发各单位指导工作。广西17个项目实施单位在2013年共组织开展了22期专门针对彩票公益金项目的业务培训，确保了项目的服务质量。湖北省妇联项目管理办在2013年4月底组织全省中央专项彩票公益金法律援助项目专项培训班，向8个实施单位系统讲解了《中央专项彩票公益进法律援助项目管理暂行办法》及项目管理系统操作，统计等要求，指导各地抓好项目管理工作。

三、创新法律援助措施，推动项目便民服务

（一）创新援助方式，开展法律服务便民工作

通过使用法律手段，尽最大能力维护困难群众的利益，是项目实施的核心宗旨之一。为了顺应党的十八大便民理念，一些地区将法援便民作为工作的重点之一。海南省就开辟绿色通道，加大对五类群体的维权力度，积极为受援群众提供优质、便捷的法律服务：一是发放“法律援助便民卡”，二是优化案件办理工作机制。全国律协根据案情的实际情况，建立“专科门诊”和“急诊”服务模式。“专科门诊”是为一些专业的法律援助问题或复杂疑难案件提供服务，“急诊”是为急需帮助的受援人提供快捷法律服务。新疆兵团二师司法局开通全疆首个法律援助

微信平台“二师法律援助”，运用新兴交流平台，与受援群众互动，实现便民。巴中挚诚农民工法律服务中心创办了民工帮帮网，在网上发布劳务、用工信息，便于农民工找工作。同时号召热心公益的法律人士加入法律援助志愿者行列，帮助全国各地的外出农民工维权。义乌市外来农民工法律援助工作站建立了诉讼费、公告费、鉴定费垫付制度，对于受援人中确实无力支付诉讼费、公告费、鉴定费的特别贫弱群体，工作站为其先行垫付，待案件办结后向对方当事人收回。

（二）关注民生，敢攀专业前沿高峰

项目自实施以来，一直以农民工的劳资纠纷为主要内容。随着改革开放的进一步深入，一些有关民生的社会前沿问题也在项目实施过程中时有出现。这些问题的解决，一方面是对项目专业性的肯定，另一方面也是项目管理与实施单位热心参与积极承担的结果。湖南省项目实施单位积极办理国务院《法律援助条例》范围之外及降低门槛条件、扩大经济困难范围的案件，办理扩大案件领域涉及农村耕地问题、种子问题、环境问题等社会民生问题的案件。四川省法援中心走进四川省人民广播电台“民生直通车”栏目和新浪微博直播间，与广大市民、网民探讨法律援助工作的话题，现场解答有关土地补偿纠纷、妇女家庭权益保护、老年人赡养等法律问题。

四、开展多种形式宣传，提升项目社会影响力

经过多年的积累，彩票公益金项目越来越为群众所熟知和拥护。2013 年上半年，中国法律援助基金会就 2012 年项目执行情况邀请了中国社科院的评估专家组对项目进行评估，由唐钧老师撰写的《功在法治建设，利在弱势群体——我国彩票公益金法律援助项目实施效果显著》作为《人民日报》内参报上级领导审阅。下半年，中国法律援助基金会在北京、上海、深圳三地加油站媒体广告进行宣传，提升项目在中高收入人群中的影响力。除此之外，在传统的平面媒体，包括《法制日报》、《中外管理》、《世界都市》等报纸杂志上进行延伸宣传。各地也是不遗余力，多种形式对项目进行宣传。河北省印制了《2010—2012 年河北省中央专项彩票公益金法律援助项目百优案例汇编》，并发到各乡镇司法所和法律援助工作站，收到了良好的宣传效果。北京市门头沟区惠农公益法律服务中心广泛利用媒体，在北京电视台《法制进行时》栏目、《法制日报》、《北京晚报》等上宣传项目实施工作情况。湖南怀化市利用宣传车流动式地深入全县和各乡镇进行巡回广播宣传。

五、项目实施取得显著效益

（一）经济效益

本期项目资金为 1 亿元，共资助办理 60 536 件案件。其中，包括 713 件重大疑难案件和 690 件执行难的案件，依法化解了 6 339 件 3 人以上群体性纠纷，有 95 579人直接受益，为困难群众挽回经济损失约 36 亿元，投入产出比达到了1∶36，切实取得了良好的经济效益。

（二）社会效益

1. 关注弱势群体，促进社会公平。

项目资助办理以农民工、妇女家庭权益保护、残疾人、老年人和未成年人为代表的五类贫弱群体的案件。2013 年，项目资助的农民工案件 28 766 件，妇女家庭权益保护案件 16 592 件，残疾人案件 4 763 件，老年人案件 7 820 件，未成年人案件 2 595 件，有效地维护了五类贫弱群体合法权益，化解了社会矛盾，促进了社会公平和正义，维护社会和谐稳定。此外，由于我国经济发展的不平衡，我国法律服务资源的分配也没有达到平衡发展状态。尤其是少数民族人群，往往因为所处的环境、法律服务的认知等相对低于我国的平均水平，因此，在受援人群中，少数民族通常是弱势群体中更为弱势一方。2013 年，项目支持少数民族为受援人的案件8 162件，补贴办案经费1 166 万元，占总额的11.67%，帮助受援群众挽回直接损失 3.28 亿元。

2. 提升法援质量，保障司法公正。2013 年，项目资助办理的民事法律援助案件中，胜诉或部分胜诉（包括调解或和解案件）的案件约占办结民事案件总数的 90%。刑事法律援助案件中，辩护意见或代理意见被审理法院全部采纳或部分采纳的约占已办结刑事案件总数的 92%。项目资助办理了 713 件重大疑难案件和 690 件执行案件。通过项目的实施，受援人真正获得了法律上的公正，也取得了应得的经济利益。

3. 缓和社会矛盾，维护社会稳定。中央专项彩票公益金法律援助项目引导群众通过法律途径解决纠纷，将不安定因素消弭在萌芽状态，从而缓和了社会矛盾，维护了社会的稳定。群体性案件由于涉及人数较多，处理不好容易激化矛盾，不利于稳定大局，通过法律途径是解决这类案件最合法，也最合理的方式。2013 年，项目共资助了 3 人以上的群体性案件 6 339 件，占总资助案件数的 10.5%，涉案金额超过 6.2 亿元。另外，从承办结果的角度来看，2013 年，所有补贴的案件中有 28 977 件是通过调解或和解结案的，约占本期补贴案件总数的 47.9%。调解结案不仅有利于节约诉讼资源，更能使双方当事人最终心平气和，做到定纷止争，案结事了，有利于社会的和谐和稳定。

4. 扶持社会力量，创新社会管理。随着改革开放的日益深入，社会组织或团体参与管理社会事务的呼声也越来越高，特别是与专业事务相关的事项。法律援助工作既是一项专业性极强的工作，又是一件会影响纠纷或诉讼中受援人切身利益的社会事务。因此，从中央专项彩票公益金项目设立之初，就一直在尝试社会组织或团体的参与——主要为民办非企业单位和高校社团。2013 年，参与项目实施的民办非组织有 9 家，比 2012 年多出 2 家；高等法学院校社团组织 12 家，相比 2012 年的 5 家，翻了一番还多。据统计，2014 年的民办非企业单位社团组织达到 18 家，高校社团组织达到 14 家，呈现逐年递增的趋势。从项目实施情况来看，2013 年，民办非企业单位共实际申报案件 3 278 件，占案件总数的 5.4%，获得项目补贴 758.39 万元，帮助受援群众挽回损失 1.03 亿元。高等法学院校社团申报案件 228 件，获得补贴 48.02 万元，帮助受援群众挽回损失 1 379 万元。

（中国法律援助基金会供稿）

2013年中央专项彩票公益金支持农村贫困母亲两癌救助项目组织实施情况

2009年以来，在党中央高度重视和财政部的大力支持下，国家卫生计生委（原卫生部）和全国妇联共同推动实施农村妇女“两癌”免费检查项目。为解决贫困患病妇女的救治问题，全国妇联于2011年设立了“贫困母亲两癌救助”基金。财政部每年从中央专项彩票公益金中拨付专款用于患病贫困妇女救助工作。三年来，全国妇联规范运作、精心组织，认真做好救助资金发放工作，确保农村患病贫困妇女得到及时救助，并逐步推动形成规范化、长效化救治工作机制。

截至2014年3月，2013年度1亿元救助金已按比例全部拨付到全国31个省（区、市）和新疆生产建设兵团。

一、积极争取，扩大救助项目覆盖面

为深入贯彻落实党的十八大提出的“加强社会建设，必须以保障和改善民生为重点”的指示精神，全国妇联充分发挥妇联组织作为党和政府联系妇女群众的桥梁纽带和国家政权的重要社会支柱的作用，把惠及农村妇女的“两癌”救助项目作为党和国家的民生工程，继续做好做实。一是扩充救助资金总量。全国妇联立足广大贫困患病妇女救助需求，在深入调研、认真研究的基础上，积极争取财政部的大力支持，2013年救助基金在2012年基础上追加5 000万元，资金规模达到1亿元，实现了救助资金和救助覆盖面的倍增，让更多贫困患病妇女真切享受到了党和政府的关爱。二是向贫困地区的倾斜。由于中西部地区财力有限，贫困面大，患病贫困妇女人数较多，全国妇联在救助资金分配中，始终坚持对中西部地区的倾斜，进一步扩大了中西部不发达地区贫困患病妇女救助覆盖面。

二、规范运作，管好用好专项基金

2013年，为管好用好专项基金，确保农村贫困母亲切实受益，全国妇联从三个方面开展工作。一是加强监督管理。下发《关于拨付部分“贫困母亲两癌救助专项基金”的通知》，要求各级妇联做到专款专用，建立项目财务专户和台账，搞好项目资金记账、原始凭证等管理。对每位救助者建立信息档案，内容包括姓名、身份证号码、患病情况、婚姻状况、联系方式、确诊医院情况、救助时间等。各级妇联及时转发相关通知，对救助基金的使用范围、标准、申报方式、资金拨付等作了详细要求，同时明确相关材料的报送内容及程序。二是下拨及时、迅速。在收到财政部拨付的1亿元中央专项彩票公益金后，根据全国妇联对各地申报的核准情况，全国妇联立即正式向各地下发拨款通知，要求各地于收到款项之日起两个月之内将资金下拨到户。各地采取集中发放与入户发放相结合的方式，简化发放程序，及时发放救助金。许多省（市）由妇联主席或分管副主席亲自带队，在春节和三八国际妇女节前后，走村入户，将党和国家的关心与温暖送到贫困患者的手中。三是严格规范执行。各级妇联严格按照全国"两癌"贫困母亲救助基金管理办法，加强信息收集，按照救助政策，对患癌妇女认真筛选、严格把关，确定救助对象。各省级妇联要求县级妇联严格规范资金的管理，严格发放程序，确保救助资金一分不差地发放到受助人手中，同时，省级妇联根据项目县提供相关材料，对受助妇女、家人及所在地进行不定期询查。

三、积极探索，形成多部门协作的长效机制

为推进贫困母亲"两癌"救助工作的规范化制度化，各地通过建立农村妇女"两癌"免费检查相关部门参加的联席会议，完善了多部门协作的长效工作机制，明确分工，密切合作，推动工作取得较好成效。一是形成检查与救助相衔接的工作机制。各地妇联对"两癌"免费检查受检妇女开展摸底建档和后期跟踪，努力做到应知尽知，应检尽检，及时救治并争取救助。检查前，乡镇、村级妇联（女）干部走村入户摸底调查，登记信息，确保符合条件的农村适龄妇女应检尽检。检查中，定期与卫计部门沟通，了解、掌握确诊患病妇女信息，及时将检查结果反馈本人，提高了妇女参检积极性。检查结束后，继续跟踪患病妇女治疗情况及家庭状况，并充分发挥组织优势，把"两癌"免费检查工作与贫困患病妇女救助相结合，积极为贫困患病妇女争取救助。二是探索将检查与救助纳入工作考核。各地妇联积极探索将农村妇女"两癌"检查和"贫困母亲两癌救助专项基金"项目工作纳入妇联组织工作考核目标。安徽、重庆、西藏等地妇联已将该项工作列入妇联系统工作考核内容，作为年度考核、评先评优重要依据，确保工作有效推进。三是探索形成"两癌"救助保障的长效机制。各地妇联结合当地具体实际，积极争取"两癌"救助政策，不断拓展"两癌"救助模式，进一步健全救助保障的长效机制。福建、浙江和安徽等地妇联探索将"两癌"救治纳入新农合重大疾病保障范围，推动形成新农合补助、政府救助、社会援助共同参与的救助机制，对检查中确诊的"两癌"患病贫困妇女，通过政策性救助与多渠道救助相结合的方式，扩大帮困救助覆盖面，较好地解决了查治衔接的问题，提高了项目实施的效益。

四、依托网络，提高救助工作信息化水平

随着"两癌"免费检查项目试点地区的扩大，加之"两癌"检查人群年龄由35—59岁扩大至35—64岁农村妇女，"两癌"贫困母亲救助工作也面临患病人员增加，信息量增大，信息反馈困难的问题。为了做好项目监测管理，落实项目信息反馈和信息公开工作，全国妇联借助网络媒介，建立了多层次的信息报送渠道。一是利用农村妇女“两癌”免费检查项目信息网络采集系统，动态管理救助项目。在继续强化完善系统网上申报和审批功能基础上，对网络采集系统进行优化升级，整合“两癌”检查、宣传和救助等三项信息采集数据，形成统一的“两癌”工作信息库，以更加及时、全面、立体地掌握各地项目执行情况，推进“两癌”工作进一步规范化、信息化。二是利用腾讯工作群，畅通救助项目信息沟通渠道。全国妇联妇女发展部、中国妇女发展基金会充分利用全国农村妇女“两癌”免费检查项目腾讯工作群、贫困母亲“两癌”救助腾讯工作群，通过工作群下发通知、研究问题，畅通与各地的联系，加强对工作的实时监控和动态管理，形成了“两癌”项目管理和运营的大团队。良好的工作方法被地方妇联纷纷效仿，有的地方建立了省级、市级甚至县级“两癌”工作群，有效提升了工作效率。三是开展信息员培训，加强工作指导。2013 年 12 月针对网络采集系统优化升级以及上年各项目省（区、市、乡/镇）信息填报过程中存在的问题，对各省（区、市）妇联信息员进行专项培训，为新一期项目顺利实施和信息及时反馈打下了坚实基础。各地妇联也纷纷举办“两癌”宣传培训和救助工作信息员培训班，开展线上线下培训，加强对各市、县、乡在操作中的指导。

五、示范带动，引导各地拓宽救助资金渠道

在“贫困母亲两癌救助”中央彩票专项公益金的带动下，各地妇联积极协调当地财政、民政、卫计部门支持，出资扩大“两癌”救助范围，同时积极争取社会资源，确保更多患病贫困妇女尽早受助治疗。一是争取地方财政支持。各地妇联积极争取当地政府财政支持，努力扩大农村妇女“两癌”检查和救助政策覆盖面，探索出可推广可复制的先进模式。山西省用省财政 100 万元妇女扶贫专项资金实施了山西省“贫困母亲两癌救助”项目，扩大了项目覆盖面，增加了受益人群。陕西省铜川市大胆尝试，实现了农村“两癌”筛查和全市“两癌”救助“两个全覆盖”，逐步形成规范化、长效化的工作机制，切实从源头上解决农村妇女治病难的现状，成为全省闻名的“铜川模式”。陕西省长武县政府出资 33 万元，率先实现了县级“两癌”救助全覆盖，为其他县（区）救助工作树立了样板。二是多渠道争取救助资金。各地妇联多形式开展救助活动，通过各种渠道和措施筹措资金，发挥财政救助基金的示范带动效应，扩充救助资金总量。河南省各级妇联多方筹措救助资金 200 万元，救助贫困患癌妇女 556 人。福建省妇联积极拓宽救助渠道，母亲节期间，福建省妇联与福建省红十字会联合开展了以“关爱母亲·情暖八闽”为主题的“母亲健康 1 + 1”大型公益募捐活动，全省联动，共募集贫困妇女“两癌”救助资金 315 万元。

六、加强宣传，打造公益项目品牌

为提升项目社会影响力，着力打造中央专项彩票公益金支持“农村贫困母亲‘两癌’救助”公益项目品牌，全国及各

地妇联充分发挥优势，利用广播、电视、报纸报刊、网络等媒体，强化全国农村妇女“两癌”免费检查项目及救助基金宣传力度，广泛而深入地开展了多层次、多形式的宣传活动。据不完全统计，2013年各级妇联组织举办“两癌”培训班1 800多期，举办知识讲座3 000多场，在网络、报纸等媒体刊登宣传文章1万多篇，发放宣传资料达400万份。一是统一宣传标识与口径。全国妇联对“贫困母亲两癌救助”中央专项彩票公益金项目发放仪式使用的横幅、信封以及宣传报道用词都提出明确要求，在全国范围的救助基金发放和宣传报道中切实做到标准明确、标识清楚、口径统一、宣传到位，着力突出中央彩票公益金在关注妇女健康、改善妇女民生中的重要作用。二是开展“健康与美丽同行”“两癌”宣传活动。在天津、成都、上海、长沙等地举办了“健康与美丽同行”长跑活动，发动了数千名妇女群众积极参与，通过健康长跑、防治知识宣传、专家咨询等方式，普及“两癌”防治知识和救助政策。三是利用主流媒体，扩大项目影响力。在三八国际妇女节前后，全国妇联与央视社会与法频道的《道德观察》栏目合作，协调央视记者赴贵州、重庆两地采访“两癌”患病贫困妇女，制作播出“两癌”特别节目。三八国际妇女节前后，各地各级妇联精心组织策划一系列“两癌”主题宣传活动，面向乡镇、村庄、社区、街道妇女群众开展义诊及健康教育活动，张贴宣传海报，发放健康教育宣传小册，普及“两癌”防治知识，增强了群众健康防癌意识。四是动员地方宣传力量，提升项目知晓度。各省（市）充分利用地方电视台、报纸和网络等宣传力量，在黄金时段和主要版面，深入介绍“两癌”救助政策，报道救助情况，提高社会关注度，提高项目知晓率。辽宁省大连市妇联创新实施“双丝带行动”（乳腺癌防治粉红丝带行动和宫颈癌防治湛蓝丝带行动），聘请当地知名女性做代言，宣传“两癌”防治知识。五是发挥妇联组织优势，广泛深入开展宣传。各地妇联充分发挥妇联组织纵向到底、横向到边的组织网络优势和县、乡、村各级妇联干部的工作优势，深入社区、农村广泛宣传健康知识、妇女病普查的重要意义、“两癌”检查项目的有关内容及各项救助政策，使广大妇女的自我保健意识不断提高，开展妇女病普查工作的覆盖面得以拓展。

实践证明，中央专项彩票公益金支持农村“贫困两癌母亲救助”项目的实施，充分体现了政府和社会对妇女健康的重视和关注，提高了广大妇女对“两癌”防治知识的知晓率，增强了妇女的自我保健意识，促进了“两癌”等常见疾病的早诊早治，降低了疾病负担和因病死亡的风险，受到了党政领导的高度重视和妇女群众的普遍欢迎，产生了良好的社会、经济效益。

（中国妇女发展基金会供稿）

2013年中央专项彩票公益金支持新疆社会福利设施建设项目组织实施情况

根据《财政部关于下达2013年中央专项彩票公益金支持新疆社会福利设施建设项目资金的通知》（财综［2013］69号），2013年7月财政部安排中央专项彩票公益金支持新疆维吾尔自治区福利基础设施建设资金3.7亿元，主要用于养老福利服务设施，孤残、流浪儿童服务设施的土建及设备购置。共安排项目107个，其中：各地（州、市）项目105个，自治区本级项目2个。

一、各地（州、市）项目资金使用和项目进展情况

2013年7月，财政厅收到中央专项彩票公益金资助项目资金后，立即会同民政厅将各地（州、市）105个项目2.74亿元建设资金及时拨付各地，并督促各级民政部门认真做好项目前期准备工作，确保各项目工程按照项目规划按时开工建设；同时，要求各级财政部门及时拨付资金，为项目实施提供资金保障。

1. 养老福利服务设施，共安排项目97个，其中：地县级养老项目4个，乡镇级养老中心39个，社区老年人日间照料中心54个；共下达资金23 550万元，其中：地县级4 950万元，乡镇养老中心7 800万元，社区老年日间照料中心10 800万元。

2. 孤残、流浪儿童服务设施，共安排项目10个，其中：自治区级孤残儿童福利项目2个，地县级项目8个；共下达资金3 850万元，全都是为地县级项目，自治区级孤残儿童福利2个项目资金还未安排。

二、自治区本级项目资金使用和项目实施情况

2013年，从中央专项彩票公益金中安排0.96万元用于支持自治区本级2个福利基础设施建设项目，分别为新疆艾滋病致孤儿童救助安置指导中心和自治区孤残儿童康复中心。截至目前，这两个项目都未开工。

（一）新疆艾滋病致孤儿童救助安置指导中心

该项目建设地点位于乌鲁木齐市水磨沟区，项目规划建设面积9 000平方米，设置床位260张，并购置相关设施设备。项目总投资4 600万元，全部申请中央彩票公益金。其中：艾滋病致孤儿童救助用房及附属设施建设需投资2 700万元，配套设施设备需投资1 900万元。

该项目主要建设内容为儿童养育、教育培训业务用房。主要包括：儿童生活用房、教育培训用房、文体活动用房、医务用房等。配套设备主要包括：购置儿童的生活起居、教育培训、文化娱乐、医疗保健等设施设备。目前，自治区民政厅正在落实前期工作。

（二）自治区孤残儿童康复中心

该项目建设地点位于乌鲁木齐市水磨沟区，规划建设面积 9 000 平方米，新增床位 260 张，并购置相关设施设备。项目总投资 5 000 万元，全部申请中央彩票公益金。其中：孤残儿童康复用房及附属设施建设需投资 2 700 万元，配套设施、设备需投资 2 300 万元。

该项目主要建设内容：孤残儿童生活、医务、康复、教育和技能培训用房及室外场地，配餐中心等附属设施；配套设备主要包括购置残疾儿童医疗保健、手术矫治、康复训练、业务培训等相关设施设备。目前，自治区民政厅正在落实前期工作。

（新疆维吾尔自治区财政厅综合处供稿）

2013 年中央专项彩票公益金支持西藏社会公益事业建设项目组织实施情况

2013 年中央财政共下达西藏自治区中央专项彩票公益金 7.97 亿元，共落实项目 21 个大项 232 个子项。

一、社会福利项目

社会福利项目资金达 3.05 亿元，落实项目 9 个大项 194 个子项（含 8 个县“五保”集中供养建设资金 6 555 万元）。

1. 实施日喀则、山南、昌都、林芝、那曲、阿里 6 地（市）流浪未成年人救助保护中心改扩建项目 6 个，总建筑面积 6 000 平方米，床位 856 张。具体内容包括：儿童居室、观察区、教育设施、医疗设施、康复设施、心理辅导及矫正室、娱乐活动室、后勤保障设施、餐厅、浴室等业务用房，附属设施包括室外活动场地、绿化、设备购置等，总投资 3 800 万元。

2. 实施昌都、林芝、那曲地区儿童福利院改扩建项目 3 个，总建筑面积 6 000平方米，床位 1 500 张。具体内容包括：医疗设施、康复设施、心理辅导及矫正室、娱乐活动室、后勤保障设施、餐厅、浴室等业务用房，附属设施包括室外活动场地、绿化、设备购置等，总投资 2 000万元。

3. 实施拉萨、山南、日喀则、林芝、昌都、那曲、阿里 7 地（市）37 个县社会福利中心新建项目 37 个，总建筑面积 22 200 平方米，具体内容包括：活动室（棋牌室、乒乓球、台球室、图书阅览室、健身房、多功能活动厅）、老年保健及理疗室、婚庆服务活动室、社区服务用房及附属设施等，总投资 5 760 万元。

4. 实施拉萨市达孜县、那曲地区安多县及申扎县老年护理院新建项目 3 个，总建筑面积 3 000 平方米，具体内容包括：老年宿舍、护理人员宿舍、食堂、医务室、老年保健及理疗室、娱乐活动室、室外活动设施及附属设施等，总投资 3 000万元。

5. 实施山南、林芝、那曲、日喀则、阿里 5 地（市）共 160 个乡镇敬老院新建项目 42 个，总建筑面积 12 600 平方米，具体内容包括：老人宿舍、护理人员宿舍、餐厅、医务室、活动室、室外活动设施及附属设施等，总投资 4 080 万元。

6. 实施日喀则地区日喀则市、山南地区乃东县、林芝地区林芝县、昌都地区昌都县、那曲地区那曲县和阿里地区噶尔县灾害应急避难场所新建项目 6 个，总建筑面积 31 500 平方米，具体内容包括：物资储备库及指挥室、医疗救护室和工作人员住房、供水及附属设施等，总投资4 240.6万元。

7. 实施拉萨、日喀则、山南、阿里、昌都、那曲6地（市）社区服务设施建设项目35个，总建筑面积10 600平方米，具体内容包括：服务用房、图书阅览室、文体活动室、便民服务室、警务室、一站式服务大厅、活动用房等，附属设施包括围墙、绿化、道路、水、电、气等，总投资2 650万元。

8. 实施拉萨、昌都、阿里、林芝、山南、那曲、日喀则7地（市）农村社区综合服务设施建设项目83个，总建筑面积16 600平方米，具体内容包括：服务用房、一站式服务大厅、活动用房等，附属设施包括围墙、绿化、道路、水、电、气等，总投资4 150万元。

9. 实施拉萨市、拉萨市城关区和日喀则地区荣军院新建项目共3个，总建筑面积2 700平方米，具体内容包括：宿舍、食堂、医务室、娱乐活动室、澡堂以及附属设施等，总投资800万元。

二、公共体育项目

公共体育项目资金4.48亿元，落实项目11个大项23个子项。

1. 实施拉萨市健身训练中心及配套设施项目共5个，总建筑面积59 745平方米，具体内容包括：新建体育科研服务综合楼，运动员公寓、餐厅及器材库，马术训练馆，拉萨健身竞赛训练场，改扩建民族传统体育训练竞赛场等，总投资6 075万元。

2. 实施拉萨市登山体验健身馆和羊八井高山训练基地新建项目共2个，具体内容包括：新建登山体验健身馆和羊八井高山训练基地设备，附属设施及配套设备建筑面积6 000平方米，羊八井高山训练基地含攀岩塔人工崖壁、夏令营帐篷、制氧器、高压氧仓、发电机、望远镜、大功率音响、健身器材等，总投资2 550万元。

3. 实施西藏高山救援队装备新建项目共1个，具体内容包括：帐篷、技术装备、队员个人装备、培训费、救援设备等，总投资146万元。

4. 实施4 761个行政村体育健身场地设备新建项目共2 160个，具体内容包括：篮球架、乒乓球台、台球、全民健身路径器材、射箭和抱石头等民族传统体育项目器材等，总投资25 490.5万元。

5. 实施自治区游泳馆新建项目共1个，具体内容包括：服务设施（观众座椅、餐饮设备、休息室设备等）、体能康复（空气波压力治疗仪、被动关节康复机、震动训练器、理疗设备、体育恢复室等）、比赛专业设备（大屏幕显示器、电子终端系统、游泳玻璃钢垫箱等），总投资400万元。

6. 实施自治区体育馆更新设备更新项目共1个，具体内容包括：更换看台观众座椅，更换变压器、配电房、电子显示屏系统，更换馆内比赛场地板，新增馆内取暖设备，屋面及消防设施设备改造，总投资225万元。

7. 实施县级全民健身活动中心新建项目共7个，建筑面积为1 500—2 000平方米，可设置5种以上体育设施，每个全民健身活动中心623万元（其中建筑工程投资400万元，配套设备及专业器材223

万元)，总投资 4 675 万元。

8. 实施西藏体育公共服务设施维修改造改扩建，具体内容包括：西藏七地市的体育场改扩建和设备更新（田径场煤渣跑道改建为塑胶跑道、足球场土场改建为人工草坪场地)、完善服务设施（增加看台观众席位、新闻媒体设施)、购置设备（大屏幕显示器、电子终端系统、标准训练比赛器材）等，总投资 2 500 万元。

9. 实施西藏自治区登山队林芝攀岩训练基地新建项目共 1 个，具体内容包括：攀岩训练基地及配套设备、拓展训练场地及配套设备等，总投资 300 万元。

10. 实施西藏培养体育后备人才基地建设及配套设备新建项目 2 个，具体内容包括：训练教学环境建设、训练设施设备建设、工作生活环境建设等，总投资 1 625万元；加强和改善西藏业余体校办学条件，购置体育器材等投资 157. 25 万元。

11. 实施西藏民族传统体育训练基地建设新建项目共 2 个，具体内容包括：新建运动员公寓及配套设施、马厩维修改造及配套设备、大门和值班室维修及配套设备等，总投资 700 万元。

三、残疾人事业建设

残疾人事业建设资金 4 400 万元，落实 1 个大项 15 个子项目，即在拉萨、昌都、山南、日喀则、那曲、林芝、阿里 7 地（市）县残疾人综合服务基础设施新建，总投资 4 452. 55 万元。截至 2013 年底，项目实施进度已达到 90% 以上。

四、产生的效果

通过这些项目的实施，从根本上解决了自治区社会福利和体育公益事业基础设施滞后的问题，极大地改变了社会公益事业的面貌，切实提高了广大人民群众特别是普通农牧民享受社会福利、体育公共设施的水平和质量，将党的温暖带到了西藏彰显了“公益彩票、利国利民”宗旨。

（西藏自治区财政厅综合处供稿）

2013 年中央专项彩票公益金支持江西省原中央苏区社会公益事业建设项目组织实施情况

一、整体情况

为贯彻落实国务院《关于支持赣南等原中央苏区振兴发展若干意见》（国发［2012］21 号）精神，中央财政 2013 年—2015 年安排专项彩票公益金 10.5 亿元用于江西省原中央苏区社会公益事业发展，分 3 年进行安排：2013 年安排 5.31 亿元，2014 年安排 4.23 亿元，2015 年安排 0.96 亿元。江西省 2013—2015 年组织实施的社会公益事业建设项目共计 119 个，项目构成主要由“三院”（光荣院、福利院、敬老院）项目、重度残疾人托养项目、全民健身项目组成，项目总投资 20.41 亿元，其中地方自筹资金 99 109 万元，申请中央补助资金 10.5 亿元。

2013 年 6 月，江西省制定下发了《江西省中央专项彩票公益金支持赣南等原中央苏区社会公益事业项目资金管理办法》，对中央财政安排的专项彩票公益金 10.5 亿元进行规范管理，明确项目资金使用范围、拨付程序、监督管理，确保资金专款专用。

二、2013 年项目实施情况

2013 年，江西省组织实施社会公益事业建设项目 105 个，赣州市 87 个项目，其中 6 个项目已经竣工或已完成主体工程，53 个项目已经开工或已经开始了主体工程建设，19 个项目正在开展征地拆迁、规划设计、施工图设计及招投标等相关工作，9 个项目基本完成项目立项、选址和用地落实工作，预计部分项目年底完成竣工；吉安市永新县 5 个项目；抚州市广昌县 7 个项目，其中 5 个项目年底前完成竣工；抚州市黎川县 6 个项目，其中 3 个项目年底完成竣工。

2013 年 7 月，中央财政下达专项彩票公益金 5.31 亿元，江西省财政厅已全部下达给市、县财政。

（江西省财政厅综合处供稿）

2013年中央专项彩票公益金支持福建省原中央苏区社会公益事业建设项目组织实施情况

《财政部关于2013至2015年安排中央专项彩票公益金支持福建省原中央苏区社会公益事业建设项目的通知》（财综［2013］59号）下发后，福建省委、省政府高度重视，福建省财政厅、福建省民政厅和福建省体育局多次召开协调会，研究落实相关资金下达和项目建设工作。福建省原中央苏区人民欢欣鼓舞，纷纷表示感谢党中央、国务院对苏区人民的亲切关怀。

一、精心组织规划，项目申报有序展开

福建省财政厅、福建省民政厅和福建省体育局共同赴22个原中央苏区县，对申报项目进行实地考察，并研究制订《中央专项彩票公益金支持福建省原中央苏区社会福利中心和全民健身体育活动场所项目建设规划》（闽财综［2013］40号，以下简称《规划》）和《中央专项彩票公益金支持福建省原中央苏区社会公益事业建设项目管理办法》（闽财综［2013］41号，以下简称《项目管理办法》）。原中央苏区县（市、区）党委、政府及相关部门已充分做好了项目的组织实施准备工作，22个原中央苏区县（市、区）于2013年8月底前全部上报项目申报规划书，申报社会福利中心项目有7个（诏安县、宁化县、明溪县、建阳市、武夷山市、武平县、漳平市），申报全民健身体育活动场所项目有15个（南靖县、平和县、沙县、清流县、建宁县、泰宁县、将乐县、光泽县、邵武市、浦城县、新罗区、永定县、上杭县、连城县、长汀县）。

二、合理拨付资金，工程建设高效推进

2013年，根据《财政部关于下达2013年中央专项彩票公益金支持福建省原中央苏区社会公益事业建设项目资金的通知》（财综［2013］82号），中央下达福建省专项彩票公益金3亿元，其中：用于支持社会福利事业资金9 545万元，用于支持体育事业资金20 455万元。根据《规划》和《项目管理办法》，省级财政依据工程进度等因素，及时将资金分配到22个原中央苏区县（市、区），督促加快全民健身体育活动场所和社会福利中心建设。截至2013年底，7个原中央苏区县（市、区）申报的社会福利中心项目，已有2个主体建筑完工，3个主体建筑基本完工，2个正在征地拆迁；15个原中央苏区县（市、区）申报的全民健身体育活

动场所建设项目，已有6个主体建筑完工，5个主体建筑基本完工，4个正在征地拆迁。原中央苏区县（市、区）财政部门根据《项目管理办法》的总体要求，切实加强项目资金使用管理，督促建设部门推进工程建设，提高中央专项彩票公益金使用效益。

福建省将继续加强对中央专项彩票公益金的资金使用效率和扶持项目建设进度管理。一方面，进一步建立健全与人口老龄化进程相适应、与经济社会发展相协调的社会养老服务体系；另一方面，加大全民健身体育场馆建设力度，切实解决群众日益增长的体育活动需求与社会体育资源不足的矛盾，通过扎实工作和不懈努力，推进福建省原中央苏区社会公益事业发展水平迈上新台阶。

（福建省财政厅综合处供稿）

2013年中央专项彩票公益金支持广东省原中央苏区社会公益事业建设项目组织实施情况

经请示国务院同意，财政部2013—2015年安排中央专项彩票公益金2.1亿元，支持广东省原中央苏区社会公益事业项目建设。

为规范项目管理，提高资金使用效益，根据《彩票管理条例》、《彩票管理条例实施细则》、《彩票公益金管理办法》等规定，广东省财政厅制定《2013—2015年中央专项彩票公益金支持中央苏区县社会公益事业建设项目管理办法》（以下简称《办法》），明确项目资金的使用范围，包括群众体育活动场所建设、敬老院建设、残疾人救助三类；明确资金分配、资金使用管理、监督管理等内容，切实规范资金管理。同时，为确保项目建设进度，《办法》将资金拨付与项目建设进展情况挂钩，确保项目推进有效，及早发挥资金使用效益。

经申报，广东省共确定南雄市、梅江区、梅县、平远县、蕉岭县、大埔县、丰顺县、兴宁市、五华县、龙川县、饶平县等11个苏区县42个社会公益事业建设项目，并根据各项目的预计进展情况，编制分年度项目规划表。按照规划，2013年拨付项目资金10 076万元，其中：用于支持社会福利事业资金1 340万元，用于支持体育事业资金6 751万元，用于支持残疾人事业资金1 985万元。

广东省高度重视原中央苏区社会公益事业建设。相关县（市、区）确定建设项目后，积极整合资源，加快落实新建项目的建设用地，多渠道筹集项目建设资金。财政部门收到2013年度的补助资金后，根据规划迅速将资金落实到项目，认真组织实施，加快推进项目建设，严格按照项目进度和资金管理要求拨付资金。2013年的项目补助资金共分配到39个项目，其中：敬老院建设项目12个，群众体育活动场所建设项目18个，残疾人救助项目9个。截至2014年4月底，有32个项目如期实施，其中14个项目基本完工。此外，7个项目正在开展前期工作。该项资金极好地支持了广东省原中央苏区县社会公益事业建设，社会效益凸显，资金安排的宗旨和目标得到了充分体现。

（广东省财政厅综合处供稿）

六、附　录

主要彩票品种简介

传统型彩票（Draw games）：又称被动型彩票，指由彩票发行者事先在彩票上印好号码，通常是5至7位数字，并将固定编组、中奖规则、奖金等级和中奖金额或实物公布，彩票销售一段时间后集中公开摇奖，购买者所购彩票的号码与开奖号码比对，以确定是否中奖和中奖奖级的彩票游戏。传统型彩票有着悠久的历史，遍布全球，我国福利彩票早期主要是此类彩票。由于购买传统型彩票需要等待开奖时间，因此随着即开型彩票的出现，购买者更青睐即买即刮即兑的即开型彩票，对传统型彩票的兴趣逐渐减少。

乐透数字型彩票（Lotto）：指由购买者从M个号码中选取N个号码（M>N）的组合为一注彩票进行投注，并与彩票发行者在投注活动结束后某一时点从M个号码中随机抽取的N个开奖号码的组合比对，以确定是否中奖和中奖奖级的彩票游戏。如福利彩票双色球、体育彩票超级大乐透等属于此类彩票游戏。

数字型彩票（Number）：指购买者从由0至9个号码构成的N组数列中选取其中一组排列号码为一注彩票进行投注，并与彩票发行者在投注活动结束后某一时点从相同数列集合中随机抽取的某一组开奖排列号码比对，以确定是否中奖和中奖奖级的彩票游戏。如福利彩票3D、体育彩票排列3等属于此类彩票游戏。

即开型彩票（Instant Games）：指彩票发行者在某一固定奖组的彩票中，将中奖符号印制在彩票介质上加以遮盖，并事先公告中奖符号，购买者从同一奖组的彩票中选购后可即时刮开遮盖物以确定是否中奖和兑奖的彩票游戏。如福利彩票刮刮乐、体育彩票顶刮呱属于此类彩票游戏。

竞猜型彩票（Toto）：指以某种竞赛结果确定投注中奖结果的彩票游戏。相对于其他纯粹的幸运型游戏而言，竞猜型彩票具有更多的个人智慧因素。如体育彩票足球彩票、篮球彩票属于此类彩票游戏。

（财政部综合司供稿）

2013 年世界彩票销售情况综述

2013 年，全球彩票总销量达到 2 840 亿美元（不包括视频彩票 VLT），比 2012 年的 2 752 亿美元增加 88 亿美元，增长 3%。视频彩票（VLT）共销售 259 亿美元，其中欧洲视频彩票销量为 176 亿美元，所占份额最大，达 68%；其次是北美，销售 82 亿美元，所占份额为 32%。

2013 年，欧洲彩票销售额达到 1 161.5 亿美元，仍居全球绝对领先地位；其次是亚洲和中东地区，销量为 797.2 亿美元；位于第三位的是北美洲，销量为 746 亿美元；中南美洲和加勒比地区排名第四，总销量为 71.4 亿美元，

在各类型彩票销量统计中，乐透型彩票销量为 1 187 亿美元，是最主要的彩票产品，占总销售额的 41.8%。其次，即开型彩票共销售 787.7 亿美元，占总销量的 27.7%，比 2012 年增长 3.7%。传统抽奖型彩票销售 214 亿美元，比 2012 年下降 7.3%。数字型彩票销售 173.9 亿美元，比 2012 年略有下降（2012 年为 176 亿美元）。基诺型彩票销售 119.8 亿美元，比 2012 年增长近 2%。体育竞猜型彩票销售 205.8 亿美元，同比增长 9.2%。

2013 年，意大利洛托马提克彩票公司销售 257.4 亿美元，在世界彩票发行机构中排名第一。中国福利彩票销售 241.4 亿美元，排名第二；中国体育彩票销售 217.2 亿美元，排名第三。法国游戏集团销售 170 亿美元，排名第四。西班牙国家彩票公司销售 122.3 亿美元，排名第五。

2013 年，新加坡彩票公司人均彩票销售额在全世界中排名第一，达到 1019 美元。美国马萨诸塞州彩票公司人均销售额排名第二，为 720 美元。希腊 OPAP 彩票公司列人均销售额排名第三，为 491 美元。芬兰 Oy 彩票公司人均销售额为 486 美元，列第四位。挪威彩票运营商 Norsk Tipping 人均销售额达 466 美元，列第五位。

2013 年世界彩票销售

单位：百万美元

地　区	乐透/乐透附加	数字型	基　诺	其　他	足　彩	抽签式	即开型/撕开式	总销售额
非洲	535.0	2.1	22.7	117.1	71.0	9.2	154.7	911.9
大洋洲	4 656.8	9.2	115.7	14.8	11.8	122.1	538.8	5，469.1
亚洲/中东	42 277.3	5 514.8	501.7	6 031.7	9 888.9	7 821.9	7 683.1	79 719.4
欧洲	48 760.2	819.3	7 488.0	7 996.7	9 909.7	11 632.7	29 541.1	116 147.8
中美洲、南美洲、加勒比海	5 022.8	950.3	111.5	21.0	111.0	782.6	137.1	7 136.3
北美洲	17 453.1	10 093.6	3 739.8	965.2	585.1	1 045.7	40 719.3	74 601.7
总计	118 705.3	17 389.3	11 979.5	15 146.4	20 577.4	21 414.3	78 774.1	283 986.1
占总额百分比	41.8%	6.1%	4.2%	5.3%	7.2%	7.5%	27.7%	100.0%

2013 年非洲彩票销售

彩票机构	国 家	年份	人口（百万）	乐透/乐透附加（百万美元）	数字型（百万美元）	基诺（百万美元）	其他（百万美元）	足彩（百万美元）	抽签式（百万美元）	即开型/撕开式（百万美元）	总销售额（百万美元）	人均销售额（美元）	汇率
阿尔及利亚体育彩票	阿尔及利亚	2003	32.5	5.0			0.1		0.5	6.9	12.5	0	0.0140
国家彩票	贝宁	2000	6.6				3.4	3.7		5.1	12.2	2	0.0014
国家彩票	布基纳法索	2008	15.7				62.1			7.1	69.2	4	0.0022
国家彩票	布隆迪	2010	9.9							0.6	0.6	0	0.0008
COGELO	刚果	1995	2.5				17.7				17.7	7	0.0020
国家彩票	科特迪瓦	2003	17.0							67.2	67.2	4	0.0019
国家彩票	埃塞俄比亚	2012	96.8	0.4					8.6	18.5	27.5	0	0.0543
国家彩票	冈比亚	1997	1.2				0.8			0.4	1.2	1	0.0955
国家彩票	加纳	2008	23.4	67.5							67.5	3	0.7927
慈善彩票	肯尼亚	1996	27.8						0.0	8.6	8.6	0	0.0185
Sociéte d'Explotiation	马达加斯加	1996	14.1	0.8						0.7	1.6	0	0.0003
LONAMA	马利	1999	10.8					0.1		0.0	0.2	0	0.0016
政府彩票	毛里求斯	2013	1.3	63.8						17.4	81.3	61	0.0319
体育彩票	摩洛哥	2006	33.2					27.0		13.3	40.3	1	0.1189
国家彩票	摩洛哥	2006	33.2	29.3	0.9	22.7					53.0	2	0.1189
莫桑比克博彩公司	莫桑比克	2003	19.4		1.1			1.0			2.1	0	0.0000
国家彩票	尼日尔	2003	10.4					11.9		1.0	12.9	1	0.0019
国家彩票	塞内加尔	2000	10.3				32.8	0.8	0.1	1.9	35.6	3	0.0014
南非国家彩票	南非	2013	48.6	361.4				20.2		5.5	387.2	8	0.0952
国家彩票	多哥	1999	5.3	6.8			0.1	6.3		0.5	13.7	3	0.0016
津巴布韦国家彩票	津巴布韦	2010	11.7				0.0			0.1	0.1	0	0.0027
总计				535.0	2.1	22.7	117.1	71.0	9.2	154.7	911.9		
占总额百分比				58.7%	0.2%	2.5%	12.8%	7.8%	1.0%	17.0%	100.0%		

2013 年亚洲/中东彩票销售

彩票机构	国　家	年份	人口（百万）	乐透/乐透附加（百万美元）	数字型（百万美元）	基诺（百万美元）	其他（百万美元）	足彩（百万美元）	抽签式（百万美元）	即开型/撕开式（百万美元）	总销售额（百万美元）	人均销售额（美元）	汇率
中国福利彩票	中国	2013	1 349.6	18 042.4	3 037.4	24.5				3 035.4	24 139.8	18	0.1636
中国体育彩票	中国	2013	1 349.6	13 464.3				5 534.9		2 720.0	21 719.1	16	0.1636
香港马会奖券有限公司	香港	2013	7.2	990.7							990.7	138	0.1290
幸运彩票	印度	2003	1 049.7	1 369.4							1 369.4	1	0.0219
马丁彩票代理	印度	2003	1 049.7	2.3	42.1				759.7		804.1	1	0.0219
瑞穗银行彩票部	日本	2013	125.7	3 068.4	783.7				4 617.5	495.7	8 965.3	71	0.0095
日本体育彩票中心	日本	2013	125.7						889.2		889.2	7	0.0095
韩国彩票联盟	韩国	2013	49.0				30.5		108.3	76.3	215.1	4	0.0009
Nanum Lotto, Inc.	韩国	2013	49.0	2 803.0			31.5		117.5	82.7	3 034.6	62	0.0009
体育足彩公司	韩国	2013	49.0					2 893.5			2 893.5	59	0.0009
济州岛（彩票）	韩国	2007	49.2				65.5				65.5	1	0.0011
韩国彩票协会	韩国	2007	49.2						23.2	32.4	55.7	1	0.0011
汉城奥林匹克彩票	韩国	2007	49.2					1 460.5			1 460.5	30	0.0011
Libanaise des Jeux	黎巴嫩	2005	3.8	68.0					18.7	3.3	89.9	23	0.0007
Magnum 彩票公司	马亚西亚	2010	28.3		1 162.9						1 162.9	41	0.3241
马来西亚体育足球彩票	马亚西亚	2013	29.6				1 115.5				1 115.5	38	0.3035
慈善彩票	菲律宾	2012	105.7	441.4	417.3	25.2			1.0	26.3	911.3	9	0.0243
新加坡博彩公司	新加坡	2010	4.7				4 788.7				4 788.7	1 019	0.7744
台湾彩票公司	台湾	2012	23.2	2 027.5	71.3	452.0				1 211.0	3 761.8	162	0.0343
政府彩票办公室	泰国	2008	65.9						1 286.8		1 286.8	20	0.0291
总计				42 277.3	5 514.8	501.7	6 031.7	9 888.9	7 821.9	7 683.1	79 719.4		
占总额百分比				0.5	0.1	0.0	0.1	0.1	0.1	0.1	100.0%		

2013 年大洋洲彩票销售

彩票机构	国　家	年份	人口（百万）	乐透/乐透附加（百万美元）	数字型（百万美元）	基诺（百万美元）	其他（百万美元）	足彩（百万美元）	抽签式（百万美元）	即开型/撕开式（百万美元）	总销售额（百万美元）	人均销售额（美元）	汇率
金匣子彩票公司	澳大利亚	2013	4.7	789.2				2.7	0.4	181.9	974.2	209	0.8873
新南威尔士州彩票公司	澳大利亚	2013	7.4	1 038.8				4.4	121.7	118.5	1 283.4	173	0.8873
新西兰彩票公司	新西兰	2013	4.4	624.4		24.1	14.8			120.8	784.2	177	0.8162
南澳大利亚彩票公司	澳大利亚	2013	1.7	261.1		91.6		0.5		32.3	385.5	231	0.8873
5 塔特萨尔彩票公司	澳大利亚	2013	6.9	1 335.1				3.0			1 338.1	195	0.8873
西澳大利亚彩票公司	澳大利亚	2013	2.5	608.2	9.2			1.1		85.3	703.7	280	0.8873
总计			27.6	4 656.8	9.2	115.7	14.8	11.8	122.1	538.8	5 469.1		
占总额百分比				85.1%	0.2%	2.1%	0.3%	0.2%	2.2%	9.9%	100.0%		

2013 年欧洲彩票销售

彩票组织	国家	年份	人口（百万）	乐透/乐透附加（百万美元）	数字型（百万美元）	基诺（百万美元）	其他（百万美元）	足彩（百万美元）	抽签式（百万美元）	即开型/撕开式（百万美元）	总销售额（百万美元）	人均销售额（美元）	汇率
奥地利彩票	奥地利	2013	8.2	1 488.2	25.3	0.0	1 668.1	13.8	44.6	198.7	3 438.6	418	1.3766
国家彩票	比利时	2013	10.4	1 220.0	6.6	15.2		15.3		298.1	1 555.2	149	1.3766
体育彩票	保加利亚	2012	7.5				100.4				100.4	13	0.6761
欧洲足球彩票	保加利亚	2003	7.5					42.6			42.6	6	0.6439
Hrvatska Lutrija	克罗地亚	2012	4.5	55.1		1.6	43.4	0.2		3.7	104.1	23	0.1743
政府彩票	塞浦路斯	2009	1.1	58.1	10.2	203.3		0.8	17.0	84.5	373.9	345	1.4332
SAZKA a. s·	捷克	2013	10.2	275.0		53.5	3.4	4.1		28.6	364.6	36	0.0502
Danske Lotteri Spil A/S	丹麦	2012	5.6	652.9		26.2	179.8			130.1	989.0	178	0.1772
D. K. Klasselotteri	丹麦	FY12	5.6						117.4		117.4	21	0.1772
AS Eesti Loto	爱沙尼亚	2013	1.3	51.6		3.6				9.9	65.1	51	1.3766
AS Spordiennustus	爱沙尼亚	2009	1.3			0.4	0.8	2.0		0.1	3.3	3	0.0916
Veikkaus Oy	芬兰	2013	5.3	1 097.2		527.8	218.4	531.1		183.8	2 558.2	486	1.3766
La Française des Jeux	法国	2013	65.7	4 414.7		2 613.7	90.7	2 269.6		7 617.3	17 006.1	259	1.3766
GKL（NKL & SKL）	德国	2012	81.1						162.3		162.3	2	1.3215
斯图加特足彩－乐透	德国	2013	10.8	997.5		25.0	90.1	30.8	60.2	48.7	1 252.3	116	1.3766
S. －Lotterie（巴伐利亚）	德国	2013	12.6	1 162.5		35.2	100.5	44.7	59.2	130.8	1 533.0	122	1.3766
D. Klassenlotterie（柏林）	德国	2011	3.5	284.2		10.4	23.7	6.7	10.0	3.5	338.5	97	1.2949
不莱梅足彩	德国	2004	0.7	76.4			8.6	7.8	2.2	1.5	96.4	145	1.3640
Nordwest Lotto, Kiel	德国	2007	2.8	319.9		8.3	58.7	18.6	8.6	6.9	421.1	148	1.4729
Lotterie Treuhand	德国	2013	6.1	629.1		21.4	53.3	19.1	30.8	54.4	808.1	132	1.3766
下萨克森州足彩－乐透	德国	2012	7.9	624.8		12.8	108.3	20.1	36.5	16.4	818.9	104	1.3215
Verwaltung. Lotte	德国	2003	1.8	125.0			24.0	6.4	3.1	4.6	163.0	91	1.2594
Westdeutsche Lotterie	德国	2012	17.8	1 613.9		30.2	157.8	61.5	51.8	63.6	1 978.8	111	1.3215
莱茵兰－普法尔茨州乐透	德国	2010	4.0	335.5		12.0	40.9	17.5	18.9	16.2	441.0	110	1.3252
萨尔体育彩票	德国	2013	1.0	128.6		4.2	12.3	4.3	6.2	4.5	160.1	158	1.3766
汉堡乐透	德国	2010	1.8	155.8		2.9	20.5	5.3	4.3	2.1	191.0	106	1.3252
L－Toto Sachsen－Anhalt	德国	2013	2.3	195.7		0.1	17.7	6.9	8.6	10.6	239.7	104	1.3766
Sächsische Lotto, Leipzig	德国	2011	4.1	279.4		8.7	28.2	7.1	5.8	13.9	343.1	83	1.2949
L. Brandenburg Lotto	德国	2011	2.5	173.4		6.4	20.9	6.2	3.4	3.2	213.5	86	1.2949
Loterie－Treuhand, Suhl	德国	2011	2.4	147.6		3.9	13.9	4.1	4.7	3.0	177.3	74	1.2949
直布罗陀政府彩票	直布罗陀	FY12	0.03						7.6		7.6	261	1.5514
OPAP	希腊	2012	10.7	350.3	214.9	2 835.3		1 847.9			5 248.5	491	1.3215
希腊国家彩票	希腊	2006	10.8						551.2		551.2	51	1.3203
Szerencsejáték RT	匈牙利	2013	9.9	420.8	99.4	24.3		339.8	23.5	221.3	1 129.1	114	0.0046
冰岛大学彩票	冰岛	2013	0.3						13.7	1.0	14.7	47	0.0086

续表

彩票组织	国家	年份	人口（百万）	乐透/乐透附加（百万美元）	数字型（百万美元）	基诺（百万美元）	其他（百万美元）	足彩（百万美元）	抽签式（百万美元）	即开型/撕开式（百万美元）	总销售额（百万美元）	人均销售额（美元）	汇率
Islensk getspá/getraunir	冰岛	2013	0.3	33.7				6.4			40.1	127	0.0086
国家彩票	爱尔兰	2013	4.6	657.9	17.9		36.5			230.9	943.1	206	1.3766
Rehab Lotteries	爱尔兰	2013	4.6		3.6		16.5			3.7	23.8	5	1.3766
以色列体育竞猜	以色列	2013	7.7					551.2			551.2	72	0.2868
米佛尔哈佩斯彩票	以色列	2013	7.6	417.0	410.1	158.9	9.2		125.6	398.3	1 519.0	200	0.2868
SISAL S. p. A.	意大利	2013	61.5	1 897.2			1 149.7	924.0		5.6	3 976.6	65	1.3766
Lottomatica S. p. A.	意大利	2013	61.5	8 718.0			2 740.8	1 049.0	52.9	13 179.6	25 740.2	419	1.3766
国家彩票	哈萨克斯坦	2013	15.6				6.8			6.5	13.3	1	0.0064
拉脱维亚乐透	拉脱维亚	2013	2.2	11.4	3.6	2.5	6.1			3.2	26.8	12	1.9548
OLIFEJA	立陶宛	2013	3.5	46.9		1.8	0.7			15.7	65.0	18	0.3977
Loterie Nationale	卢森堡	2010	0.5	73.4		28.7				22.0	124.1	244	1.3252
Lotarija na Makedonija	马其顿共和国	2008	2.6					9.6			9.6	4	0.0234
MALTCO	马耳他	2013	0.4	72.8		13.5	0.1	21.8		1.9	110.1	268	1.3766
摩尔多瓦彩票	摩尔多瓦	2013	4.3	0.4				0.2			0.5	0	0.0750
SNS	荷兰	2013	17.0	216.2	11.6	35.3		74.0		85.0	422.0	25	1.3766
SENS	荷兰	2011	16.7						1 063.1		1 063.1	64	1.2949
Norsk Tipping AS	挪威	2012	4.7	1 319.1		59.5	154.6	456.3		205.0	2 194.5	466	0.1790
总计 izator Sportowy	波兰	2013	38.4	602.1		289.0			43.5	148.0	1 082.6	28	0.3318
SCML	葡萄牙	2013	10.8	1 526.2				14.4	110.4	813.2	2 464.2	228	1.3766
罗马尼亚彩票	罗马尼亚	2011	21.8	136.3				16.8	0.8	6.8	160.7	7	0.2998
LLC TD Gosloto	俄罗斯	2013	138.1	188.4	7.6	2.0	23.4			40.6	262.1	2	0.0305
Tipos AS	斯洛伐克	2013	5.5	128.8		70.4	204.5	42.4		63.5	509.6	93	1.3766
Sportna Loterija d. d.	斯洛文尼亚	2013	2.0		0.0		21.1	69.9		2.4	93.4	47	1.3766
SELAE	西班牙	2012	47.4	5 098.6				500.8	6 629.0		12 228.4	258	1.3215
Loteria Catalunya	西班牙	2013	7.6	20.2	4.6	13.8	175.6		34.8	6.5	255.4	34	1.3766
ONCE	西班牙	2013	47.4	75.9		56.2			2 009.5	386.7	2 528.3	53	1.3766
AB Svenska Spel	瑞典	2013	9.1	686.1		189.4	88.2	781.8		528.2	2 273.6	249	0.1543
宾戈-乐透	瑞典	2011	9.1				100.4				100.4	11	0.1450
SwissLos	瑞士	2013	5.6	844.7		21.0	35.3	45.9		374.4	1 321.3	237	1.1230
Loterie Romande	瑞士	2013	1.8	307.4	4.0	49.7	142.7	11.2		284.1	799.1	443	1.1230
土耳其国家彩票	土耳其	2012	79.7	829.3					311.5	95.4	1 236.3	16	0.5581
国家彩票	乌克兰	2010	45.4	20.5		9.9					30.5	1	0.1239
英国国家彩票	英国	2013	63.4	7 498.4						3 472.9	10 971.3	173	1.6488
总计				48 760.2	819.3	7 488.0	7 996.7	9 909.7	11 632.7	29 541.1	116 147.8		
占总额百分比				42.0%	0.7%	6.4%	6.9%	8.5%	10.0%	25.4%	100.0%		

2013 年中美、南美和加勒比海彩票销售

彩票组织	国　家	年份	人口（百万）	乐透/乐透附加（百万美元）	数字型（百万美元）	基诺（百万美元）	其他（百万美元）	足彩（百万美元）	抽签式（百万美元）	即开型/撕开式（百万美元）	总销售额（百万美元）	人均销售额（美元）	汇率
国家彩票	阿根廷	2012	42.6	70.3	378.2	6.7		2.3	10.7	1.2	469.4	11	0.2037
C. Economica Federal	巴西	2013	208.0	4 604.3				43.4	119.2	64.0	4 830.9	23	0.4232
Polla 智利 na	智利	2013	17.2	187.9	6.2		2.5	17.4	3.7	15.2	232.9	14	0.0019
Lotería Concepcion	智利	2008	16.6	7.3		67.5			6.7	8.6	90.0	5	0.0016
Junta de Proteccion	哥斯达黎加	2013	4.6	6.4	47.7			0.2	294.1	16.1	364.5	79	0.0020
国家彩票	萨尔瓦多	2007	7.1						5.0	0.7	5.7	1	0.1165
Supreme Ventures Ltd.	牙买加	2009	2.8	27.6	242.9	3.6	16.1			1.5	291.7	103	0.0112
国家彩票	巴拿马	2001	2.8						343.1		343.1	121	1.0000
秘鲁 INTRALOT	秘鲁	2012	29.5	38.0	0.8	1.8	0.1	41.6		7.2	89.5	3	0.3914
圣卢西亚国家彩票	圣卢西亚	2013	0.2	1.7	5.2	0.0	0.7			1.3	9.0	55	0.3681
国家彩票	特立尼达	2010	1.2	37.8	191.3	3.4				17.0	249.5	203	0.1548
Banco de Quinielas	乌拉圭	2012	1.3	41.6	77.9	28.5	1.6	6.1		4.4	160.1	121	0.0520
总计				5 022.8	950.3	111.5	21.0	111.0	782.6	137.1	7 136.3		
占总额百分比				70.4%	13.3%	1.6%	0.3%	1.6%	11.0%	1.9%	100.0%		

2013年北美彩票销售

彩票机构	国家	年度	人口（百万）	乐透/乐透附加（百万美元）	数字型（百万美元）	基诺（百万美元）	其他（百万美元）	足彩（百万美元）	抽签式（百万美元）	即开型/撕开式（百万美元）	总销售额（百万美元）	人均销售额（美元）	汇率
大西洋彩票	加拿大	2013	2.4	269.8	1.5	12.1	11.6	37.3		328.6	660.9	279	1.0031
不列颠哥伦比亚彩票	加拿大	2013	4.6	487.9		237.1	92.5	50.6	30.5	225.8	1 124.4	245	1.0031
乐透－魁北克彩票公司	加拿大	2013	8.2	859.5	42.8	140.3	73.7	58.8	122.6	479.6	1 777.3	218	1.0031
安大略省彩票公司	加拿大	2013	13.5	1 780.0	125.6	83.2	64.5	290.4		1 016.9	3 360.5	248	1.0031
加拿大西部彩票	加拿大	2013	6.5	798.4	23.2	8.8		103.0		311.5	1 245.0	191	1.0031
Pronosticos	墨西哥	2008	111.2	386.0	113.7			44.9		15.6	560.2	5	0.0733
国家彩票	墨西哥	2009	111.2				1.2		431.8		433.1	4	0.0767
电子彩票	美国	FY12	3.7	108.1	283.5		6.5			54.2	452.3	123	1.0000
波多黎各彩票	美国	FY04	3.9						452.9		452.9	116	1.0000
维尔京群岛彩票	美国	FY10	0.1	4.6	1.1	0.2			7.9	3.1	17.0	154	1.0000
亚利桑那州彩票	美国	2013	6.6	238.9	8.8		10.7			459.8	718.2	108	1.0000
阿肯色州彩票	美国	2013	3.0	72.5	9.7		9.1			341.5	432.8	146	1.0000
加利福尼亚州彩票	美国	2013	38.3	1 375.3	161.9	176.9	18.8			3 111.6	4 844.5	126	1.0000
科罗拉多州彩票	美国	2013	5.3	189.4	6.4		0.1			368.2	564.1	107	1.0000
康涅狄格州彩票	美国	2013	3.6	216.3	241.3		5.4			671.7	1 134.7	316	1.0000
特拉华州彩票	美国	2013	0.9	52.4	44.4	4.9				49.4	151.1	163	1.0000
哥伦比亚特区彩票	美国	2013	0.6	45.1	107.0	11.7	18.0			56.2	238.1	369	1.0000
佛罗里达州彩票	美国	2013	19.6	1 397.7	576.4		28.1			3 225.7	5 228.0	267	1.0000
乔治亚州彩票	美国	2013	10.0	407.3	690.2	191.0	15.5			2 667.2	3 971.2	397	1.0000
爱达荷州彩票	美国	2013	1.6	62.4	1.8		2.8			135.4	202.5	126	1.0000
伊利诺伊州彩票	美国	2013	12.9	586.6	464.1		29.8			1 784.3	2 864.8	222	1.0000
印第安那州彩票	美国	2013	6.6	235.9	60.5		34.8			654.7	985.8	150	1.0000
爱荷华州彩票	美国	2013	3.1	107.9	10.0		0.2			217.2	335.4	109	1.0000
堪萨斯州彩票	美国	2013	2.9	84.3	5.9	19.7	9.0			138.5	257.5	89	1.0000
肯塔基州彩票	美国	2013	4.4	158.6	163.7	5.7				518.9	846.9	193	1.0000
路易斯安那州彩票	美国	2013	4.6	194.3	89.7		3.3			173.7	461.0	100	1.0000
缅因州彩票	美国	2013	1.3	48.1	9.3		6.3			166.4	230.1	173	1.0000
马里兰州彩票	美国	2013	5.9	264.0	513.3	322.2	166.4			470.9	1 736.9	293	1.0000
马萨诸塞州彩票	美国	2013	6.7	343.2	326.5	810.9	14.2			3 325.4	4 820.3	720	1.0000
密歇根州彩票	美国	2013	9.9	395.1	680.7	547.6	24.0			873.2	2 520.7	255	1.0000
明尼苏达州彩票	美国	2013	5.4	163.7	14.0		17.8			359.8	555.3	102	1.0000

续表

彩票机构	国　家	年度	人口（百万）	乐透/乐透附加（百万美元）	数字型（百万美元）	基诺（百万美元）	其他（百万美元）	足彩（百万美元）	抽签式（百万美元）	即开型/撕开式（百万美元）	总销售额（百万美元）	人均销售额（美元）	汇率
密苏里州	美国	2013	6.0	211.6	104.8	63.5	3.8			768.6	1 152.2	191	1.0000
蒙大拿州	美国	2013	1.0	31.5			7.2	0.2		16.6	55.5	55	1.0000
内布拉斯加州彩票	美国	2013	1.9	73.2	3.9					85.0	162.1	87	1.0000
新罕布什尔州彩票	美国	2013	1.3	74.1	9.9		3.3			190.7	278.0	210	1.0000
新泽西州彩票	美国	2013	8.9	698.1	710.5					1 503.3	2 911.9	327	1.0000
新墨西哥州彩票	美国	2013	2.1	67.4	3.6		0.8			69.6	141.4	68	1.0000
纽约州彩票	美国	2013	19.7	1 238.8	1 696.6	654.6	29.7			3 686.7	7 306.3	371	1.0000
北卡罗莱纳州彩票	美国	2013	9.8	315.0	375.1					1 110.6	1 800.7	183	1.0000
北达科他州彩票	美国	2013	0.7	28.1							28.1	39	1.0000
俄亥俄州彩票	美国	2013	11.6	393.0	558.7	267.3	90.3			1 371.6	2 680.9	232	1.0000
俄克拉荷马州彩票	美国	2013	3.9	107.5	5.9		0.2			86.3	199.9	52	1.0000
俄勒冈州彩票	美国	2013	3.9	115.2	1.4	91.9	6.8			113.4	328.8	84	1.0000
宾夕法尼亚州彩票	美国	2013	12.8	808.3	576.6		20.0			2 388.7	3 793.6	297	1.0000
罗得岛彩票	美国	2013	1.1	61.0	24.3	78.8	1.3			83.9	249.3	237	1.0000
南卡罗莱纳州彩票	美国	2013	4.8	181.2	220.9					846.9	1 249.0	262	1.0000
南达科他州彩票	美国	2013	0.8	31.0						26.3	57.3	68	1.0000
田纳西州彩票	美国	FY13	6.5	192.3	86.3					1 089.0	1 367.6	211	1.0000
德克萨斯州彩票	美国	2013	26.4	703.2	353.5		107.1			3 264.1	4 427.9	167	1.0000
佛蒙特州彩票	美国	2013	0.6	22.9	2.6		2.4			74.5	102.4	163	1.0000
弗吉尼亚州彩票	美国	2013	8.3	305.9	503.3		26.6			933.6	1 769.5	214	1.0000
华盛顿州彩票	美国	2013	7.0	188.7	28.6	5.8	0.1			368.9	592.1	85	1.0000
西弗吉尼亚州彩票	美国	2013	1.9	69.2	13.2	5.3				106.3	194.0	105	1.0000
威斯康星州彩票	美国	2013	5.7	202.5	36.7		1.2			329.4	569.9	99	1.0000
总计				17 453.1	10 093.6	3 739.8	965.2	585.1	1 045.7	40 719.3	74 601.7		
占总额百分比				23.4%	13.5%	5.0%	1.3%	0.8%	1.4%	54.6%	100.0%		

2013 年非洲彩票销售

单位：当地货币百万计

彩票机构	国　家	年度	货币	乐透/乐透附加	数字型	基诺	其他	足彩	抽签式	即开型/撕开式	总销售额
阿尔及利亚体育彩票	阿尔及利亚	2003	阿尔及利亚第纳尔	359			6		35	491	890
国家彩票	贝宁	2000	非洲金融共同体法郎				2 389	2 602		3 641	8 632
国家彩票	布基纳法索	2008	非洲金融共同体法郎				28 245			3 218	31 463
国家彩票	布隆迪	2010	非洲金融共同体法郎							780	780
COGELO	刚果	1995	中非金融合作法郎				8 738				8 738
国家彩票	科特迪瓦	2003	非洲金融共同体法郎							35 542	35 542
国家彩票	埃塞俄比亚	2012	埃塞俄比亚比尔	7					159	341	507
国家彩票	冈比亚	1997	达拉西				9			4	13
国家彩票	加纳	2008	加纳塞地	85							85
慈善彩票	肯尼亚	1996	肯尼亚先令						1	463	464
Sociéte d'Explotiation	马达加斯加	1996	马达加斯加法郎	3 393						2 813	6 207
LONAMA	马利	1999	西非法郎					95		2	97
政府彩票	毛里求斯	2013	毛里求斯卢比	2 000						546	2 546
体育彩票	摩洛哥	2006	摩洛哥迪拉姆					227		111	339
国家彩票	摩洛哥	2006	摩洛哥迪拉姆	246	8	191					445
Empresa de Lotarias	莫桑比克	2003	莫桑比克梅蒂卡尔		26 678			22 616			49 294
国家彩票	尼日尔	2003	中非金融合作法郎					6 292		523	6 815
国家彩票	塞内加尔	2000	中非金融合作法郎				23 286	573	68	1 331	25 258
南非国家彩票	南非	2013	南非兰特	3 796				213		58	4 067
国家彩票	多哥	1999	非洲金融共同体法郎	4 350			81.741	4 023		290	8 745
津巴布韦国家彩票	津巴布韦	2010	津巴布韦元				11			43	54

2013 年亚洲/中东彩票销售

单位：当地货币百万计

彩票机构	国家（地区）	年度	货币	乐透/乐透附加	数字型	基诺	其他	足彩	抽签式	即开型/撕开式	总销售额
中国福利彩票	中国	2013	元	110 311	18 571	150				18 558	147 590
中国体育彩票	中国	2013	元	82 320				33 840		16 630	132 790
香港马会奖券有限公司	香港	2013	港币	7 683							7 683
幸运彩票	印度	2003	印度卢比	62 500							62 500
马丁彩票代理	印度	2003	印度卢比	106	1 921				34 675		36 702
瑞穗银行彩票部	日本	2013	日元	322 985	82 494				486 057	52 180	943 717
日本体育彩票中心	日本	2013	日元						93 603		93 603
韩国彩票联盟	韩国	2013	韩元				32 457		115 166	81 154	228 778
Nanum Lotto, Inc.	韩国	2013	韩元	2 981 887			33 505		125 008	87 937	3 228 337
体育足彩公司	韩国	2013	韩元					3 078 183			3 078 183
济州岛（彩票）	韩国	2007	韩元				61 183				61 183
韩国彩票协会	韩国	2007	韩元						21 704	30 317	52 021
汉城奥林匹克彩票	韩国	2007	韩元					1 364 945			1 364 945
Libanaise des Jeux	黎巴嫩	2005	黎巴嫩磅	102 000					28 000	4 900	134 900
Magnum 彩票公司	马亚西亚	2010	马来西亚元		3 588						3 588
马来西亚体育足球彩票	马亚西亚	2013	马来西亚元				3 676				3 676
慈善彩票	菲律宾	2012	菲律宾比索	18 158	17 168	1 037			40	1 083	37 486
新加坡博彩公司	新加坡	2010	新加坡元				6 184				6 184
台湾彩票公司	台湾	2012	新台币	59 042	2 076	13 163				35 265	109 547
政府彩票办公室	泰国	2008	泰铢						44 160		44 160

2013年大洋洲彩票销售

单位：当地货币百万计

彩票机构	国家	年份	货币	乐透/乐透附加	数字型	基诺	其他	足彩	抽签式	即开型/撕开式	总销售额
金匣子彩票公司	澳大利亚	2013	澳元	889				3	0	205	1 098
新南威尔士州彩票公司	澳大利亚	2013	澳元	1 171				5	137	134	1 446
新西兰彩票公司	新西兰	2013	新西兰元	765		30	18			148	961
南澳大利亚彩票公司	澳大利亚	2013	澳元	294		103		1		36	434
塔特萨尔彩票公司	澳大利亚	2013	澳元	1 505				3			1 508
西澳大利亚彩票公司	澳大利亚	2013	澳元	685	10			1		96	793

2013 年欧洲彩票销售

单位：当地货币百万计

彩票机构	国　家	年份	货币	乐透/乐透附加	数字型	基诺	其他	足彩	抽签式	即开型/撕开式	总销售额
奥地利彩票	奥地利	2013	欧元	1 081	18	0	1 212	10	32	144	2 498
国家彩票	比利时	2013	欧元	886	5	11		11		217	1 130
体育彩票	保加利亚	2012	保加利亚列弗				148				148
欧洲足球彩票	保加利亚	2003	保加利亚列弗					66			66
Hrvatska Lutrija	克罗地亚	2012	克罗地亚库纳	316		9	249	1		22	597
政府彩票	塞浦路斯	2009	欧元	41	7	142		1	12	59	261
SAZKA a. s.	捷克	2013	捷克克朗	5 484		1 067	67	81		570	7 270
Danske Spil A/S	丹麦	2012	丹麦克朗	3 684		148	1 015			734	5 580
D. K. Klasselotteri	丹麦	FY12	丹麦克朗						663		663
AS Eesti Loto	爱沙尼亚	2013	爱沙尼亚克朗	38		3				7	47
AS Spordiennustus	爱沙尼亚	2009	爱沙尼亚克朗			5	8	22		1	36
Veikkaus Oy	芬兰	2013	欧元	797		383	159	386		133	1 858
La Française des Jeux	法国	2013	欧元	3 207		1 899	66	1 649		5 533	12 354
GKL（NKL & SKL）	德国	2012	欧元						123		123
斯图加特足彩－乐透	德国	2013	欧元	725		18	65	22	44	35	910
S. －Lotterie（巴伐利亚）	德国	2013	欧元	845		26	73	33	43	95	1 114
Lotto Berlin	德国	2011	欧元	220		8	18	5	8	3	261
不莱梅足彩	德国	2004	欧元	56			6	6	2	1	71
基尔西北乐透	德国	2007	欧元	217		6	40	13	6	5	286
Lotterie Treuhand	德国	2013	欧元	457		16	39	14	22	39	587
下萨克森州足彩－乐透	德国	2012	欧元	473		10	82	15	28	12	620
Verwaltung. 乐透	德国	2003	欧元	99			19	5	2	4	129
Westdeutsche Lotterie	德国	2012	欧元	1 221		23	119	47	39	48	1 497
莱茵兰－普法尔茨州乐透	德国	2010	欧元	253		9	31	13	14	12	333
萨尔体育彩票	德国	2013	欧元	93		3	9	3	4	3	116
汉堡乐透	德国	2010	欧元	118		2	16	4	3	2	144
萨克森乐透－足彩	德国	2013	欧元	142		0	13	5	6	8	174
莱比锡 Sächsische 乐透	德国	2011	欧元	216		7	22	6	5	11	265
波茨坦勃兰登堡彩票	德国	2011	欧元	134		5	16	5	3	2	165
苏尔信托基金彩票	德国	2011	欧元	114		3	11	3	4	2	137
直布罗陀政府彩票	直布罗陀	FY12	直布罗陀镑						5		5
OPAP	希腊	2012	欧元	265	163	2 145		1 398			3 972
希腊国家彩票	希腊	2006	希腊德拉克马						418		418
Szerencsejáték RT	匈牙利	2013	匈牙利福林	90 689	21 426	5 240		73 226	5 065	47 697	243 343
冰岛大学彩票	冰岛	2013	冰岛克朗						1 595	113	1 708

续表

彩票机构	国 家	年份	货币	乐透/乐透附加	数字型	基诺	其他	足彩	抽签式	即开型/撕开式	总销售额
Islensk getspá / getraunir	冰岛	2013		3 912				746			4 658
国家彩票	爱尔兰	2013	欧元	478	13		27			168	685
Rehab Lotteries	爱尔兰	2013	欧元		3		12			3	17
以色列体育竞猜	以色列	2013	以色列谢克尔					1 922			1 922
米佛尔哈佩斯彩票	以色列	2013	以色列谢克尔	1 454	1 430	554	32		438	1 389	5 297
SISAL S. p. A.	意大利	2013	欧元	1 378			835	671		4	2 889
Lottomatica S. p. A.	意大利	2013	欧元	6 333			1 991	762	38	9 574	18 698
国家彩票	哈萨克斯坦	2013	哈萨克坚戈				1 068			1 014	2 081
拉脱维亚乐透	拉脱维亚	2013	拉脱维亚拉特	6	2	1	3			2	14
OLIFEJA	立陶宛	2013	利特	118		5	2			39	164
Loterie Nationale	卢森堡	2010	欧元	55		22				17	94
Lotarija na Makedonija	马其顿	2008	代纳尔					409			409
MALTCO	马耳他	2013	欧元	53		10	0	16		1	80
摩尔多瓦彩票	摩尔多瓦	2013	摩尔多瓦列伊	5				2			7
SNS	荷兰	2013	欧元	157	8	26		54		62	307
SENS	荷兰	2011	欧元						821		821
Norsk Tipping AS	挪威	2012	挪威克朗	7 370		333	864	2 549		1 145	12 262
总计 izator Sportowy	波兰	2013	兹罗提	1 815		871			131	446	3 263
SCML	葡萄牙	2013	欧元	1 109				10	80	591	1 790
罗马尼亚彩票	罗马尼亚	2011	罗马尼亚列伊	455				56	3	23	536
LLC TD Gosloto	俄罗斯	2013	卢布	6 180	248	67	769			1 333	8 597
Tipos AS	斯洛伐克	2013	斯洛伐克克朗	94		51	149	31		46	370
Sportna Loterija d. d.	斯洛文尼亚	2013	欧元		0		15	51		2	68
SELAE	西班牙	2012	欧元	3 858				379	5 016		9 254
Loteria Catalunya	西班牙	2013	欧元	15	3	10	128		25	5	186
ONCE	西班牙	2013	欧元	55		41			1 460	281	1 837
AB Svenska Spel	瑞典	2013	瑞典克朗	4 448		1 228	572	5 068		3 424	14 739
宾戈 - 乐透	瑞典	2011	瑞典克朗				692				692
SwissLos	瑞士	2013	瑞士法郎	752		19	31	41		333	1 177
Loterie Romande	瑞士	2013	瑞士法郎	274	4	44	127	10		253	712
土耳其国家彩票	土耳其	2012	新土耳其里拉	1 486					558	171	2 215
国家彩票	乌克兰	2010	赫夫纳	166		80					246
英国国家彩票	英国	2013	英镑	4 548						2 106	6 654

2013 年中美、南美和加勒比海彩票销售

单位：当地货币百万计

彩票机构	国　家	年份	货币	乐透/乐透附加	数字型	基诺	其他	足彩	抽签式	即开型/撕开式	总销售额
国家彩票	阿根廷	2012	阿根廷比索	345	1 857	33		11	53	6	2 305
C. Economica Federal	巴西	2013	巴西雷亚尔	10 880				103	282	151	11 415
Polla 智利 na	智利	2013	智利比索	98 908	3 286		1 295	9 166	1 966	7 983	122 604
Lotería Concepcion	智利	2008	智利比索	4 573		42 374			4 197	5 397	56 541
Junta de Proteccion	哥斯达黎加	2013	哥斯达黎加科朗	3 284	24 458			88	150 813	8 269	186 912
国家彩票	萨尔瓦多	2007	美元						43	6	49
Supreme Ventures Ltd.	牙买加	2009	牙买加元	2 465	21 684	324	1 439			131	26 043
国家彩票	巴拿马	2001	巴拿马巴波亚						343		343
秘鲁 INTRALOT	秘鲁	2012	秘鲁索尔	97	2	5	0	106		18	229
圣卢西亚国家彩票	圣卢西亚	2013		5	14	0	2			3	24
国家彩票	特立尼达	2010	特立尼达和多巴哥元	244	1 236	22				110	1 612
Banco de Quinielas	乌拉圭	2012	乌拉圭新比索	801	1 500	548	30	118		85	3 082

2013 年北美彩票销售

单位：当地货币百万计

彩票机构	国　家	年份	货币	乐透/乐透附加	数字型	基诺	其他	足彩	抽签式	即开型/撕开式	总销售额
大西洋彩票公司	加拿大	2013	加元	269	1	12	12	37		328	659
不列颠哥伦比亚彩票	加拿大	2013	加元	486		236	92	50	30	225	1 121
乐透－魁北克	加拿大	2013	加元	857	43	140	74	59	122	478	1 772
安大略省彩票和博彩公司	加拿大	2013	加元	1 774	125	83	64	289		1 014	3 350
加拿大西部彩票	加拿大	2013	加元	796	23	9		103		311	1 241
Pronosticos	墨西哥	2008	墨西哥比索	5 266	1 551			612		212	7 642
国家彩票	墨西哥	2009	墨西哥比索				16		5 631		5 647

(in U. S. currency) 2013 年欧洲视频彩票终端 (VLT) 机器净收入

彩票机构	国家	年份	人口（百万）	乐透/乐透附加（百万美元）	数字型（百万美元）	基诺（百万美元）	VLT 净收入（百万美元）	足彩（百万美元）	抽签式（百万美元）	即开型/撕开式（百万美元）	总销售额（百万美元）	人均销售额（美元）	汇率
澳大利亚.	澳大利亚	2013	8.2				758.8				758.8	92	1.3766
冰岛彩票大学	冰岛	2013	0.3				26.6				26.6	85	0.0086
米佛尔哈佩斯彩票	以色列	2013	7.6				152.3				152.3	20	0.2868
SISAL S. p. A.[1]	意大利	2013	61.3				5 717.8				5 717.8	93	1.3766
Lottomatica S. p. A.[1]	意大利	2013	60.7				9 527.4				9 527.4	157	1.3766
马其顿彩票	前南马其顿	2008	2.1				20.78				20.8	10	0.0234
哈萨克斯坦彩票	哈萨克斯坦	2013	17.5				0.07				0.1	0	0.0064
摩尔多瓦彩票	摩尔多瓦	2013	3.7				3.80				3.80	1	0.0750
Norsk Tipping AS	挪威	2012	4.7				104.4				104.4	22	0.1790
罗马尼亚彩票	罗马尼亚	2011	21.8				185.8				185.8	9	0.2998
AB Svenska Spel	瑞典	2013	9.1				1 052.1				1 052.1	116	0.1543
Loterie Romande	瑞士	2013	1.8				105.0				105.0	58	1.1230
总计			198.8				17 654.7				17 654.7	89	

[1]表示 VLT 和 AWP 的收入

2013 年北美视频彩票终端 (VLT) 机器净收入

彩票机构	国家	年份	人口（百万）	乐透/乐透附加（百万美元）	数字型（百万美元）	基诺（百万美元）	VLT 净收入（百万美元）	足彩（百万美元）	抽签式（百万美元）	即开型/撕开式（百万美元）	总销售额（百万美元）	人均销售额（美元）	汇率
阿尔伯塔省博彩与酒类	加拿大	FY13	3.8				577.3				577.3	153	1.0027
大西洋彩票	加拿大	2013	2.3				389.9				389.9	166	1.0031
乐透－魁北克（SLVQ）	加拿大	2013	7.9				932.5				932.5	118	1.0031
曼尼托巴省彩票	加拿大	FY13	1.3				307.9				307.9	246	1.0027
萨斯喀彻温省酒类和彩票	加拿大	FY13	1.1				223.8				223.8	212	1.0027
特拉华州彩票	美国	2013	0.9				374.0				374.0	412	1.0000
马里兰彩票	美国	2013	5.8				576.2				576.2	99	1.0000
纽约州彩票	美国	2013	19.5				1 925.6				1 925.6	99	1.0000
俄勒冈州彩票	美国	2013	11.5				83.5				83.5	7	1.0000
俄勒冈州彩票	美国	2013	3.9				742.2				742.2	192	1.0000
罗得岛彩票	美国	2013	1.1				516.7				516.7	492	1.0000
南达科他州彩票	美国	2013	0.8				585.5				585.5	711	1.0000
西弗吉尼亚彩票	美国	2013	1.9				1 019.6				1 019.6	550	1.0000
总计			61.6				8 254.7				8 254.7	134	
世界各国销售总计							25 909.4				25 909.4		

2013 年欧洲视频彩票终端（VLT）机器净收入

单位：当地货币百万计

彩票机构	国　家	年份	货币	乐透/乐透附加	数字型	基诺	VLT 净收入	足彩	抽签式	即开型/老虎机	总计
澳大利亚.	澳大利亚	2013	欧元				551				551
冰岛彩票大学	冰岛	2013	冰岛克朗				3 081				3 081
米佛尔哈佩斯彩票	以色列	2013	以色列谢克尔				531				531
SISAL S. p. A. [1]	意大利	2013	欧元				4 154				4 154
Lottomatica　S. p. A. [1]	意大利	2013	欧元				6 921				6 921
马其顿彩票	前南马其顿	2008	代纳尔				887				887
哈萨克斯坦彩票	哈萨克斯坦	2013	哈萨克坚戈				10				10
摩尔多瓦彩票	摩尔多瓦	2013	摩尔多瓦列伊				51				51
Norsk Tipping AS	挪威	2012	挪威克朗				583				583
罗马尼亚彩票	罗马尼亚	2011	罗马尼亚列伊				620				620
AB Svenska Spel	瑞典	2013	瑞典克朗				6 820				6 820
Loterie Romande	瑞士	2013	瑞士法郎				93				93

[1]代表综合 VLT 和 AWP 收入

2013 年北美视频彩票终端（VLT）机器净收入

单位：当地货币百万计

彩票机构	国　家	年份	货币	乐透/乐透附加	数字型	基诺	VLT 净收入	足彩	抽签式	即开型/撕开式	总计
阿尔伯塔省博彩与酒类	加拿大	FY13	加元				576				576
大西洋彩票	加拿大	2013	加元				389				389
乐透-魁北克（SLVQ）	加拿大	2013	加元				930				930
曼尼托巴省彩票	加拿大	FY13	加元				307				307
萨斯喀彻温省酒类和彩票	加拿大	FY13	加元				223				223
特拉华州彩票	美国	2013	美元				374				374
马里兰彩票	美国	2013	美元				576				576
纽约州彩票	美国	2013	美元				1 926				1 926
俄勒冈州彩票	美国	2013	美元				84				84
俄勒冈州彩票	美国	2013	美元				742				742
罗得岛彩票	美国	2013	美元				517				517
南达科他州彩票	美国	2013	美元				585				585
西弗吉尼亚彩票	美国	2013	美元				1 020				1 020

（国家体育总局体育彩票管理中心供稿）

七、彩票票样

中国福利彩票 面值10元
民俗文化
井陉拉花
最高奖金30万元

中国福利彩票 面值10元
民俗文化
藁城糖人
最高奖金30万元

中国福利彩票 面值10元
民俗文化
井陉拉花
最高奖金30万元

中国福利彩票 面值10元
民俗文化
正定竹马
最高奖金30万元

中国福利彩票 面值10元
民俗文化
藁城宫灯
最高奖金30万元

中国福利彩票 面值10元
民俗文化
藁城糖人
最高奖金30万元

中国福利彩票 面值10元
民俗文化
藁城宫灯
最高奖金30万元

中国福利彩票 面值10元
民俗文化
常山战鼓
最高奖金30万元

中国福利彩票 面值5元
7次中奖机会
7乐无穷
最高奖金100,000元
保安区刮开无效
0425-13020-0000000-000-2

中国福利彩票 面值2元
财神到
最高奖金5万元
0444-13097-0000000-000-3

中国福利彩票 面值10元
巅峰对决
最高奖金30万元
10+1次中奖机会
保安区刮开无效
0424-13019-0000000-000-3

中国福利彩票 面值5元
最高奖金100,000元
7喜
第一局 第二局 第三局 第四局
4次中奖机会
保安区刮开无效
0437-13082-0000000-000-3

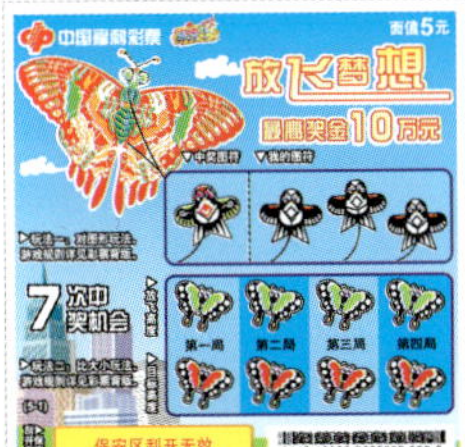

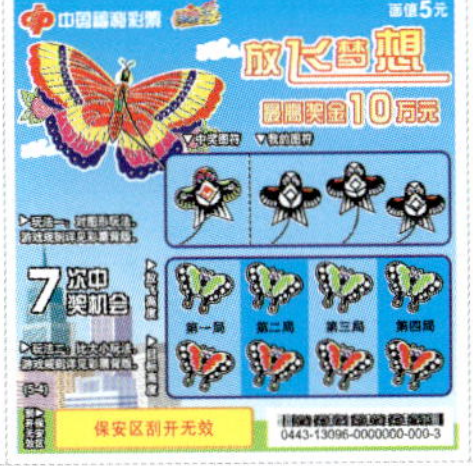

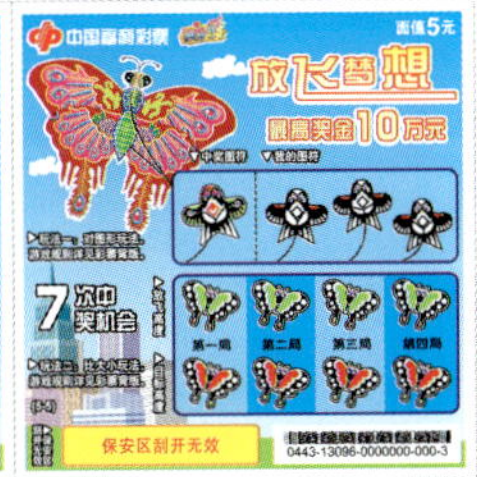

中国福利彩票
面值5元
探险家
150,000元
10次中奖机会
大本营
目的地
保安区刮开无效

中国福利彩票
面值5元
春夏秋冬
最高奖金¥100,000
保安区刮开无效

中国福利彩票
面值5元
春夏秋冬
最高奖金¥100,000
保安区刮开无效

中国福利彩票
面值5元
春夏秋冬
最高奖金¥100,000
保安区刮开无效

中国福利彩票
面值5元
春夏秋冬
最高奖金¥100,000
保安区刮开无效

中国福利彩票
面值2元
柿柿如意
最高奖金3万元
玩法区
保安区刮开无效
刮开覆盖膜，如果出现三个相同的奖金金额，即中该单一奖金。如果刮出" "柿子图符，即可获得10元奖金。(1—1)
0000—13000—0000000—000—1

中国福利彩票
面值20元
步步高
16次中奖机会
最高奖金1,000,000元
保安区刮开无效
0460-13128-0000000-000-3

中国福利彩票
面值10元
冰激凌
最高奖金30万元
13次中奖机会
中奖号码
我的号码
保安区刮开无效

中国福利彩票
面值10元
冰激凌
最高奖金30万元
13次中奖机会
中奖号码
我的号码
保安区刮开无效

中国福利彩票
面值10元
冰激凌
最高奖金30万元
13次中奖机会
中奖号码
我的号码
保安区刮开无效

中国福利彩票
面值10元
冰激凌
最高奖金30万元
13次中奖机会
中奖号码
我的号码
保安区刮开无效

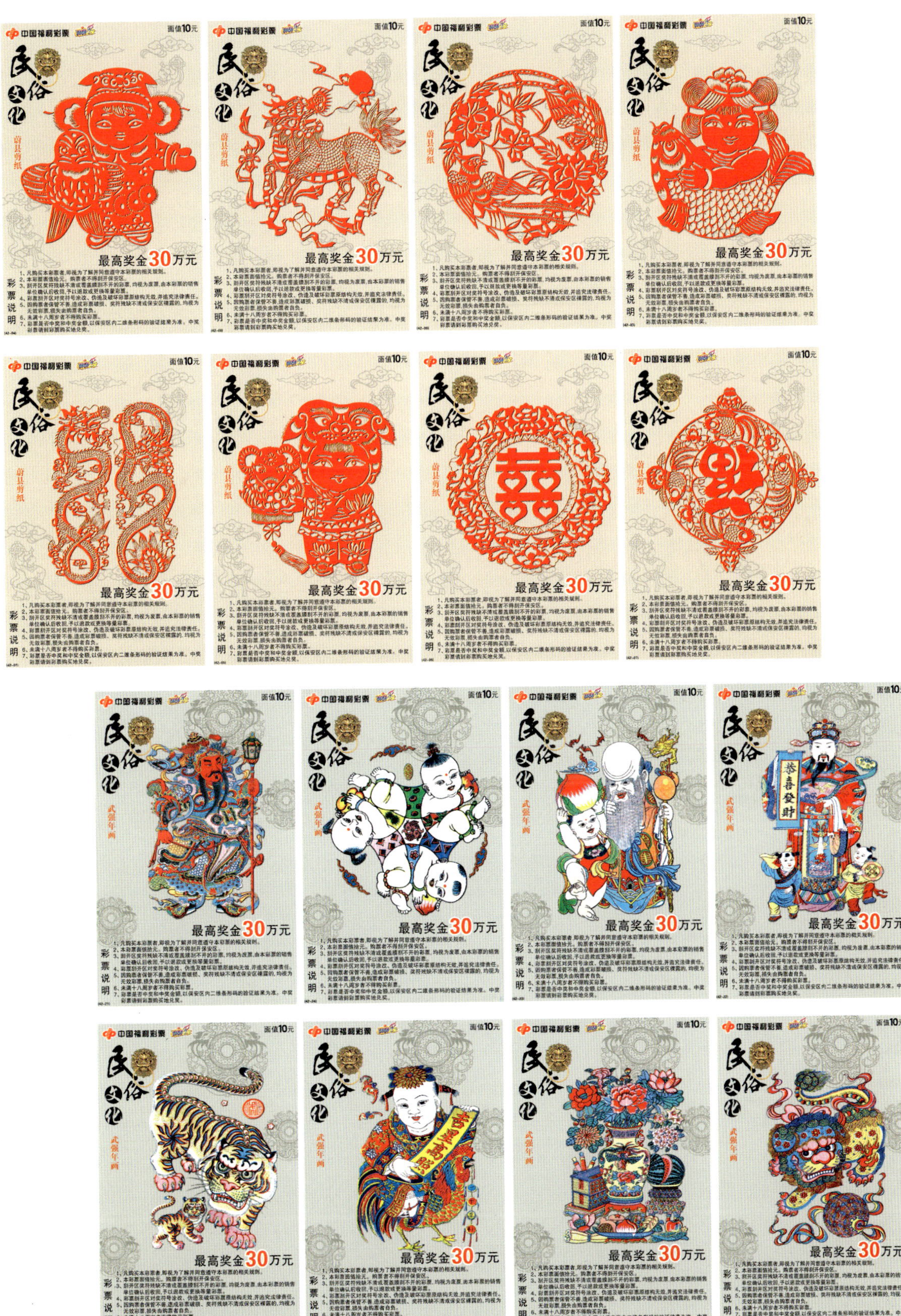

中国福利彩票
面值10元
8:08
最高奖金300,000元
幸福来电
14次中奖机会
Go Go
1 2 3 4 5
6 7 8 9 0
保安区刮开无效
0000-00000-0000000-000-2

中国福利彩票
面值20元
福 气
8
最高奖金1,000,000元
25次中奖机会
福 福
我的号码
玩法区
保安区刮开无效
0441-13086-0000000-000-3

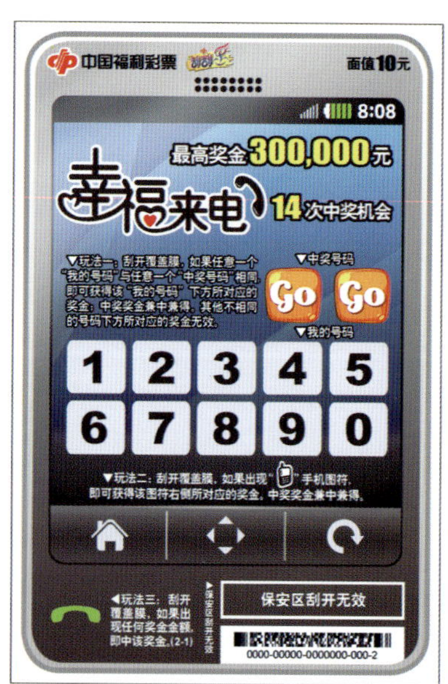
中国福利彩票
面值10元
8:08
最高奖金300,000元
幸福来电
14次中奖机会
Go Go
1 2 3 4 5
6 7 8 9 0
保安区刮开无效
0000-00000-0000000-000-2

中国福利彩票
面值10元
日出东方·韶山
滴水洞
最高奖金400,000元
15次中奖机会
我的号码
中奖号码
奖金
保安区刮开无效
0000-00000-0000000-000-2

中国福利彩票
面值5元
蝌蚪找妈妈
共8次中奖机会
玩法区
保安区刮开无效
最高奖金10万元

中国福利彩票
面值10元
日出东方·韶山
毛泽东同志故居
最高奖金400,000元
15次中奖机会
我的号码
中奖号码
奖金
保安区刮开无效
0000-00000-0000000-000-2

中国福利彩票
面值5元
最高奖金100,000元
小鸡快跑
小鸡的速度
老鹰的速度
第一局
第二局
第三局
第四局
第五局
奖金
保安区刮开无效
0427-13046-0000000-000-2

中国福利彩票
面值10元
最高奖金25万元
大满贯
玩法一
玩法二
玩法三
第一局
第二局
第三局
12次中奖机会
保安区刮开无效
0459-13127-0000000-000-3

中国福利彩票
面值5元
金蜂巢
最高奖金15万元
第一局
第二局
我的号码
中奖号码
玩法区
保安区刮开无效

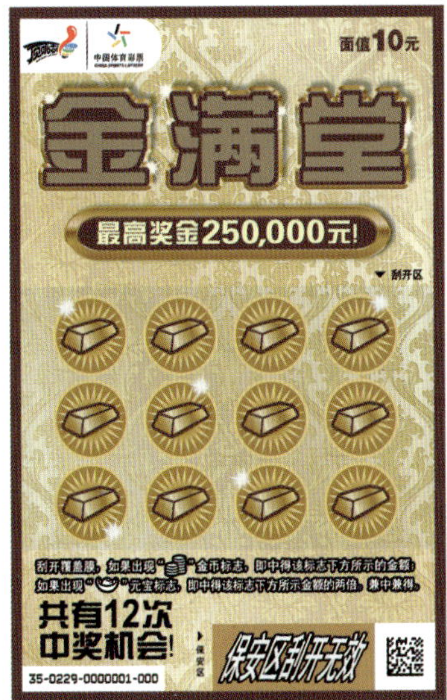
面值10元
金满堂
最高奖金250,000元!
刮开区
共有12次中奖机会!
保安区刮开无效
35-0229-0000001-000

面值10元
剪子包袱锤
兼中兼得!
最高奖金50,000元!
保安区刮开无效
35-0235-0000001-000

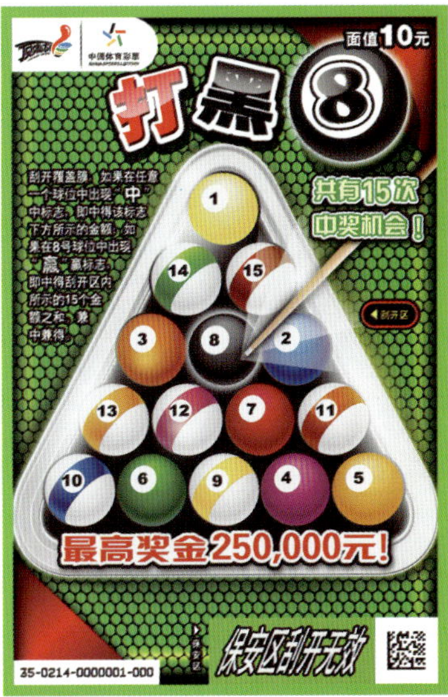
面值10元
打黑8
共有15次中奖机会!
最高奖金250,000元!
保安区刮开无效
35-0214-0000001-000

魅力新兰州·激情马拉松
面值5元
幸运奖
共有9次中奖机会!兼中兼得!
最高奖金80,000元!
保安区刮开无效
35-0231-0000001-000

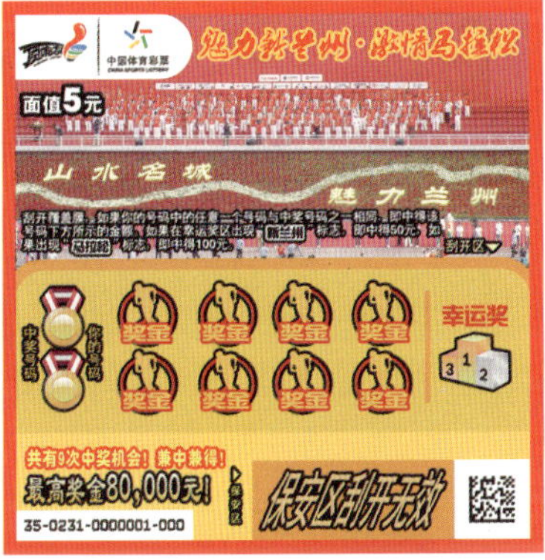
魅力新兰州·激情马拉松
面值5元
山水名城
魅力兰州
幸运奖
共有9次中奖机会!兼中兼得!
最高奖金80,000元!
保安区刮开无效
35-0231-0000001-000

魅力新兰州·激情马拉松
面值5元
幸运奖
共有9次中奖机会!兼中兼得!
最高奖金80,000元!
保安区刮开无效
35-0231-0000001-000

魅力新兰州·激情马拉松
面值5元
幸运奖
共有9次中奖机会!兼中兼得!
最高奖金80,000元!
保安区刮开无效
35-0231-0000001-000

魅力新兰州·激情马拉松
面值5元
幸运奖
共有9次中奖机会!兼中兼得!
最高奖金80,000元!
保安区刮开无效
35-0231-0000001-000

魅力新兰州·激情马拉松
面值5元
幸运奖
共有9次中奖机会!兼中兼得!
最高奖金80,000元!
保安区刮开无效
35-0231-0000001-000

刮开覆盖膜，在任意一场游戏中，如果出现两个相同的标志，即中得该场游戏下方所示的金额。
面值2元
游戏一
游戏二
加油
刮开区
最高奖金1000元!
保安区刮开无效
35-0225-0000001-000

刮开覆盖膜，在任意一场游戏中，如果出现两个相同的标志，即中得该场游戏下方所示的金额。
面值2元
游戏一
游戏二
加油
刮开区
最高奖金1000元!
保安区刮开无效
35-0225-0000001-000

中国体育彩票
面值5元
欧洲风云
最高奖金100,000元!
共有7次中奖机会!
最佳射手区
保安区刮开无效
35-0170-0000001-000

中国体育彩票
中国国际象棋协会
成立50周年
面值5元
国际象棋
最高奖金100,000元!
共有8次中奖机会!
保安区刮开无效
35-0200-0000001-000

中国体育彩票
中国象棋协会
成立50周年
面值5元
象棋
车
马
砲
车
炮
最高奖金100,000元!
共有8次中奖机会!
保安区刮开无效
35-0200-0000001-000

中国体育彩票
面值5元
采蘑菇
奖金
共有8次中奖机会!
最高奖金100,000元!
保安区刮开无效
35-0213-0000001-000

中国体育彩票
面值2元
剪子包袱锤
奖金
保安区刮开无效
35-0218-0000001-000

中国体育彩票
面值2元
富贵鱼
最高奖金15,000元!
刮开覆盖膜，如果同一个金额出现三次，即中得该单一金额，兼中兼得。
保安区刮开无效
35-0206-0000001-000

中国体育彩票
面值2元
太空寻宝
最高奖金15,000元!
保安区刮开无效
35-0197-0000001-000

中国体育彩票
面值10元
幸福99
最高奖金250,000元!
幸运奖区
共有13次中奖机会!
保安区刮开无效
35-0212-0000001-000

中国体育彩票
面值10元
魔法师
最高奖金250,000元!
中奖号码
你的号码
共有12次中奖机会!
保安区刮开无效
35-0202-0000001-000

丝绸之路·奇观
面值10元
最高奖金150,000元!

丝绸之路·奇观
面值10元
最高奖金150,000元!
共有12次中奖机会

丝绸之路·奇观
面值10元
最高奖金150,000元!

丝绸之路·奇观
面值10元
最高奖金150,000元!

丝绸之路·奇观
面值10元
最高奖金150,000元!

丝绸之路·奇观
面值10元
最高奖金150,000元!

丝绸之路·奇观
面值10元
最高奖金150,000元!
共有12次中奖机会

丝绸之路·奇观
面值10元
最高奖金150,000元!
共有12次中奖机会

中国体育彩票
面值10元
最高奖金25万元！
砸金蛋
刮开区
中奖号码
你的号码
奖金
共有12次中奖机会！
保安区刮开无效
35-0201-0000001-000

中国体育彩票
面值10元
最高奖金250,000元！
幸运奖
开心果
游戏1
游戏2
游戏3
游戏4
奖金
兼中兼得
中奖号码
你的号码
共有12次中奖机会！
保安区刮开无效
35-0195-0000001-000

中国体育彩票
面值20元
黑旋风
Black
最高奖金1,000,000元！
中奖号码
你的号码
共有20次中奖机会！
保安区刮开无效
35-0215-0000001-000

最高奖金250,000元！
面值10元
大美龙江
大冰雪
幸运奖
保安区刮开无效

最高奖金250,000元！
面值10元
大美龙江
大森林
幸运奖
保安区刮开无效

最高奖金250,000元！
面值10元
大美龙江
大湖泊
幸运奖
保安区刮开无效

最高奖金250,000元！
面值10元
大美龙江
大冰雪
幸运奖
保安区刮开无效

最高奖金250,000元！
面值10元
大美龙江
大森林
幸运奖
保安区刮开无效

最高奖金250,000元！
面值10元
大美龙江
大熔岩
幸运奖
保安区刮开无效

最高奖金250,000元！
面值10元
大美龙江
大农田
幸运奖
保安区刮开无效

最高奖金250,000元！
面值10元
大美龙江
大湿地
幸运奖
保安区刮开无效

最高奖金250,000元！
面值10元
大美龙江
大熔岩
幸运奖
保安区刮开无效

中国体育彩票
面值5元
HOT
热力
100
最高奖金100元！
共有8次中奖机会！
中奖号码
你的号码
奖金
刮开覆盖膜，如果你的号码中的任意一个号码与中奖号码之一相同，即中得该号码下方所示的金额；如果出现"中"中标志，即中得100元。兼中兼得。
刮开区
保安区
保安区刮开无效
35-0233-0000001-000

中国体育彩票
面值5元
基乐彩
刮开覆盖膜，每场游戏是否中奖请参考该游戏右方中奖规则。注：每场游戏中奖金额按该场游戏所能获得的最高奖金金额计算，票面总中奖金额为四个游戏的中奖金额之和。
刮开区
中奖数字
保安区
保安区刮开无效
游戏1
2个数字与中奖数字相同=20元
1个数字与中奖数字相同=5元
游戏2
3个数字与中奖数字相同=100元
2个数字与中奖数字相同=10元
游戏3
4个数字与中奖数字相同=500元
3个数字与中奖数字相同=45元
2个数字与中奖数字相同=5元
游戏4
6个数字与中奖数字相同=100,000元
5个数字与中奖数字相同=1,000元
4个数字与中奖数字相同=100元
3个数字与中奖数字相同=10元
35-0227-0000001-000
最高奖金100,000元！

面值10元
最高奖金250,000元!
安德鲁·伊格达拉
Andre Iguodala
共有12次中奖机会!
保安区刮开无效
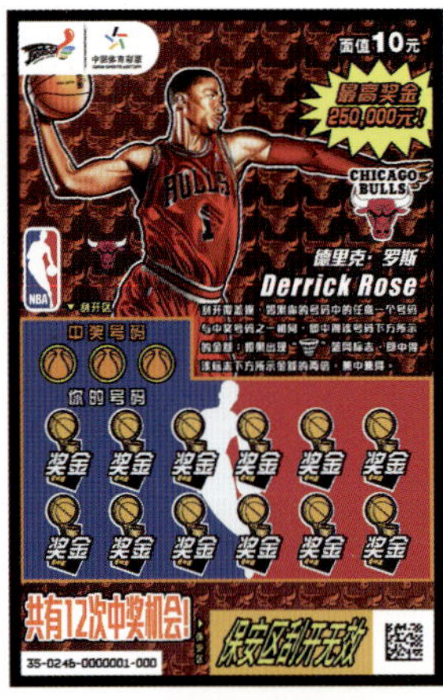
面值10元
最高奖金250,000元!
德里克·罗斯
Derrick Rose
共有12次中奖机会!
保安区刮开无效
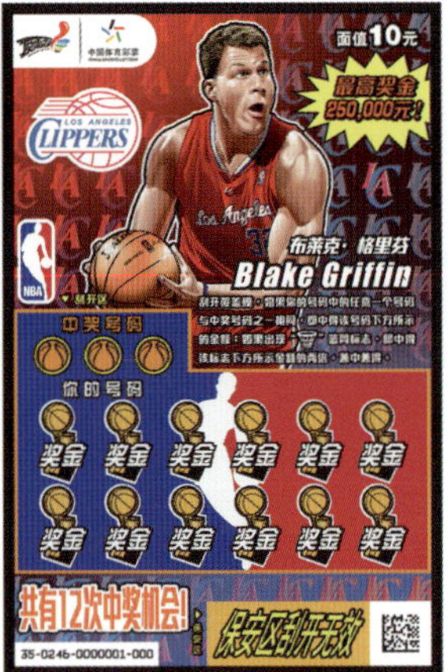
面值10元
最高奖金250,000元!
布莱克·格里芬
Blake Griffin
共有12次中奖机会!
保安区刮开无效

面值10元
最高奖金250,000元!
德隆·威廉姆斯
Deron Williams
共有12次中奖机会!
保安区刮开无效

面值10元
最高奖金250,000元!
克里斯·保罗
Chris Paul
共有12次中奖机会!
保安区刮开无效
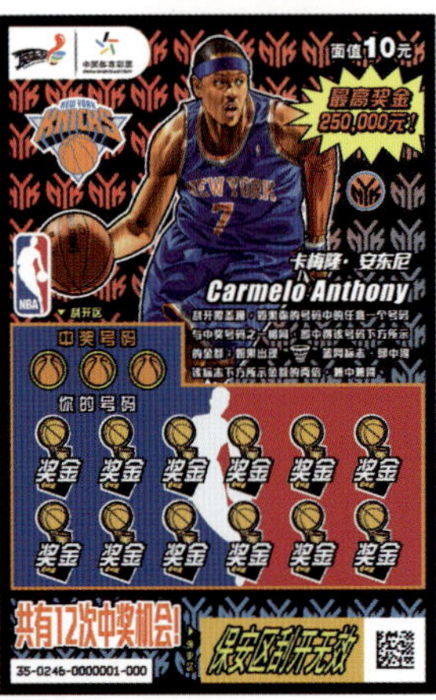
面值10元
最高奖金250,000元!
卡梅隆·安东尼
Carmelo Anthony
共有12次中奖机会!
保安区刮开无效
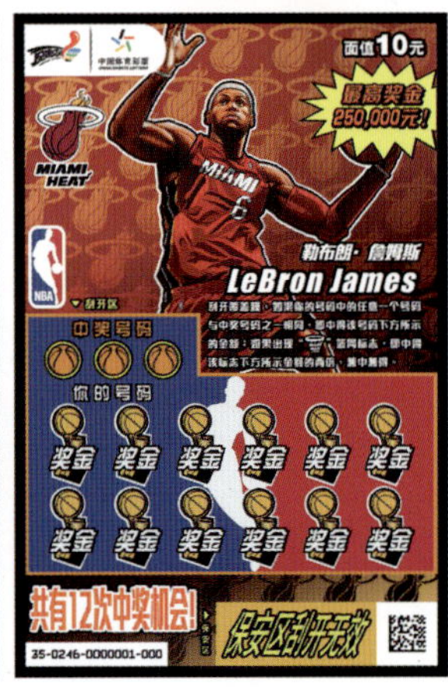
面值10元
最高奖金250,000元!
勒布朗·詹姆斯
LeBron James
共有12次中奖机会!
保安区刮开无效

面值10元
最高奖金250,000元!
布鲁克·洛佩兹
Brook Lopez
共有12次中奖机会!
保安区刮开无效

共有9次中奖机会!
面值5元
步步高
最高奖金
100,000元!
35-0240-0000001-000
保安区刮开无效
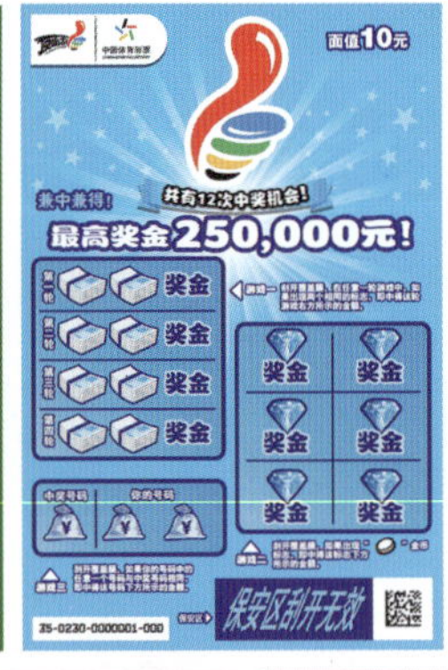
面值10元
最高奖金250,000元!
保安区刮开无效

面值5元
共有8次中奖机会!
兼中兼得!
最高奖金100,000元!
35-0236-0000001-000
保安区刮开无效

面值10元
兼中兼得!
最高奖金250,000元!
八方来财
共有12次中奖机会!
保安区刮开无效

共有12次中奖机会!
面值10元
马到成功
最高奖金
150,000元!
保安区刮开无效
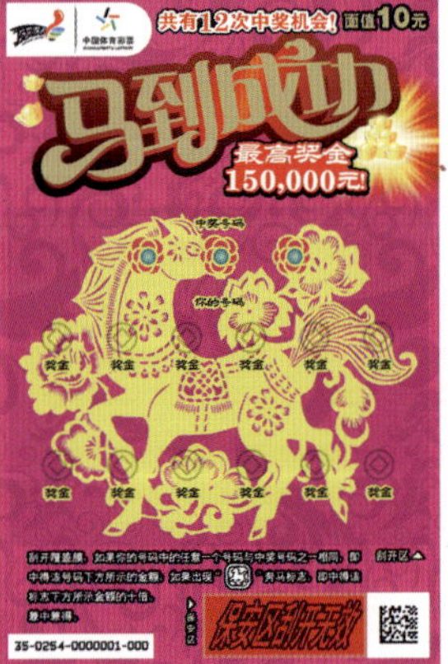
共有12次中奖机会!
面值10元
马到成功
最高奖金
150,000元!
保安区刮开无效

共有12次中奖机会!
面值10元
马到成功
最高奖金
150,000元!
保安区刮开无效